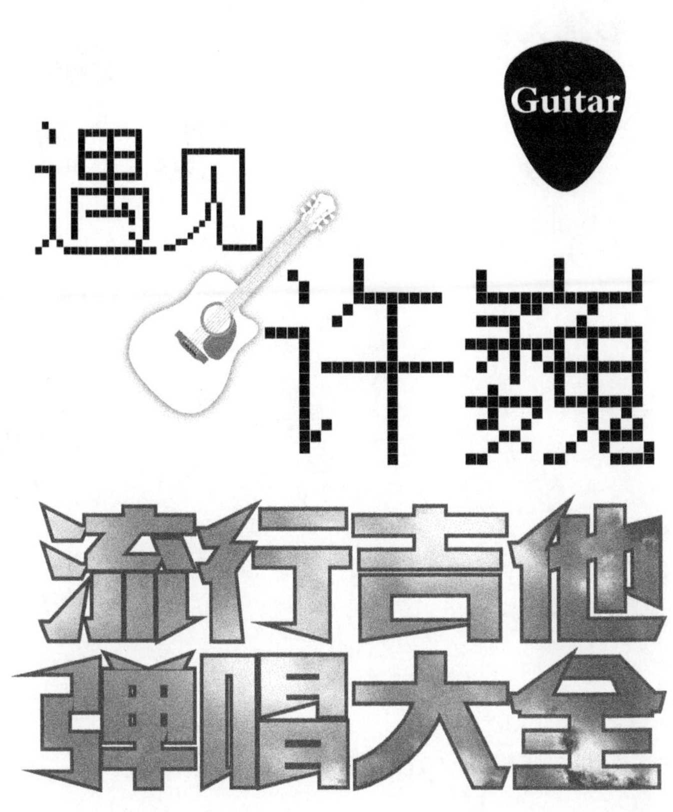

王 凯 / 编著

化学工业出版社
·北京·

参编人员

刘　军 王迪平 程　操 成　剑 张剑韧 周银燕 唐联斌 刘金萍 唐红群
许三求 吴　莎 吴国志 刘振华 李　全 赵石平 卜文风 王卫东 何志浩
刘双平 王　凯 袁叶子 赵景行 饶世伟 唐文通 齐赞美 刘少平 何　飞

图书在版编目（CIP）数据

遇见许巍：流行吉他弹唱大全/王凯编著．—北京：
化学工业出版社，2016.7（2024.6 重印）

ISBN 978-7-122-27213-3

Ⅰ．遇…　Ⅱ．①王…　Ⅲ．六弦琴—器乐曲—中国—选集
Ⅳ．①J647.32

中国版本图书馆数据核字（2016）第120660号

责任编辑：李　辉　彭诗如　　封面设计：进　子
责任校对：程晓彤

出版发行：化学工业出版社（北京市东城区青年湖南街13号　邮政编码：100011）
印　　装：北京虎彩文化传播有限公司
880mm×1230mm　1/16　印张15½　2024年6月北京第1版第6次印刷

购书咨询：010-64518888　　售后服务：010-64518899
网　　址：http://www.cip.com.cn
凡购买本书，如有缺损质量问题，本社销售中心负责调换。

定　价：39.80元

特别推荐

适合入门初学的25首歌曲

目 录

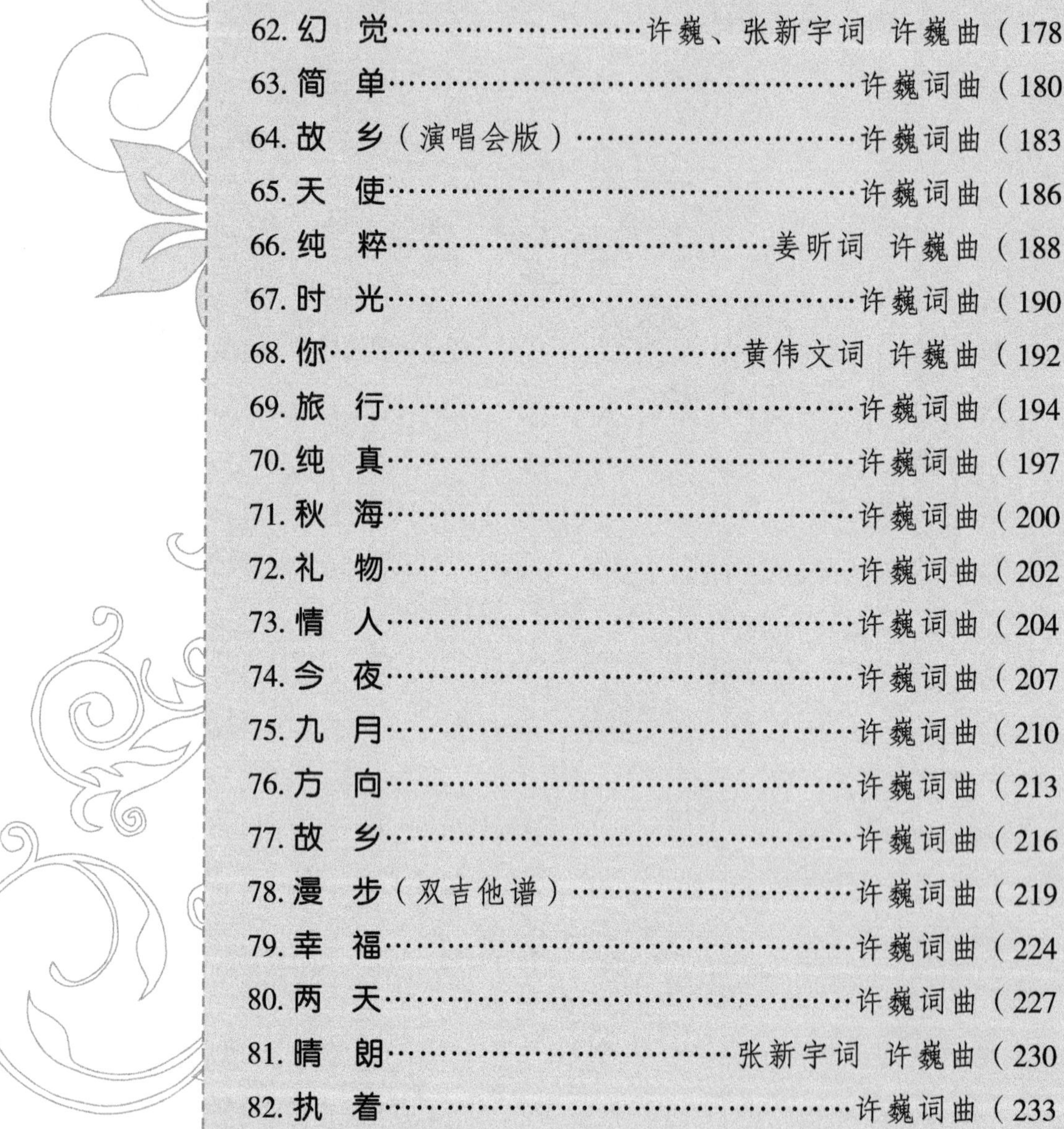

索　引（按歌名字数排列）

吉他六线谱知识

六线谱（TAB）是世界通用的吉他专用谱，它具有直观、通俗易懂、便于理解掌握等特点，因而被世界各国音乐出版公司所采用，成为学习吉他演奏必不可少的辅助工具。

六线谱是把演奏的音符在吉他指板上所处的弦和品位用六条线直观地记录下来的一种乐谱，六线谱所记录的不是音符的音高，而是演奏中左手手指按弦的位置和右手拨（扫）弦的指法谱。六线谱与简谱或五线谱结合起来使用，不但可以记录乐音的音高、时值、节奏等要素，还可以记录弹奏方法，是一种比较完善的乐谱体系。

常用六线谱是由和弦和平行等距的六条线组成。

和弦图是记录左手所按和弦的指法和位置的图示。由六条纵向的平行线和若干条横向的平行线组成。六条纵向平行线从左至右分别代表吉他的六至一弦，横向平行线代表吉他的品格（柱）。

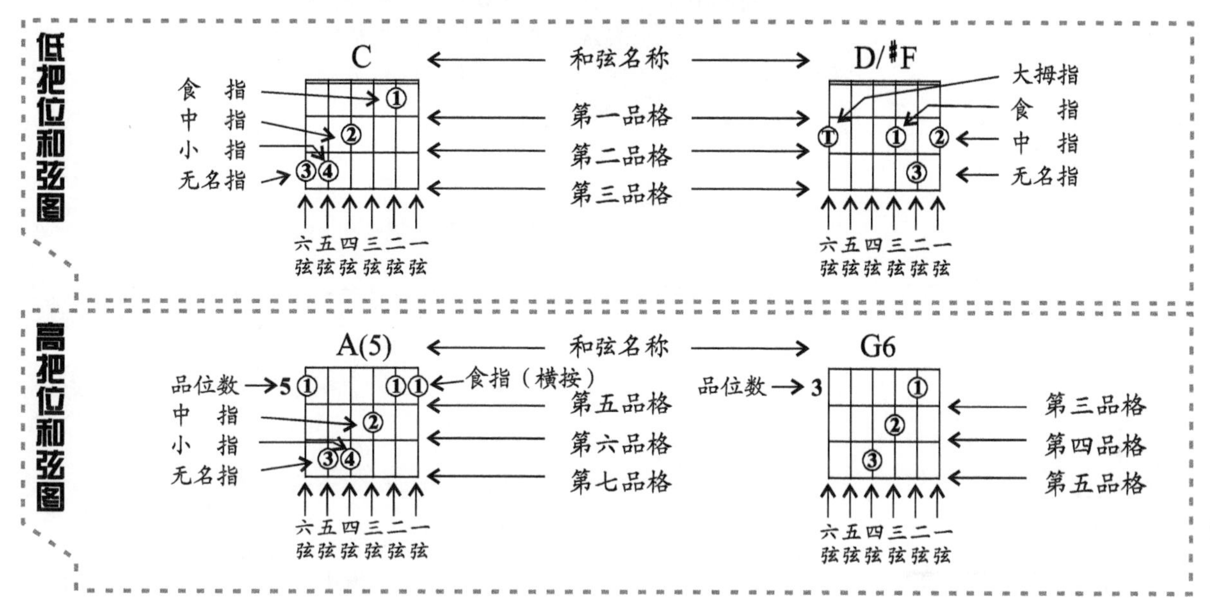

六线谱：用于记录右手弹弦位置与指法。

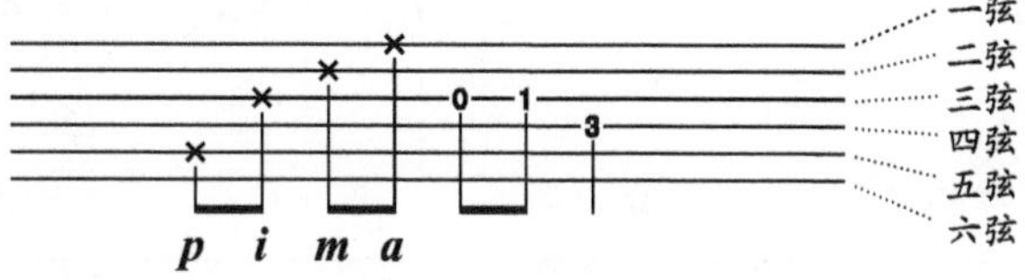

注：X表示右手所弹奏的弦；*p* 代表大拇指；*i* 代表食指；*m* 代表中指；*a* 代表无名指；阿拉伯数字代表左手所按某根弦的品格并弹响的音，如上图中的“0”表示弹响第三弦的空弦音，“3”表示弹响第四弦第三品的音。

六线谱对常用的伴奏方式有以下几种记谱类型：

1. 分解型记谱

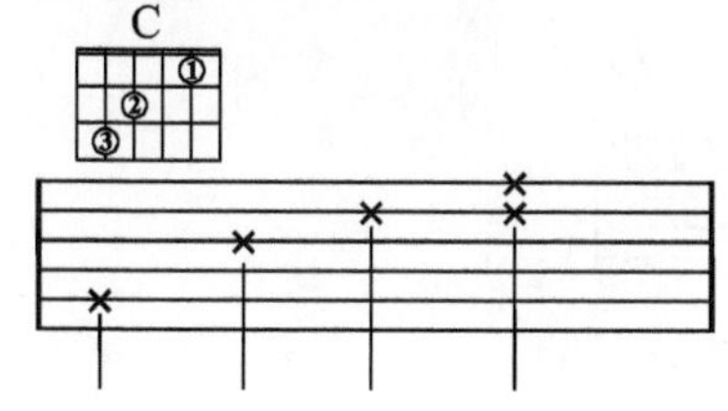

六线上画的“X”表示要弹的弦，画在哪几根线上就表示要弹响哪几根弦。
以左边谱例为例，该小节弹奏过程如下：
左手按好C和弦，右手依次弹响五、三、二弦，最后同时弹响一、二弦。

2. 扫弦型记谱

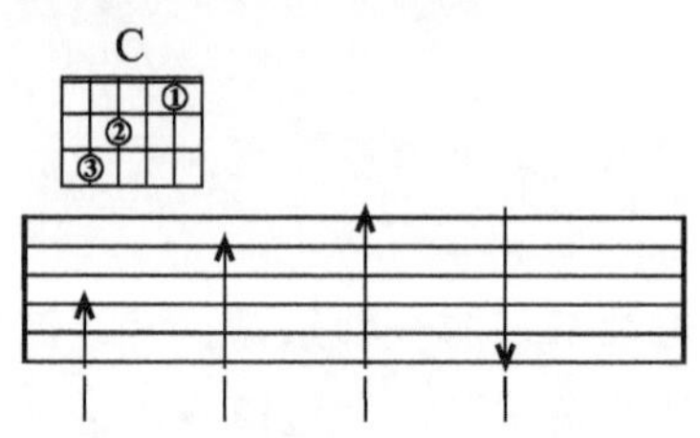

六线中箭头所指的方向表示右手扫弦的方向，箭头打在哪根线上，则表示扫到哪根弦。

以左边谱例为例，该小节弹奏过程如下：

① 从六弦扫到四弦；

② 从六弦扫到二弦；

③ 从六弦扫到一弦；

④ 从一弦扫到六弦。

注：扫弦时，右手拇指与食指呈“十”字交叉状，从六弦扫向一弦时用食指，从一弦扫向六弦时用拇指，扫四五六弦时要扫得轻，以便突出一、二、三弦的音。

3. 旋律型记谱

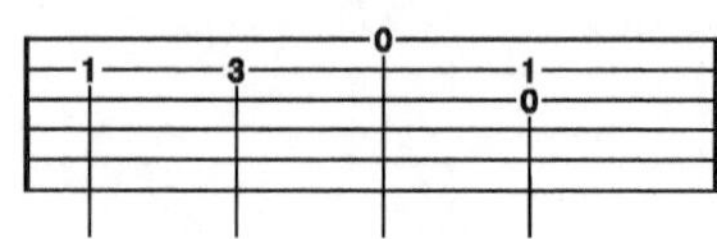

一般打在六线上的阿拉伯数字表示吉他指板上的品格，打在第几线上表示将第几弦第几品位按住并弹响。

以左边谱例为例，该小节弹奏过程如下：

① 按二弦一品弹响二弦；

② 按二弦三品弹响二弦；

③ 弹响一弦空弦音；

④ 按二弦一品同时弹响二弦和三弦空弦音。

以上三种记谱类型经常在同一首乐曲的六线谱中同时出现，如下面这一小节便是分解型记谱和旋律型记谱同时出现的例子。

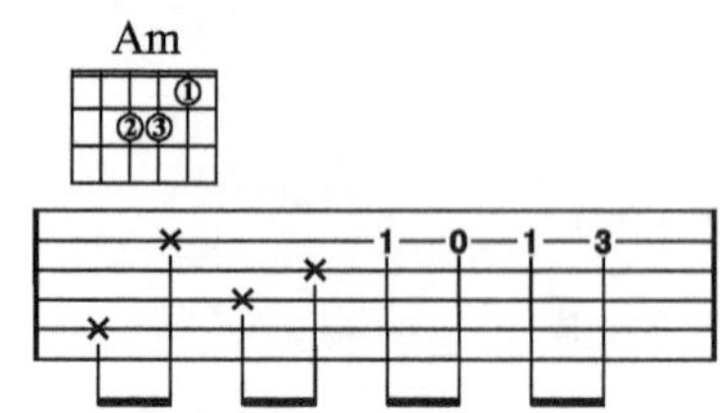

注意：当分解进行到旋律记谱部分时，应尽量使用那些闲置手指，即按和弦外的手指去按弦，尽量保持按和弦的手指不动。

六线谱中记录的音符、休止符的时值长短关系和简谱中是一致的，只是书写方式有所不同而已。现将两者对照如下：

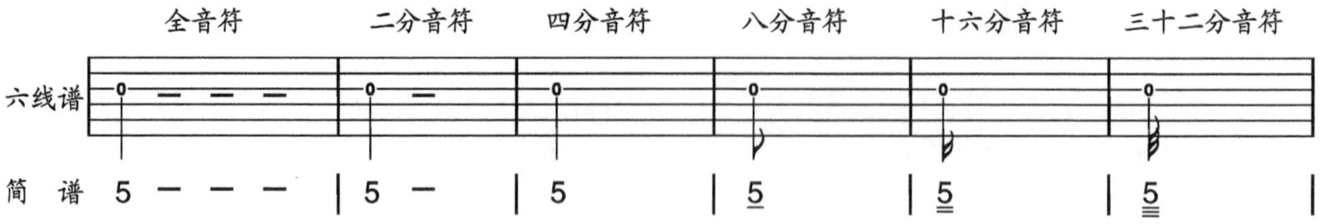

连续的八分音符、十六分音符、三十二分音符的记谱方法如下：

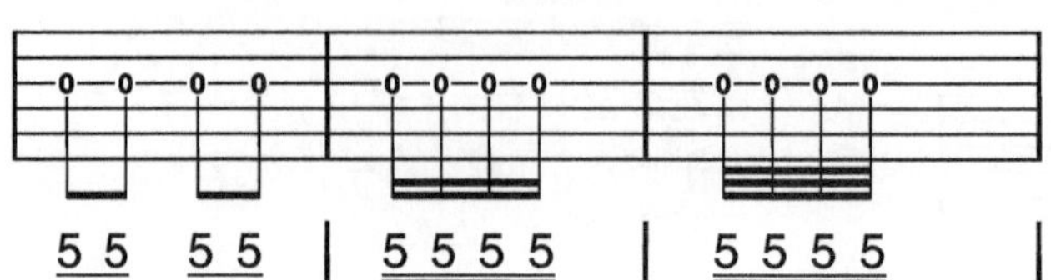

六线谱与简谱的休止符对照如下：

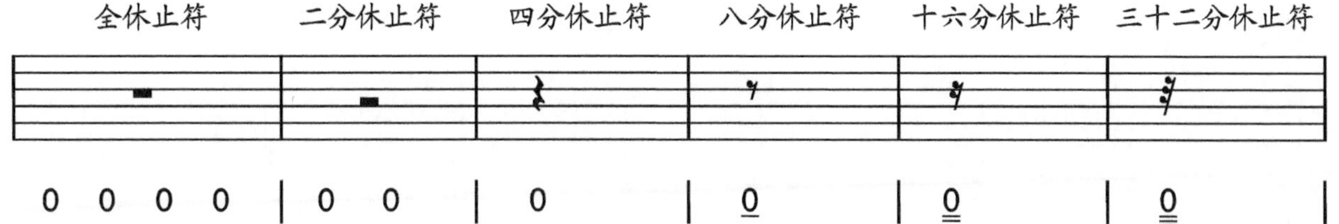

休止符一般不连写，如：两个八分休止符可以用一个四分休止符表示，四个十六分休止符也可用一个四分休止符表示，因为它们之间的时值是相等的。

0 0 = 0　　0000 = 0

在六线谱记谱法中，延音线、附点的用法与简谱相同，如：

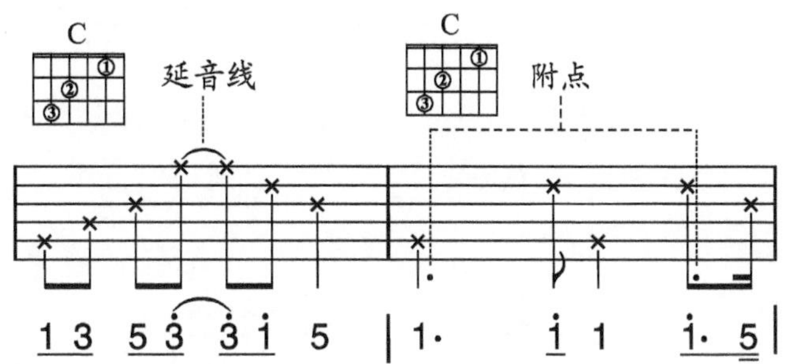

4. 六线谱中的常见记号

| | ——小节线。

𝄎 或 𝄏 ——六线谱中单一小节的重复。如：| A | B | 𝄎 | 𝄎 | C | 演奏顺序为A—B—B—B—C。

𝄆 𝄇——反复记号。将该记号中间的部分弹奏两遍。如：| A | B 𝄆 C | D 𝄇 E | F ‖

演奏顺序为A—B—C—D—C—D—E—F。

D.S.——从𝄋处再弹一次。如：| A 𝄋| B | C ‖ D | E | F ‖演奏顺序为A—B—C—D—E—F—B—C。（C后 ***Fine.***，F后 ***D.S.***）

D.C——从头弹起。如：| A | B | C ‖ D | E | F ‖演奏顺序为A—B—C—D—E—F—A—B—C。（C后 ***Fine.***，F后 ***D.C.***）

𝄌 ——转跳标记，需配对使用。反复后，从第一个𝄌跳至下一个𝄌弹奏直至结束。

如：| A | B 𝄌| C | D 𝄌| E ‖ 演奏顺序为A—B—C—D—E—A—B—E。（E后 ***D.C.***）

Fine. —— 结束弹奏记号。

rit. —— 演奏（或演唱）逐渐变慢。

F. O. —— 声音逐渐消失。

Ad-lib. ——即兴创意演奏。

生活不止眼前的苟且

（许　巍演唱）

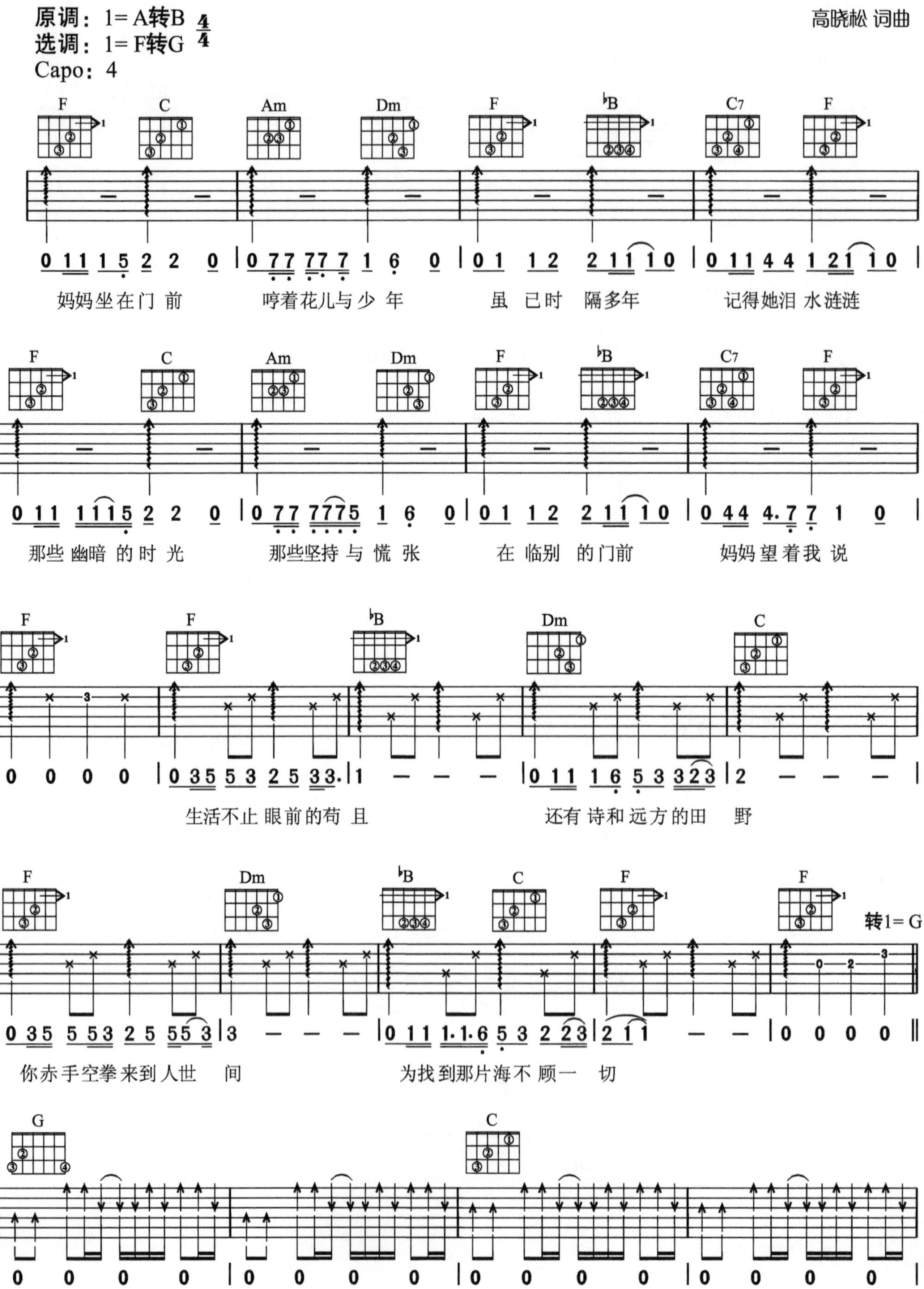

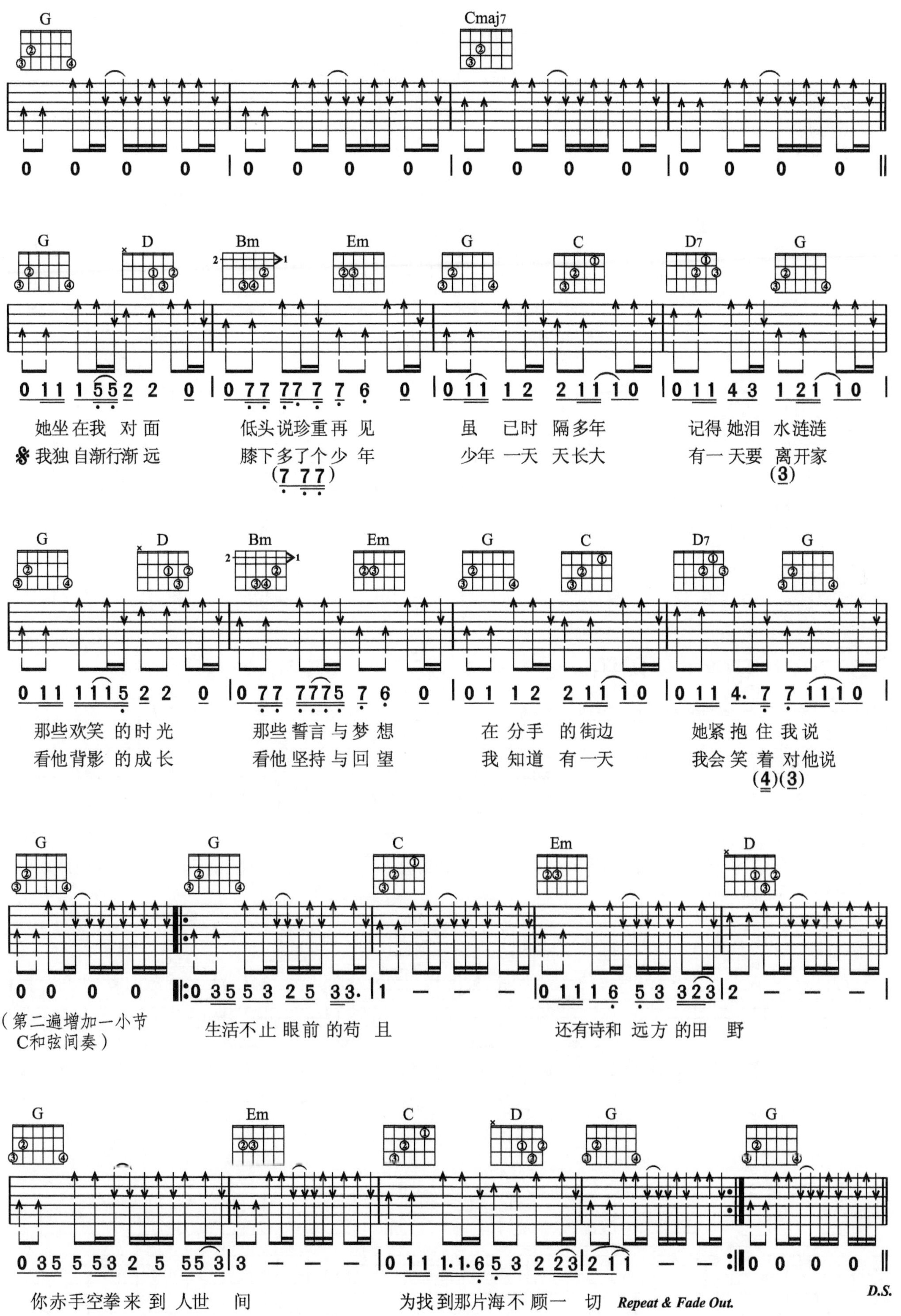
G Cmaj7
G D Bm Em G C D7 G
她坐在我 对面 低头说珍重再 见 虽 已时 隔多年 记得 她泪 水涟涟
我独自渐行渐 远 膝下多了个少 年 少年 一天 天长大 有一 天要 离开家
G D Bm Em G C D7 G
那些欢笑 的时光 那些 誓言 与梦 想 在 分手 的街边 她紧 抱 住 我说
看他背影 的成长 看他 坚持 与回 望 我 知道 有一天 我会 笑 着 对他说
G G C Em D
（第二遍增加一小节
C和弦间奏）
生活不止 眼前 的苟 且 还有诗和 远方 的田 野
G Em C D G G
你赤手空拳 来 到 人世 间 为找 到那片海不 顾一 切
Repeat & Fade Out.
D.S.

灿　烂

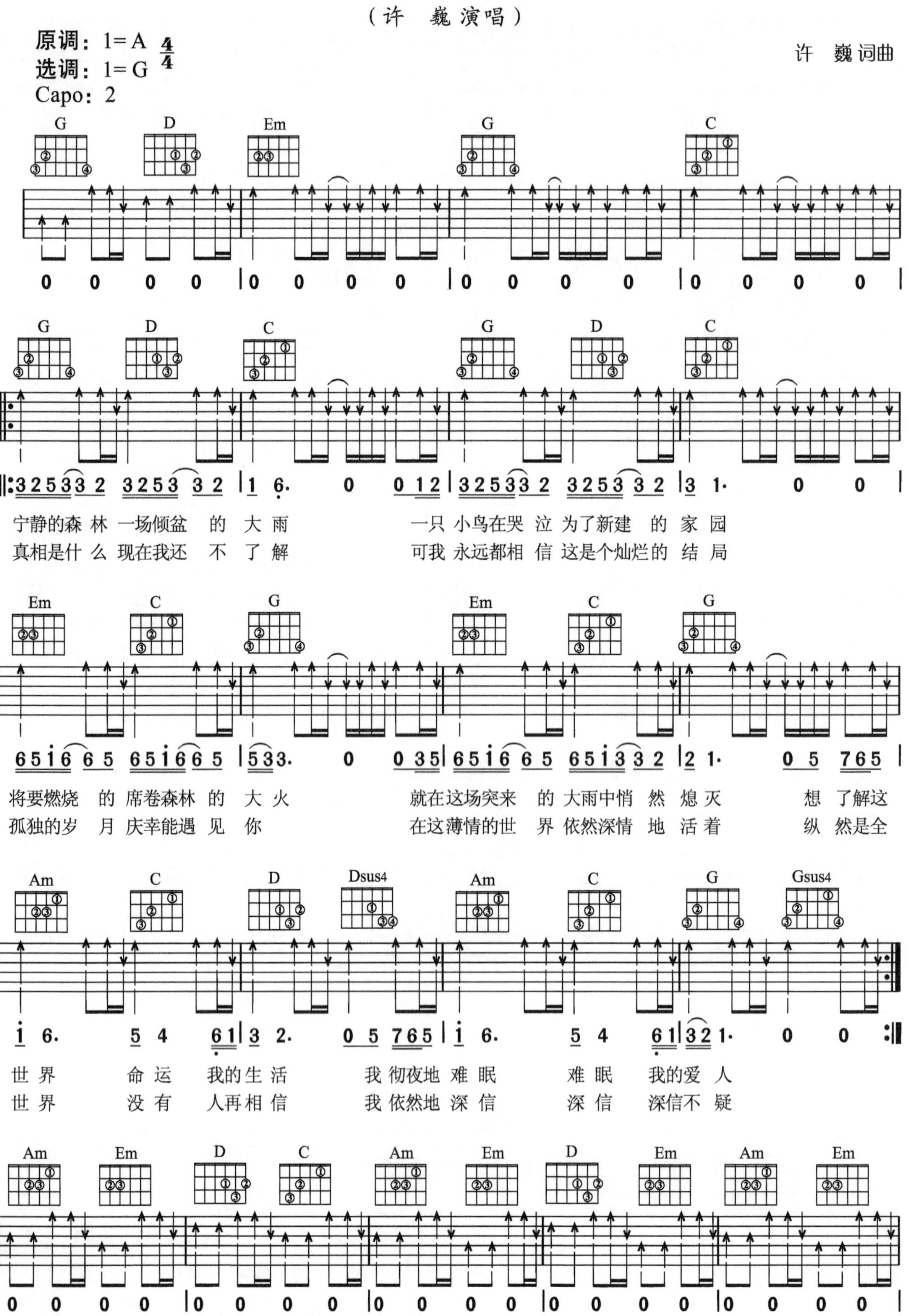

（许　巍演唱）
原调：1=A 4/4
选调：1=G
Capo：2
许　巍词曲
宁静的森林一场倾盆的大雨　一只小鸟在哭泣为了新建的家园
真相是什么现在我还不了解　可我永远都相信这是个灿烂的结局
将要燃烧的席卷森林的大火　就在这场突来的大雨中悄然熄灭　想了解这
孤独的岁月庆幸能遇见你　在这薄情的世界依然深情地活着　纵然是全
世界命运我的生活　我彻夜地难眠　难眠我的爱人
世界没有人再相信　我依然地深信　深信深信不疑

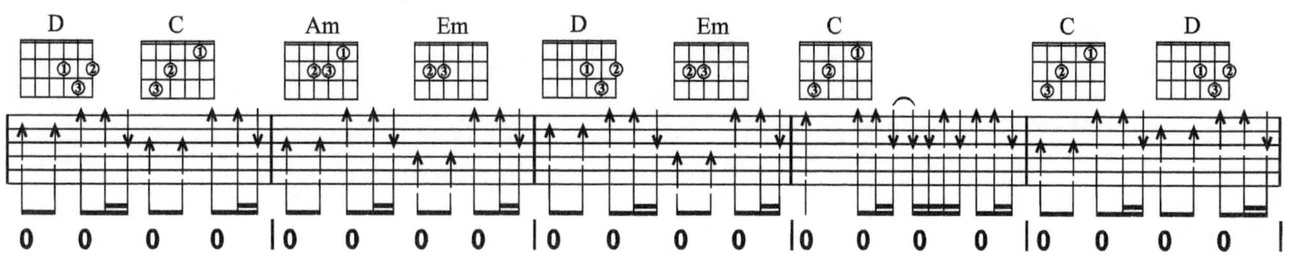
D C Am Em D Em C C D

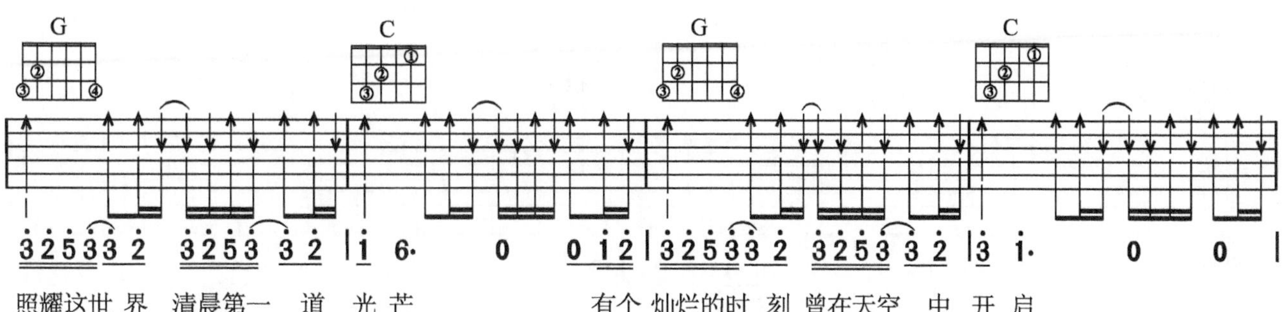
G C G C
照耀这世界 清晨第一 道 光 芒 有个 灿烂的时 刻 曾在天空 中 开 启

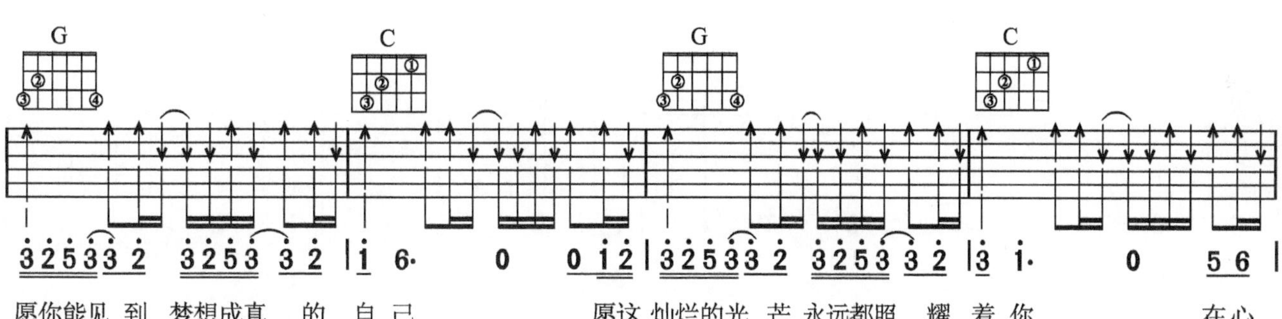
G C G C
愿你能见 到 梦想成真 的 自 己 愿这 灿烂的光 芒 永远都照 耀 着 你 在心

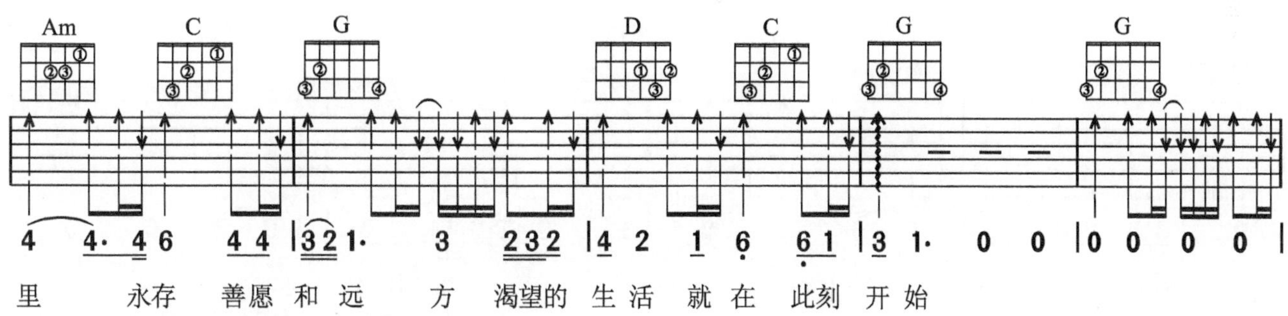
Am C G D C G G
里 永存 善愿 和 远 方 渴望的 生 活 就 在 此刻 开 始

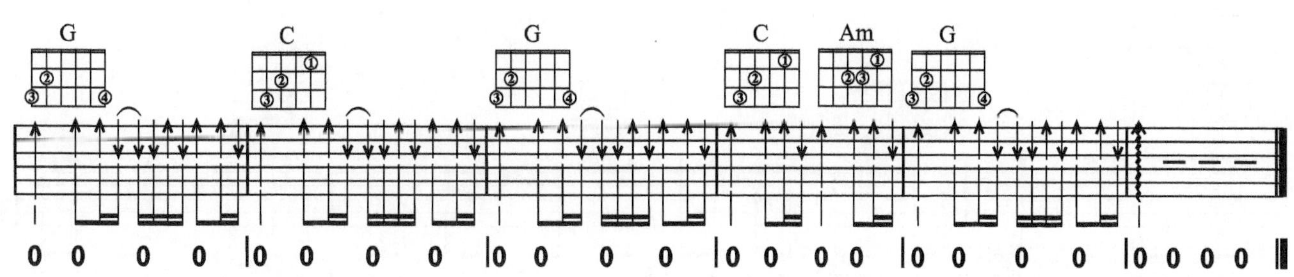
G C G C Am G

第三极

（许　巍演唱）

原调：1=D $\frac{4}{4}$
选调：1=C
Capo：2

王海涛 词
许　巍 曲

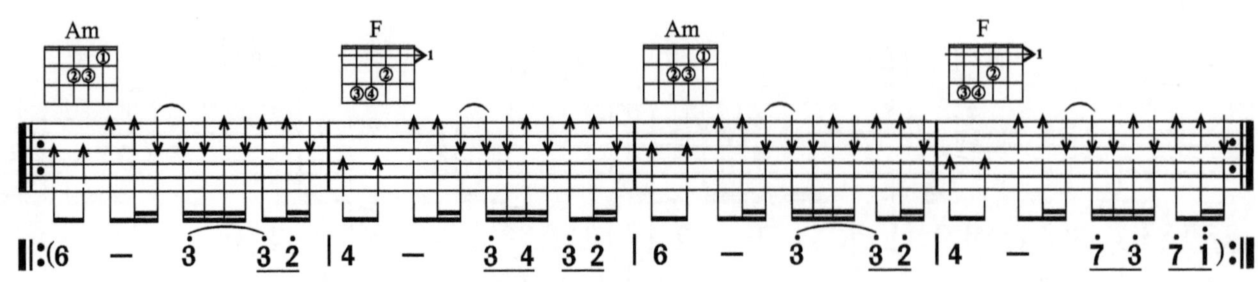

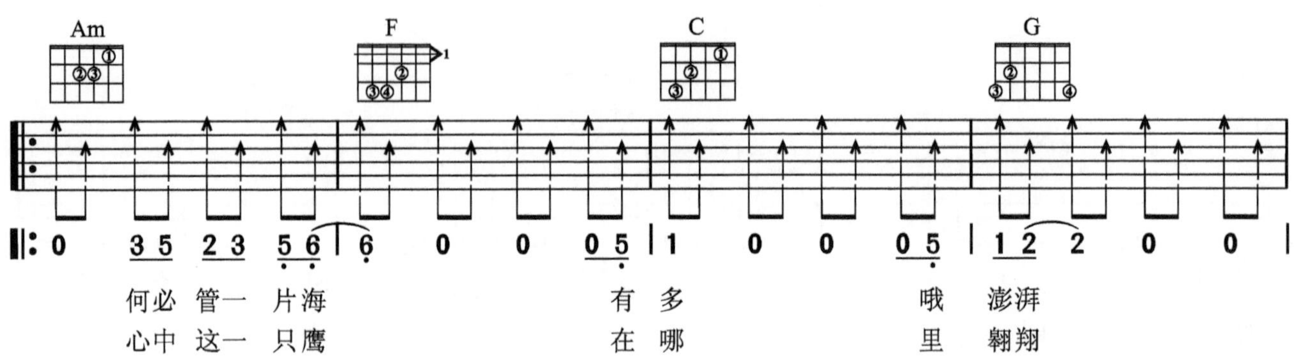

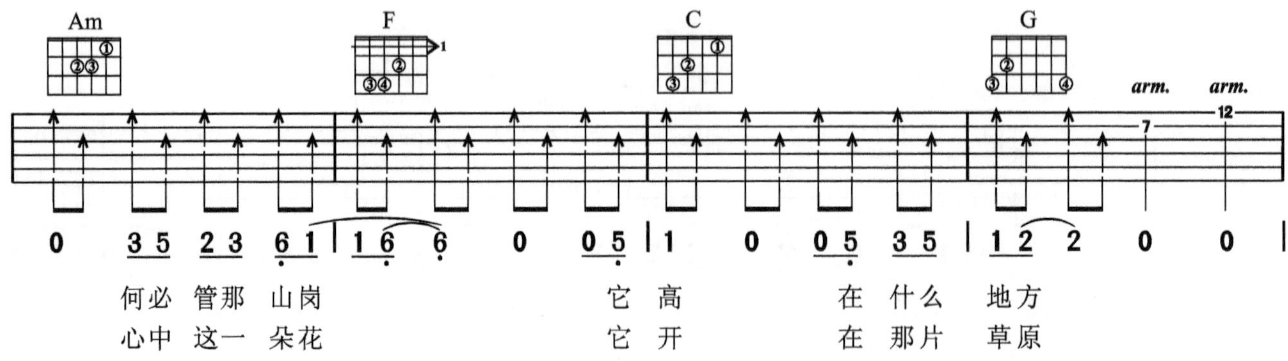

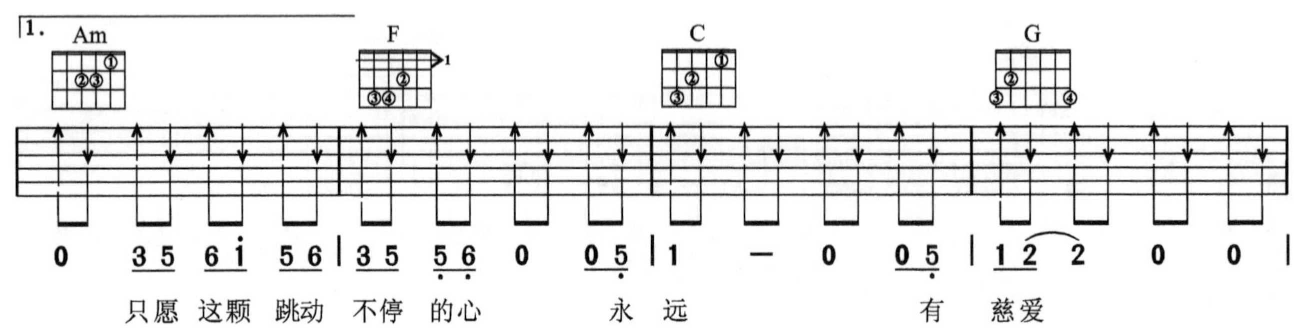

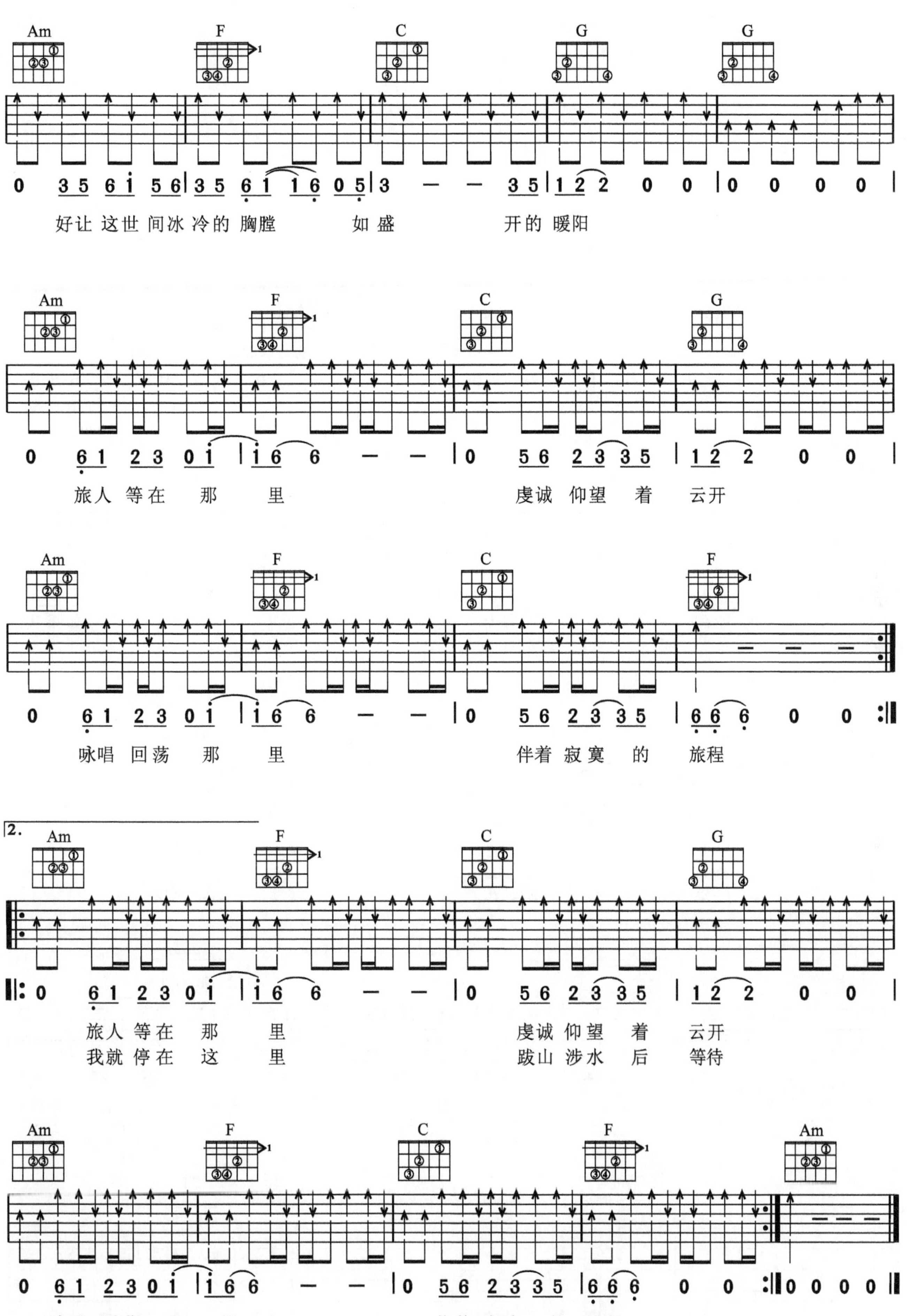
Am
F
C
G
G
0 35 6i 56 | 35 61 16 05 | 3 — — 35 | 12 2 0 0 | 0 0 0 0 |
好让 这世 间冰 冷的 胸膛 如盛 开的 暖阳
Am
F
C
G
0 61 23 0i | i6 6 — — | 0 56 23 35 | 12 2 0 0 |
旅人 等在 那 里 虔诚 仰望 着 云开
Am
F
C
F
0 61 23 0i | i6 6 — — | 0 56 23 35 | 66 6 0 0 :|
咏唱 回荡 那 里 伴着 寂寞 的 旅程
2.
Am
F
C
G
|: 0 61 23 0i | i6 6 — — | 0 56 23 35 | 12 2 0 0 |
旅人 等在 那 里 虔诚 仰望 着 云开
我就 停在 这 里 跋山 涉水 后 等待
Am
F
C
F
Am
0 61 23 0i | i6 6 — — | 0 56 23 35 | 66 6 0 0 :| 0 0 0 0 |
咏唱 回荡 那 里 伴着 寂寞 的 旅程
我永 远在 这 里 涌着 爱面 朝 沧海

晨　星

（许 巍 演唱）

许　巍 词曲

1=F $\frac{4}{4}$

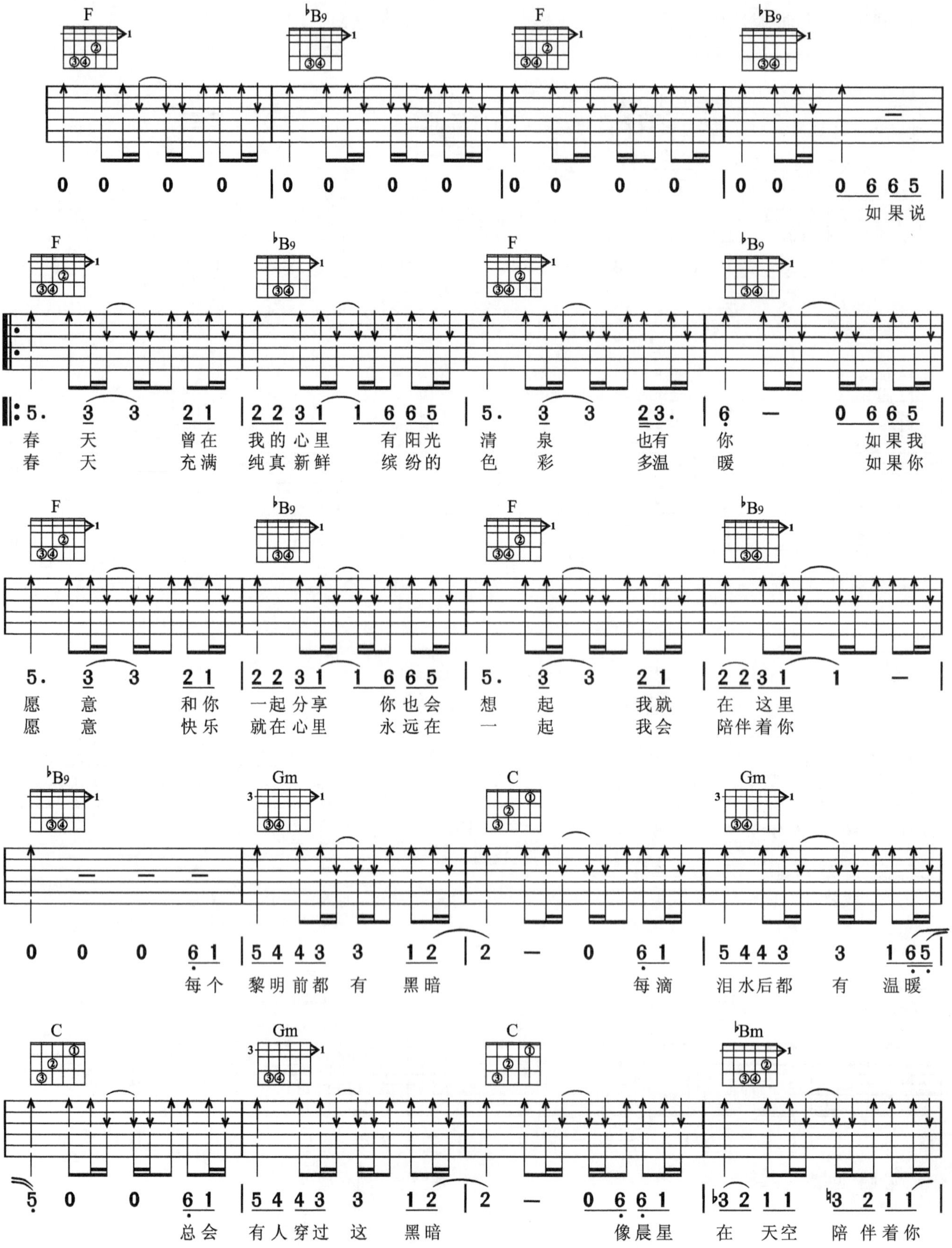

F　♭B9　F　♭B9

0 0 0 0 | 0 0 0 0 | 0 0 0 0 | 0 0 0665 |

如果说

F　♭B9　F　♭B9

‖: 5. 3 3 21 | 2231 1 665 | 5. 3 3 23. | 6 — 0665 |

春　天　曾在　我的心里　有阳光　清　泉　也有　你　如果我

春　天　充满　纯真新鲜　缤纷的　色　彩　多温　暖　如果你

F　♭B9　F　♭B9

5. 3 3 21 | 2231 1 665 | 5. 3 3 21 | 2231 1 — |

愿　意　和你　一起分享　你也会　想　起　我就　在 这里

愿　意　快乐　就在心里　永远在　一　起　我会　陪伴着你

♭B9　Gm　C　Gm

0 0 0 61 | 5443 3 12 | 2 — 0 61 | 5443 3 165 |

每个　黎明前都　有　黑暗　每滴　泪水后都　有　温暖

C　Gm　C　♭Bm

5 0 0 61 | 5443 3 12 | 2 — 0661 | ♭3211 ♮3211 |

总会　有人穿过　这　黑暗　像晨星　在　天空　陪伴着你

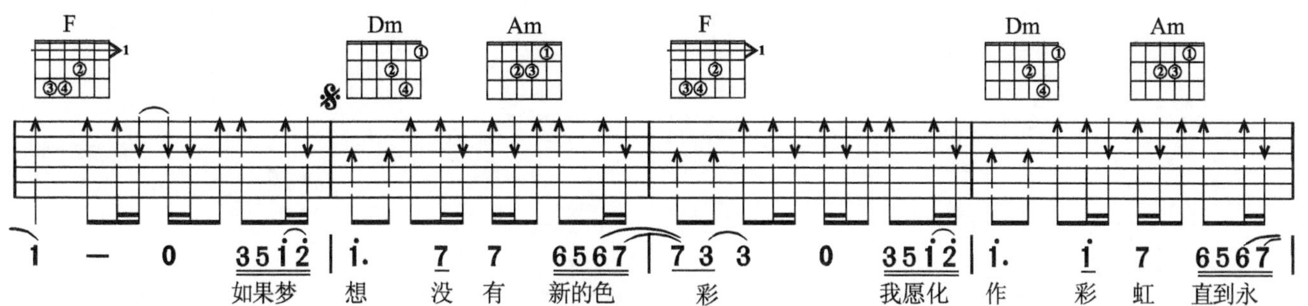
F Dm Am F Dm Am
如果梦想没有新的色彩 我愿化作彩虹直到永

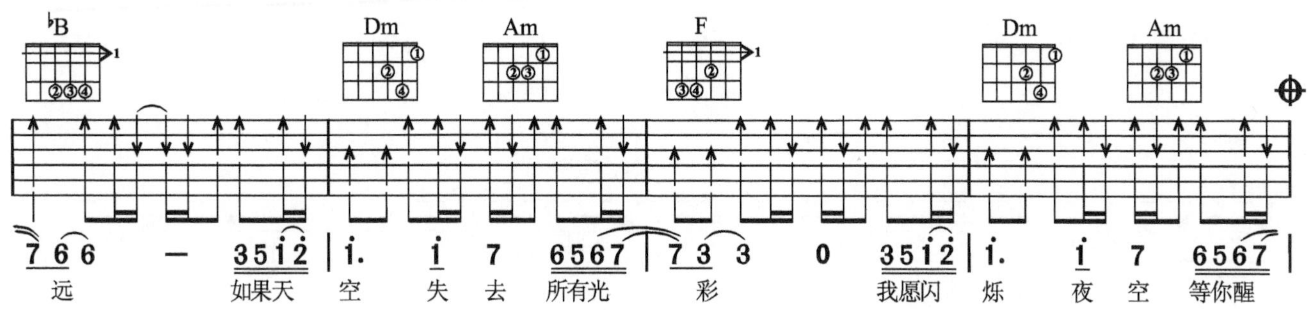
♭B Dm Am F Dm Am
远 如果天空失去所有光彩 我愿闪烁夜空等你醒

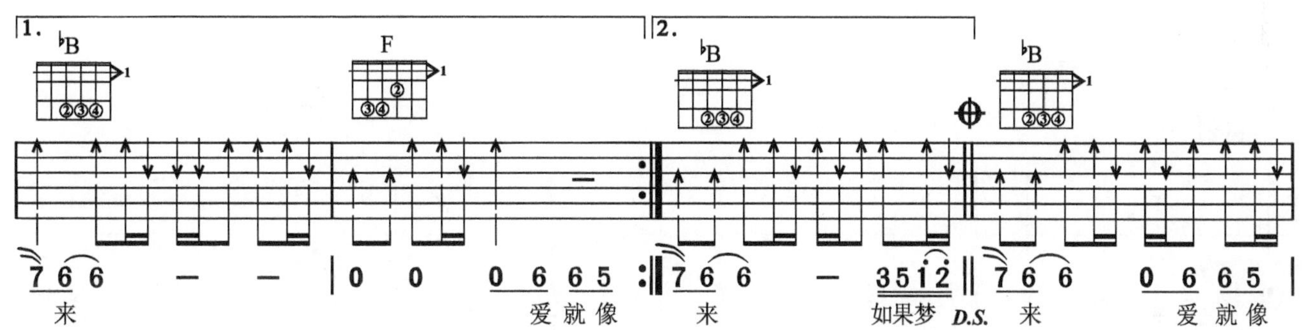
1. ♭B F 2. ♭B ♭B
来 爱就像 来 如果梦 D.S. 来 爱就像

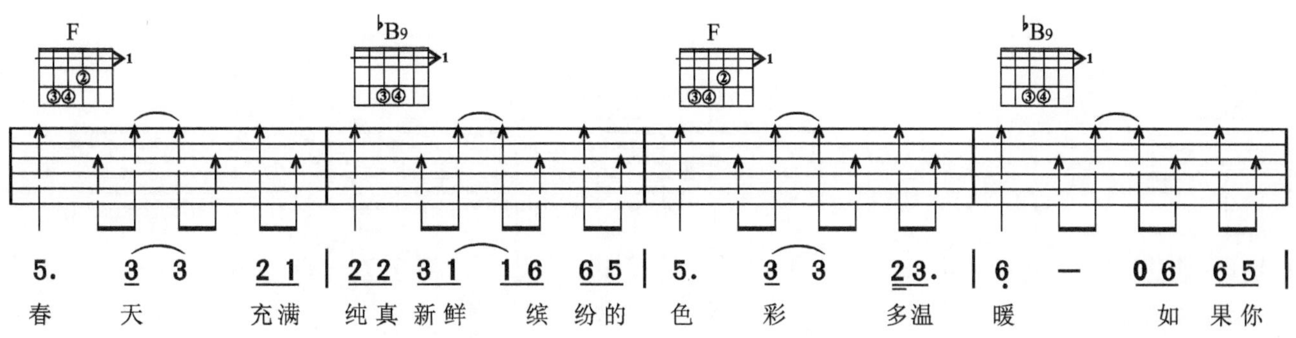
F ♭B9 F ♭B9
春天充满纯真新鲜缤纷的色彩多温暖 如果你

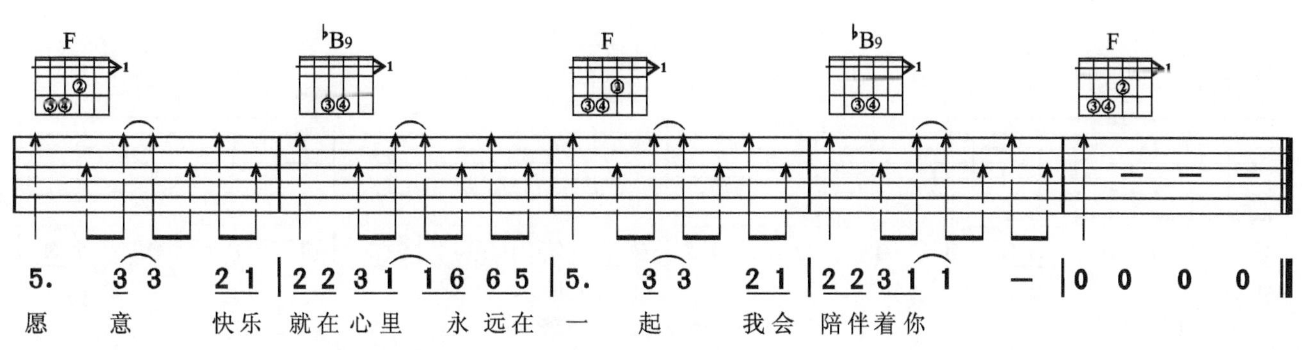
F ♭B9 F ♭B9 F
愿意快乐就在心里永远在一起 我会陪伴着你

爱 情

（许 巍演唱）

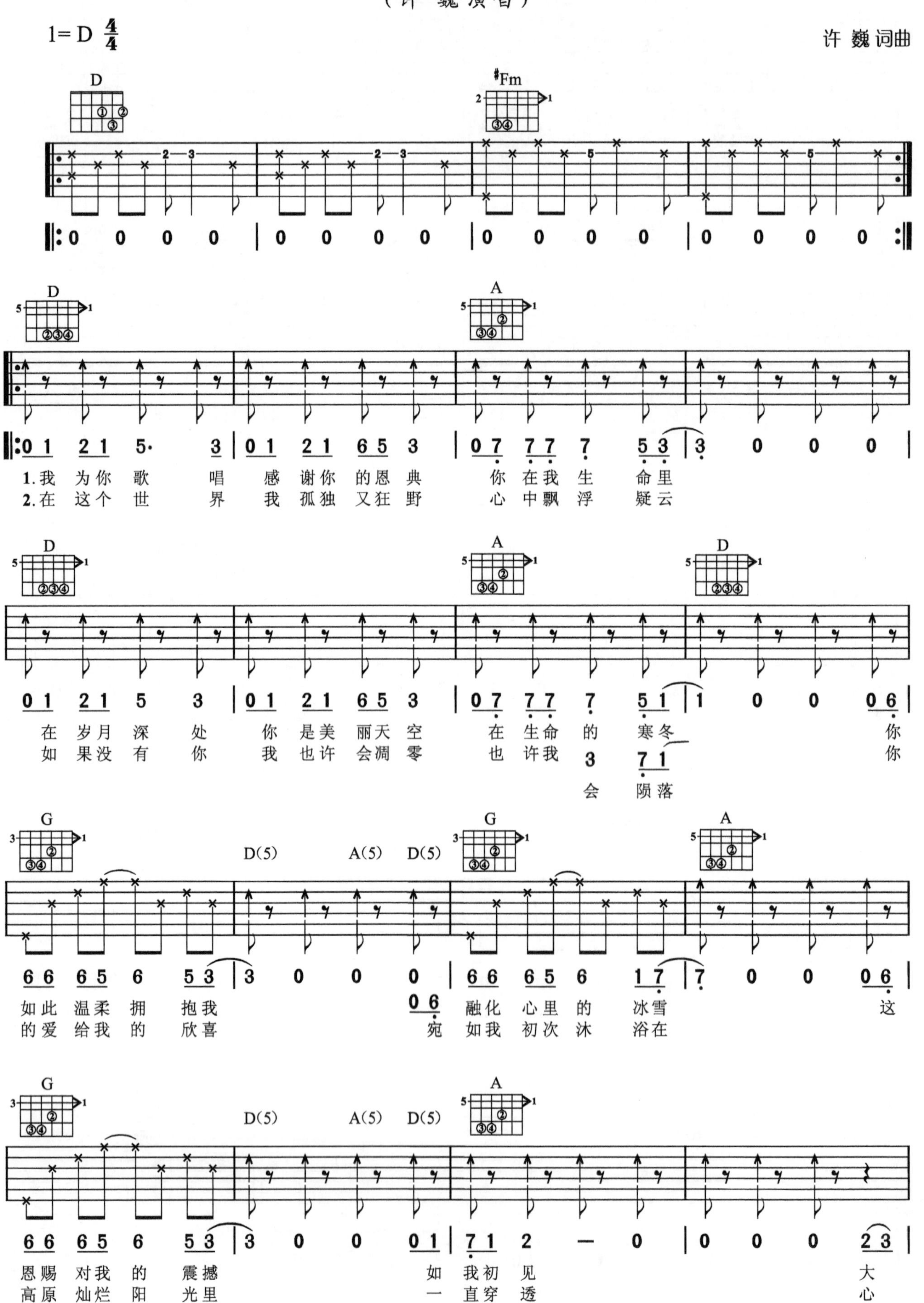
1=D 4/4
许 巍词曲
D
#Fm
D
A
1.我 为你 歌 唱 感 谢你 的恩 典 你 在我 生 命里
2.在 这个 世 界 我 孤独 又狂 野 心 中飘 浮 疑云
D
A
D
在 岁月 深 处 你 是美 丽天 空 在 生命 的 寒冬 你
如 果没 有 你 我 也许 会凋 零 也 许我 会 陨落 你
G
D(5) A(5) D(5)
G
A
如此 温柔 拥 抱我 融化 心里 的 冰雪 这
的爱 给我 的 欣喜 宛 如我 初次 沐 浴在
G
D(5) A(5) D(5)
A
恩赐 对我 的 震撼 如 我初 见 大
高原 灿烂 阳 光里 一 直穿 透 心

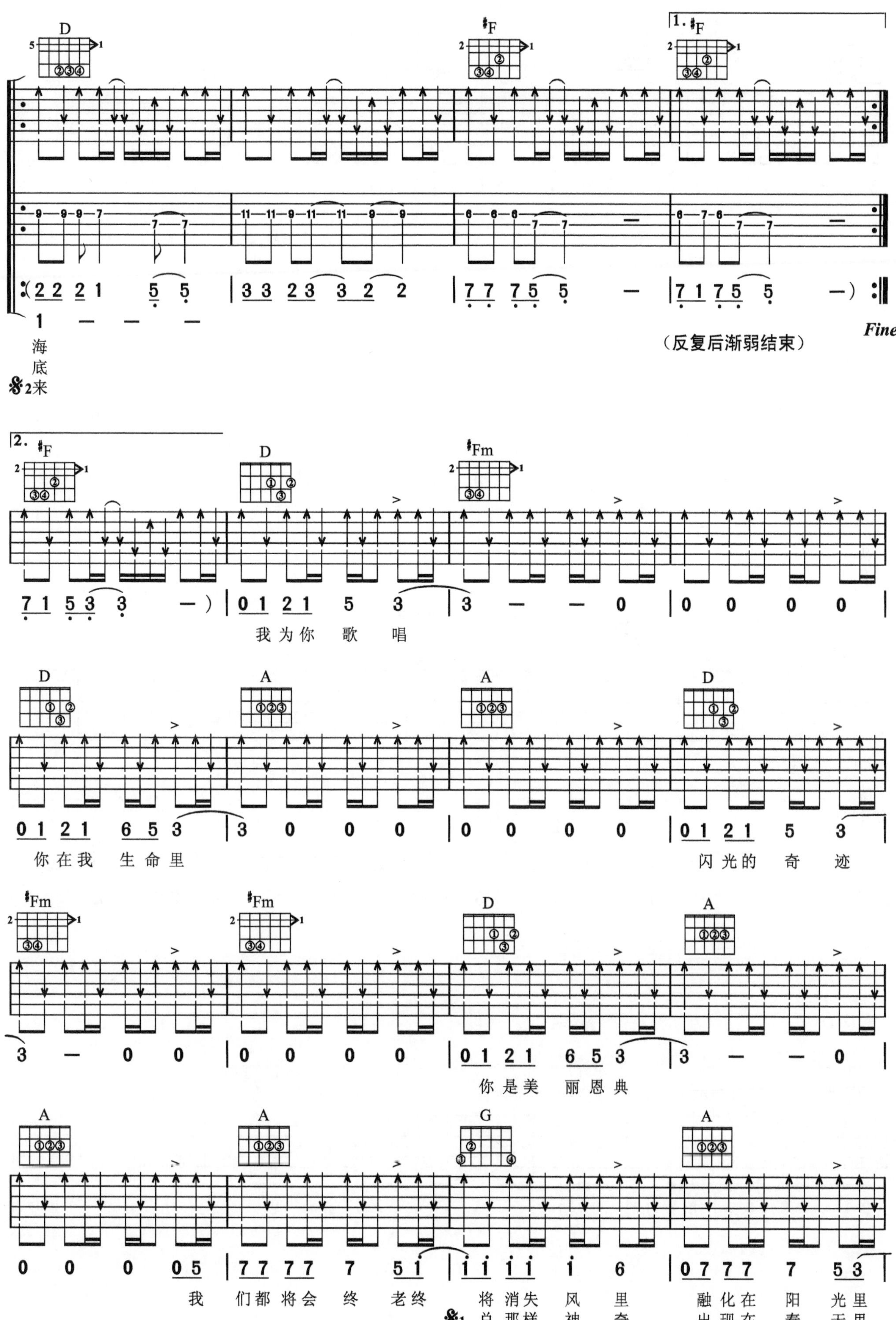

D
#F
1. #F
海
底
𝄋2 来
（反复后渐弱结束）
Fine.
2. #F
D
#Fm
我为你 歌 唱
D
A
A
D
你在我 生命里
闪光的 奇 迹
#Fm
#Fm
D
A
你是美 丽恩典
A
A
G
A
我 们都 将会 终 老终 将 消失 风 里 融化在 阳 光里
𝄋1 总 那样 神 奇 出现在 春 天里

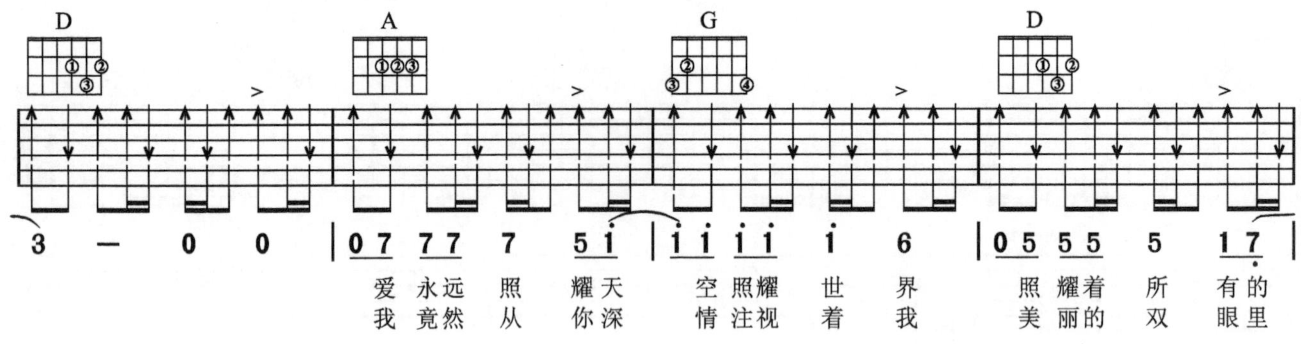
D
A
G
D
3 — 0 0 | 0 7 7 7 7 5 1 | 1 1 1 1 1 6 | 0 5 5 5 5 1 7 |
爱 永远 照 耀天 空照耀 世 界 照 耀着 所 有的
我 竟然 从 你深 情注视 着 我 美丽的 双 眼里

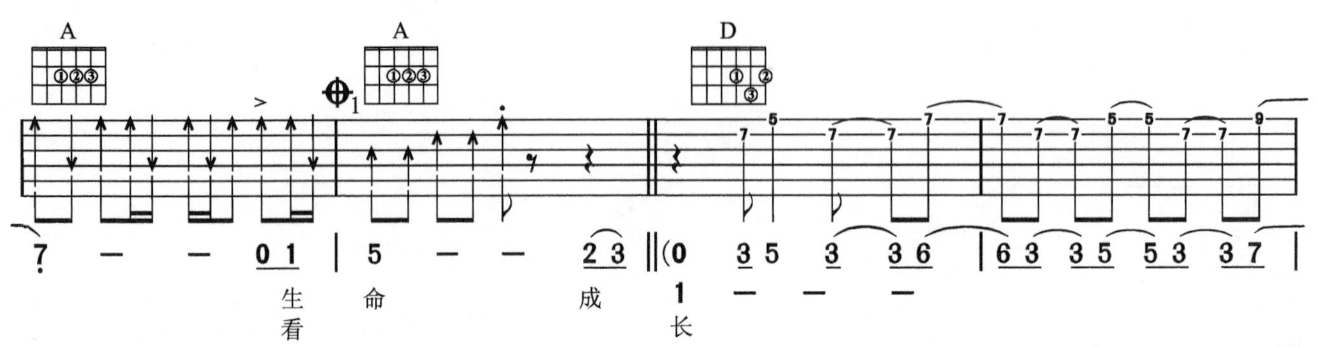
A
A
D
7 — — 0 1 | 5 — — 2 3 ‖(0 3 5 3 3 6 | 6 3 3 5 5 3 3 7 |
生 命 成 1 — — —
看 长

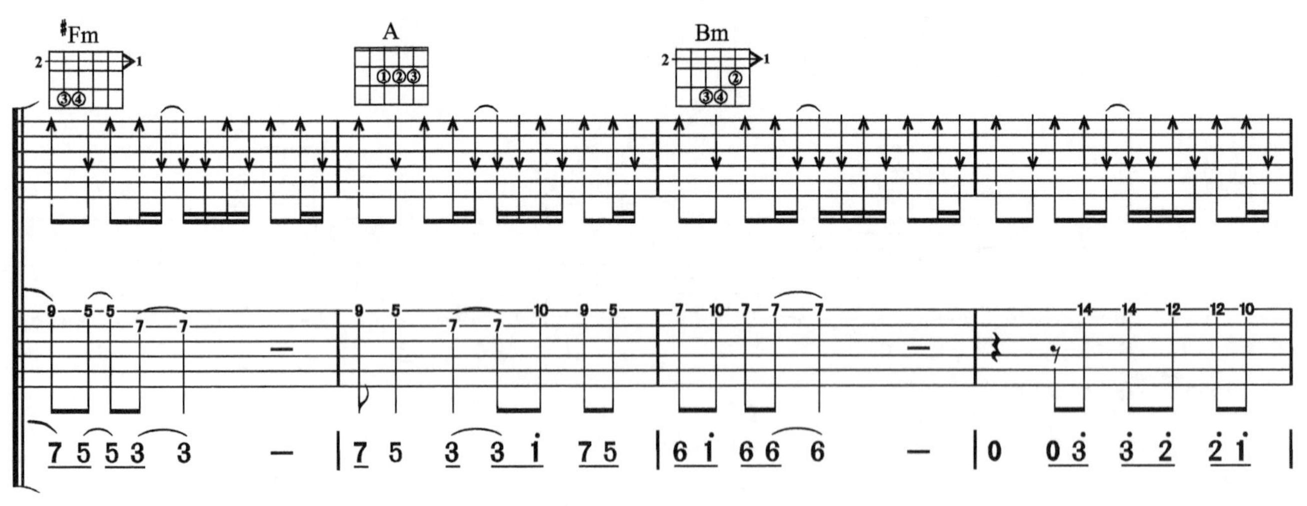
#Fm
A
Bm
7 5 5 3 3 — | 7 5 3 3 1 7 5 | 6 1 6 6 6 — | 0 0 3 3 2 2 1 |

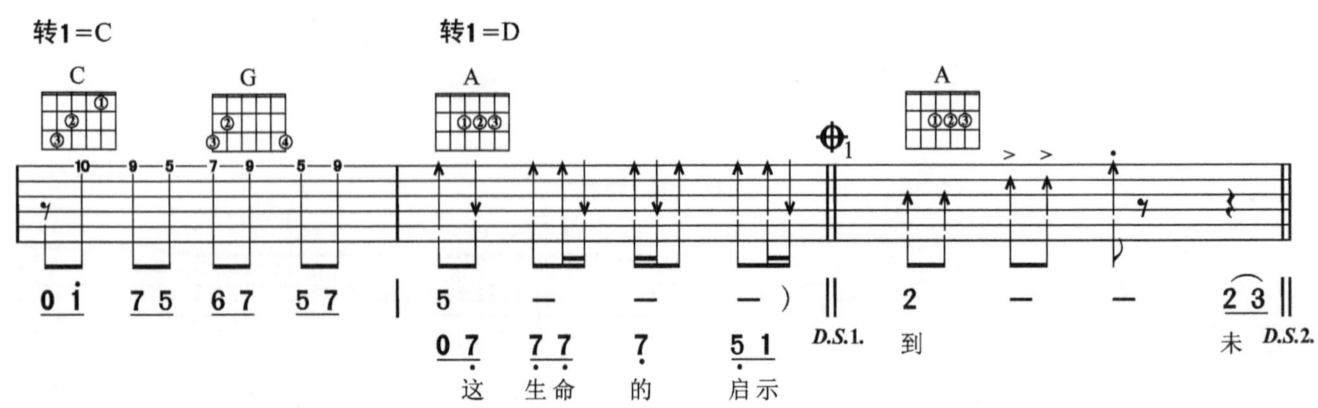
转1=C
转1=D
C
G
A
A
0 1 7 5 6 7 5 7 | 5 — — —) ‖ 2 — — 2 3 ‖
0 7 7 7 7 5 1
这生命 的 启示
D.S.1.
到
未
D.S.2.

灵　岩

（许 巍演唱）

1=C $\frac{4}{4}$

许　巍词曲

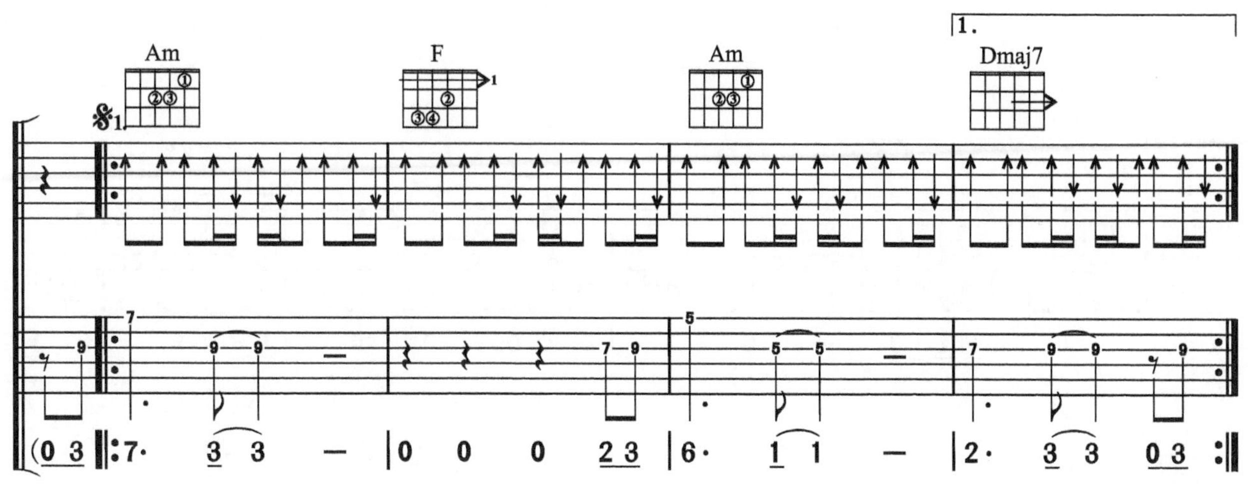

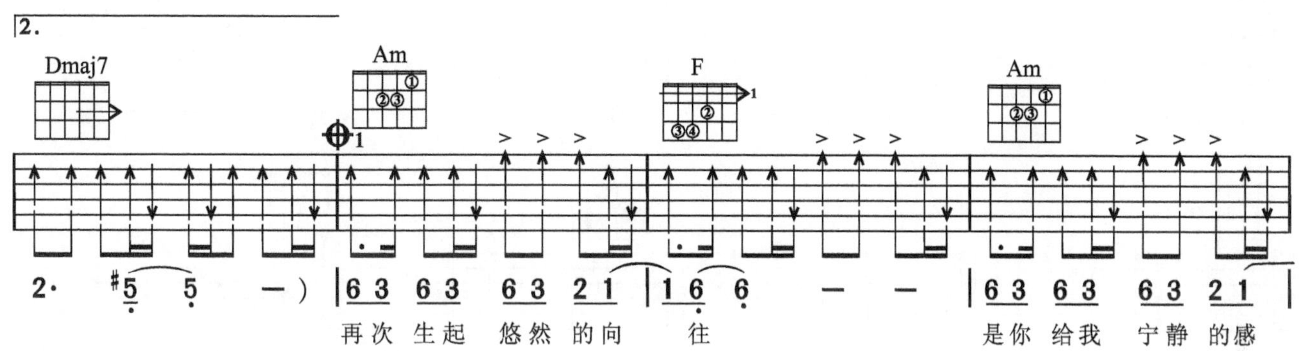

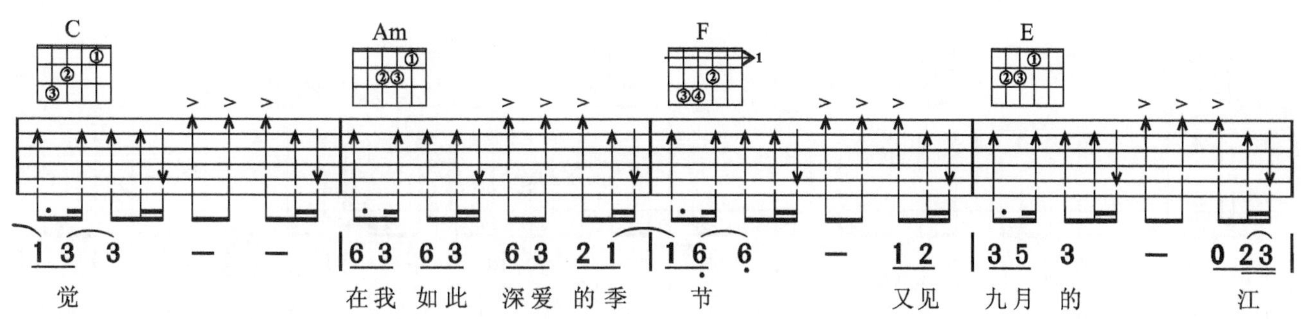

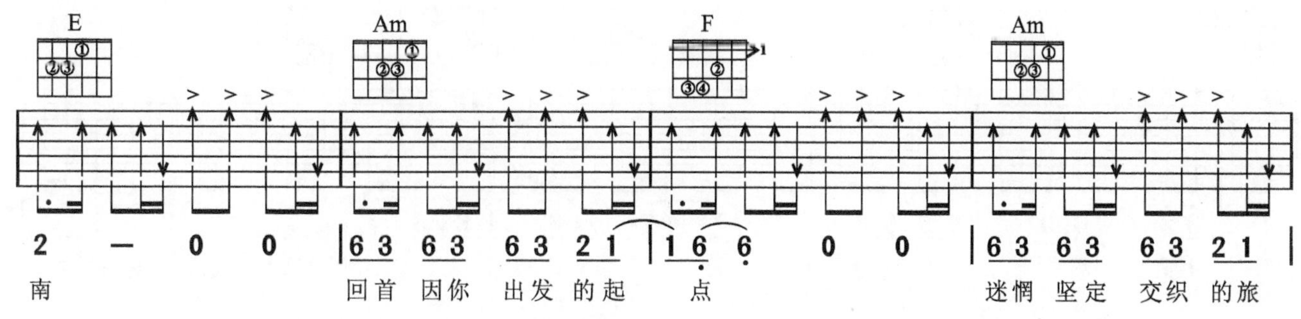

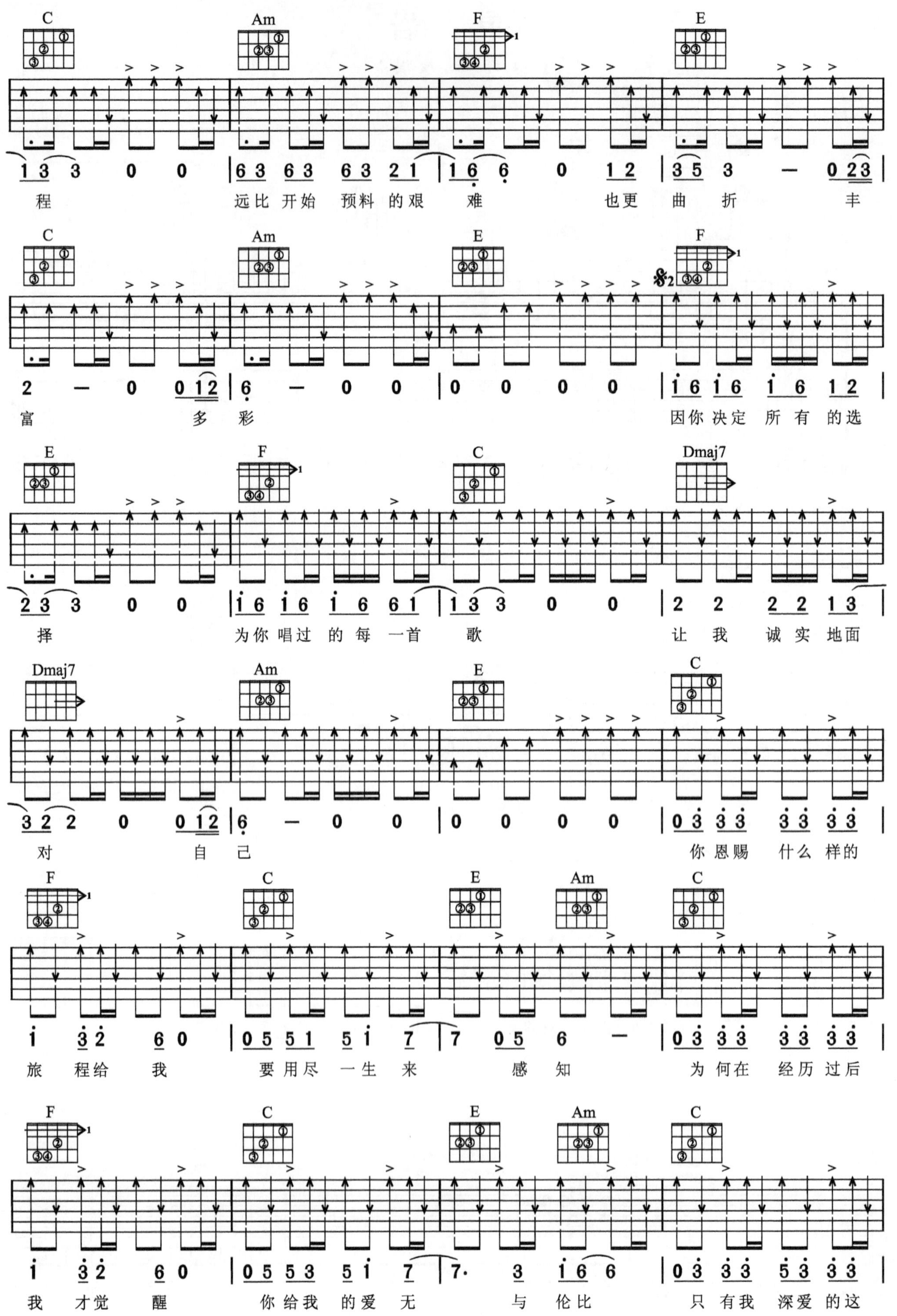

C Am F E
程 远比开始预料的艰难 也更曲折 丰
C Am E F
富 多彩 因你决定所有的选
E F C Dmaj7
择 为你唱过的每一首歌 让我诚实地面
Dmaj7 Am E C
对 自己 你恩赐什么样的
F C E Am C
旅程给我 要用尽一生来 感知 为何在经历过后
F C E Am C
我才觉醒 你给我的爱无 与伦比 只有我深爱的这

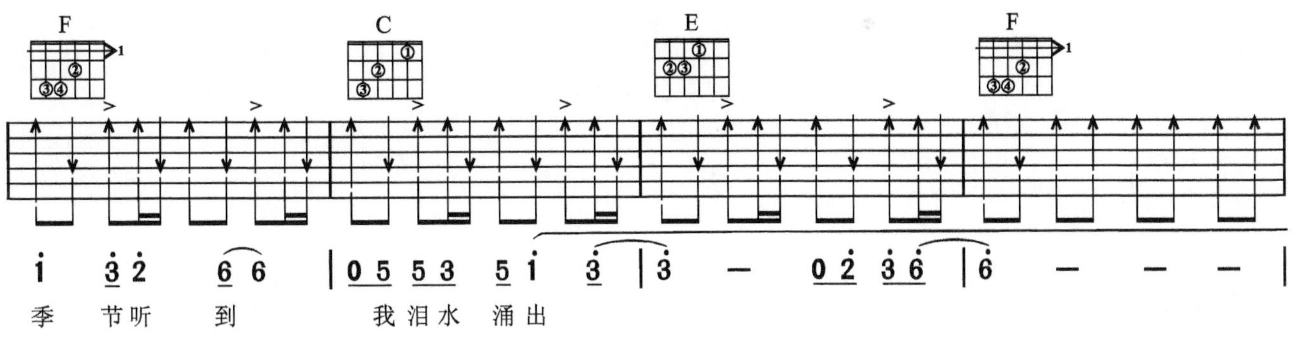
F
C
E
F
季 节听 到 我泪水 涌出

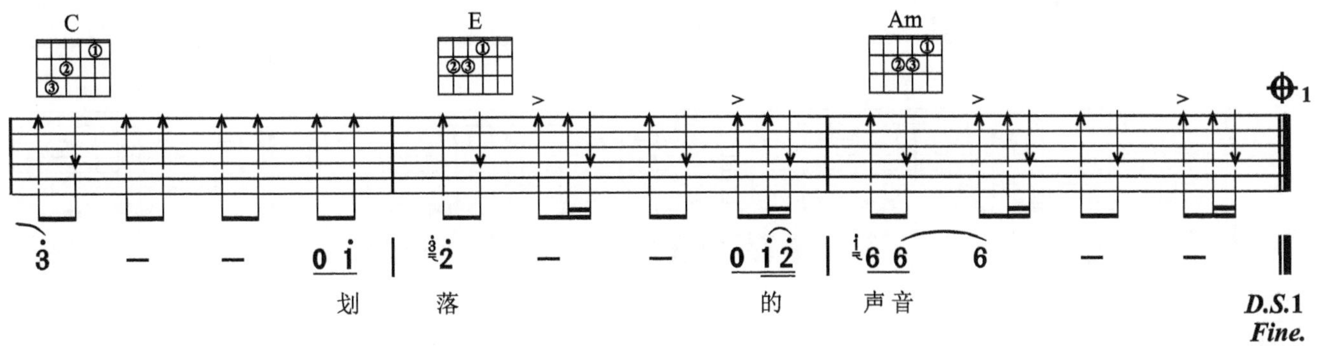
C
E
Am
划 落 的 声音
D.S.1
Fine.

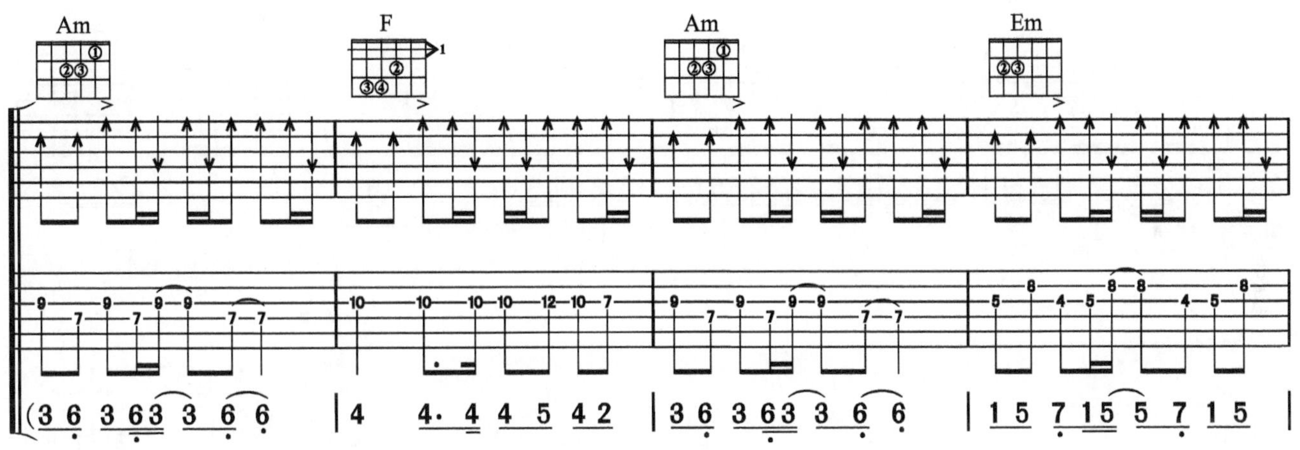
Am
F
Am
Em

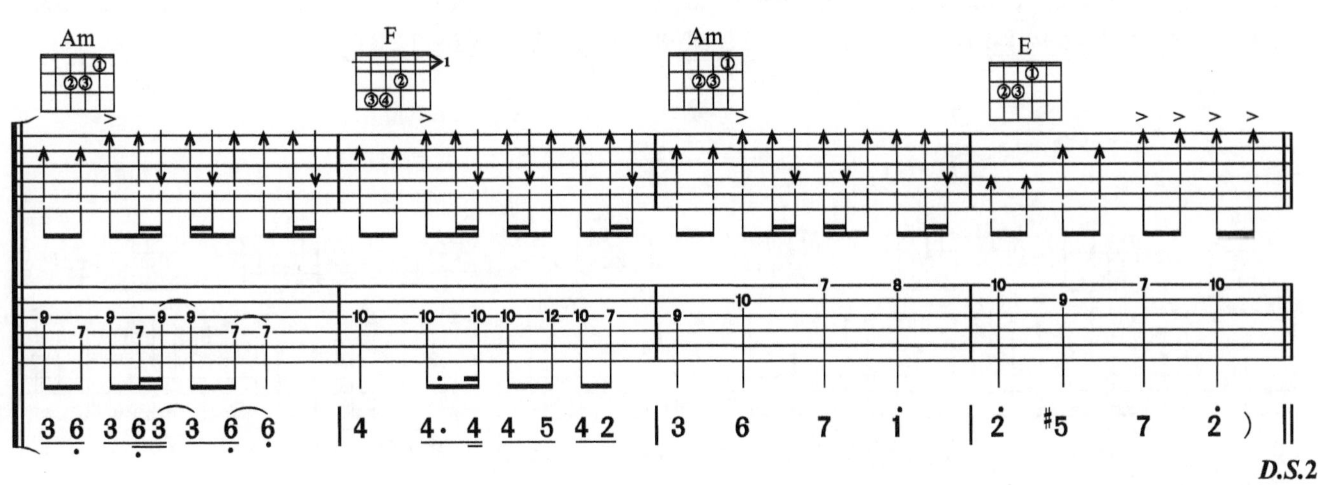
Am
F
Am
E
D.S.2

逍遥行

（许 巍演唱）

1=C $\frac{4}{4}$

许 巍词曲

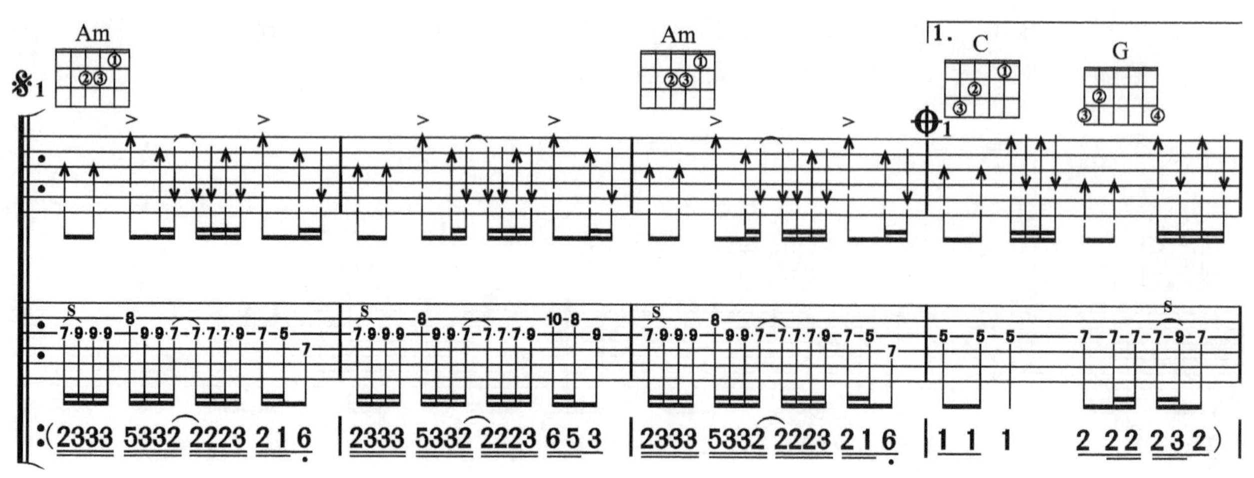

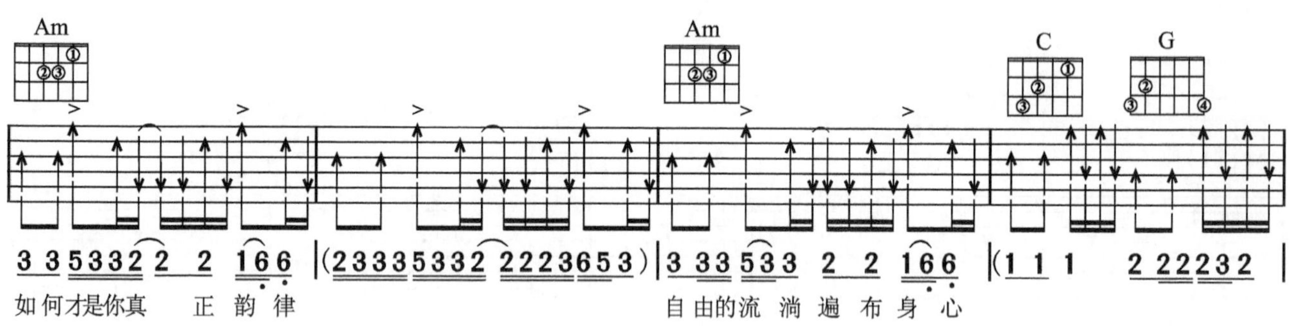

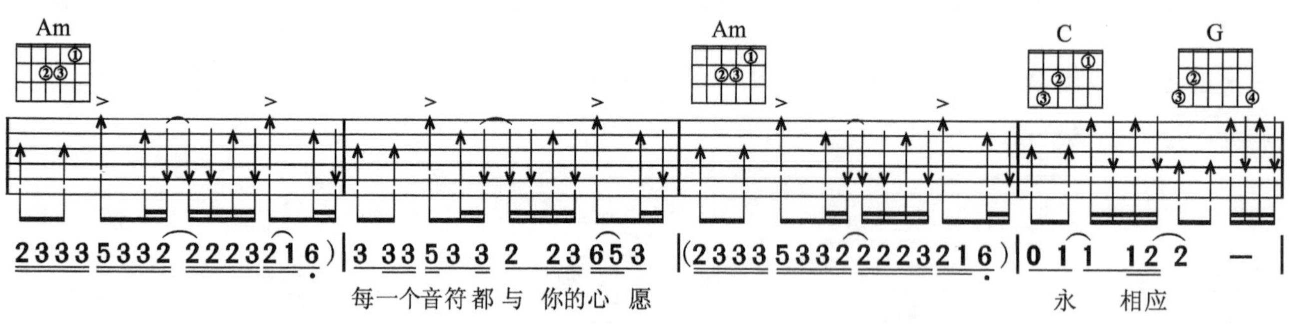

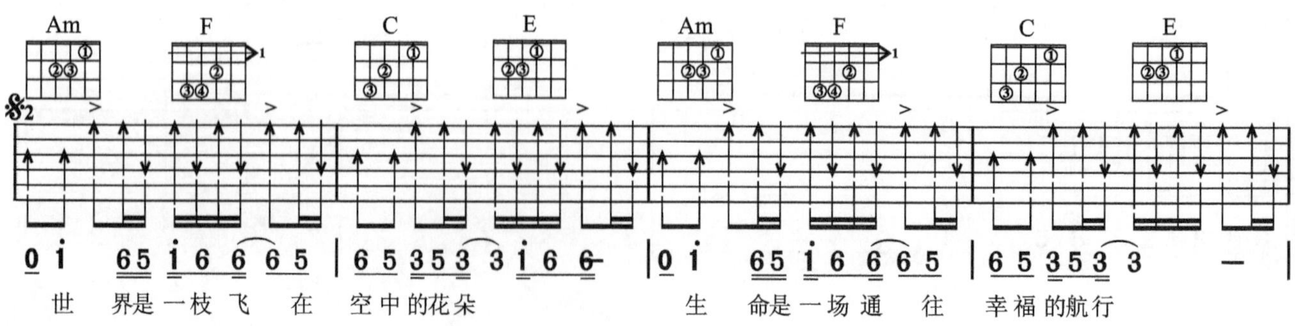

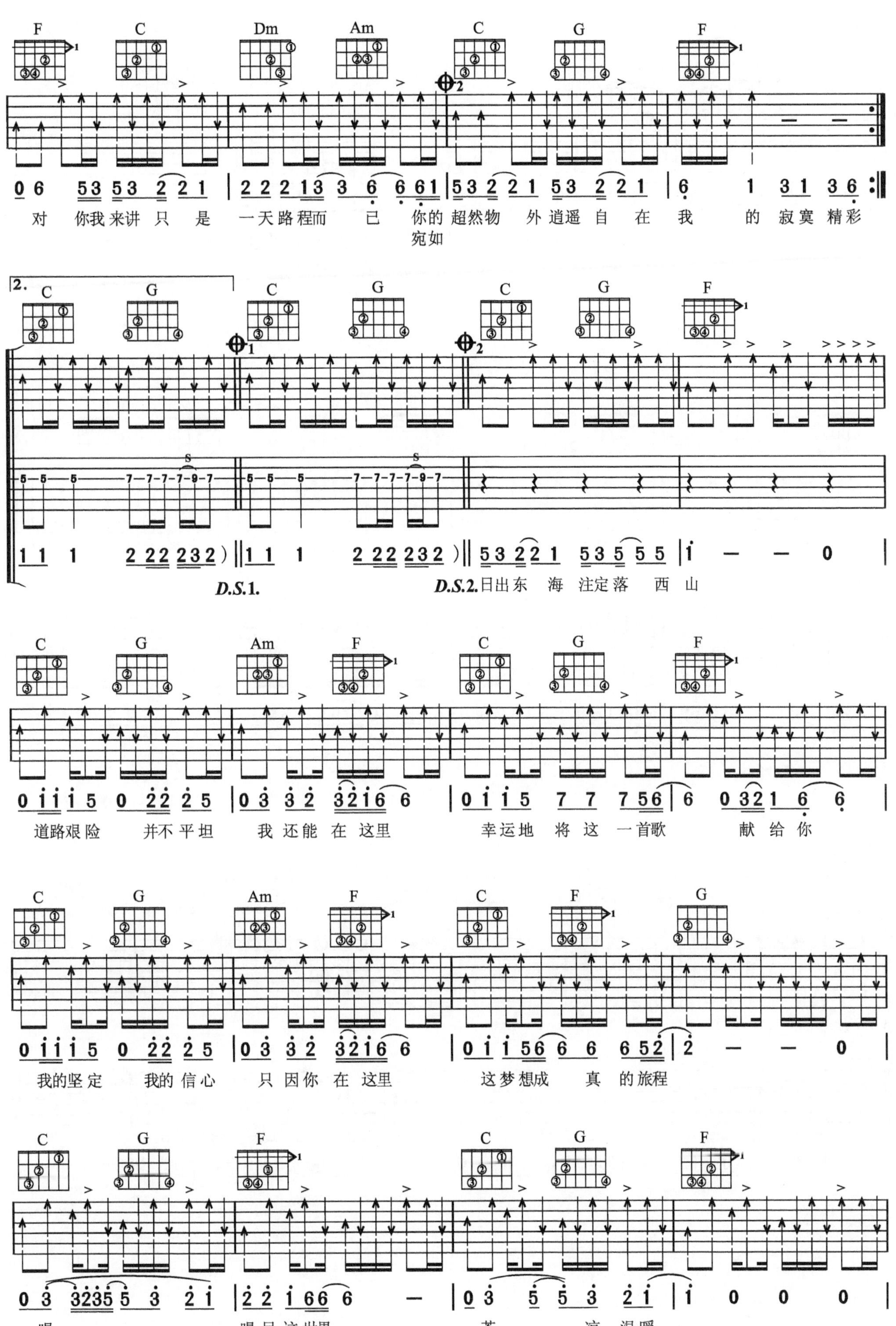
F C Dm Am C G F
对 你我来讲 只 是 一天路程而 已 你的 超然物 外 逍遥 自 在 我 的 寂寞 精彩
宛如
2.
C G C G C G F
D.S.1.
D.S.2. 日出东 海 注定落 西 山
C G Am F C G F
道路艰险 并不平坦 我 还能 在 这里 幸运地 将 这 一首歌 献 给 你
C G Am F C F G
我的坚定 我的 信心 只 因你 在 这里 这梦想成 真 的旅程
C G F C G F
唱 唱尽这世界 苍 凉 温暖

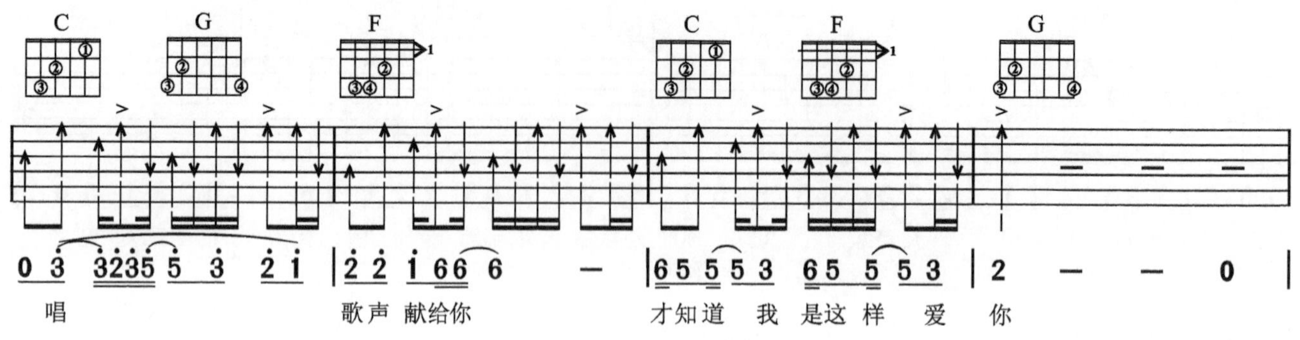
C G F C F G
唱 歌声 献给你 才知道 我是这样 爱 你

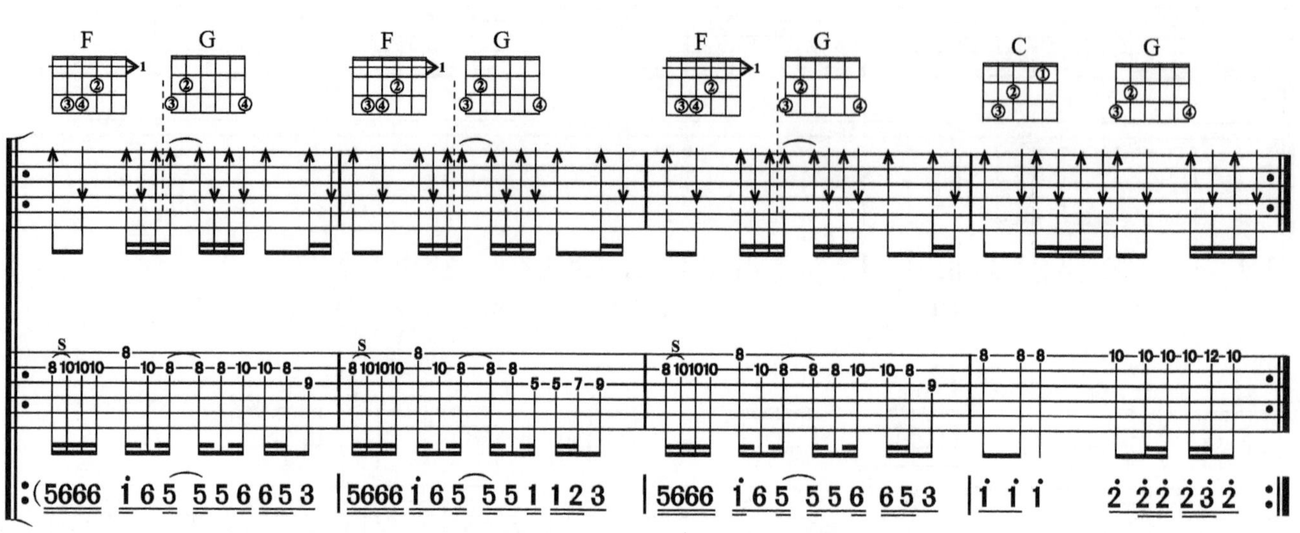
F G F G F G C G

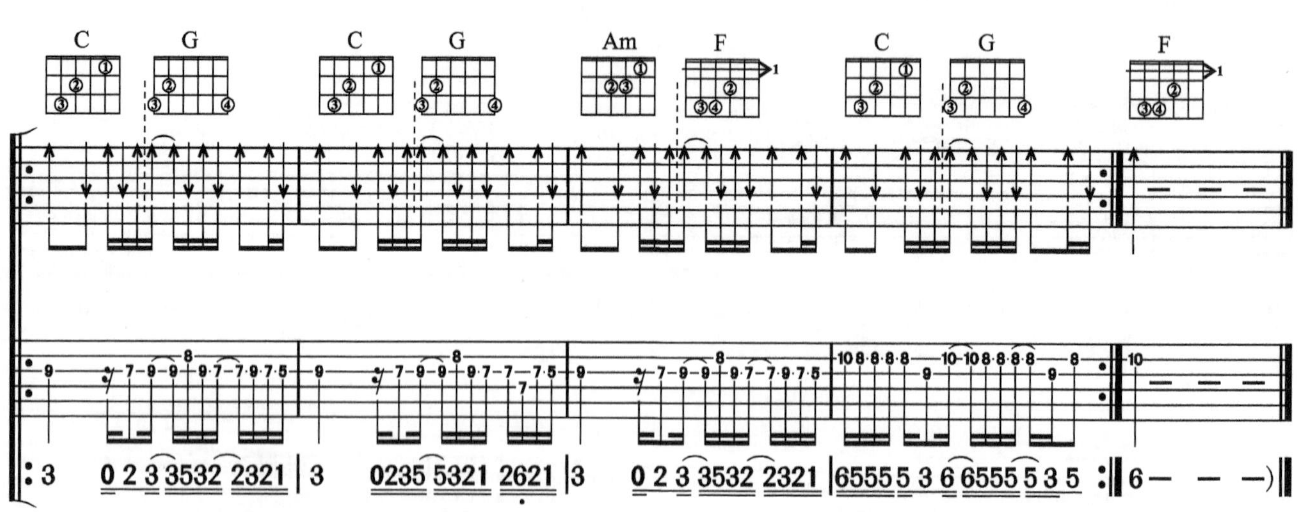
C G C G Am F C G F

此时此刻

（许　巍演唱）

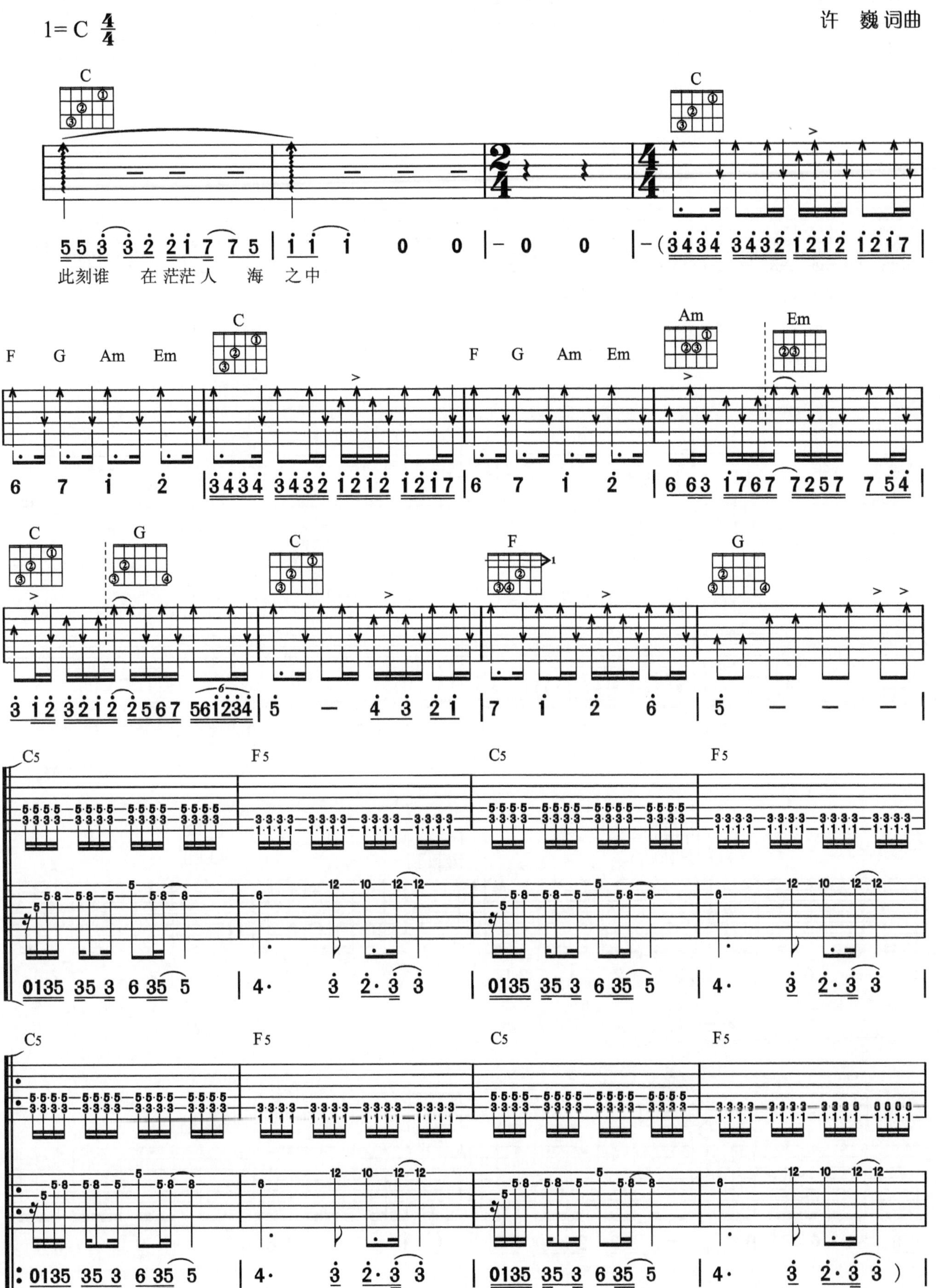

许　巍词曲
1= C 4/4
C
此刻谁　在茫茫人　海　之中
F G Am Em C F G Am Em Am Em
C G C F G
C5 F5 C5 F5
C5 F5 C5 F5

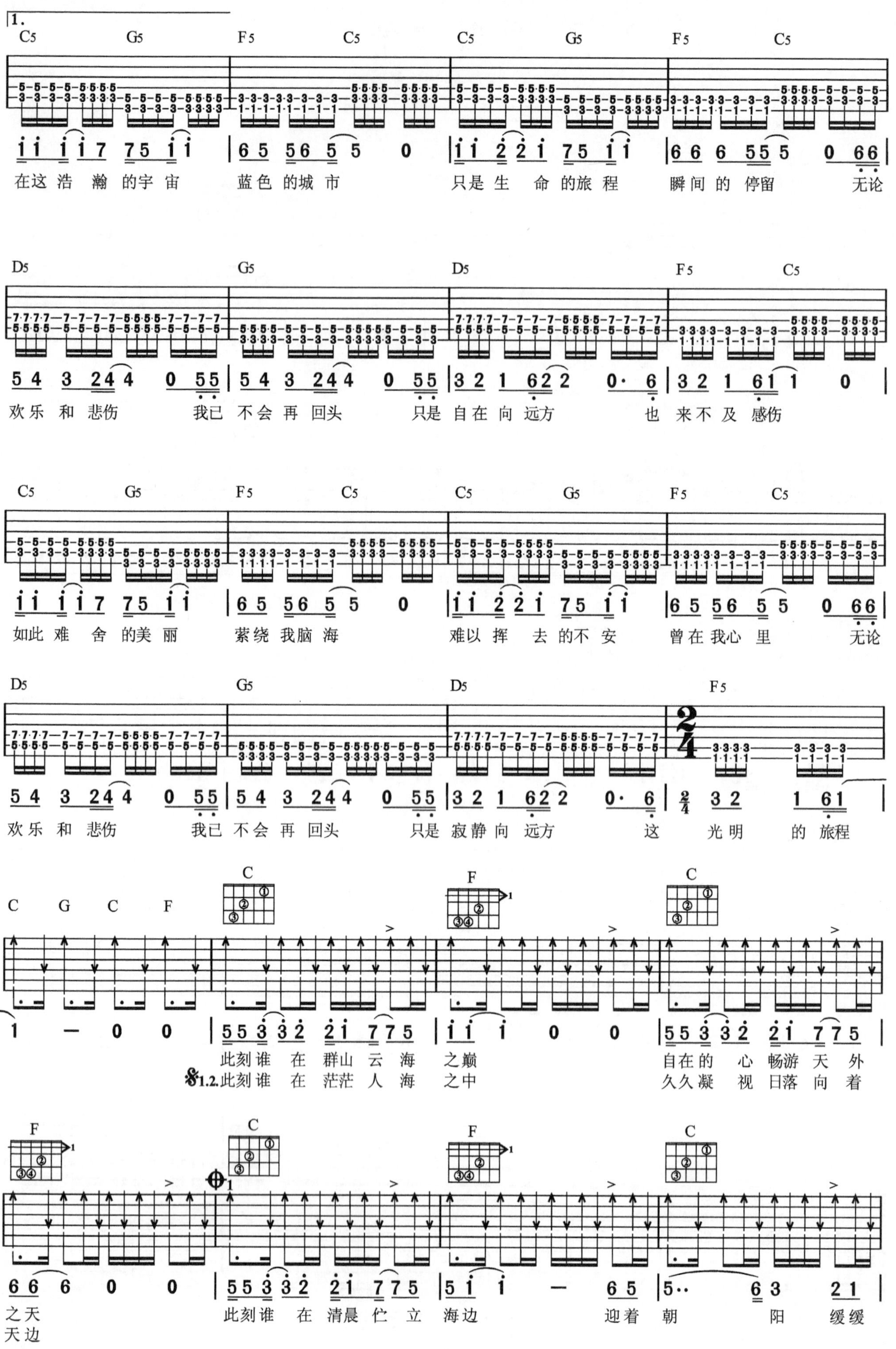
1.
C5 G5 F5 C5 C5 G5 F5 C5
在这浩瀚的宇宙 蓝色的城市 只是生命的旅程 瞬间的停留 无论
D5 G5 D5 F5 C5
欢乐和悲伤 我已不会再回头 只是自在向远方 也来不及感伤
C5 G5 F5 C5 C5 G5 F5 C5
如此难舍的美丽 萦绕我脑海 难以挥去的不安 曾在我心里 无论
D5 G5 D5 F5
欢乐和悲伤 我已不会再回头 只是寂静向远方 这光明的旅程
C G C F C F C
此刻谁在群山云海之巅 自在的心畅游天外
1.2.此刻谁在茫茫人海之中 久久凝视日落向着
F C F C
之天 此刻谁在清晨伫立海边 迎着朝阳缓缓
天边

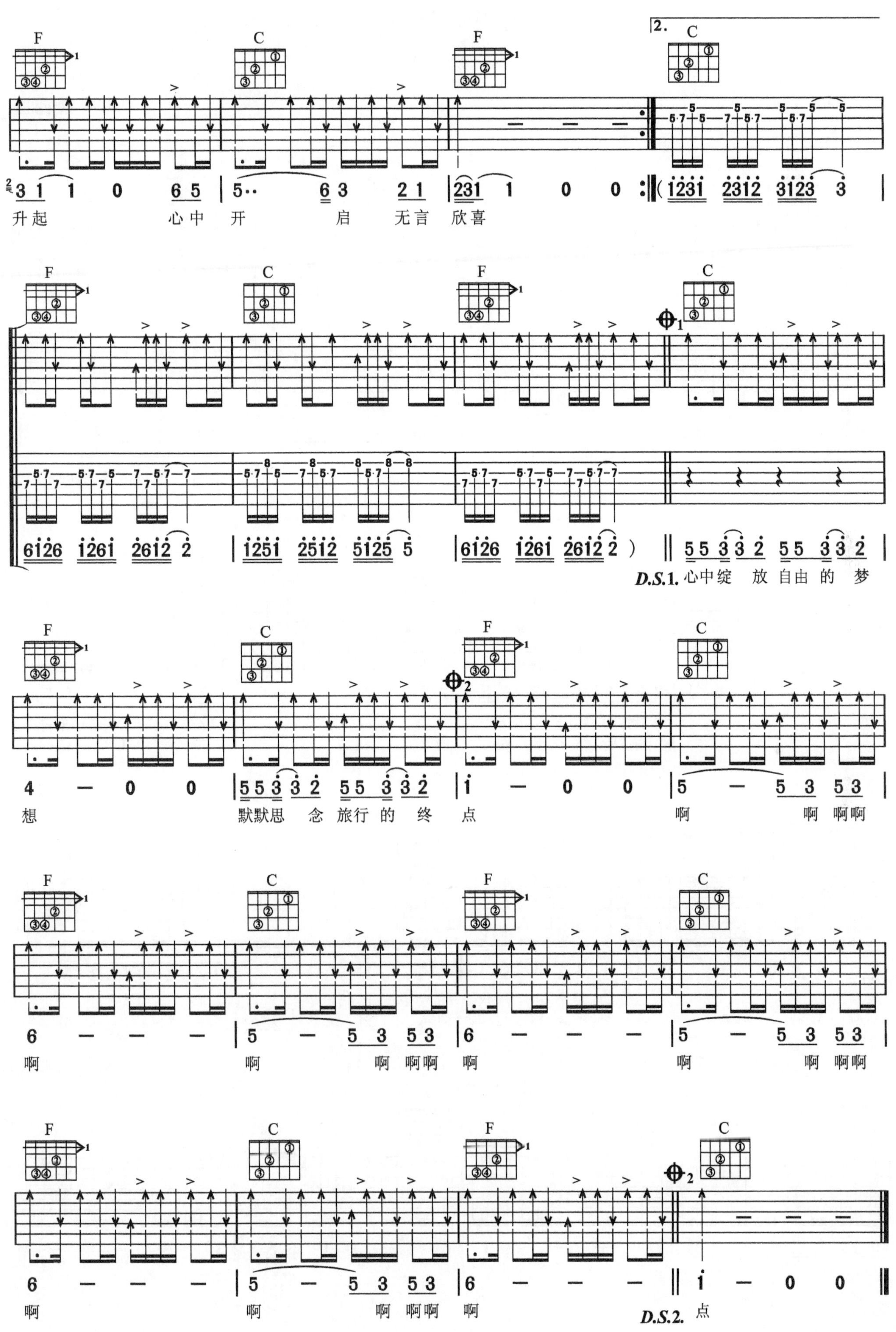
F C F 2. C
升起 心中 开 启 无言 欣喜
F C F C
D.S.1. 心中绽 放自由的 梦
F C F C
想 默默思 念旅行的 终 点 啊 啊 啊啊
F C F C
啊 啊 啊 啊啊 啊 啊 啊 啊啊
F C F C
啊 啊 啊 啊啊 啊
D.S.2. 点

救赎之旅

（许 巍演唱）

1=C $\frac{4}{4}$

许 巍词曲

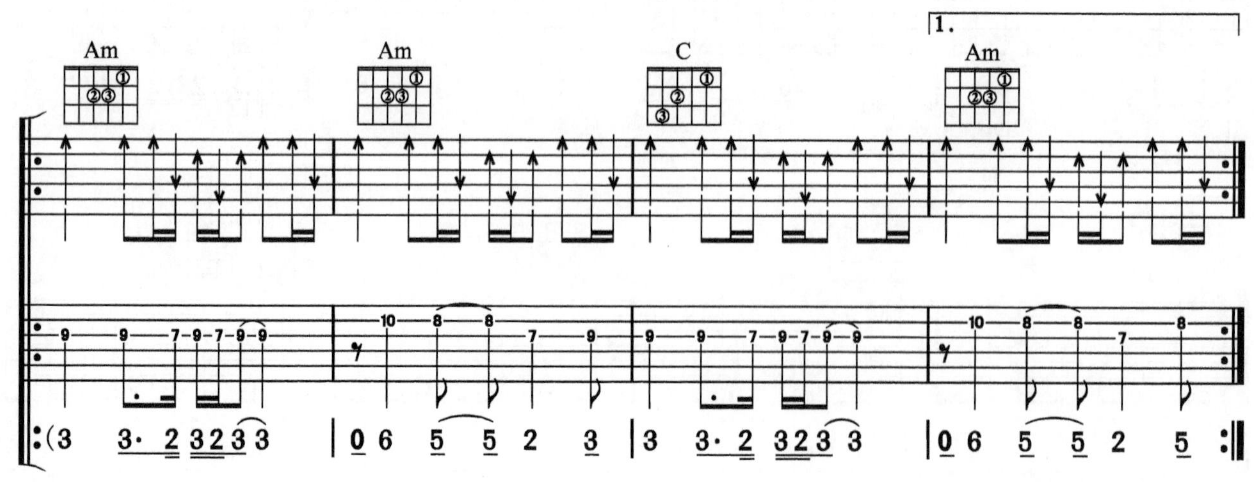

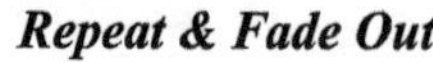

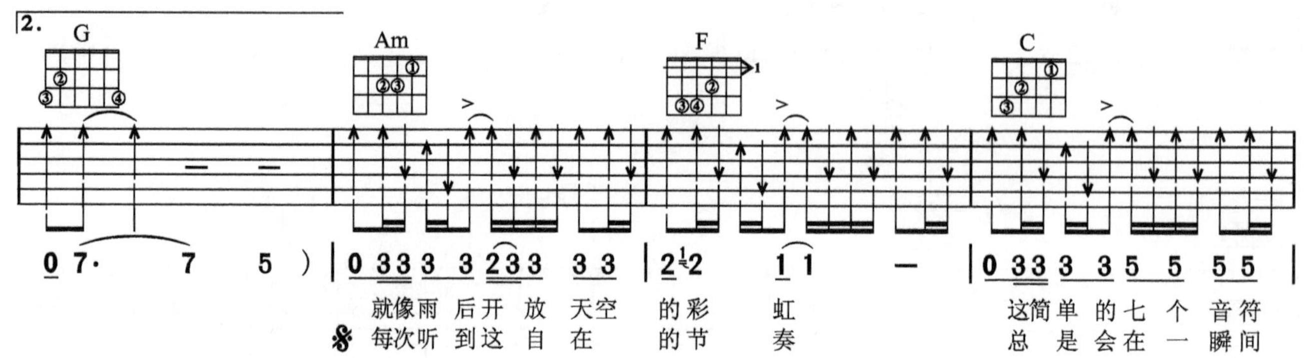

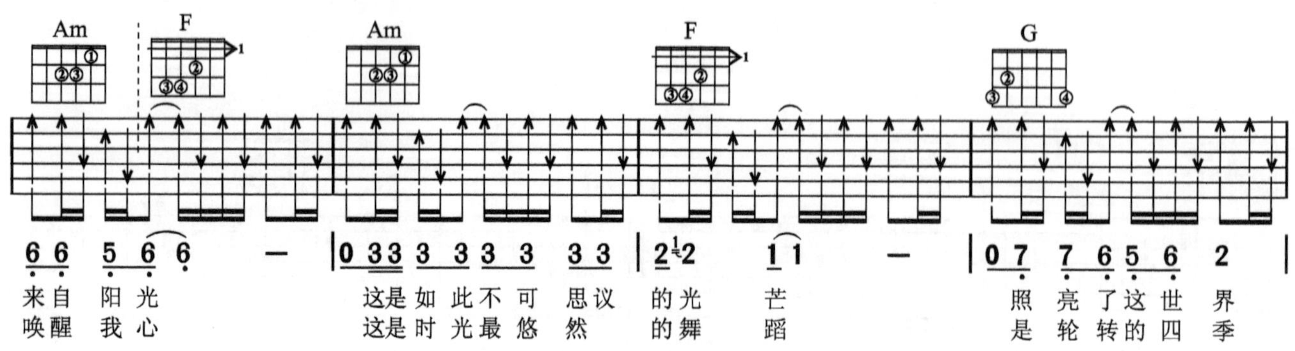

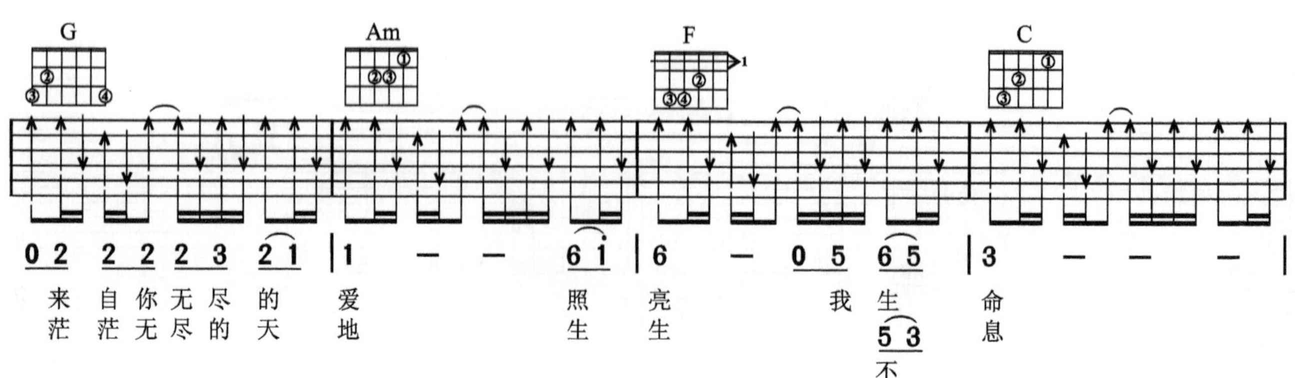

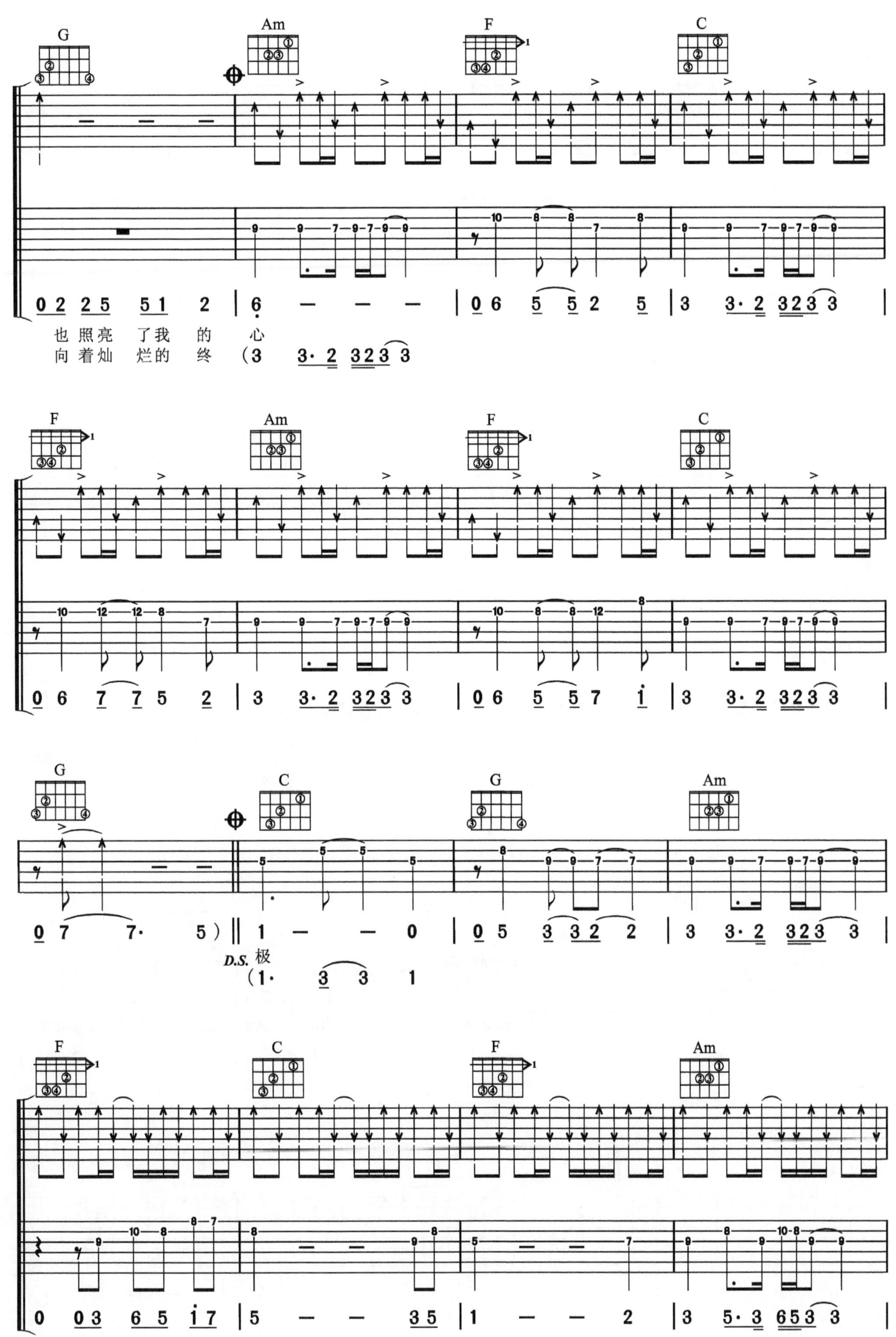
G
Am
F
C
也照亮 了我 的 心
向着灿 烂的 终
F
Am
F
C
G
C
G
Am
D.S. 极
F
C
F
Am

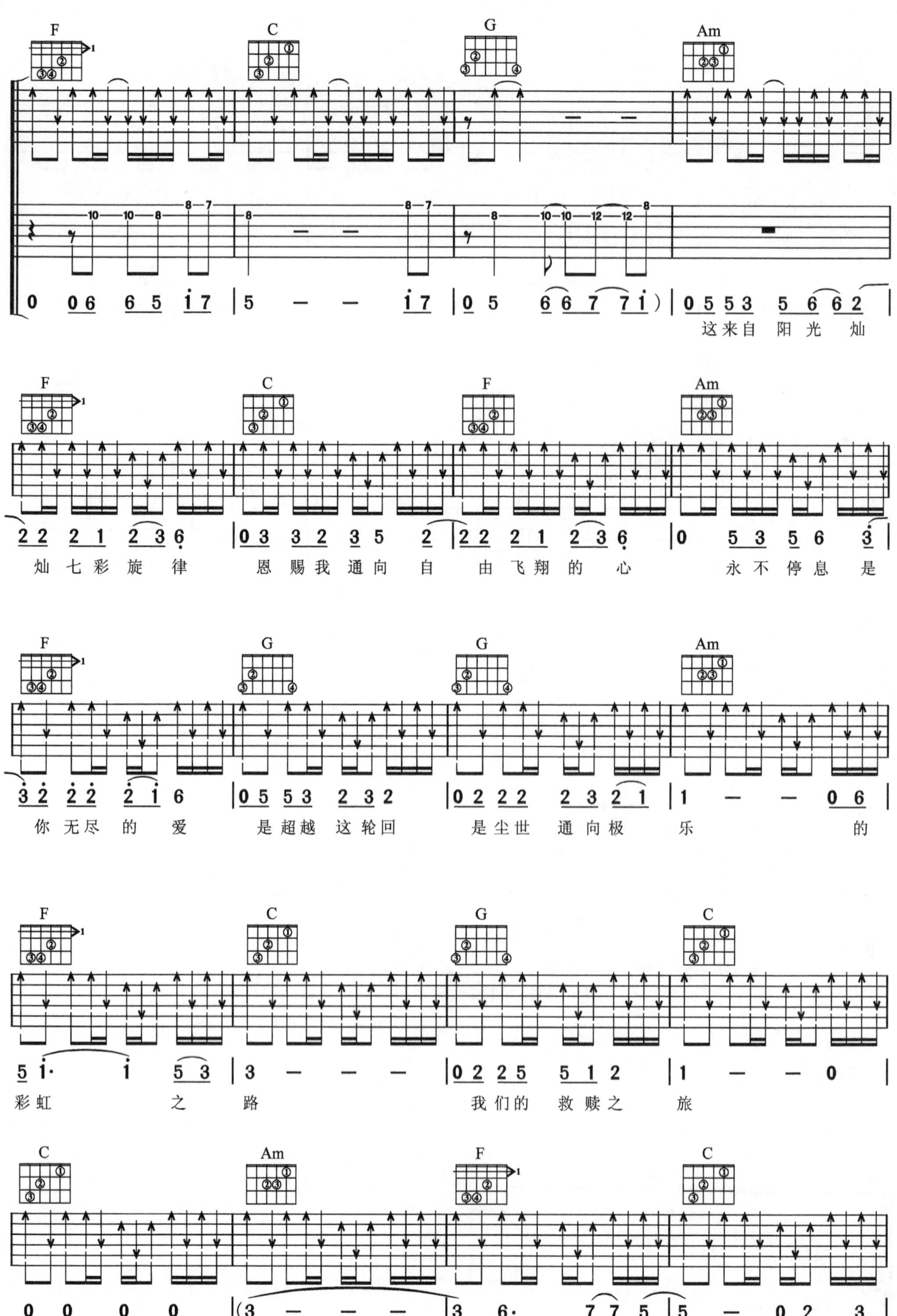
F C G Am
这来自阳光灿
F C F Am
灿七彩旋律 恩赐我通向自 由飞翔的心 永不停息是
F G G Am
你无尽的爱 是超越这轮回 是尘世通向极乐 的
F C G C
彩虹之路 我们的救赎之旅
C Am F C

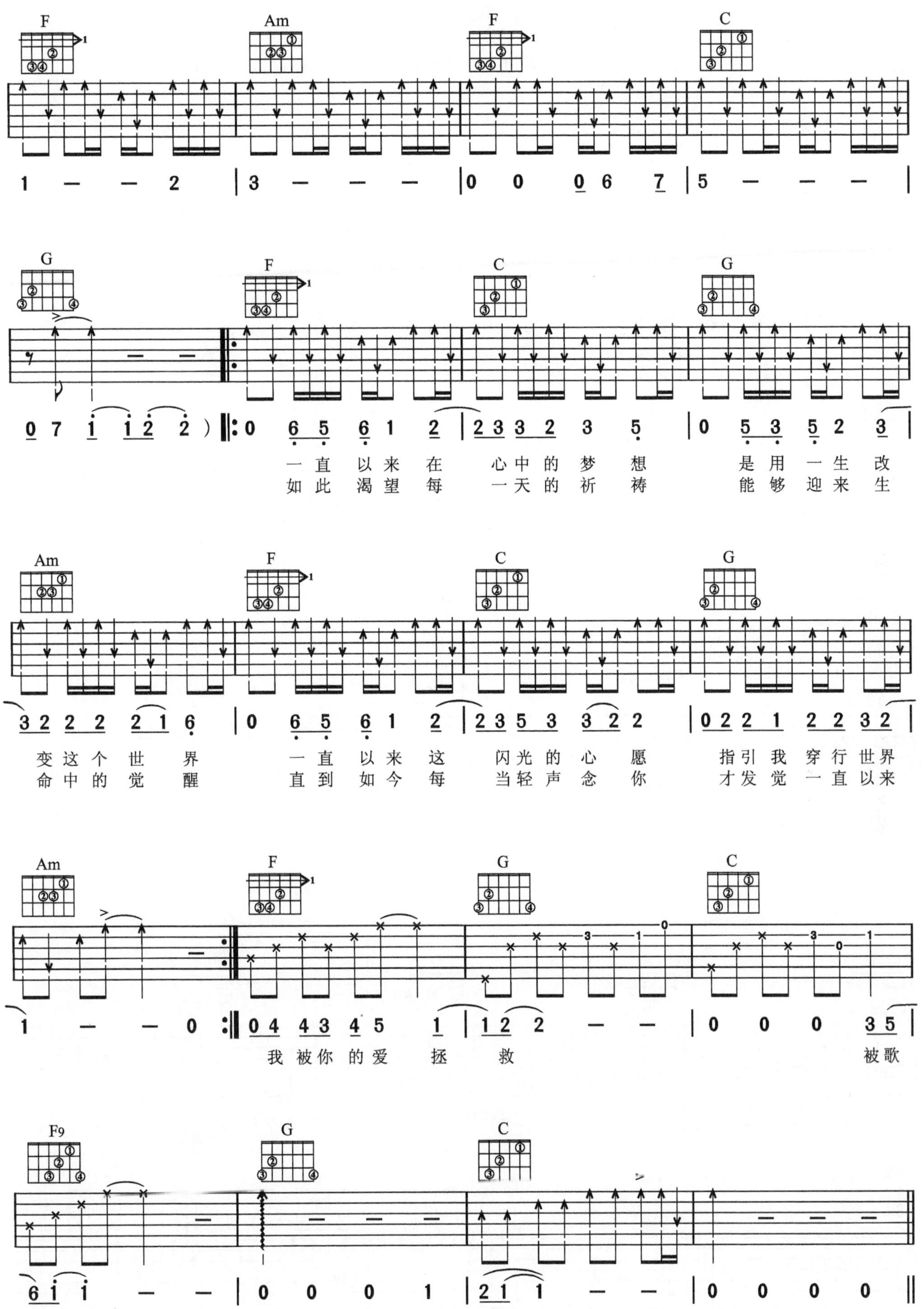
F Am F C
G F C G
一直以来在心中的梦想是用一生改
如此渴望每一天的祈祷能够迎来生
Am F C G
变这个世界 一直以来这闪光的心愿 指引我穿行世界
命中的觉醒 直到如今每当轻声念你 才发觉一直以来
Am F G C
我被你的爱拯救 被歌
F9 G C
唱 拯救
D.C.

空谷幽兰

（许 巍演唱）

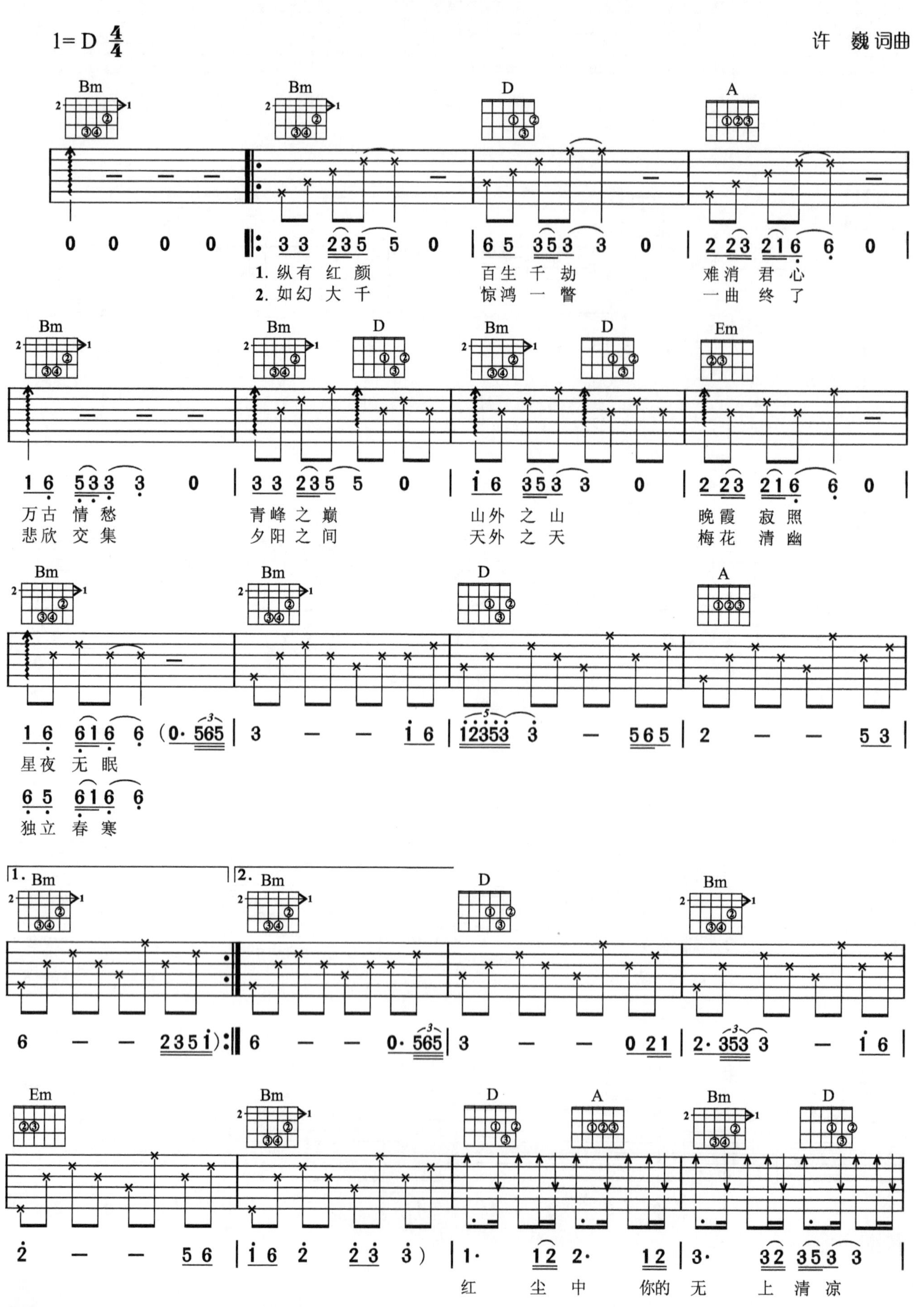

1=D 4/4
许 巍词曲
Bm Bm D A
1. 纵有红颜 百生千劫 难消君心
2. 如幻大千 惊鸿一瞥 一曲终了
Bm Bm D Bm D Em
万古情愁 青峰之巅 山外之山 晚霞寂照
悲欣交集 夕阳之间 天外之天 梅花清幽
Bm Bm D A
星夜无眠
独立春寒
1. Bm 2. Bm D Bm
Em Bm D A Bm D
红尘中 你的无上清凉

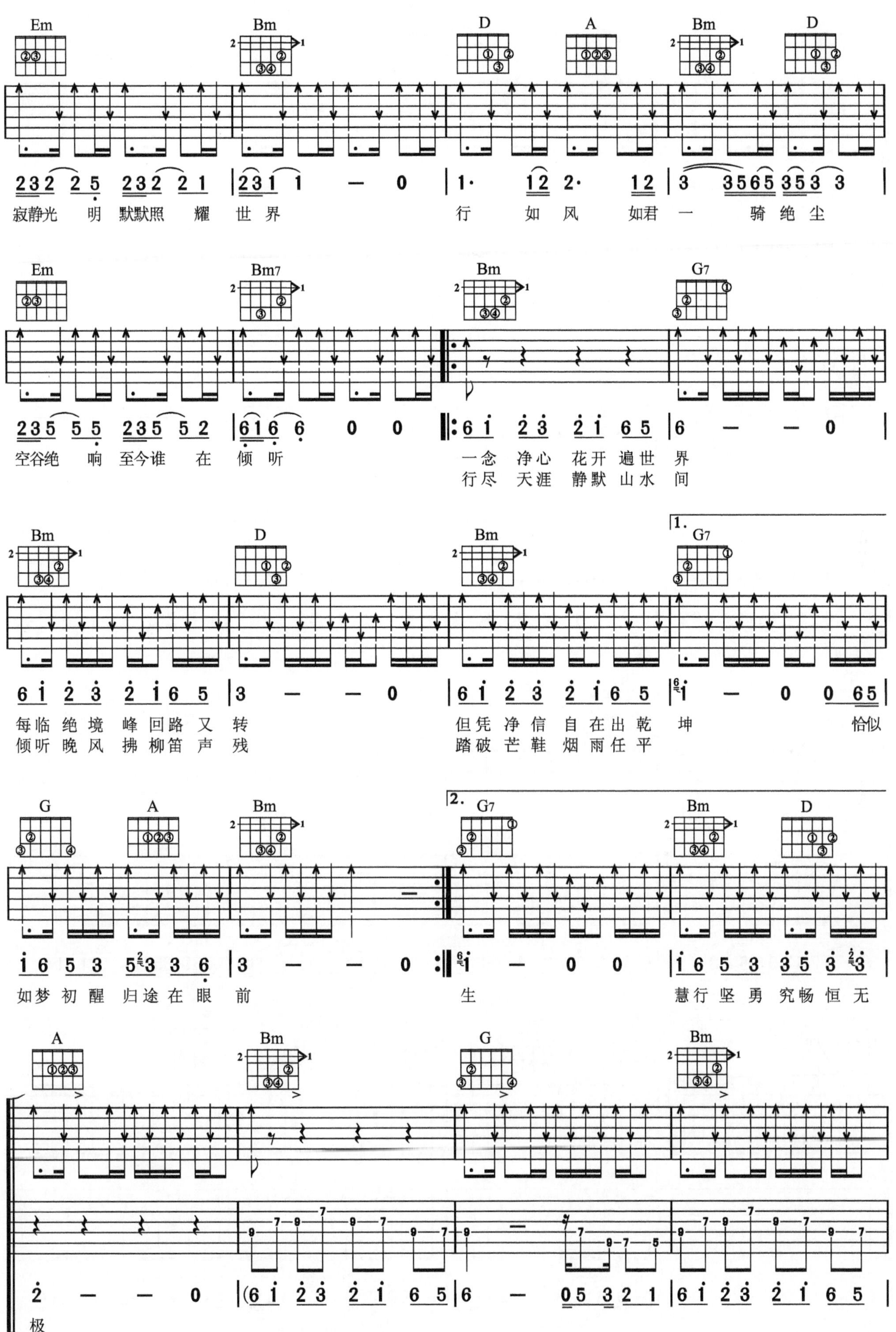
Em Bm D A Bm D
寂静光 明 默默照 耀 世 界 行 如 风 如君 一 骑 绝 尘
Em Bm7 Bm G7
空谷绝 响 至今谁 在 倾 听 一念 净心 花开 遍世 界
行尽 天涯 静默 山水 间
Bm D Bm 1. G7
每临 绝 境 峰 回路 又 转 但凭 净 信 自 在出 乾 坤 恰似
倾听 晚 风 拂 柳笛 声 残 踏破 芒 鞋 烟 雨任 平
G A Bm 2. G7 Bm D
如梦 初 醒 归途 在 眼 前 生 慧行 坚 勇 究畅 恒 无
A Bm G Bm
极

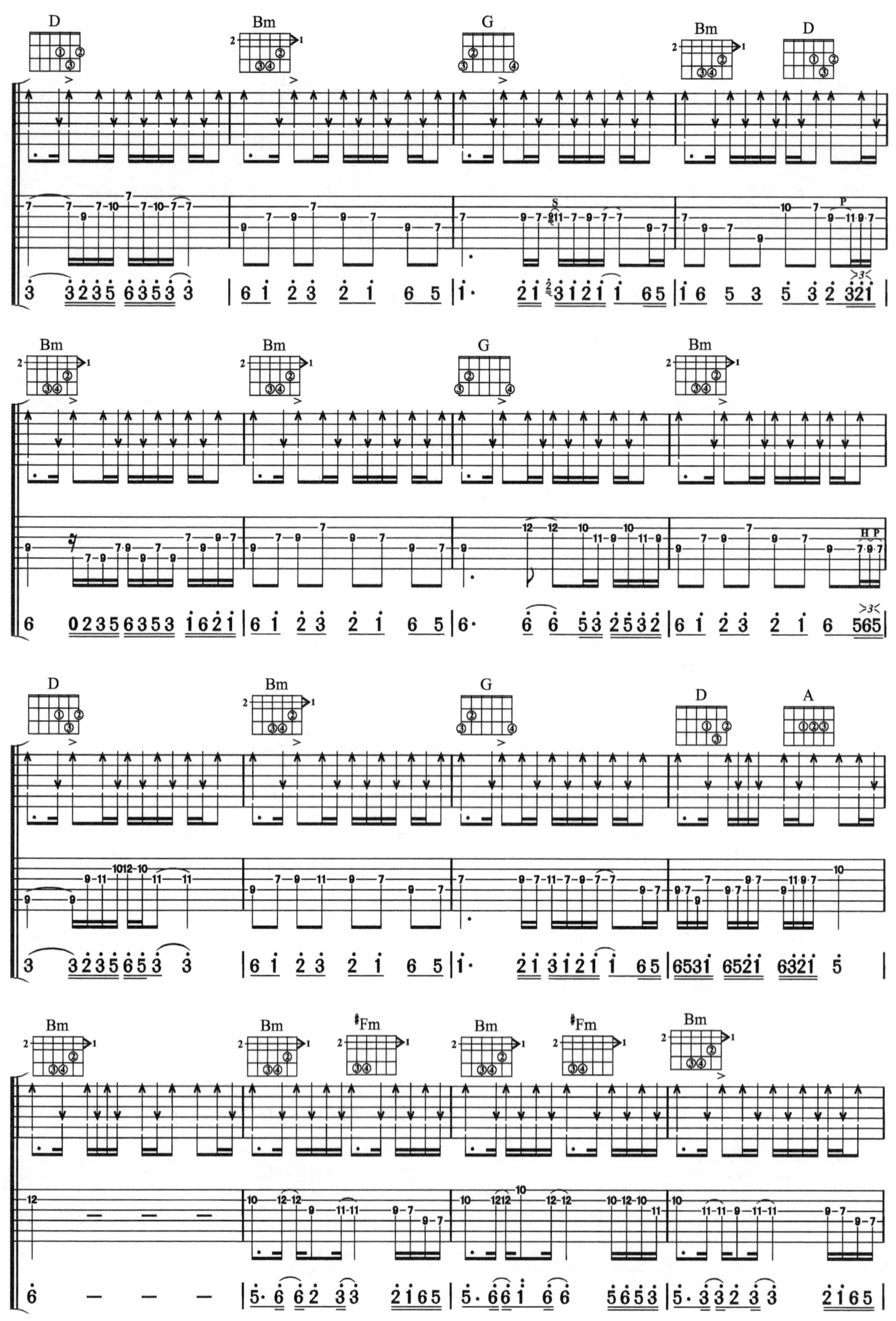
D
Bm
G
Bm
D
Bm
Bm
G
Bm
D
Bm
G
D
A
Bm
Bm
#Fm
Bm
#Fm
Bm

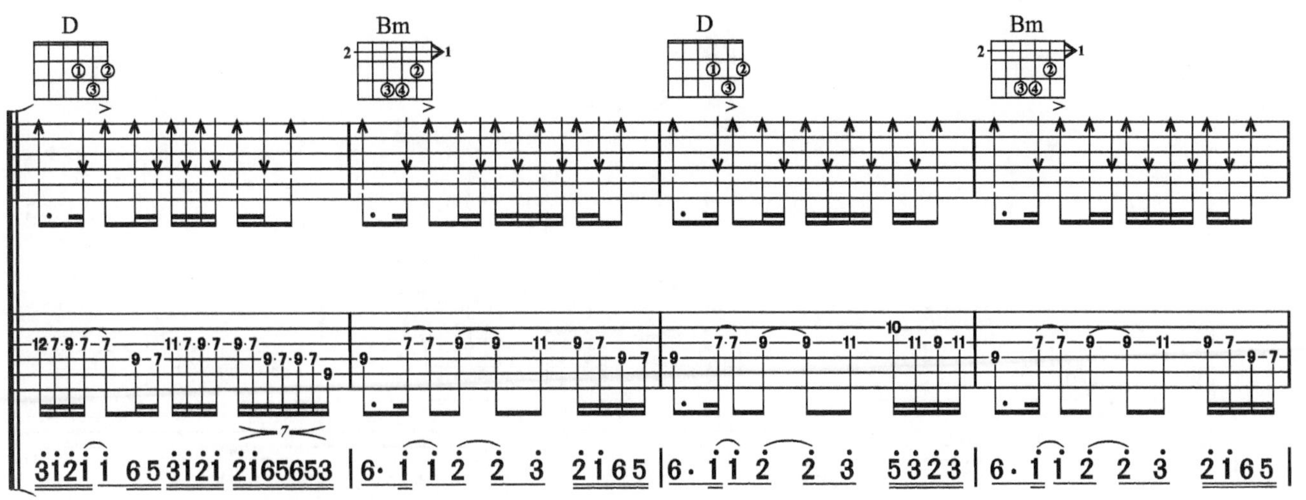
D
Bm
D
Bm

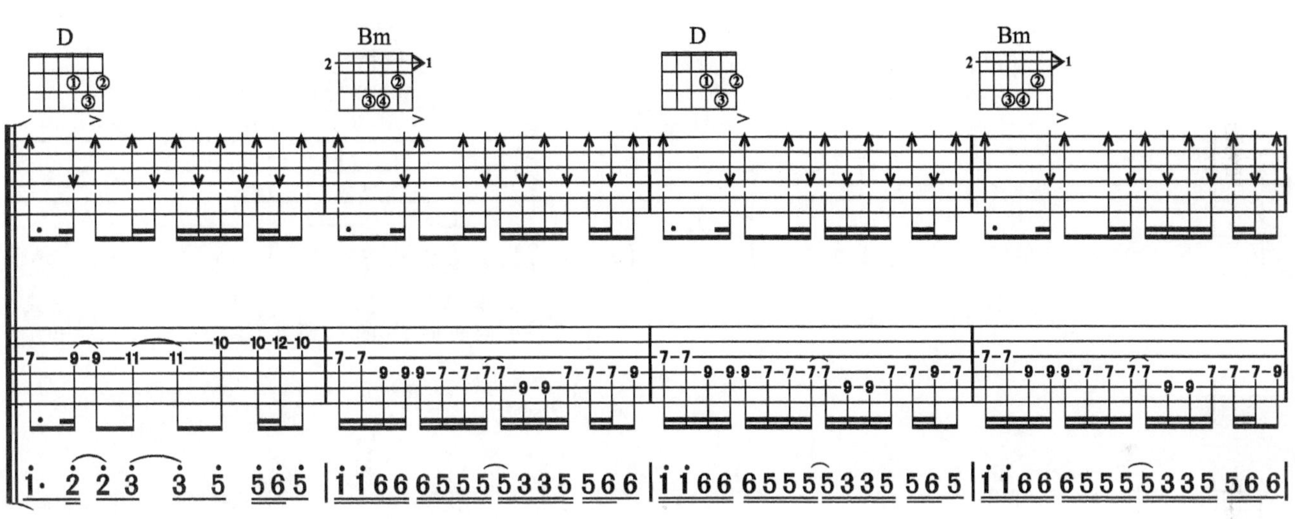
D
Bm
D
Bm

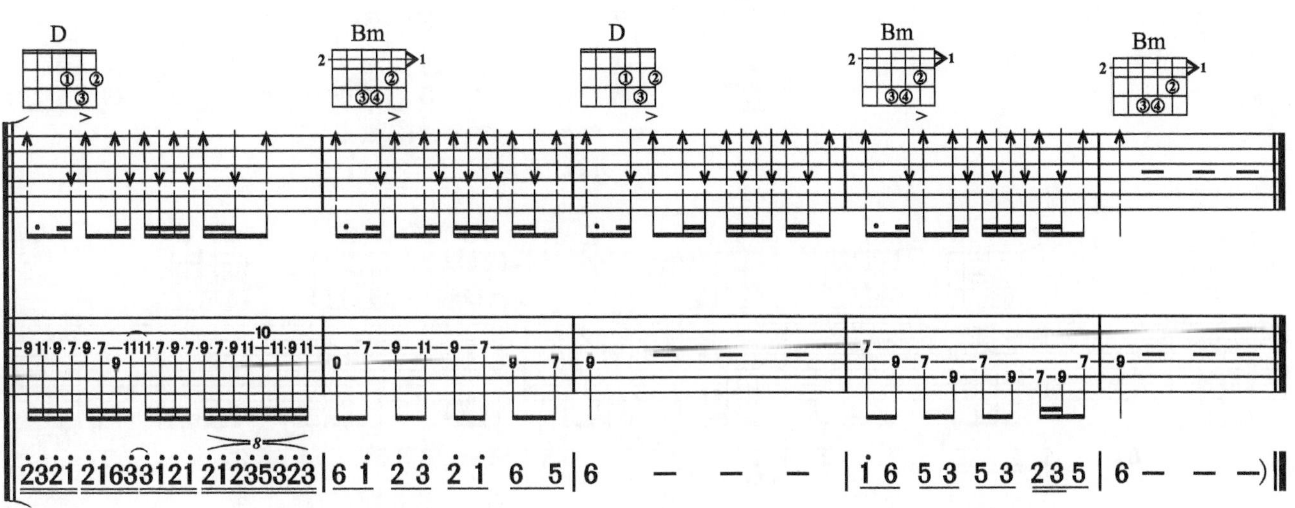
D
Bm
D
Bm
Bm

喜　悦

（许　巍演唱）

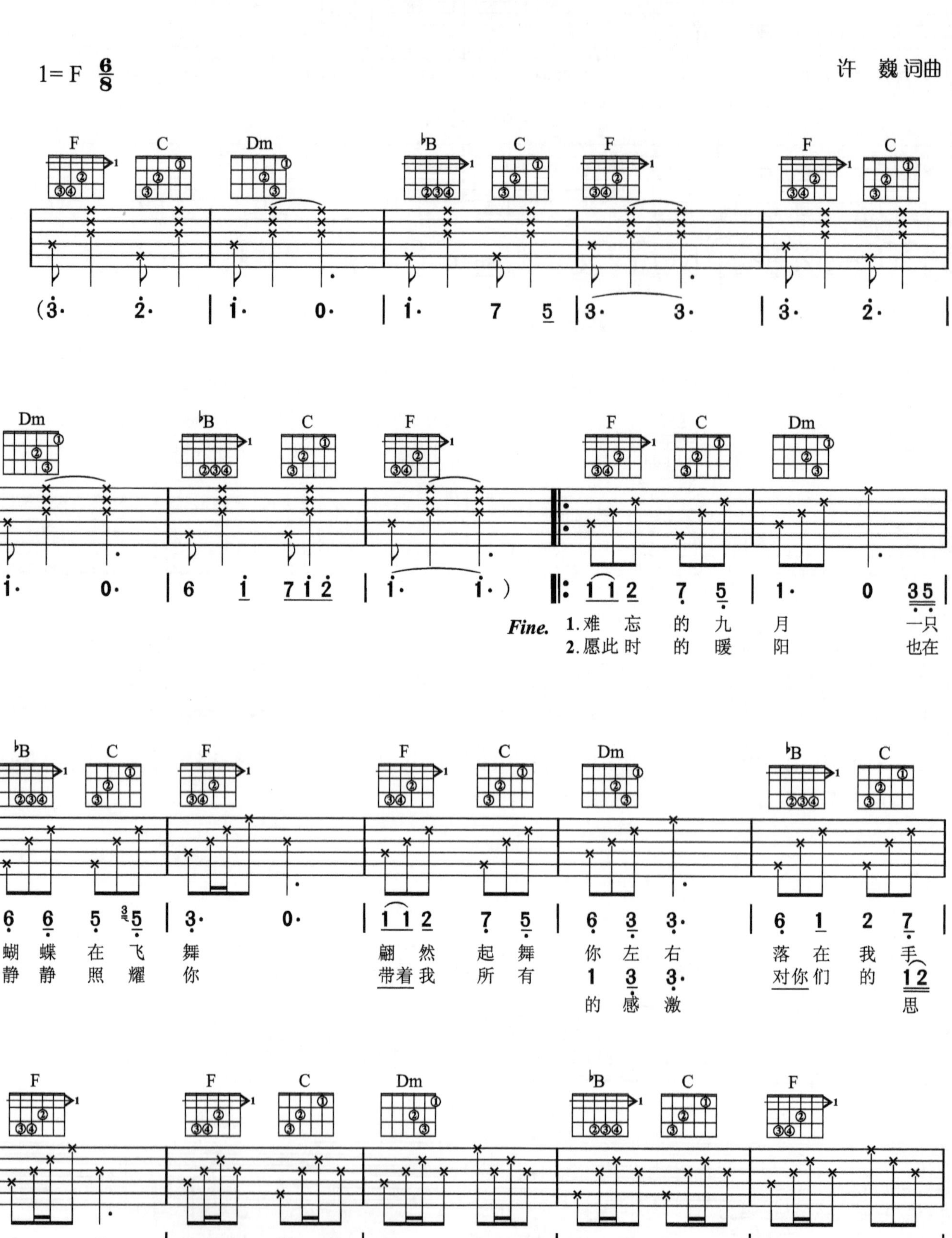
1=F 6/8
许　巍词曲
F C Dm ♭B C F F C
Dm ♭B C F F C Dm
Fine.
1.难 忘 的 九 月 一只
2.愿此时 的 暖 阳 也在
♭B C F F C Dm ♭B C
蝴 蝶 在 飞 舞 翩 然 起 舞 你 左 右 落 在 我 手
静 静 照 耀 你 带着我 所 有 的 感 激 对你们 的 思
F F C Dm ♭B C F
上 和风中 的 雨 丝 庐山 东 林 的 晚 钟
念 命 运 的 使 然 我这 漂 泊 的 游 子

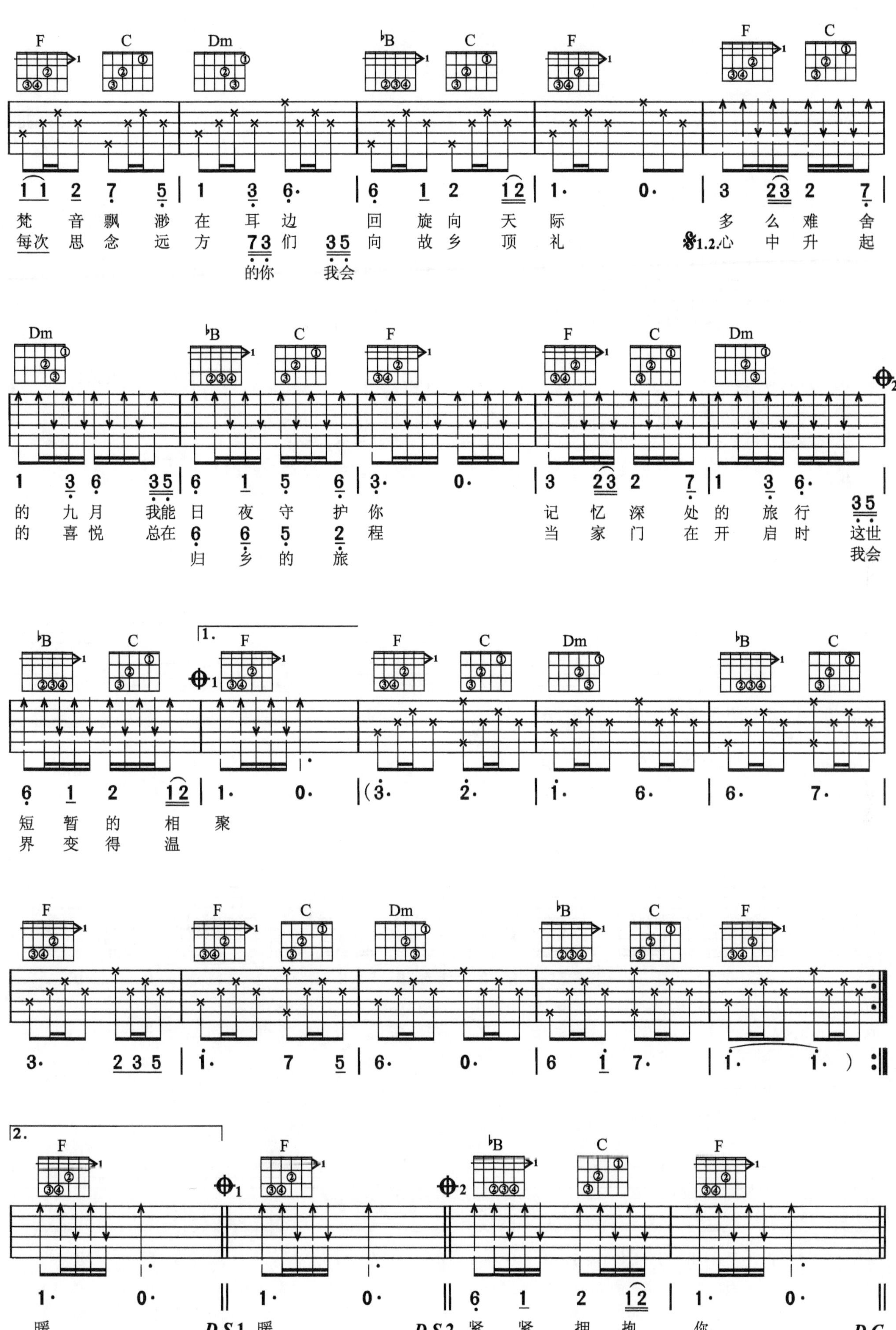
F
C
Dm
♭B
梵 音 飘 渺 在 耳 边 回 旋 向 天 际
每次 思 念 远 方 的你 们 我会 向 故 乡 顶 礼
多 么 难 舍
𝄋1.2.心 中 升 起
的 九 月 我能 日 夜 守 护 你
的 喜 悦 总在 归 乡 的 旅 程
记 忆 深 处 的 旅 行 这世
当 家 门 在 开 启 时 我会
短 暂 的 相 聚
界 变 得 温
1.
2.
暖
D.S.1. 暖
D.S.2. 紧 紧 拥 抱 你
D.C.

心　愿

（许　巍演唱）

1=A $\frac{4}{4}$

许　巍词曲

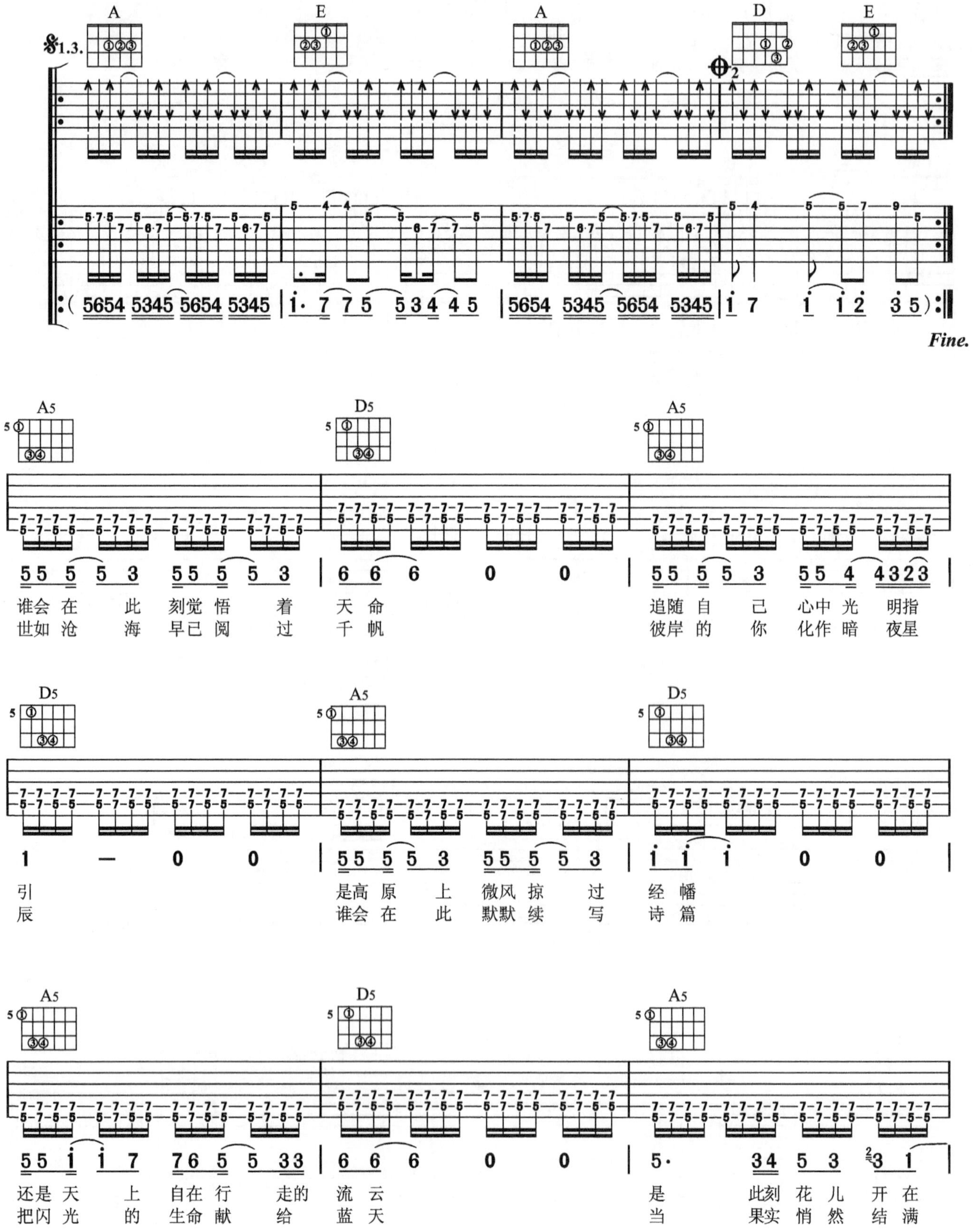

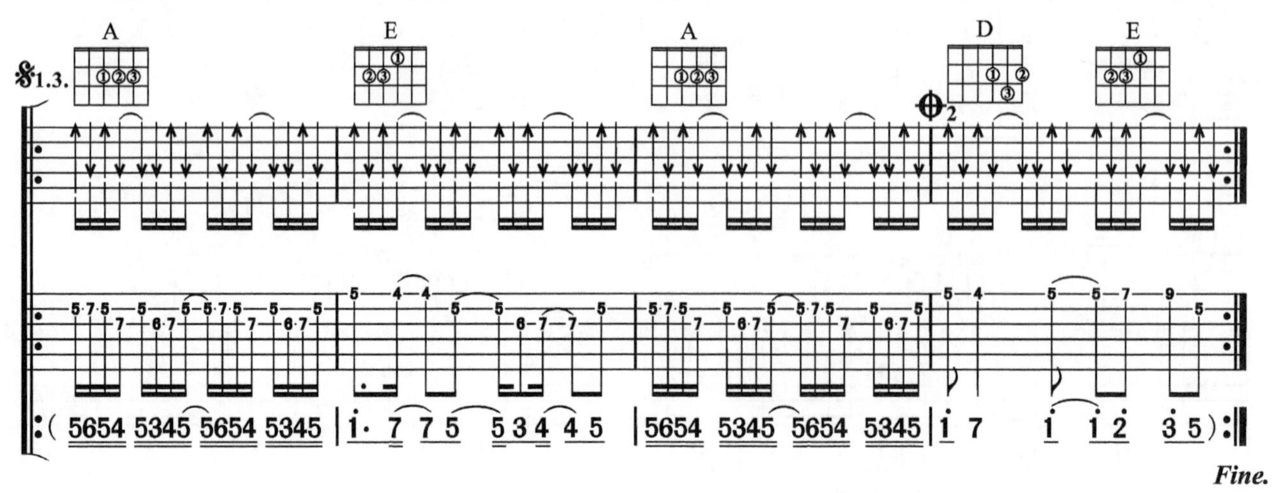

Fine.

A5　D5　A5

55 5 5 3　55 5 5 3 | 6 6 6 0 0 | 55 5 5 3　55 4 4323

谁会在此刻觉悟着　天命　追随自己心中光明指

世如沧海早已阅过　千帆　彼岸的你化作暗夜星

D5　A5　D5

1 — 0 0 | 55 5 5 3　55 5 5 3 | i i i 0 0

引　是高原上微风掠过　经幡

辰　谁会在此默默续写　诗篇

A5　D5　A5

55 i i 7　76 5 5 33 | 6 6 6 0 0 | 5·　34 5 3 31

还是天上自在行走的　流云　是　此刻花儿开在

把闪光的生命献给　蓝天　当　果实悄然结满

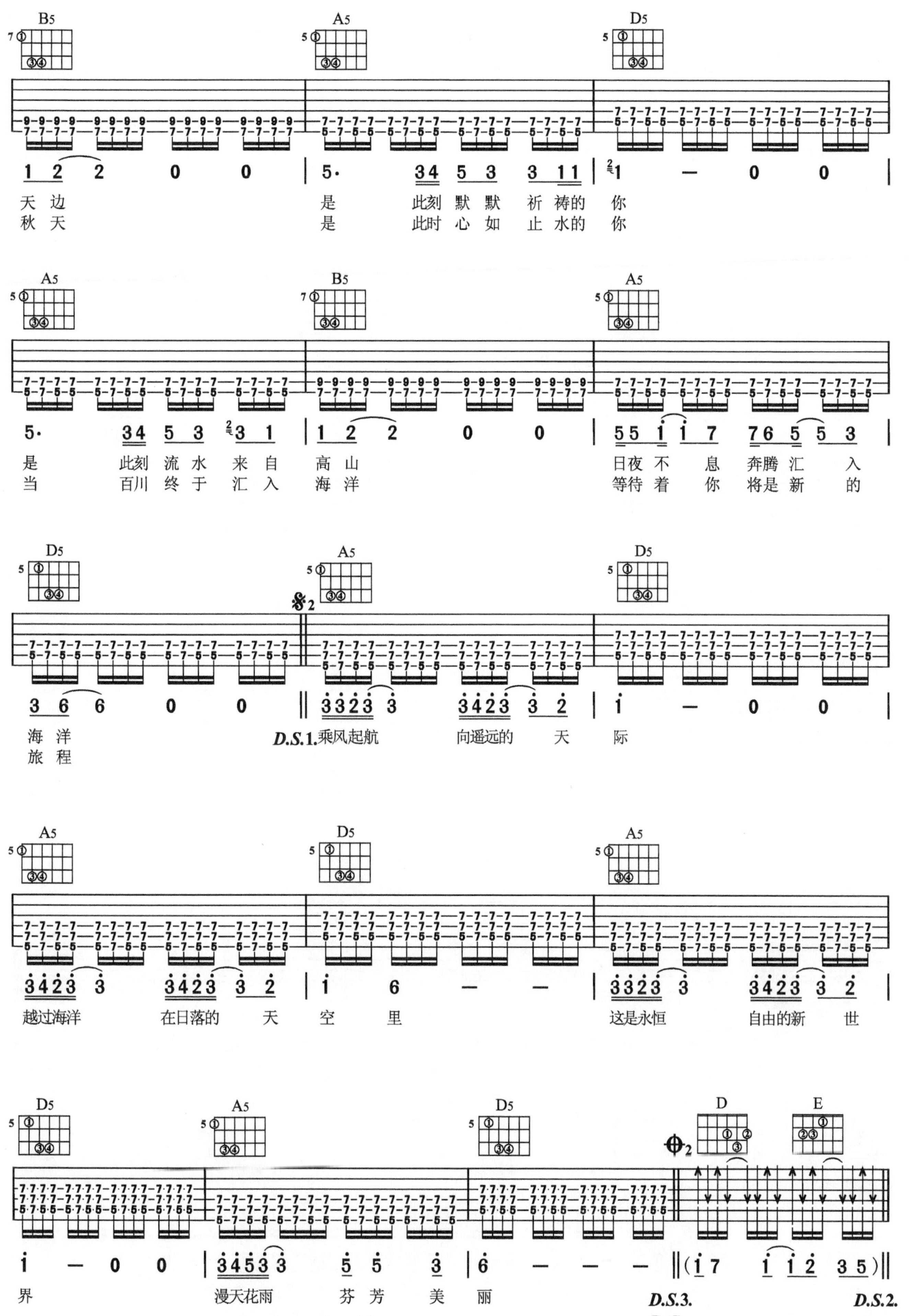
B5
A5
D5
天 边
秋 天
是 此刻 默 默 祈 祷的 你
是 此时 心 如 止 水的 你
A5
B5
A5
是 此刻 流 水 来 自 高 山
当 百川 终 于 汇 入 海 洋
日夜 不 息 奔腾 汇 入
等待 着 你 将是 新 的
D5
A5
D5
海 洋
旅 程
D.S.1.
乘风起航 向遥远的 天 际
A5
D5
A5
越过海洋 在日落的 天 空 里
这是永恒 自由的新 世
D5
A5
D5
D
E
界
漫天花雨 芬 芳 美 丽
D.S.3.
D.C.
D.S.2.

世外桃源

（许 巍演唱）

原调：1=F $\frac{3}{4}$ $\frac{4}{4}$
选调：1=C
Capo：5

许 巍词曲

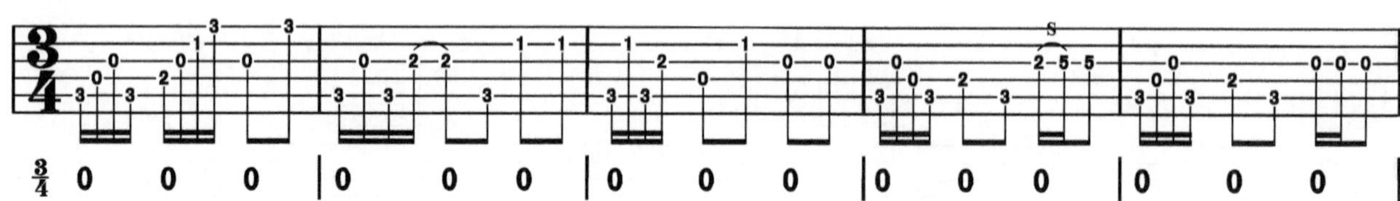

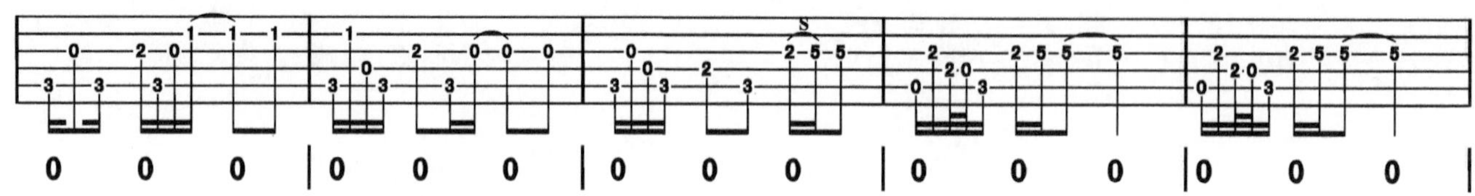

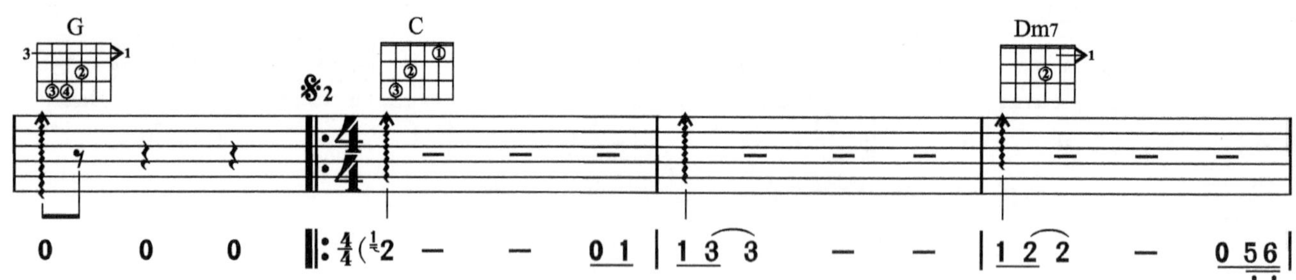

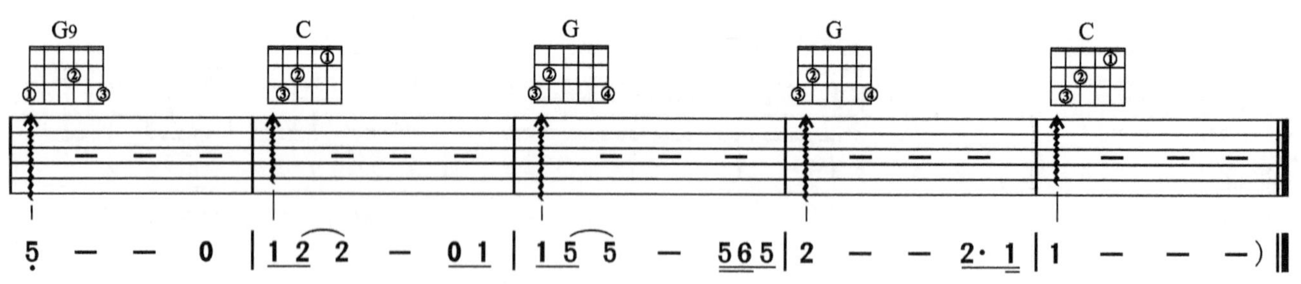

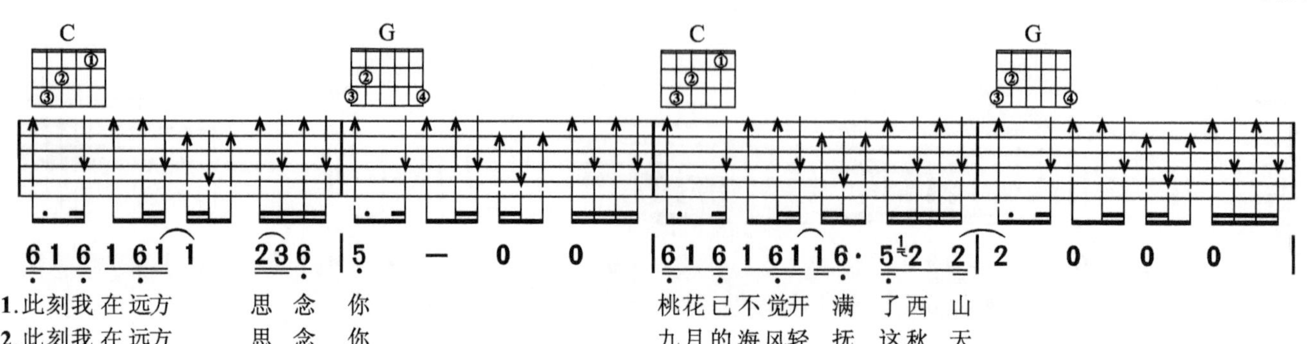

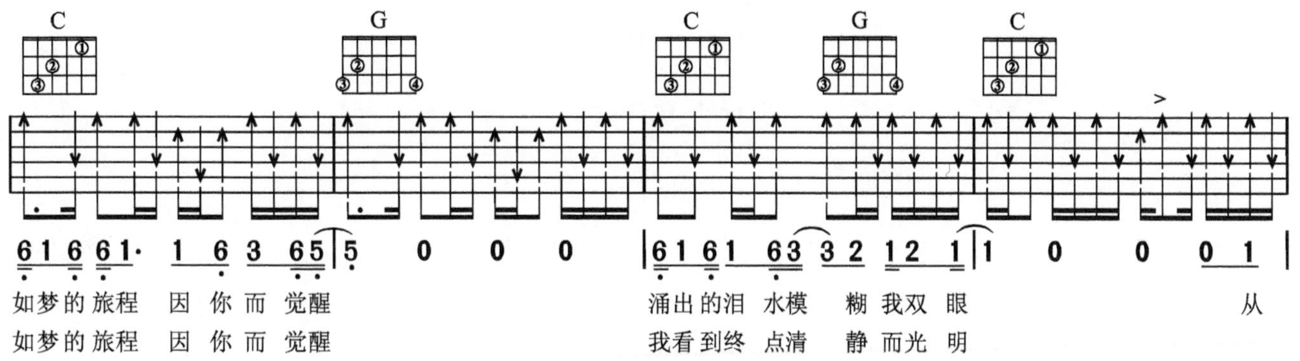
C G C G C
如梦的旅程 因 你 而 觉醒
如梦的旅程 因 你 而 觉醒
涌出的泪 水模 糊 我双 眼
我看到终 点清 静 而光 明
从

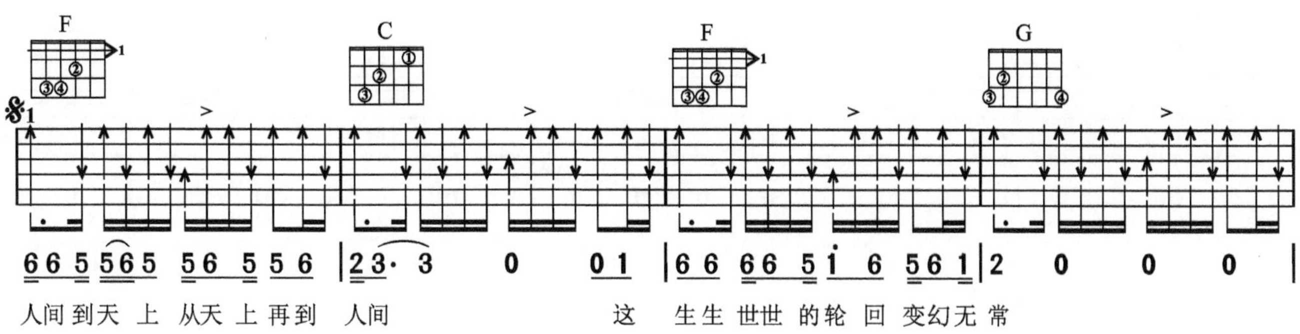
F C F G
人间 到天 上 从天 上 再到 人间
这 生生 世世 的轮 回 变幻无 常

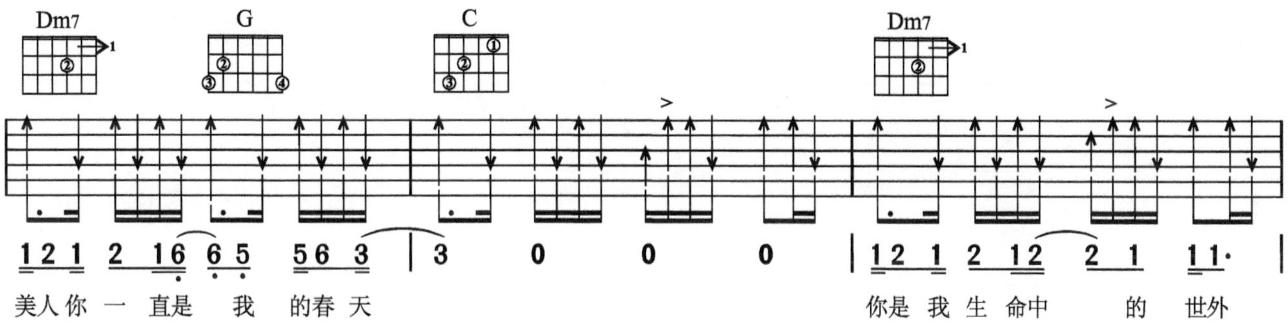
Dm7 G C Dm7
美人你 一 直是 我 的春 天
你是 我 生 命中 的 世外

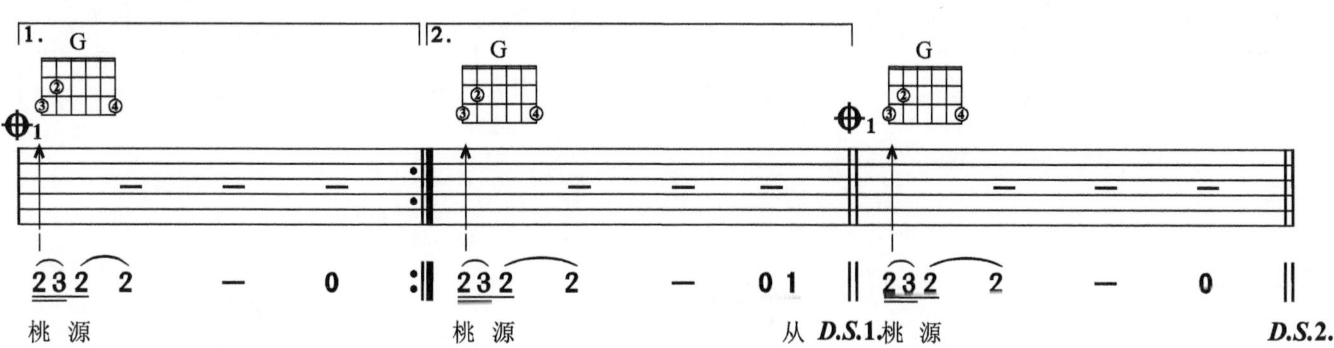
1. G
2. G
G
桃 源
桃 源
从 D.S.1.桃 源
D.S.2.

青　鸟 I

（许　巍演唱）

1= G $\frac{4}{4}$

许　巍词曲

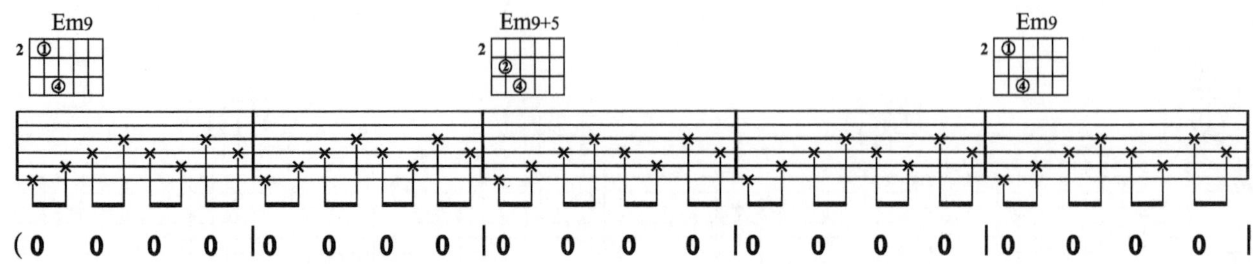

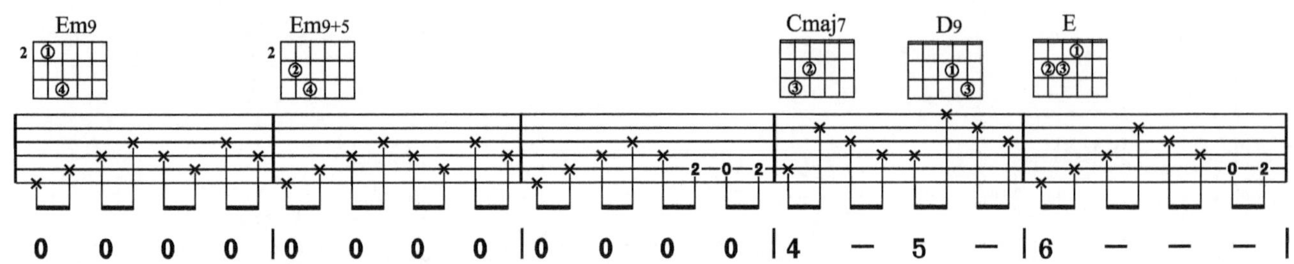

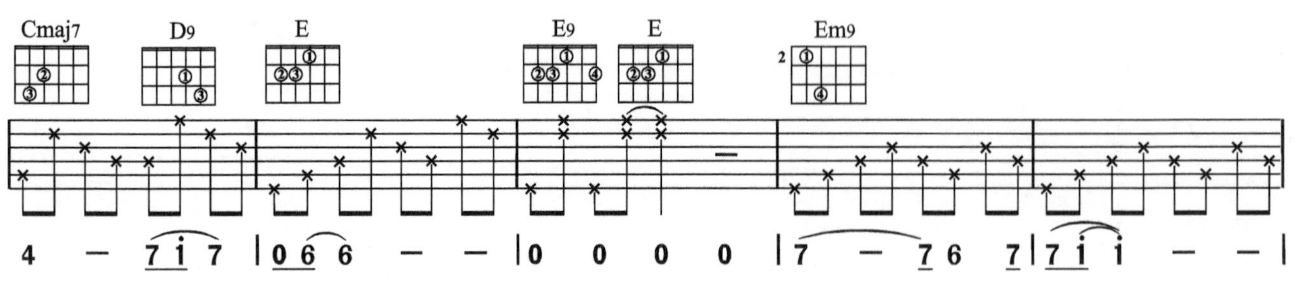

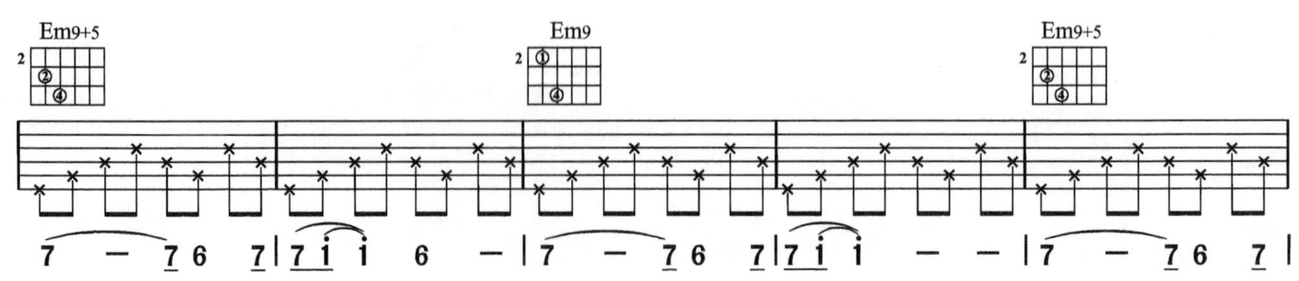

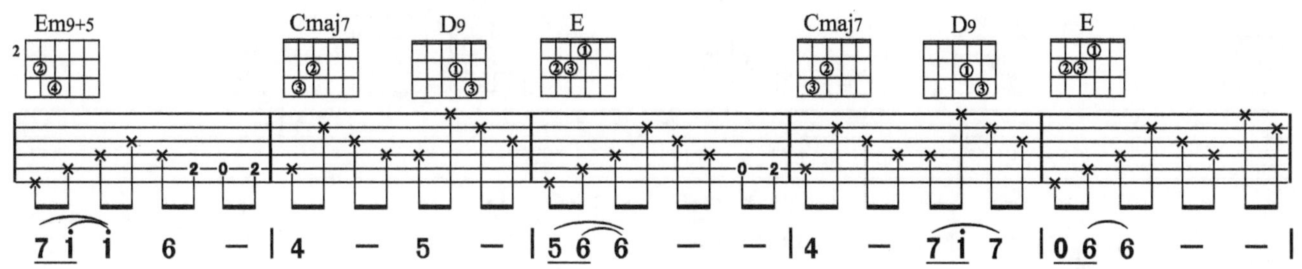
Em9+5
Cmaj7
D9
E
Cmaj7
D9
E

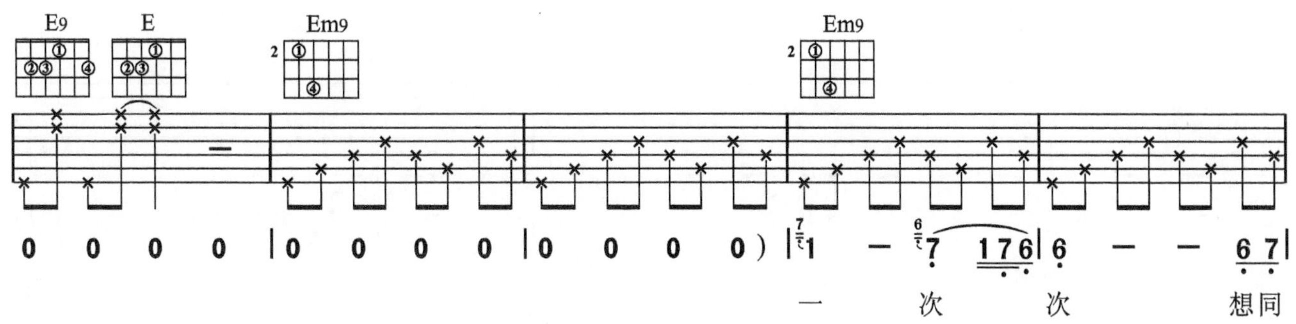
E9
E
Em9
Em9
一 次 次 想同

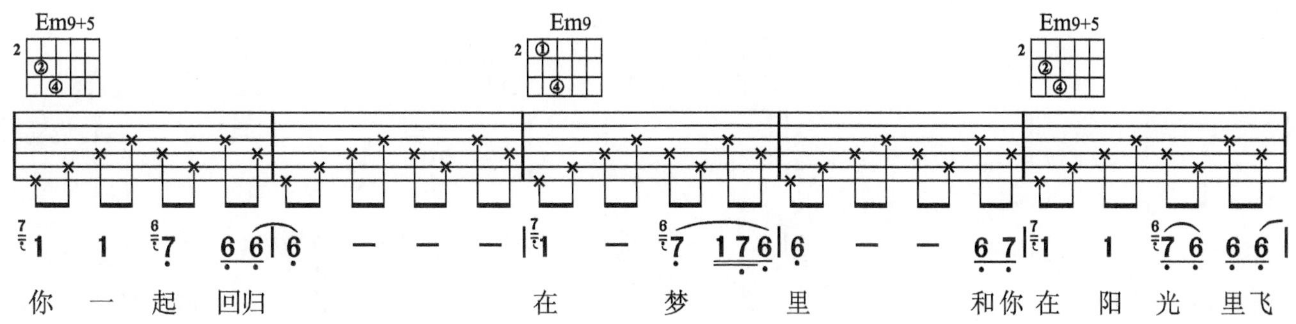
Em9+5
Em9
Em9+5
你 一 起 回归 在 梦 里 和你在 阳 光 里飞

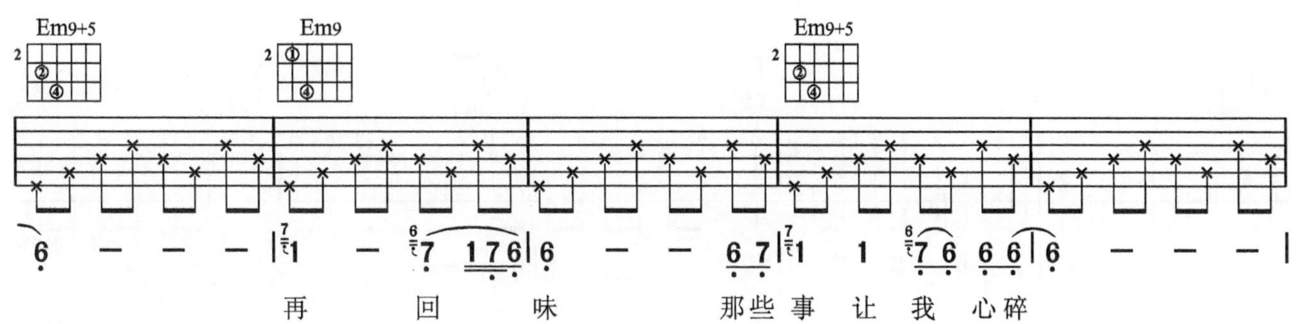
Em9+5
Em9
Em9+5
再 回 味 那些事 让 我 心碎

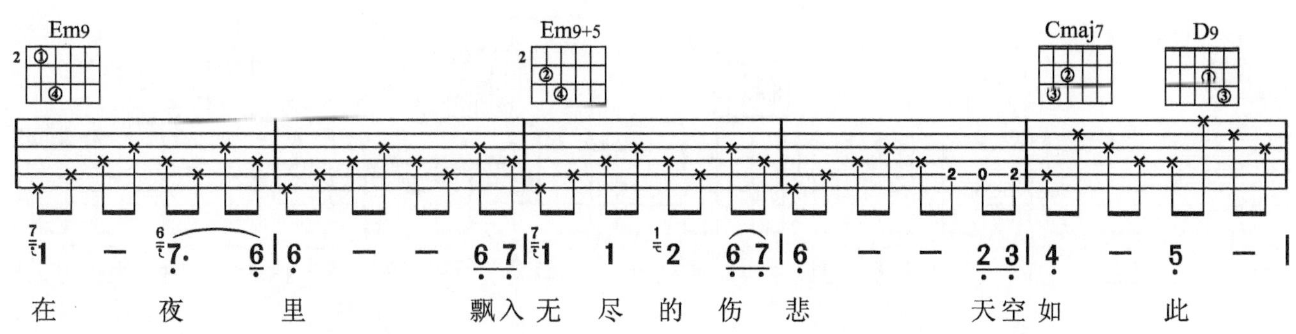
Em9
Em9+5
Cmaj7
D9
在 夜 里 飘入无 尽 的 伤 悲 天空如 此

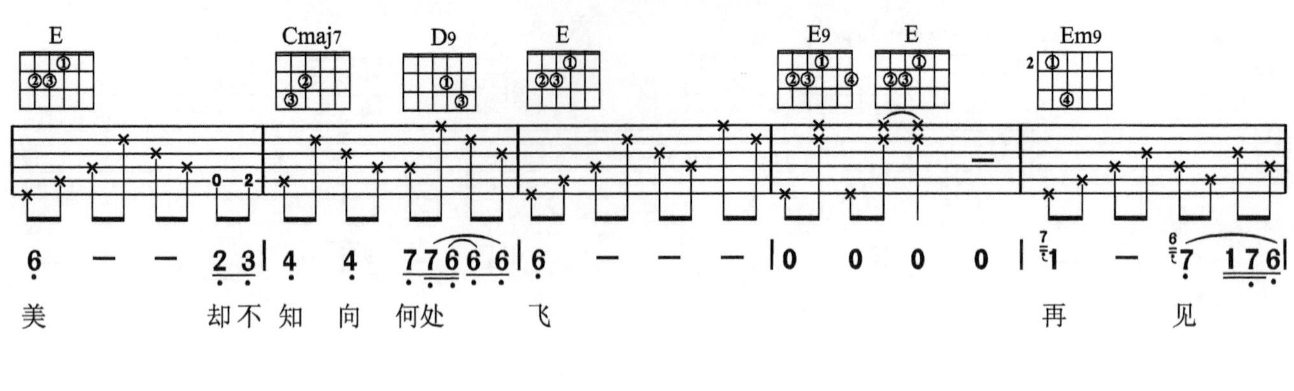
E Cmaj7 D9 E E9 E Em9
美 却不知向何处飞 再见

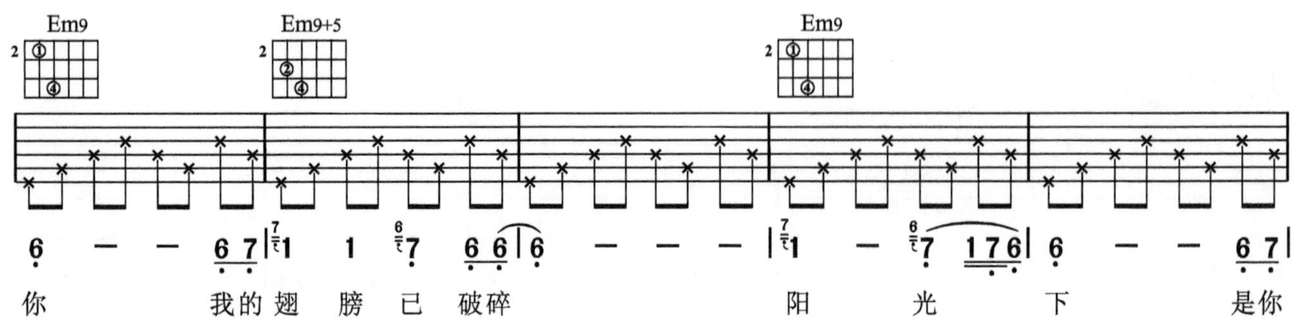
Em9 Em9+5 Em9
你 我的翅膀已破碎 阳光下是你

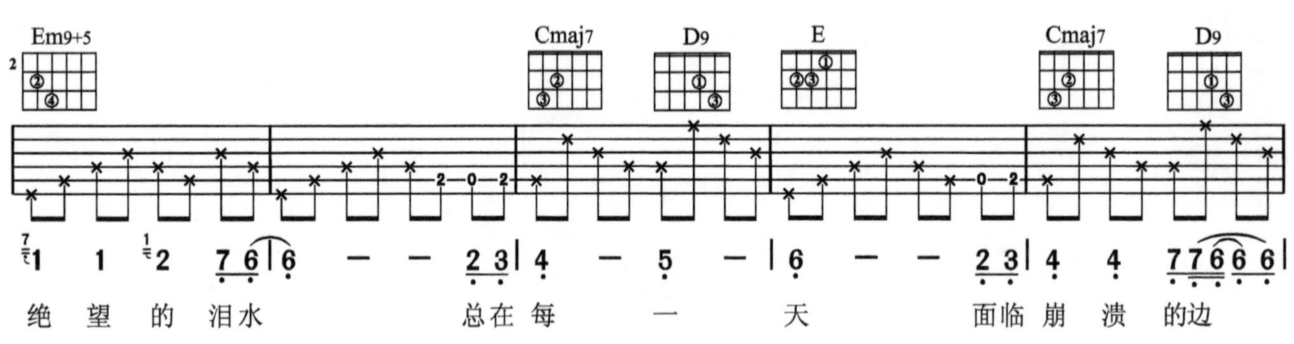
Em9+5 Cmaj7 D9 E Cmaj7 D9
绝望的泪水 总在每一天 面临崩溃的边

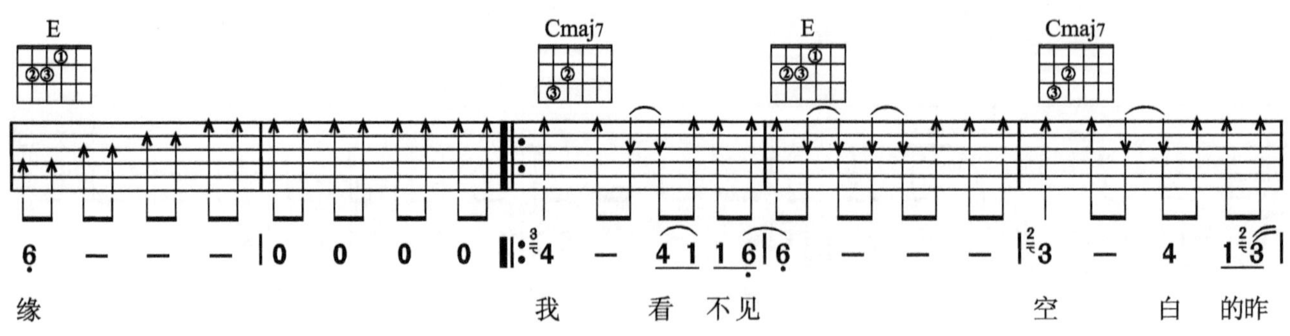
E Cmaj7 E Cmaj7
缘 我看不见 空白的昨

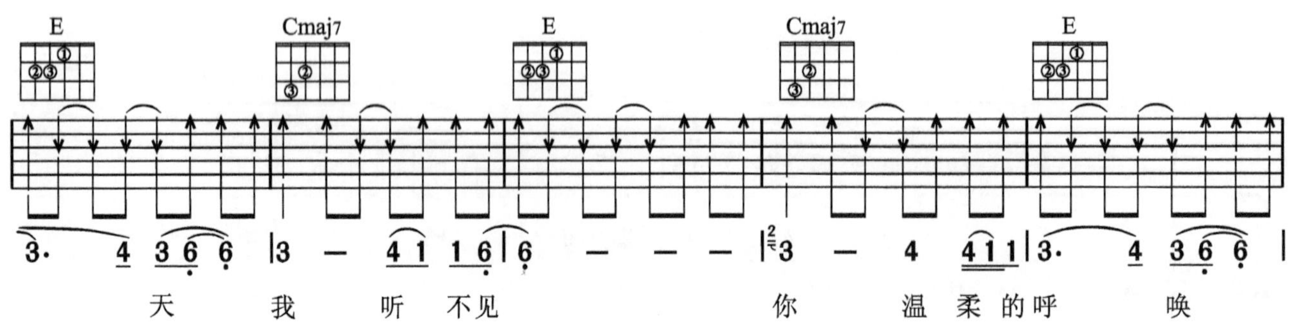
E Cmaj7 E Cmaj7 E
天 我听不见 你温柔的呼唤

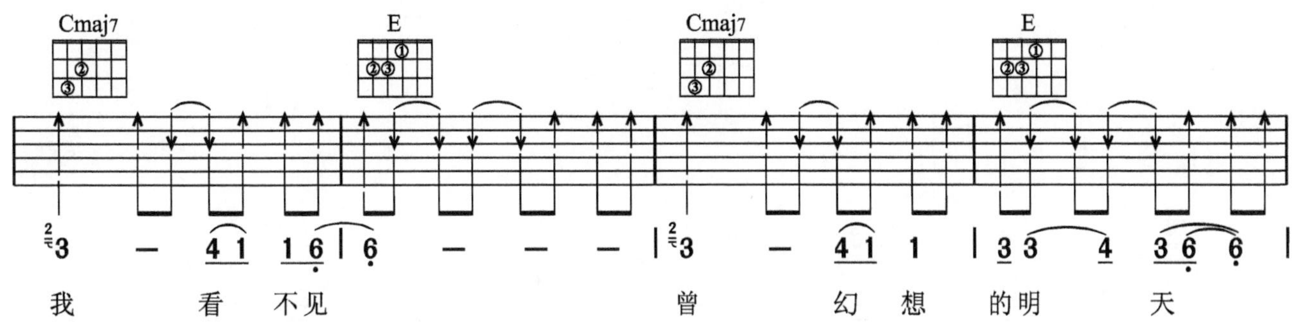

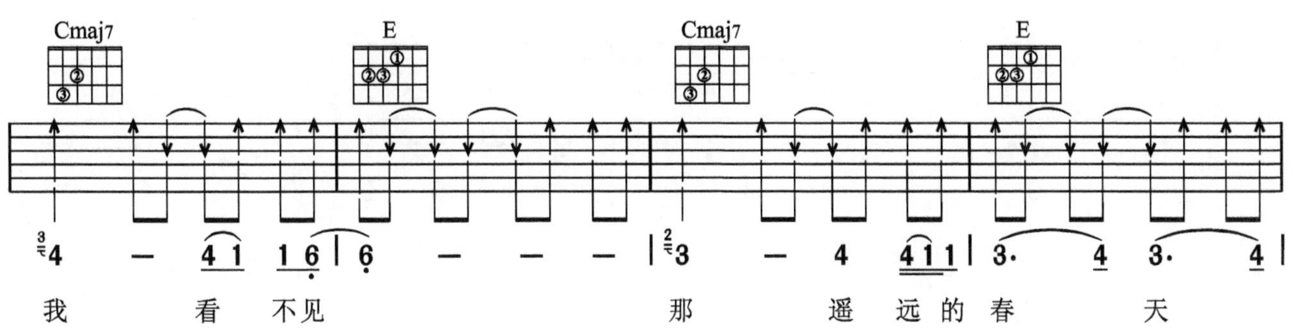

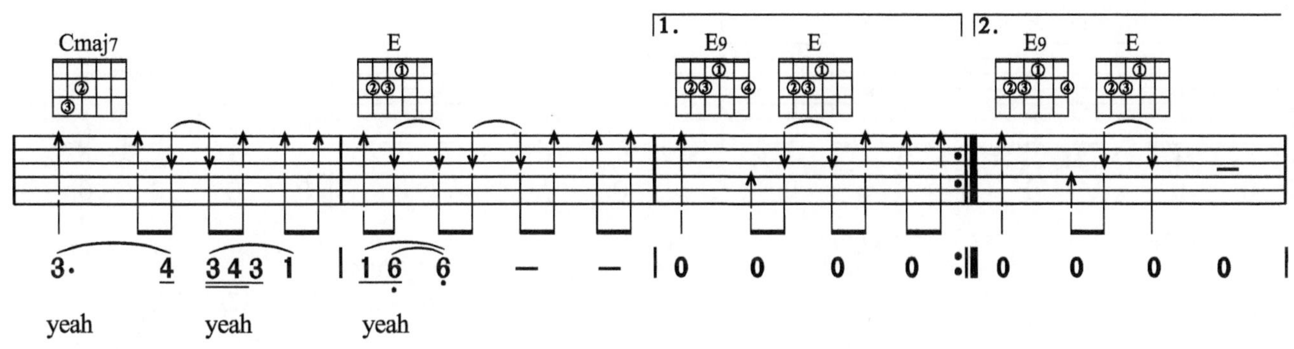

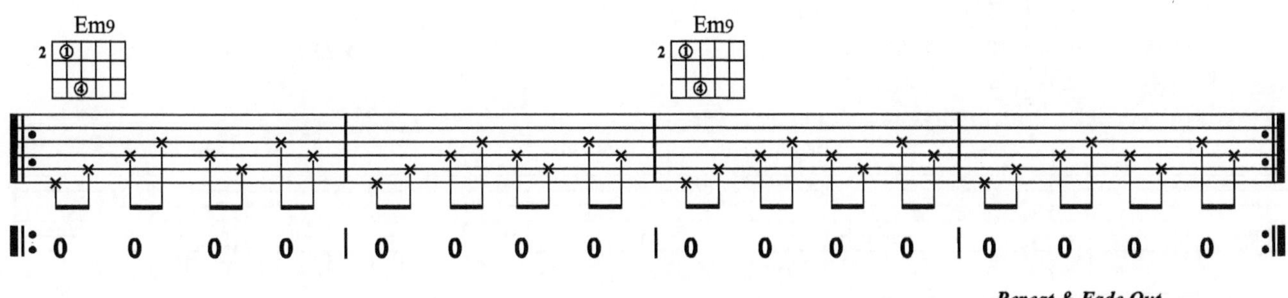

Repeat & Fade Out.

青 鸟Ⅱ

（许 巍演唱）

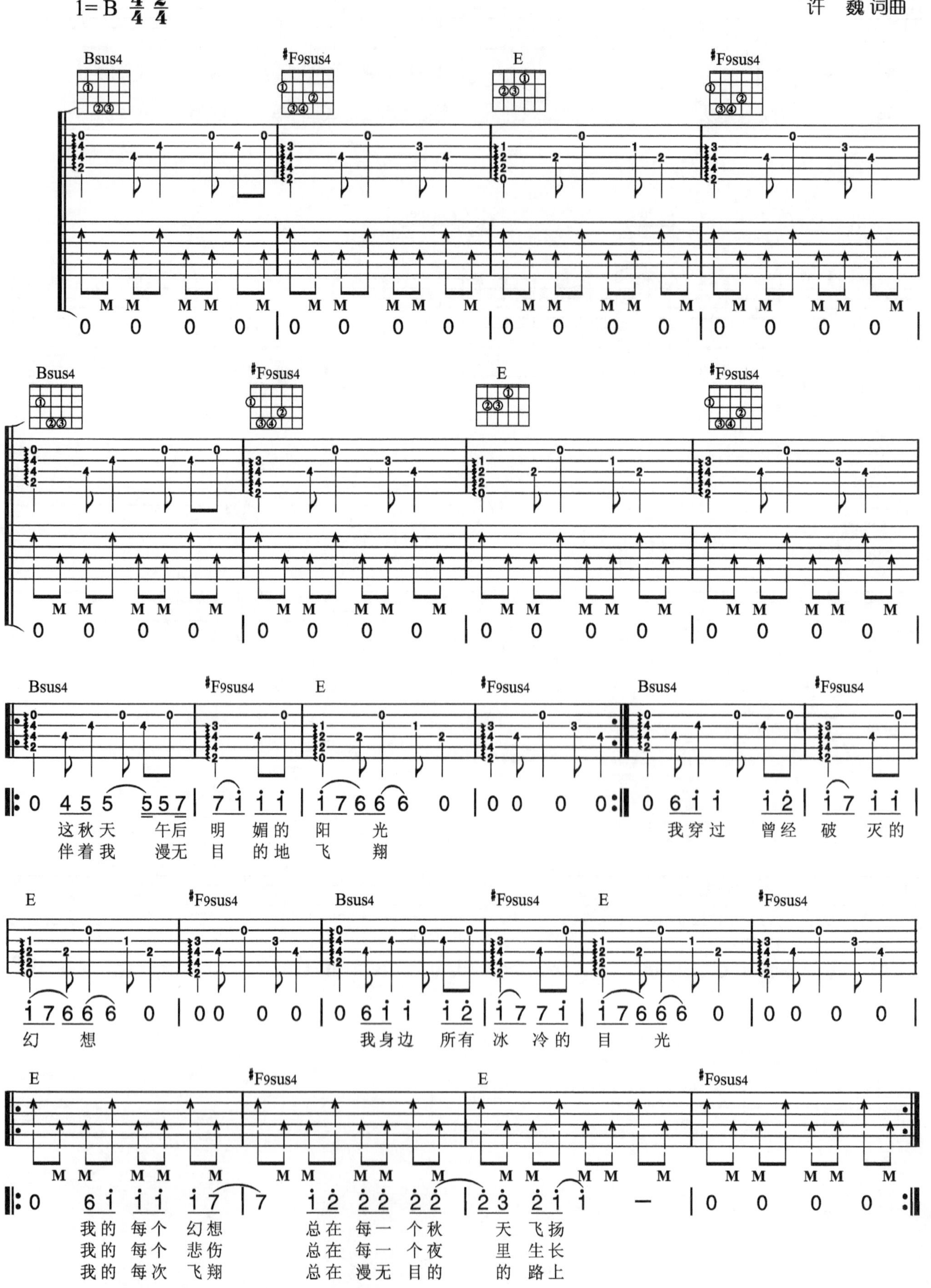

1=B 4/4 2/4
许 巍词曲
Bsus4 #F9sus4 E #F9sus4
这秋天 午后 明 媚的 阳 光
伴着我 漫无 目 的地 飞 翔
我穿过 曾经 破 灭的
幻 想
我身边 所有 冰 冷的 目 光
我的 每个 幻想 总在 每一 个秋 天 飞扬
我的 每个 悲伤 总在 每一 个夜 里 生长
我的 每次 飞翔 总在 漫无 目的 的 路上

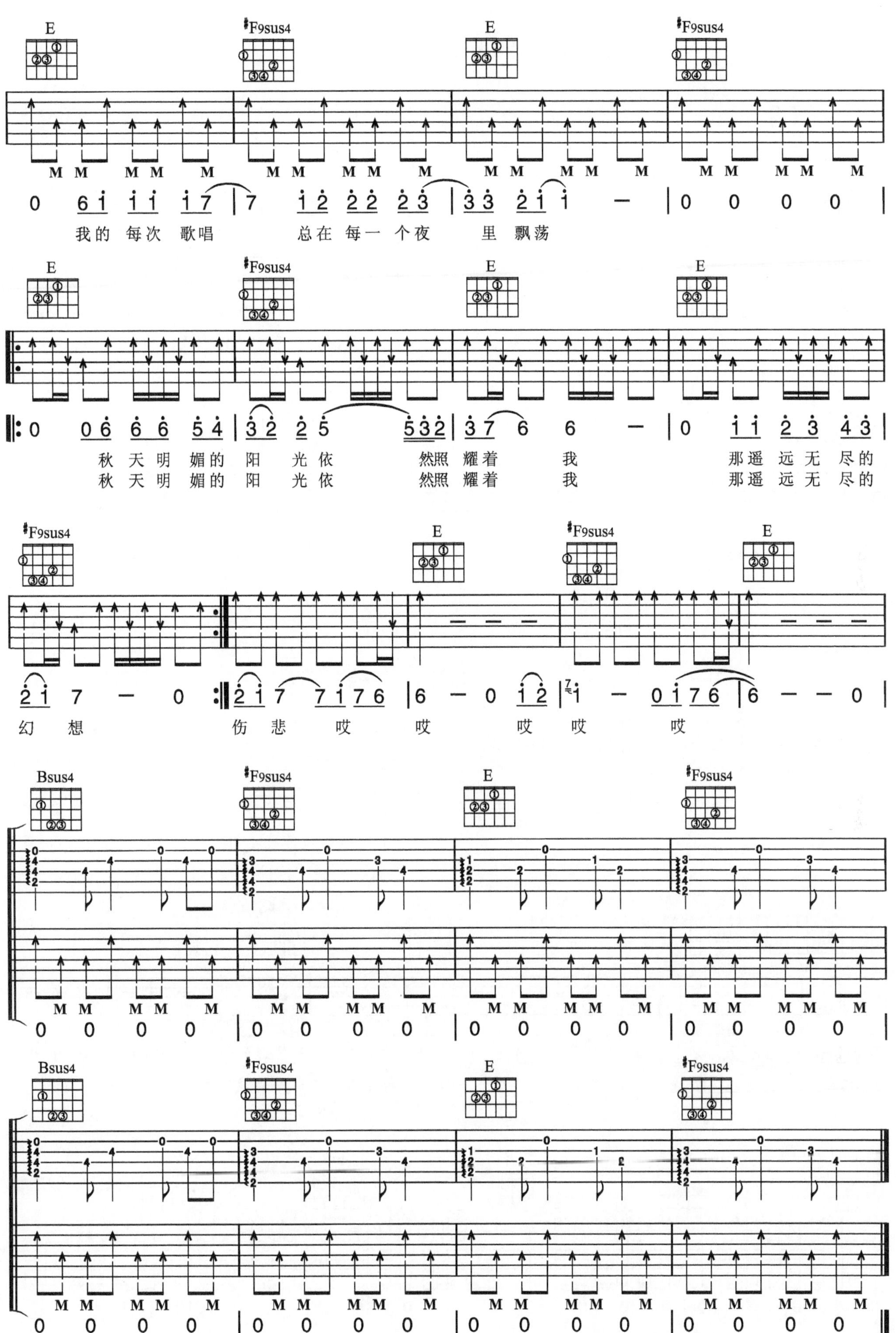
E
#F9sus4
E
#F9sus4
我的 每次 歌唱 总在 每一 个夜 里 飘荡
秋 天 明 媚的 阳 光 依 然照 耀着 我 那遥 远 无 尽的
秋 天 明 媚的 阳 光 依 然照 耀着 我 那遥 远 无 尽的
幻 想 伤 悲 哎 哎 哎 哎 哎
Bsus4

悠远的天空

（许　巍演唱）

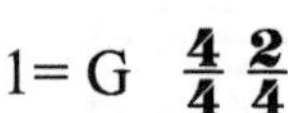

许　巍词曲

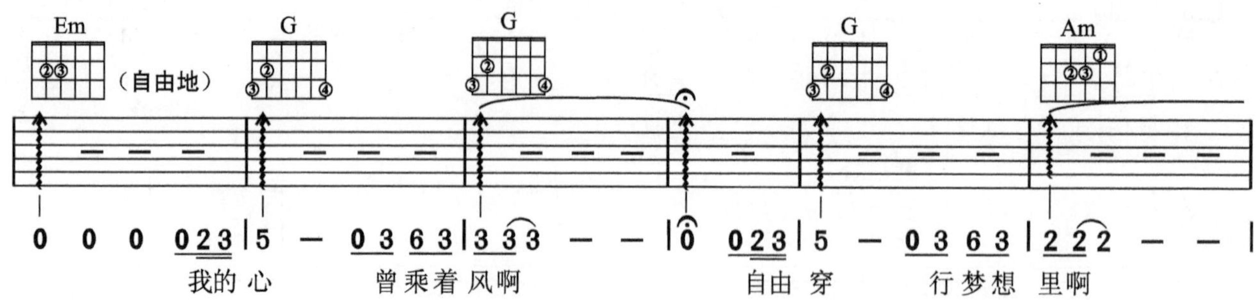

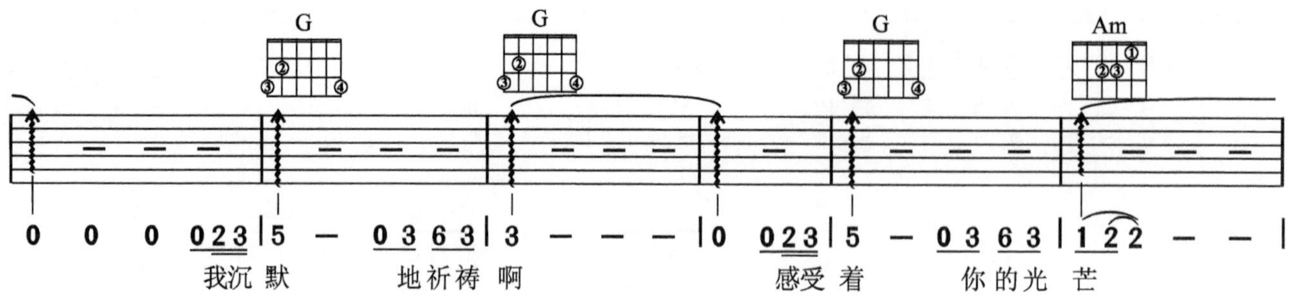

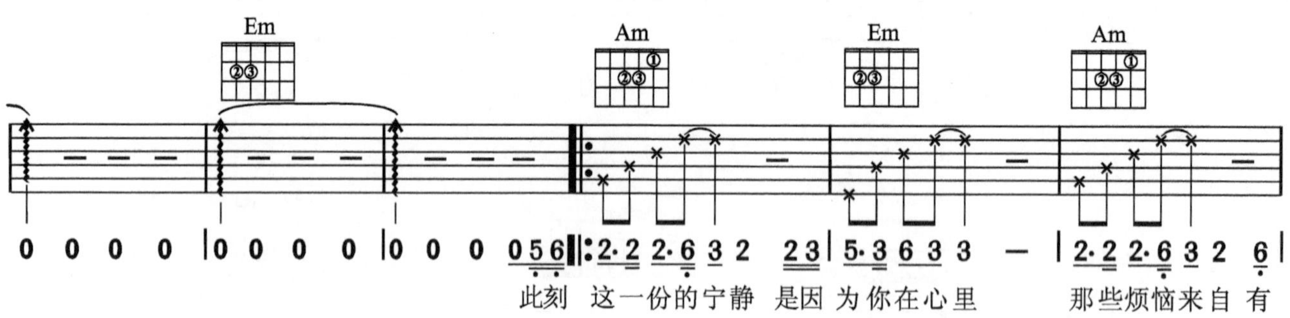

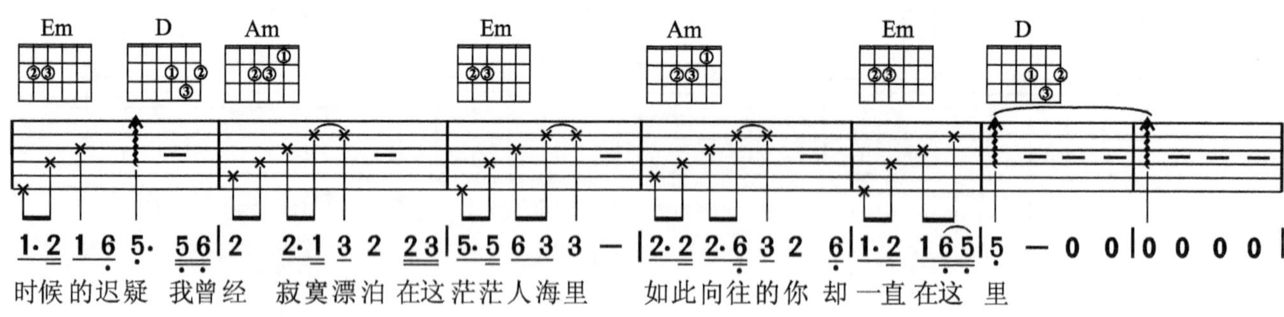

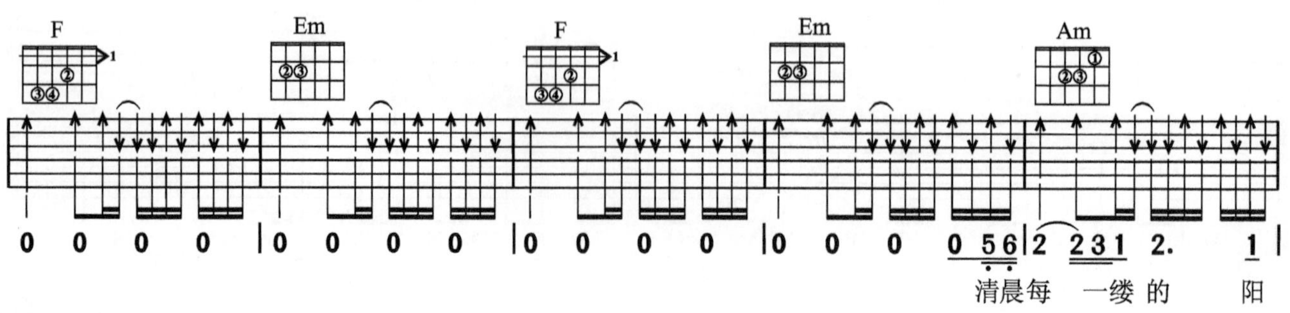

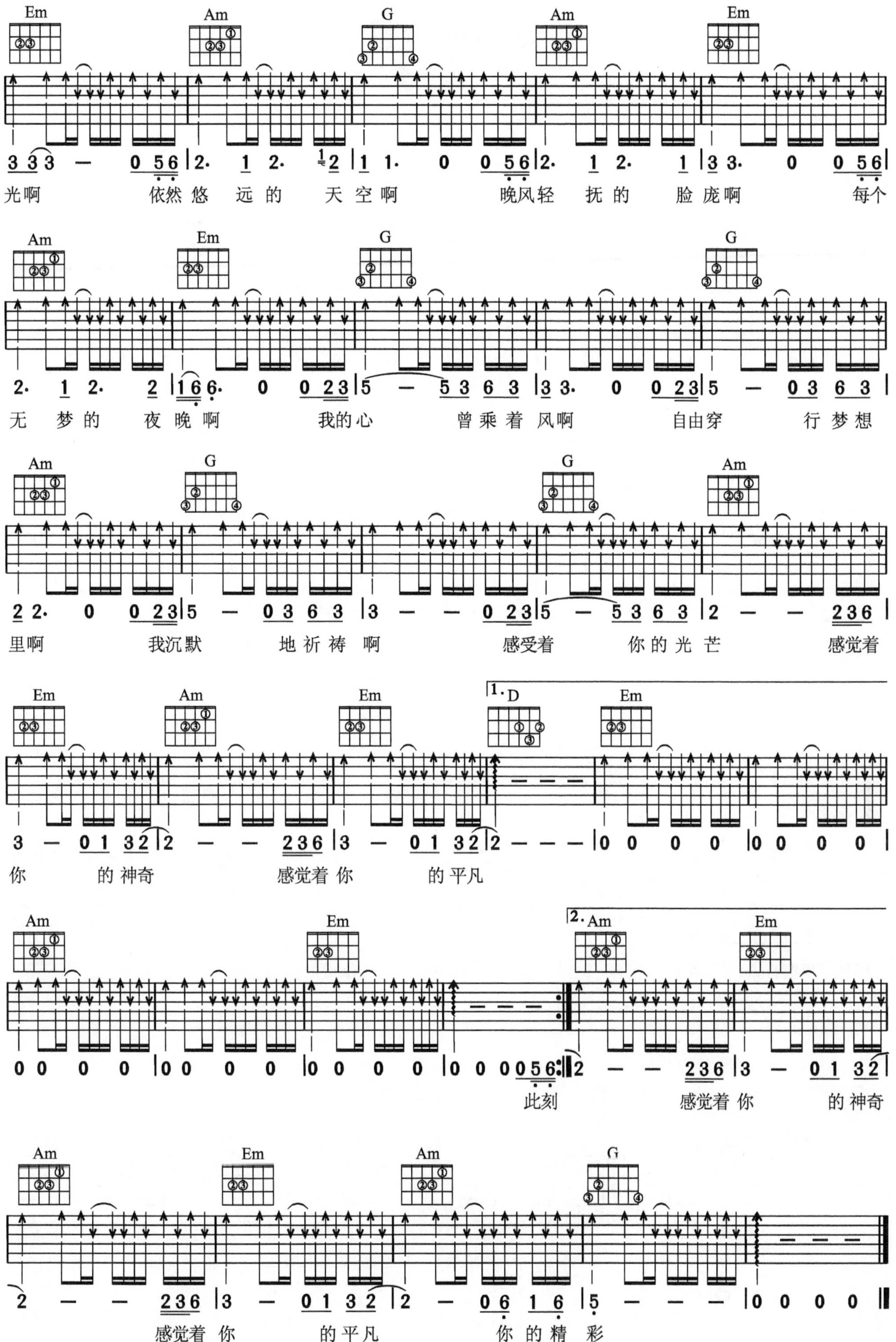

Em Am G Am Em
光啊 依然悠远的天空啊 晚风轻抚的脸庞啊 每个
Am Em G G
无梦的夜晚啊 我的心 曾乘着风啊 自由穿 行梦想
Am G G Am
里啊 我沉默 地祈祷 啊 感受着 你的光芒 感觉着
Em Am Em 1. D Em
你 的神奇 感觉着你 的平凡
Am Em 2. Am Em
此刻 感觉着你 的神奇
Am Em Am G
感觉着你 的平凡 你的精彩

小鱼的理想

（许　巍演唱）

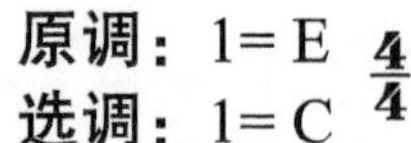

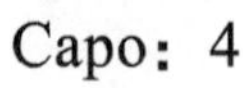

许　巍词曲

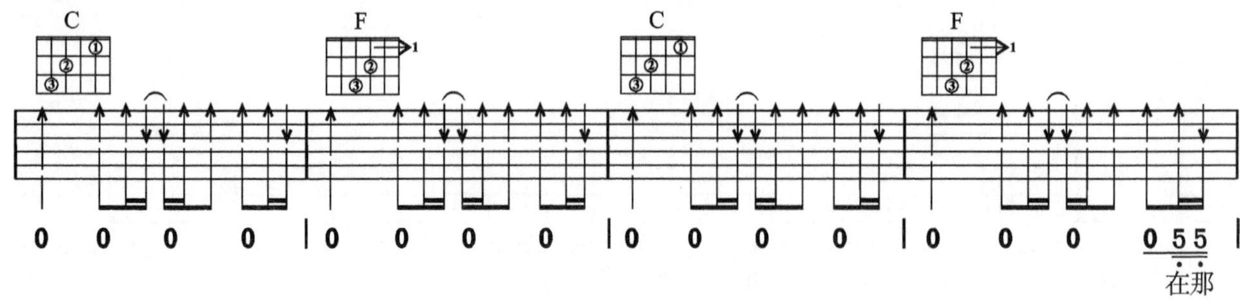

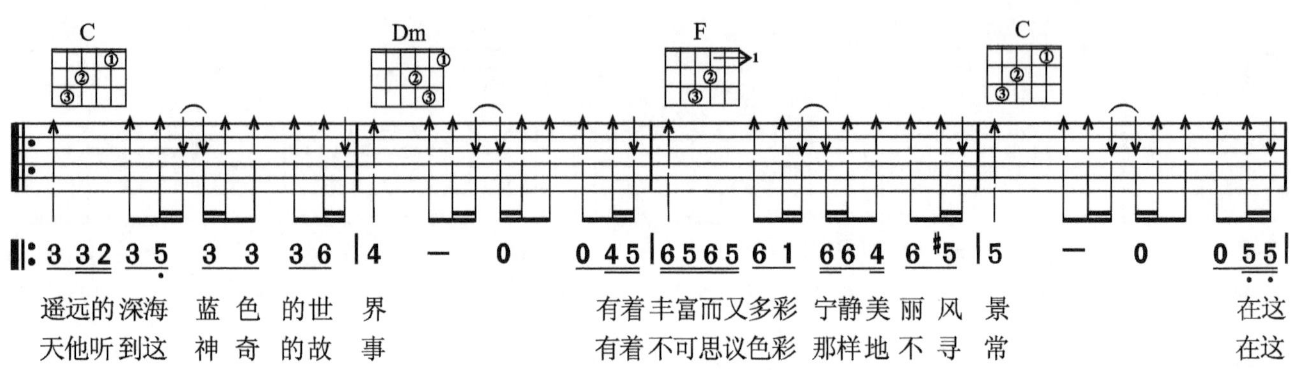

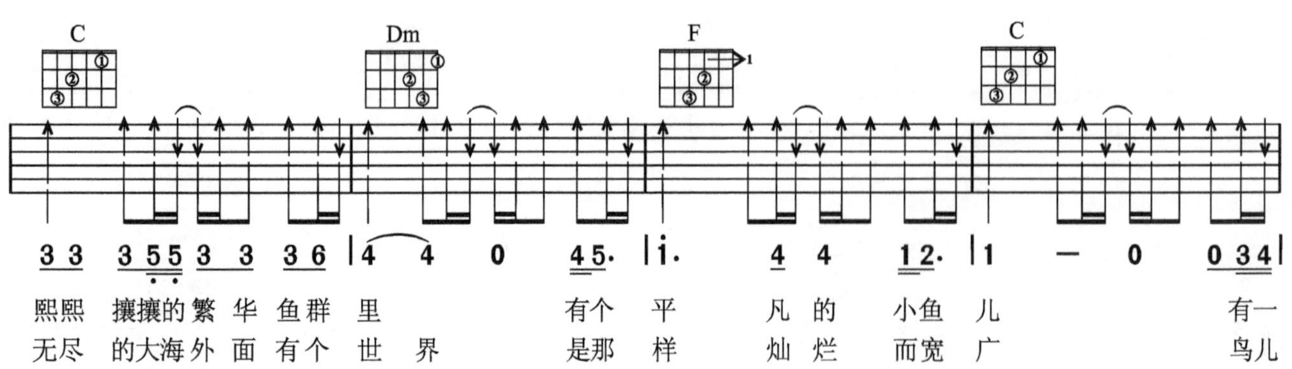

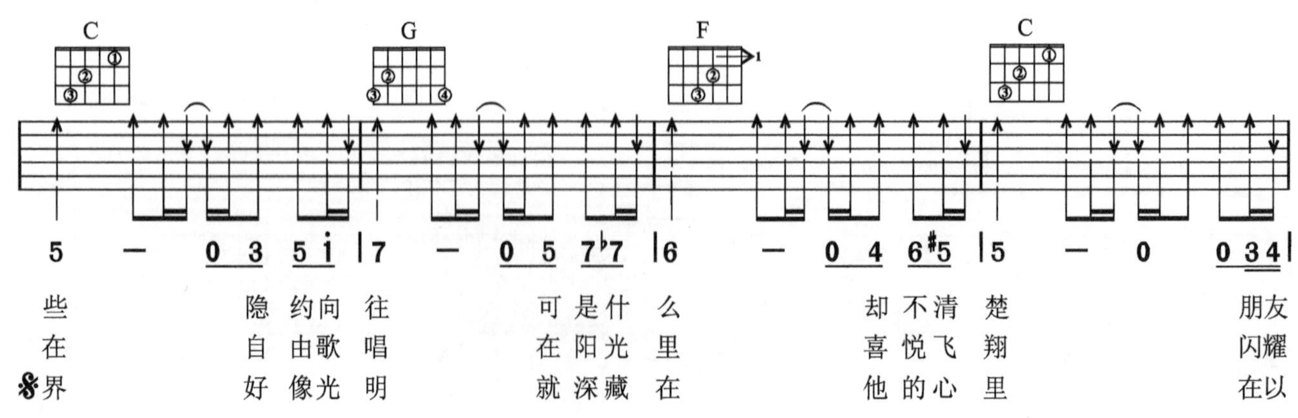

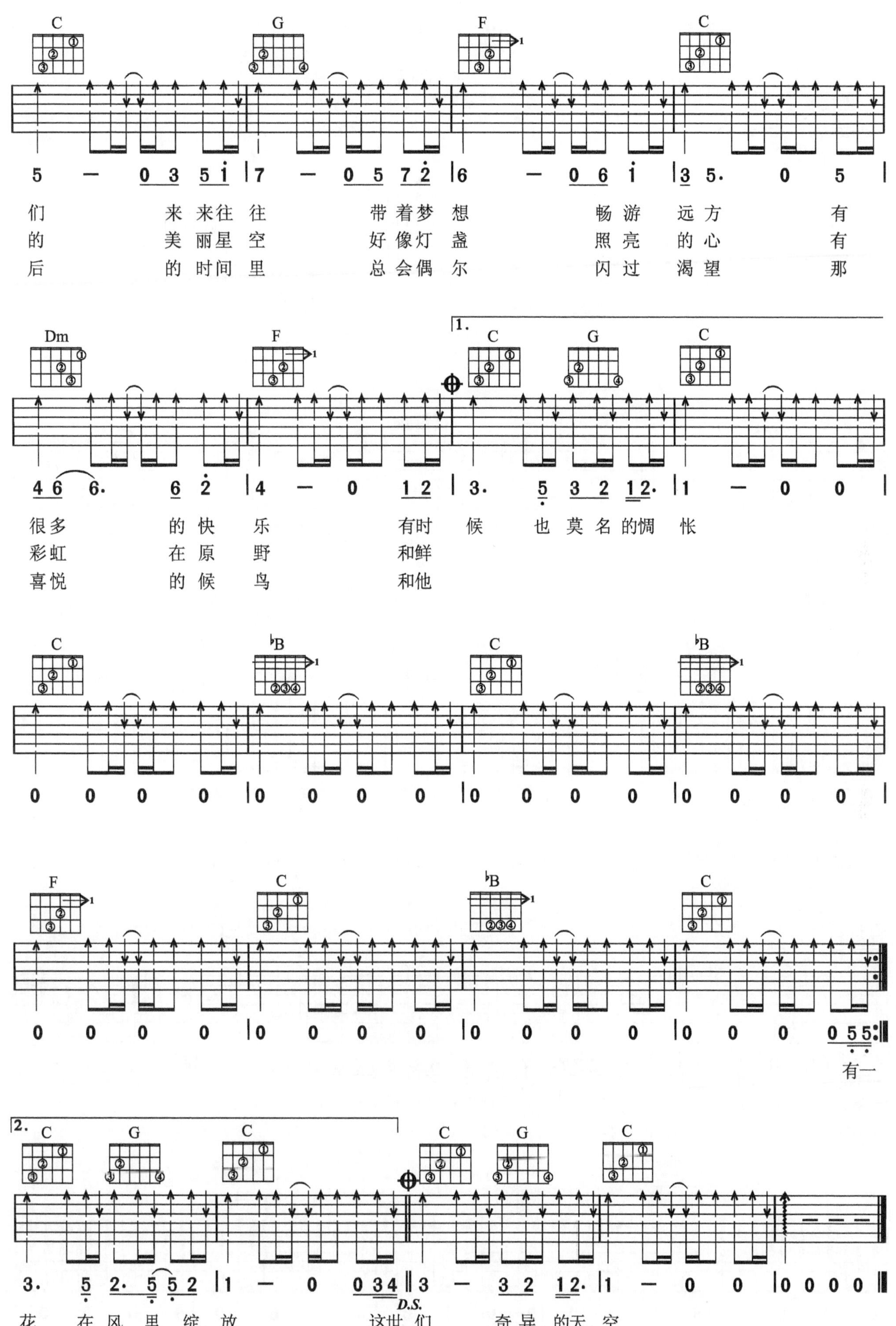
C G F C
5 — 0 3 5 i 7 — 0 5 7 2 6 — 0 6 i 3 5. 0 5
们 来来往往 带着梦想 畅游远方 有
的 美丽星空 好像灯盏 照亮的心 有
后 的时间里 总会偶尔 闪过渴望 那
Dm F 1. C G C
4 6 6. 6 2 4 — 0 1 2 3. 5 3 2 1 2. 1 — 0 0
很多 的快乐 有时候 也莫名的惆怅
彩虹 在原野 和鲜
喜悦 的候鸟 和他
C ♭B C ♭B
0 0 0 0 0 0 0 0 0 0 0 0 0 0 0 0
F C ♭B C
0 0 0 0 0 0 0 0 0 0 0 0 0 0 0 0 5 5
有一
2. C G C C G C
3. 5 2. 5 5 2 1 — 0 0 3 4 3 — 3 2 1 2. 1 — 0 0 0 0 0 0
D.S.
花 在风里绽放 这世们 奇异的天空

那　里

（许　巍演唱）

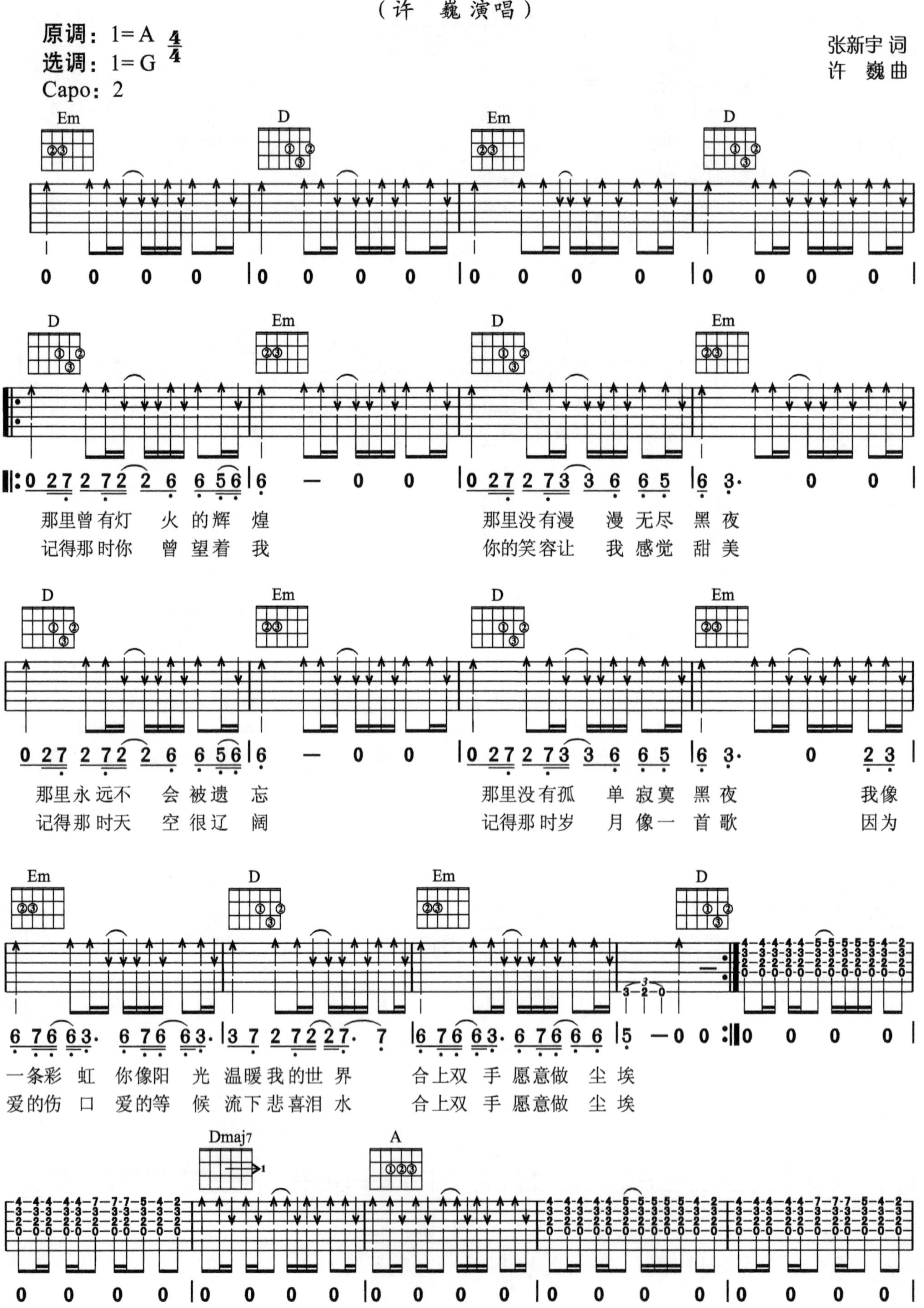
原调：1=A 4/4
选调：1=G
Capo：2
张新宇 词
许　巍曲
Em
D
Dmaj7
A
那里曾有灯　火 的辉　煌
记得那时你　曾 望着　我
那里没有漫　漫 无尽　黑 夜
你的笑容让　我 感觉　甜 美
那里永远不　会 被遗　忘
记得那时天　空 很辽　阔
那里没有孤　单 寂寞　黑 夜
记得那时岁　月 像一　首 歌
我像
因为
一条彩　虹　你像阳　光　温暖我的世　界
爱的伤　口　爱的等　候　流下悲喜泪　水
合上双　手　愿意做　尘　埃
合上双　手　愿意做　尘　埃

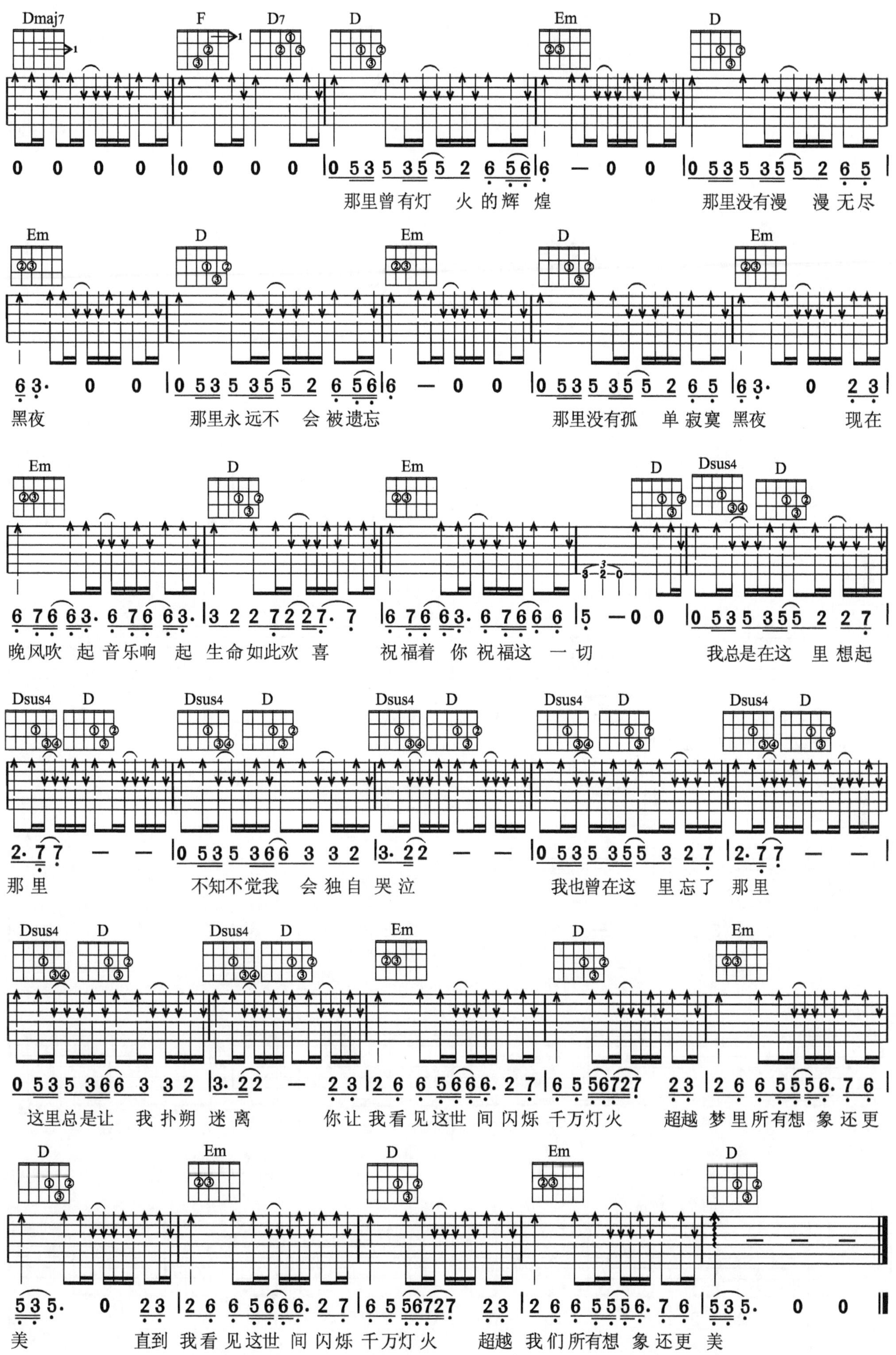
Dmaj7 F D7 D Em D
那里曾有灯 火的辉 煌 那里没有漫 漫无尽
Em D Em D Em
黑夜 那里永远不 会被遗忘 那里没有孤 单寂寞 黑夜 现在
Em D Em D Dsus4 D
晚风吹 起音乐响 起生命如此欢 喜 祝福着 你祝福这 一切 我总是在这 里想起
Dsus4 D Dsus4 D Dsus4 D Dsus4 D Dsus4 D
那里 不知不觉我 会独自 哭泣 我也曾在这 里忘了 那里
Dsus4 D Dsus4 D Em D Em
这里总是让 我扑朔 迷离 你让我看见这世 间闪烁 千万灯火 超越 梦里所有想 象还更
D Em D Em D
美 直到 我看见这世 间闪烁 千万灯火 超越 我们所有想 象还更 美

蓝莲花

（许　巍 演唱）

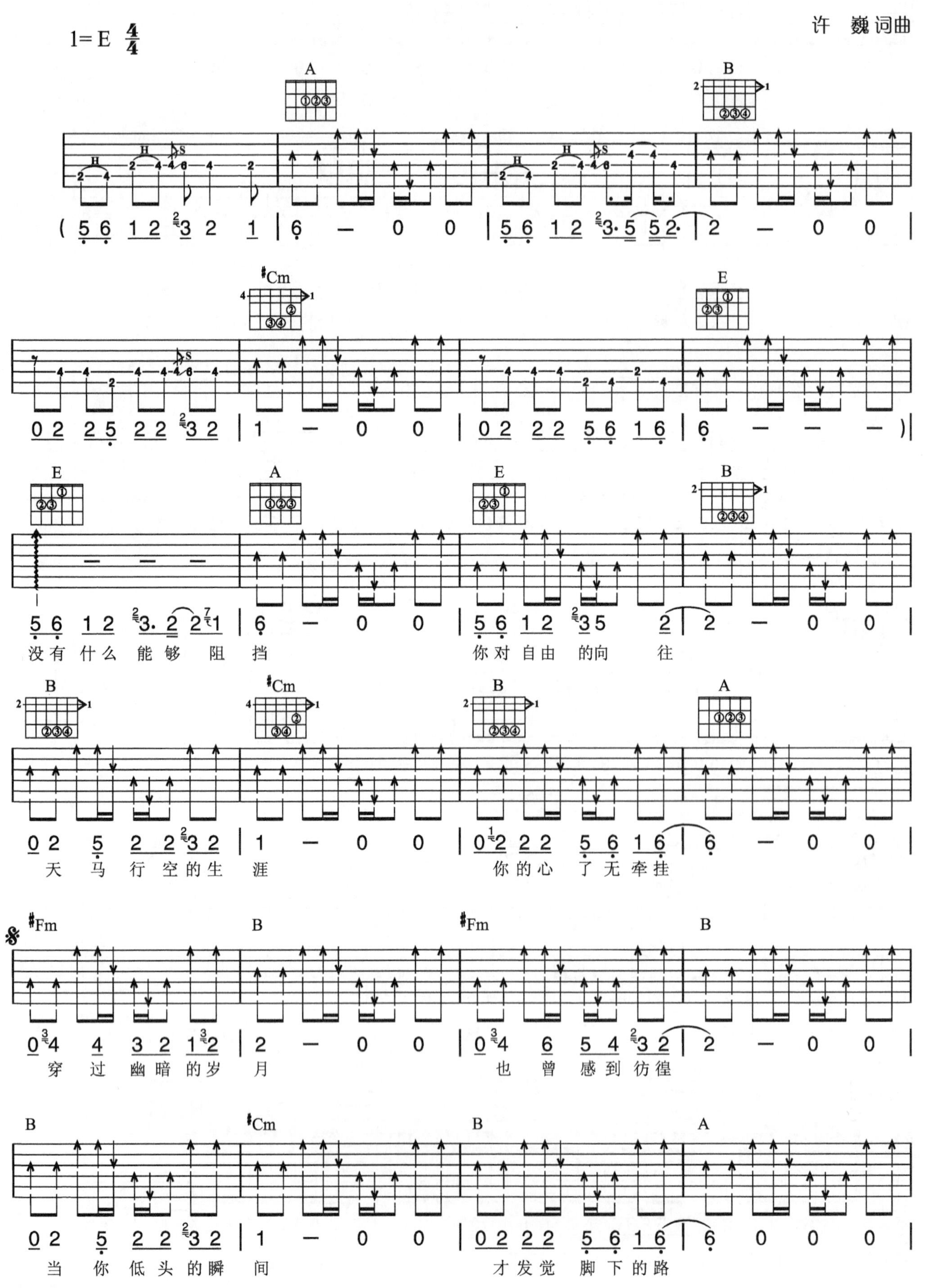
许　巍词曲
1=E 4/4
A B #Cm E
E A E B
没有什么能够阻挡
你对自由的向往
B #Cm B A
天马行空的生涯
你的心了无牵挂
#Fm B #Fm B
穿过幽暗的岁月
也曾感到彷徨
B #Cm B A
当你低头的瞬间
才发觉脚下的路

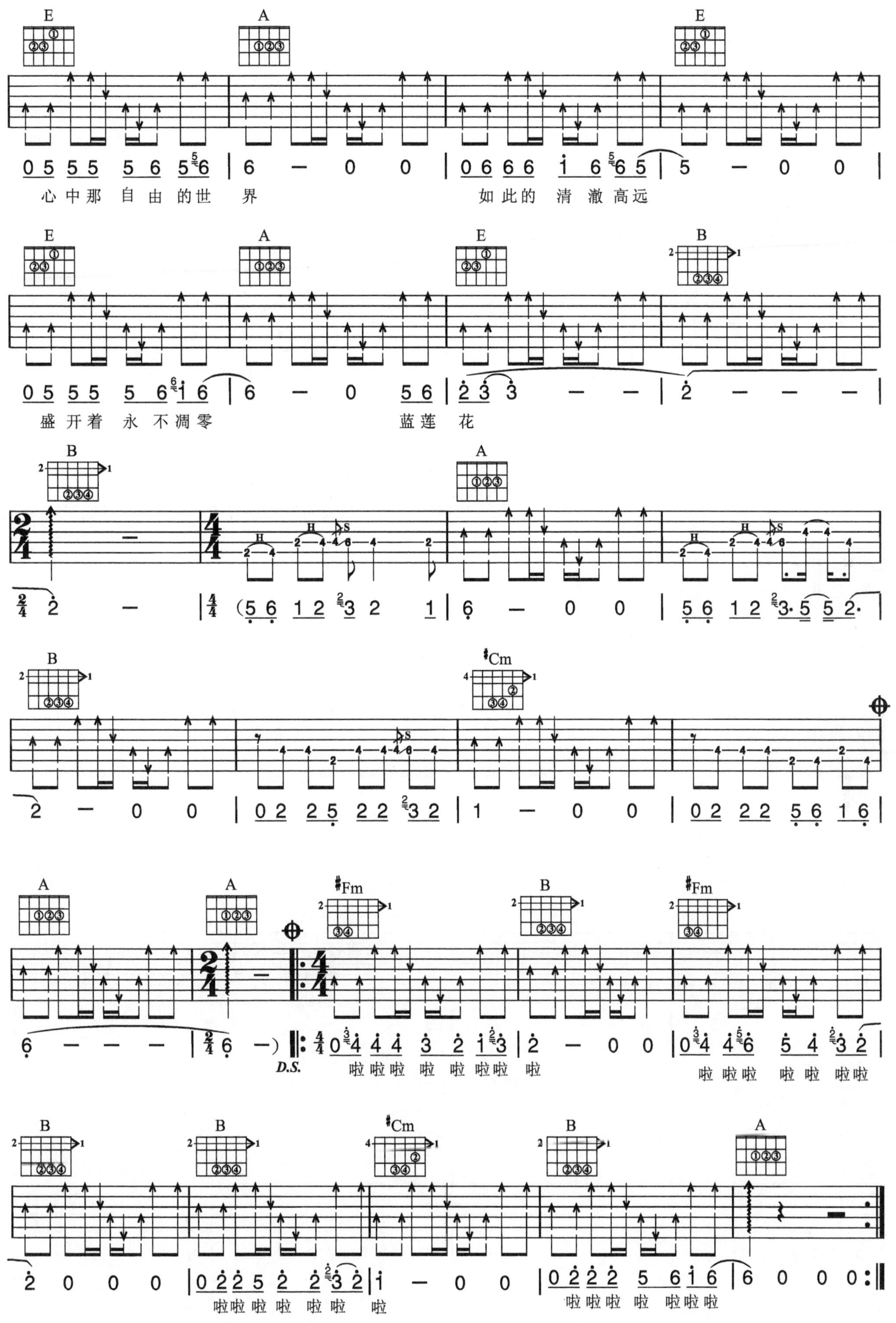
E
A
E
心中那自由的世界
如此的清澈高远
E
A
E
B
盛开着永不凋零
蓝莲花
B
A
B
#Cm
A
A
#Fm
B
#Fm
D.S.
啦啦啦啦啦啦啦啦
啦啦啦啦啦啦
B
B
#Cm
B
A
啦啦啦啦啦啦啦
啦啦啦啦啦啦啦

难忘的一天

（许 巍 演唱）

原调：1=#C
选调：1=C 4/4
Capo:1

许 巍 词曲

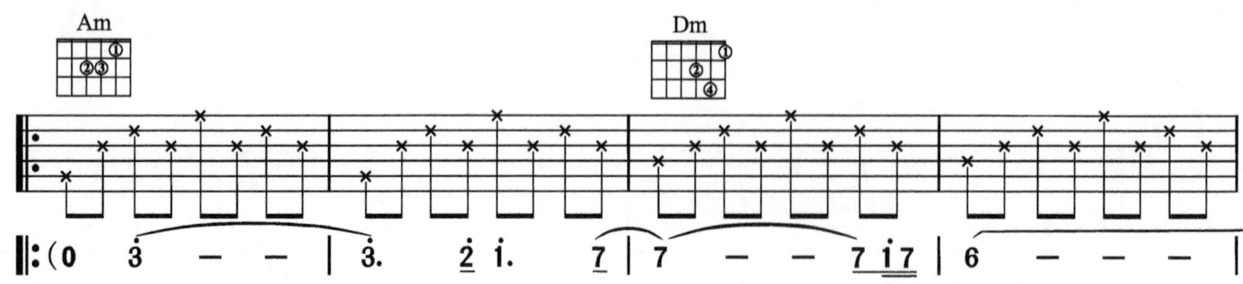

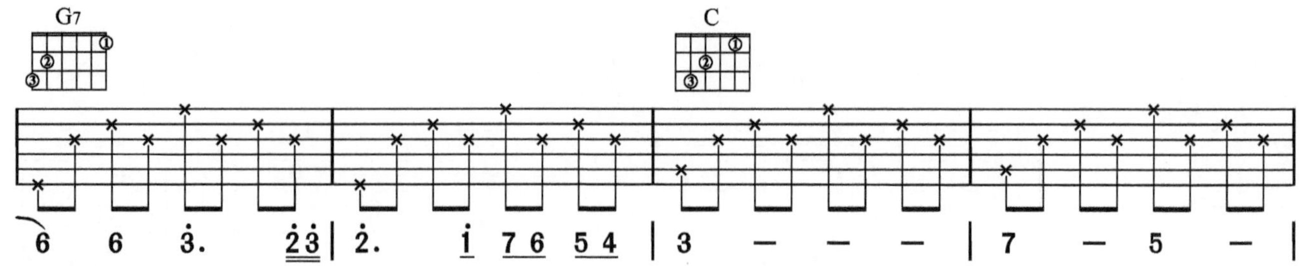

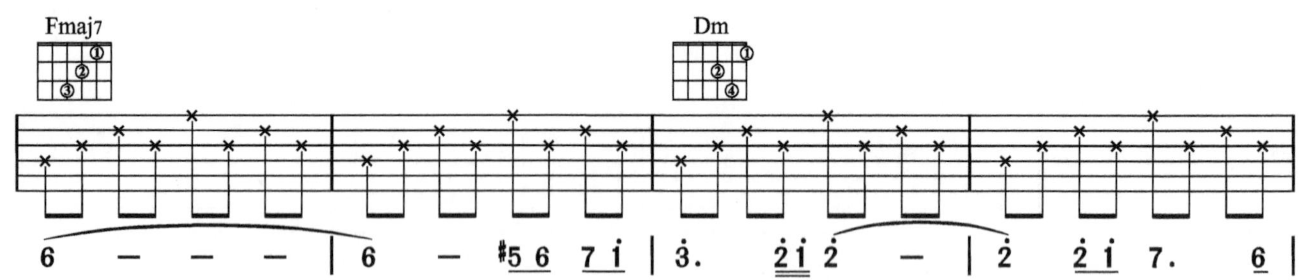

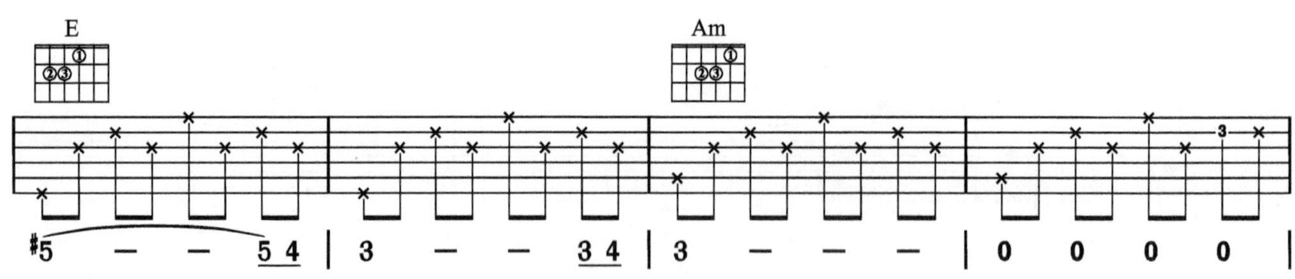

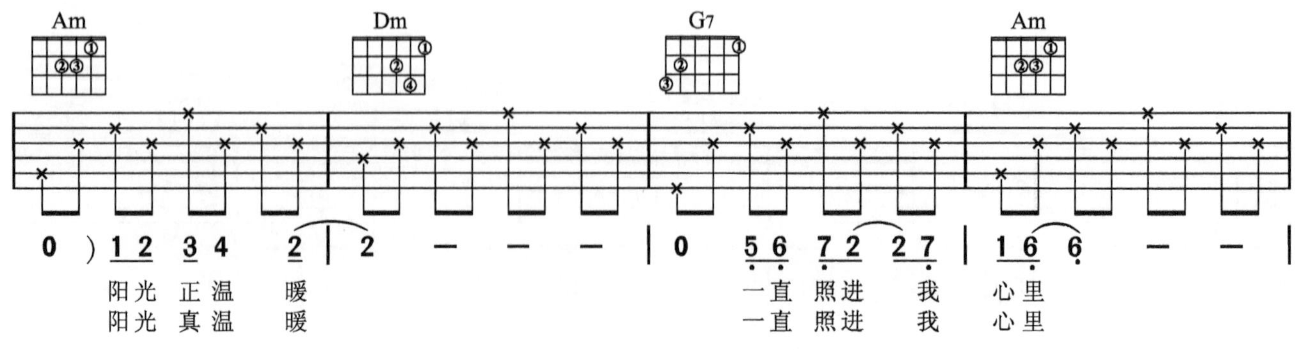

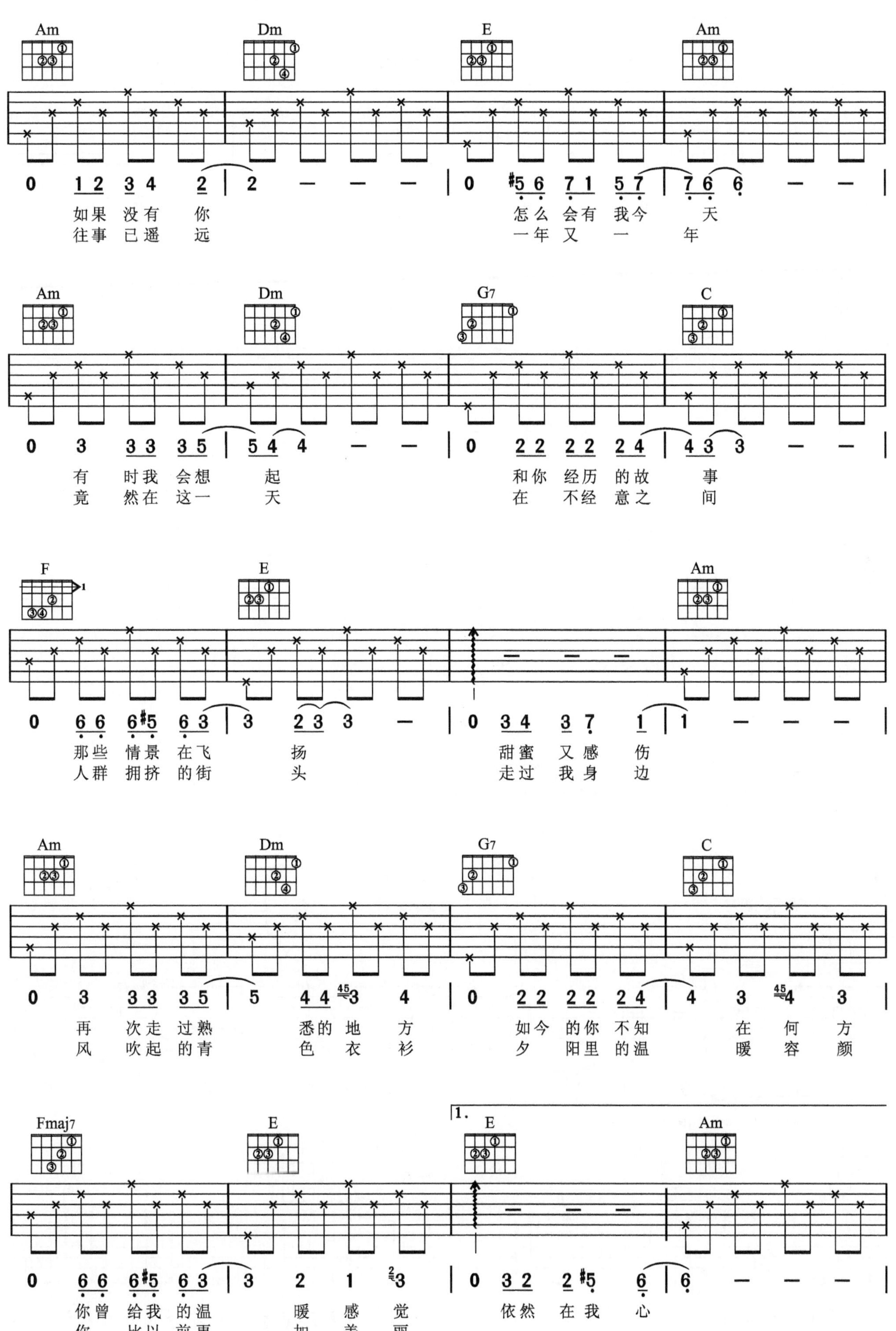
Am Dm E Am
如果没有你 怎么会有我今天
往事已遥远 一年又一年
Am Dm G7 C
有时我会想起 和你经历的故事
竟然在这一天 在不经意之间
F E Am
那些情景在飞扬 甜蜜又感伤
人群拥挤的街头 走过我身边
Am Dm G7 C
再次走过熟悉的地方 如今的你不知在何方
风吹起的青色衣衫 夕阳里的温暖容颜
Fmaj7 E 1. E Am
你曾给我的温暖感觉 依然在我心
你比以前更加美丽

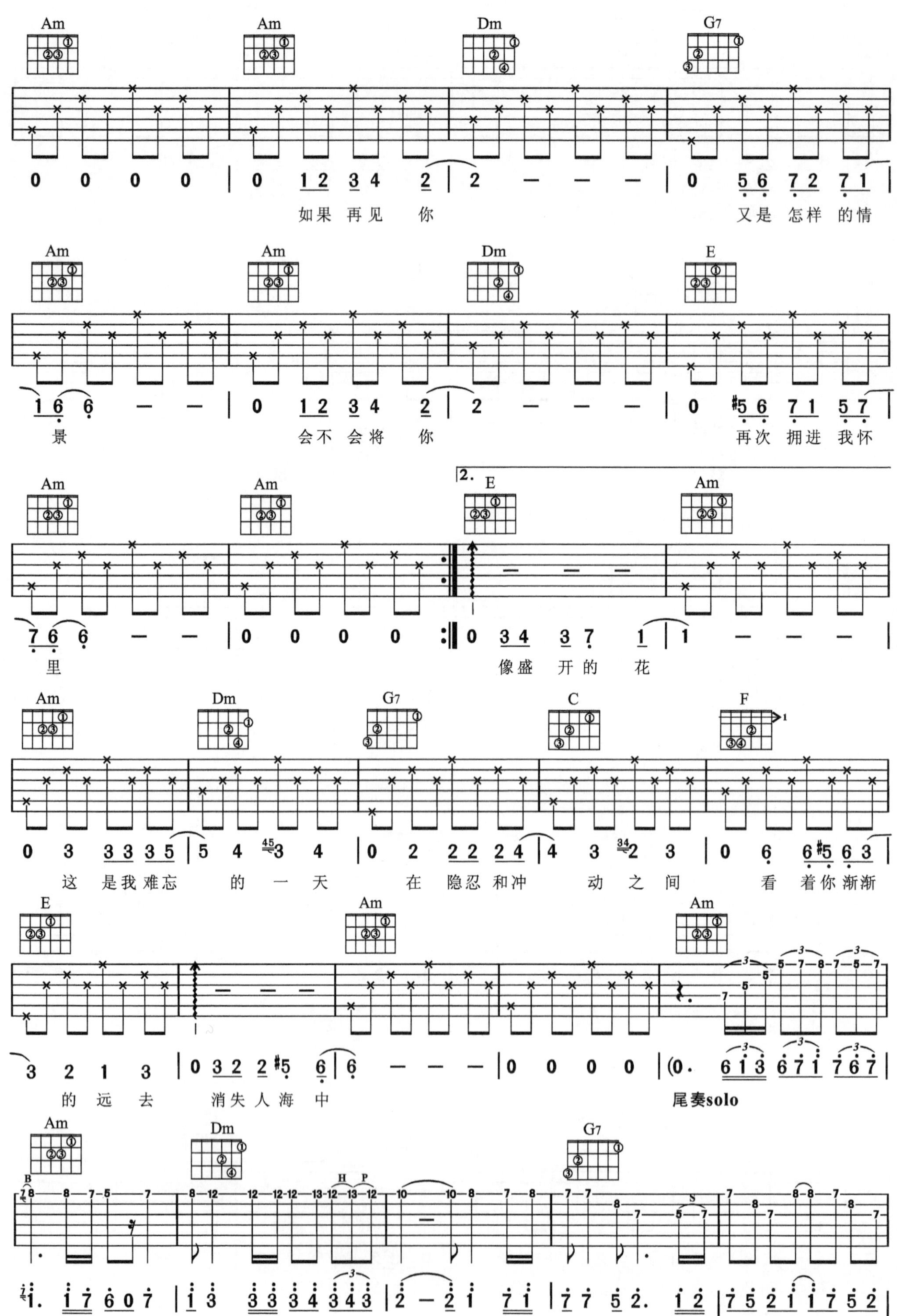
Am Am Dm G7
如果 再见 你 又是 怎样 的情
Am Am Dm E
景 会不 会将 你 再次 拥进 我怀
Am Am 2. E Am
里 像盛 开的 花
Am Dm G7 C F
这 是我 难忘 的 一 天 在 隐忍 和冲 动 之 间 看 着你 渐渐
E Am Am
的 远 去 消失 人 海 中 尾奏solo
Am Dm G7

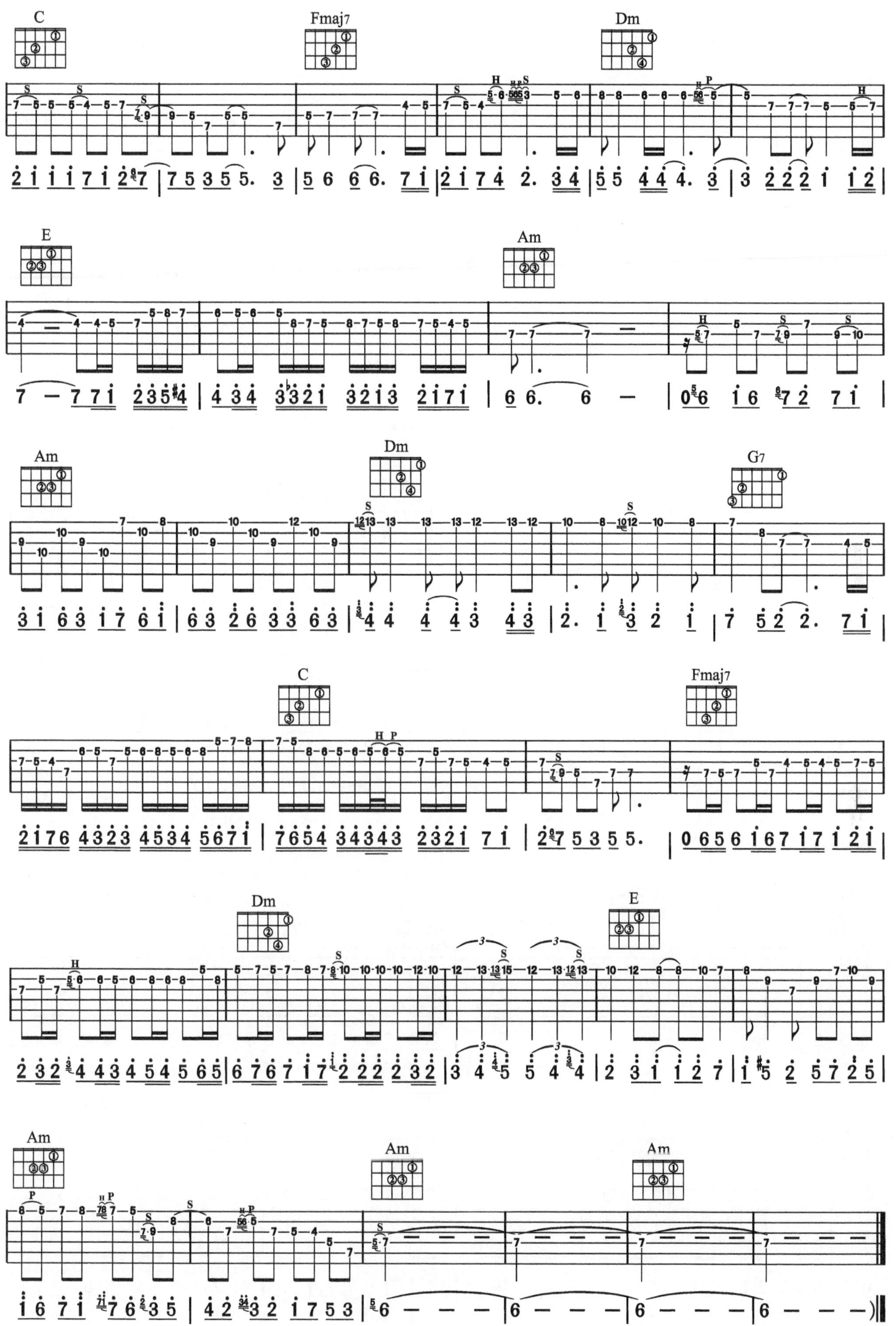
C
Fmaj7
Dm
E
Am
Am
Dm
G7
C
Fmaj7
Dm
E
Am
Am
Am

家

（许 巍 演唱）

许 巍 词曲

1=D $\frac{4}{4}$

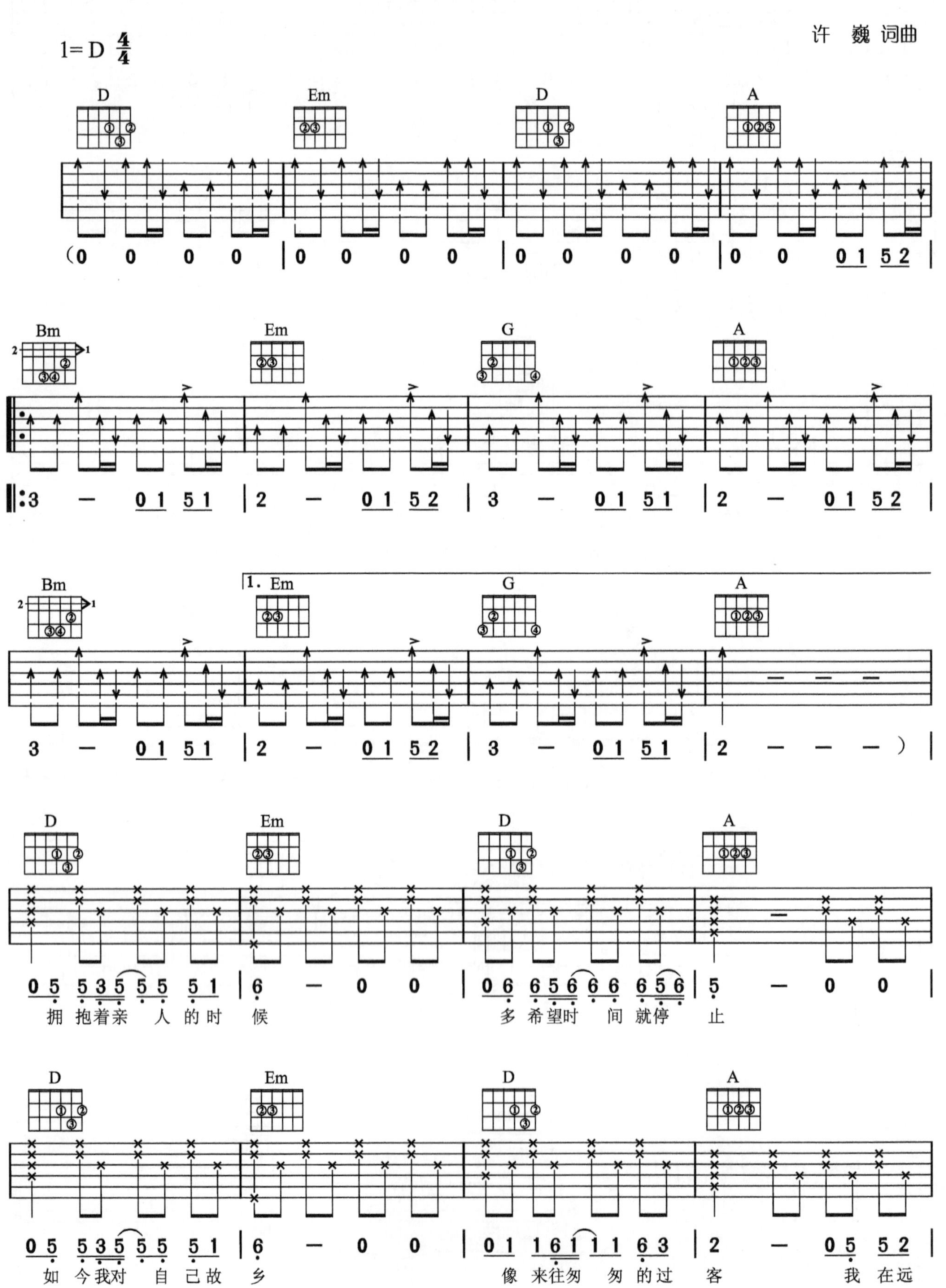

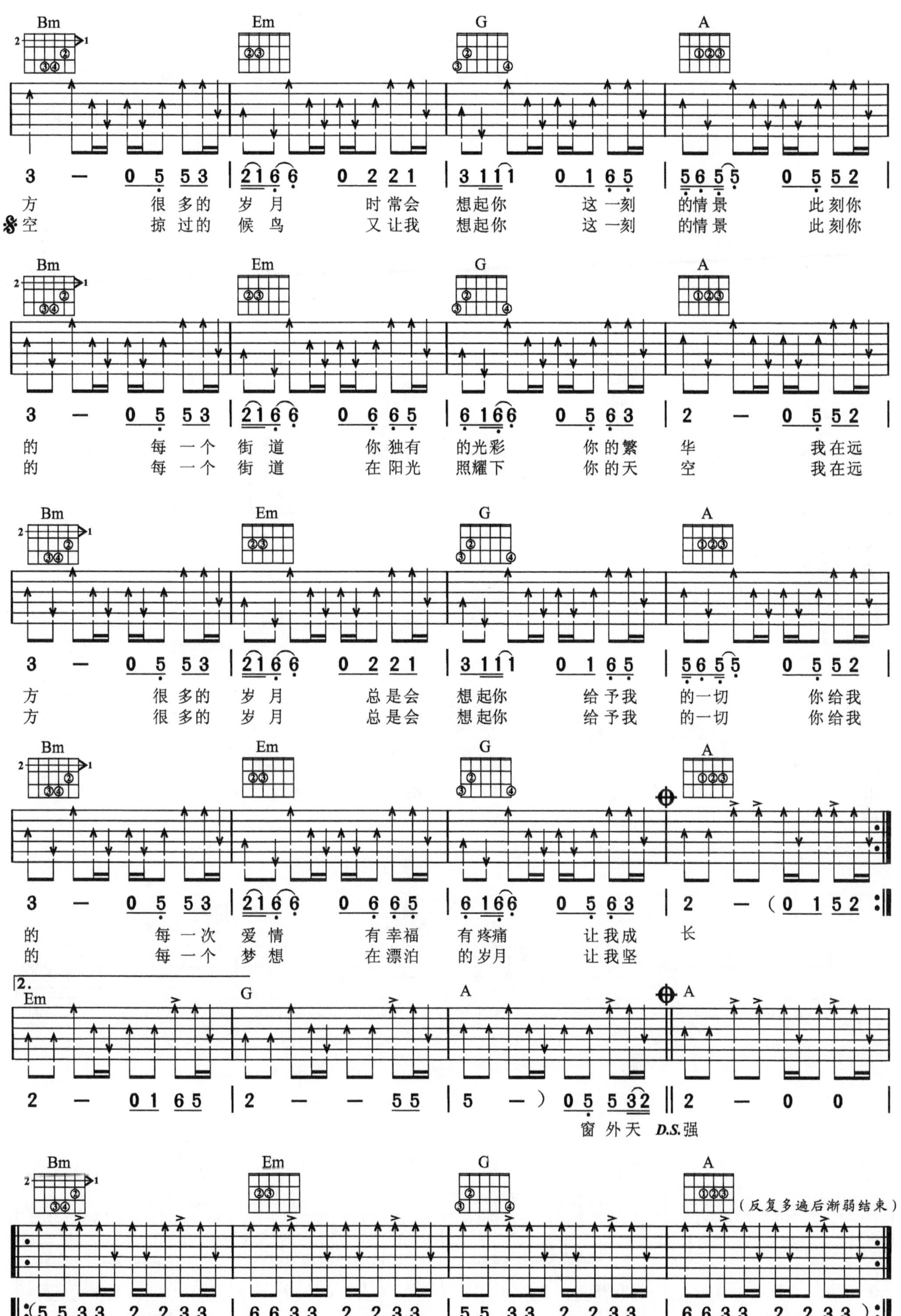

Bm Em G A
3 — 0 5 5 3 | 2 1 6 6 0 2 2 1 | 3 1 1 1 0 1 6 5 | 5 6 5 5 0 5 5 2 |
方 很多的 岁 月 时常会 想起你 这一刻 的情景 此刻你
𝄋空 掠过的 候 鸟 又让我 想起你 这一刻 的情景 此刻你
Bm Em G A
3 — 0 5 5 3 | 2 1 6 6 0 6 6 5 | 6 1 6 6 0 5 6 3 | 2 — 0 5 5 2 |
的 每一个 街 道 你独有 的光彩 你的繁 华 我在远
的 每一个 街 道 在阳光 照耀下 你的天 空 我在远
Bm Em G A
3 — 0 5 5 3 | 2 1 6 6 0 2 2 1 | 3 1 1 1 0 1 6 5 | 5 6 5 5 0 5 5 2 |
方 很多的 岁 月 总是会 想起你 给予我 的一切 你给我
方 很多的 岁 月 总是会 想起你 给予我 的一切 你给我
Bm Em G A
3 — 0 5 5 3 | 2 1 6 6 0 6 6 5 | 6 1 6 6 0 5 6 3 | 2 — (0 1 5 2 :||
的 每一次 爱 情 有幸福 有疼痛 让我成 长
的 每一个 梦 想 在漂泊 的岁月 让我坚
2.
Em G A A
2 — 0 1 6 5 | 2 — — 5 5 | 5 —) 0 5 5 3 2 || 2 — 0 0 |
窗 外天 D.S.强
Bm Em G A
(反复多遍后渐弱结束)
||: (5 5 3 3 2 2 3 3 | 6 6 3 3 2 2 3 3 | 5 5 3 3 2 2 3 3 | 6 6 3 3 2 2 3 3) :||

爱

（许 巍 演唱）

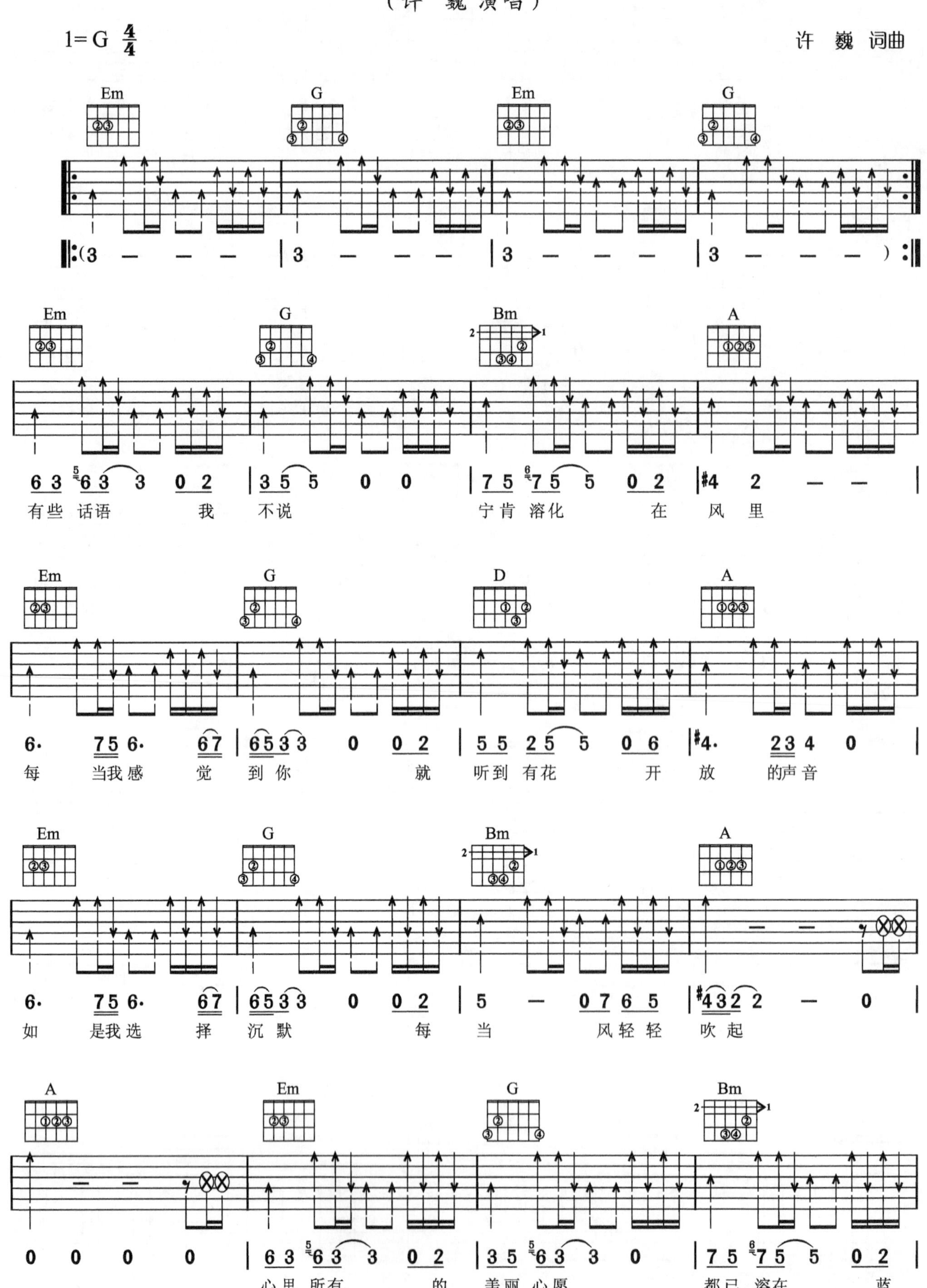

1=G 4/4
许 巍 词曲
Em G Em G
Em G Bm A
有些 话语 我 不说 宁肯 溶化 在 风 里
Em G D A
每 当我感 觉 到 你 就 听到 有花 开 放 的声音
Em G Bm A
如 是我选 择 沉 默 每 当 风轻轻 吹 起
A Em G Bm
心里 所有 的 美丽 心愿 都已 溶在 蓝

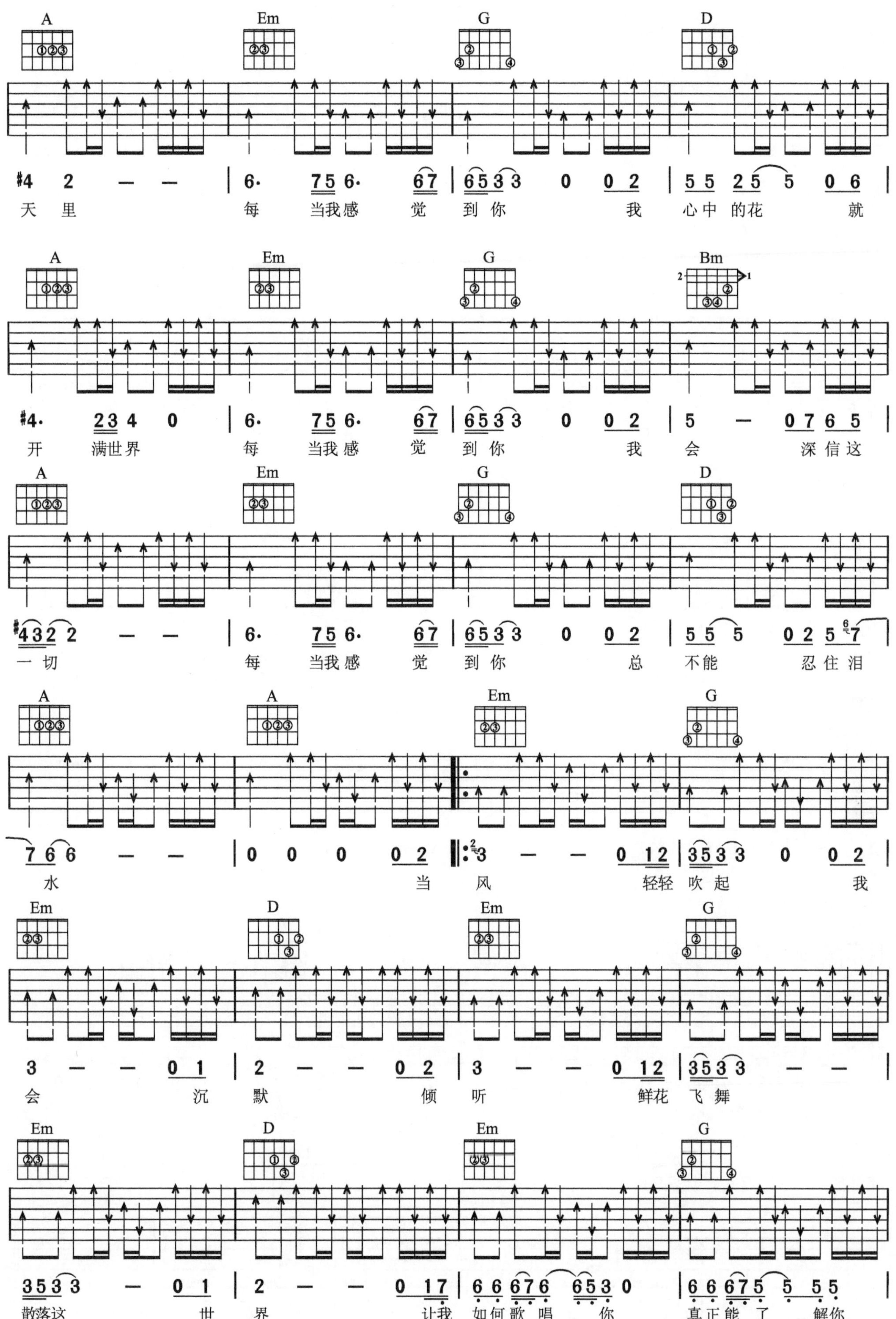
A Em G D
天里 每当我感觉到你 我心中的花就
A Em G Bm
开满世界 每当我感觉到你 我会深信这
A Em G D
一切 每当我感觉到你 总不能忍住泪
A A Em G
水 当风轻轻吹起 我
Em D Em G
会沉默倾听鲜花飞舞
Em D Em G
散落这世界 让我如何歌唱你 真正能了解你

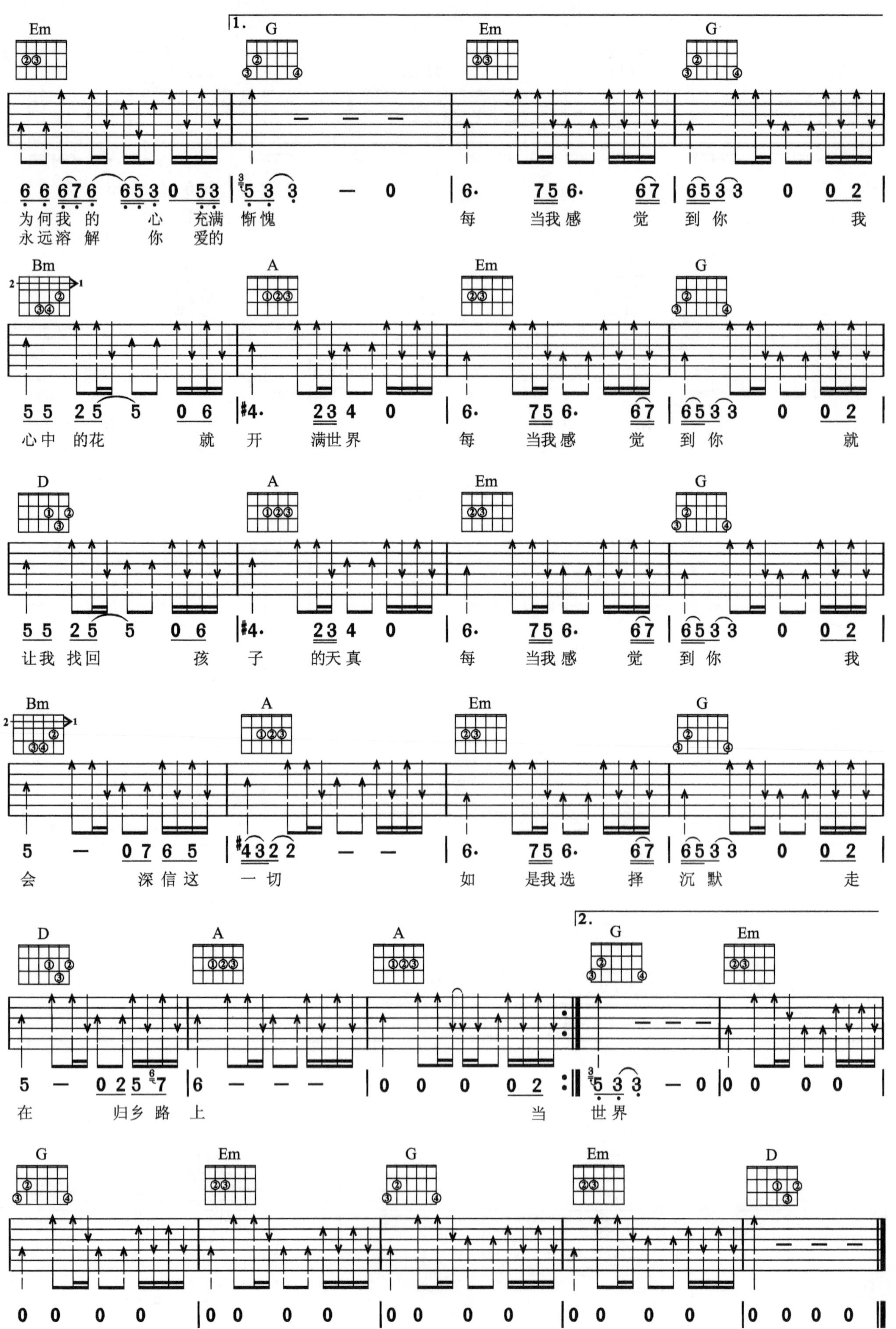
Em
G
Em
G
为何我的心充满惭愧
永远溶解你爱的
每当我感觉到你我
Bm
A
Em
G
心中的花就开满世界
每当我感觉到你就
D
A
Em
G
让我找回孩子的天真
每当我感觉到你我
Bm
A
Em
G
会深信这一切
如是我选择沉默走
D
A
A
G
Em
在归乡路上
当世界
G
Em
G
Em
D

树

（许 巍 演唱）

1=E $\frac{4}{4}$

许 巍词曲

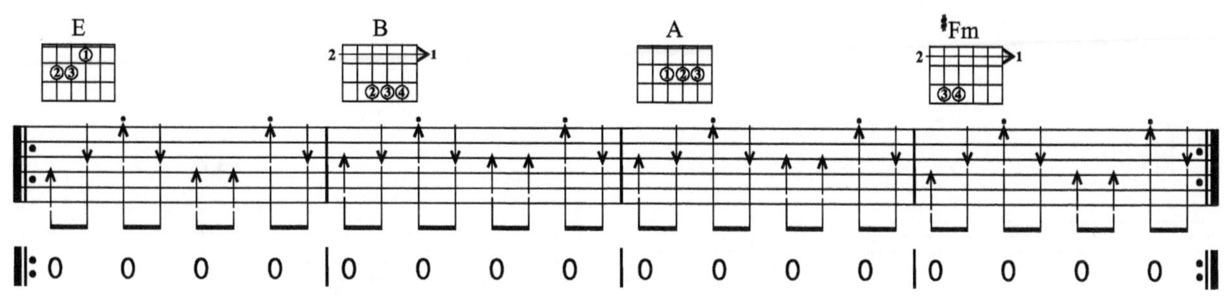

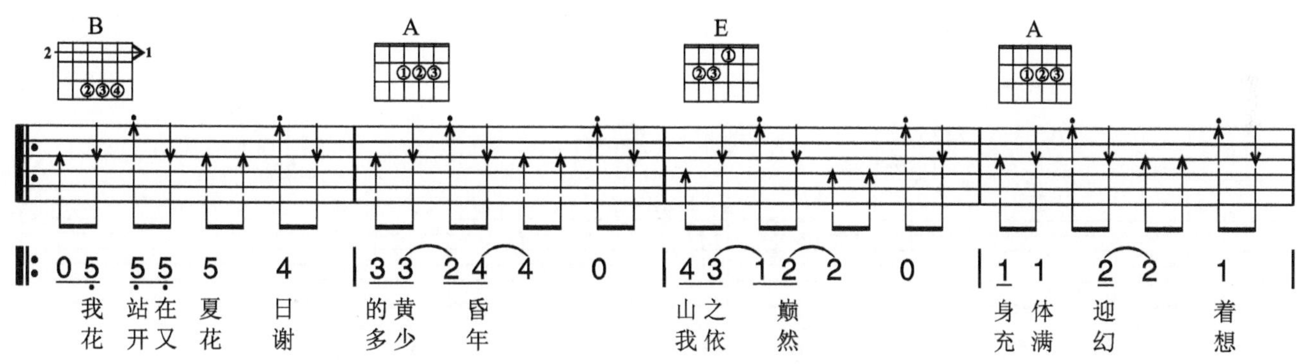

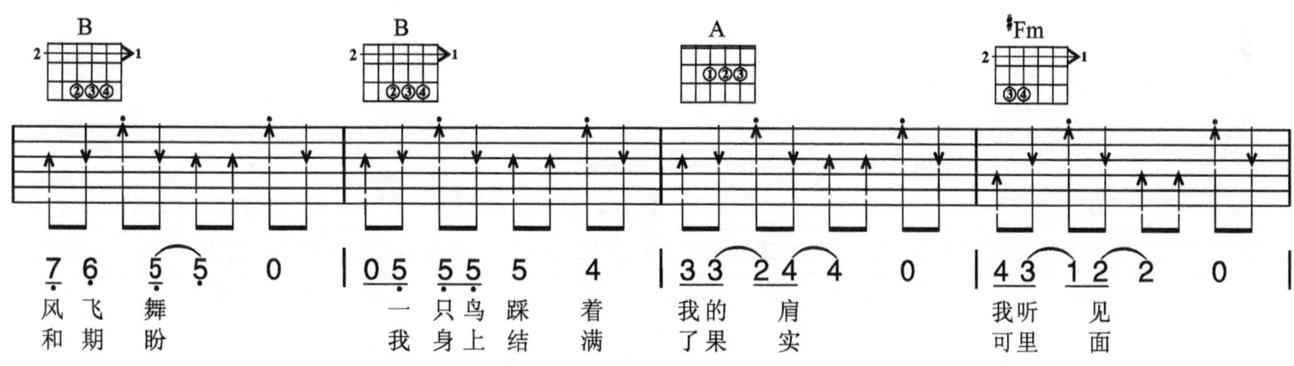

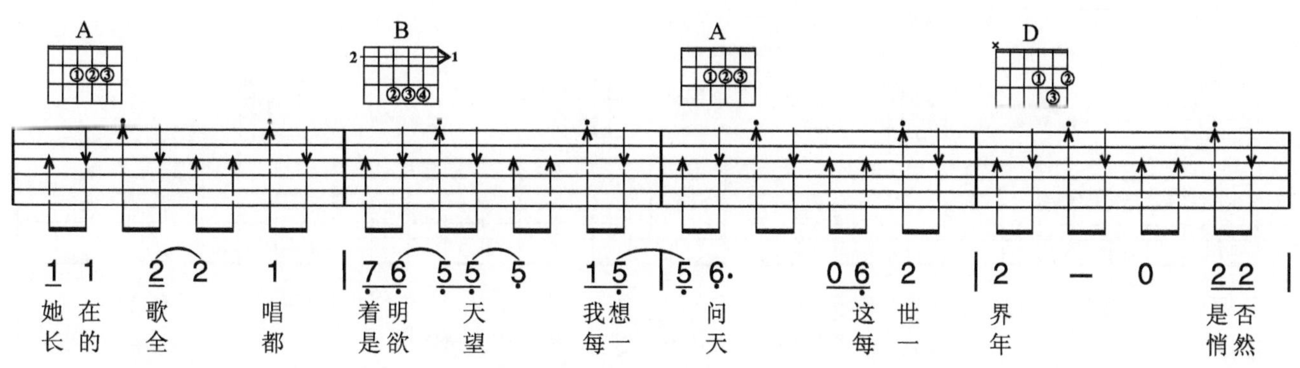

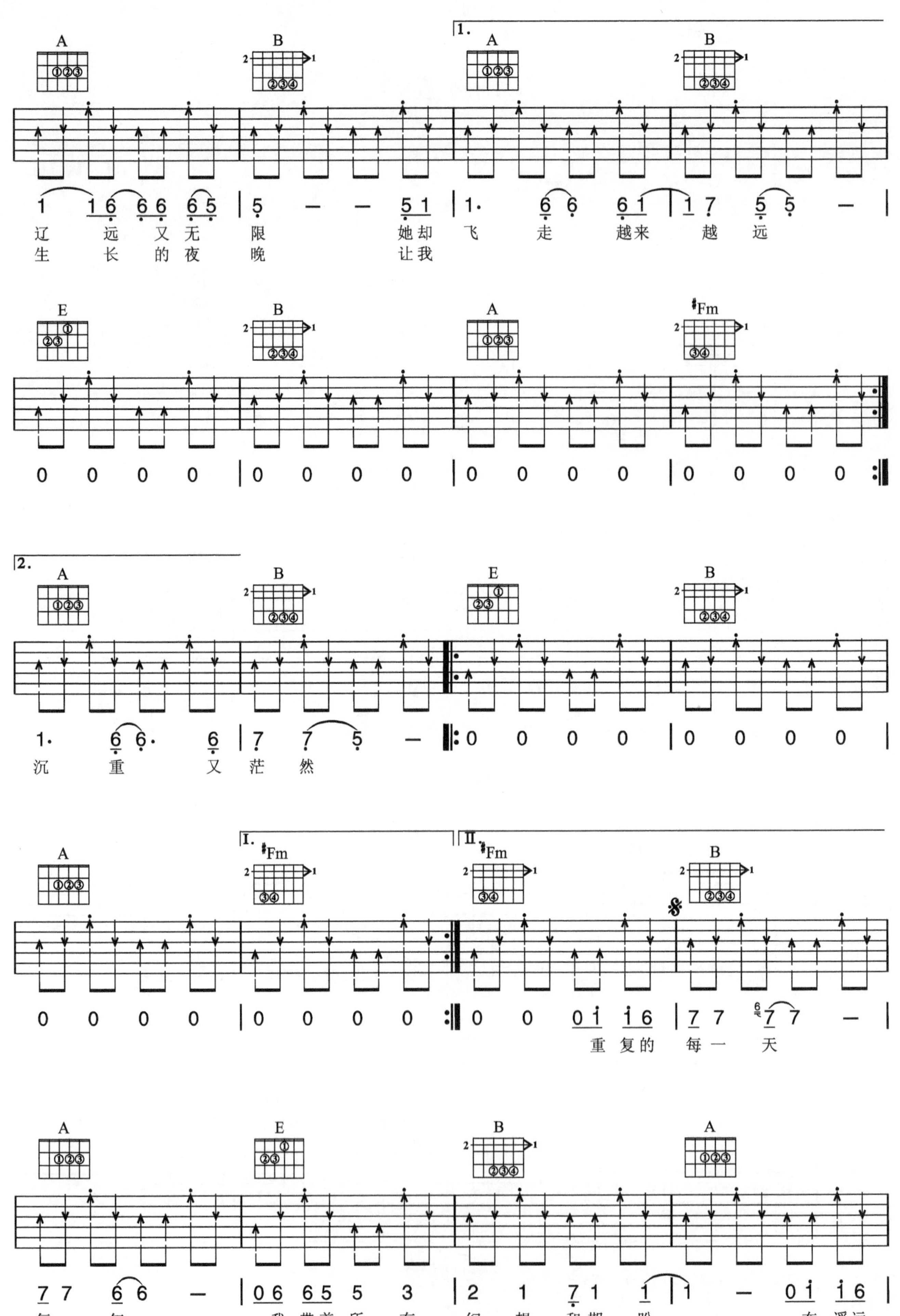

A B 1. A B
辽 远 又无 限 她却 飞 走 越来 越 远
生 长 的夜 晚 让我
E B A #Fm
2. A B E B
沉 重 又茫 然
A I. #Fm II. #Fm B
重复的 每一 天
A E B A
每一 年 我带着所 有 幻 想 和期 盼 在 遥远

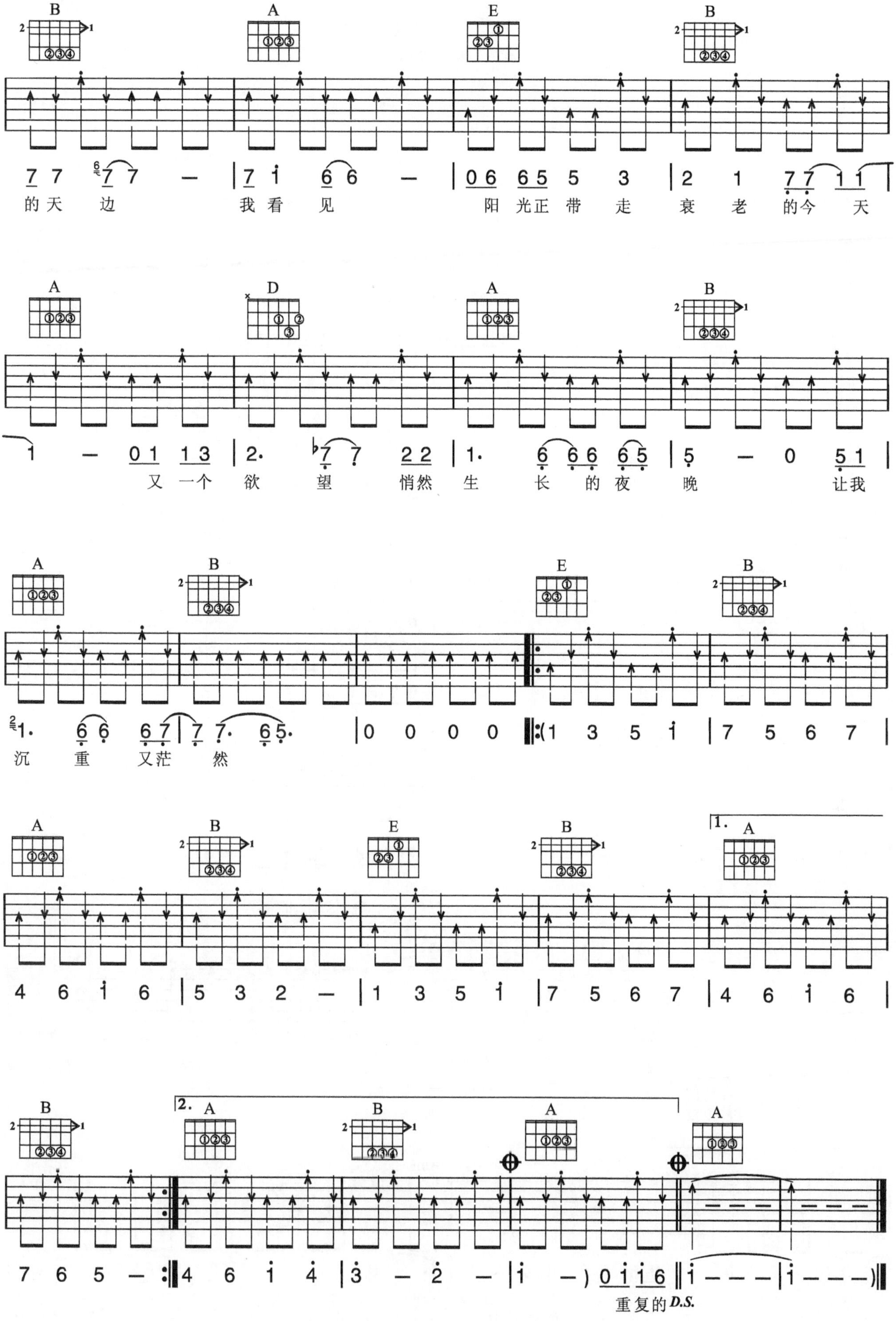

B A E B

7 7 7 7 — | 7 1 6 6 — | 0 6 6 5 5 3 | 2 1 7 7 1 1

的天 边 我看 见 阳光正带 走 衰 老 的今 天

A D A B

1 — 0 1 1 3 | 2. ♭7 7 2 2 | 1. 6 6 6 6 5 | 5 — 0 5 1

又 一个 欲 望 悄然 生 长 的夜 晚 让我

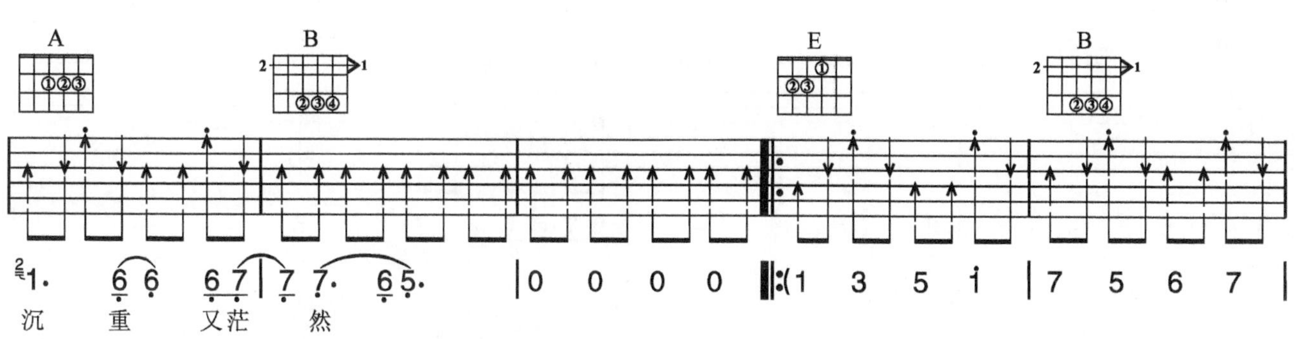

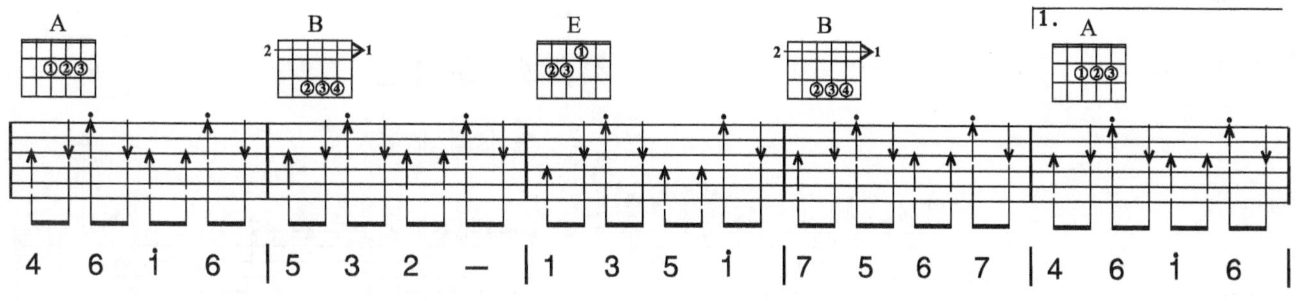

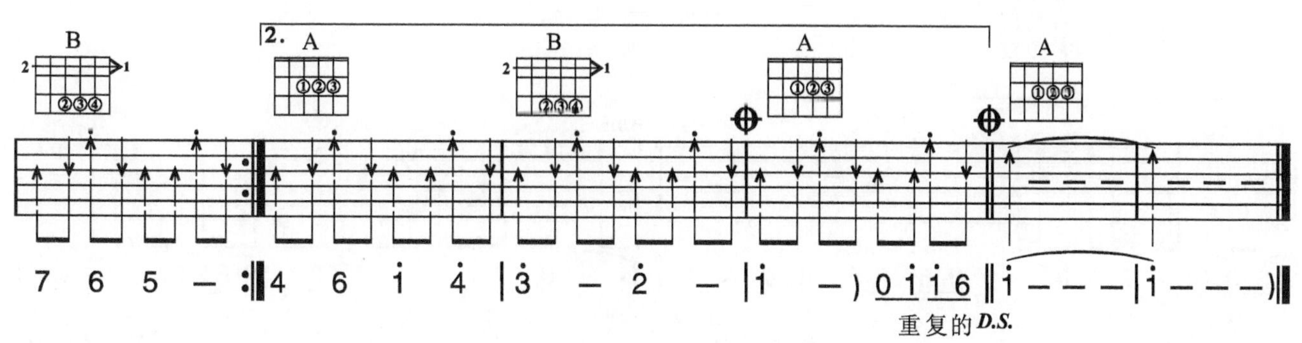

少 年

（许 巍演唱）

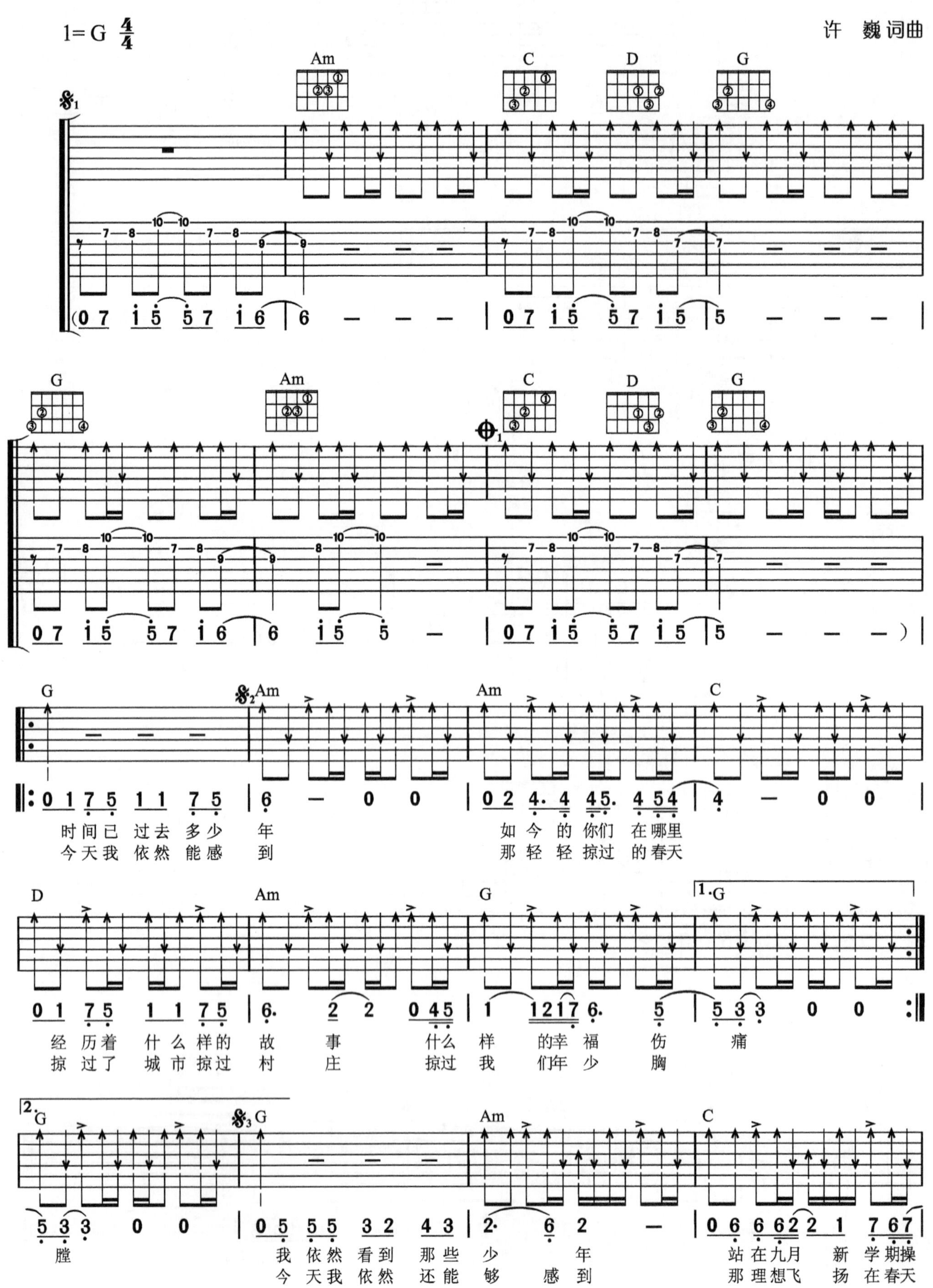

1=G 4/4
许 巍词曲
Am C D G
G Am C D G
G Am Am C
时间已 过去 多少 年 如今 的 你们 在哪里
今天我 依然 能感 到 那轻 轻 掠过 的春天
D Am G 1.G
经 历着 什么 样的 故 事 什么 样 的幸 福 伤 痛
掠 过了 城 市 掠过 村 庄 掠过 我 们年 少 胸
2.G G Am C
膛 我 依然 看到 那些 少 年 站 在九月 新 学 期操
今 天我 依然 还能 够 感 到 那 理想飞 扬 在春天

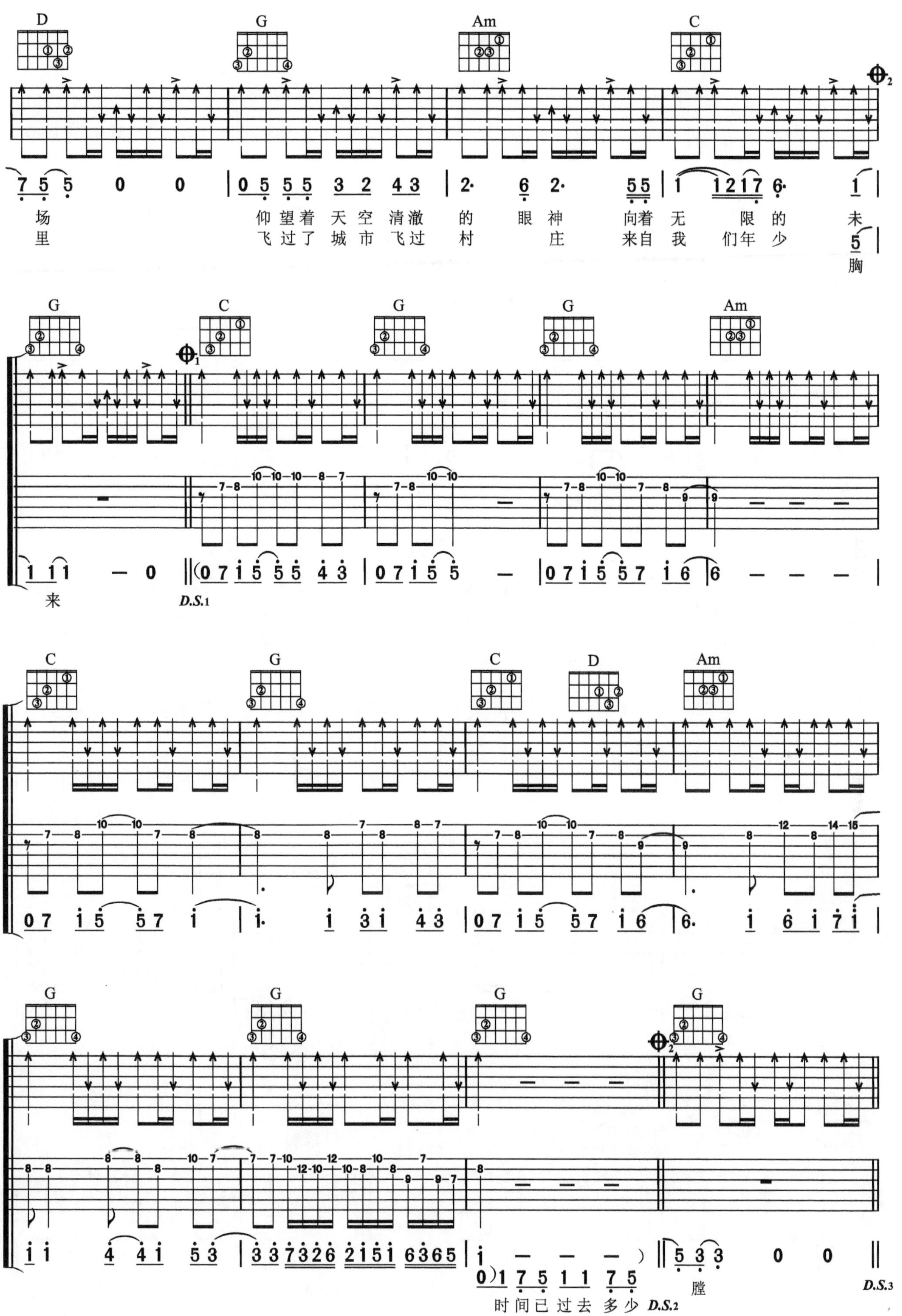
D
G
Am
C
场
里
仰望着天空清澈的眼神
飞过了城市飞过村庄
向着无限的未
来自我们年少胸
来
D.S.1
时间已过去多少
D.S.2
膛
D.S.3

我 们

（许 巍 演唱）

1=D $\frac{4}{4}$

许 巍 词曲

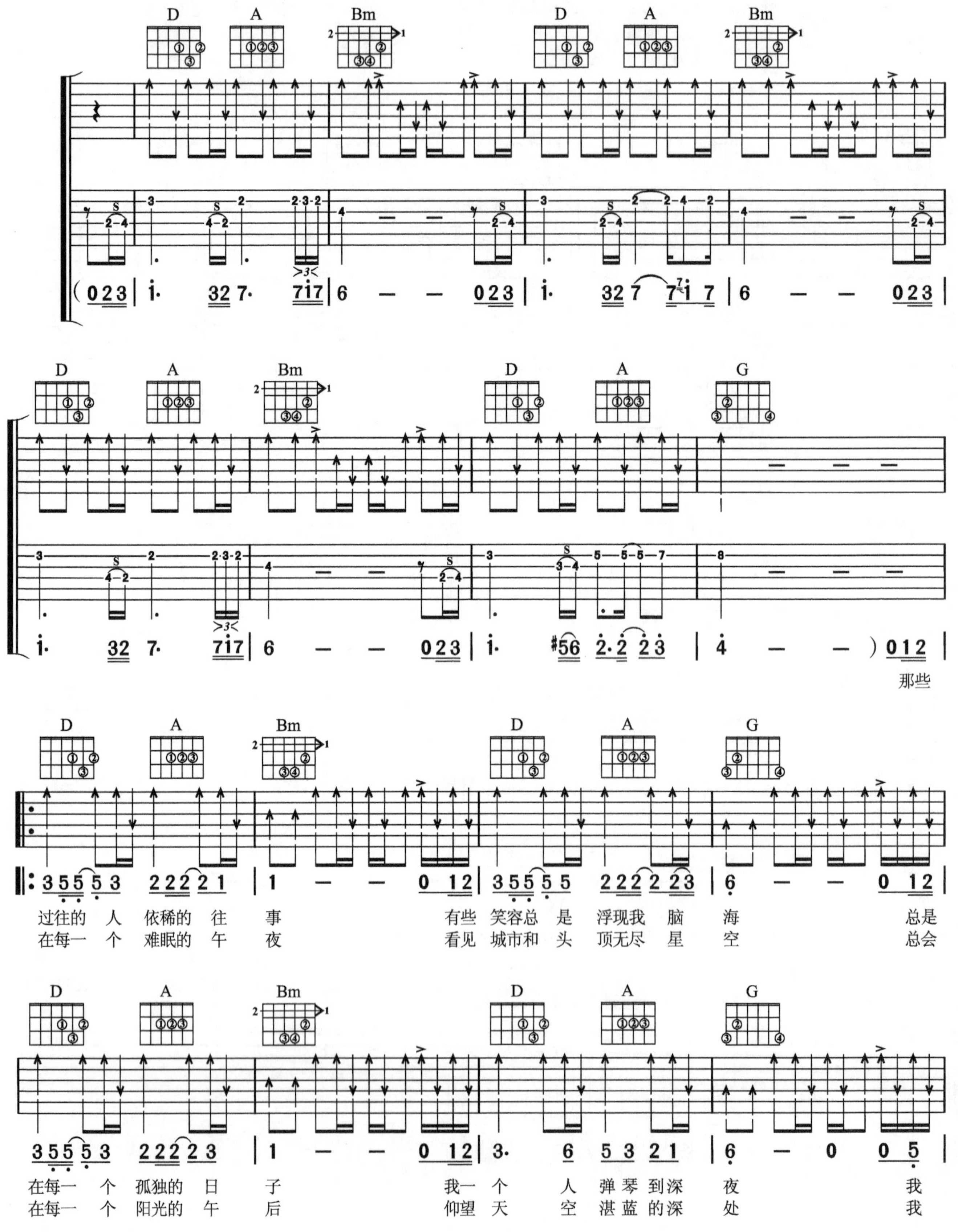

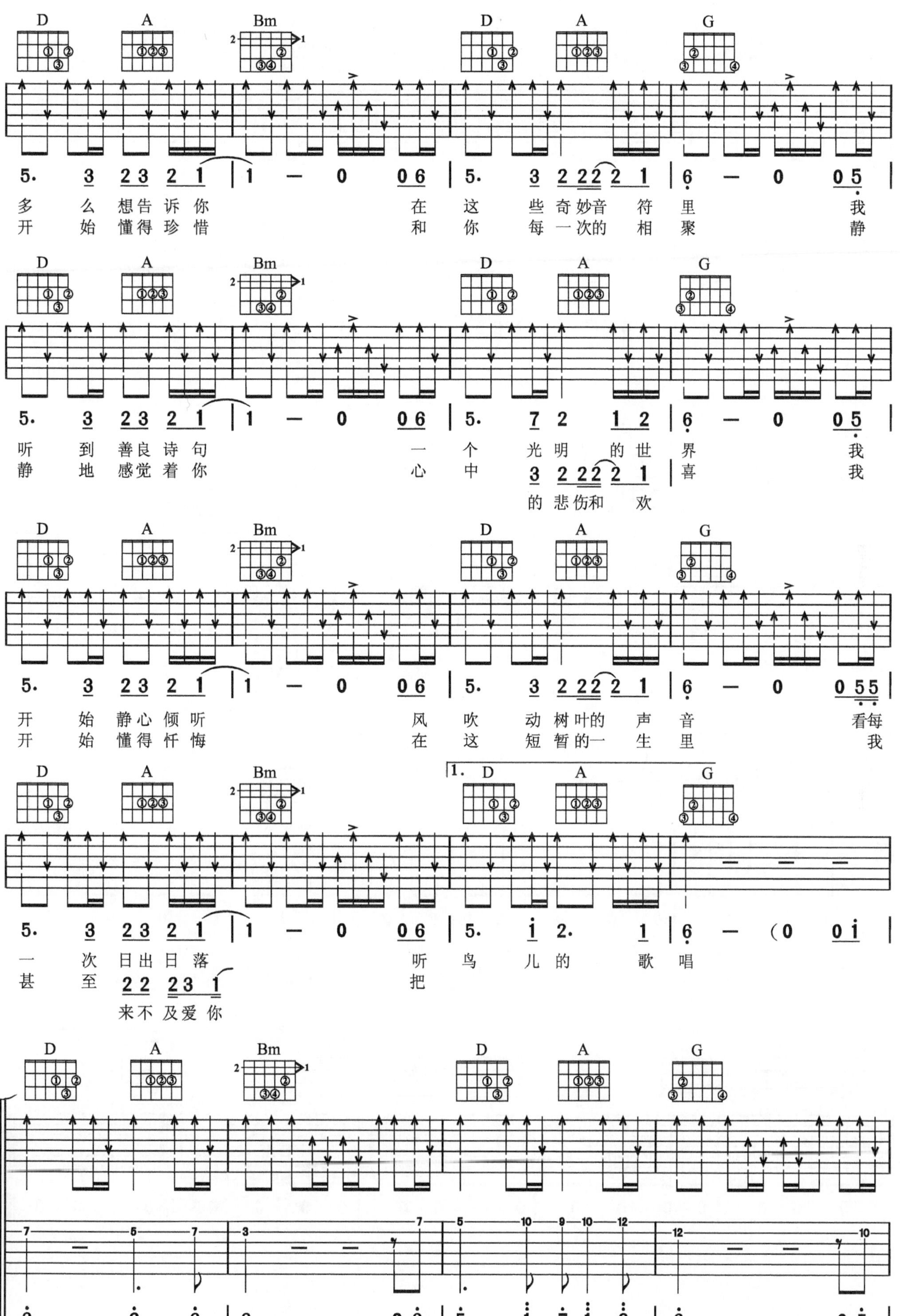
D A Bm D A G
多 么 想告 诉 你 在 这 些 奇 妙音 符 里 我
开 始 懂得 珍 惜 和 你 每 一次的 相 聚 静
D A Bm D A G
听 到 善良 诗 句 一 个 光 明 的 世 界 我
静 地 感觉 着 你 心 中 喜 我
的 悲 伤和 欢
D A Bm D A G
开 始 静心 倾 听 风 吹 动 树 叶的 声 音 看每
开 始 懂得 忏 悔 在 这 短 暂的一 生 里 我
D A Bm 1. D A G
一 次 日出 日 落 听 鸟 儿 的 歌 唱
甚 至 把
来不 及爱 你
D A Bm D A G

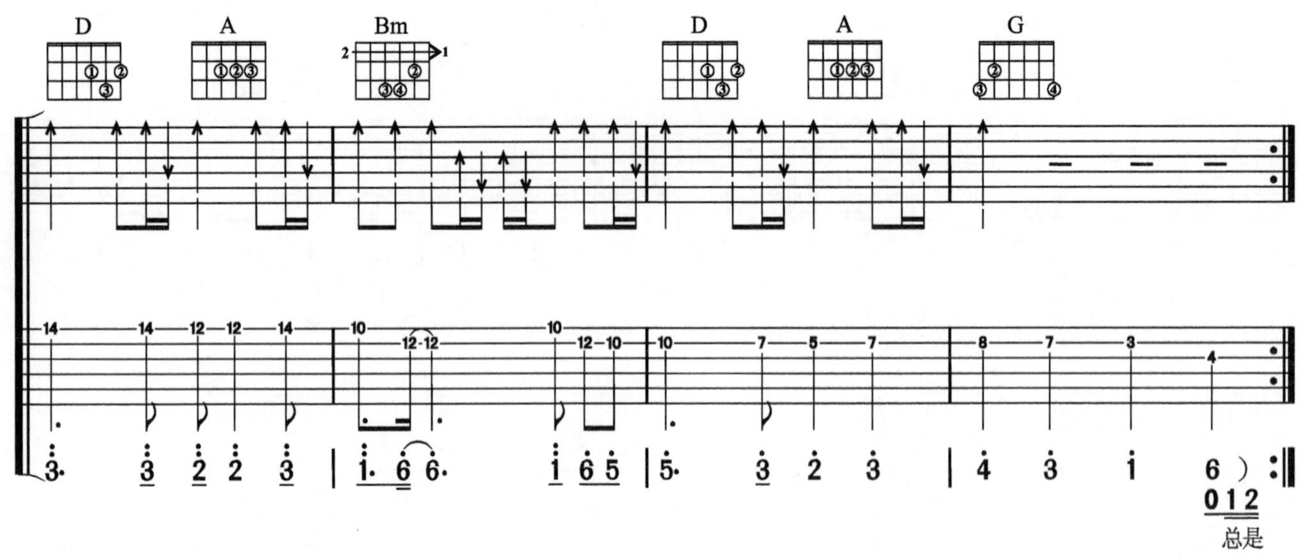
D
A
Bm
D
A
G
3. 3 2 2 3 | 1. 6 6. 1 6 5 | 5. 3 2 3 | 4 3 1 6) :||
0 1 2
总是

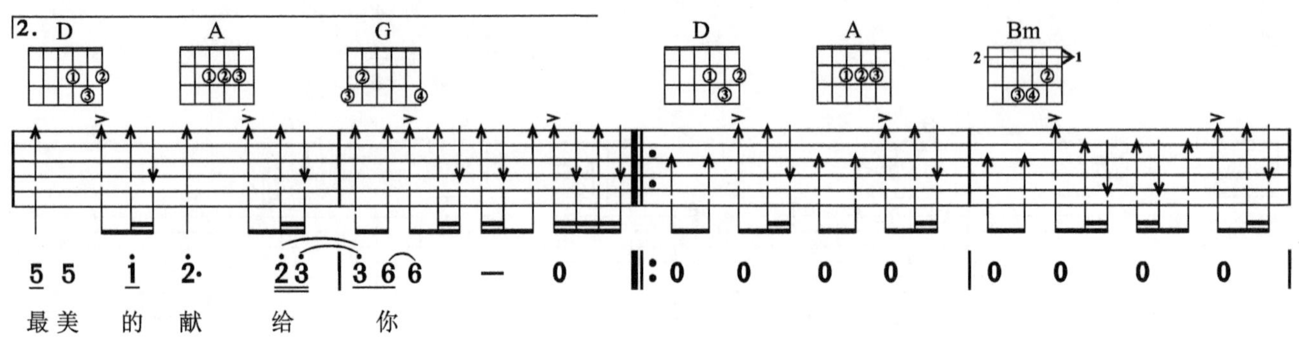
2.
D
A
G
D
A
Bm
5 5 1 2. 2 3 | 3 6 6 — 0 ||: 0 0 0 0 | 0 0 0 0 |
最美 的 献 给 你

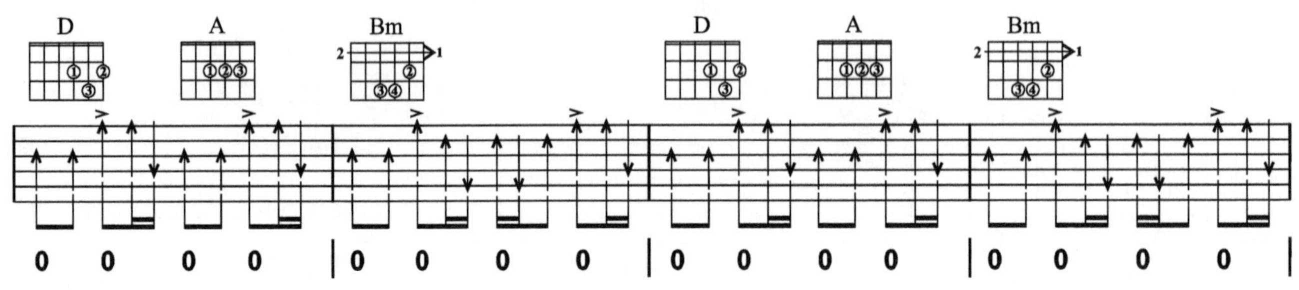
D
A
Bm
D
A
Bm
0 0 0 0 | 0 0 0 0 | 0 0 0 0 | 0 0 0 0 |

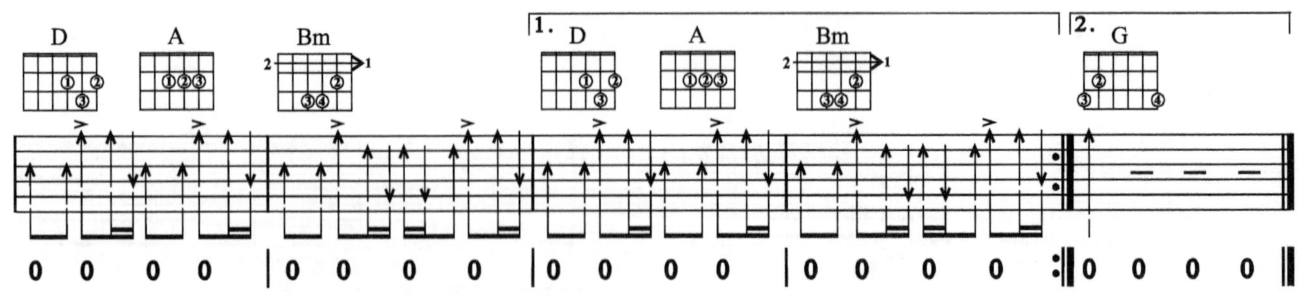
D
A
Bm
1.
D
A
Bm
2.
G
0 0 0 0 | 0 0 0 0 | 0 0 0 0 | 0 0 0 0 :|| 0 0 0 0 ||

故　事

（许　巍演唱）

1=D $\frac{4}{4}$

许　巍词曲

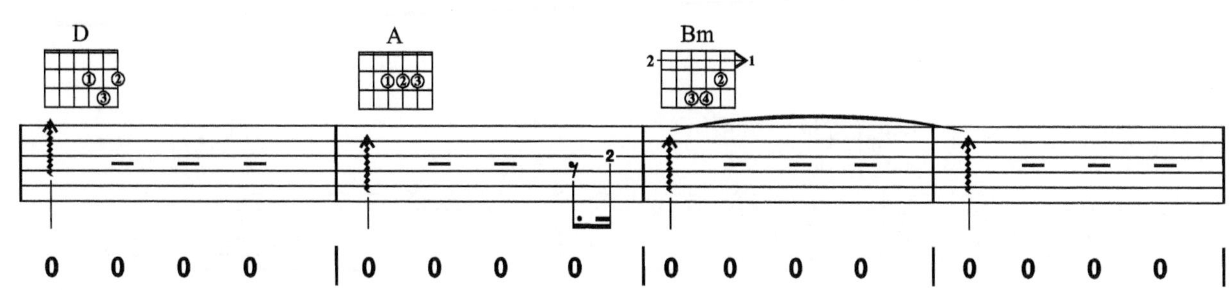

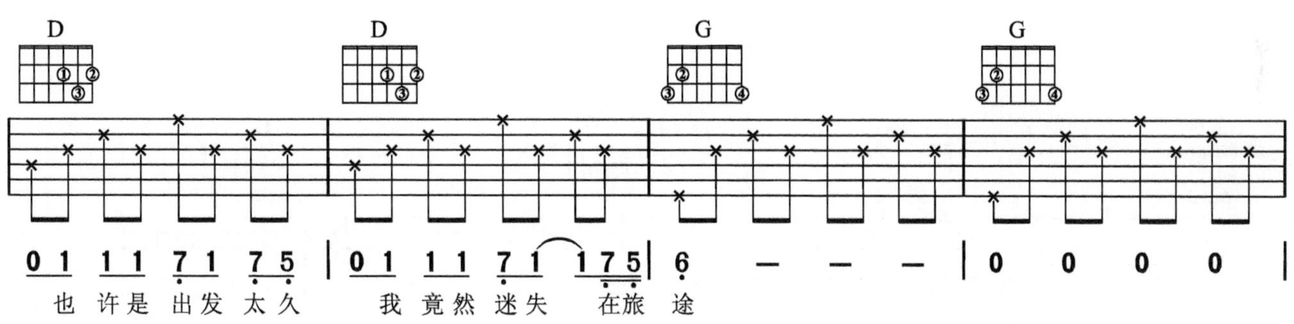

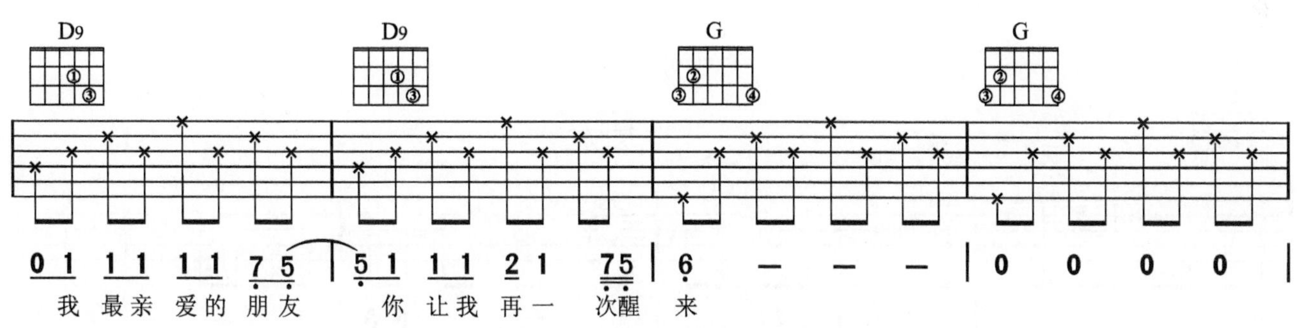

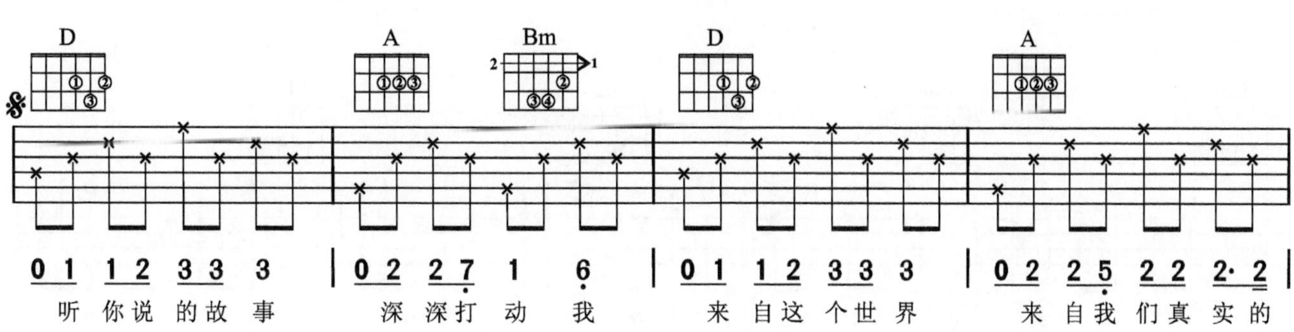

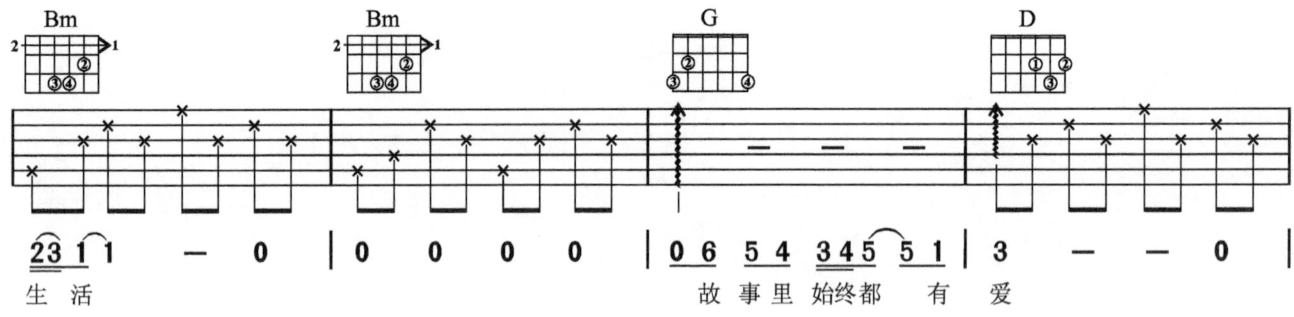
Bm
Bm
G
D
23 1 1 — 0 | 0 0 0 0 | 0 6 5 4 3 4 5 5 1 | 3 — — 0 |
生 活
故 事 里 始终都 有 爱

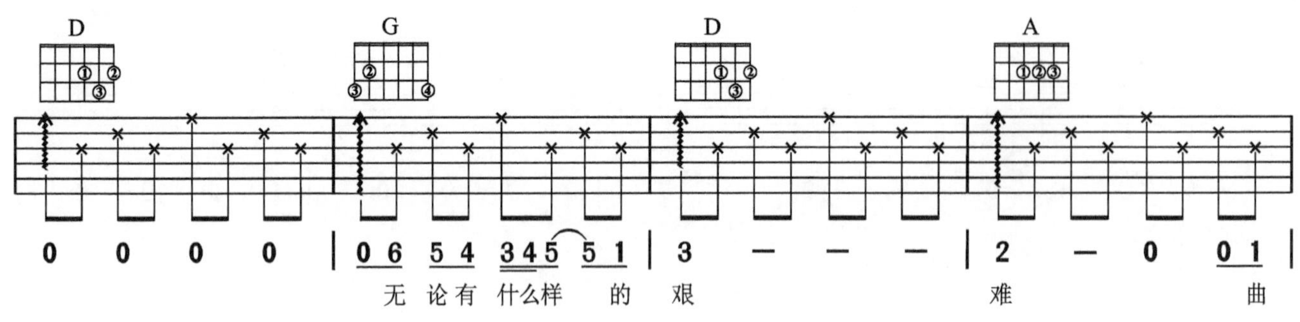
D
G
D
A
0 0 0 0 | 0 6 5 4 3 4 5 5 1 | 3 — — — | 2 — 0 0 1 |
无 论 有 什么样 的 艰
难
曲

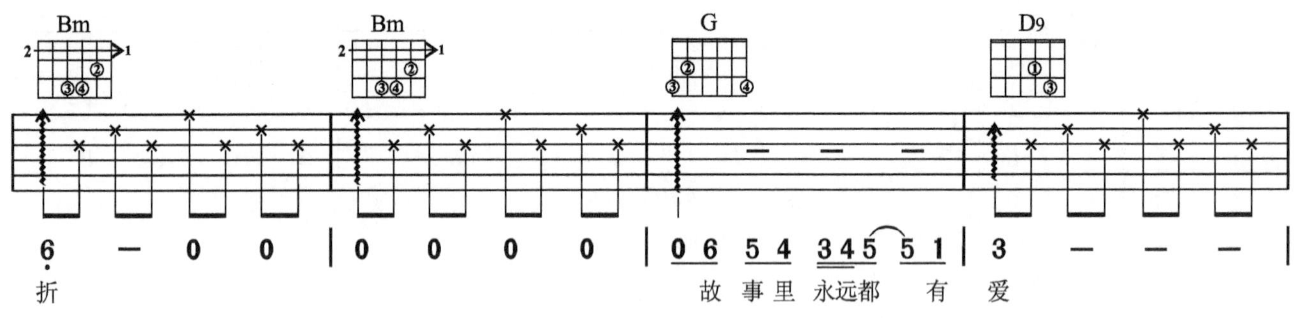
Bm
Bm
G
D9
6 — 0 0 | 0 0 0 0 | 0 6 5 4 3 4 5 5 1 | 3 — — — |
折
故 事 里 永远都 有 爱

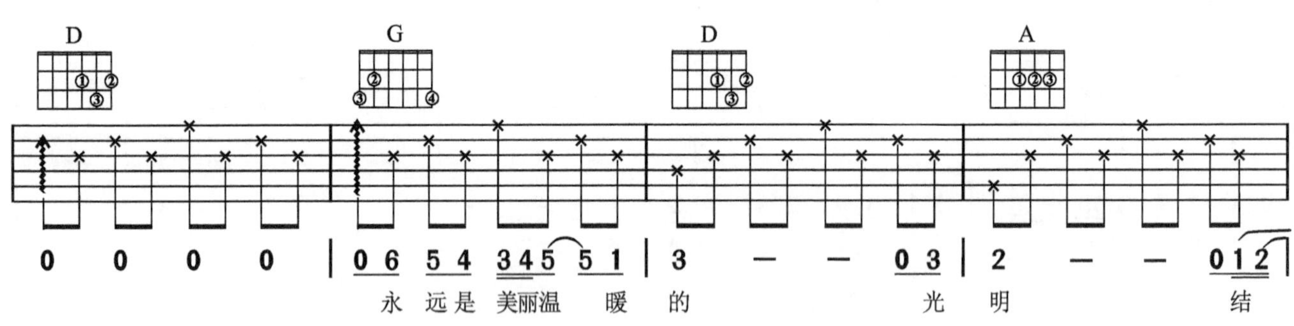
D
G
D
A
0 0 0 0 | 0 6 5 4 3 4 5 5 1 | 3 — — 0 3 | 2 — — 0 1 2 |
永 远 是 美丽温 暖 的
光 明
结

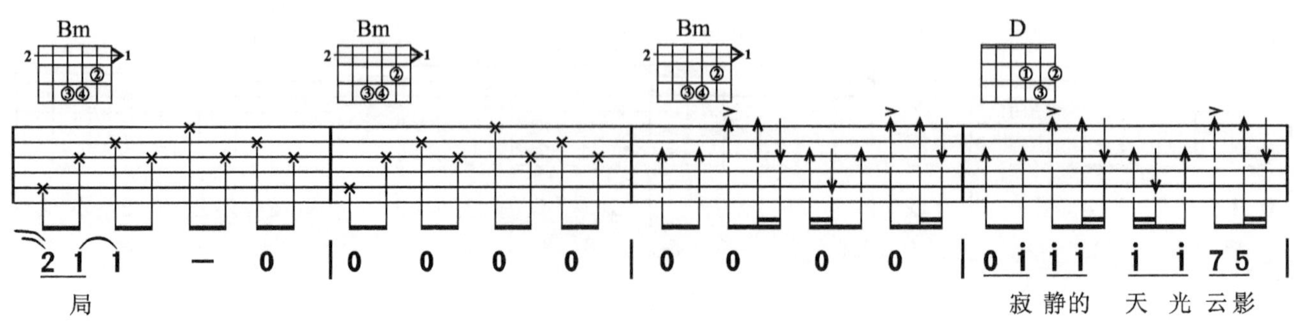
Bm
Bm
Bm
D
2 1 1 — 0 | 0 0 0 0 | 0 0 0 0 | 0 i i i i i 7 5 |
局
寂 静的 天 光 云影

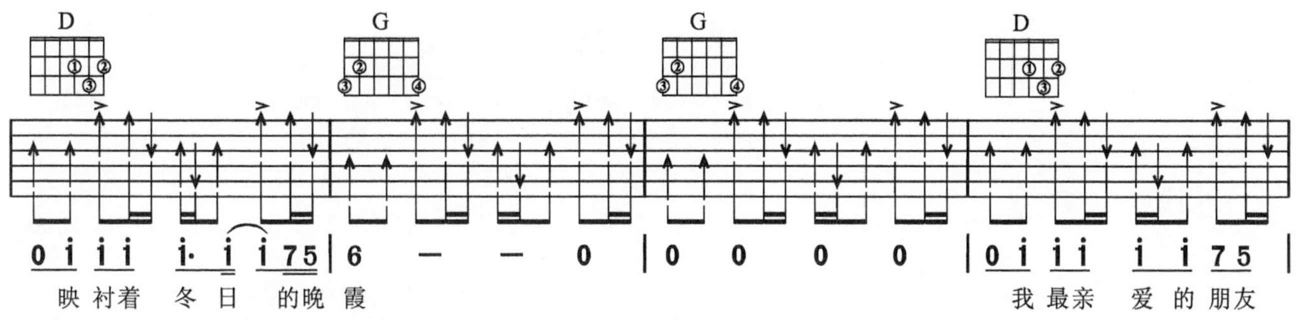
D G G D
0 i i i i· i i 7 5 | 6 — — 0 | 0 0 0 0 | 0 i i i i i 7 5 |
映衬着 冬日 的晚 霞
我最亲 爱 的朋友

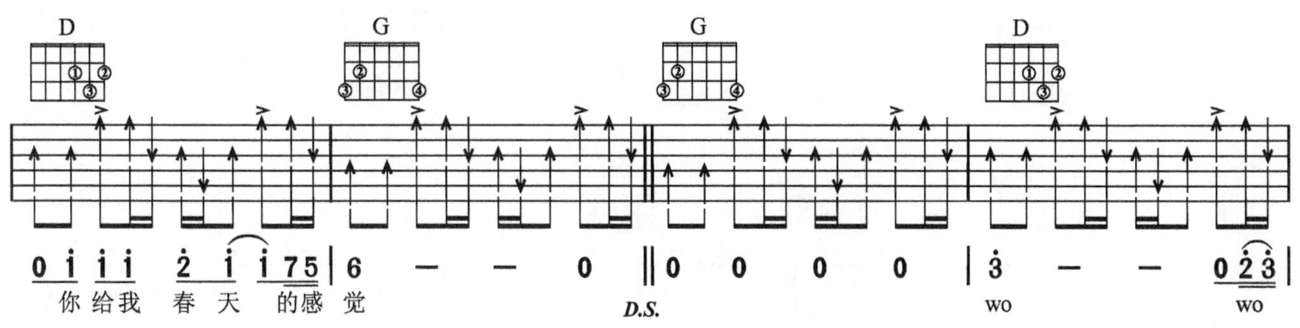
D G G D
0 i i i 2 i i 7 5 | 6 — — 0 ‖ 0 0 0 0 | 3 — — 0 2 3 |
你给我 春天 的感 觉
D.S.
wo wo

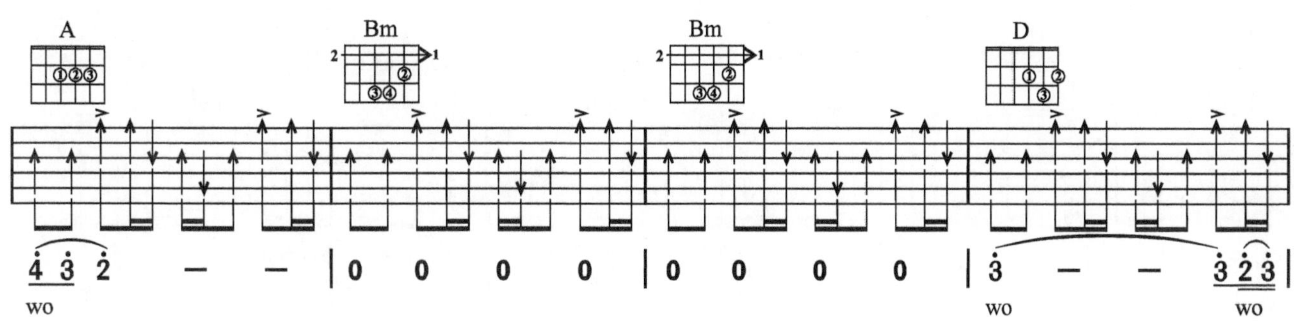
A Bm Bm D
4 3 2 — — | 0 0 0 0 | 0 0 0 0 | 3 — — 3 2 3 |
wo
wo wo

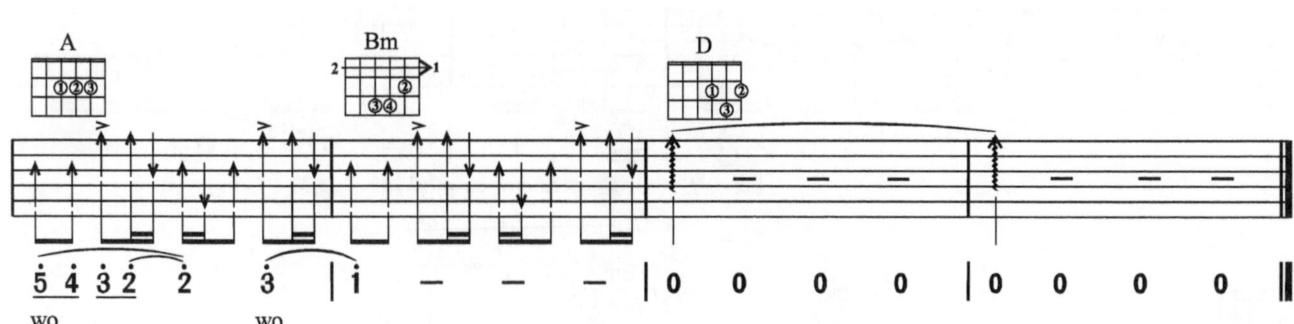
A Bm D
5 4 3 2 2 3 | i — — — | 0 0 0 0 | 0 0 0 0 ‖
wo wo

浮 躁

（许　巍 演唱）

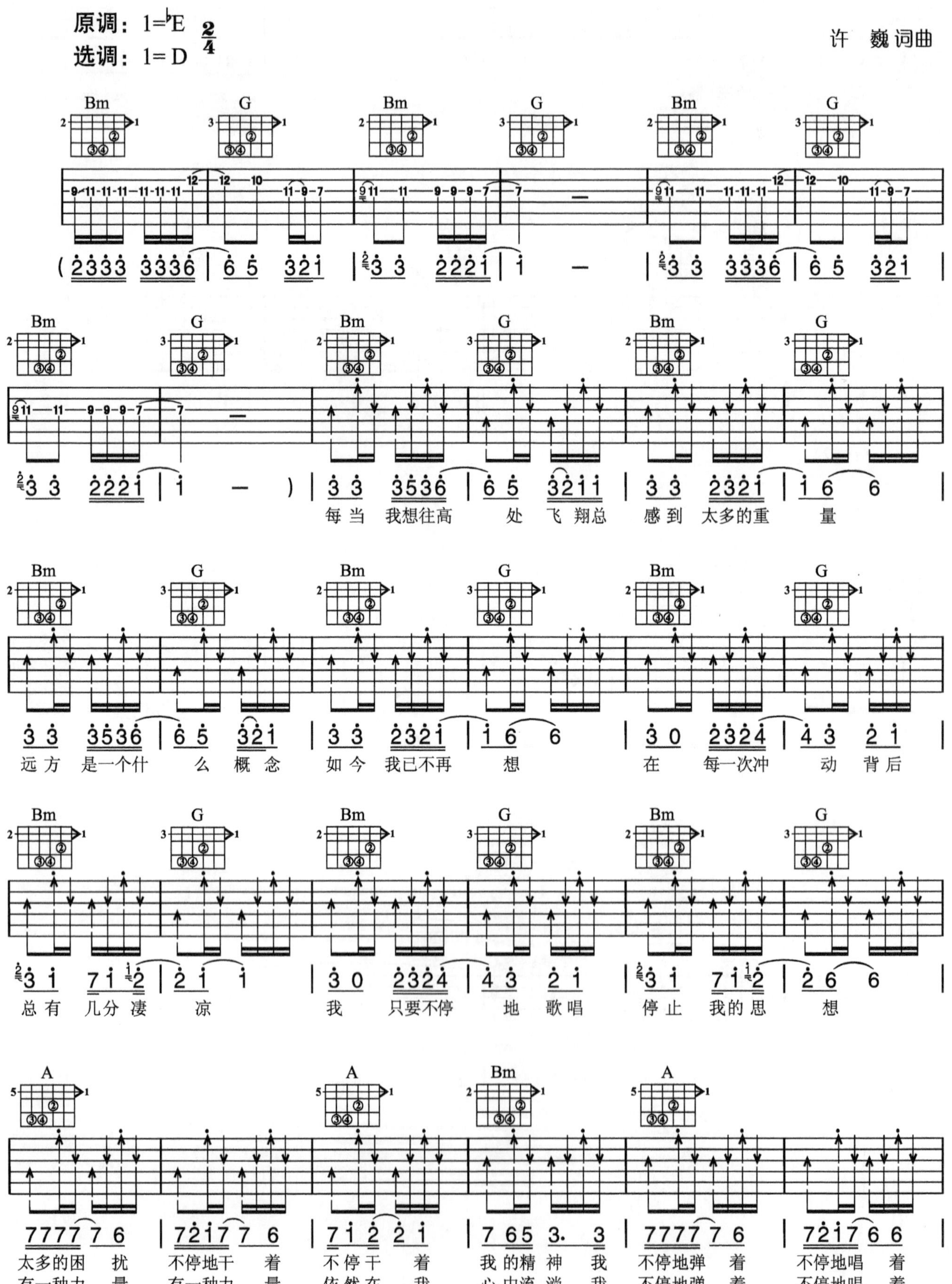
原调：1=♭E
选调：1=D
2/4
许 巍词曲
每当 我想往高 处 飞 翔总 感到 太多的重 量
远方 是一个什 么 概 念 如今 我已不再 想 在 每一次冲 动 背后
总有 几分 凄 凉 我 只要不停 地 歌唱 停止 我的 思 想
太多的困 扰 不停地干 着 不停干 着 我的精 神 我 不停地弹 着 不停地唱 着
有一种力 量 有一种力 量 依然在 我 心中流 淌 我 不停地弹 着 不停地唱 着

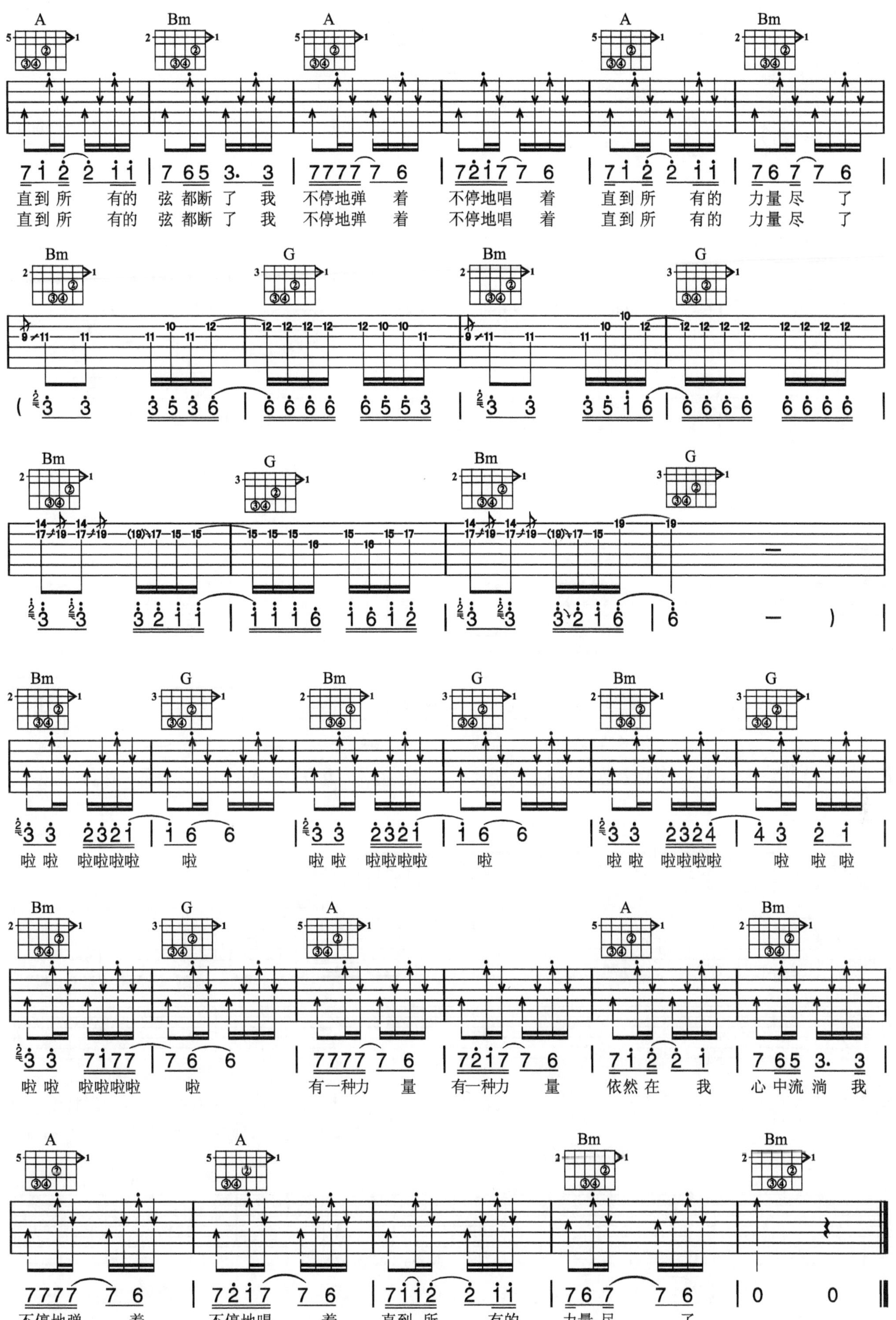
A Bm A A Bm
直到所有的弦都断了我 不停地弹着 不停地唱着 直到所有的力量尽了
直到所有的弦都断了我 不停地弹着 不停地唱着 直到所有的力量尽了
Bm G Bm G
Bm G Bm G
Bm G Bm G Bm G
啦啦 啦啦啦啦 啦 啦啦 啦啦啦啦 啦 啦啦 啦啦啦啦 啦 啦 啦
Bm G A A Bm
啦啦 啦啦啦啦 啦 有一种力量 有一种力量 依然在我 心中流淌我
A A Bm Bm
不停地弹着 不停地唱着 直到所有的 力量尽了

温 暖

（许　巍 演唱）

许　巍词曲

1=G $\frac{4}{4}$

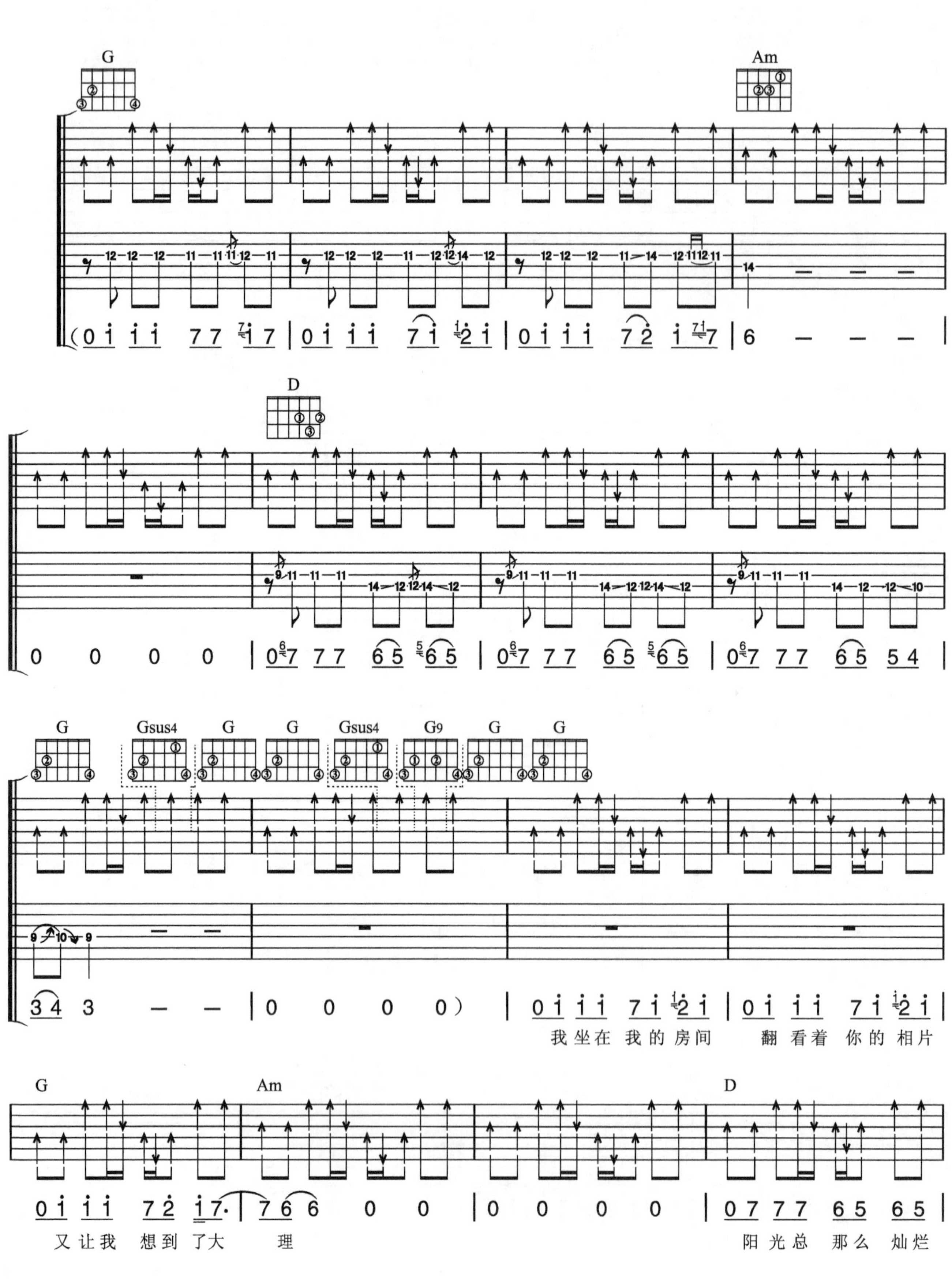

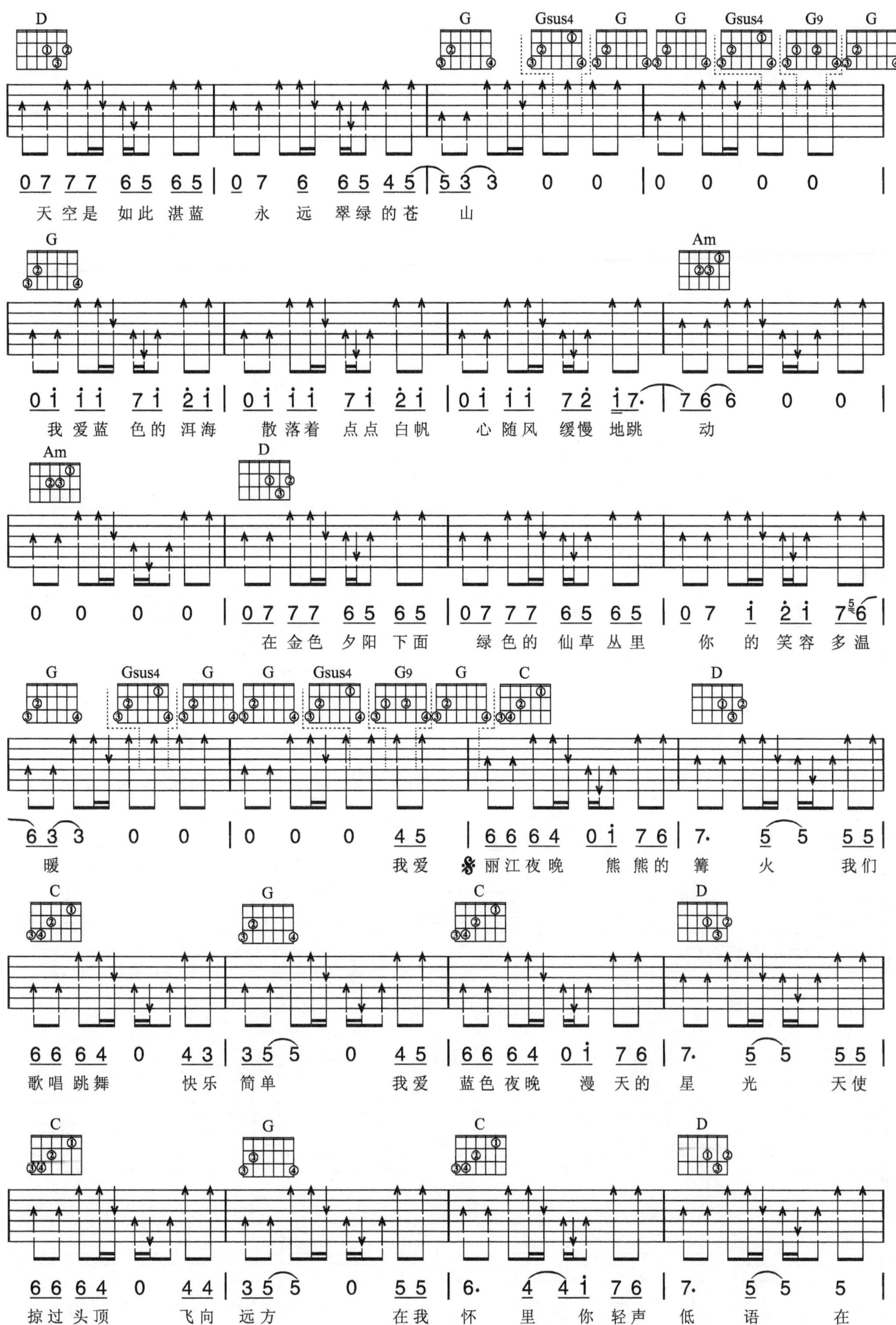
D G Gsus4 G G Gsus4 G9 G
天空是如此湛蓝 永远翠绿的苍山
G Am
我爱蓝色的洱海 散落着点点白帆 心随风缓慢地跳动
Am D
在金色夕阳下面 绿色的仙草丛里 你的笑容多温
G Gsus4 G G Gsus4 G9 G C D
暖 我爱 丽江夜晚熊熊的篝火 我们
C G C D
歌唱跳舞 快乐简单 我爱蓝色夜晚漫天的星光 天使
C G C D
掠过头顶 飞向远方 在我怀里你轻声低语 在

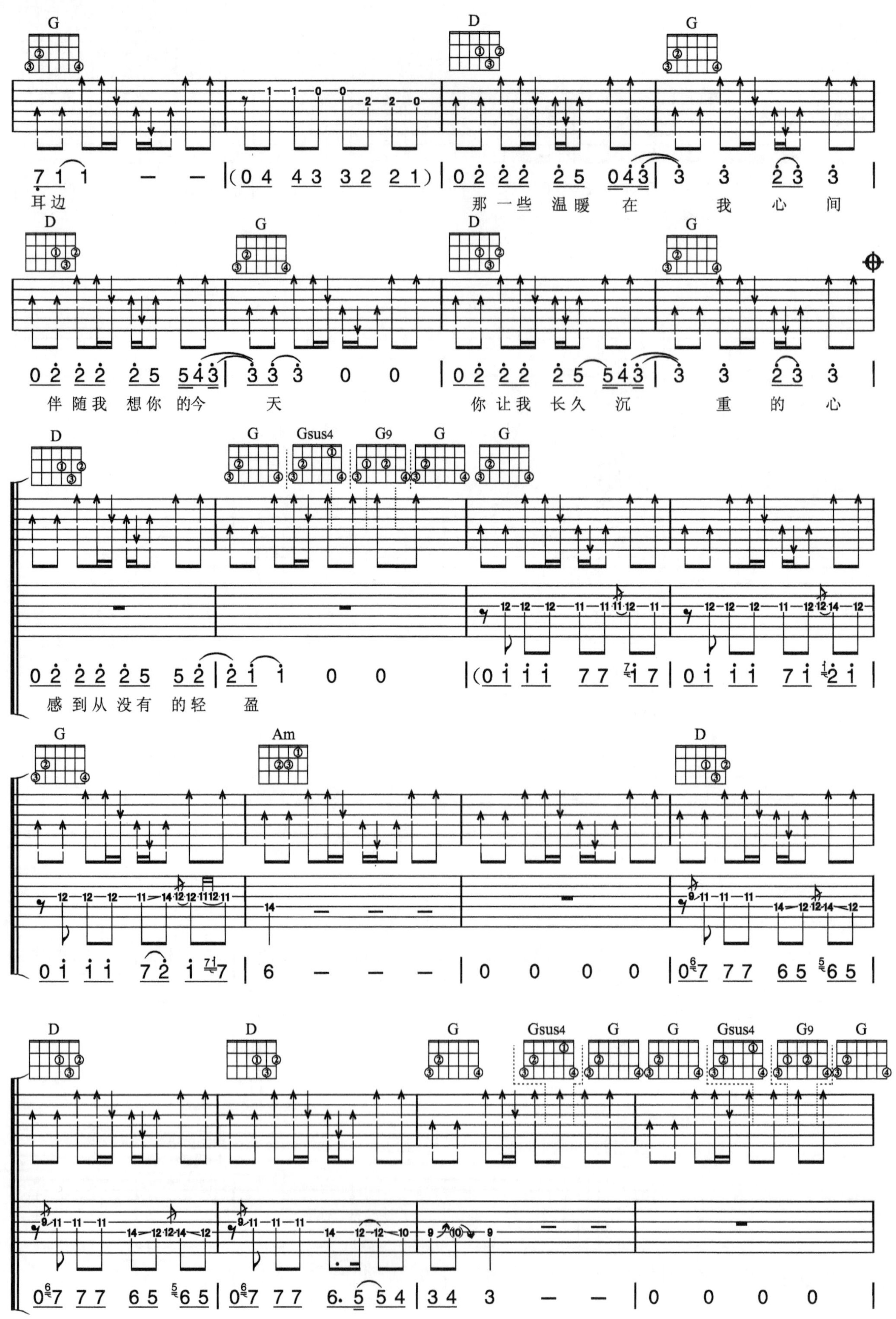
G
D
G
耳边
那一些温暖在我心间
D
G
D
G
伴随我想你的今天
你让我长久沉重的心
D
G
Gsus4
G9
G
G
感到从没有的轻盈
G
Am
D
D
D
G
Gsus4
G
G
Gsus4
G9
G

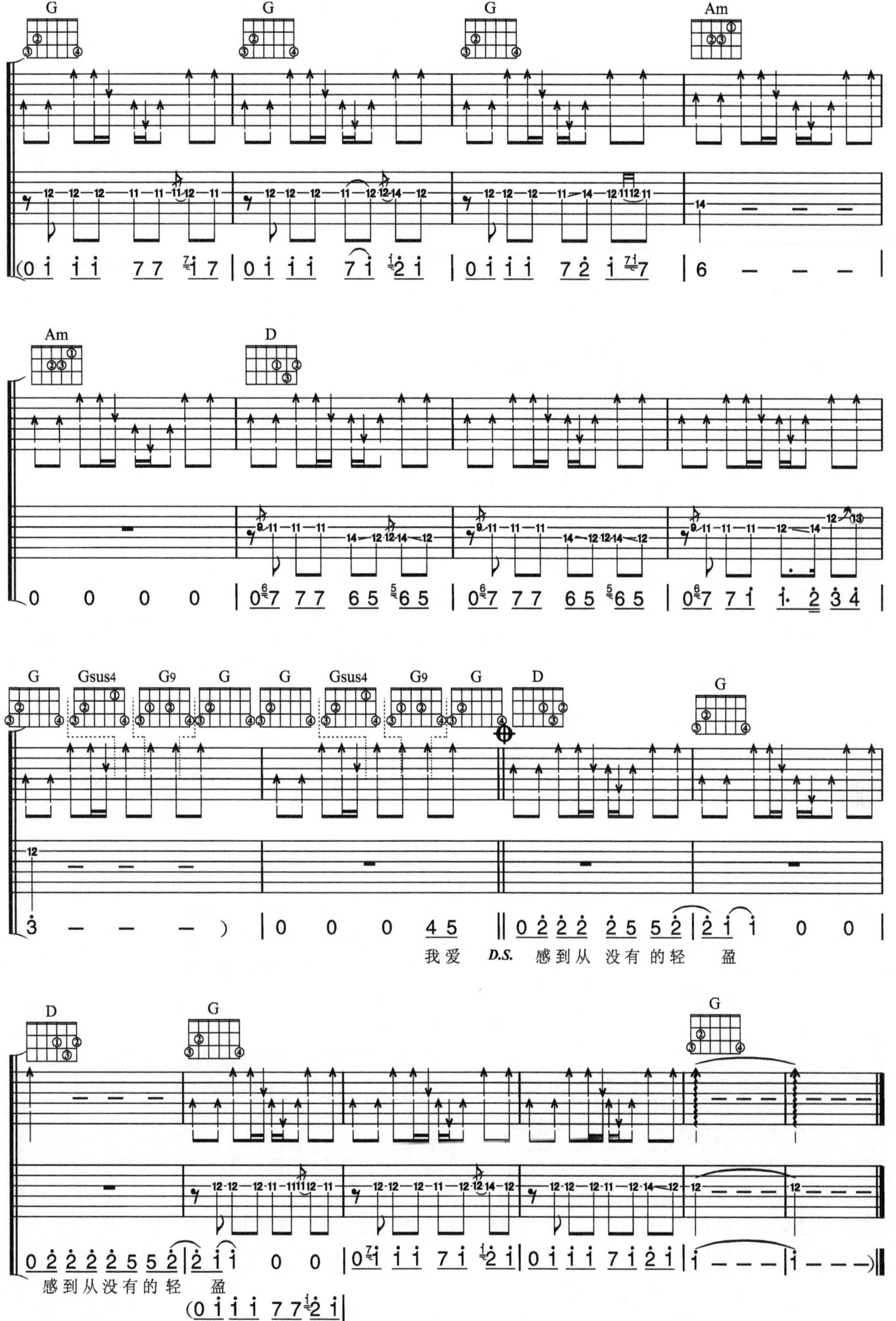
G G G Am
Am D
G Gsus4 G9 G G Gsus4 G9 G D G
我爱 D.S. 感到从 没有 的轻 盈
D G G
感到从没有的轻 盈

四　季

（许　巍 演唱）

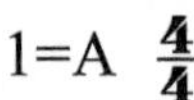
1=A 4/4

许巍 词曲

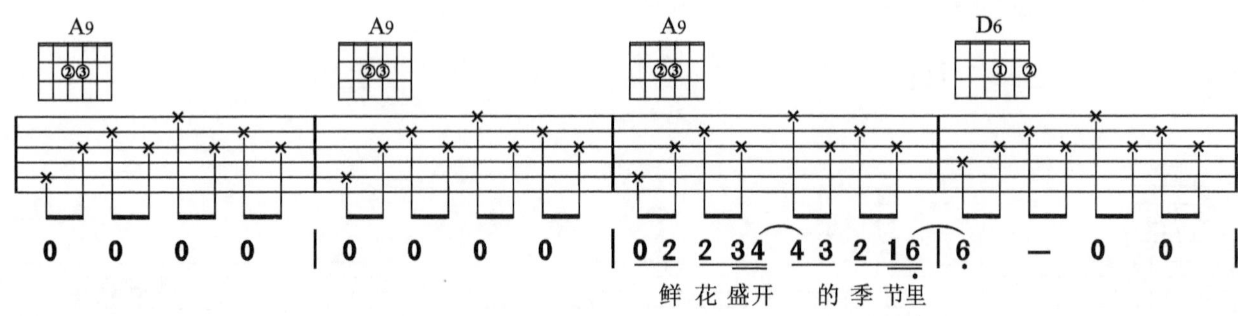
A9
A9
A9
D6
鲜花盛开 的季节里

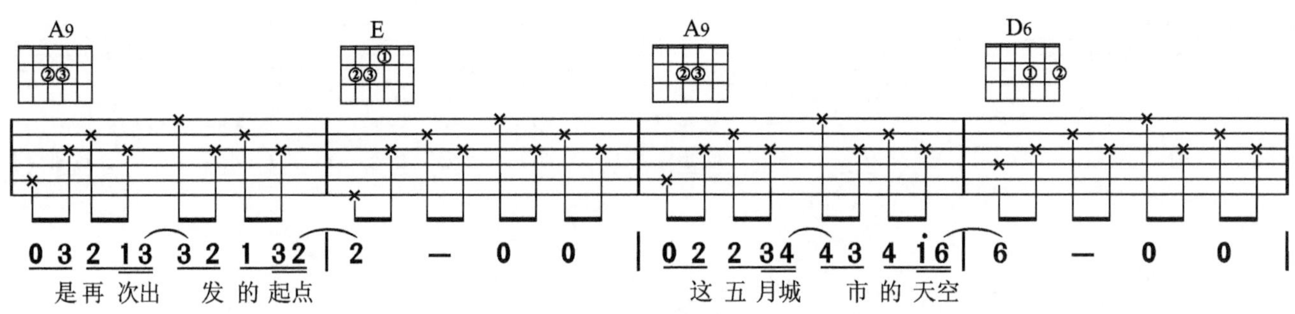
A9
E
A9
D6
是再次出 发的起点
这五月城 市的天空

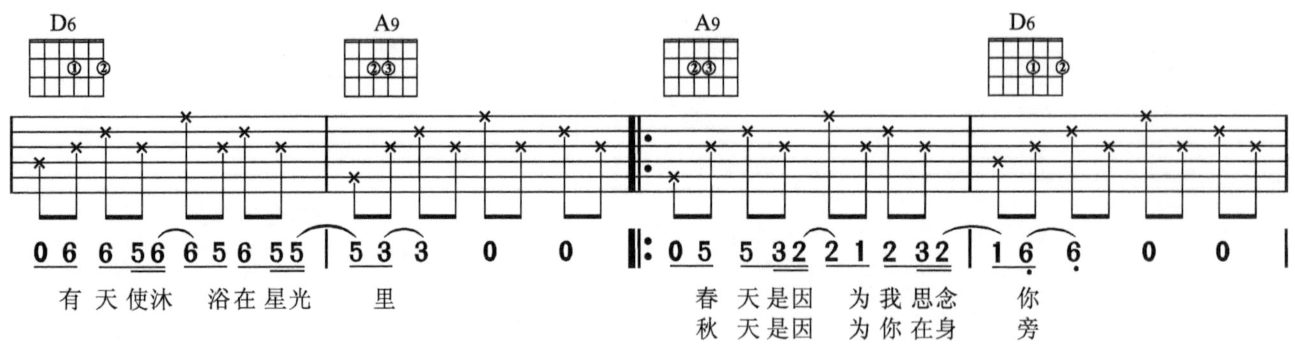
D6
A9
A9
D6
有天使沐 浴在星光 里
春天是因 为我思念 你
秋天是因 为你在身 旁

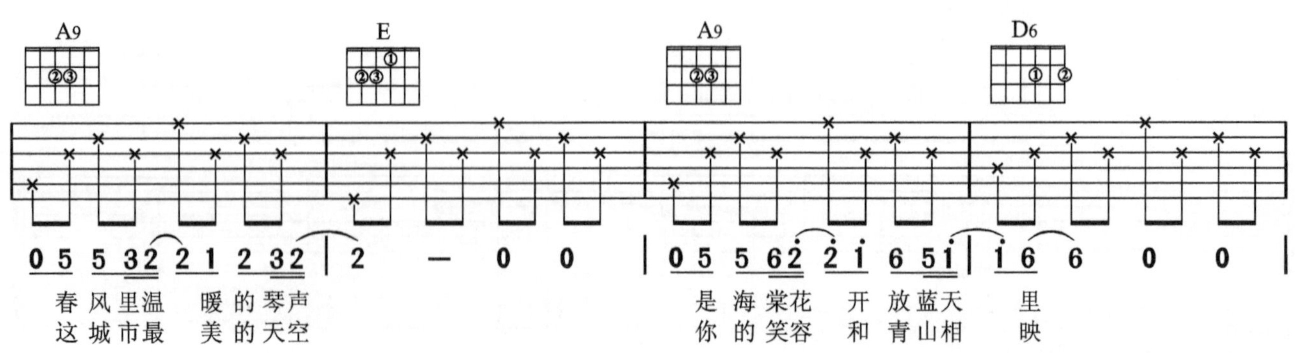
A9
E
A9
D6
春风里温 暖的琴声
这城市最 美的天空
是海棠花 开 放蓝天 里
你的笑容 和 青山相 映

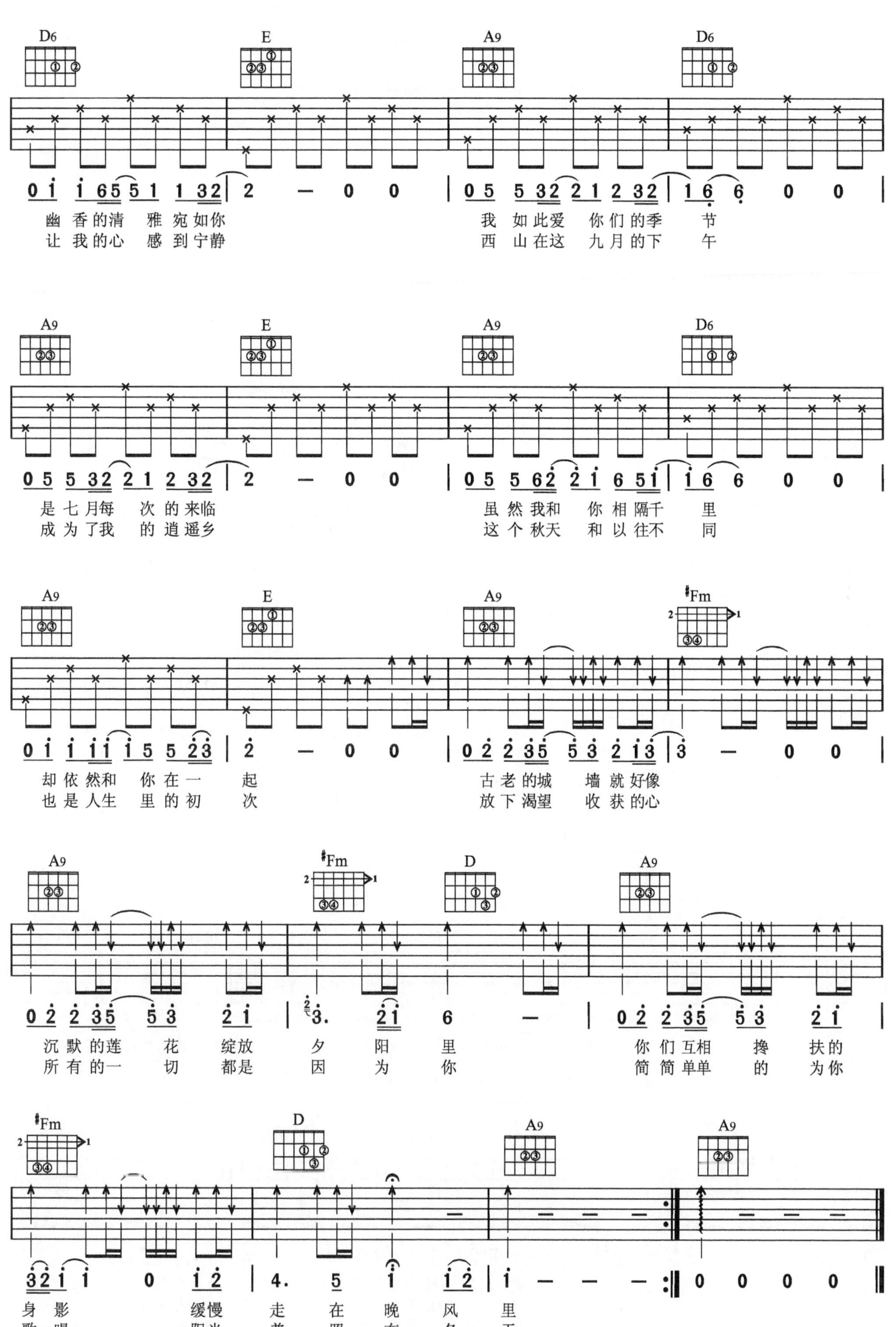
D6
E
A9
D6
幽 香 的清 雅 宛如你
让 我 的心 感 到宁静
我 如此爱 你们的季 节
西 山在这 九月的下 午
A9
E
A9
D6
是 七月每 次 的 来临
成 为 了我 的 逍 遥乡
虽 然 我和 你 相 隔千 里
这 个 秋天 和 以 往不 同
A9
E
A9
#Fm
却 依 然和 你 在 一 起
也 是 人生 里 的 初 次
古 老 的城 墙 就 好像
放 下 渴望 收 获 的心
A9
#Fm
D
A9
沉 默 的莲 花 绽放 夕 阳 里
所 有 的一 切 都是 因 为 你
你 们 互相 搀 扶的
简 简 单单 的 为你
#Fm
D
A9
A9
身 影 缓慢 走 在 晚 风 里
歌 唱 阳光 普 照 在 冬 天

丁 香

（许 巍 演唱）

1=D $\frac{4}{4}$

许巍、张新宇 词
许 巍 曲

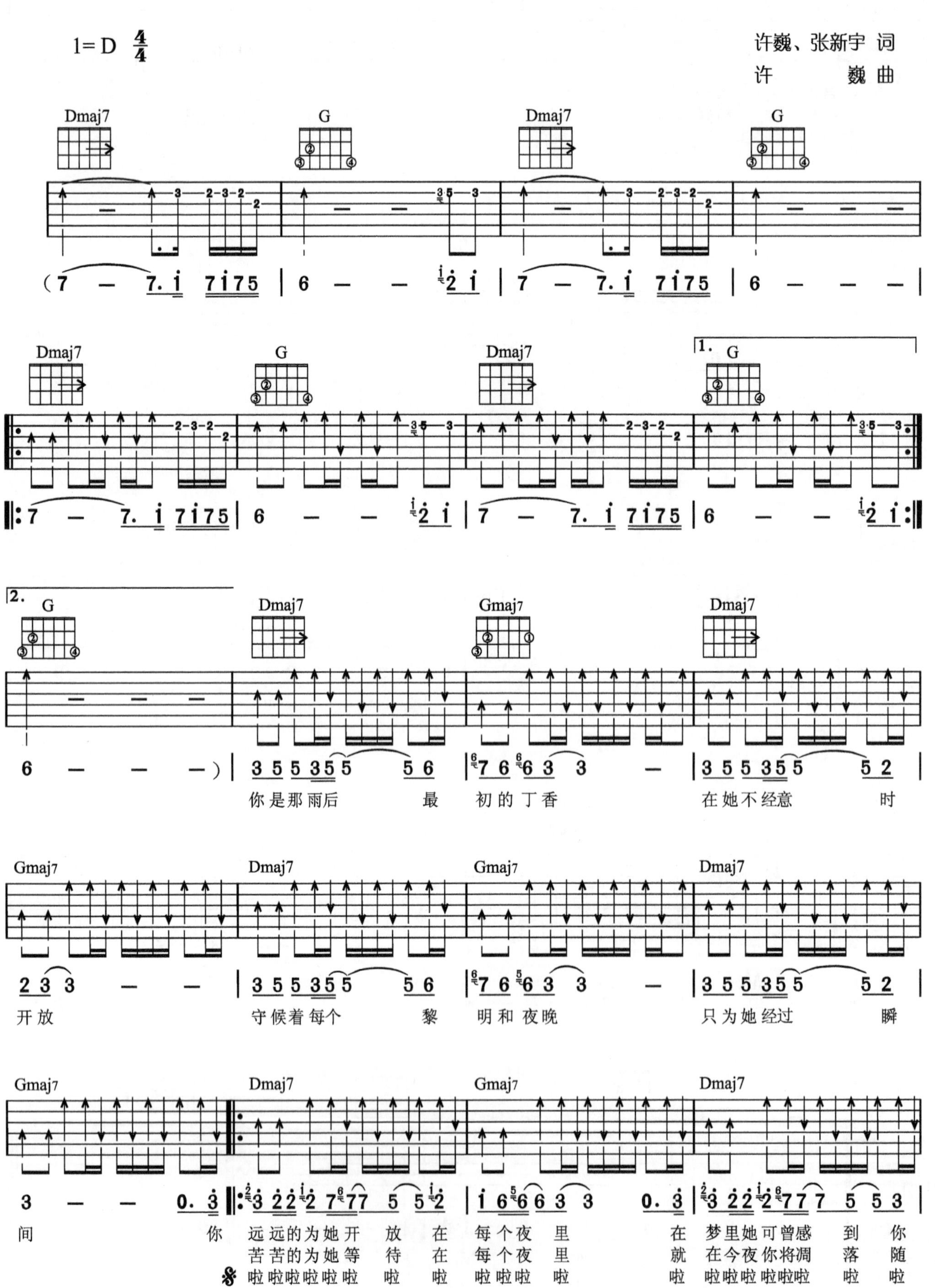

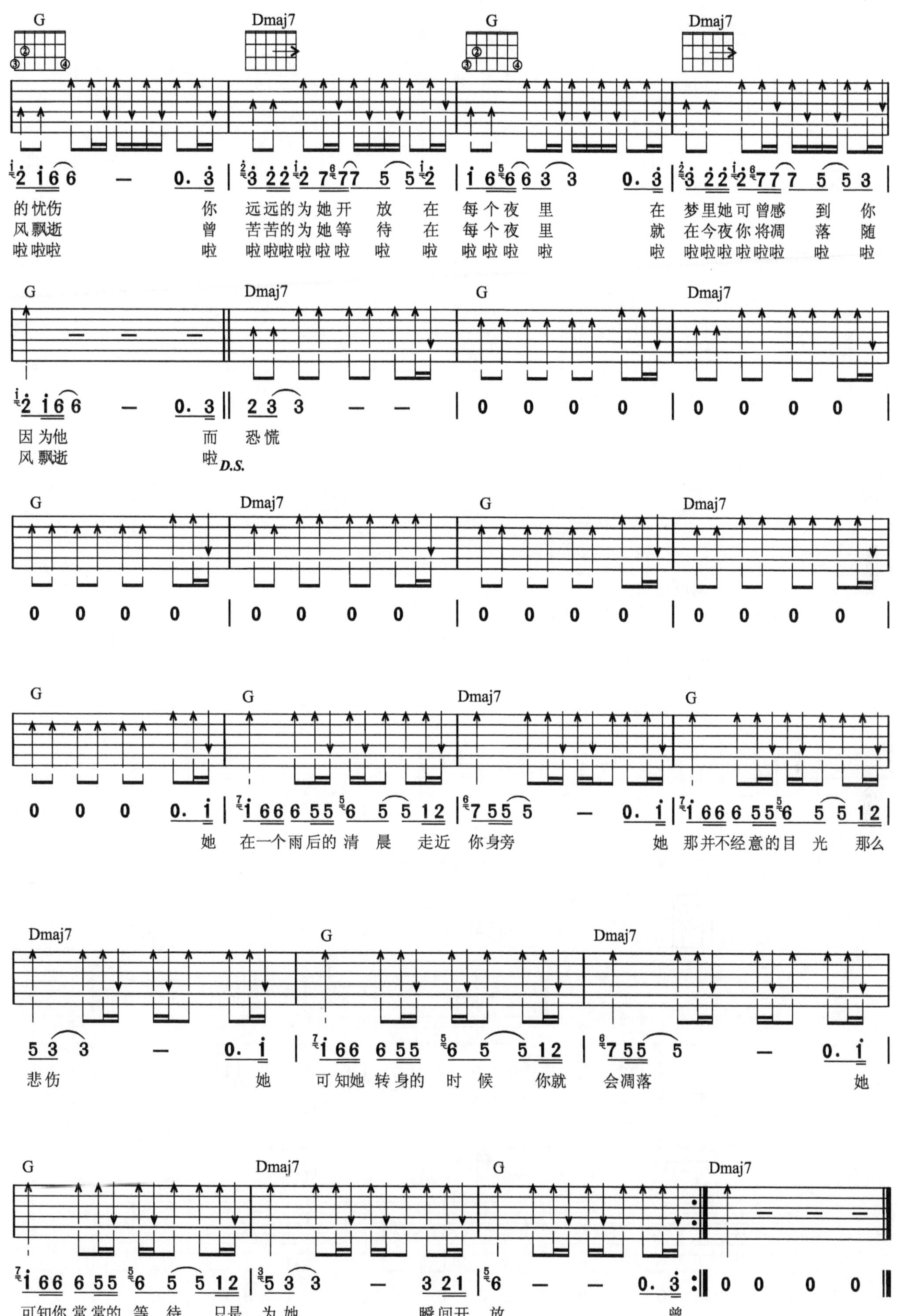
G Dmaj7 G Dmaj7
的忧伤 你 远远的为她开 放 在 每个夜 里 在 梦里她可曾感 到 你
风飘逝 曾 苦苦的为她等 待 在 每个夜 里 就 在今夜你将凋 落 随
啦啦啦 啦 啦啦啦啦啦啦 啦 啦 啦啦啦 啦 啦 啦啦啦啦啦啦 啦 啦
G Dmaj7 G Dmaj7
因为他 而 恐慌
风飘逝 啦
D.S.
G Dmaj7 G Dmaj7
G G Dmaj7 G
她 在一个雨后的清 晨 走近 你身旁 她 那并不经意的目 光 那么
Dmaj7 G Dmaj7
悲伤 她 可知她 转身的 时 候 你就 会凋落 她
G Dmaj7 G Dmaj7
可知你常常的 等 待 只是 为她 瞬间开 放 曾

彩 虹

（许 巍 演唱）

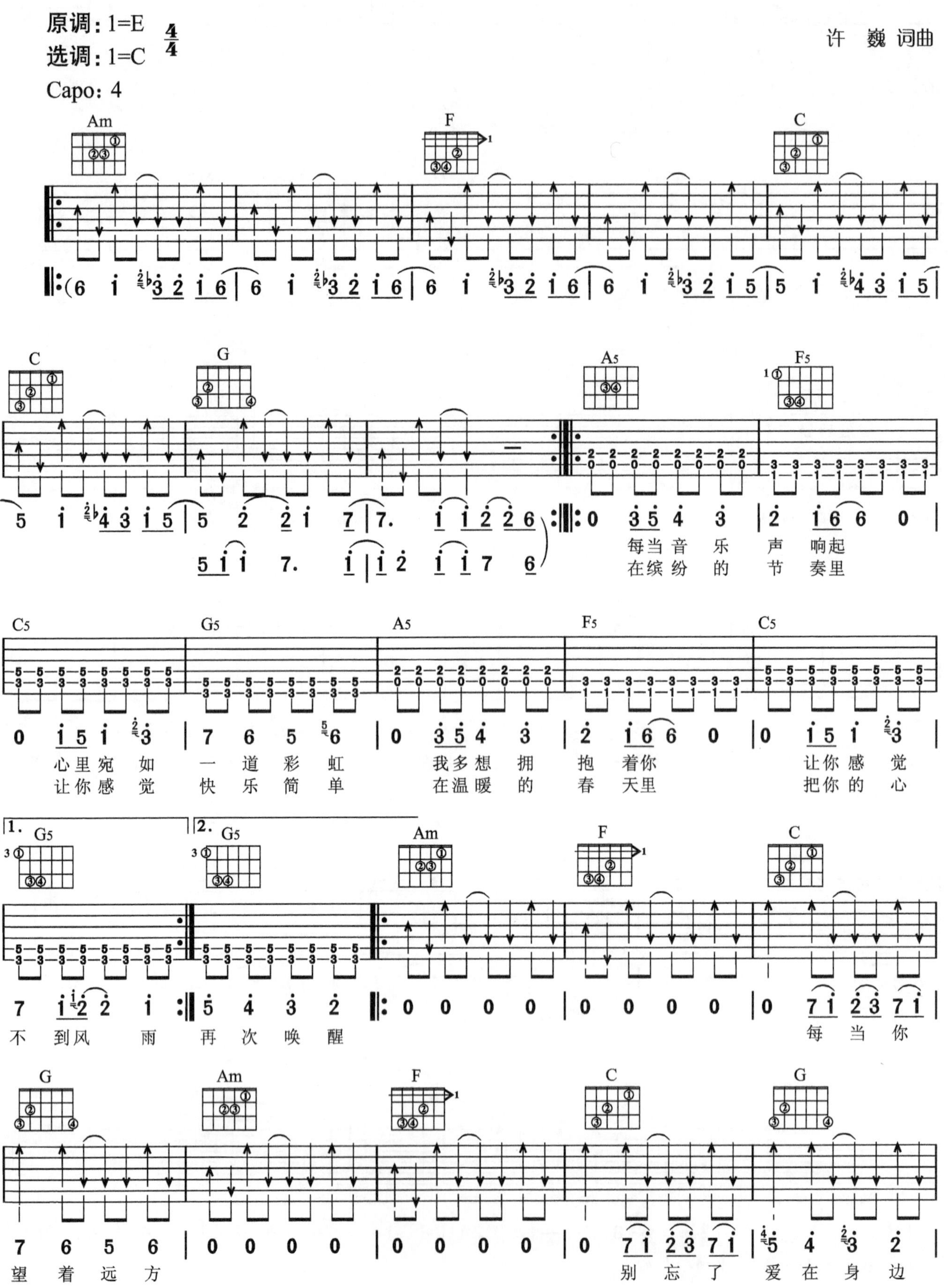
原调：1=E 4/4
选调：1=C
Capo：4
许 巍 词曲
Am F C
C G A5 F5
每当音乐声响起
在缤纷的节奏里
C5 G5 A5 F5 C5
心里宛如一道彩虹 我多想拥抱着你 让你感觉
让你感觉快乐简单 在温暖的春天里 把你的心
1. G5 2. G5 Am F C
不到风雨 再次唤醒 每当你
G Am F C G
望着远方 别忘了爱在身边

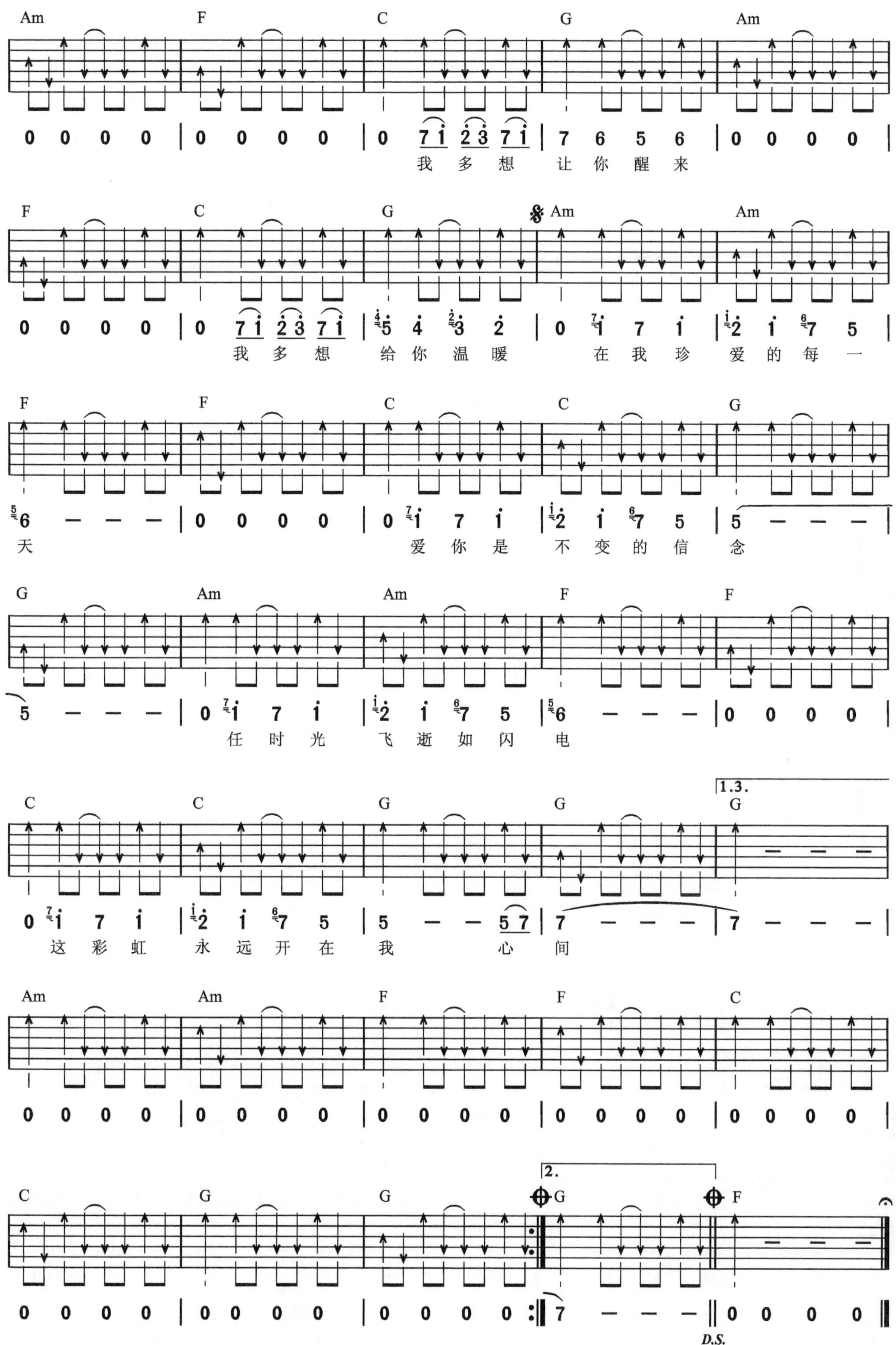

Am F C G Am
我 多 想 让 你 醒 来
F C G Am Am
我 多 想 给 你 温 暖 在 我 珍 爱 的 每 一
F F C C G
天 爱 你 是 不 变 的 信 念
G Am Am F F
任 时 光 飞 逝 如 闪 电
C C G G 1.3. G
这 彩 虹 永 远 开 在 我 心 间
Am Am F F C
C G G 2. G F
D.S.

风 行

（许 巍 演唱）

原调：1=♭A $\frac{4}{4}$

选调：1= G

Capo:1

许 巍 词曲

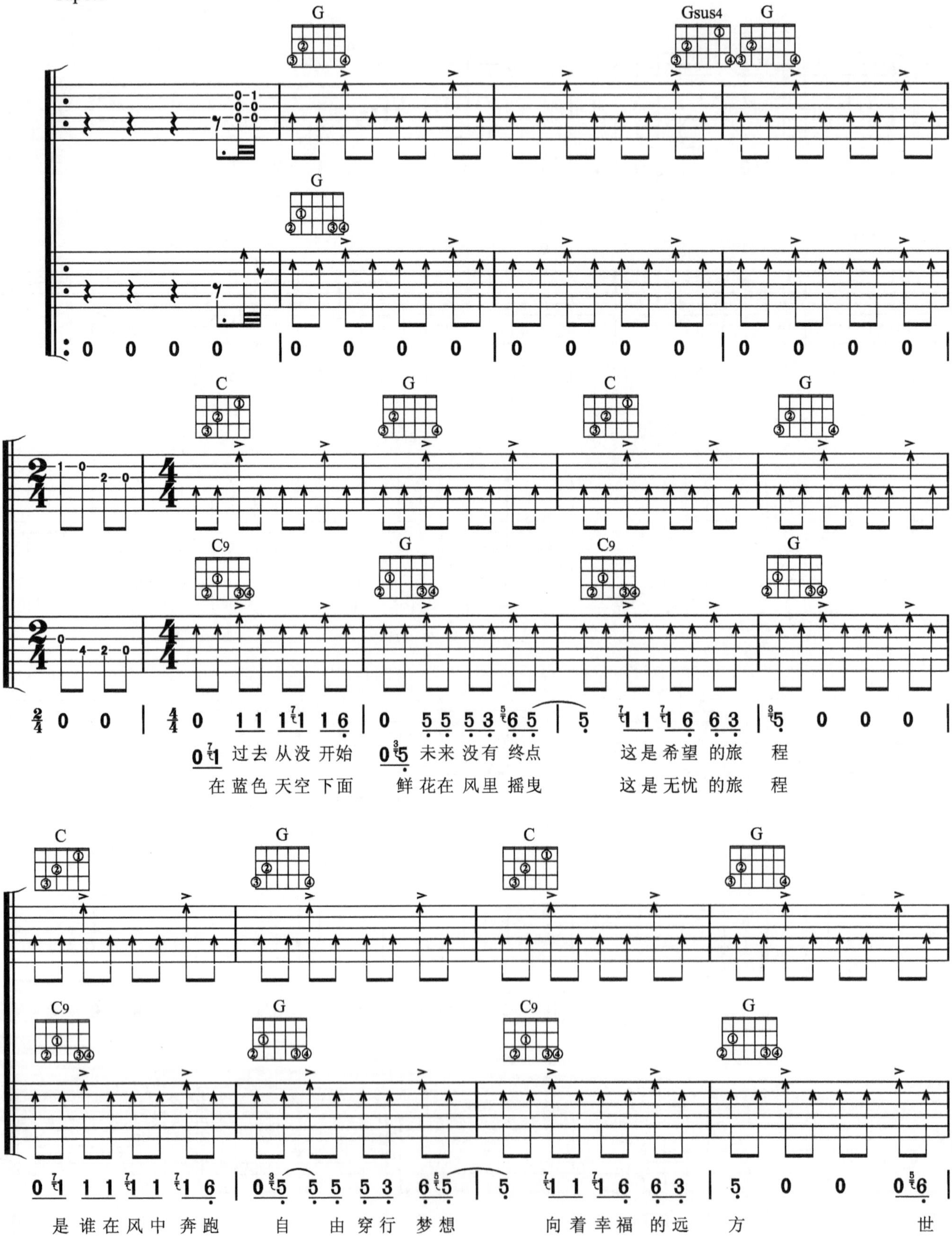

G Gsus4 G

C G C G

C9 G C9 G

过去从没开始 未来没有终点 这是希望的旅 程

在蓝色天空下面 鲜花在风里摇曳 这是无忧的旅 程

C G C G

C9 G C9 G

是谁在风中奔跑 自 由穿行 梦想 向着幸福的远 方 世

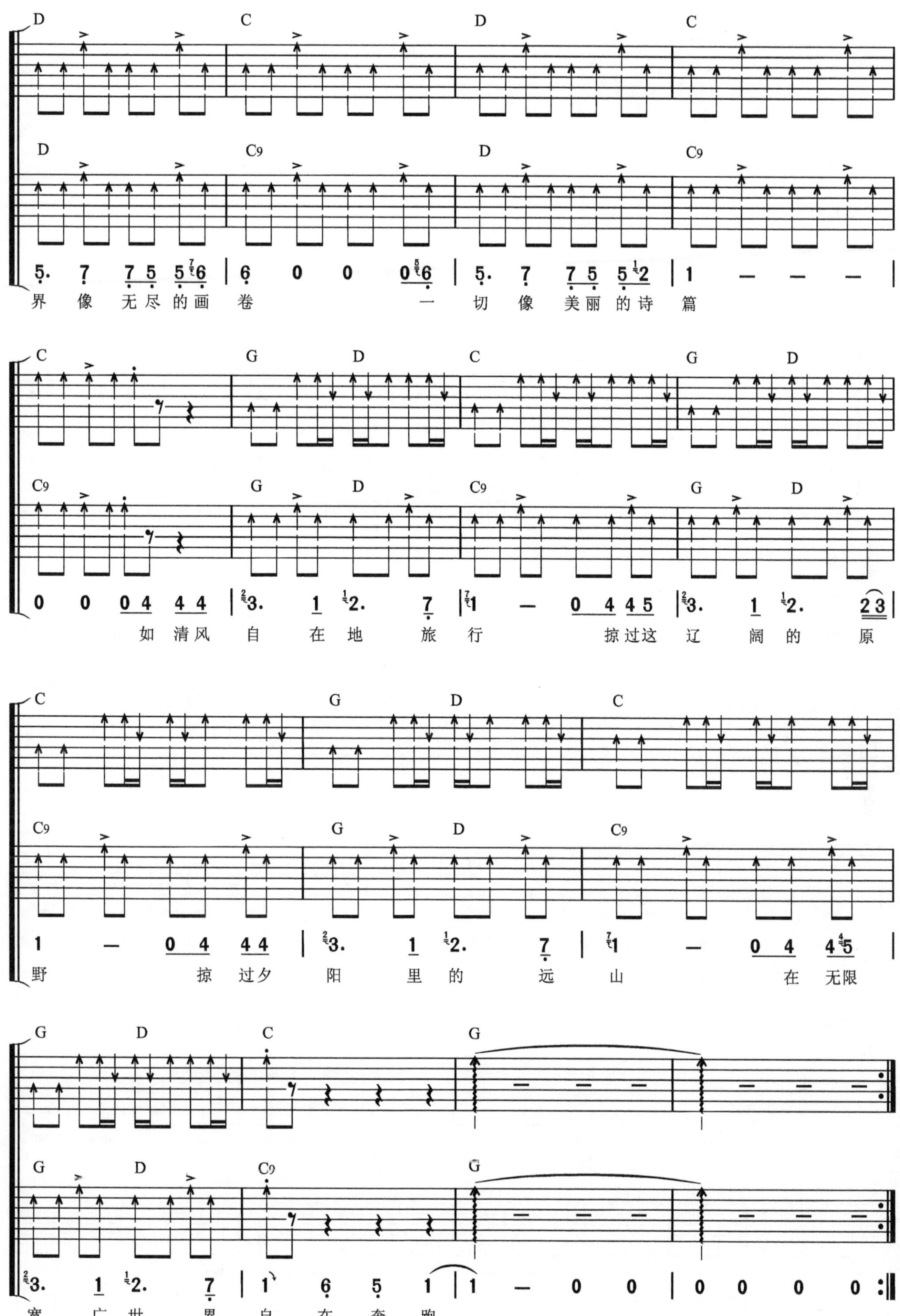
D
C
C9
G
5. 7 7 5 5 6 | 6 0 0 0 6 | 5. 7 7 5 5 2 | 1 — — — |
界 像 无尽的画 卷 一 切 像 美丽的诗 篇
0 0 0 4 4 4 | 3. 1 2. 7 | 1 — 0 4 4 5 | 3. 1 2. 2 3 |
如清风 自 在地 旅 行 掠过这 辽 阔的 原
1 — 0 4 4 4 | 3. 1 2. 7 | 1 — 0 4 4 5 |
野 掠 过夕 阳 里的 远 山 在 无限
3. 1 2. 7 | 1 6 5 1 | 1 — 0 0 | 0 0 0 0 :||
宽 广 世 界 自 在 奔 跑

平　淡

（许　巍 演唱）

原调：1=B $\frac{4}{4}$
选调：1=G
Capo:4

许　巍　词曲

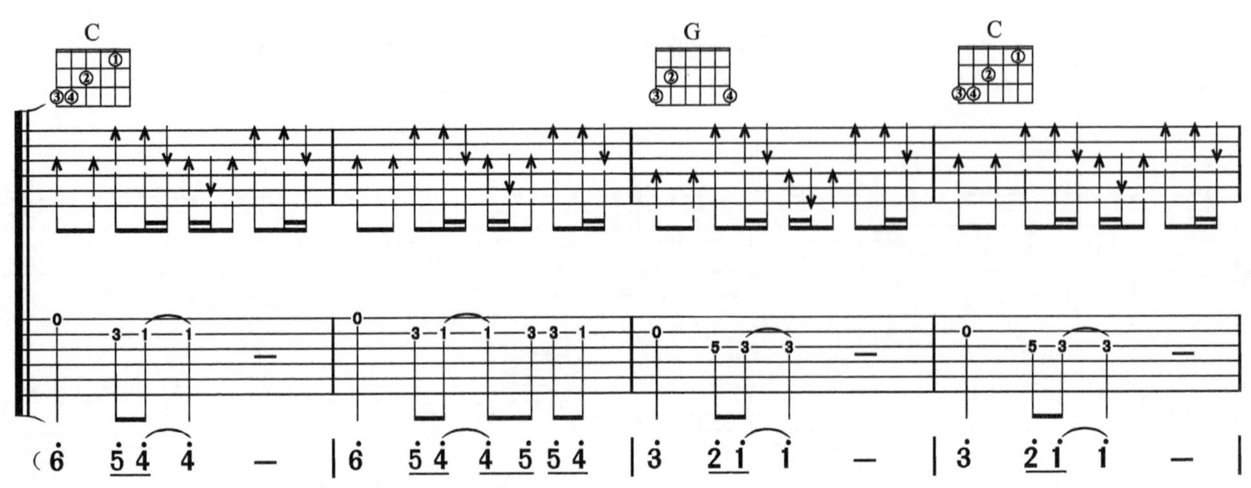

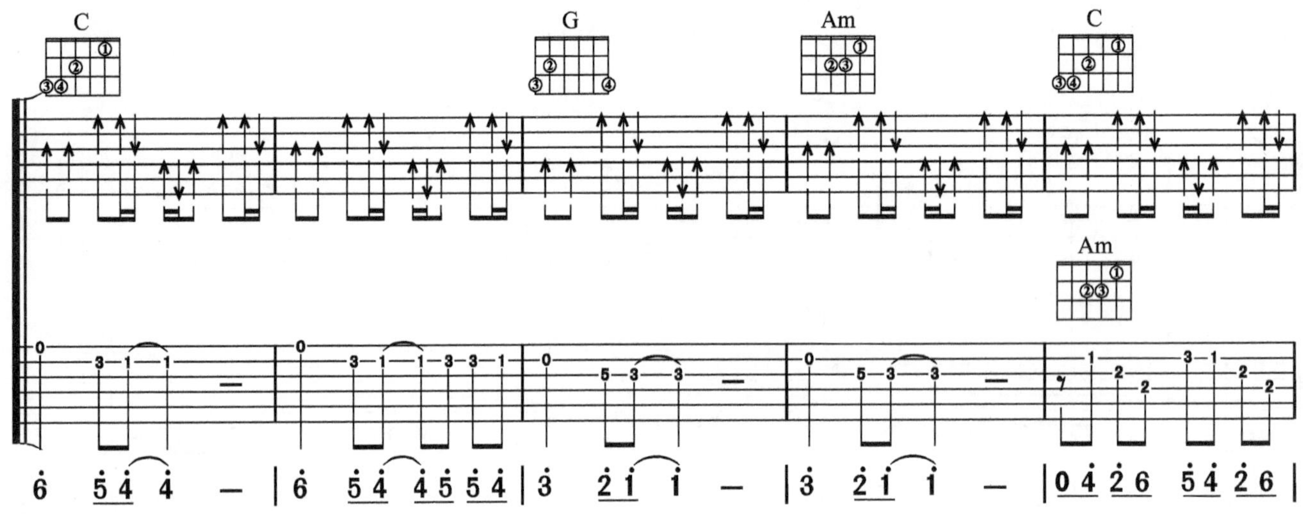

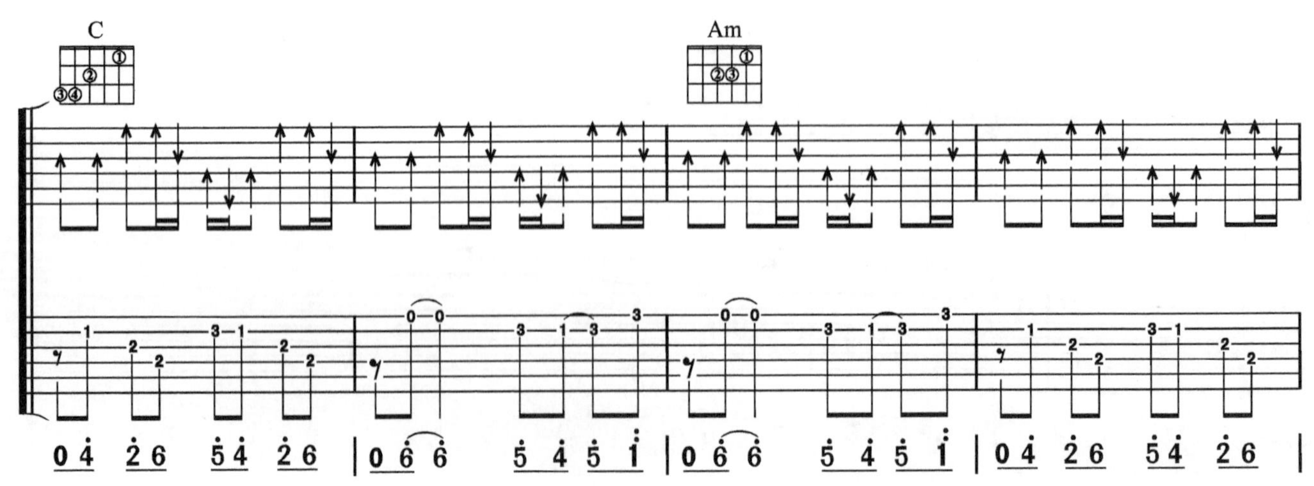

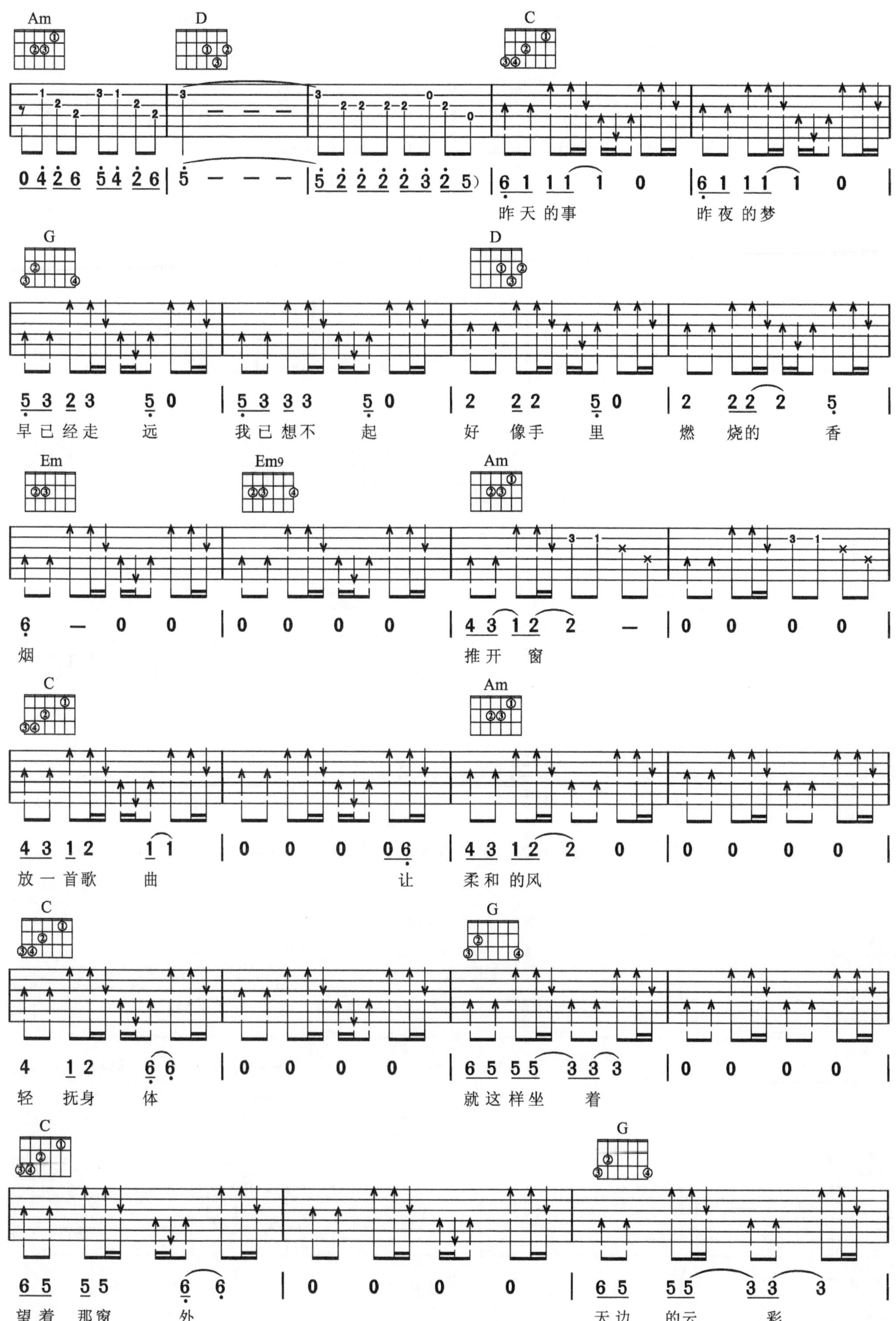

Am
D
C
昨天 的事
昨夜 的梦
G
D
早已经走 远
我已想不 起
好 像手 里
燃 烧的 香
Em
Em9
Am
烟
推开 窗
C
Am
放一首歌 曲
让
柔和 的风
C
G
轻 抚身 体
就这样坐 着
C
G
望着 那窗 外
天边 的云 彩

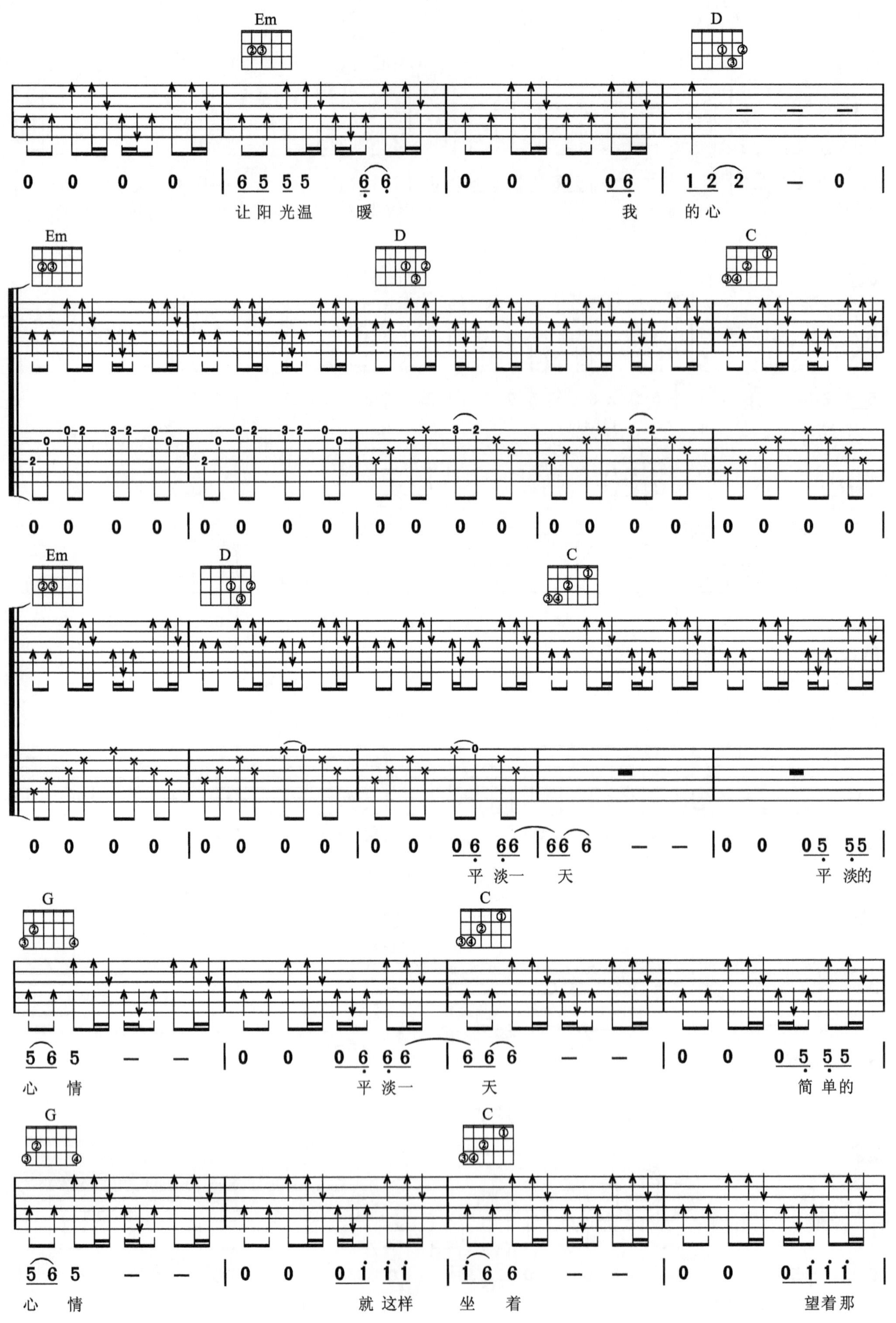
Em
D
让阳光温 暖 我 的心
Em
D
C
Em
D
C
平 淡一 天 平 淡的
G
C
心 情 平 淡一 天 简 单的
G
C
心 情 就 这样 坐 着 望着那

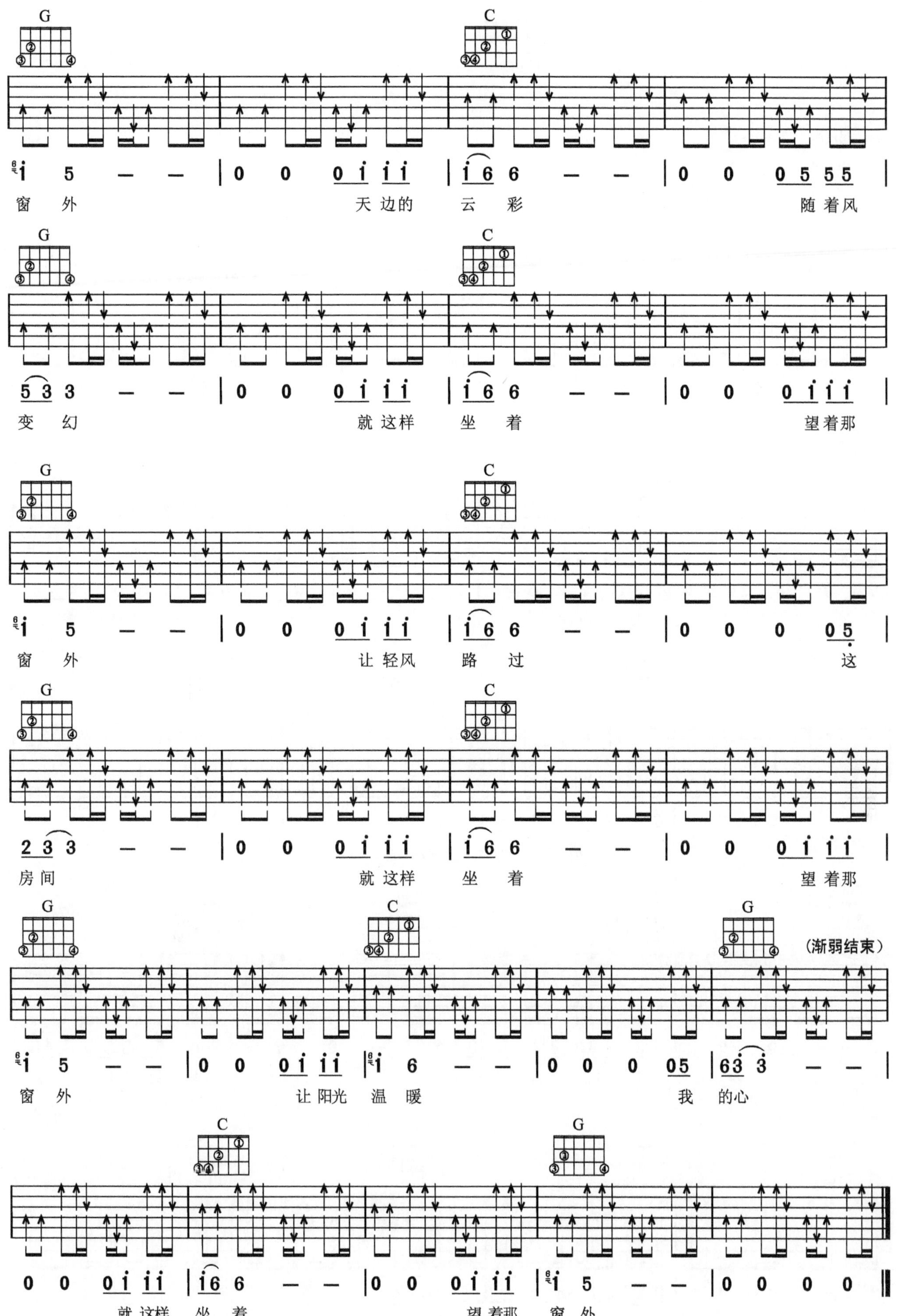
G
C
窗 外 天边的 云 彩 随着风
G
C
变 幻 就这样 坐 着 望着那
G
C
窗 外 让轻风 路 过 这
G
C
房 间 就这样 坐 着 望着那
G
C
G
(渐弱结束)
窗 外 让阳光 温 暖 我 的心
C
G
就这样 坐 着 望着那 窗 外

星 空

（许 巍 演唱）

原调：1=A $\frac{4}{4}$
选调：1=G
Capo:2

许 巍词曲

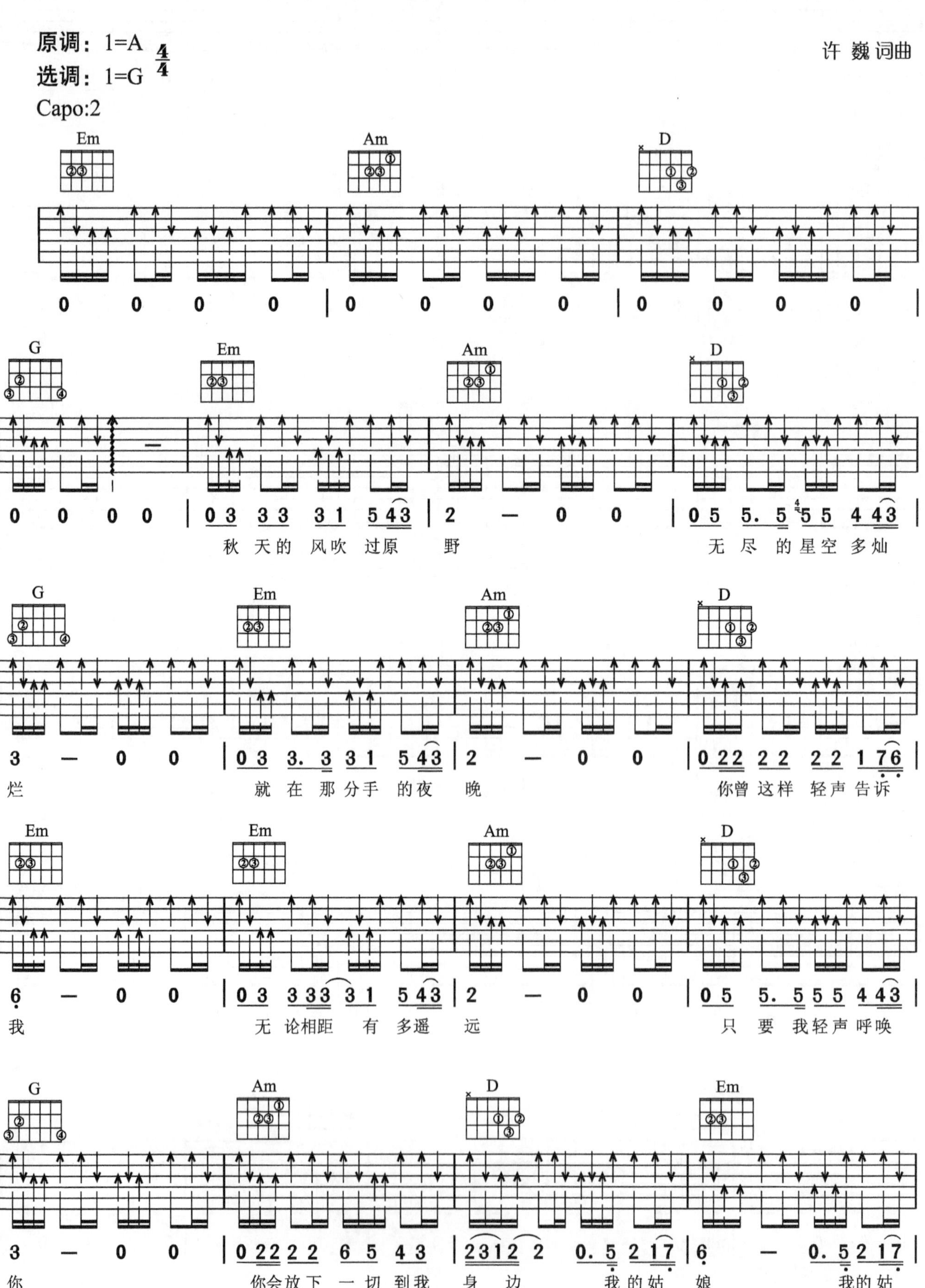

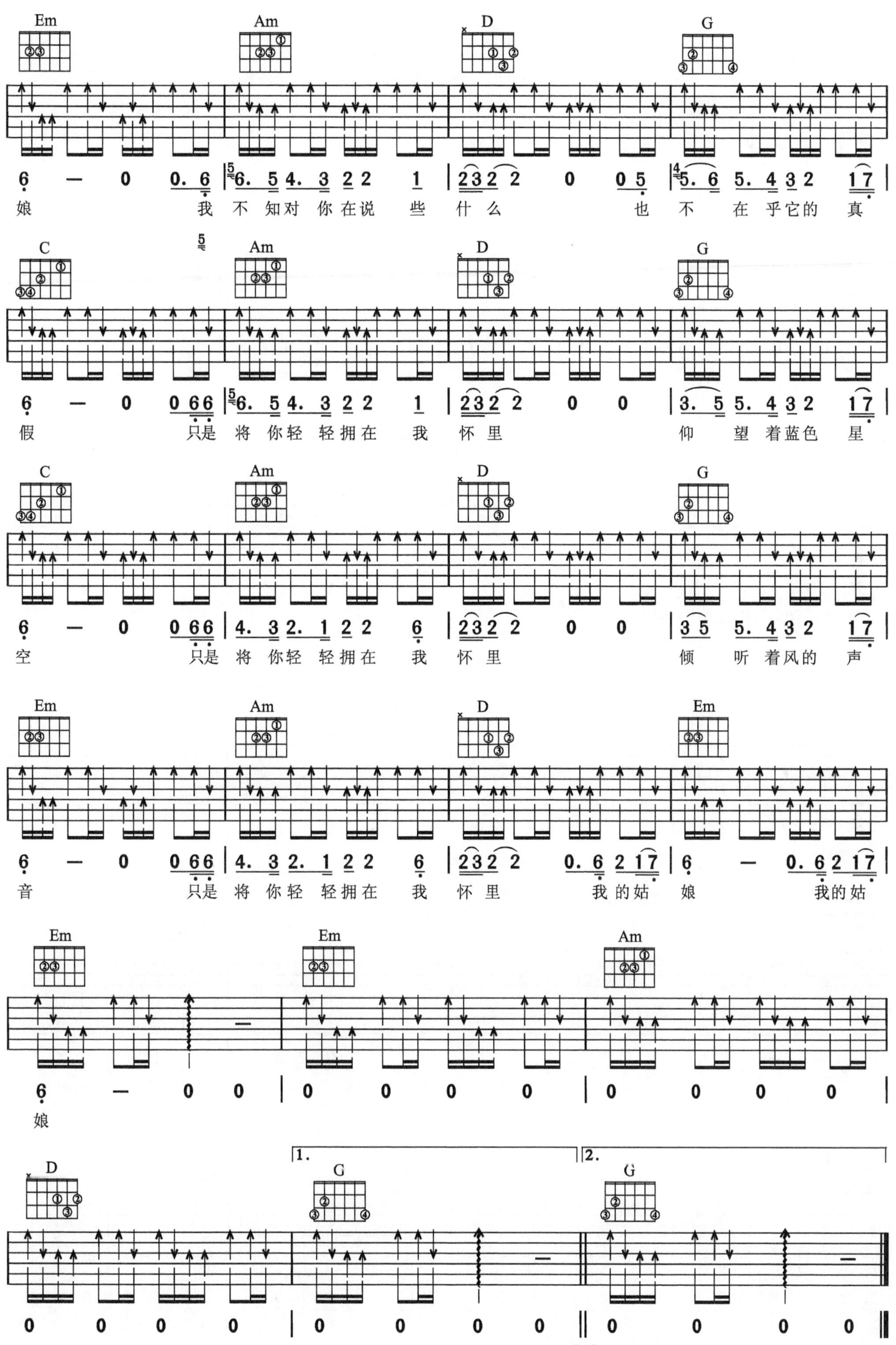

Em
Am
D
G
娘 我不知对你在说些什么 也不在乎它的真
C
Am
D
G
假 只是将你轻轻拥在我怀里 仰望着蓝色星
C
Am
D
G
空 只是将你轻轻拥在我怀里 倾听着风的声
Em
Am
D
Em
音 只是将你轻轻拥在我怀里 我的姑娘 我的姑
Em
Em
Am
娘
D
1.
G
2.
G
D.C.

水　妖

（许　巍　演唱）

1=A转C $\frac{4}{4}$

许 巍 词曲

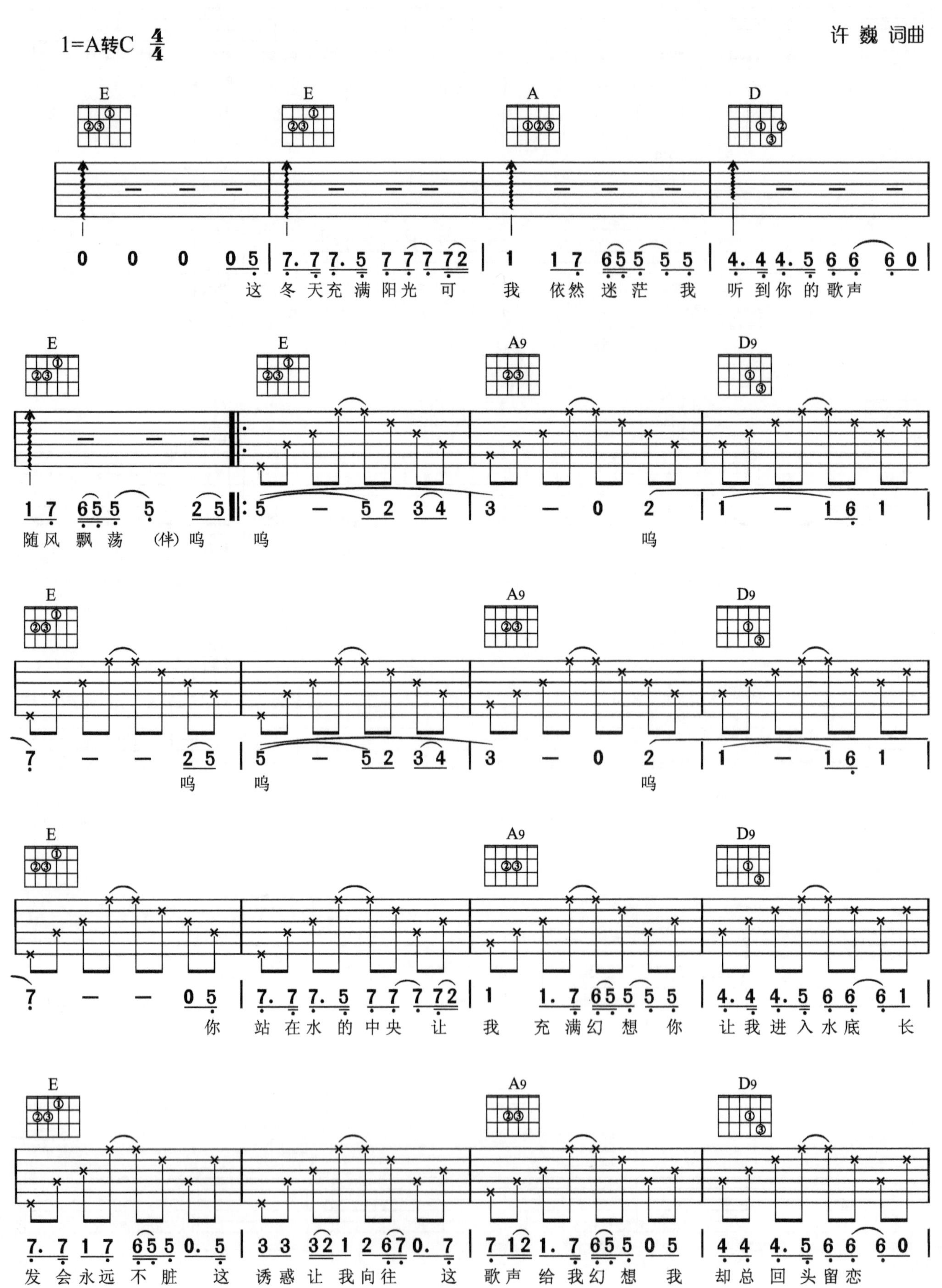

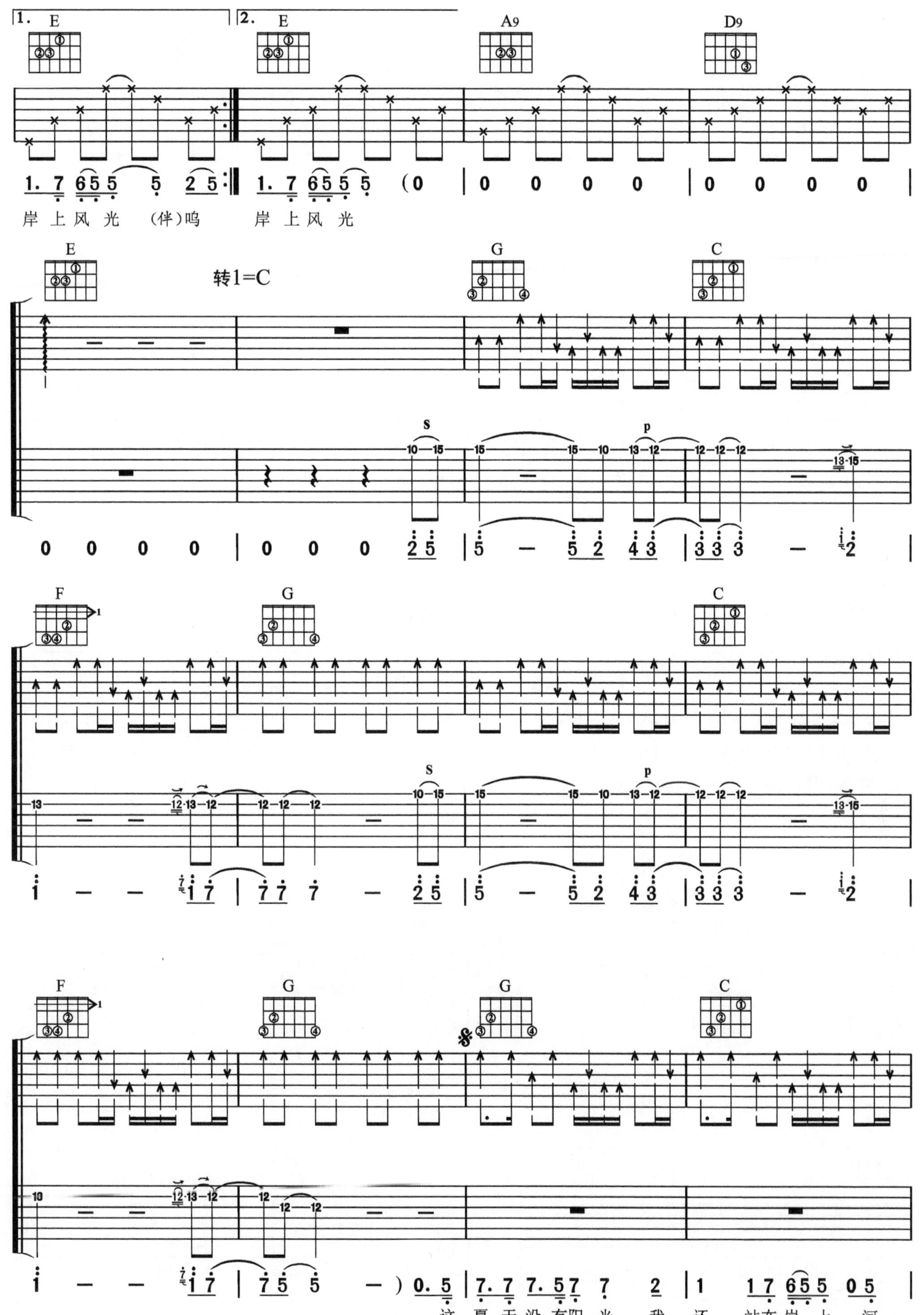
1.
E
2.
E
A9
D9
1. 7 6 5 5 5 2 5
岸 上 风 光 (伴)呜
1. 7 6 5 5 5 (0
岸 上 风 光
0 0 0 0
0 0 0 0
E
转1=C
G
C
0 0 0 0
0 0 0 2 5
5 — 5 2 4 3
3 3 3 — 2
F
G
C
1 — — 1 7
7 7 7 — 2 5
5 — 5 2 4 3
3 3 3 — 2
F
G
G
C
1 — — 1 7
7 5 5 —) 0. 5
7. 7 7. 5 7 7 2
1 1 7 6 5 5 0 5
这 夏 天 没 有 阳 光 我 还 站 在 岸 上 河

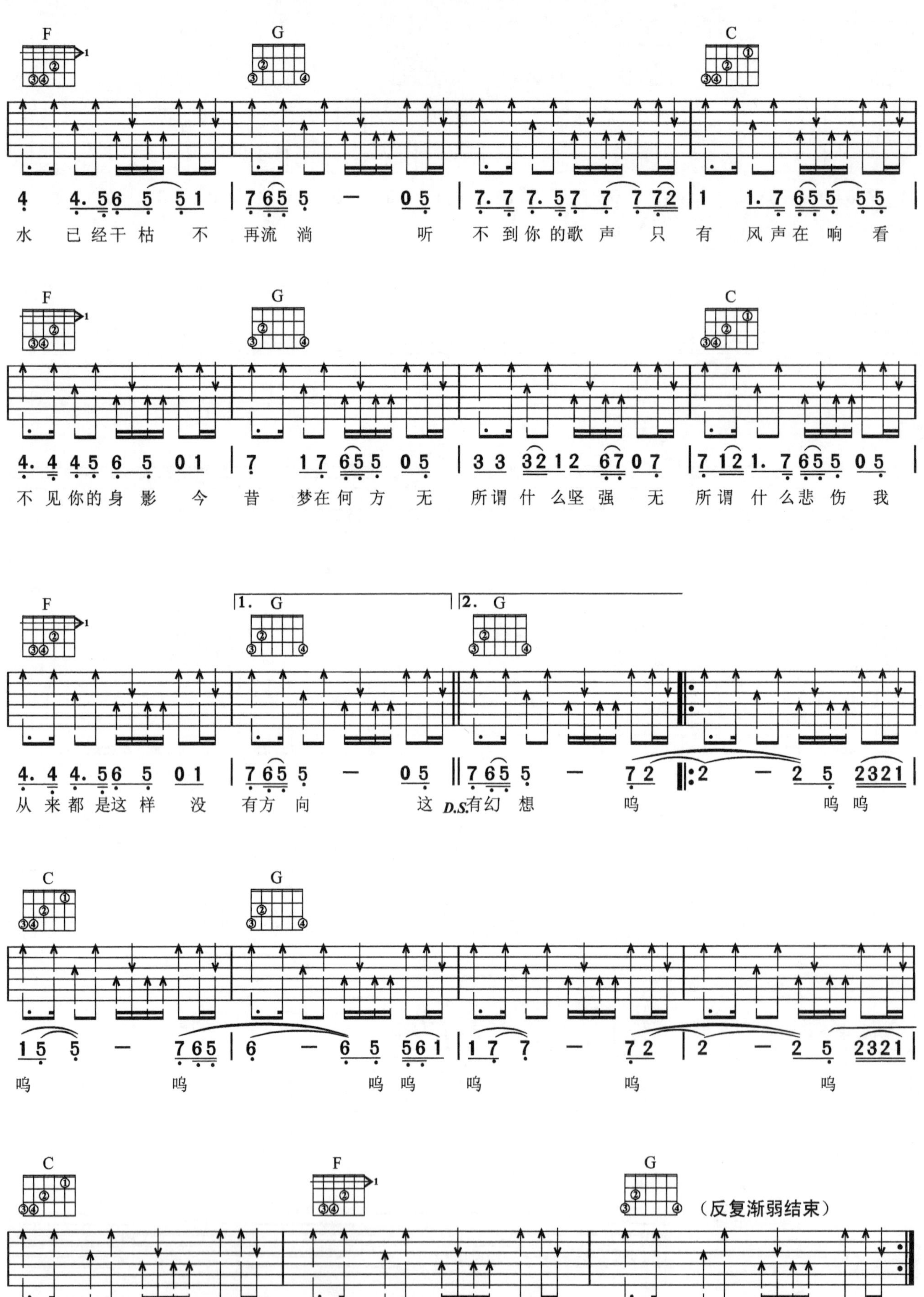

F
G
C
水 已经干枯 不 再流 淌 听 不到你的歌声 只 有 风声在 响 看
F
G
C
不见你的身 影 今 昔 梦在何 方 无 所谓 什 么坚 强 无 所谓 什 么悲 伤 我
F
1. G
2. G
从来都是这样 没 有方 向 这 D.S.有幻 想 呜 呜呜
C
G
呜 呜 呜呜 呜 呜 呜
C
F
G
（反复渐弱结束）
呜 呜 呜

遥远

（许 巍 演唱）

许 巍 词曲

1= G $\frac{2}{4}$ $\frac{4}{4}$

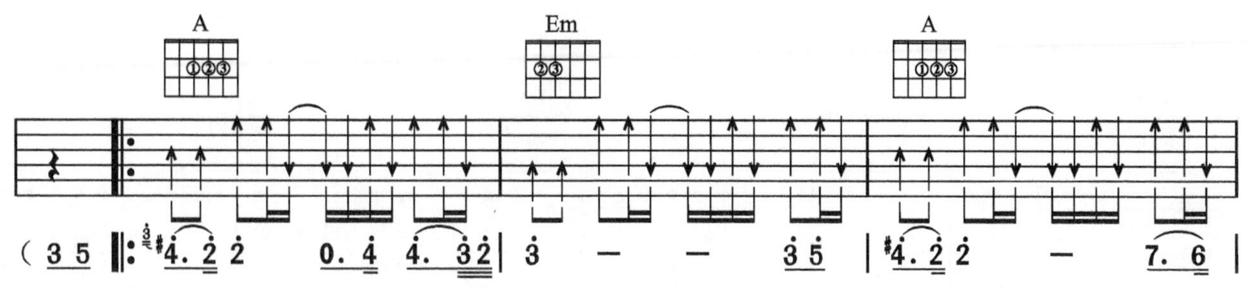

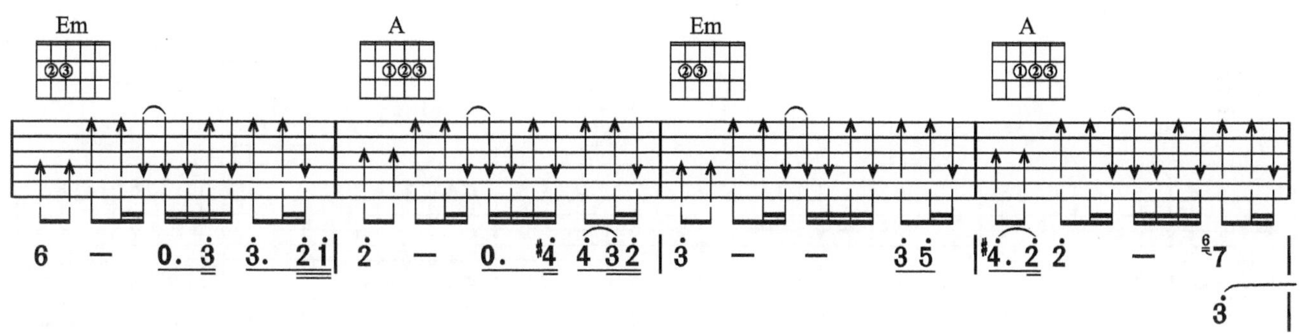

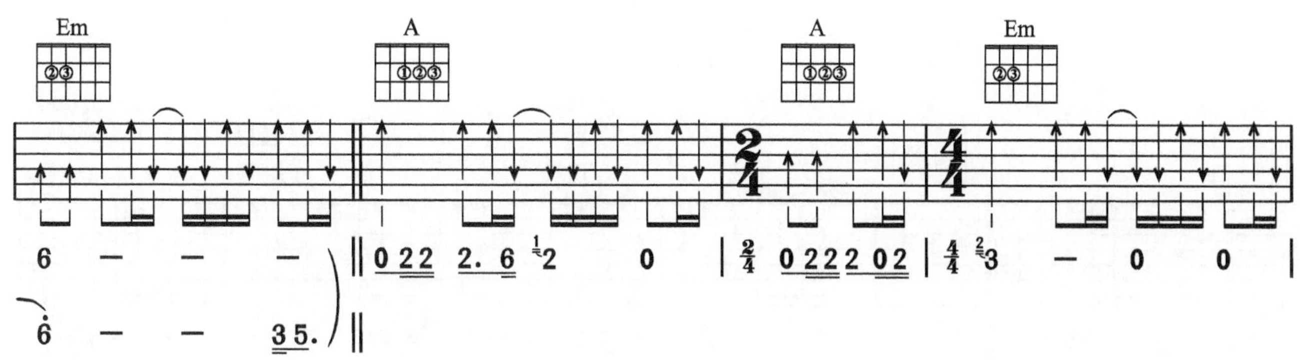

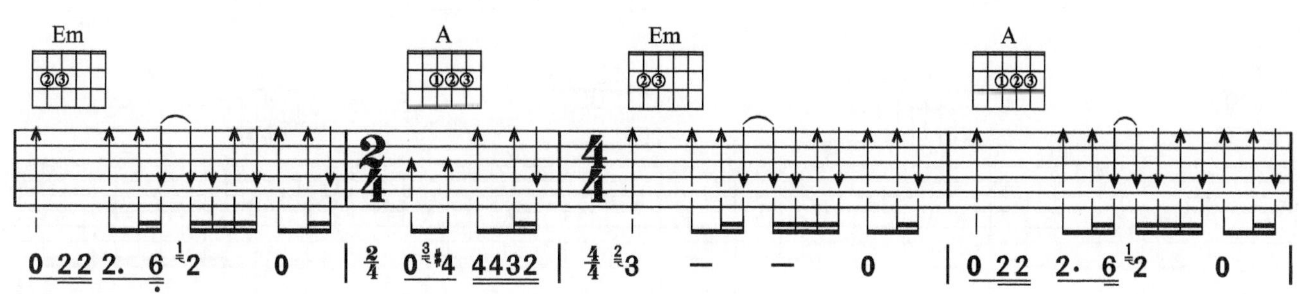

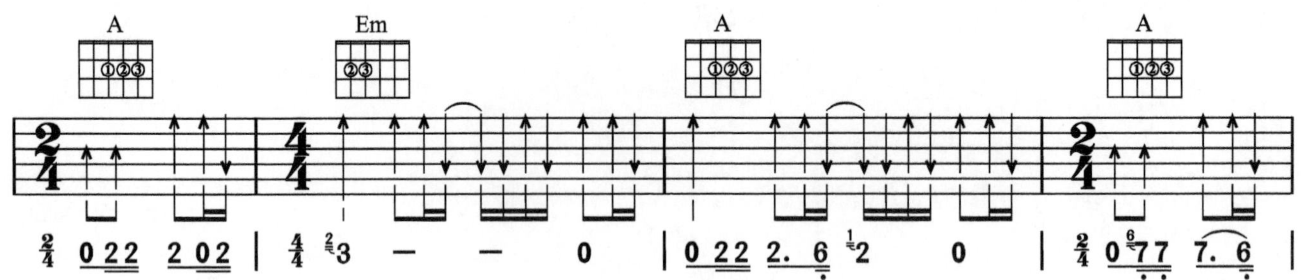
A
Em
A
A

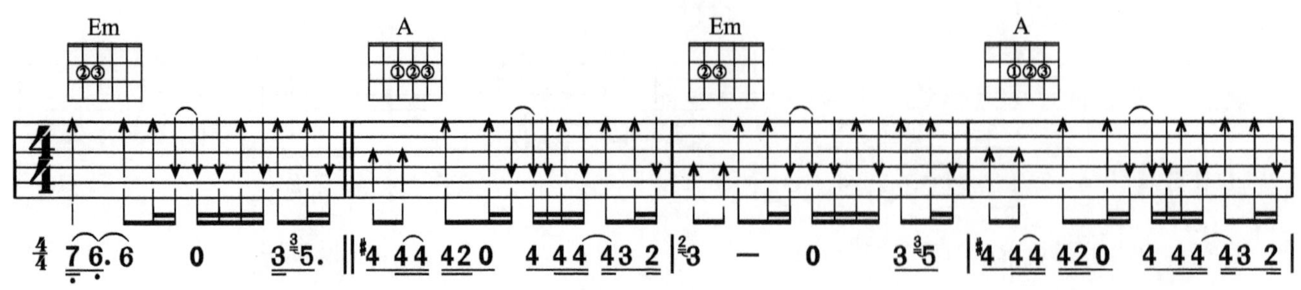
Em
A
Em
A

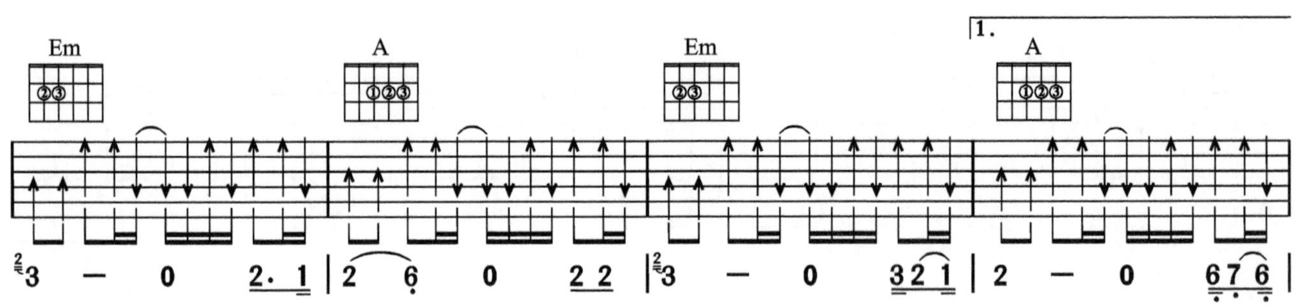
Em
A
Em
1.
A

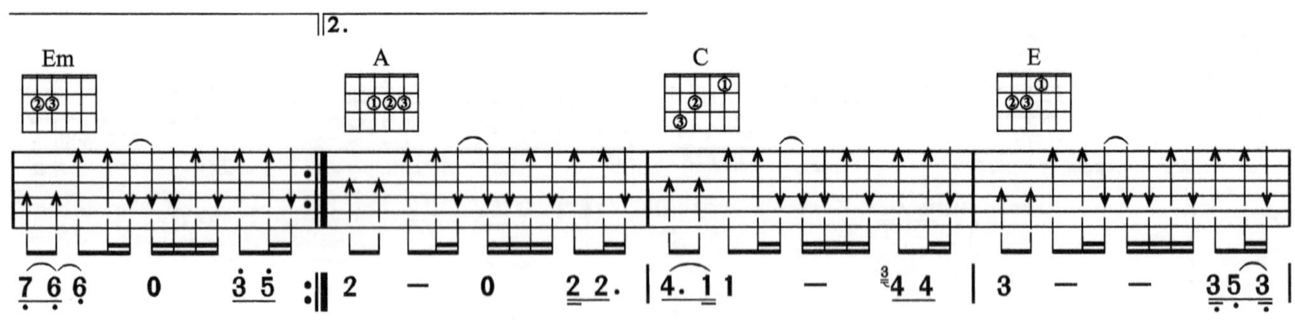
Em
2.
A
C
E

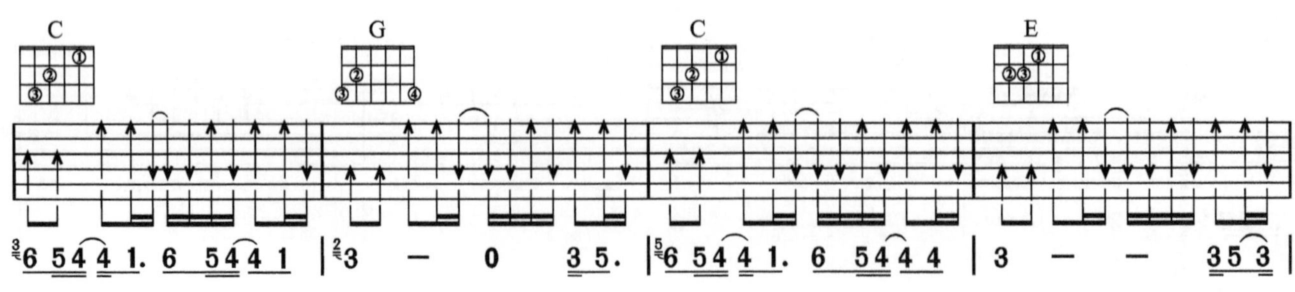
C
G
C
E

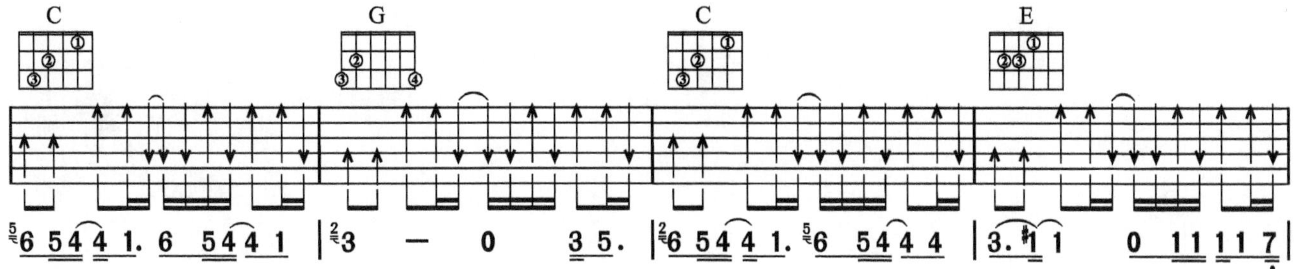
C
G
C
E

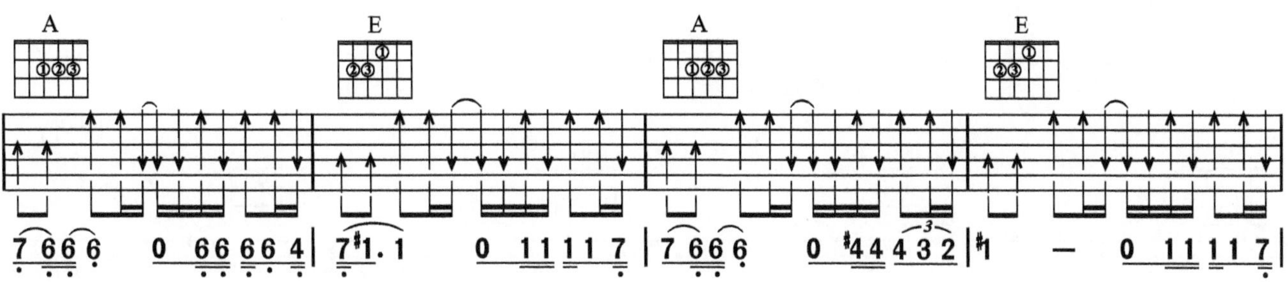
A
E
A
E

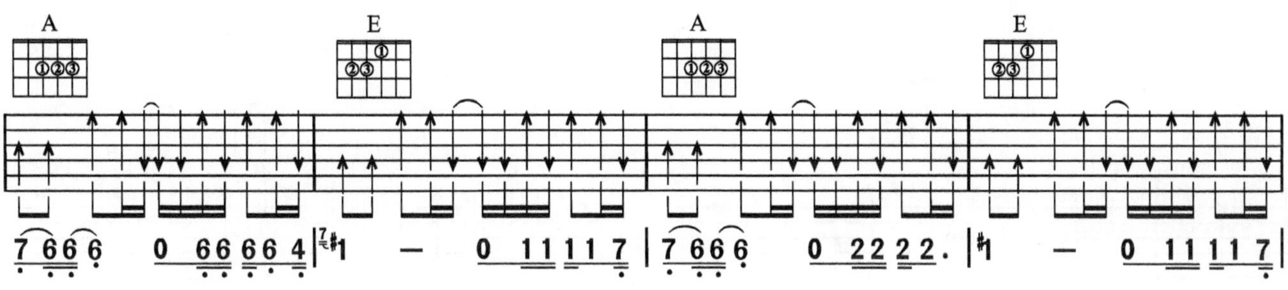
A
E
A
E

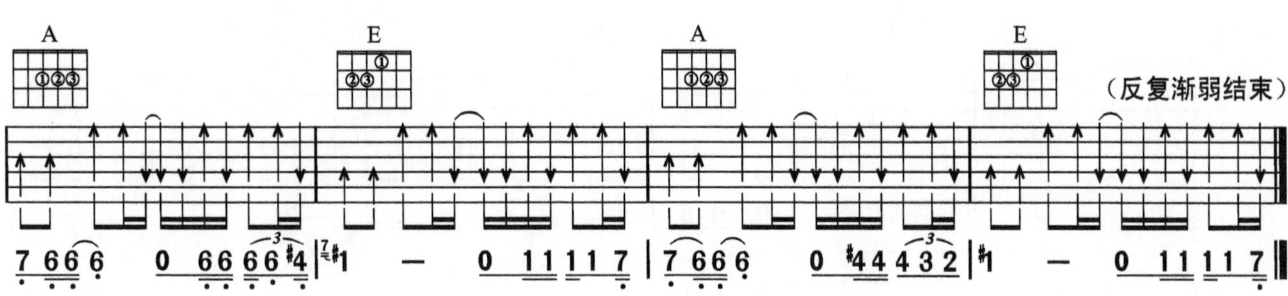
A
E
A
E
（反复渐弱结束）

一 天

（许 巍 演唱）

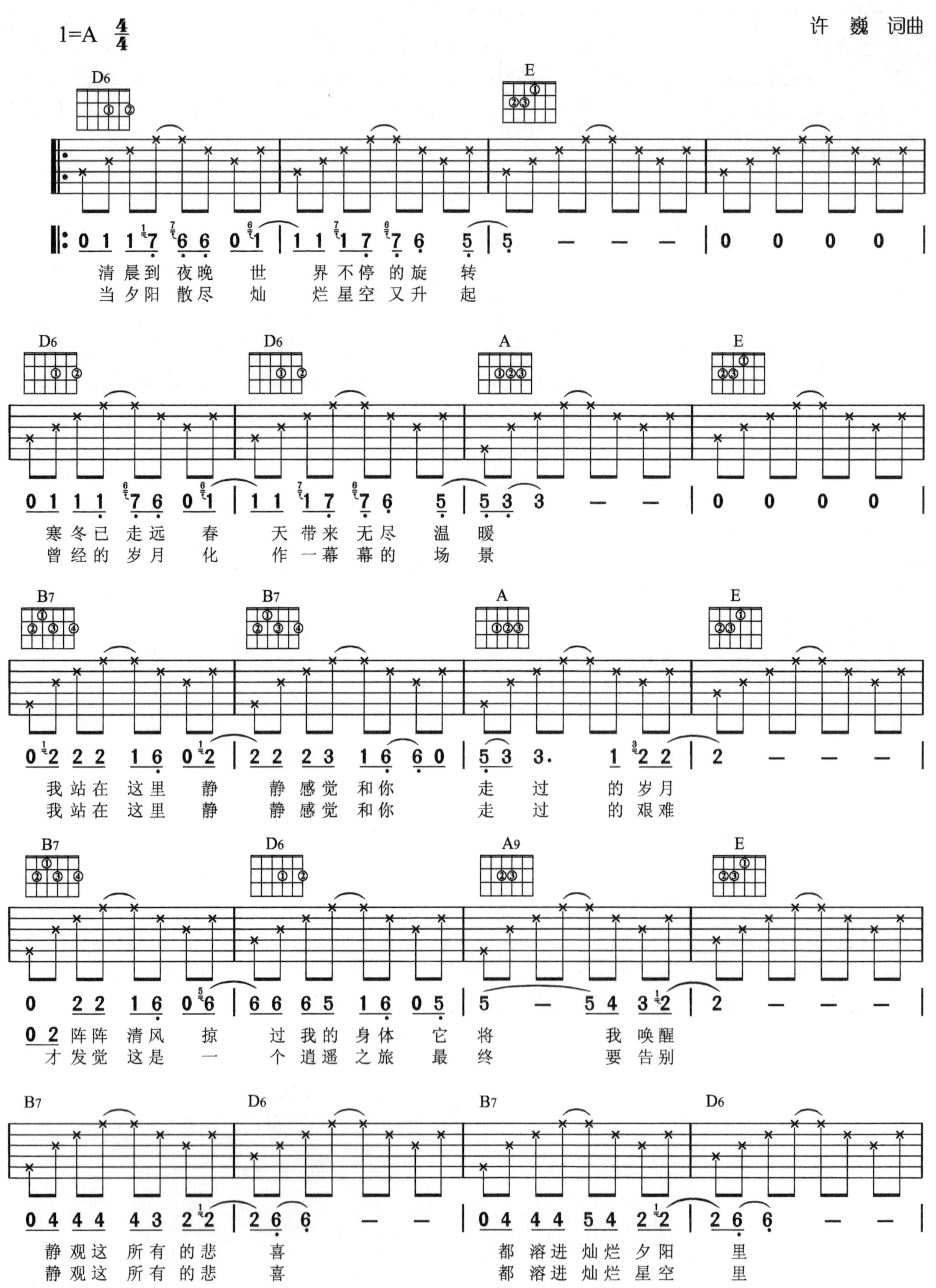
许 巍 词曲
1=A 4/4
D6
E
清晨到夜晚 世 界不停的旋 转
当夕阳散尽 灿 烂星空又升 起
D6
D6
A
E
寒冬已走远 春 天带来无尽 温 暖
曾经的岁月 化 作一幕幕的 场 景
B7
B7
A
E
我站在这里 静 静感觉和你 走 过 的岁月
我站在这里 静 静感觉和你 走 过 的艰难
B7
D6
A9
E
0 2 阵阵清风 掠 过我的身体 它 将 我唤醒
才发觉这是 一 个逍遥之旅 最 终 要告别
B7
D6
B7
D6
静观这所有的悲 喜 都溶进灿烂夕阳 里
静观这所有的悲 喜 都溶进灿烂星空 里

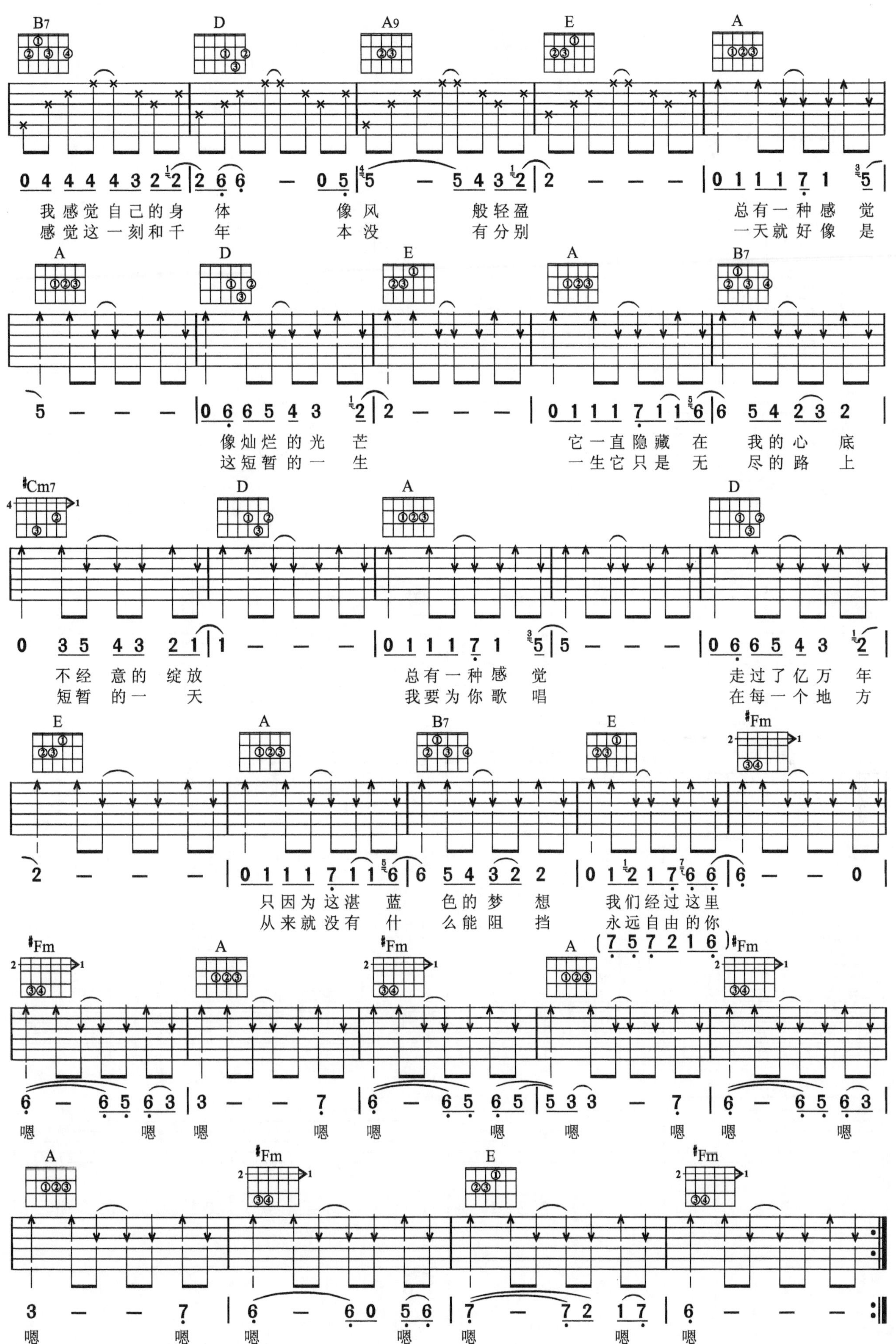
B7 D A9 E A
我感觉自己的身体 像风 般轻盈 总有一种感觉
感觉这一刻和千年 本没 有分别 一天就好像是
A D E A B7
像灿烂的光芒 它一直隐藏在 我的心底
这短暂的一生 一生它只是无 尽的路上
#Cm7 D A D
不经意的绽放 总有一种感觉 走过了亿万年
短暂的一天 我要为你歌唱 在每一个地方
E A B7 E #Fm
只因为这湛蓝色的梦想 我们经过这里
从来就没有什么能阻挡 永远自由的你
#Fm A #Fm A #Fm
嗯 嗯 嗯 嗯 嗯 嗯 嗯 嗯 嗯 嗯
A #Fm E #Fm
嗯 嗯 嗯 嗯 嗯 嗯 嗯

道　路

（许　巍 演唱）

原调：1=#C　4/4
选调：1= C
Capo:1

许　巍 词曲

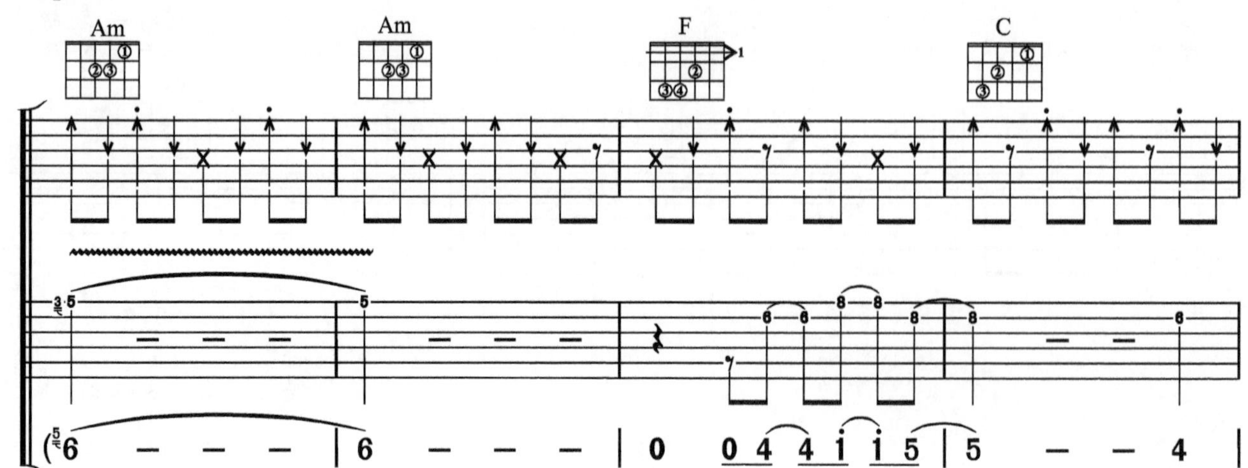

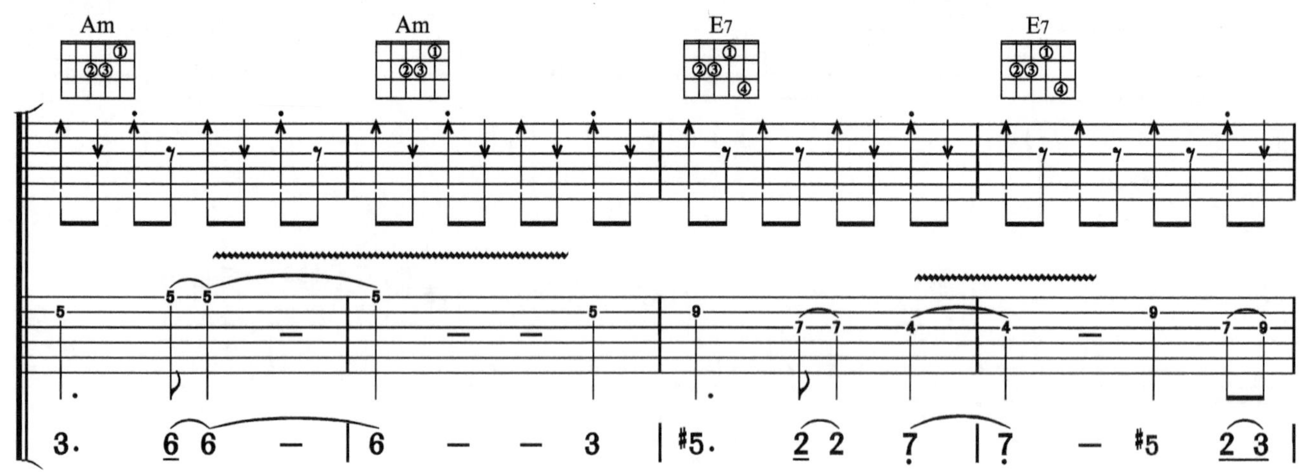

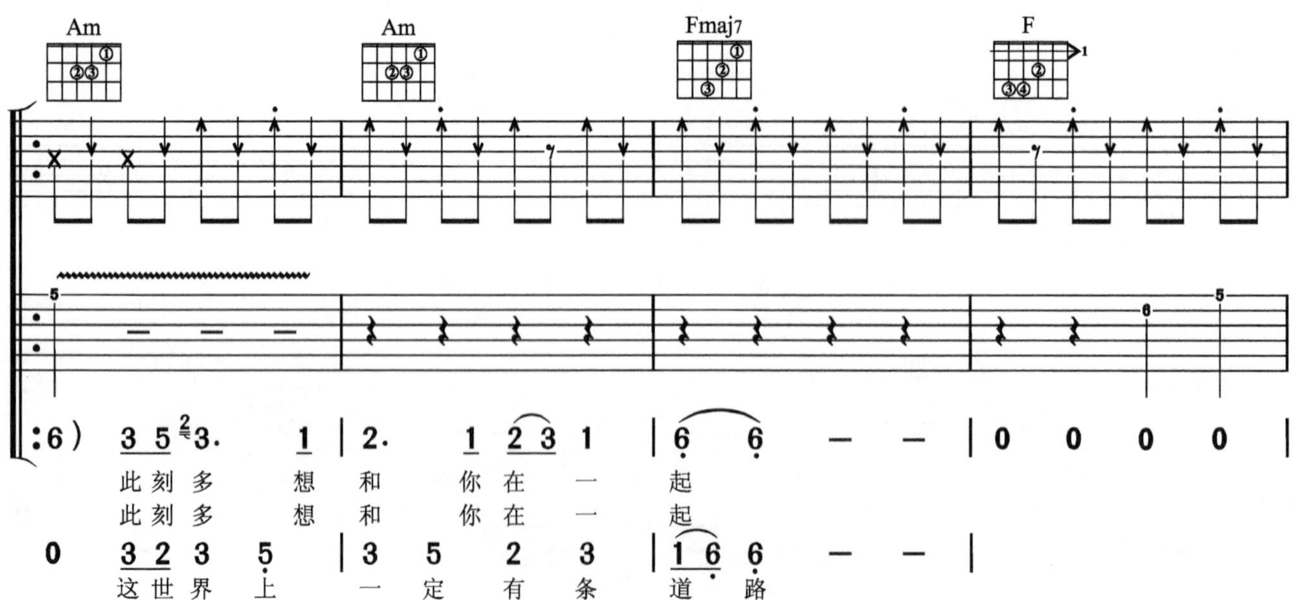

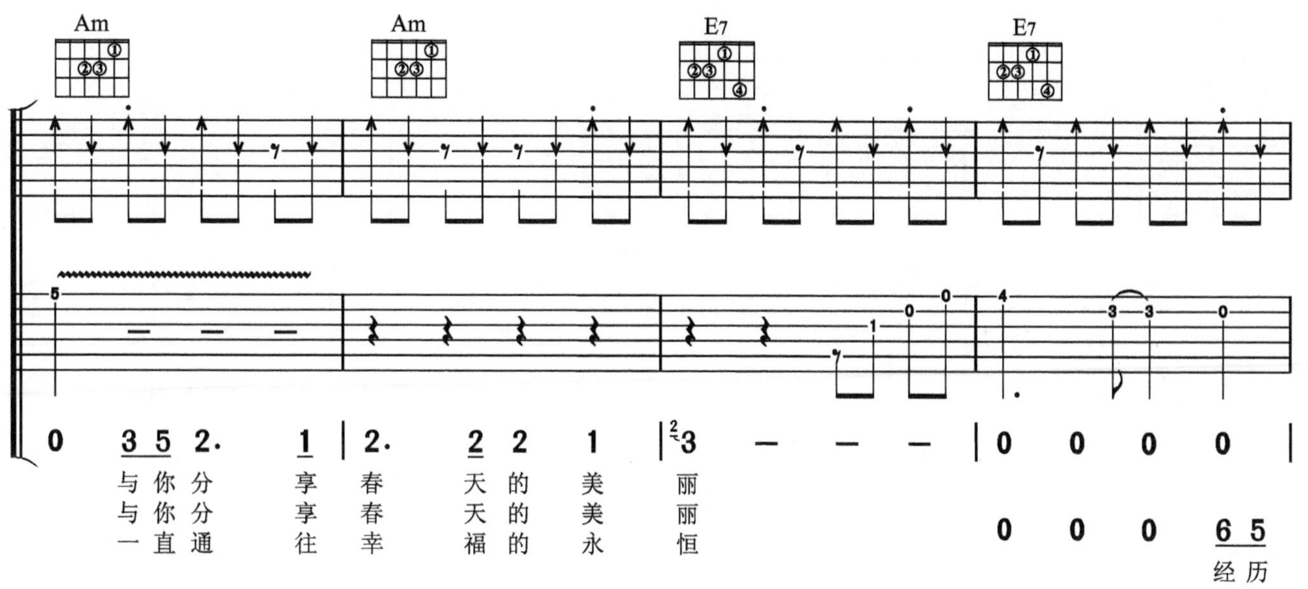
Am Am E7 E7
0 3 5 2. 1 | 2. 2 2 1 | 3 — — — | 0 0 0 0 |
与你分享春天的美丽
与你分享春天的美丽
一直通往幸福的永恒
0 0 0 6 5
经历

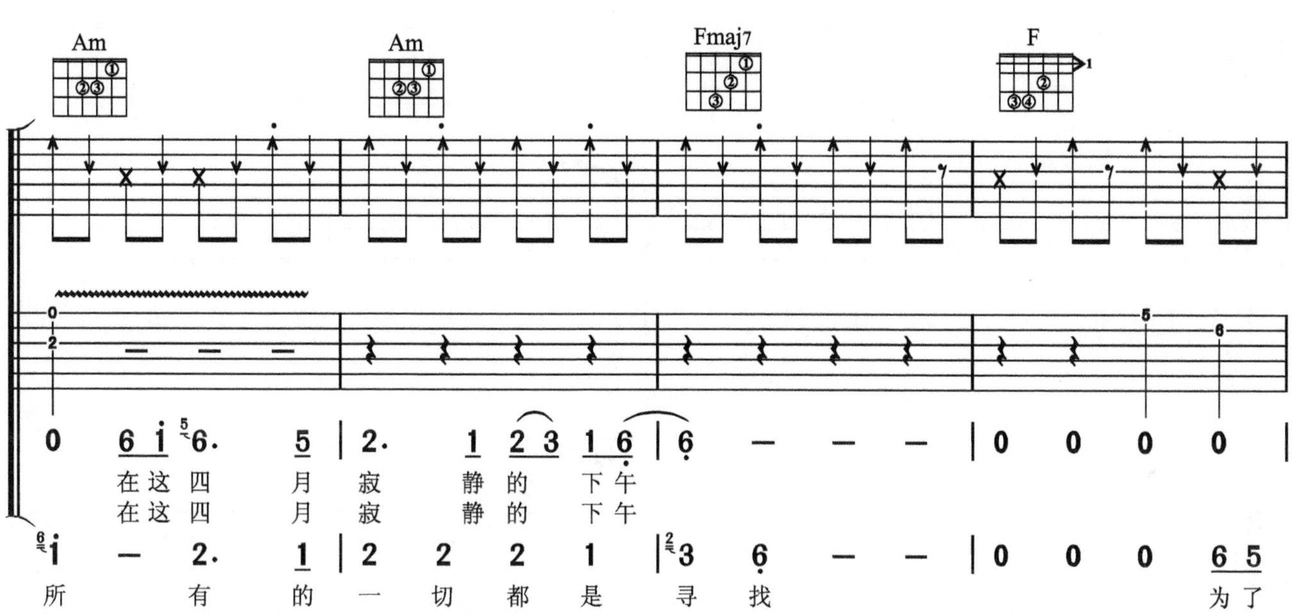
Am Am Fmaj7 F
0 6 i 6. 5 | 2. 1 2 3 1 6 | 6 — — — | 0 0 0 0 |
在这四月寂静的下午
在这四月寂静的下午
i — 2. 1 | 2 2 2 1 | 3 6 — — | 0 0 0 6 5
所有的一切都是寻找 为了

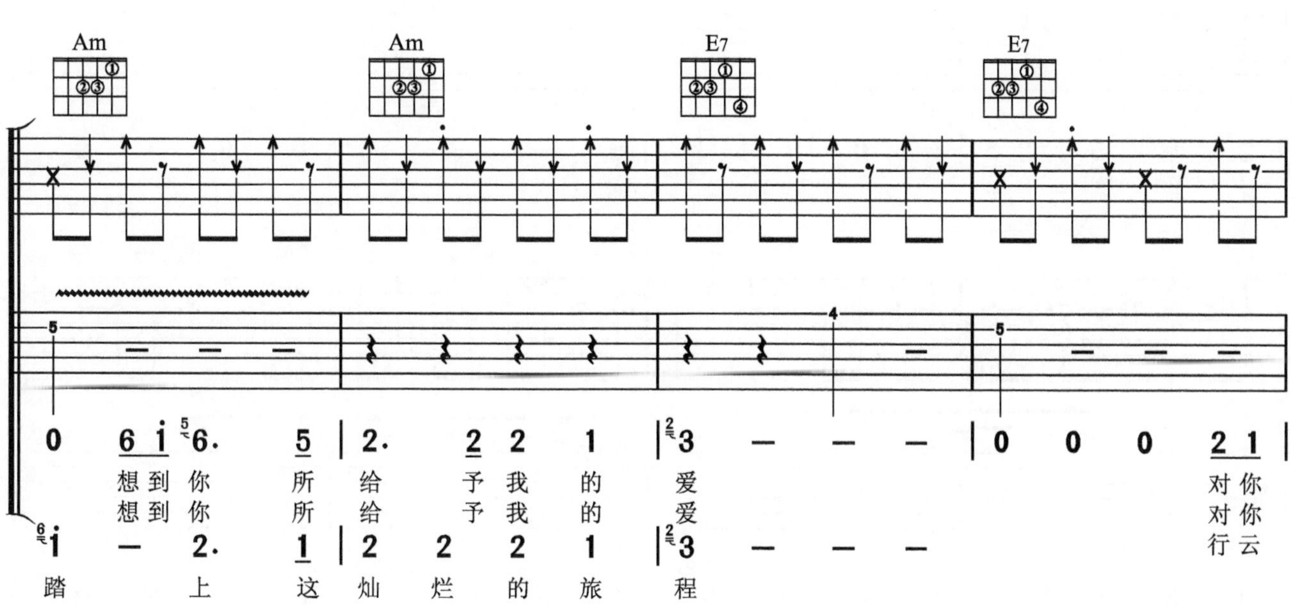
Am Am E7 E7
0 6 i 6. 5 | 2. 2 2 1 | 3 — — — | 0 0 0 2 1 |
想到你所给予我的爱 对你
想到你所给予我的爱 对你
i — 2. 1 | 2 2 2 1 | 3 — — — 行云
踏上这灿烂的旅程

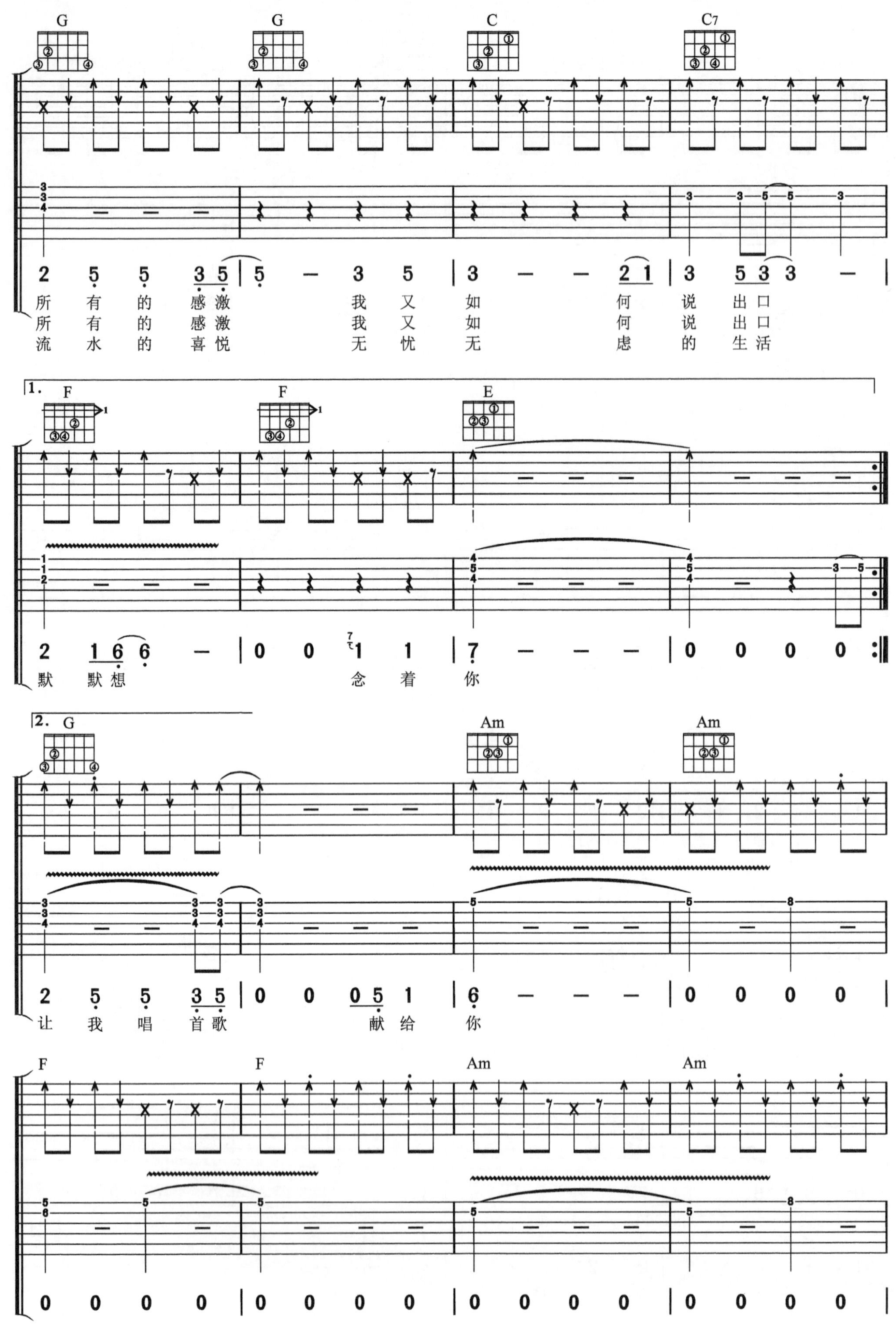
G G C C7
所 有 的 感激 我 又 如 何 说 出口
所 有 的 感激 我 又 如 何 说 出口
流 水 的 喜悦 无 忧 无 虑 的 生活
1.
F F E
默 默想 念 着 你
2.
G Am Am
让 我 唱 首歌 献 给 你
F F Am Am

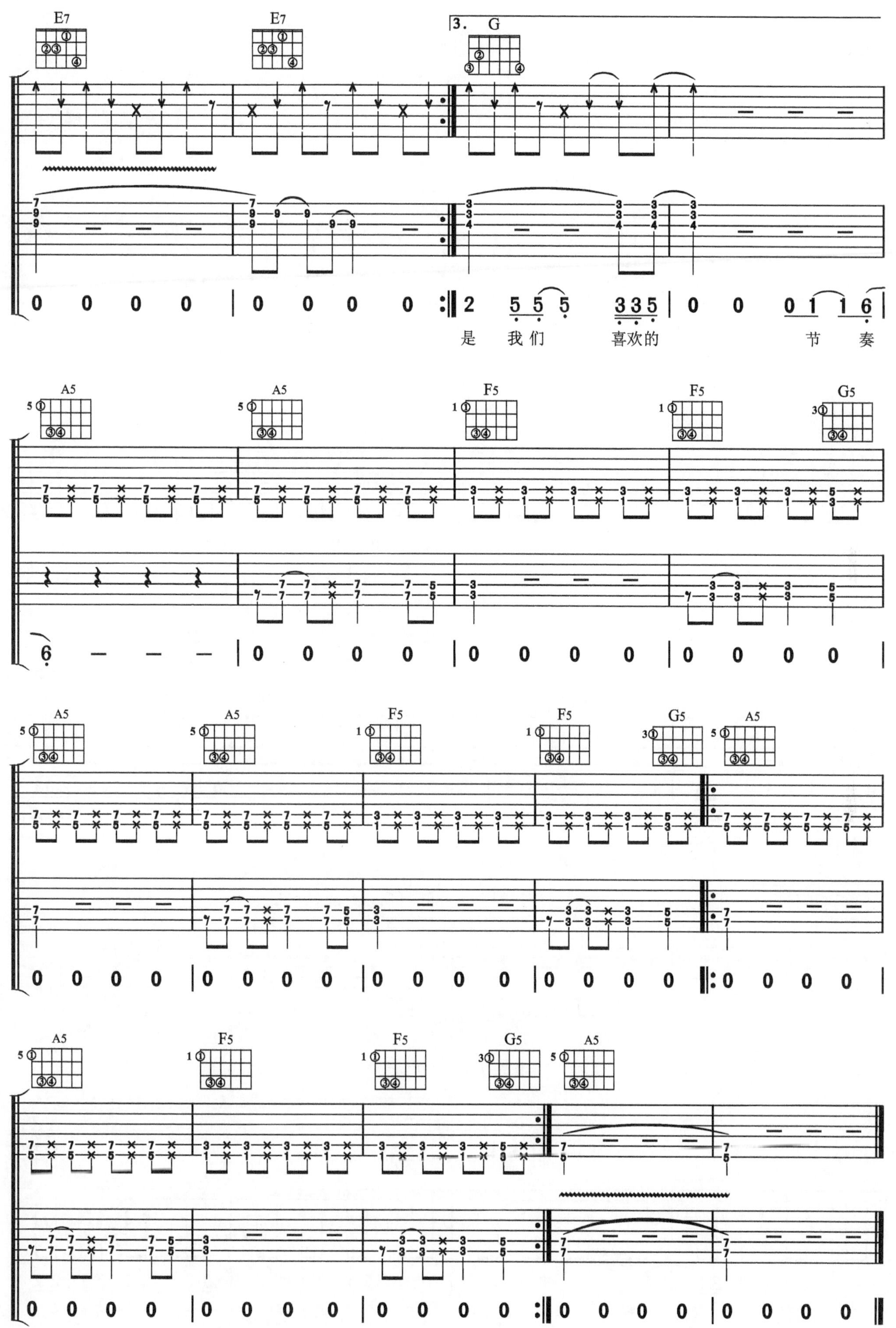
E7
E7
3. G
是 我们 喜欢的 节 奏
A5 A5 F5 F5 G5
A5 A5 F5 F5 G5 A5
A5 F5 F5 G5 A5

永　恒

（许　巍 演唱）

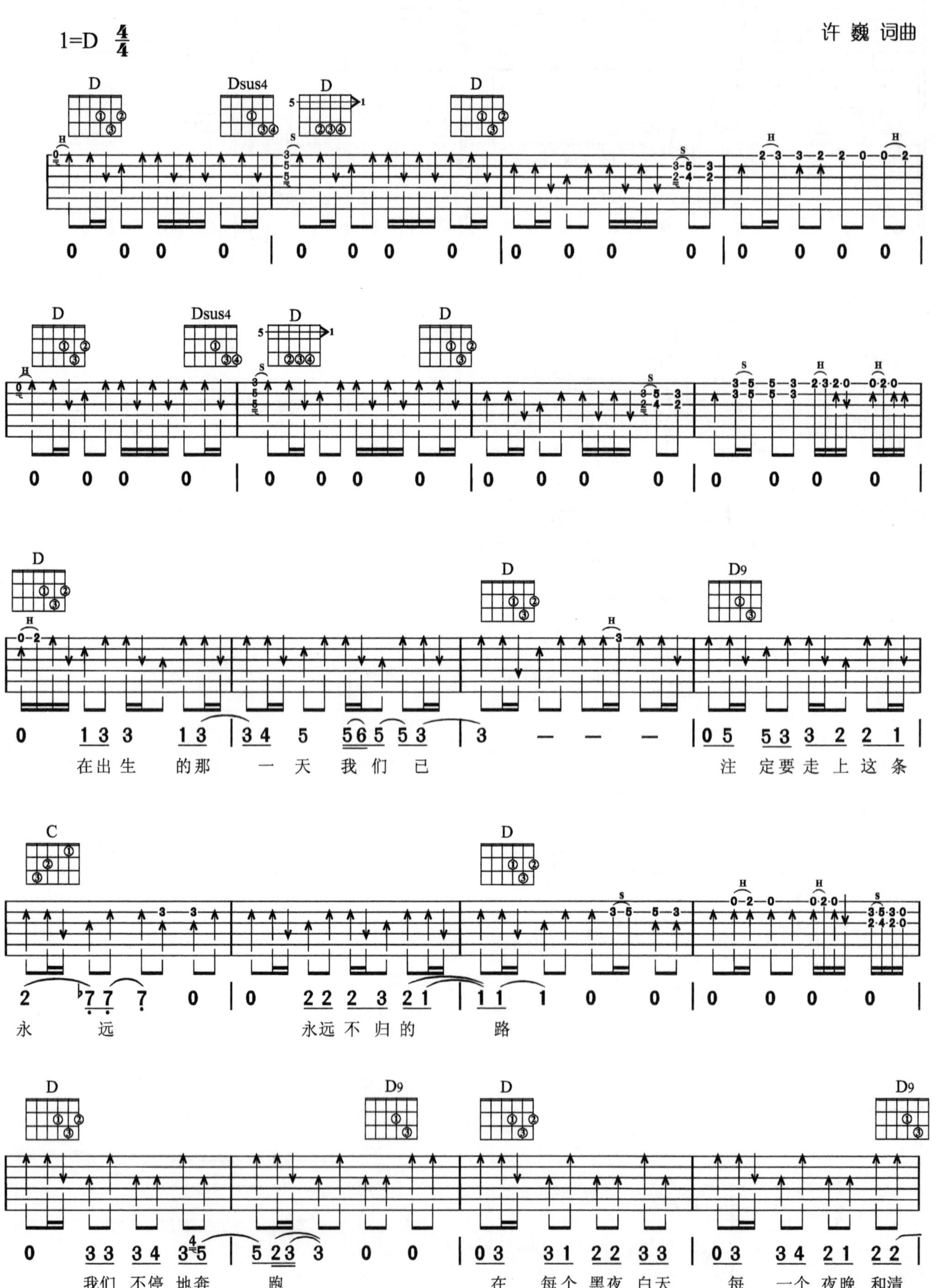

1=D 4/4
许巍 词曲
D Dsus4 D D
D Dsus4 D D
D D D9
在出生 的那 一 天 我们 已 注 定要走上这条
C D
永 远 永远不归的 路
D D9 D D9
我们 不停 地奔 跑 在 每个 黑夜 白天 每 一个 夜晚 和清

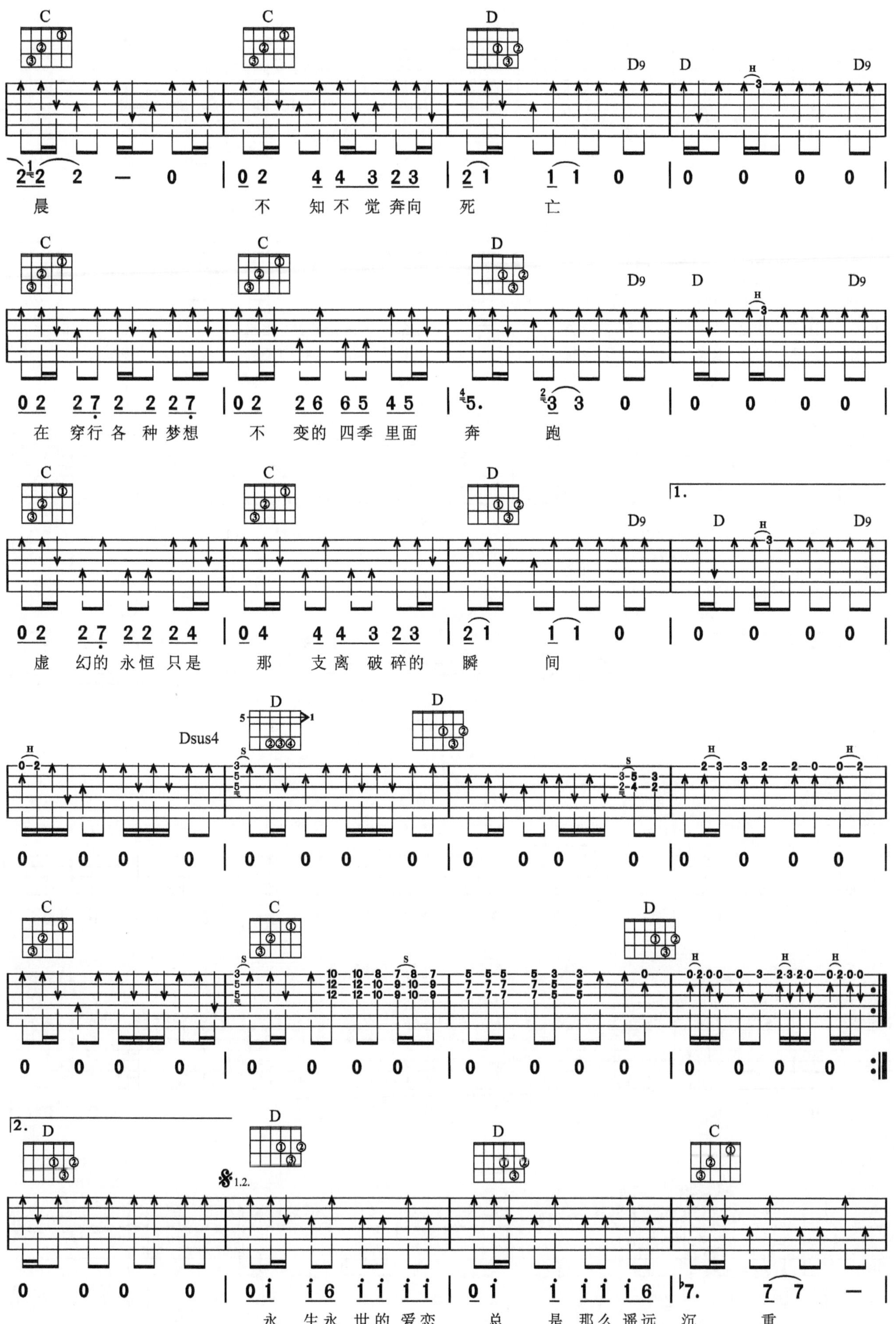

C
C
D
D9
D
D9
晨
不 知不 觉奔向 死 亡
C
C
D
D9
D
D9
在 穿行各 种梦想
不 变的 四季 里面 奔 跑
C
C
D
D9
1.
D
D9
虚 幻的 永恒 只是
那 支离 破碎的 瞬 间
Dsus4
D
D
C
C
D
2.
D
D
D
C
永 生永 世的爱恋 总 是那么遥远 沉 重

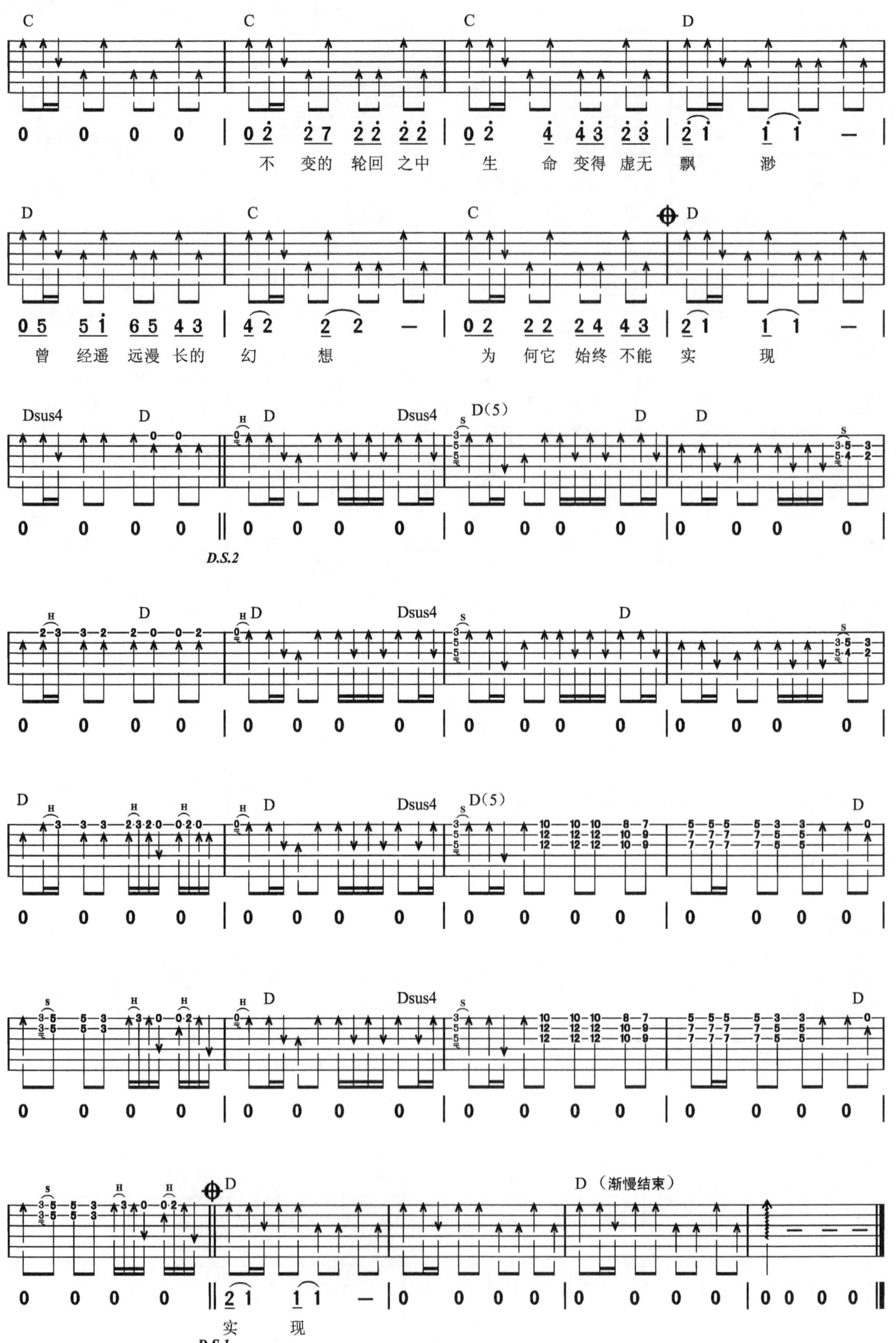
C C C D
不 变的 轮回 之中 生 命 变得 虚无 飘 渺
D C C D
曾 经遥 远漫 长的 幻 想 为 何它 始终 不能 实 现
Dsus4 D D Dsus4 D(5) D D
D.S.2
D D Dsus4 D
D D Dsus4 D(5) D
D Dsus4 D
D D D（渐慢结束）
实 现
D.S.1

在别处

（许 巍 演唱）

1=E 4/4

许 巍词曲

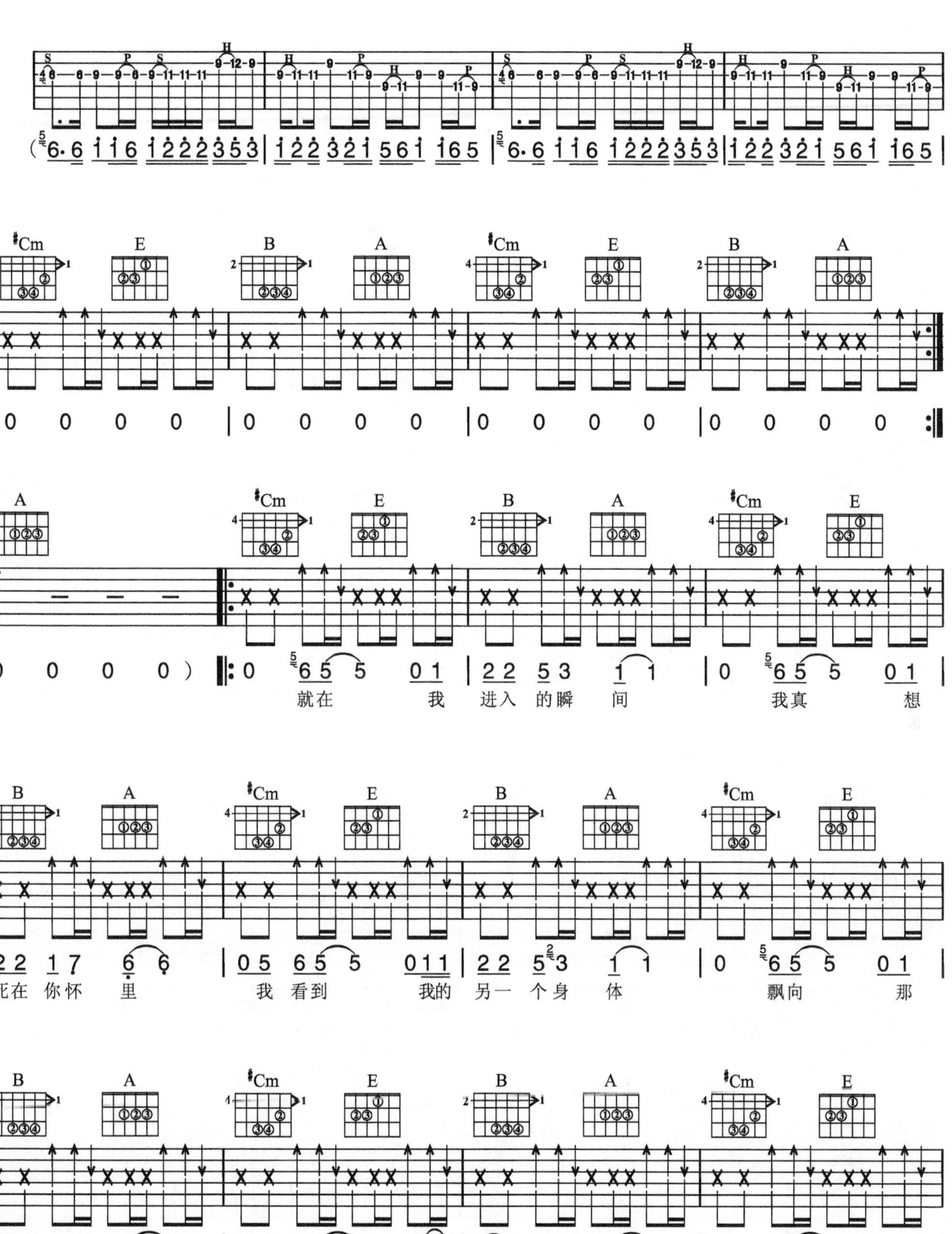

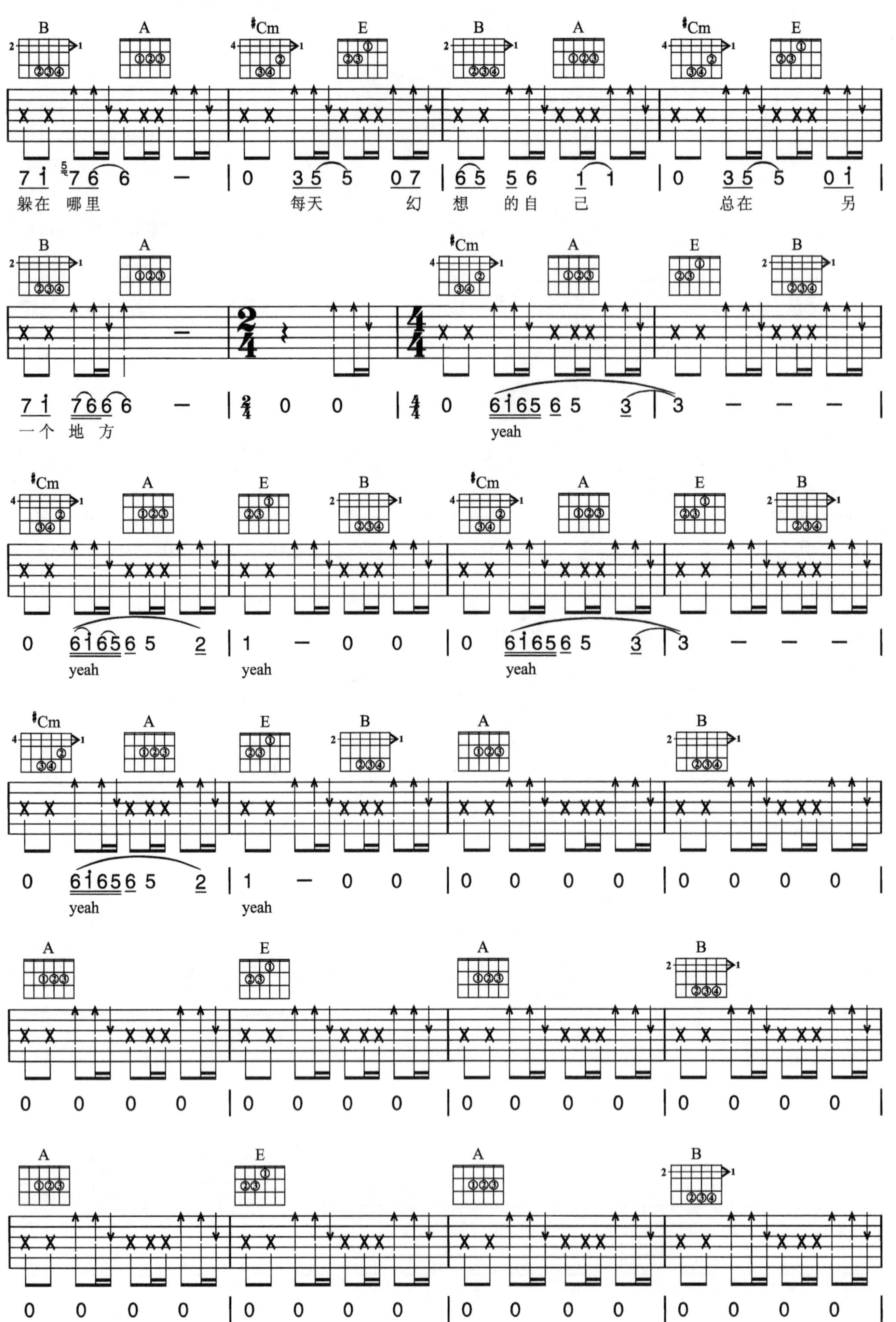
B A #Cm E B A #Cm E
7 1 76 6 — | 0 35 5 07 | 65 56 1 1 | 0 35 5 01 |
躲在 哪里 每天 幻 想 的自 己 总在 另
B A #Cm A E B
7 1 7666 — | 2/4 0 0 | 4/4 0 61656 5 3 | 3 — — — |
一个 地 方 yeah
#Cm A E B #Cm A E B
0 61656 5 2 | 1 — 0 0 | 0 61656 5 3 | 3 — — — |
yeah yeah yeah
#Cm A E B A B
0 616565 2 | 1 — 0 0 | 0 0 0 0 | 0 0 0 0 |
yeah yeah
A E A B
0 0 0 0 | 0 0 0 0 | 0 0 0 0 | 0 0 0 0 |
A E A B
0 0 0 0 | 0 0 0 0 | 0 0 0 0 | 0 0 0 0 |

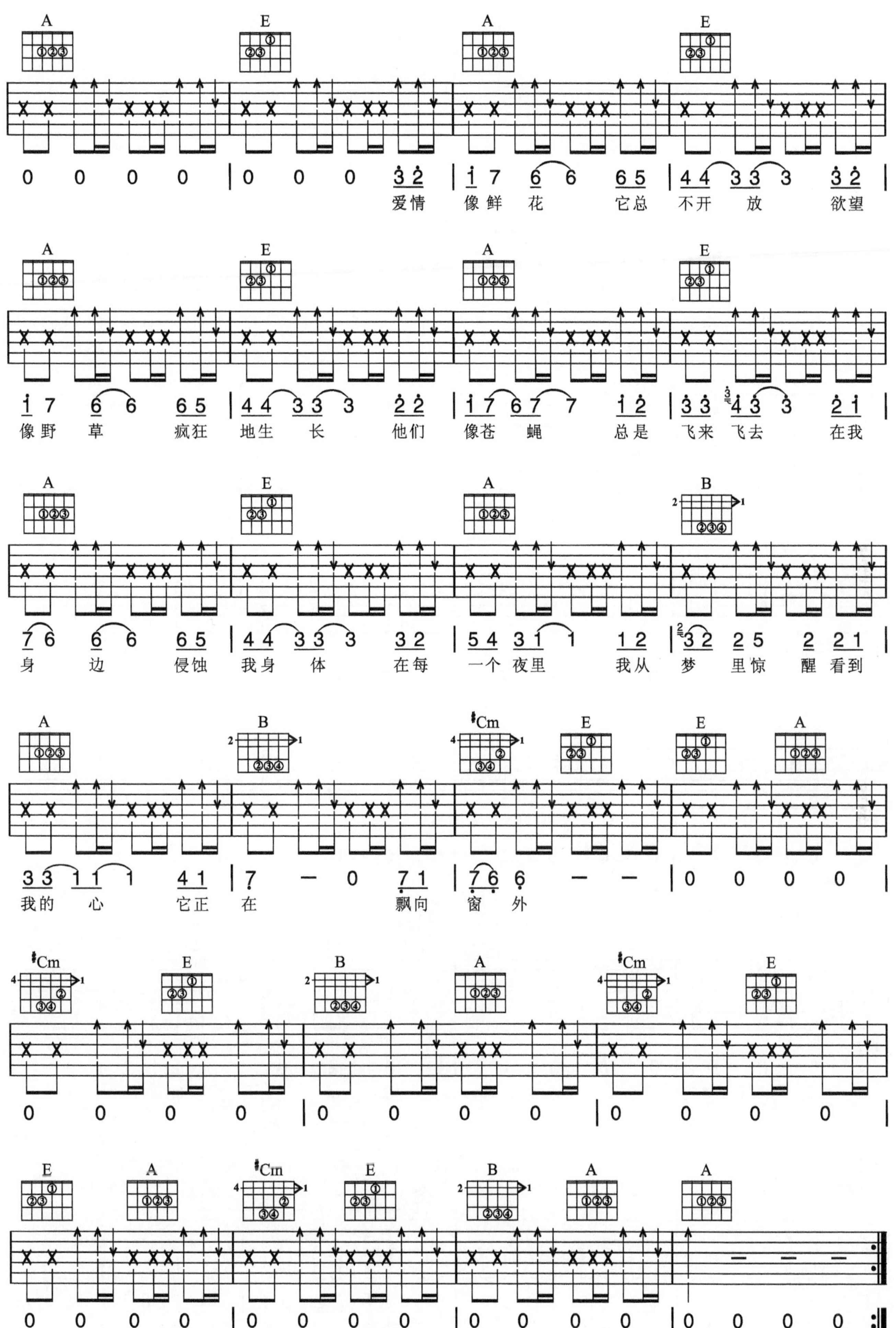
A E A E
爱情 像鲜花 它总 不开 放 欲望
A E A E
像野 草 疯狂 地生 长 他们 像苍 蝇 总是 飞来 飞去 在我
A E A B
身 边 侵蚀 我身 体 在每 一个 夜里 我从 梦 里惊 醒 看到
A B #Cm E E A
我的 心 它正 在 飘向 窗 外
#Cm E B A #Cm E
E A #Cm E B A A

那一年

（许 巍 演唱）

1=D $\frac{4}{4}$

许 巍词曲

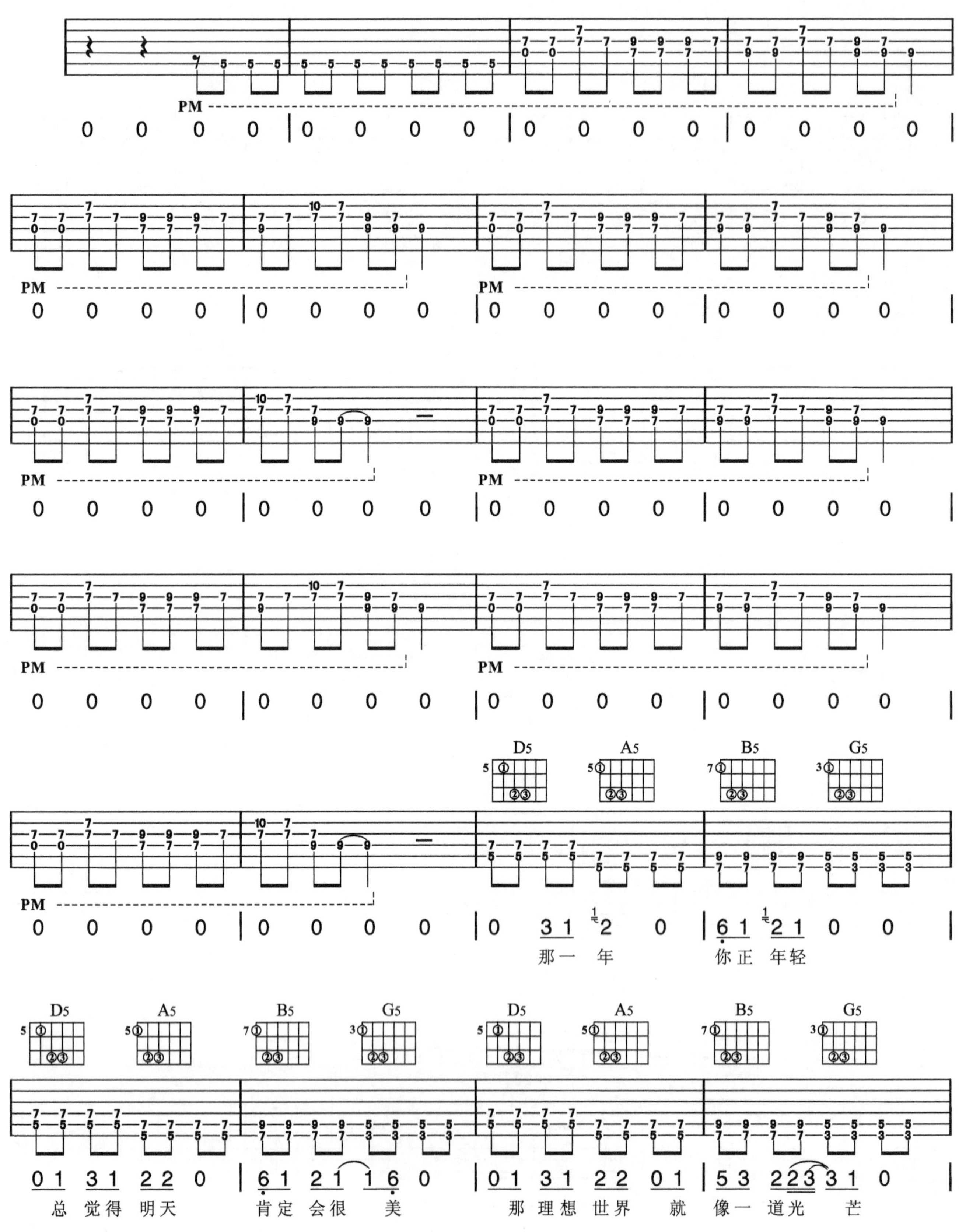

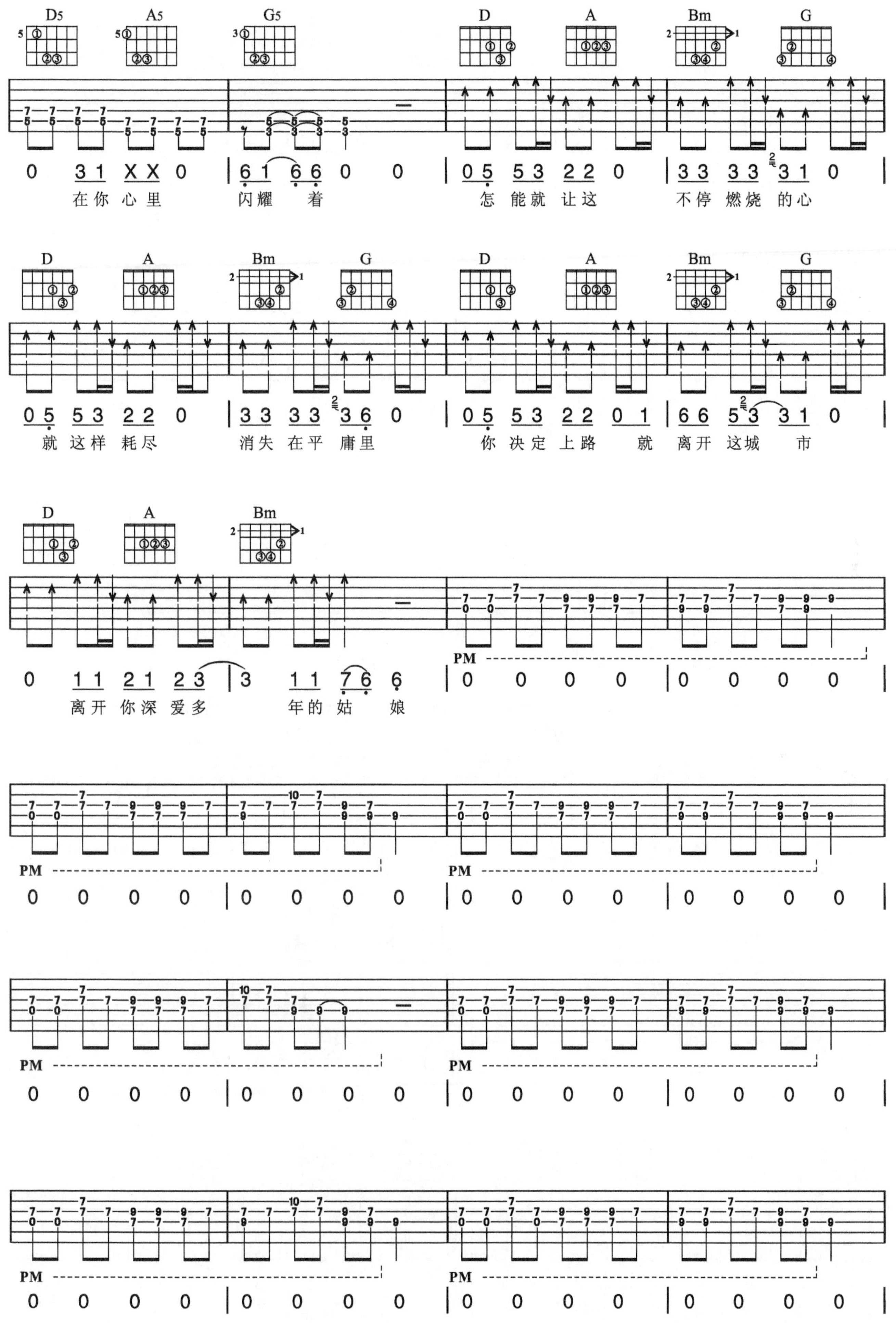
D5 A5 G5 D A Bm G
0 31 XX 0 | 61 66 0 0 | 05 53 22 0 | 33 33 31 0 |
在你心里 闪耀 着 怎能就让这 不停燃烧 的心
D A Bm G D A Bm G
05 53 22 0 | 33 33 36 0 | 05 53 22 01 | 66 53 31 0 |
就这样耗尽 消失 在平 庸里 你决定上路 就 离开这城 市
D A Bm
0 11 21 23 | 3 11 76 6 | 0 0 0 0 | 0 0 0 0 |
离开你深爱多 年的姑 娘
PM
0 0 0 0 | 0 0 0 0 | 0 0 0 0 | 0 0 0 0 |
PM
0 0 0 0 | 0 0 0 0 | 0 0 0 0 | 0 0 0 0 |
PM
0 0 0 0 | 0 0 0 0 | 0 0 0 0 | 0 0 0 0 |

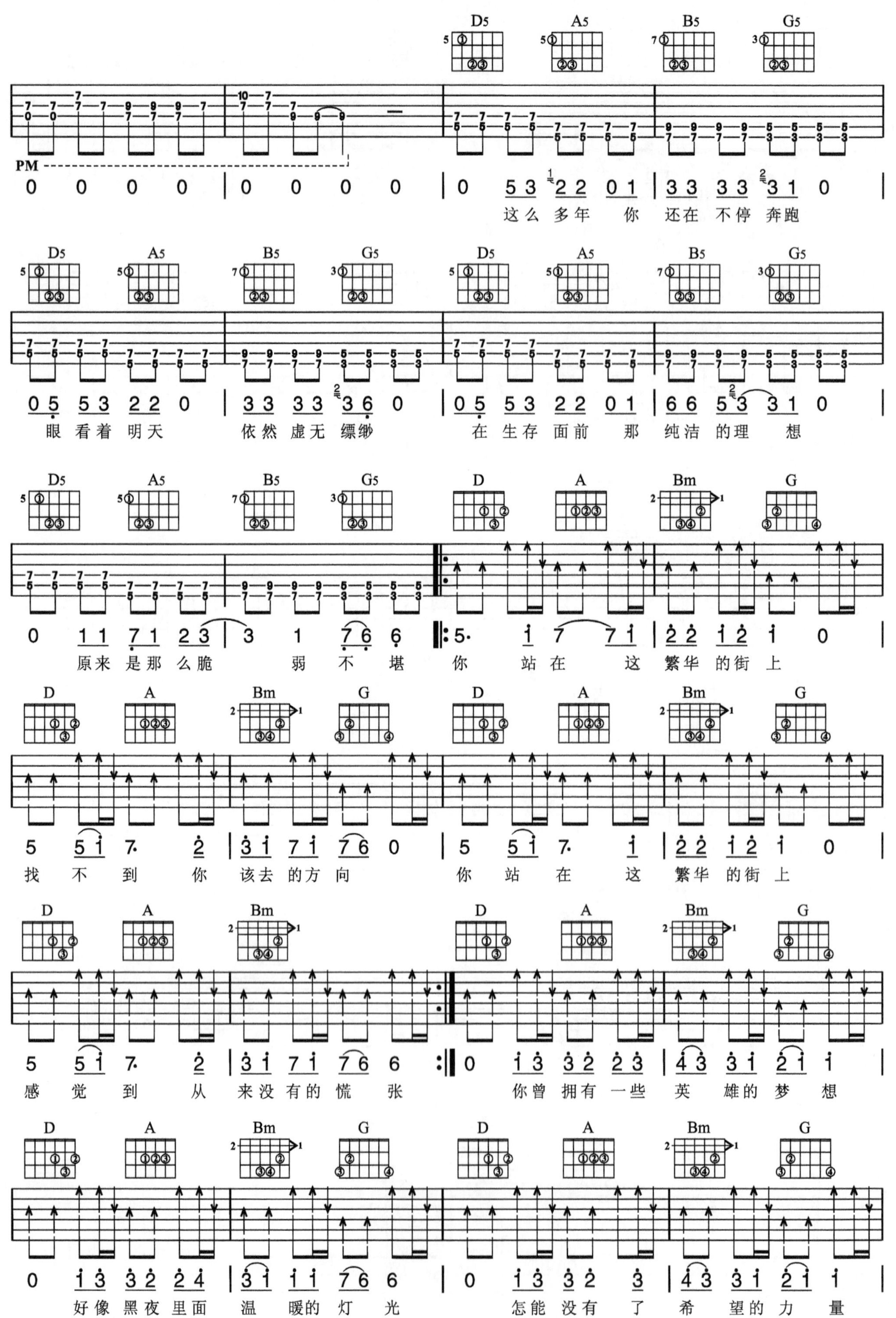
D5 A5 B5 G5
PM
这么多年 你 还在 不停 奔跑
眼 看着 明天 依然 虚无 缥缈
在 生存 面前 那 纯洁 的理 想
原来 是那 么脆 弱 不 堪
D A Bm G
你 站 在 这 繁华 的街 上
找 不 到 你 该去 的方 向
你 站 在 这 繁华 的街 上
感 觉 到 从 来没 有的 慌 张
你曾 拥有 一些 英 雄的 梦 想
好像 黑夜 里面 温 暖的 灯 光
怎能 没有 了 希 望的 力 量

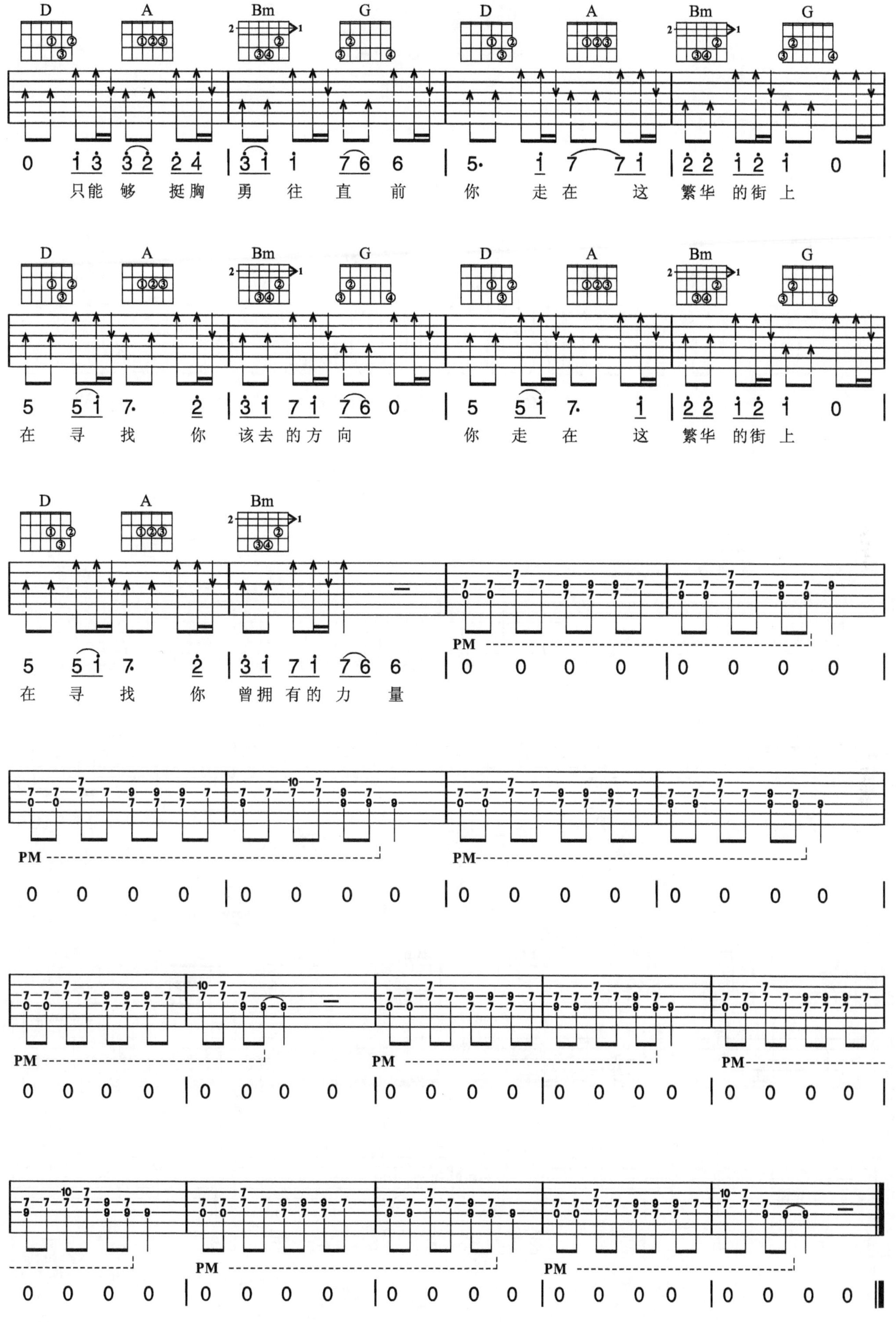
D
A
Bm
G
0 i3 32 24 | 3i i 76 6 | 5· i 7 7i | 22 i2 i 0 |
只能够挺胸勇往直前 你走在这繁华的街上
5 5i 7· 2 | 3i 7i 76 0 | 5 5i 7· i | 22 i2 i 0 |
在寻找你该去的方向 你走在这繁华的街上
5 5i 7· 2 | 3i 7i 76 6 | 0 0 0 0 | 0 0 0 0 |
在寻找你曾拥有的力量
PM

喝茶去

（许 巍 演唱）

原调：1=♭E $\frac{4}{4}$ $\frac{2}{4}$
选调：1=D
Capo：1

许 巍 词曲

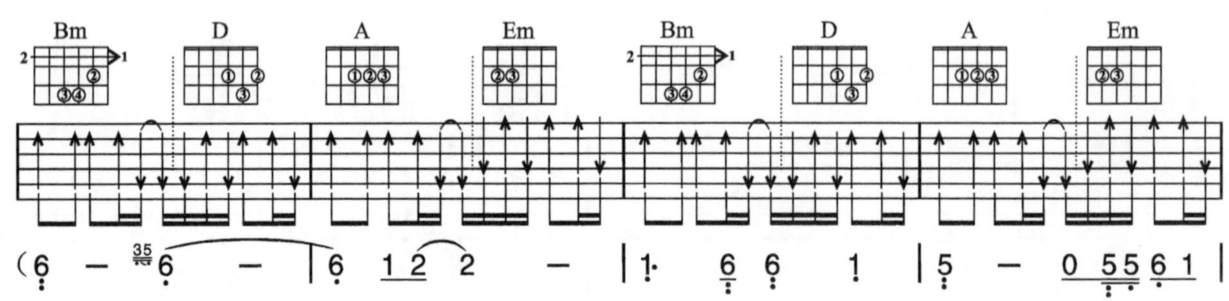

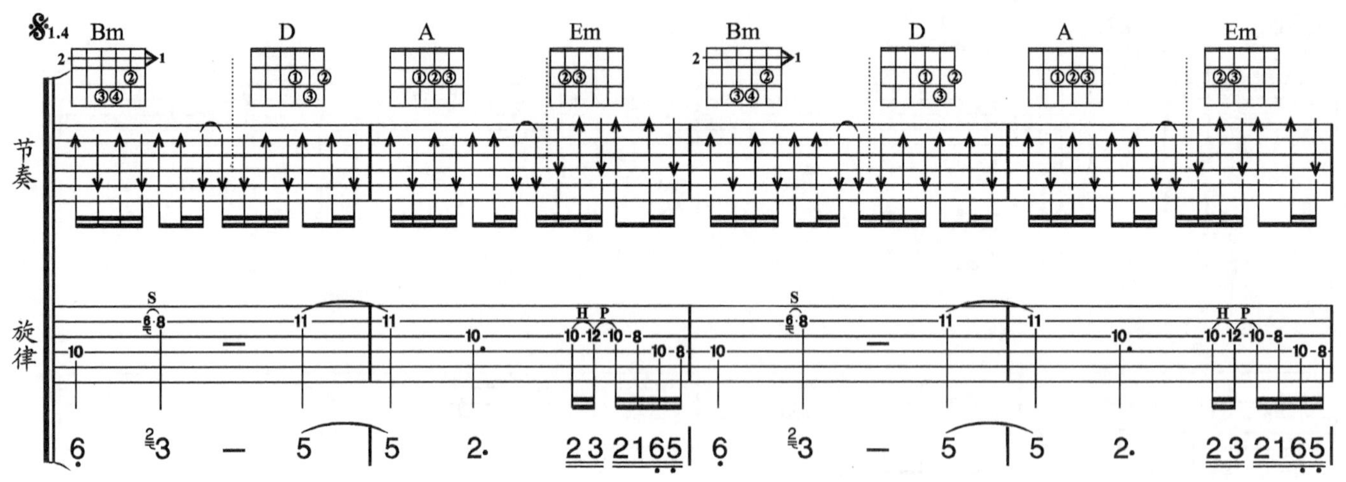

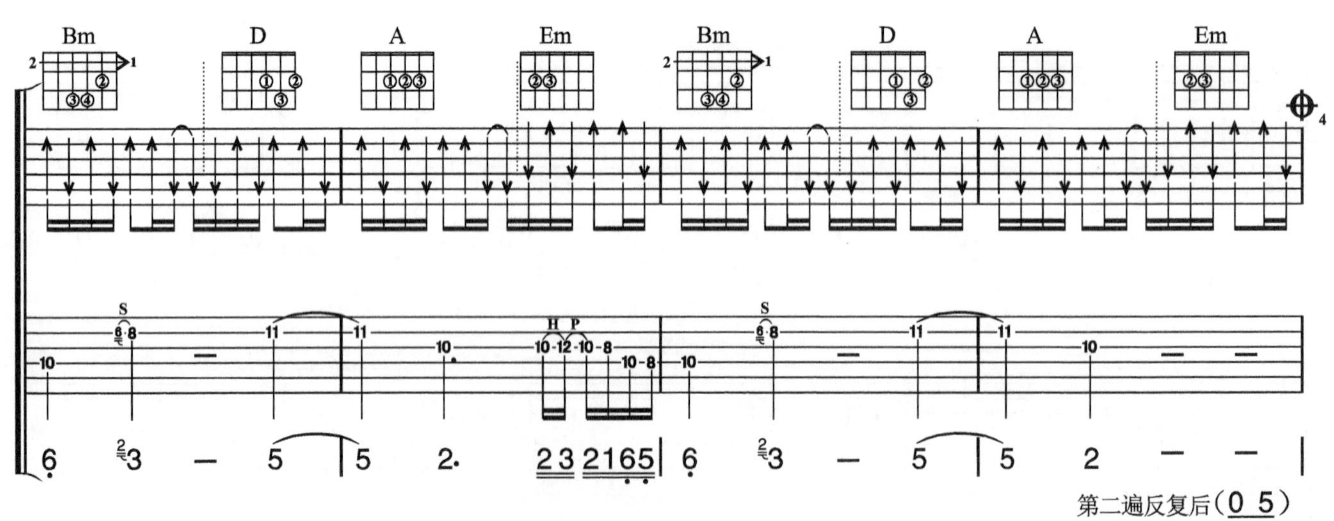

第二遍反复后（0 5）
走

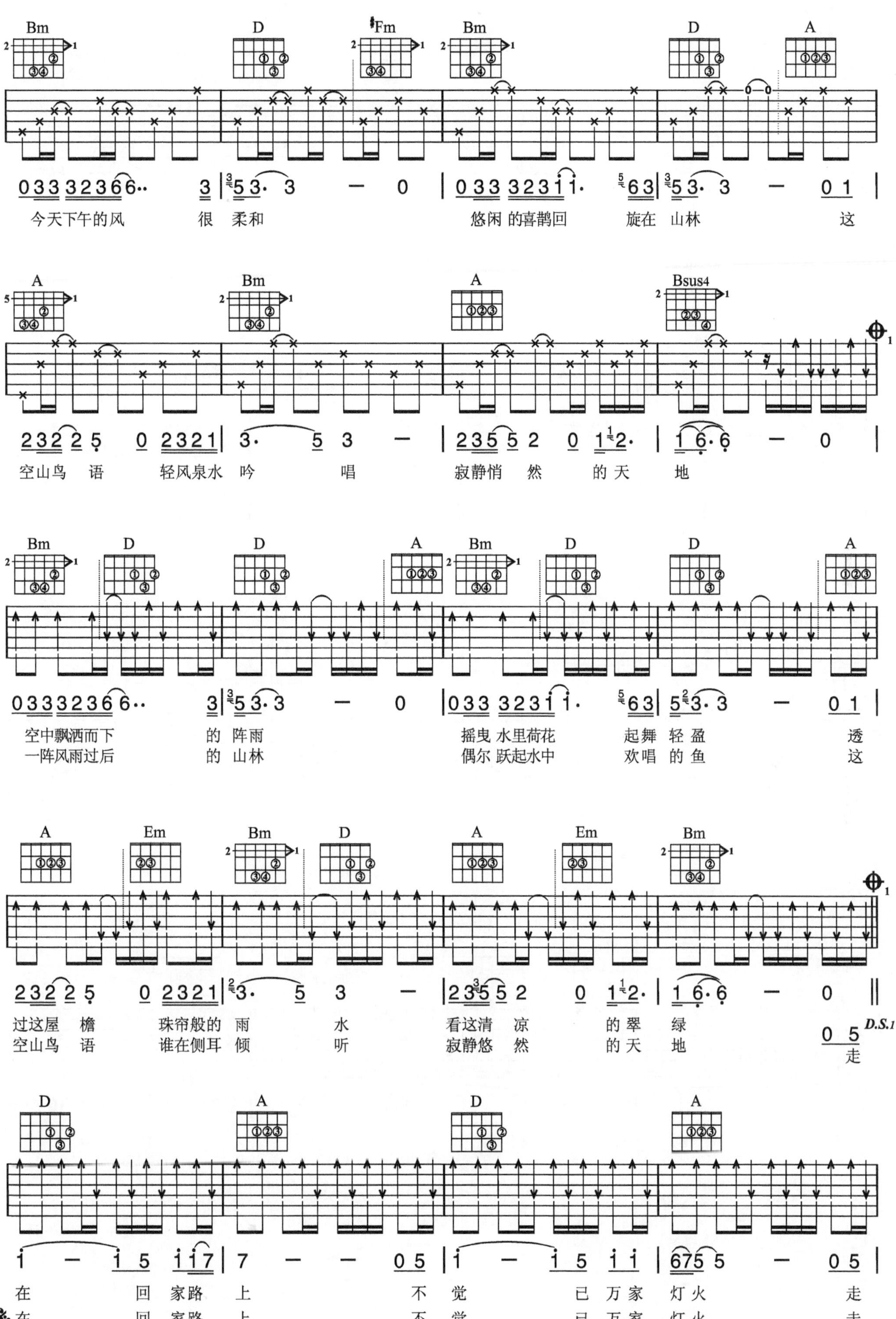
Bm D #Fm Bm D A
今天下午的风 很 柔和 悠闲 的喜鹊回 旋在 山林 这
A Bm A Bsus4
空山鸟 语 轻风泉水 吟 唱 寂静悄 然 的天 地
Bm D D A Bm D D A
空中飘洒而下 的 阵雨 摇曳 水里荷花 起舞 轻 盈 透
一阵风雨过后 的 山林 偶尔 跃起水中 欢唱 的 鱼 这
A Em Bm D A Em Bm
过这屋 檐 珠帘般的 雨 水 看这清 凉 的翠 绿
空山鸟 语 谁在侧耳 倾 听 寂静悠 然 的天 地
D.S.1
走
D A D A
在 回 家路 上 不 觉 已 万家 灯火 走
在 回 家路 上 不 觉 已 万家 灯火 走

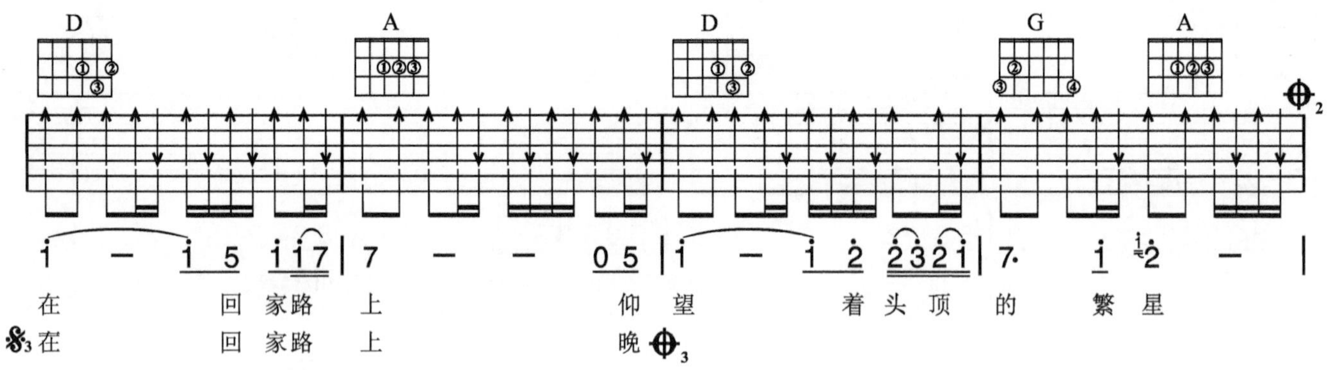
D
A
D
G
A
i̇ — i̇ 5 i̇ i̇ 7 | 7 — — 0 5 | i̇ — i̇ 2̇ 2̇ 3̇ 2̇ i̇ | 7· i̇ 2̇ — |
在 回 家路 上 仰 望 着头 顶 的 繁 星
在 回 家路 上 晚

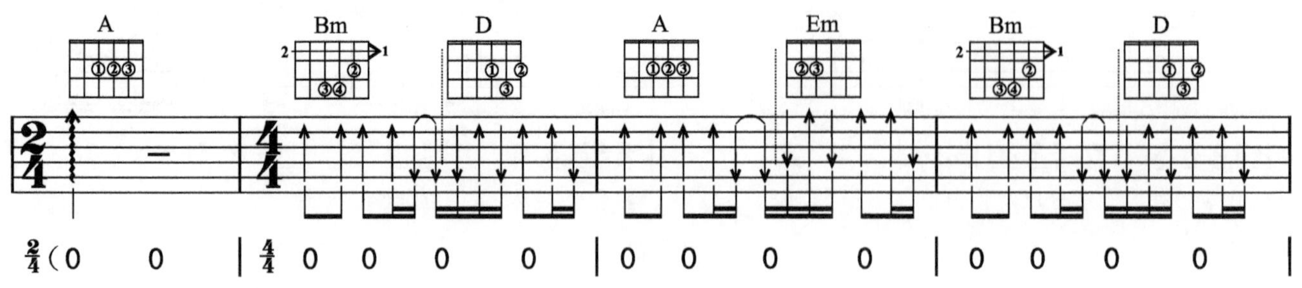
A
Bm
D
A
Em
Bm
D
2/4 (0 0 | 4/4 0 0 0 0 | 0 0 0 0 | 0 0 0 0 |

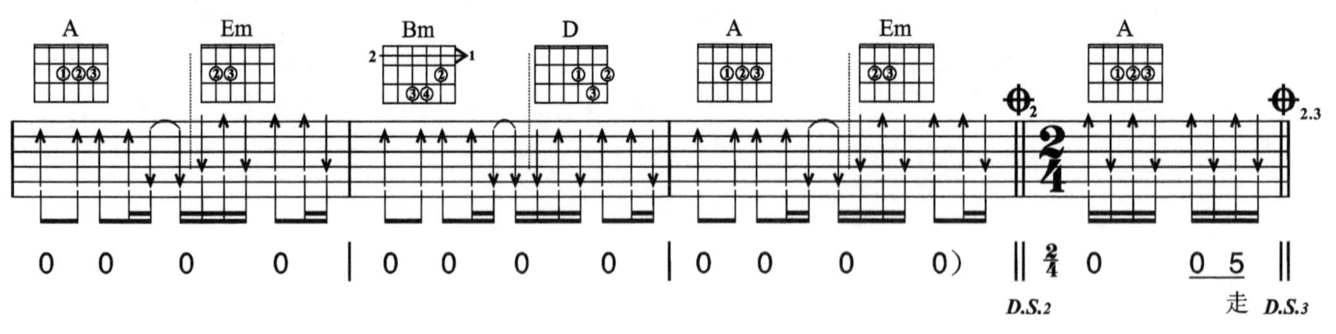
A
Em
Bm
D
A
Em
A
0 0 0 0 | 0 0 0 0 | 0 0 0 0) || 2/4 0 0 5 ||
D.S.2
走
D.S.3

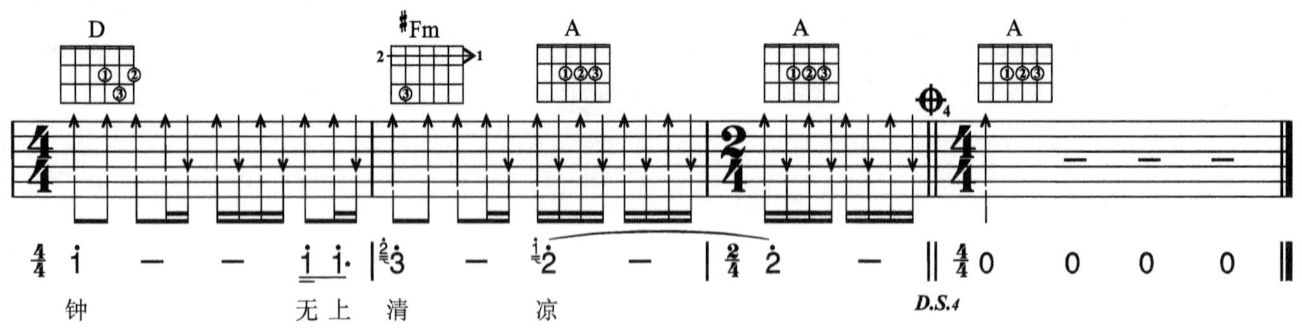
D
#Fm
A
A
A
4/4 i̇ — — i̇ i̇· | 3̇ — 2̇ — | 2/4 2̇ — || 4/4 0 0 0 0 ||
钟 无上 清 凉
D.S.4

曾经的你

（许 巍 演唱）

1=E $\frac{4}{4}$

许 巍 词曲

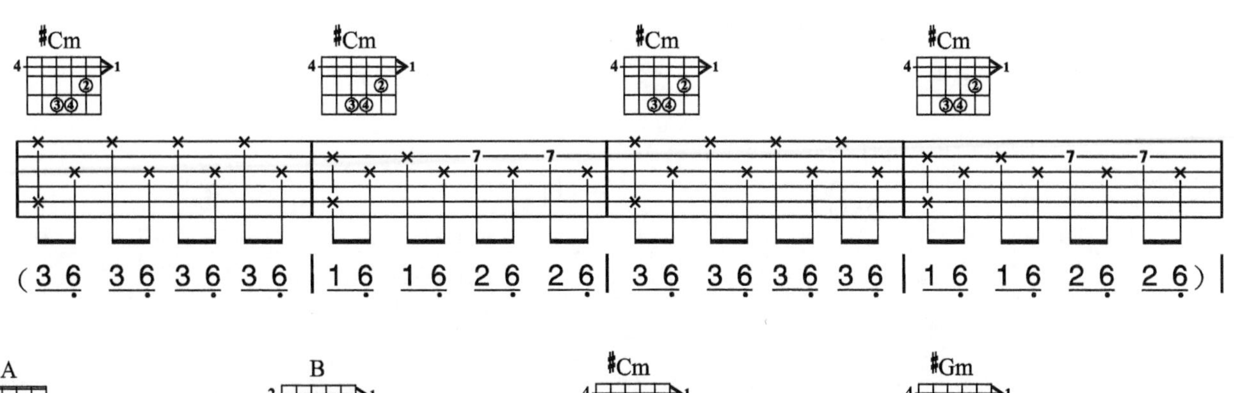

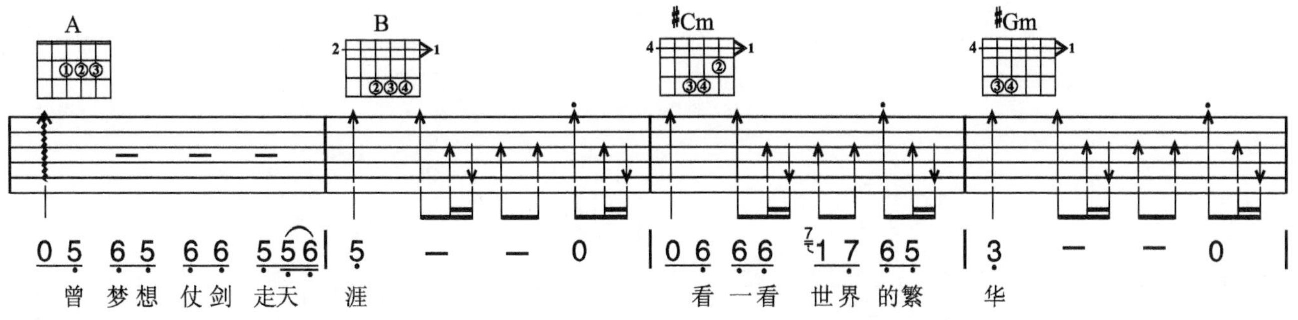

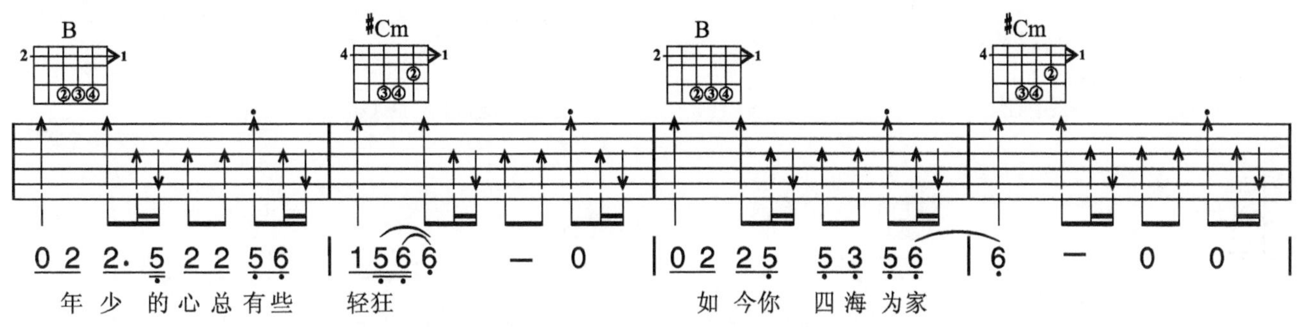

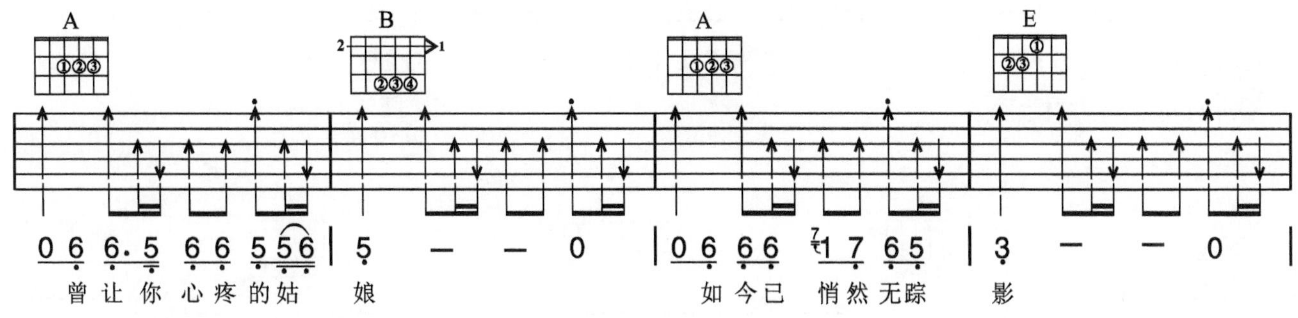

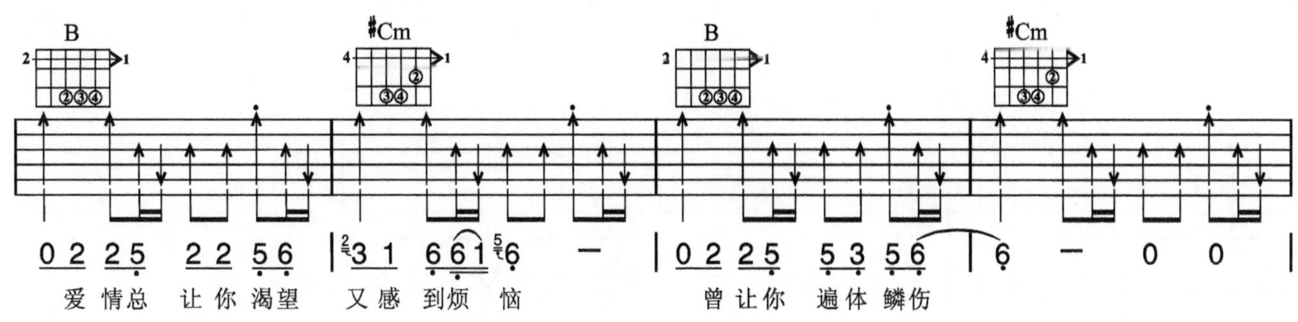

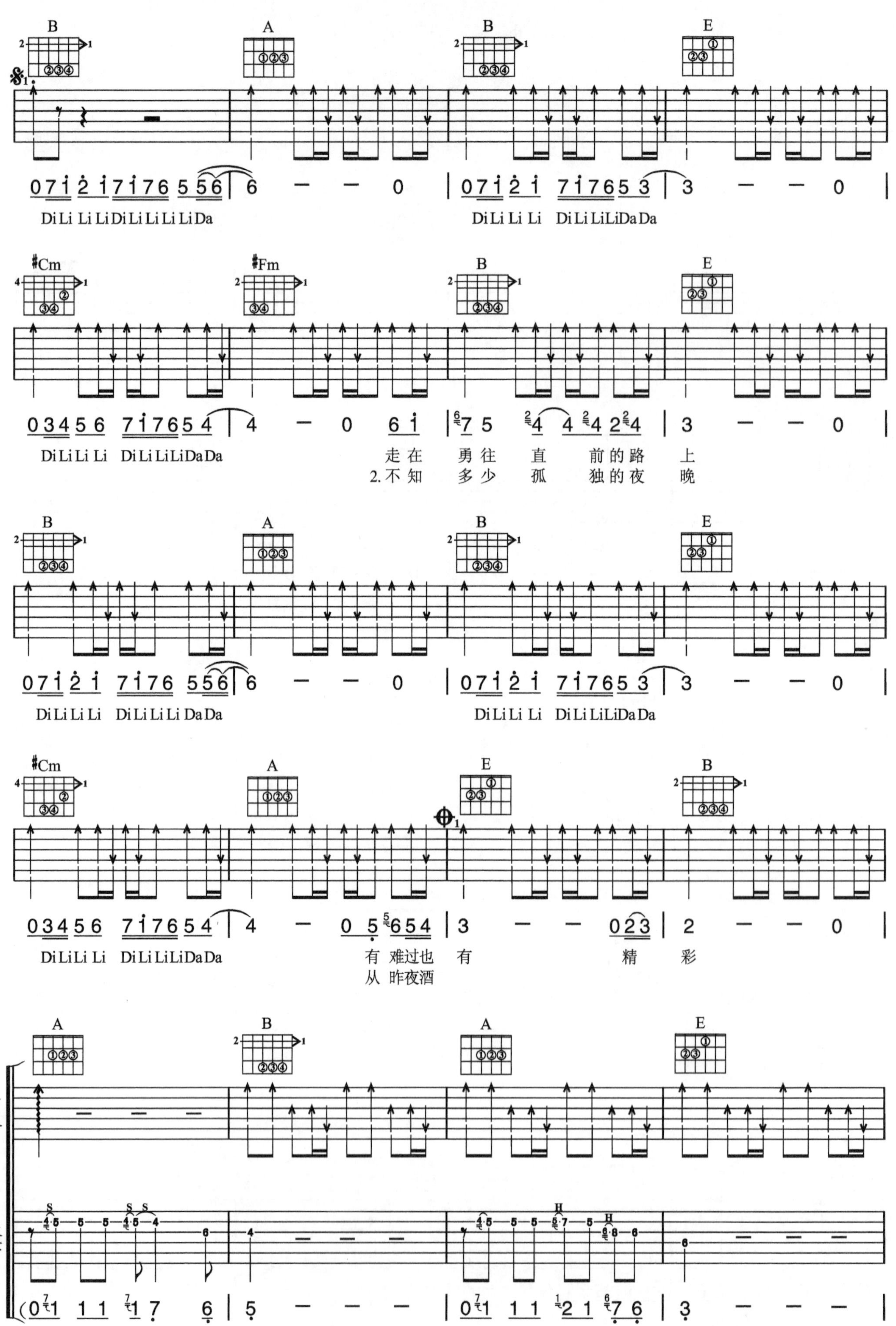
B A B E
DiLi Li Li DiLi Li Li Li DaDa
DiLi Li Li DiLi LiLiDaDa
#Cm #Fm B E
DiLiLiLi DiLiLiLiDaDa
走在 勇往 直 前的路 上
2.不知 多少 孤 独的夜 晚
B A B E
DiLiLiLi DiLiLiLiDaDa
DiLiLiLi DiLiLiLiDaDa
#Cm A E B
DiLiLiLi DiLiLiLiDaDa
有 难过也 有 精 彩
从 昨夜酒
A B A E
节奏
旋律

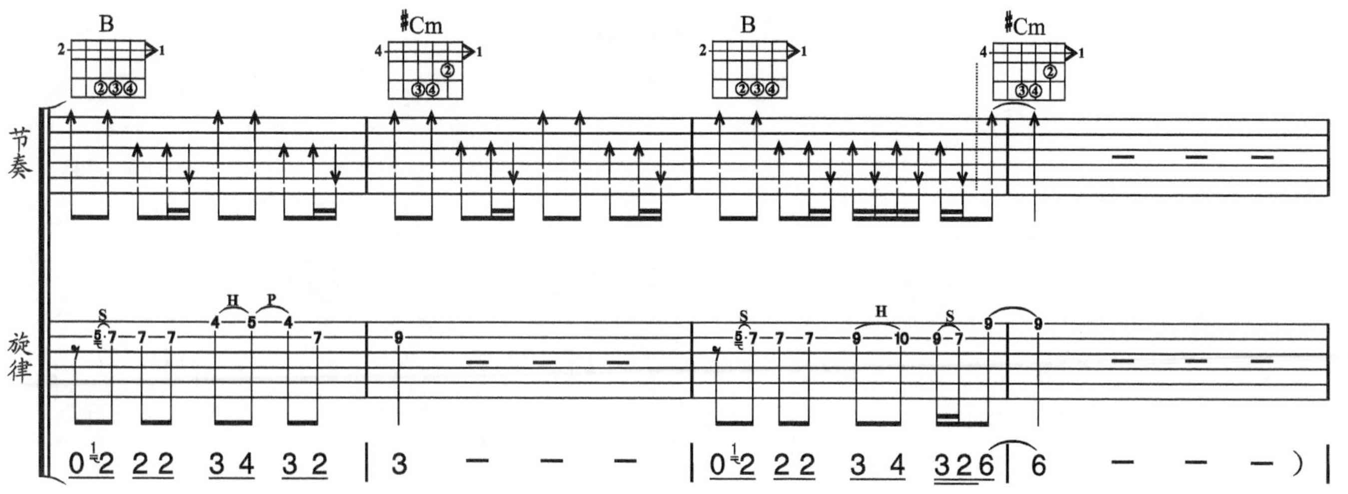
B
#Cm
B
#Cm
节奏
旋律
S
H
P
S
H
S

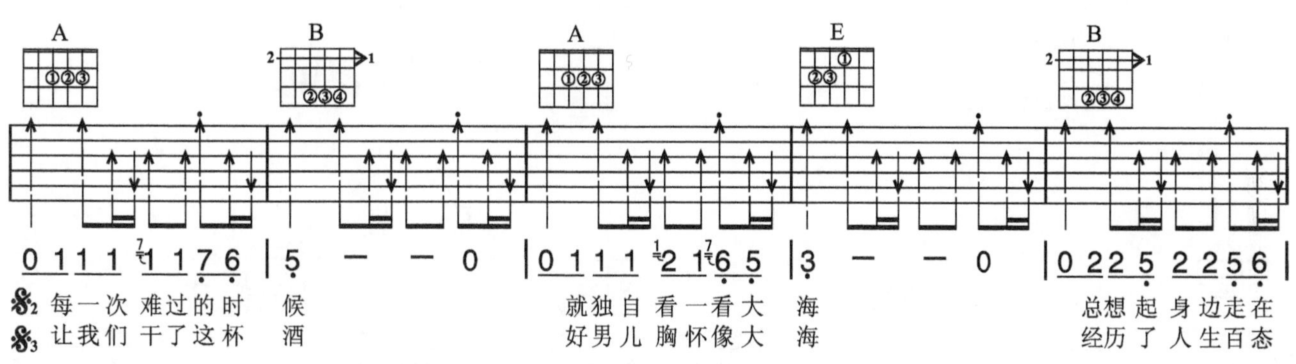
A
B
A
E
B
每一次 难过的时 候
就独自 看一看大 海
总想 起 身边走在
让我们 干了这杯 酒
好男儿 胸怀像大 海
经历 了 人生百态

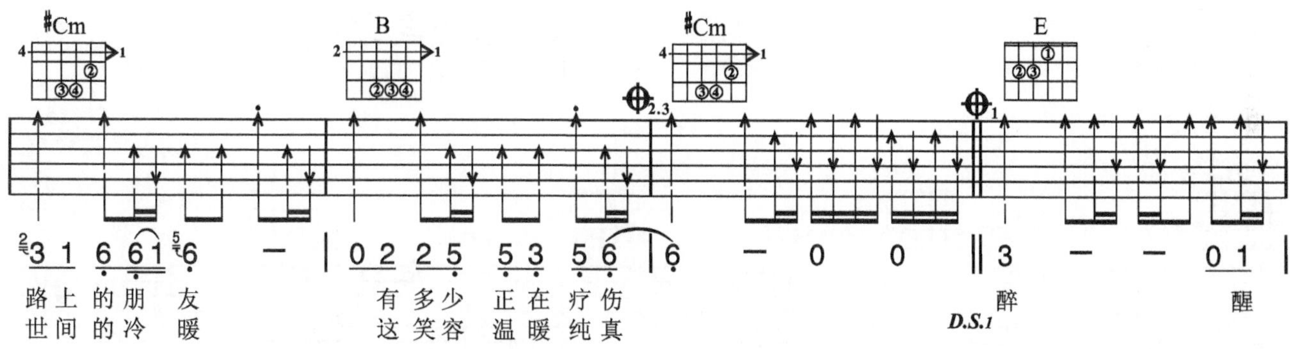
#Cm
B
#Cm
E
路上 的朋 友
有 多少 正 在 疗伤
醉
醒
世间 的冷 暖
这 笑容 温 暖 纯真
D.S.1

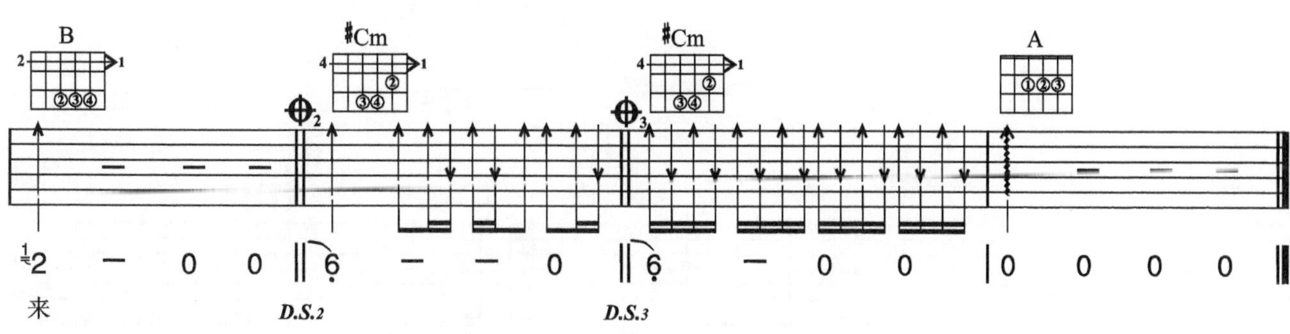
B
#Cm
#Cm
A
来
D.S.2
D.S.3

坐看云起

（许 巍 演唱）

1=D $\frac{4}{4}$

许 巍 词曲

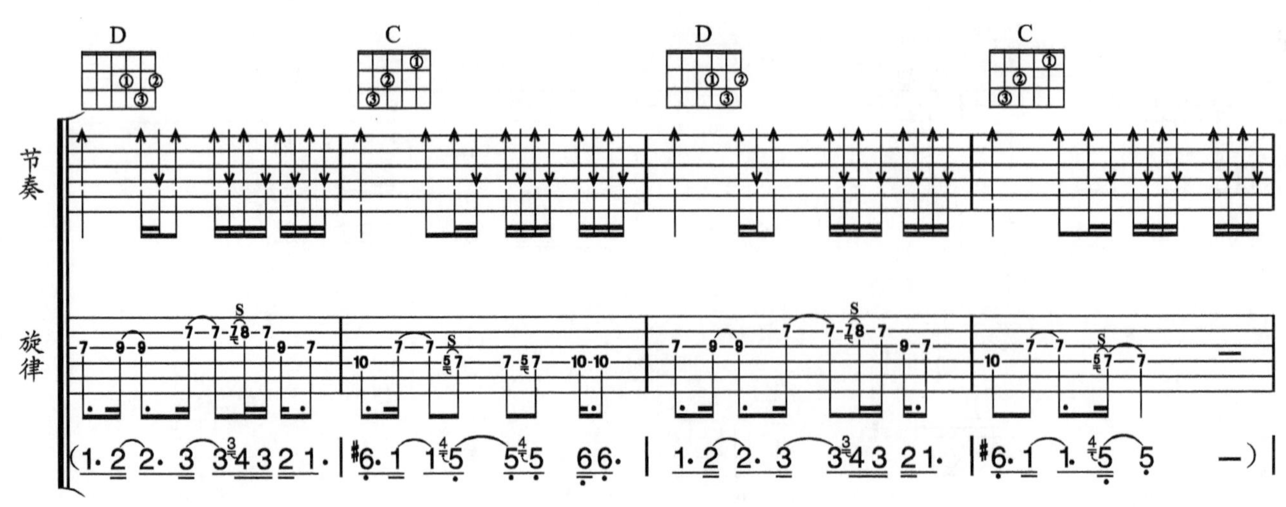

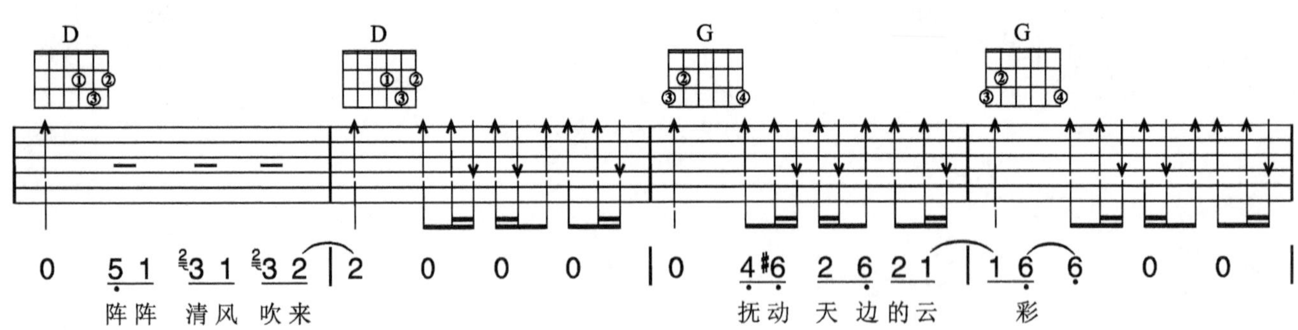

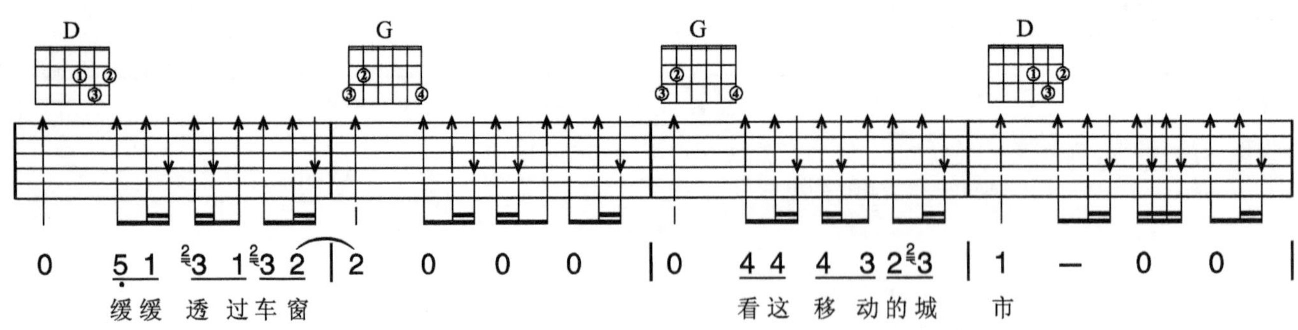

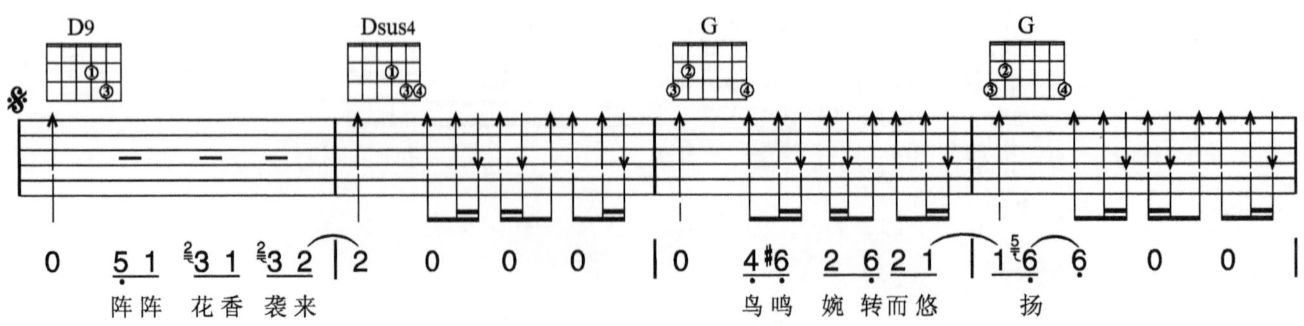

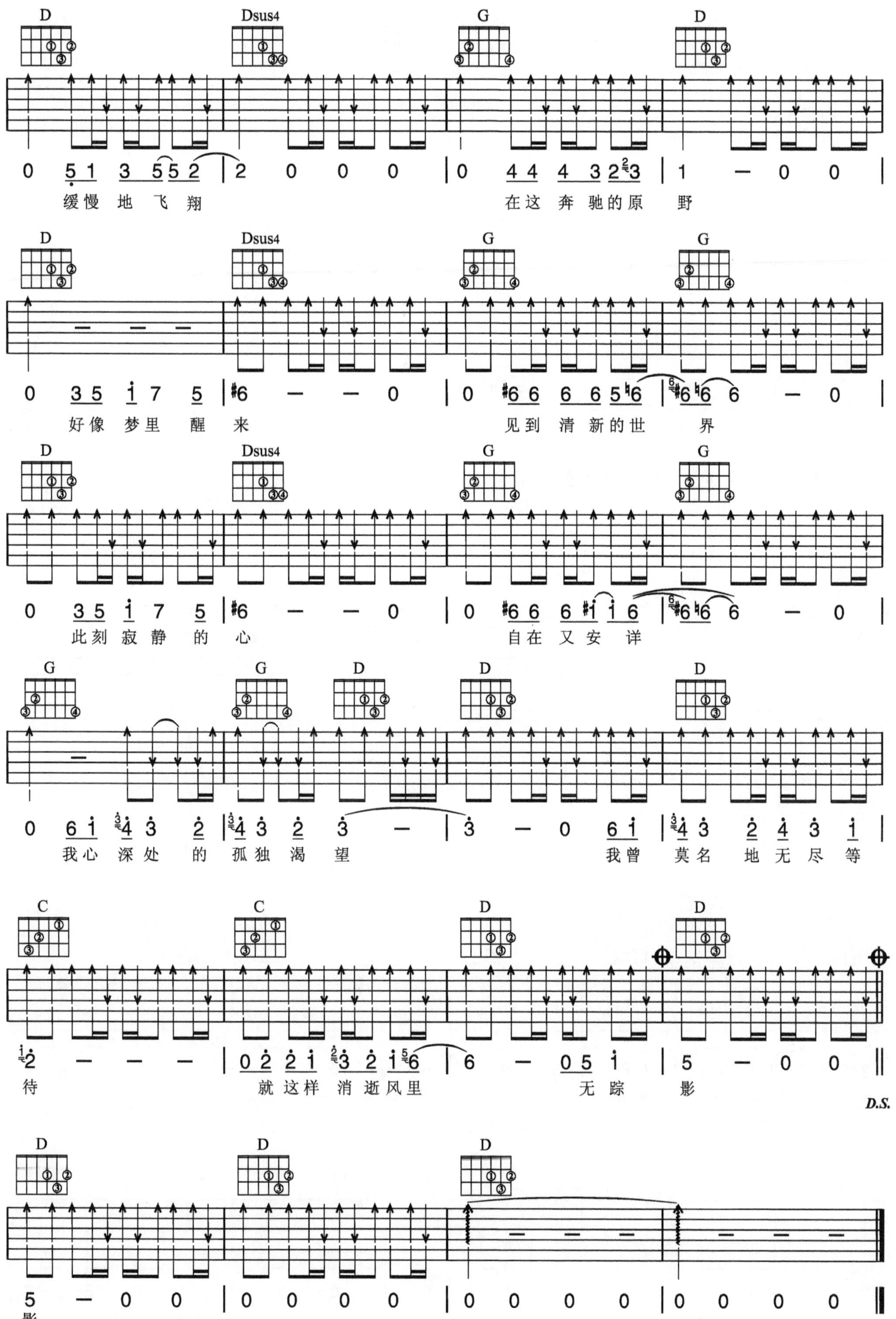
D Dsus4 G D
缓慢地飞翔 在这奔驰的原野
D Dsus4 G G
好像梦里醒来 见到清新的世界
D Dsus4 G G
此刻寂静的心 自在又安详
G G D D D
我心深处的孤独渴望 我曾莫名地无尽等
C C D D
待 就这样消逝风里 无踪影
D.S.
D D D
影

夏日的风

（许　巍　演唱）

原调：1=#F $\frac{4}{4}$
选调：1= G
降半音调弦

许　巍　词曲

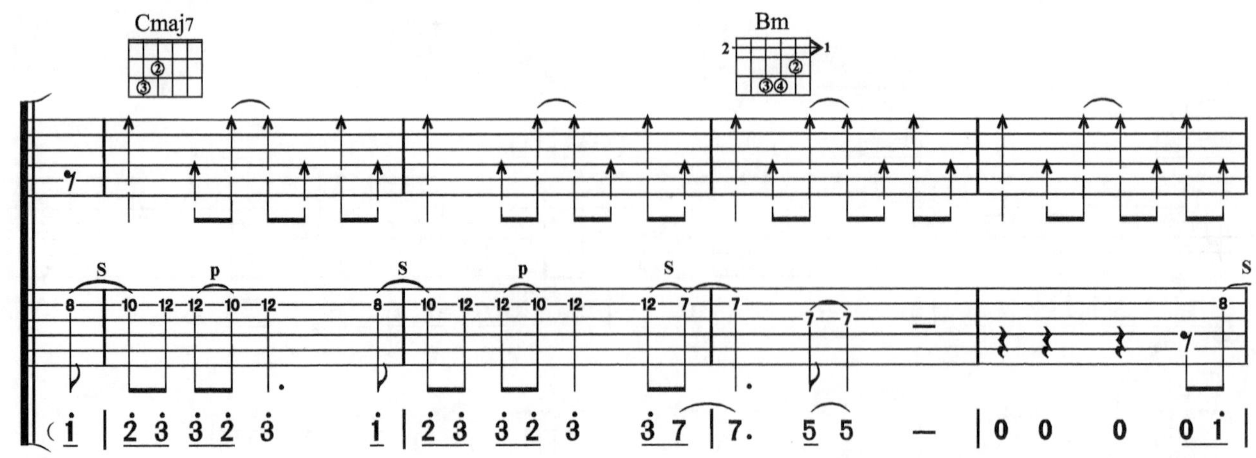

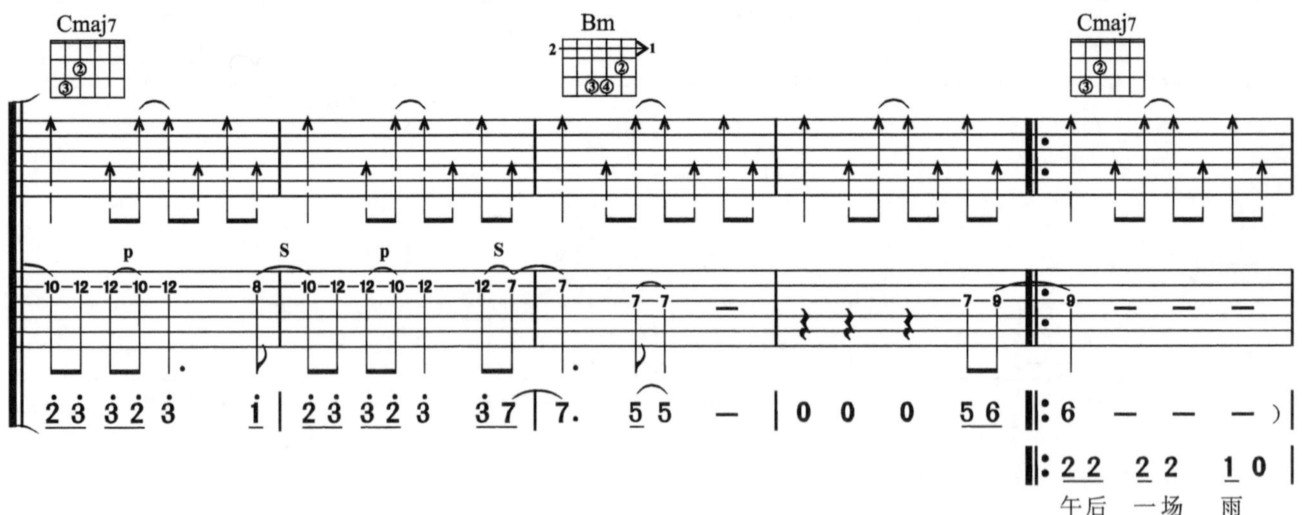

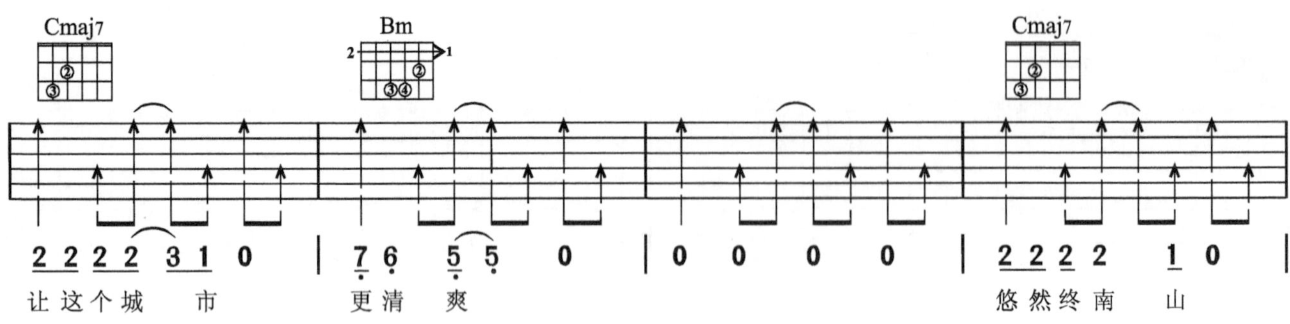

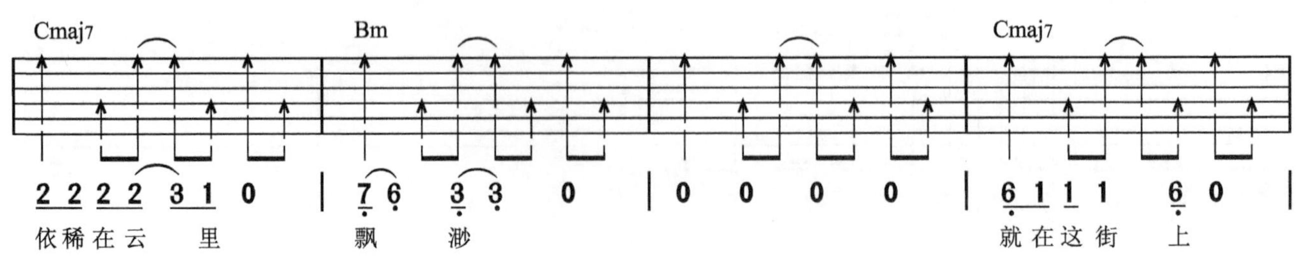

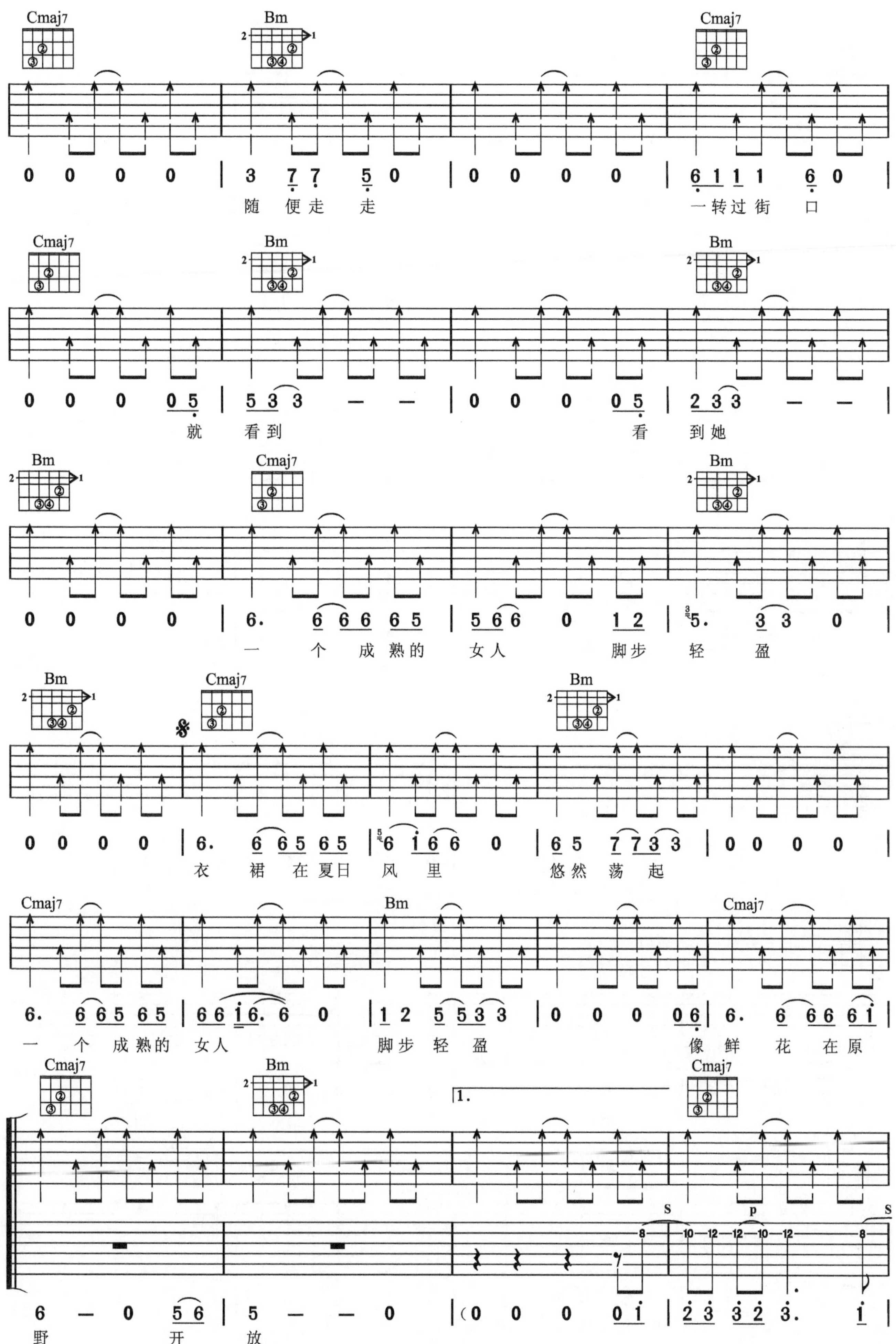

Cmaj7
Bm
Cmaj7
随便走走
一转过街口
Cmaj7
Bm
Bm
就看到
看到她
Bm
Cmaj7
Bm
一个成熟的女人
脚步轻盈
Bm
Cmaj7
Bm
衣裙在夏日风里
悠然荡起
Cmaj7
Bm
Cmaj7
一个成熟的女人
脚步轻盈
像鲜花在原
Cmaj7
Bm
1.
Cmaj7
S
p
S
野开放

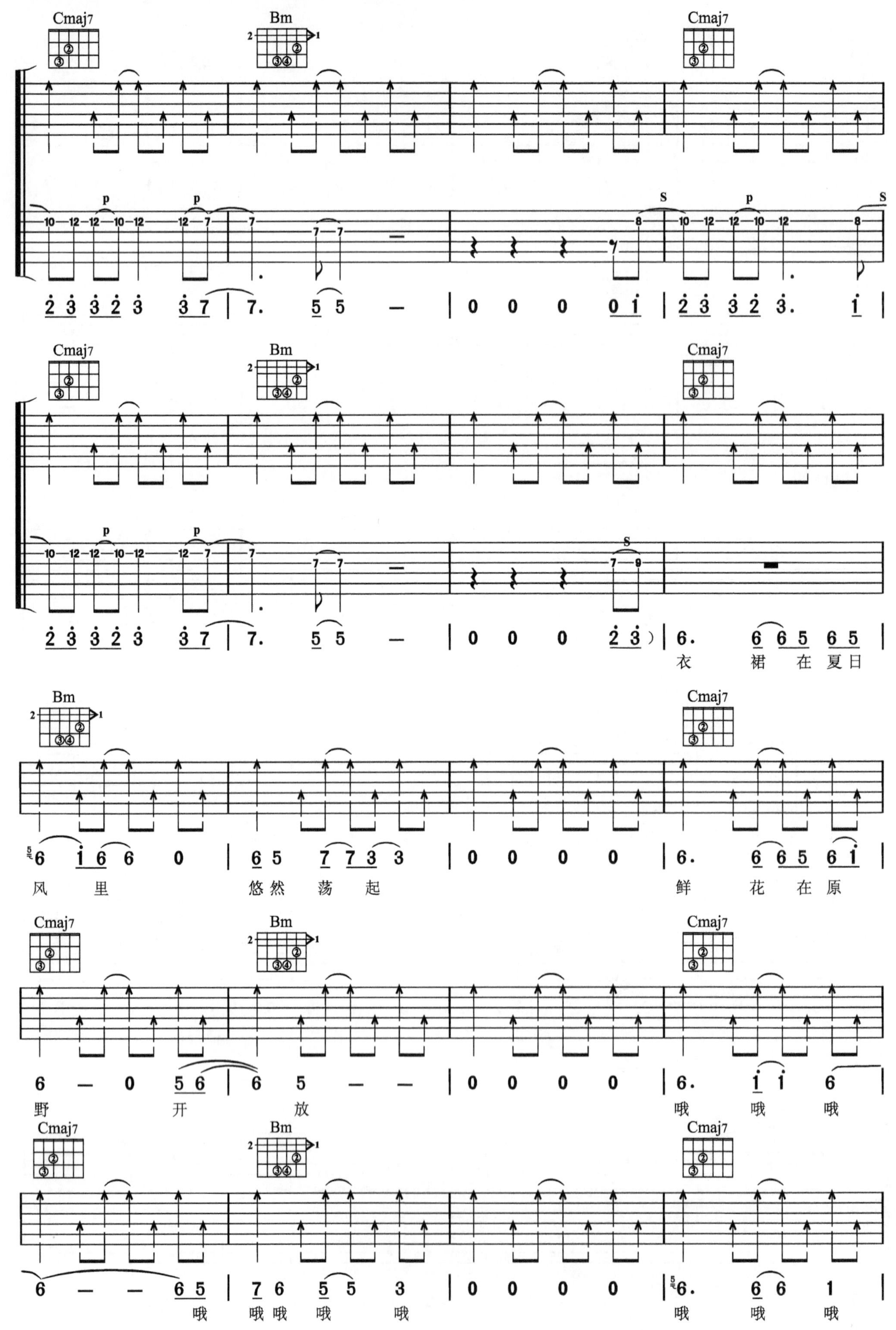
Cmaj7
Bm
衣 裙 在 夏日
风 里 悠然 荡 起
鲜 花 在 原
野 开 放
哦 哦 哦
哦 哦哦 哦 哦
哦 哦 哦

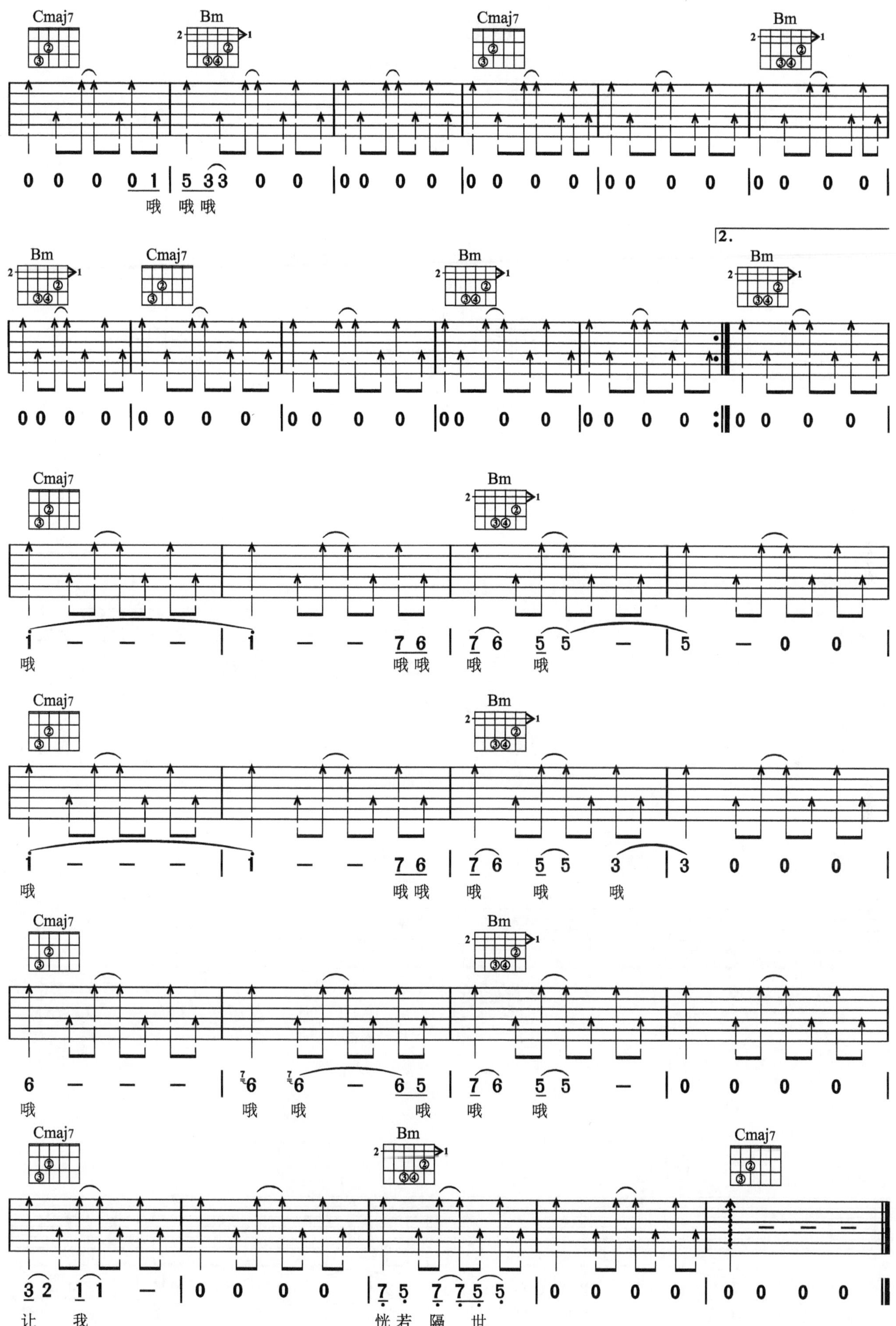
Cmaj7
Bm
Cmaj7
Bm
哦 哦哦
Bm
Cmaj7
Bm
2.
Bm
Cmaj7
Bm
哦
哦哦 哦 哦
Cmaj7
Bm
哦
哦哦 哦 哦 哦
Cmaj7
Bm
哦
哦 哦 哦 哦 哦
Cmaj7
Bm
Cmaj7
让 我
恍若隔世

自由自在

（许　巍　演唱）

1=G $\frac{4}{4}$

张新宇、牵述伟 词
许　　巍 曲

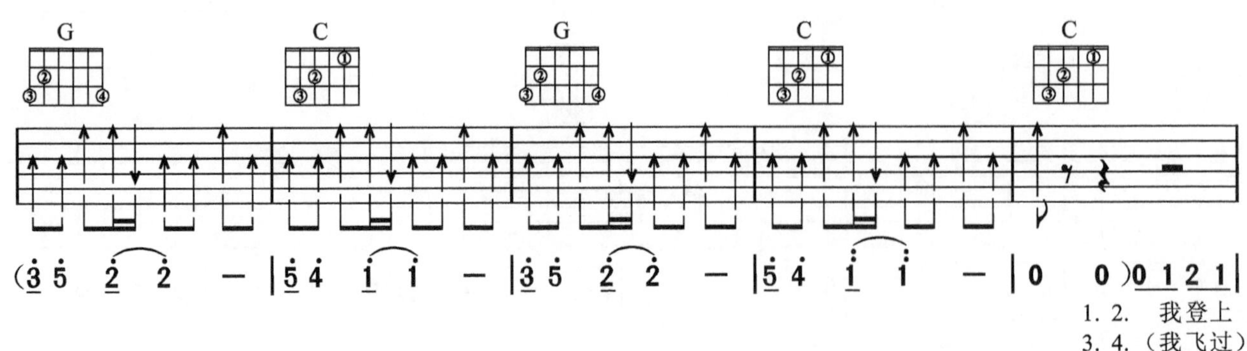

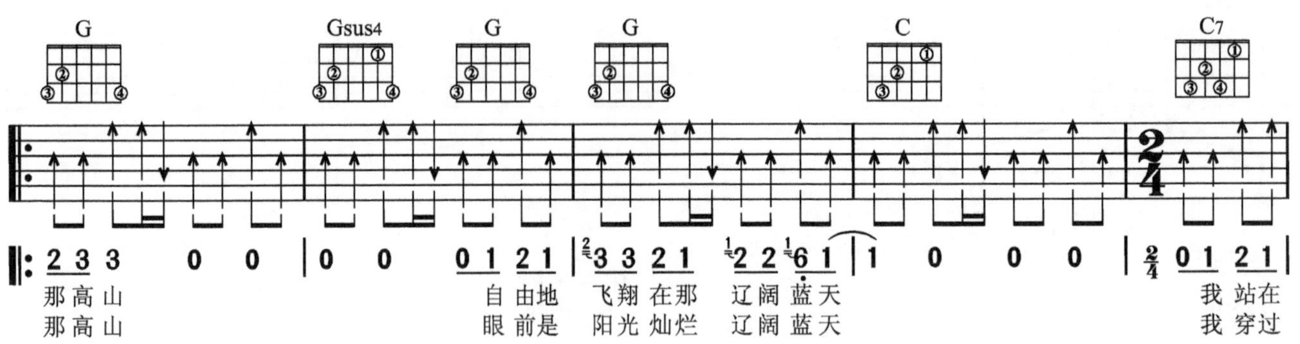

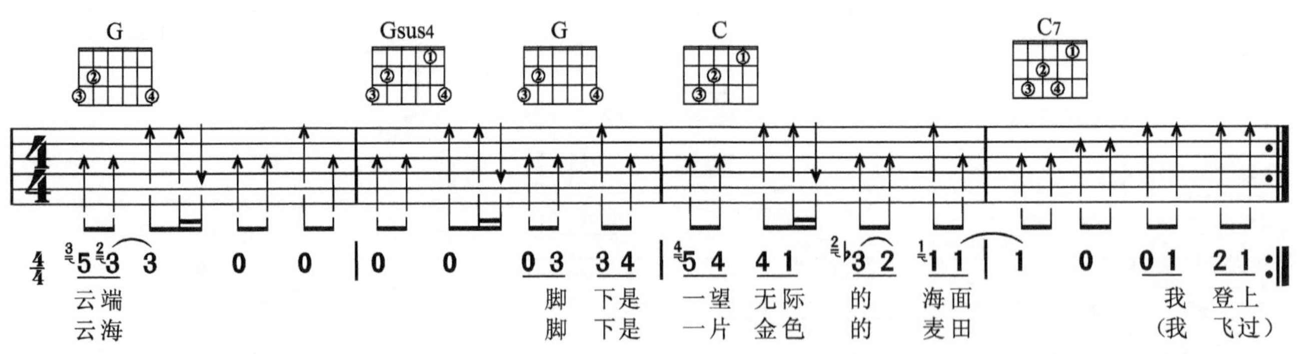

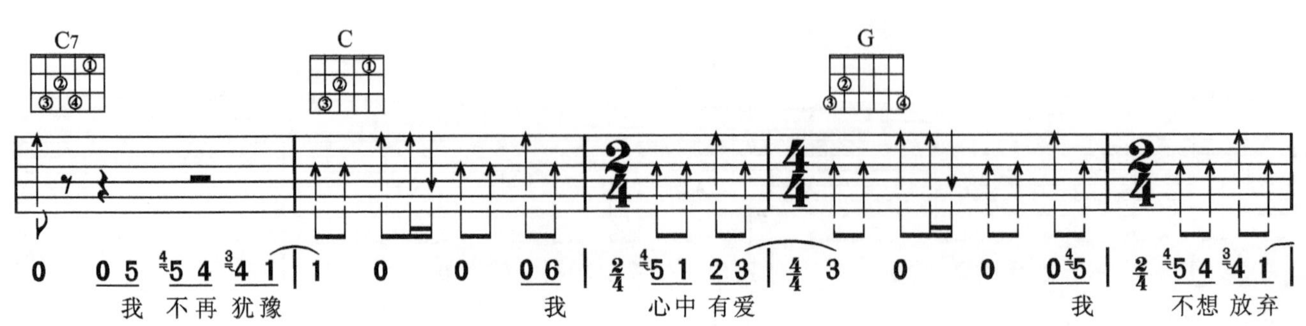

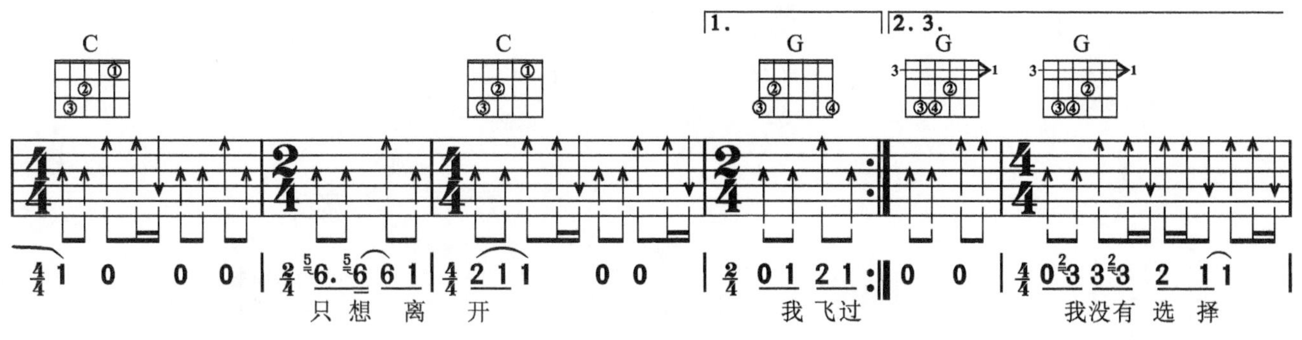

1.
2. 3.
C
C
G
G
G
只想离开
我飞过
我没有选择

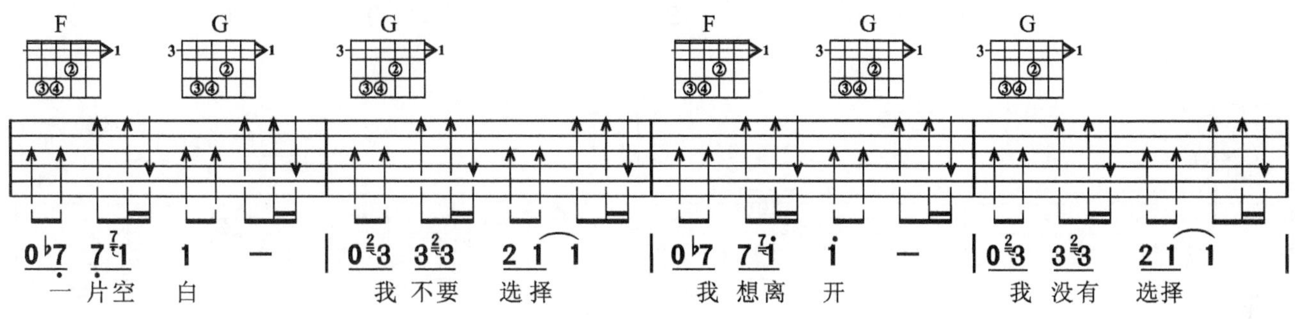

F
G
G
F
G
G
一片空白
我不要选择
我想离开
我没有选择

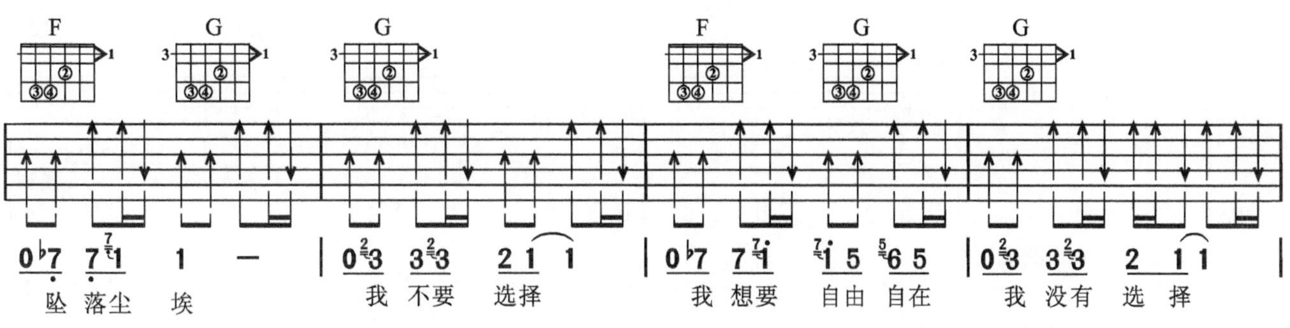

F
G
G
F
G
G
坠落尘埃
我不要选择
我想要自由自在
我没有选择

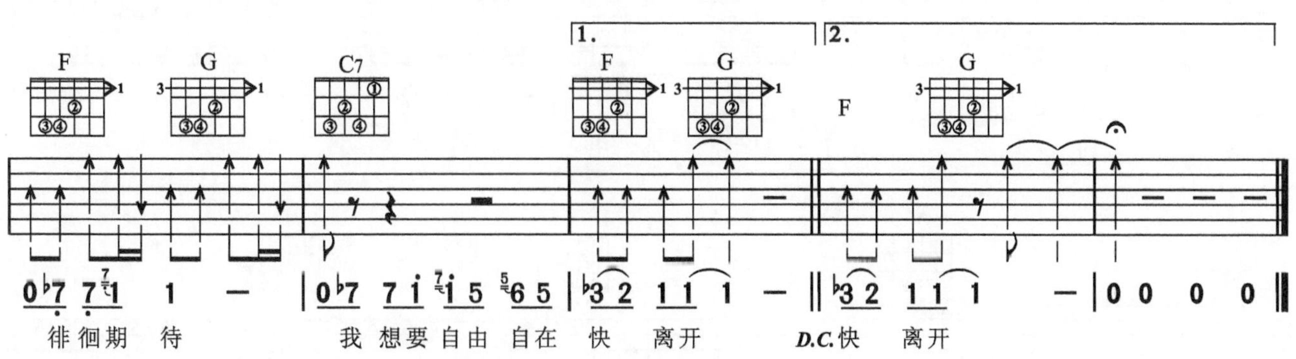

1.
2.
F
G
C7
F
G
F
G
徘徊期待
我想要自由自在
快离开
D.C.快离开

天鹅之旅

（许　巍　演唱）

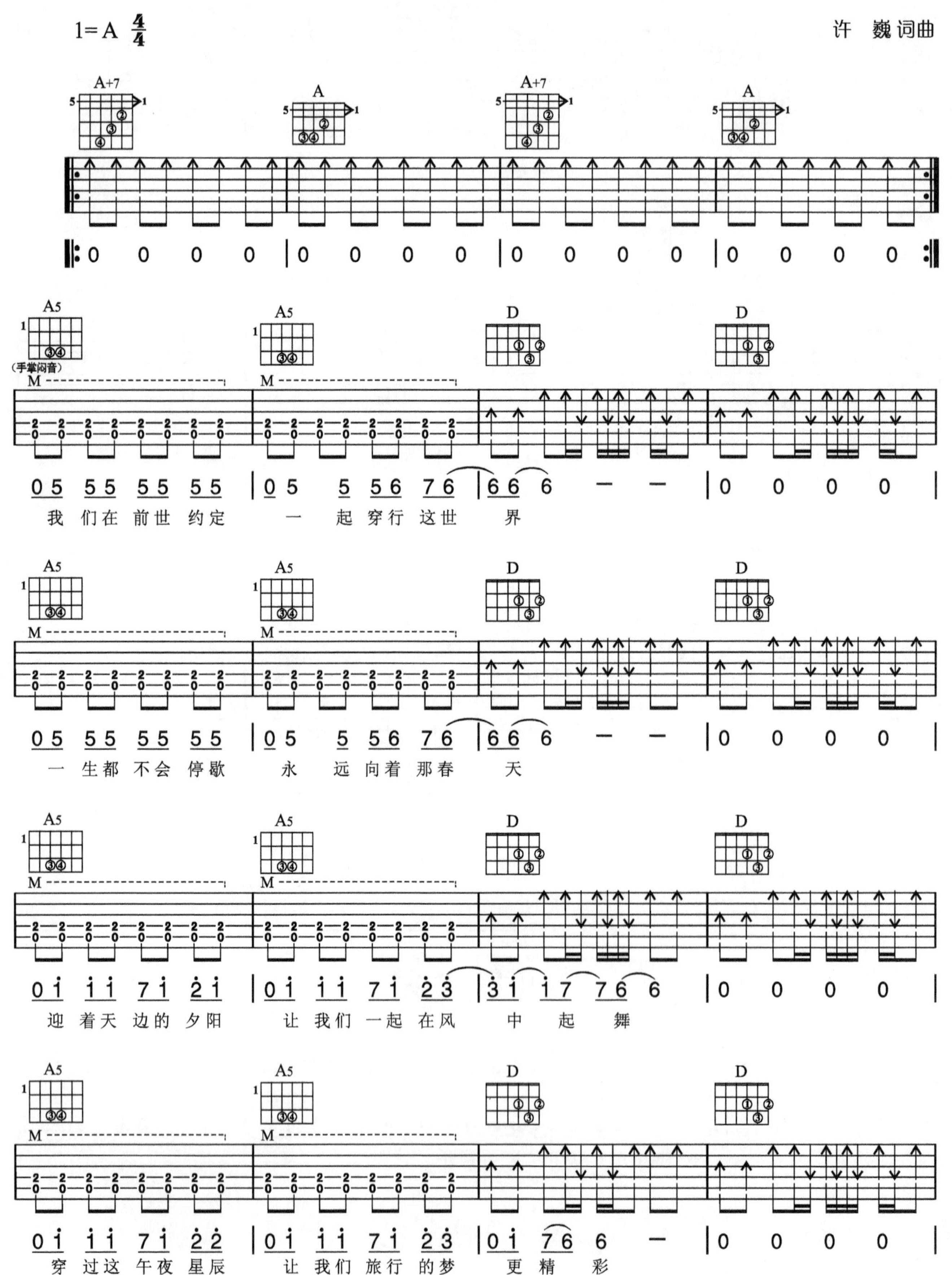
1=A 4/4
许　巍词曲
A+7
A
A5
(手掌闷音)
M
D
我们在前世约定 一起穿行这世界
一生都不会停歇 永远向着那春天
迎着天边的夕阳 让我们一起在风中起舞
穿过这午夜星辰 让我们旅行的梦更精彩

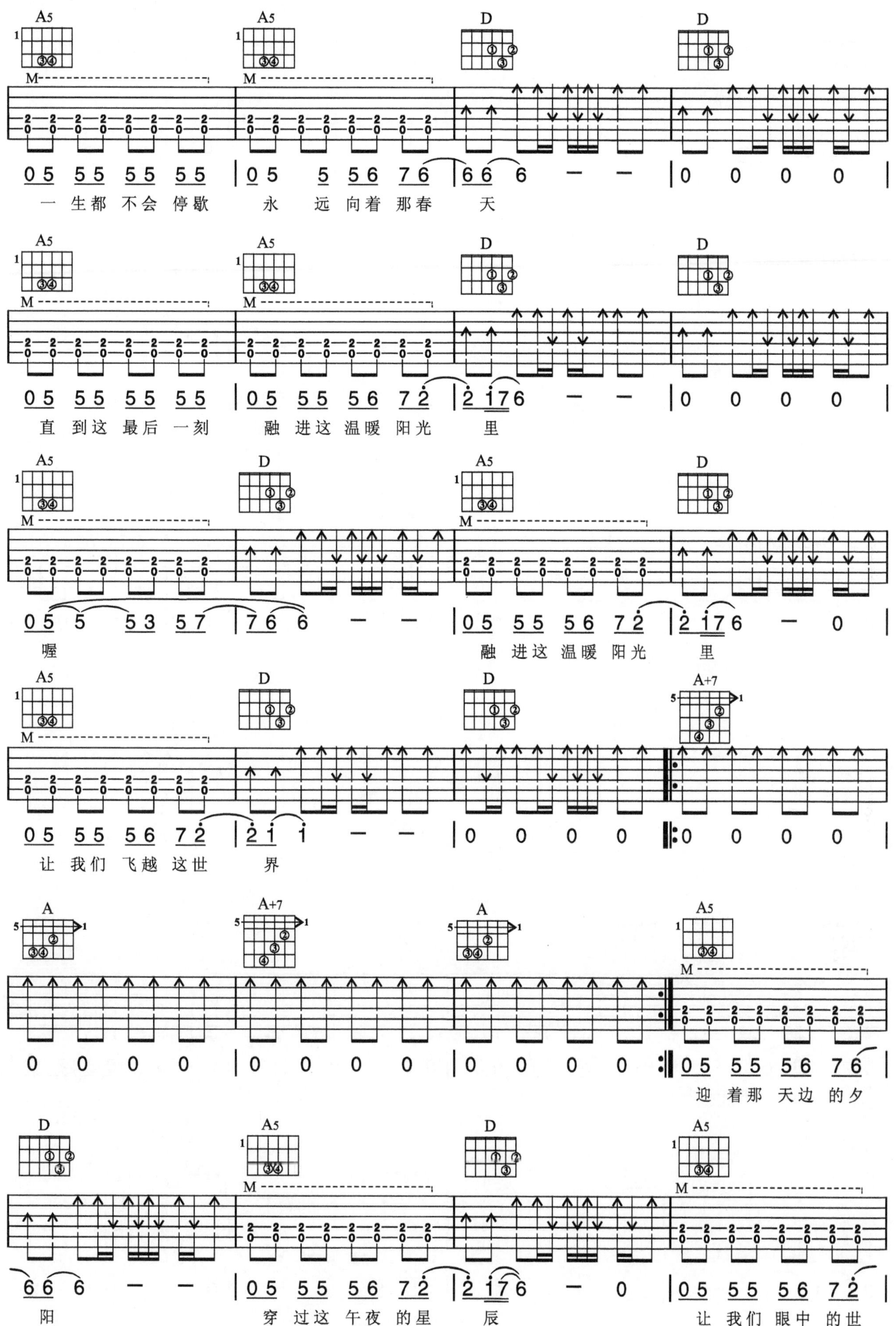

A5
A5
D
D
M
一 生都 不会 停歇
永 远 向着 那春
天
A5
A5
D
D
M
直 到这 最后 一刻
融 进这 温暖 阳光
里
A5
D
A5
D
M
喔
融 进这 温暖 阳光
里
A5
D
D
A+7
M
让 我们 飞越 这世
界
A
A+7
A
A5
M
迎 着那 天边 的夕
D
A5
D
A5
M
阳
穿 过这 午夜 的星
辰
让 我们 眼中 的世

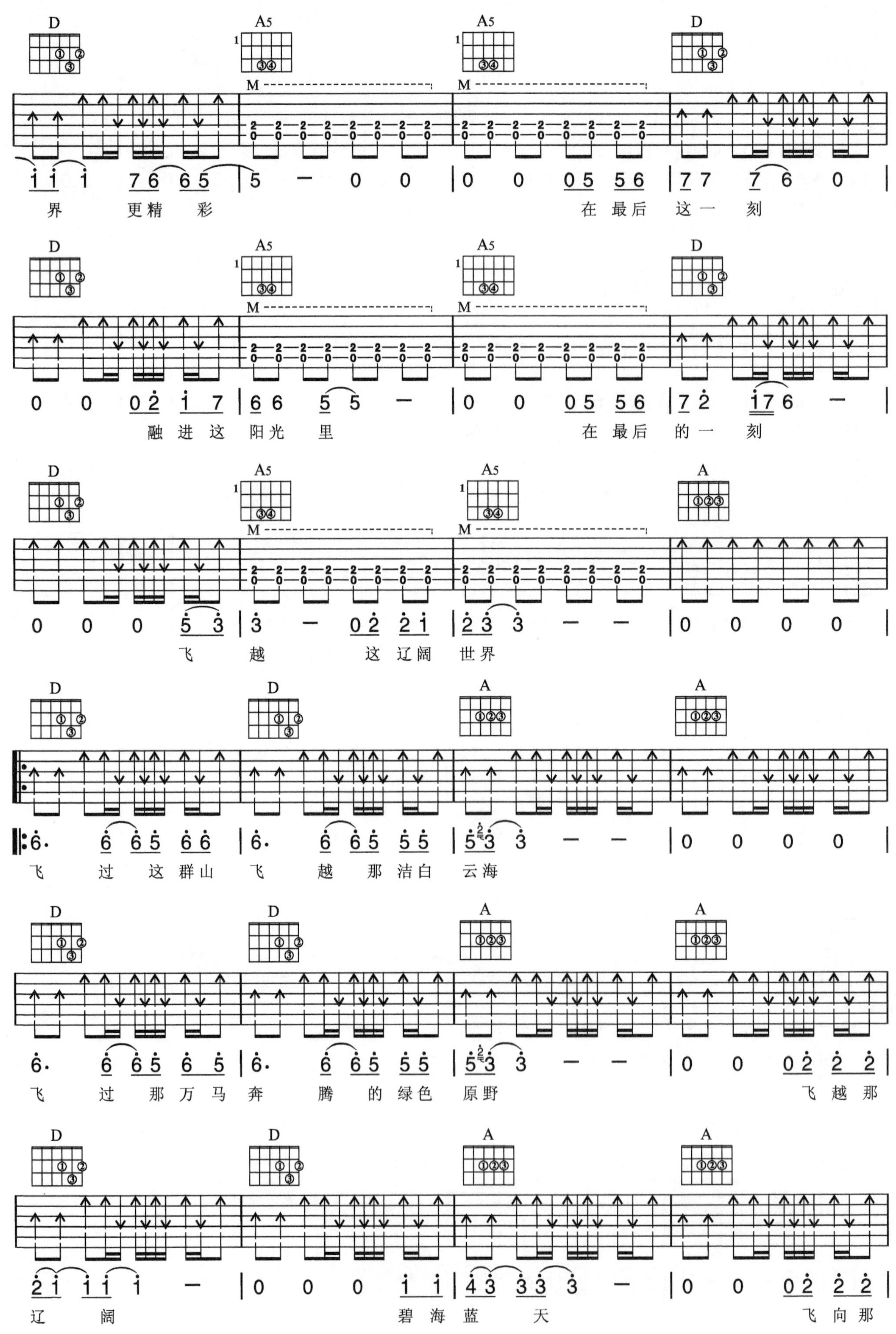
D A5 A5 D
界 更精 彩 在最后 这一 刻
D A5 A5 D
融进这 阳光 里 在最后 的一 刻
D A5 A5 A
飞 越 这辽阔 世界
D D A A
飞 过 这群山 飞 越 那洁白 云海
D D A A
飞 过 那万马 奔 腾 的绿色 原野 飞越那
D D A A
辽 阔 碧海蓝 天 飞向那

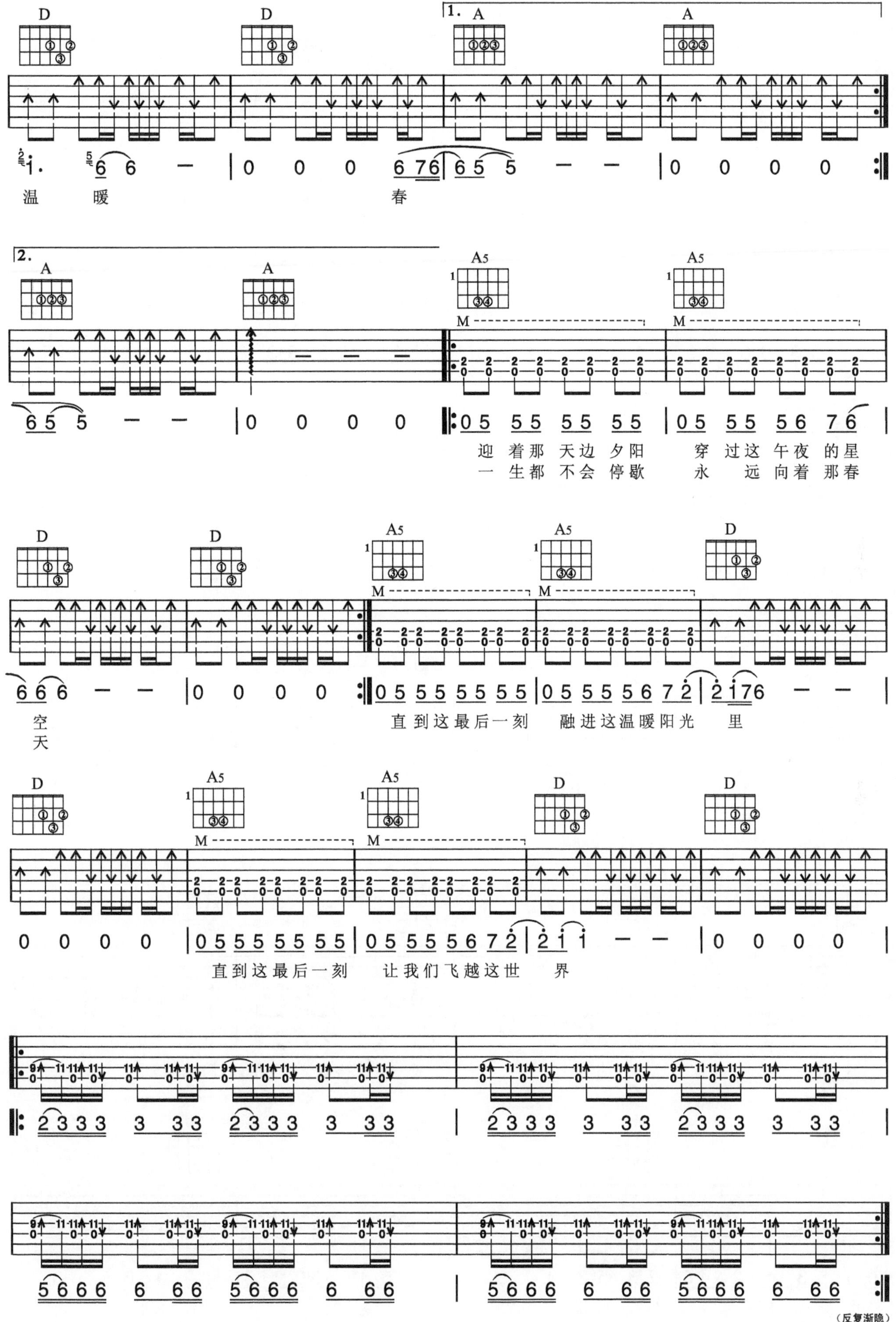

D
D
1.
A
A
温 暖 春
2.
A
A
A5
A5
M
迎着那天边夕阳 穿过这午夜的星
一生都不会停歇 永远向着那春
D
D
A5
A5
D
空
天
直到这最后一刻 融进这温暖阳光 里
D
A5
A5
D
D
直到这最后一刻 让我们飞越这世 界
（反复渐隐）

完美生活

（许　巍　演唱）

1=F $\frac{4}{4}$

许　巍 词曲

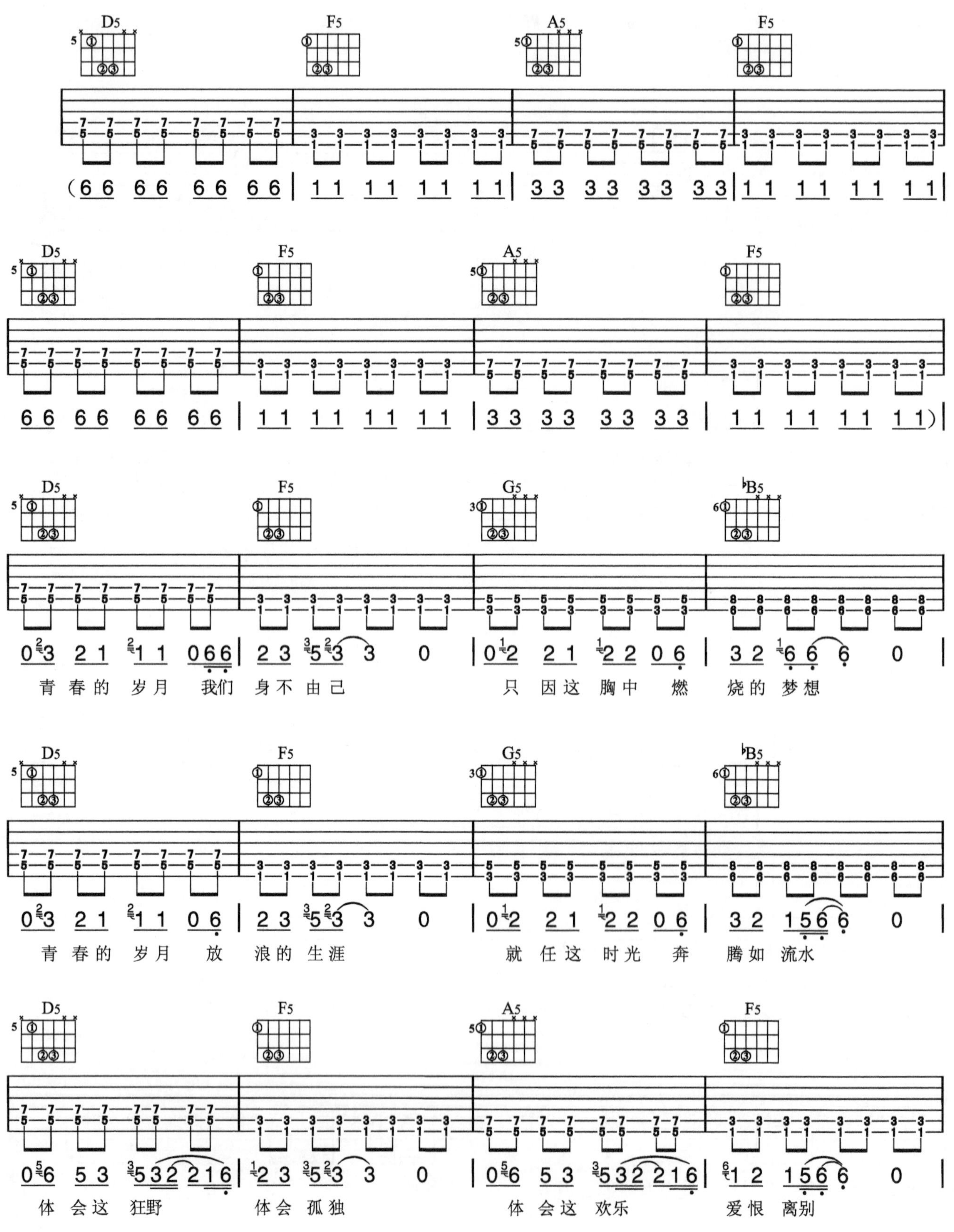

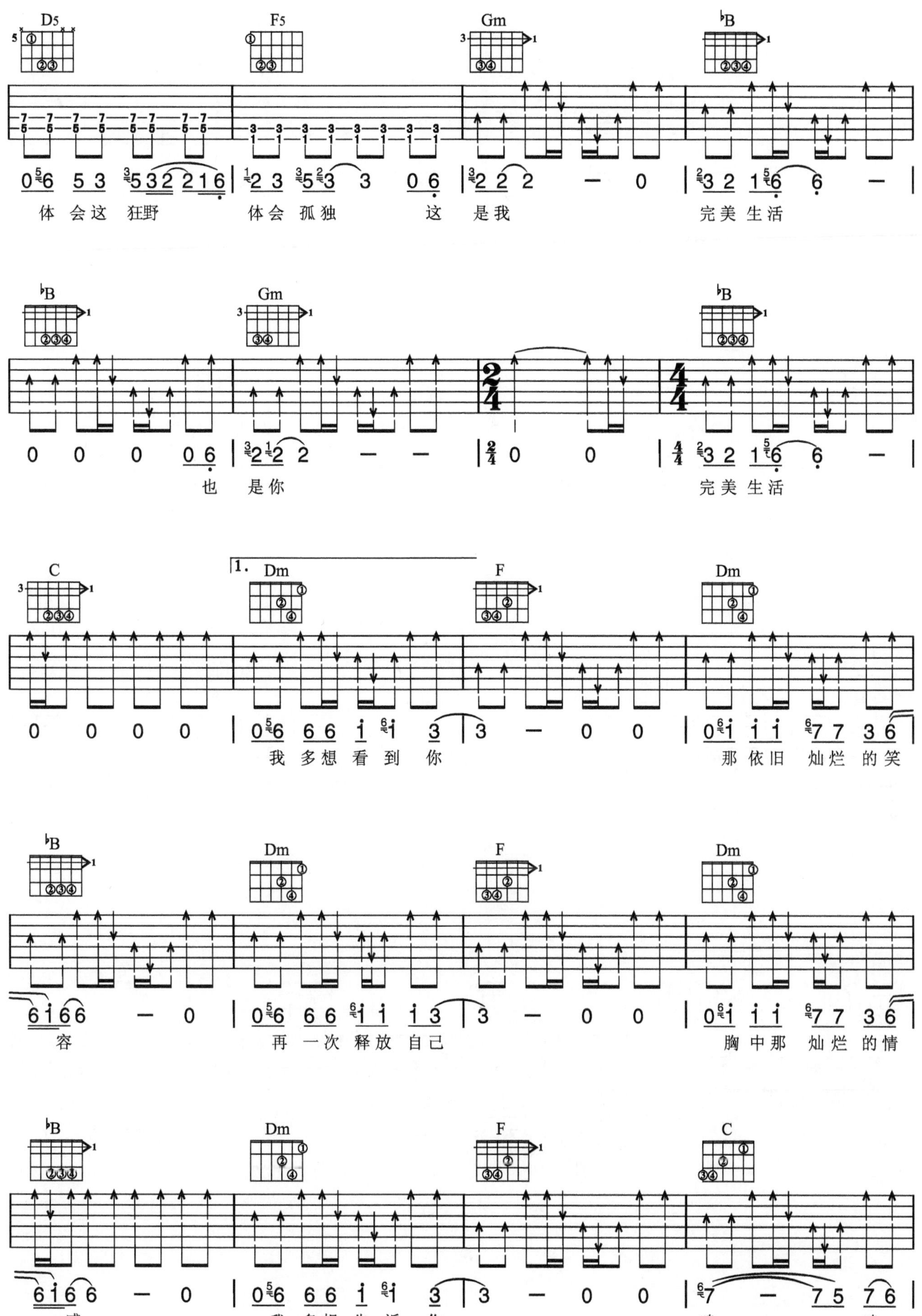
D5 F5 Gm ♭B
体会这 狂野 体会 孤独 这 是我 完美生活
♭B Gm ♭B
也 是你 完美生活
C 1. Dm F Dm
我多想看到你 那依旧 灿烂 的笑
♭B Dm F Dm
容 再一次释放自己 胸中那 灿烂 的情
♭B Dm F C
感 我多想告诉你 呜 呜

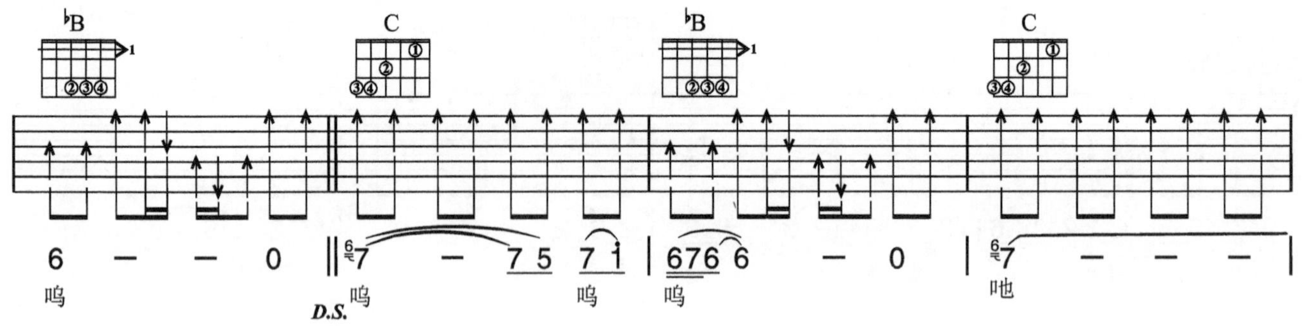
♭B
C
♭B
C
6 — — 0
7 — 7 5 7 1
6 7 6 6 — 0
7 — — —
呜
D.S.
呜
呜
呜
吔

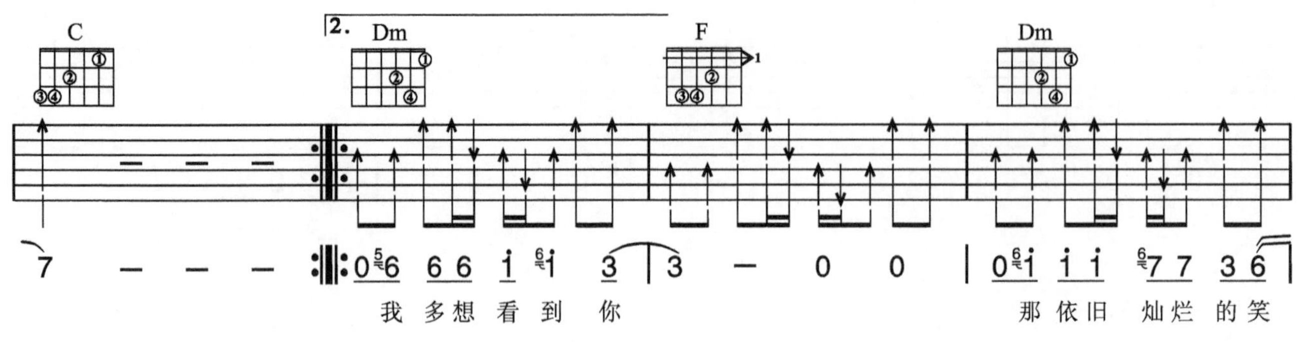
C
2.
Dm
F
Dm
7 — — —
0 6 6 6 1 1 3
3 — 0 0
0 1 1 1 7 7 3 6
我 多想 看 到 你
那依旧 灿烂 的笑

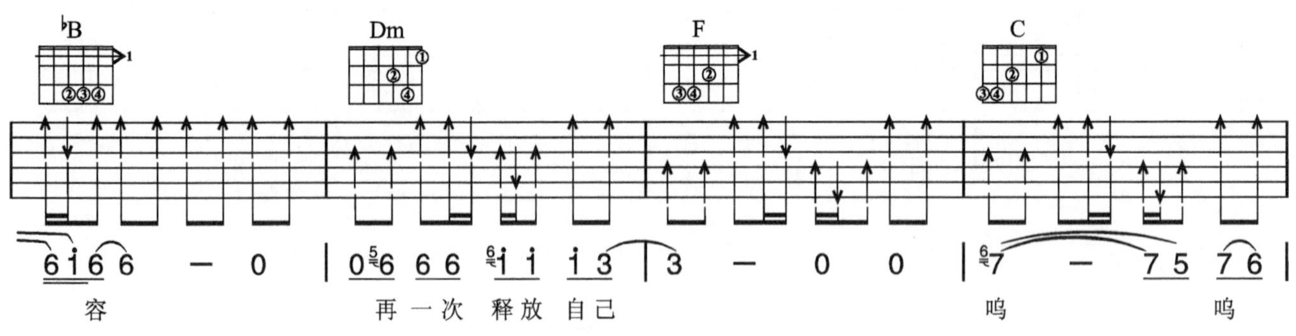
♭B
Dm
F
C
6 1 6 6 — 0
0 6 6 6 1 1 1 3
3 — 0 0
7 — 7 5 7 6
容
再一次 释放 自己
呜
呜

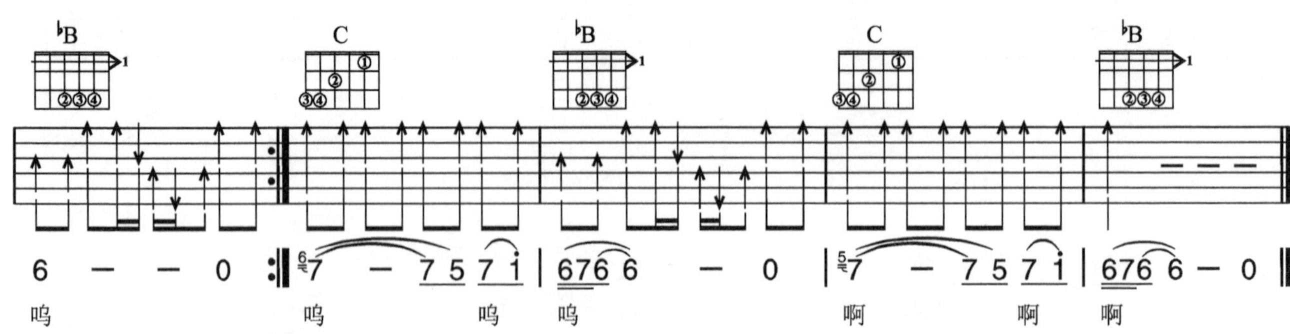
♭B
C
♭B
C
♭B
6 — — 0
7 — 7 5 7 1
6 7 6 6 — 0
7 — 7 5 7 1
6 7 6 6 — 0
呜
呜
呜
呜
啊
啊
啊

悄无声息

（许　巍　演唱）

1=E $\frac{4}{4}$

许　巍词曲

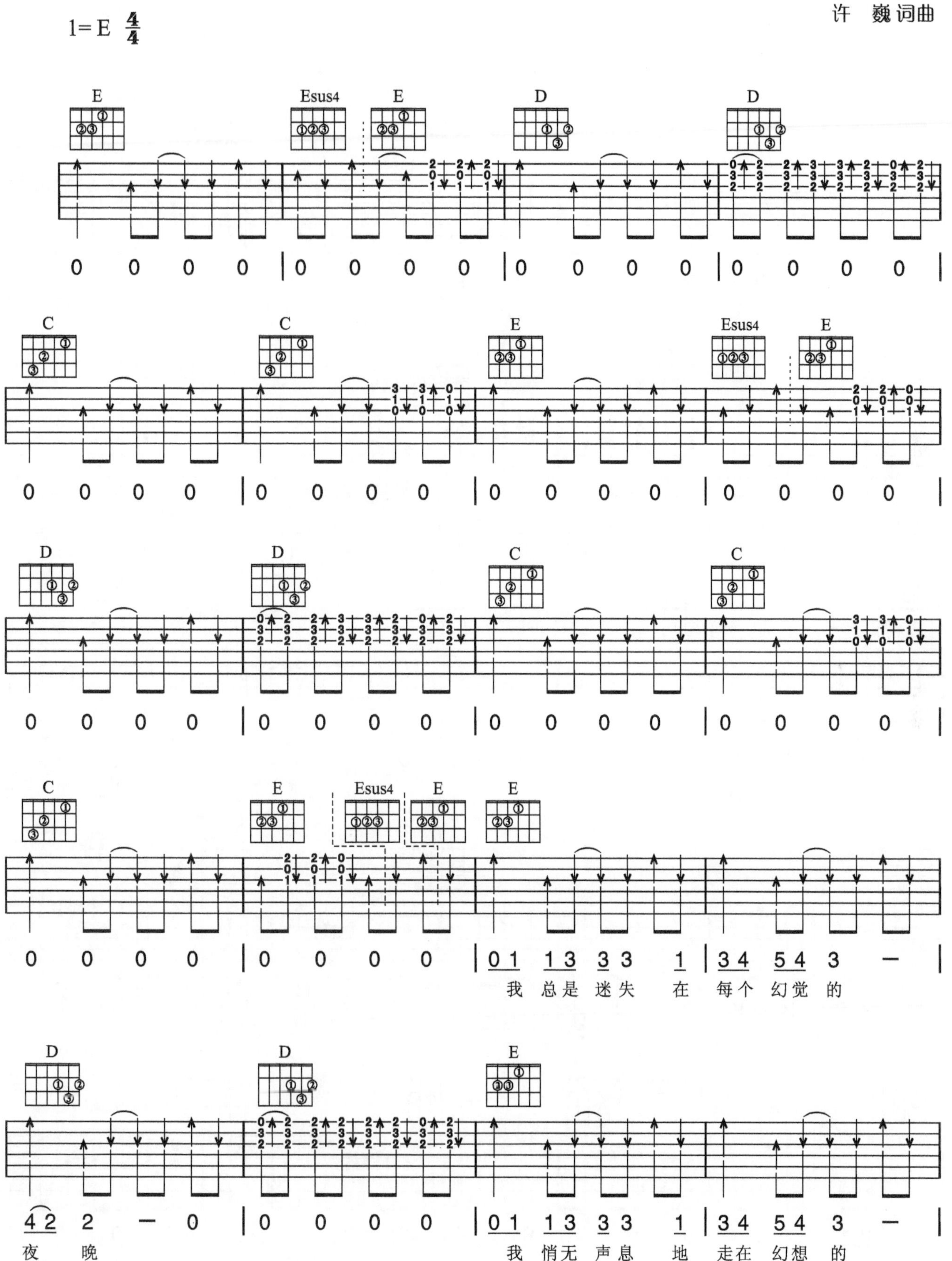

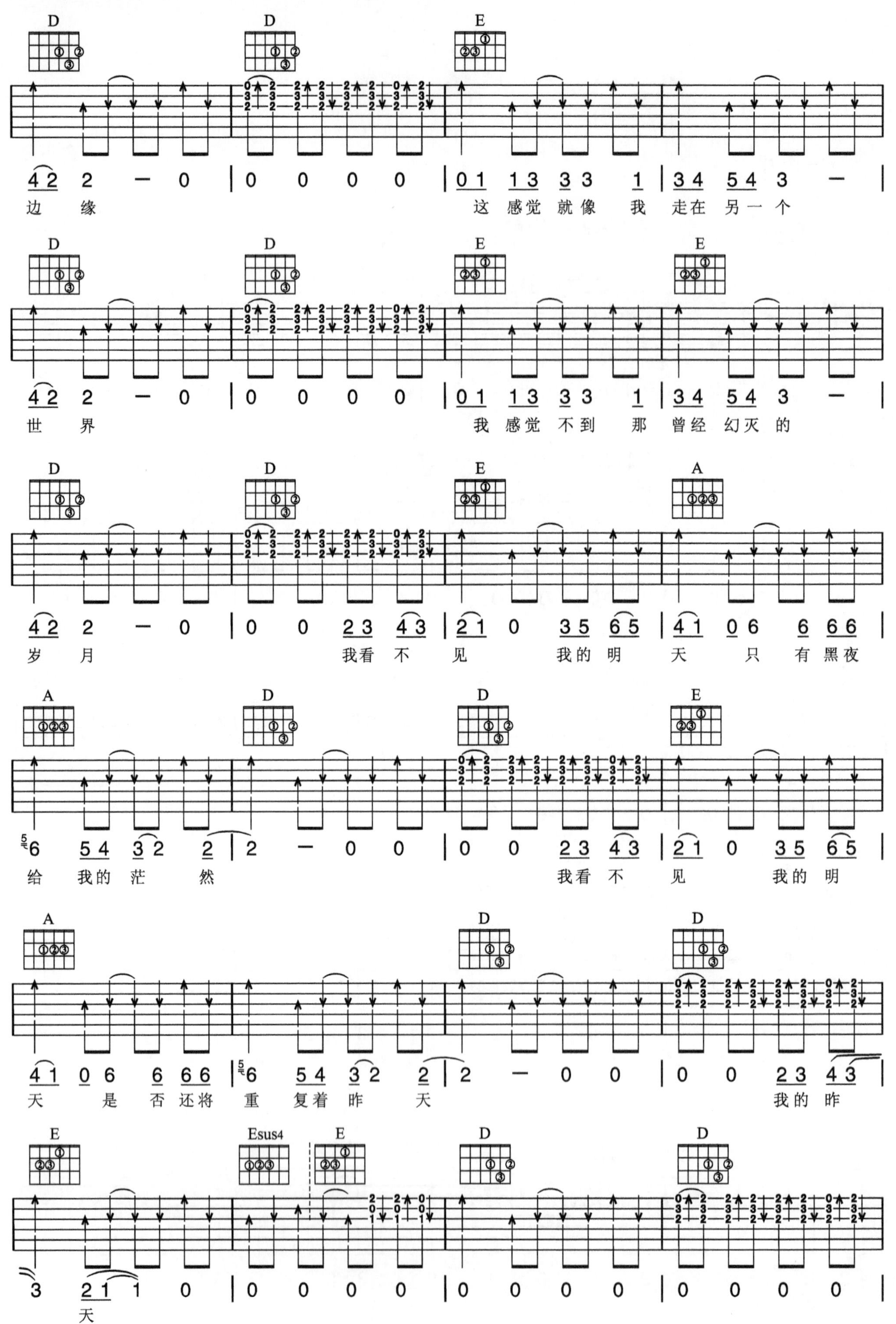
D D E
边 缘 这感觉就像 我 走在 另一个
D D E E
世 界 我感觉 不到 那 曾经 幻灭 的
D D E A
岁 月 我看 不 见 我的 明 天 只 有 黑夜
A D D E
给 我的 茫 然 我看 不 见 我的 明
A D D
天 是 否 还将 重 复着 昨 天 我的 昨
E Esus4 E D D
天

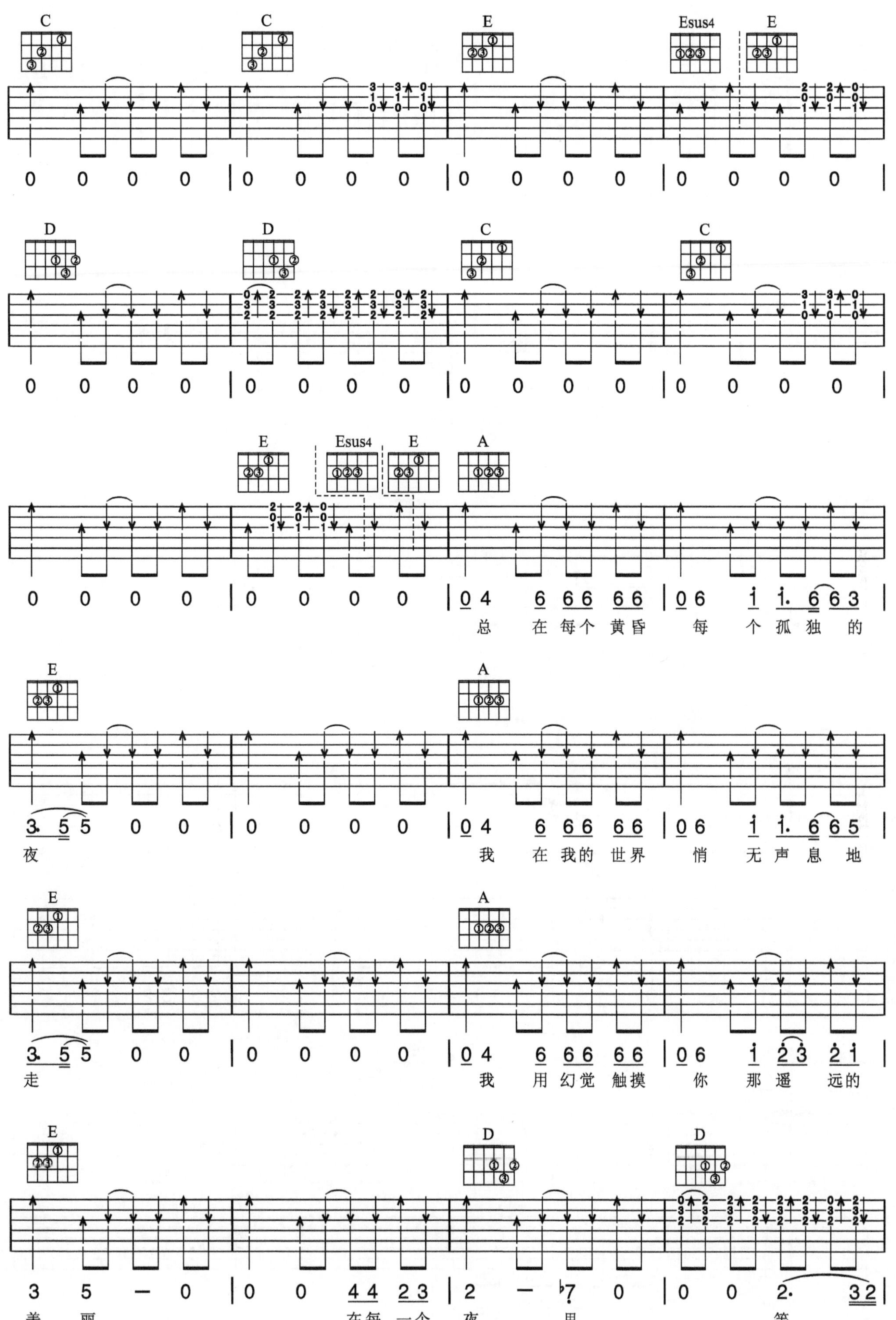
C C E Esus4 E
D D C C
E Esus4 E A
0 4 6 66 66 | 0 6 1 1. 663
总 在每个黄昏 每 个孤独的
E A
3. 55 0 0 | 0 0 0 0 | 0 4 6 66 66 | 0 6 1 1. 665
夜 我 在我的世界 悄 无声息地
E A
3. 55 0 0 | 0 0 0 0 | 0 4 6 66 66 | 0 6 1 23 21
走 我 用幻觉触摸 你 那遥 远的
E D D
3 5 — 0 | 0 0 44 23 | 2 — ♭7 0 | 0 0 2. 32
美 丽 在每 一个 夜 里 等

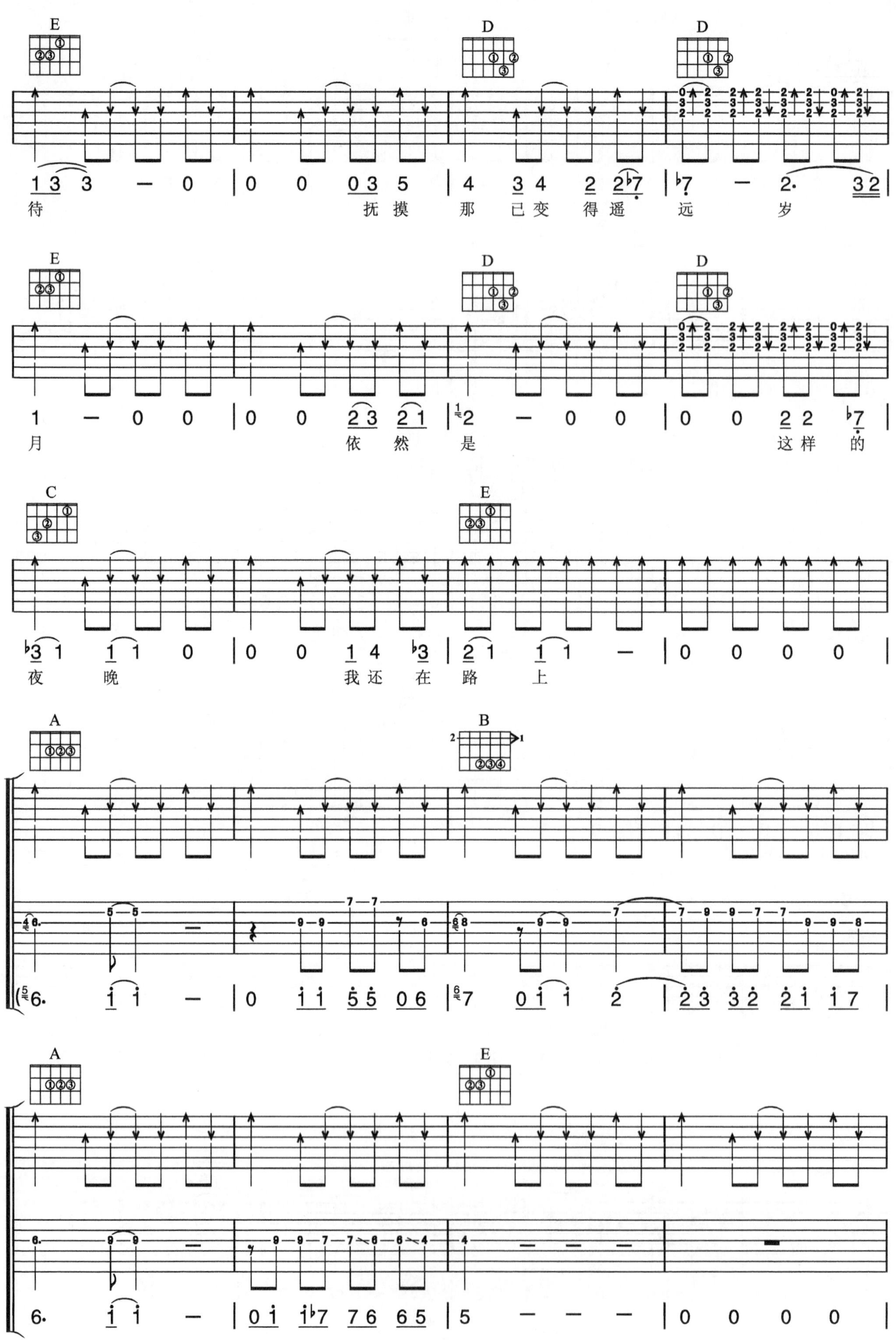
E
D
D
待 抚 摸 那 已 变 得 遥 远 岁
E
D
D
月 依 然 是 这 样 的
C
E
夜 晚 我 还 在 路 上
A
B
A
E

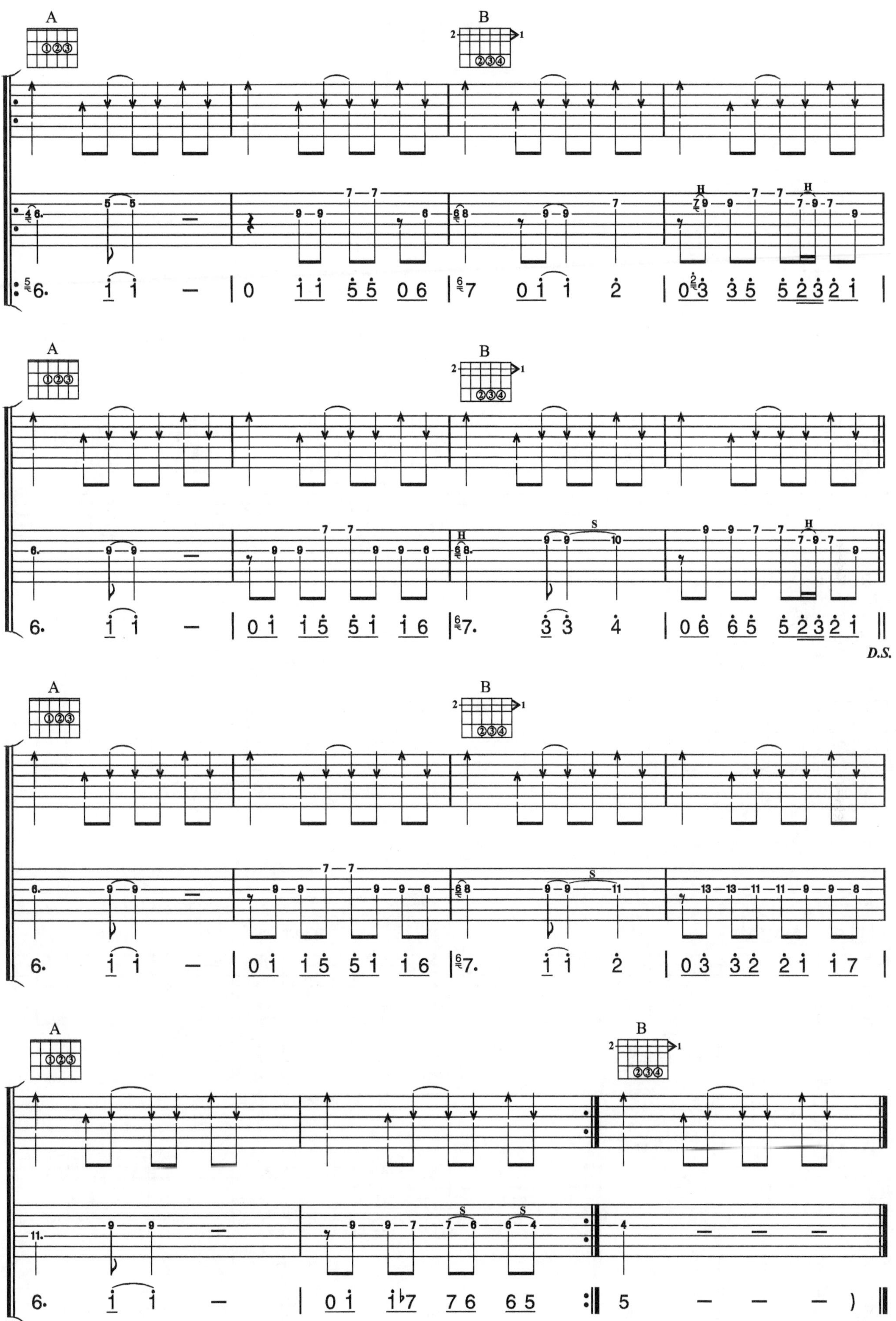
A
B
D.S.

路的尽头

（许　巍 演唱）

许　巍词曲

1=A $\frac{4}{4}$

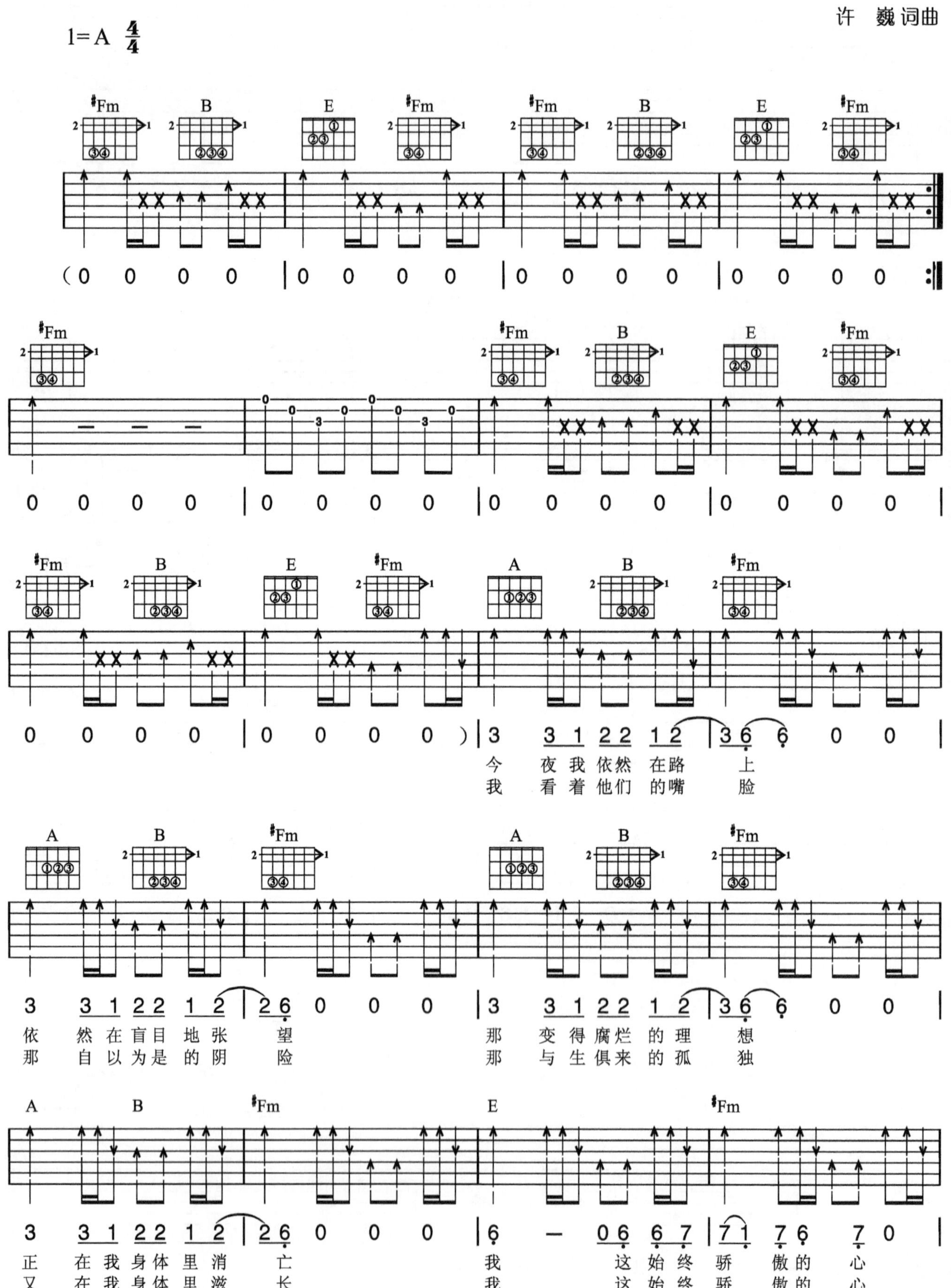

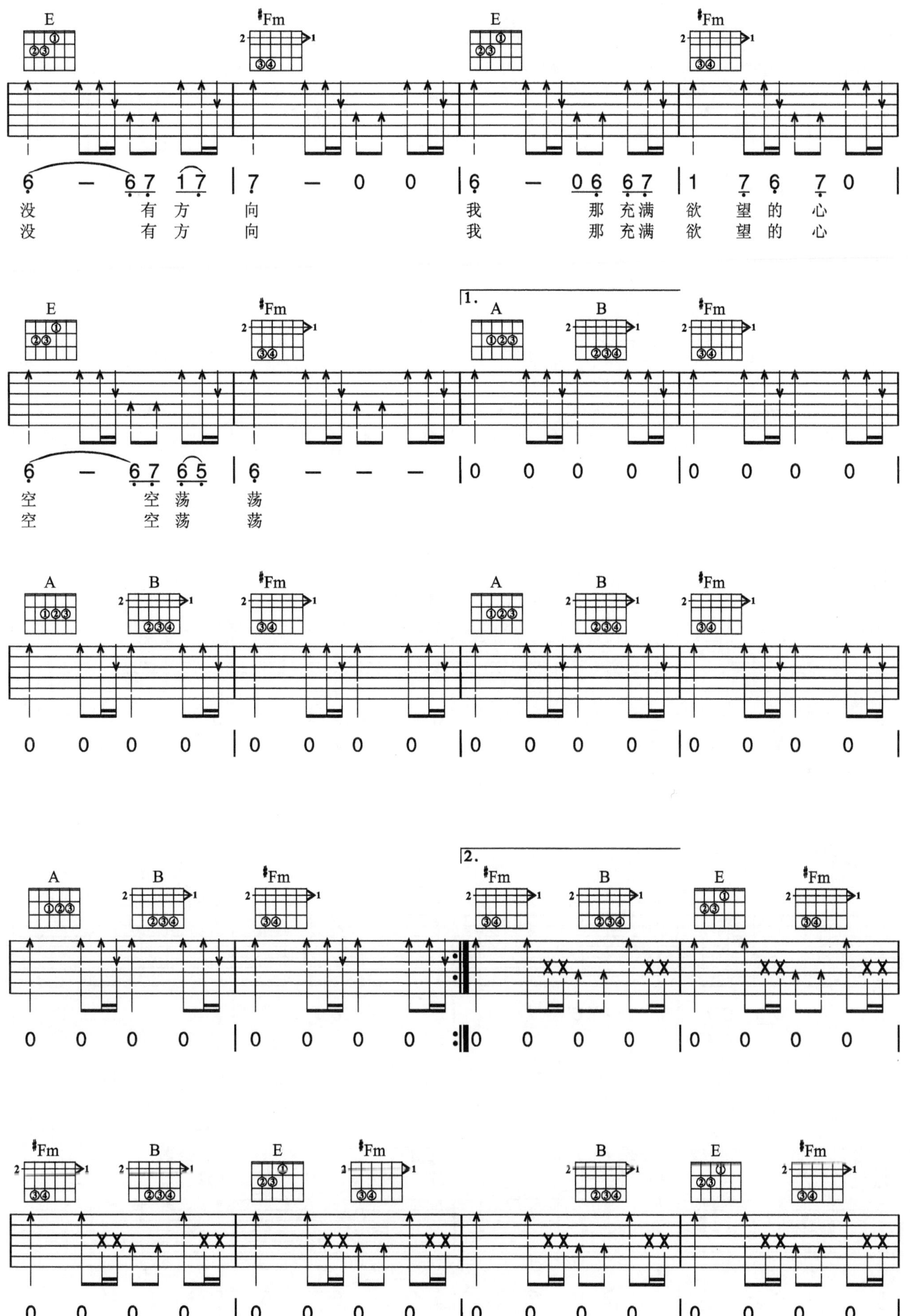
E #Fm E #Fm
没 有方 向 我 那充满 欲 望的 心
没 有方 向 我 那充满 欲 望的 心
E #Fm 1. A B #Fm
空 空荡 荡
空 空荡 荡
A B #Fm A B #Fm
A B #Fm 2. #Fm B E #Fm
#Fm B E #Fm B E #Fm

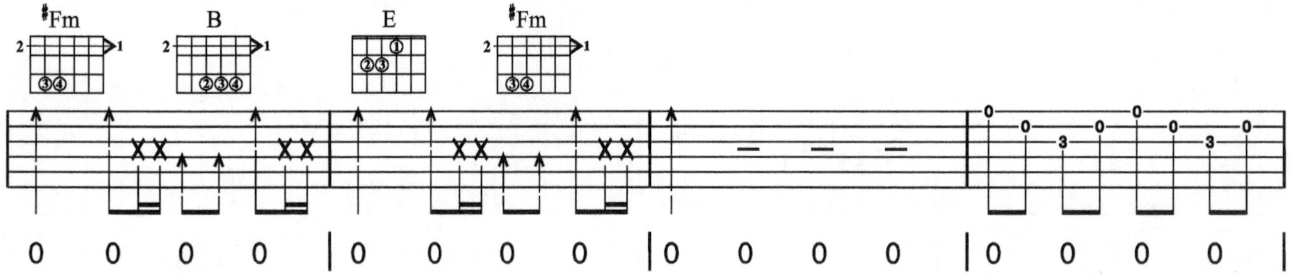

#Fm
B
E
#Fm

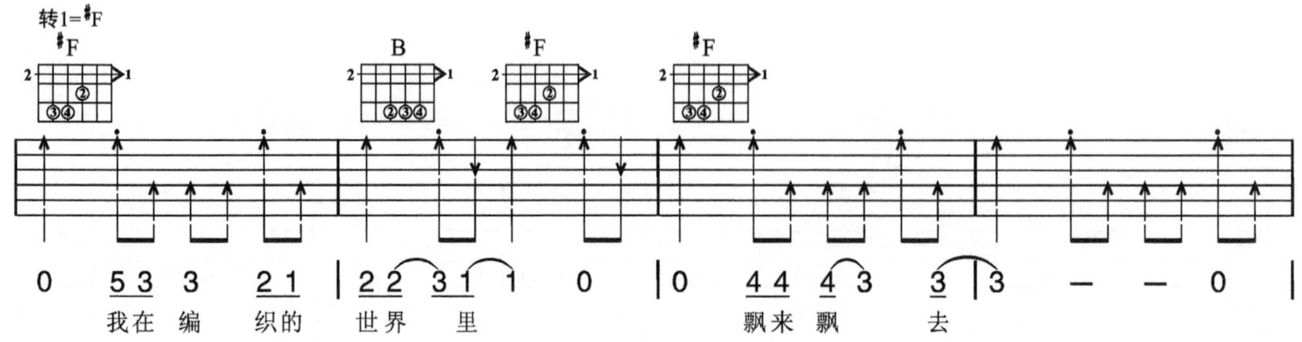

转1=#F
#F
B
#F
#F
我在编织的世界里
飘来飘去

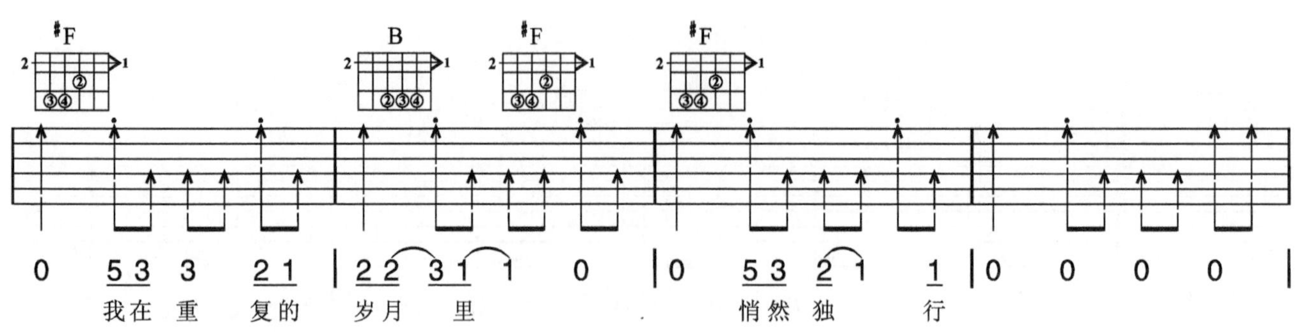

#F
B
#F
#F
我在重复的岁月里
悄然独行

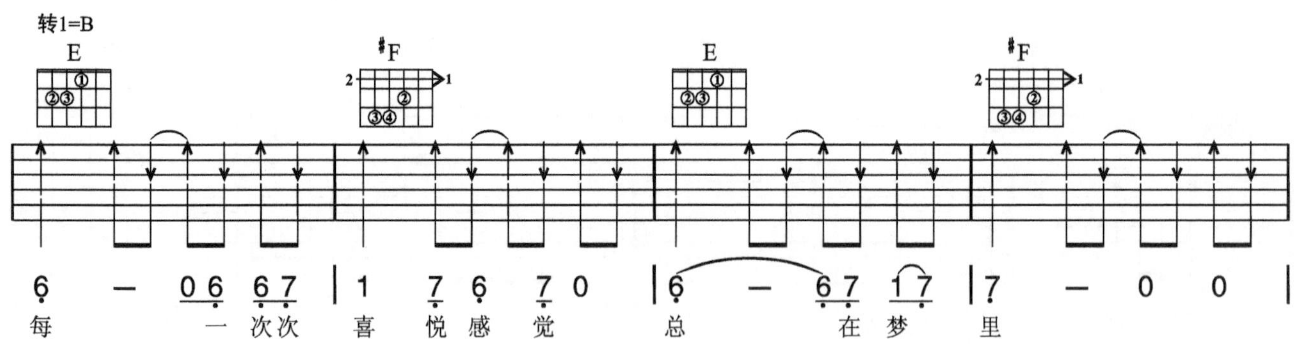

转1=B
E
#F
E
#F
每一次次喜悦感觉
总在梦里

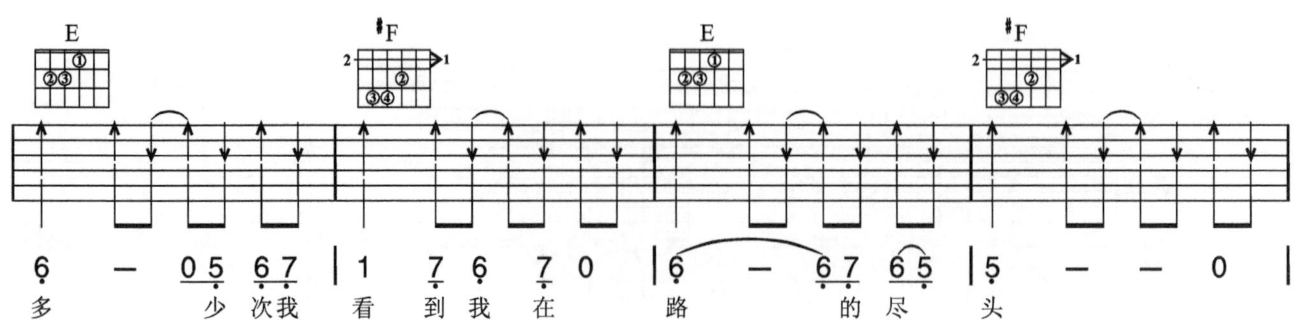

E
#F
E
#F
多少次我看到我在
路的尽头

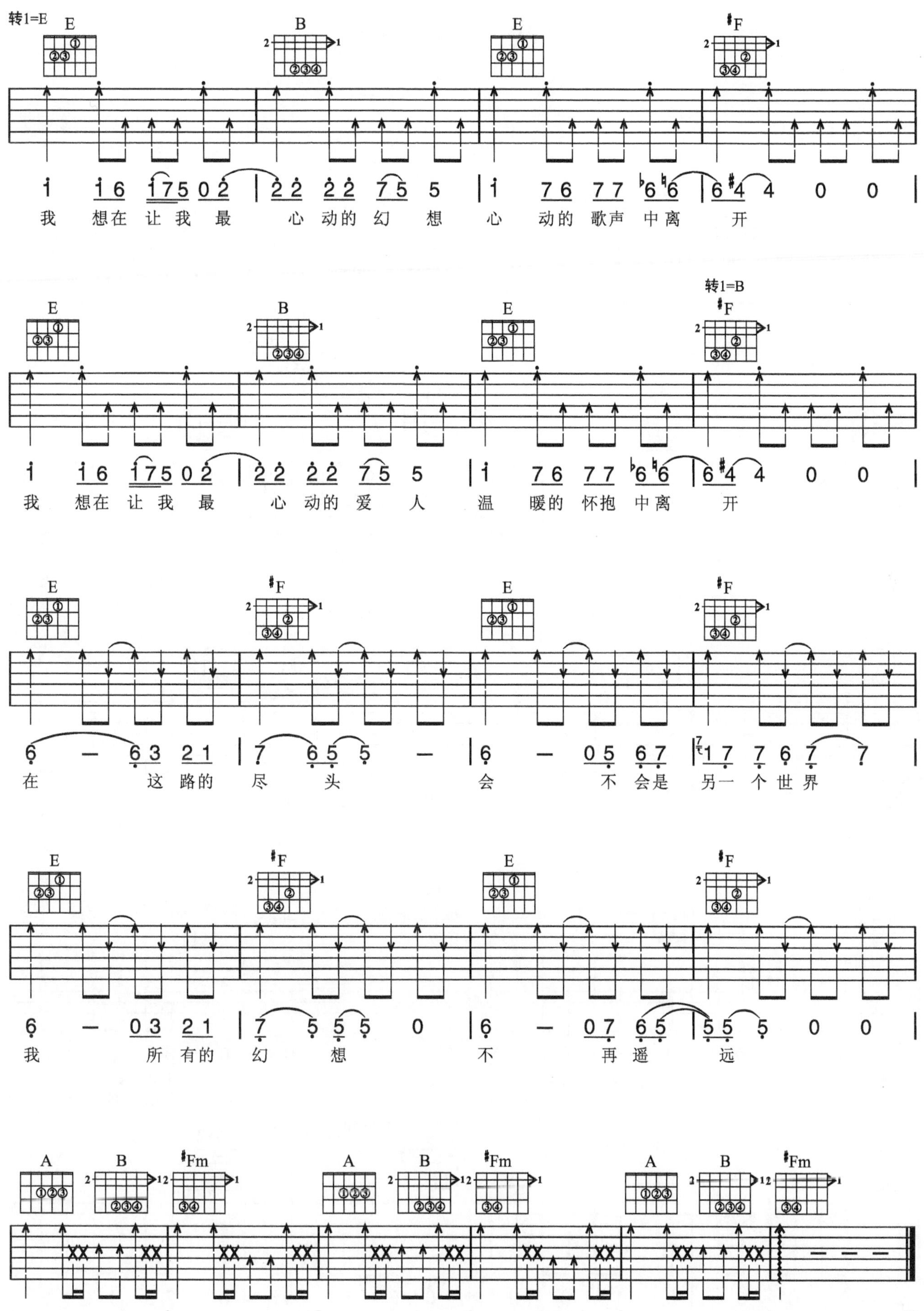
转1=E
E B E #F
我 想在 让我 最 心 动的 幻 想 心 动的 歌声 中离 开
E B E #F
转1=B
我 想在 让我 最 心 动的 爱 人 温 暖的 怀抱 中离 开
E #F E #F
在 这路的 尽 头 会 不 会是 另一个世界
E #F E #F
我 所 有的 幻 想 不 再遥 远
A B #Fm A B #Fm A B #Fm

我的秋天（木吉他版）

（许　巍　演唱）

1=F $\frac{4}{4}$　　　　许　巍词曲

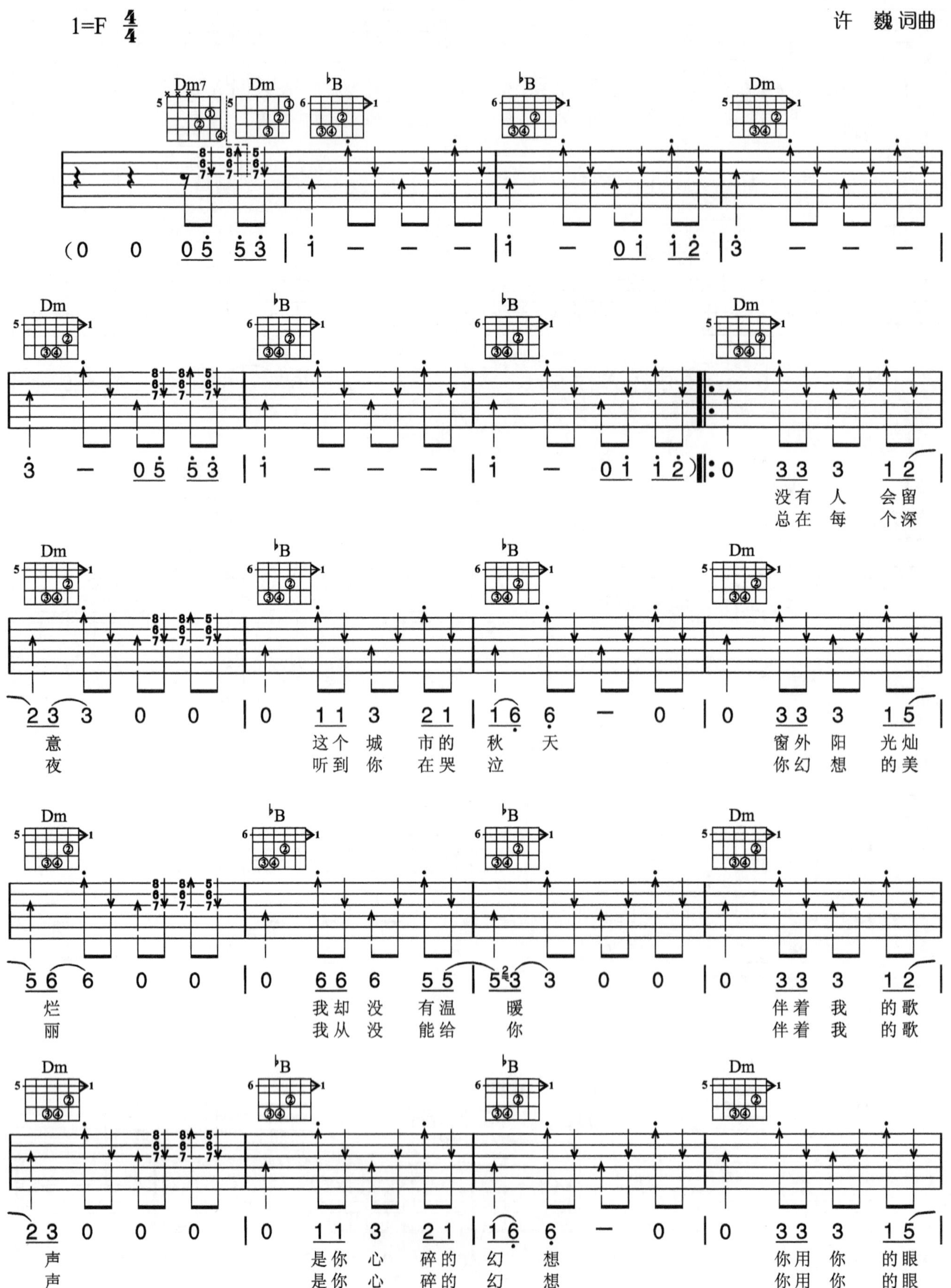

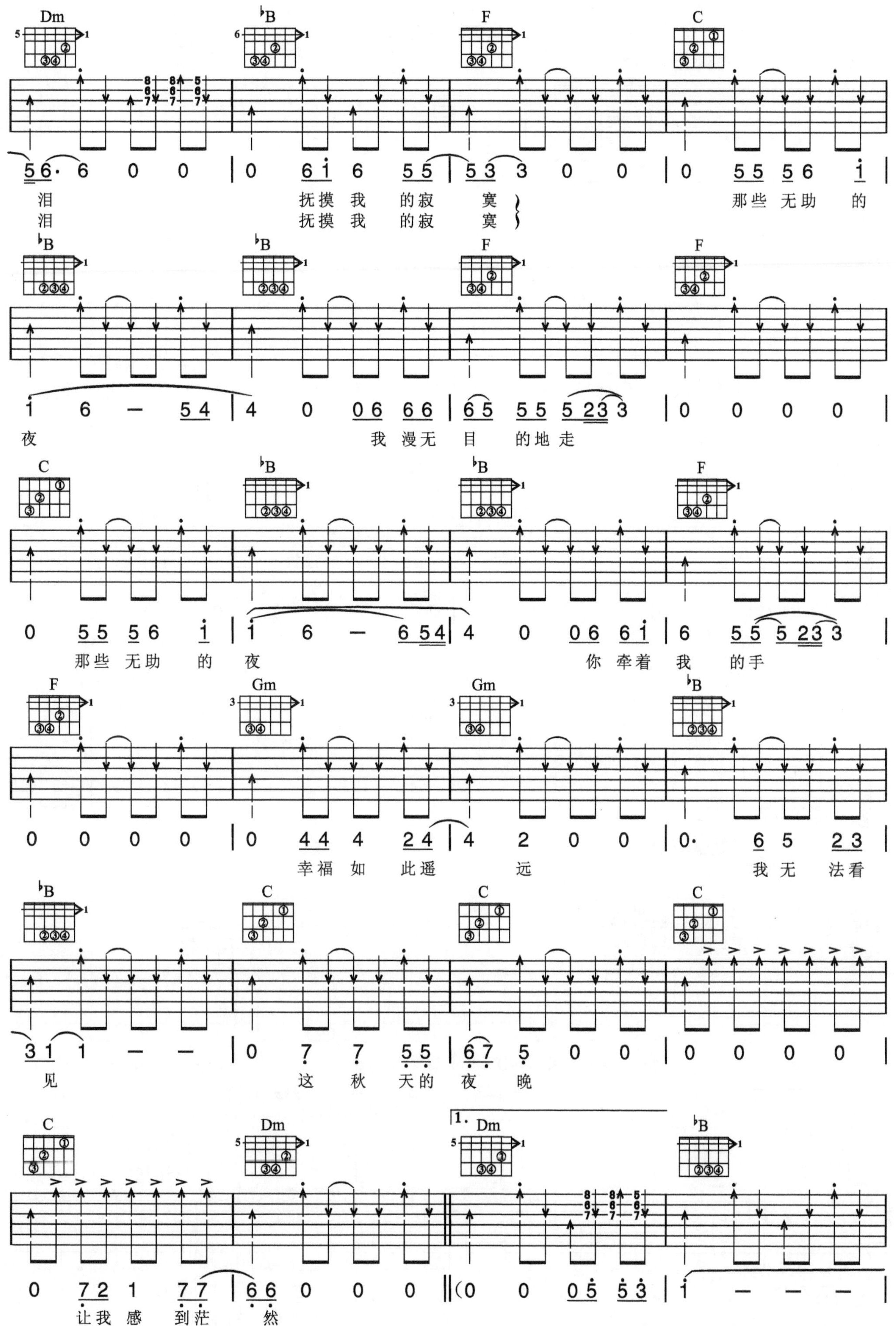
Dm ♭B F C
泪 抚摸 我 的寂 寞
泪 抚摸 我 的寂 寞
那些 无助 的
♭B ♭B F F
夜 我 漫无 目 的地走
C ♭B ♭B F
那些 无助 的 夜 你 牵着 我 的手
F Gm Gm ♭B
幸福 如 此遥 远 我无 法看
♭B C C C
见 这 秋 天的 夜 晚
C Dm 1. Dm ♭B
让我 感 到茫 然

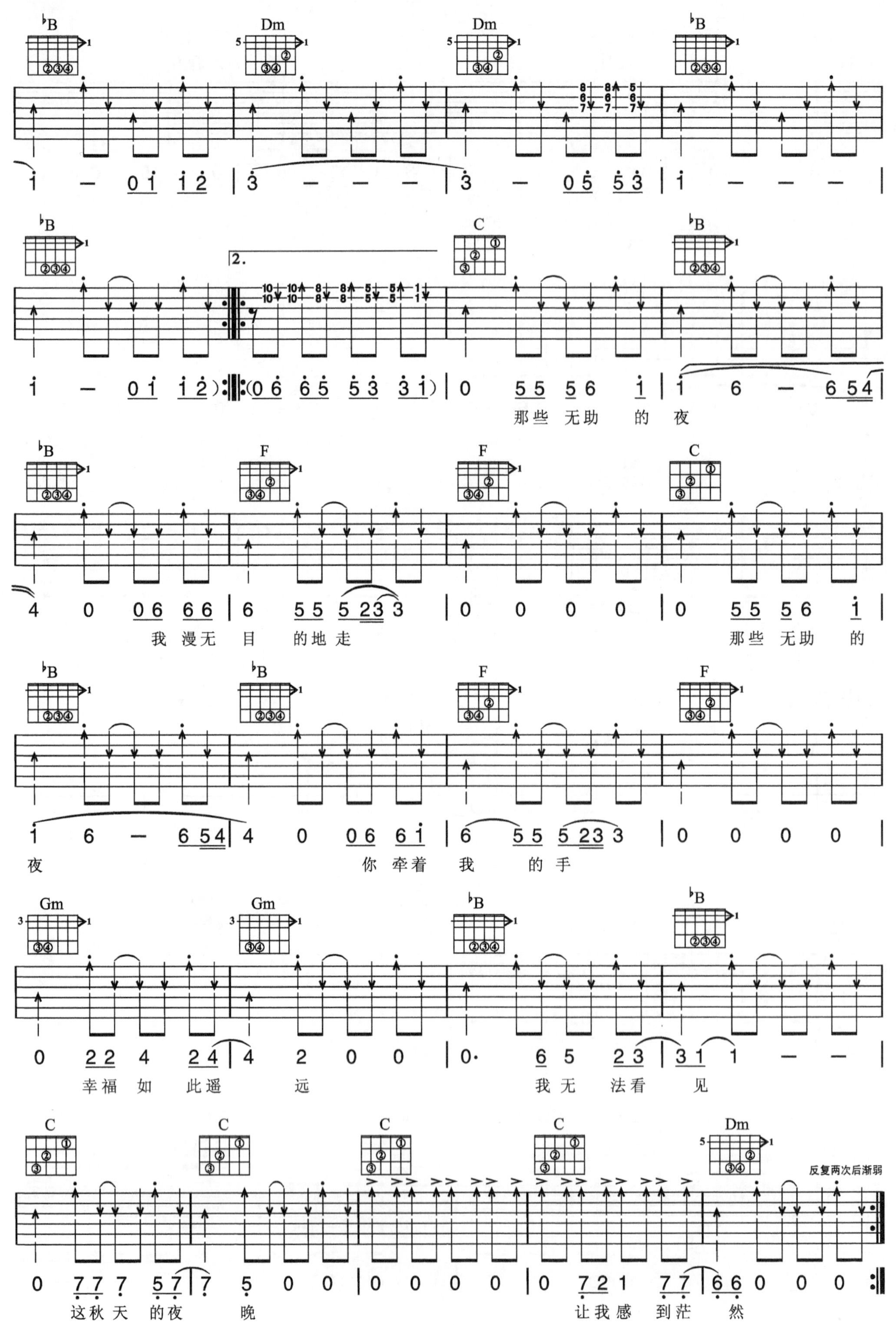
♭B Dm Dm ♭B
♭B 2. C ♭B
那些 无助 的 夜
♭B F F C
我 漫无 目 的地走
那些 无助 的
♭B ♭B F F
夜
你 牵着 我 的手
Gm Gm ♭B ♭B
幸福 如 此遥 远
我 无 法看 见
C C C C Dm
反复两次后渐弱
这秋天 的夜 晚
让我感 到茫 然

彩云之巅

（许　巍 演唱）

1=D $\frac{4}{4}$

许巍 词曲

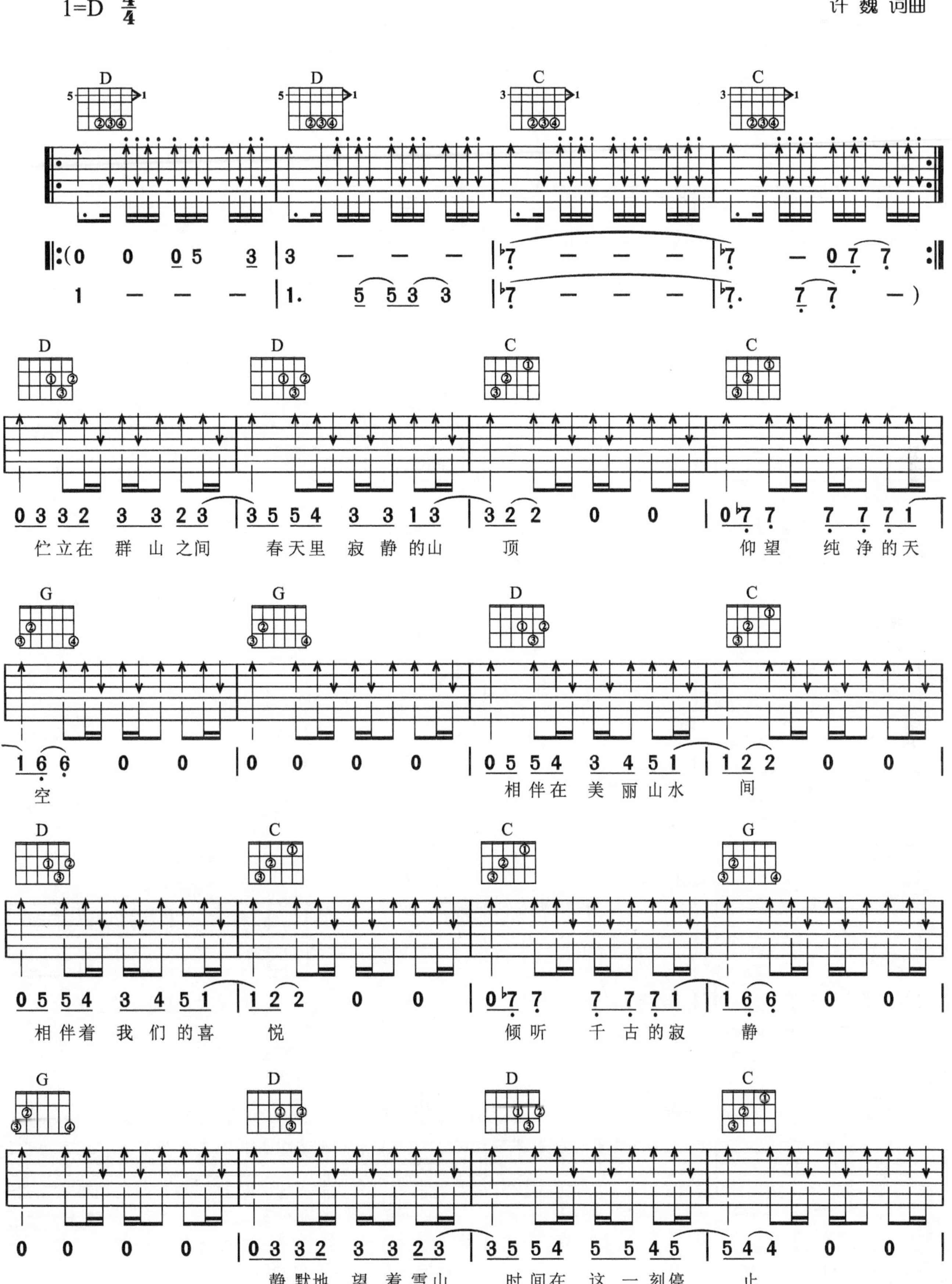

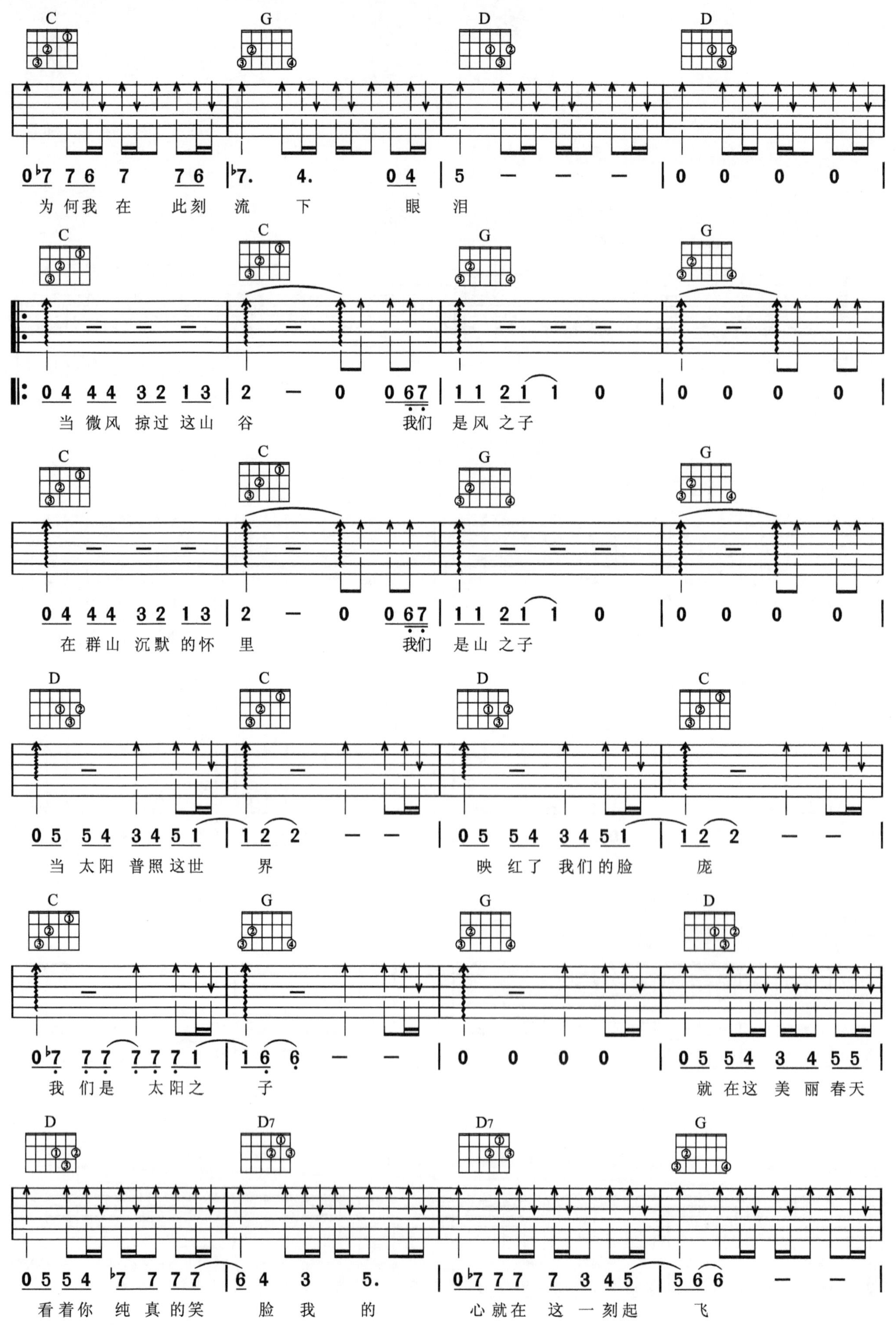
C G D D
为何我在此刻流下眼泪
C C G G
当微风掠过这山谷 我们是风之子
C C G G
在群山沉默的怀里 我们是山之子
D C D C
当太阳普照这世界 映红了我们的脸庞
C G G D
我们是太阳之子 就在这美丽春天
D D7 D7 G
看着你纯真的笑脸我的心就在这一刻起飞

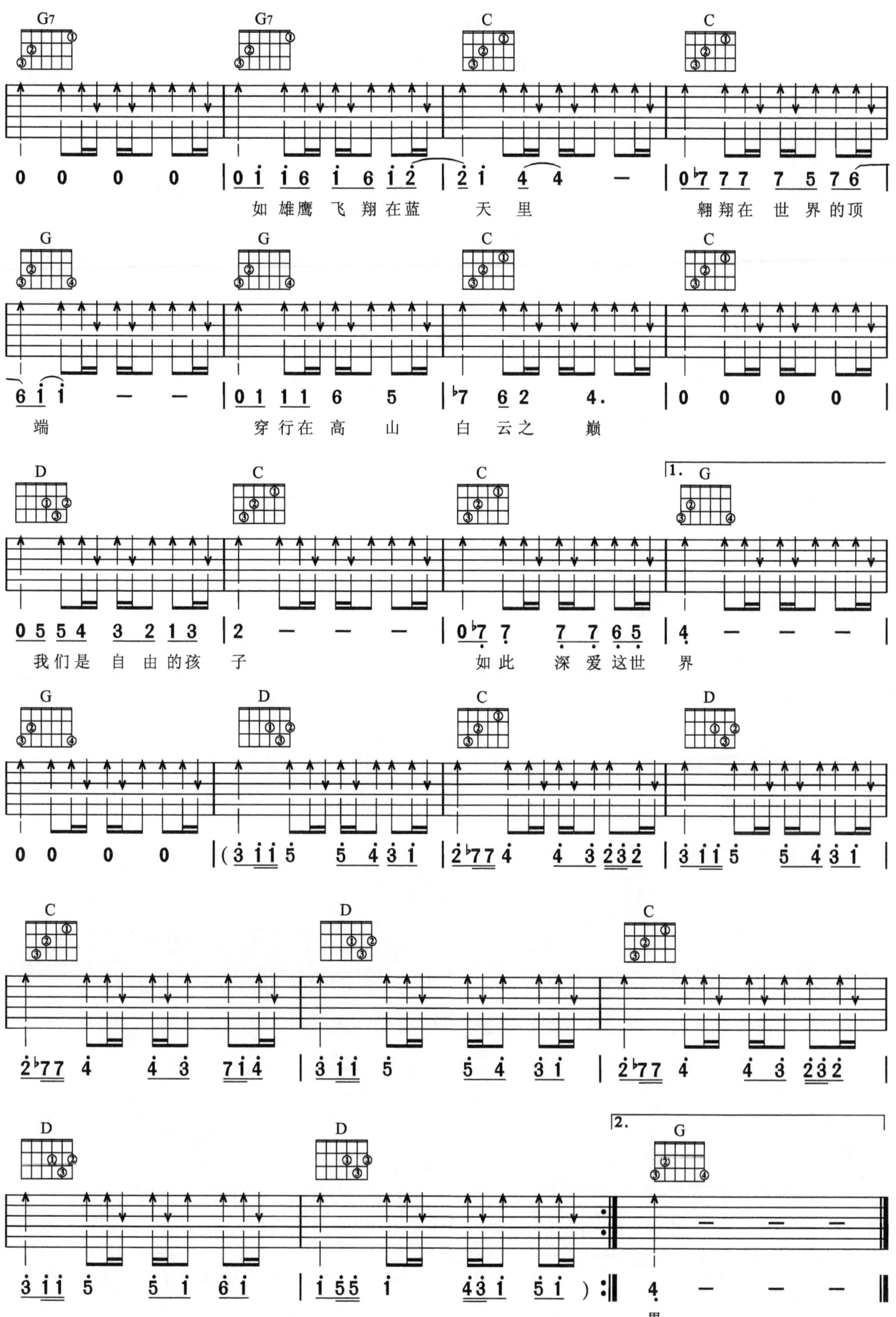
G7 G7 C C
如雄鹰 飞 翔 在蓝 天 里 翱 翔在 世 界 的顶
G G C C
端 穿行在 高 山 白 云之 巅
D C C 1. G
我们是 自 由的孩 子 如此 深 爱这世 界
G D C D
C D C
D D 2. G
界

美丽的女人

（许 巍 演唱）

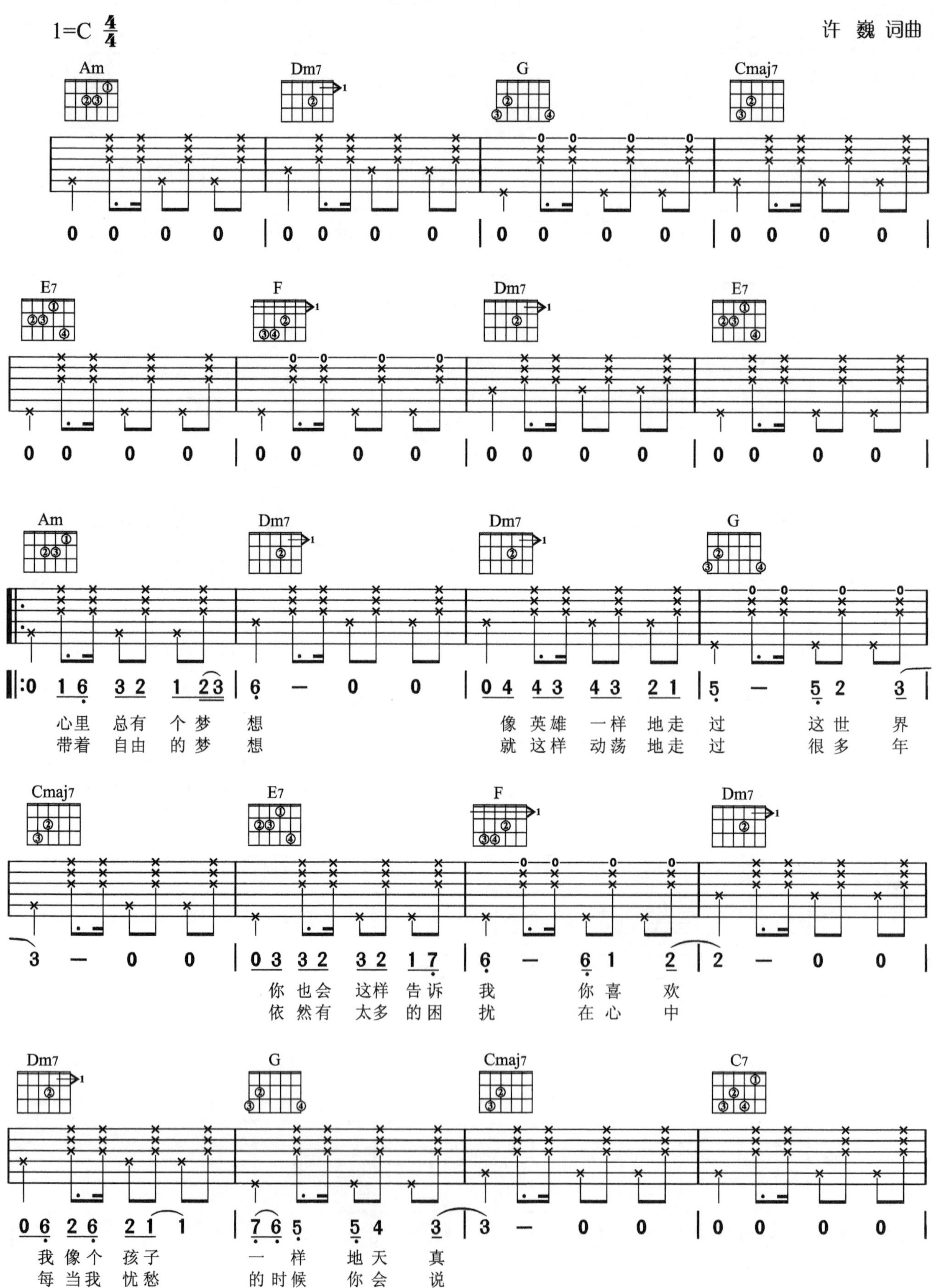
1=C 4/4
许 巍 词曲
Am Dm7 G Cmaj7
E7 F Dm7 E7
Am Dm7 Dm7 G
心里 总有 个 梦 想 像 英雄 一样 地走 过 这 世 界
带着 自由 的 梦 想 就 这样 动荡 地走 过 很 多 年
Cmaj7 E7 F Dm7
你 也会 这样 告诉 我 你 喜 欢
依 然有 太多 的困 扰 在 心 中
Dm7 G Cmaj7 C7
我 像个 孩子 一 样 地天 真
每 当我 忧愁 的时候 你会 说

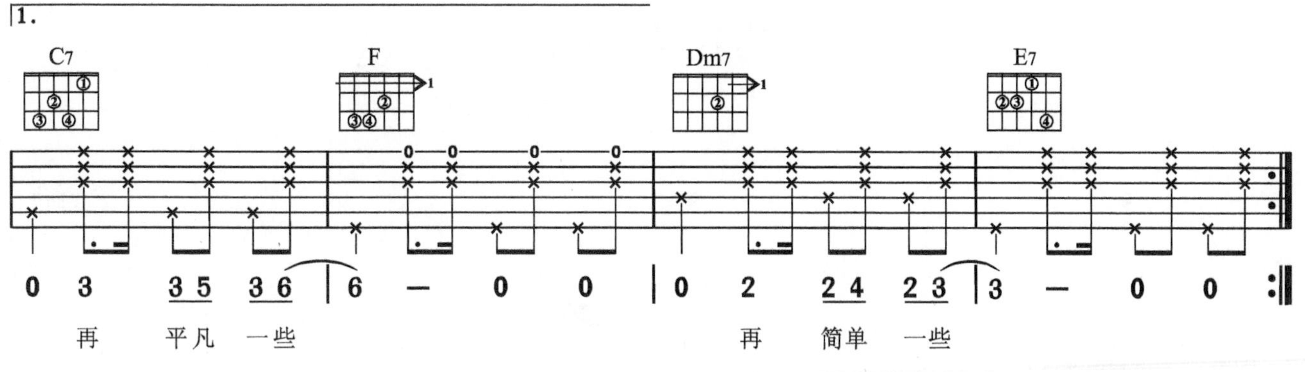
1.
C7
F
Dm7
E7
0 3 3 5 3 6 | 6 — 0 0 | 0 2 2 4 2 3 | 3 — 0 0 :‖
再 平凡 一些
再 简单 一些

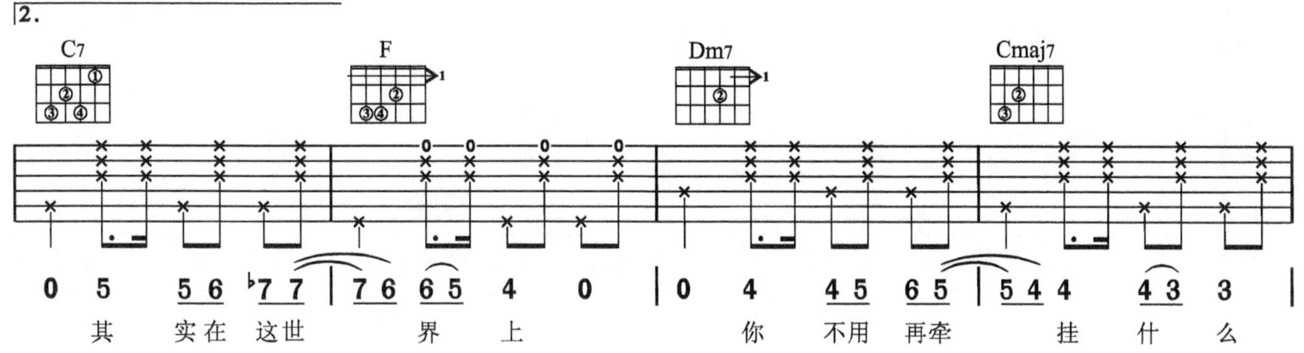
2.
C7
F
Dm7
Cmaj7
其 实在 这世 界 上
你 不用 再牵 挂 什 么

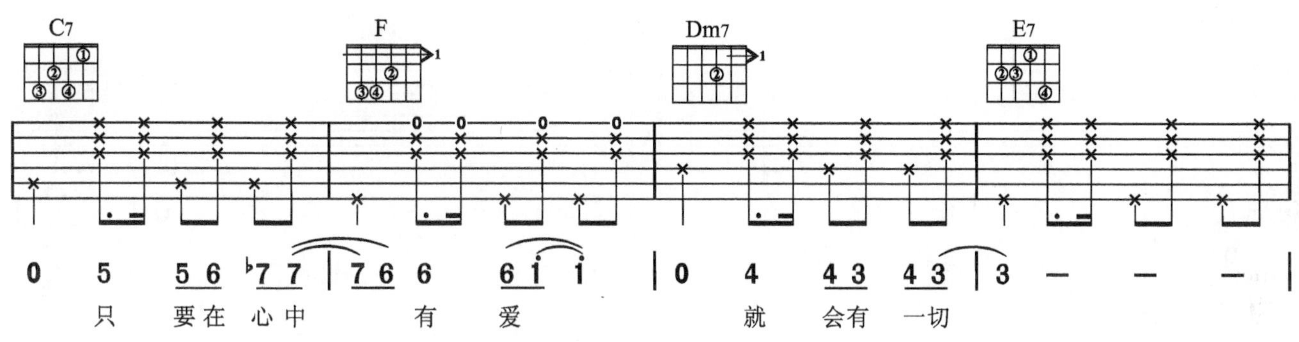
C7
F
Dm7
E7
只 要在 心中 有 爱
就 会有 一切

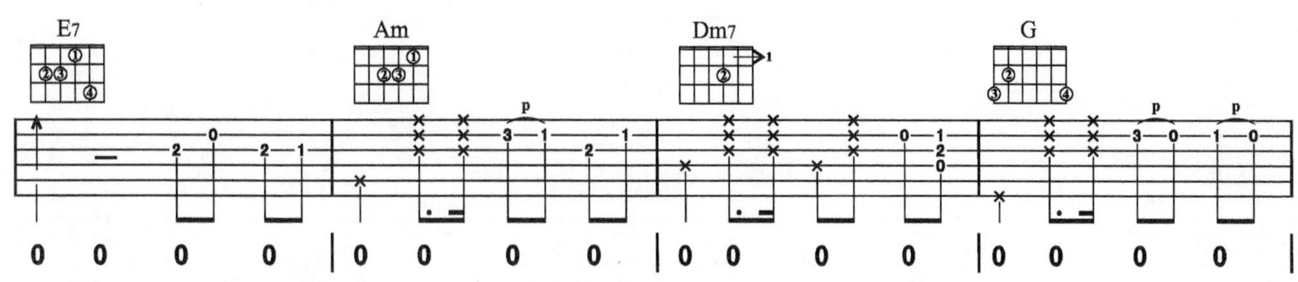
E7
Am
Dm7
G

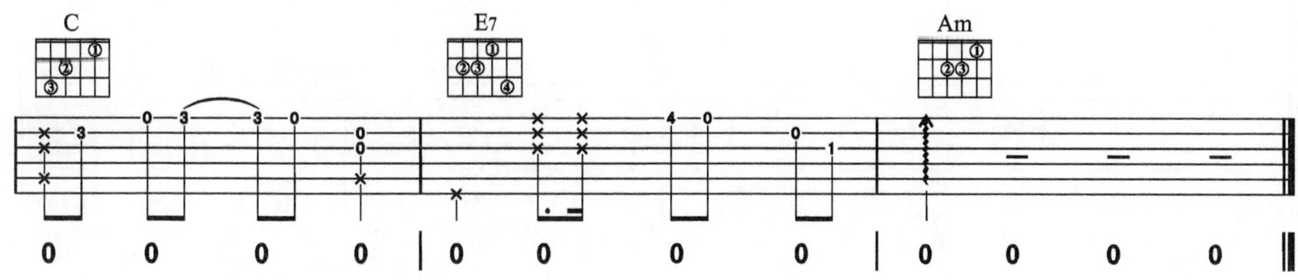
C
E7
Am

我的秋天（电吉他版）

（许　巍 演唱）

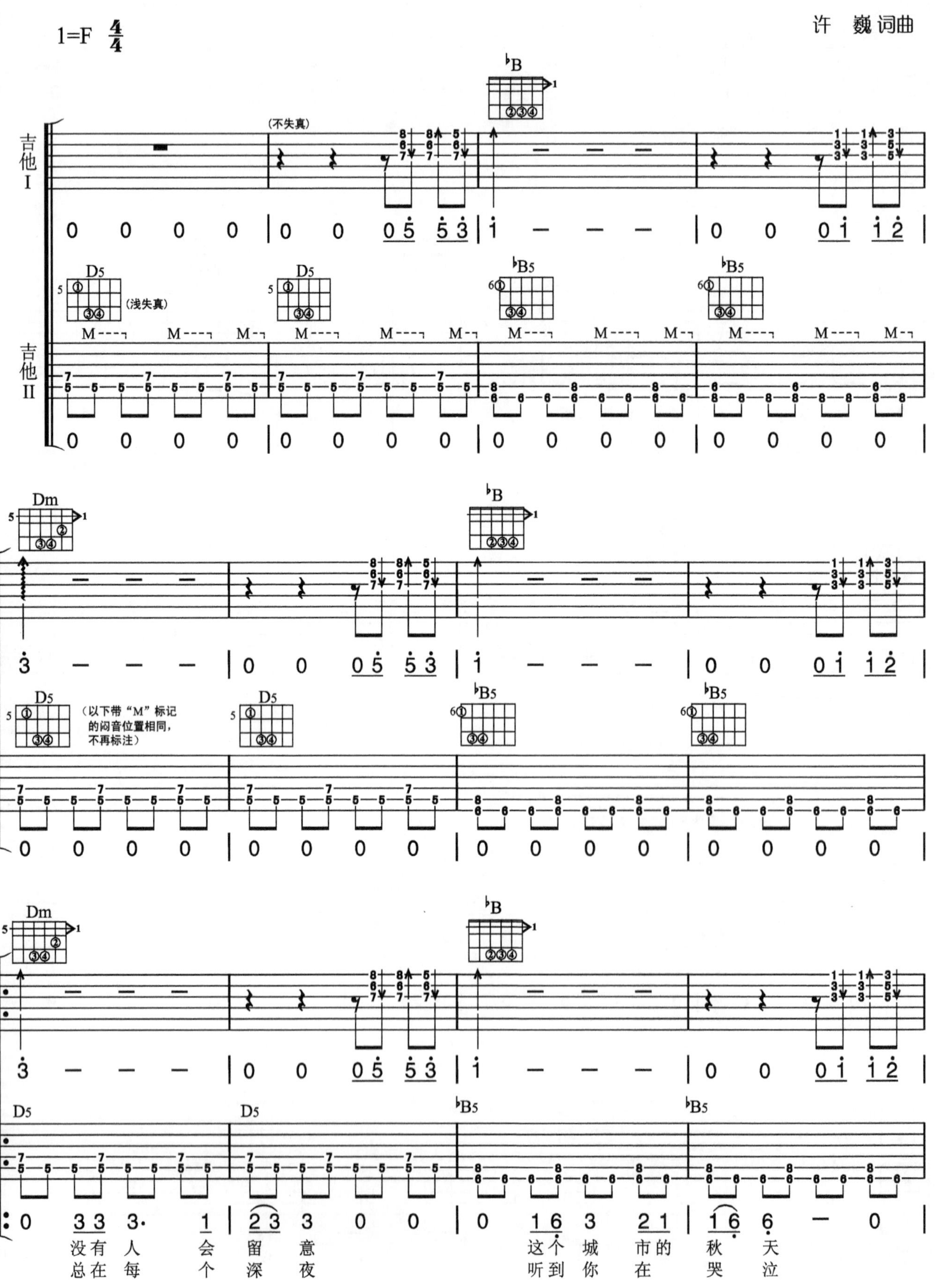

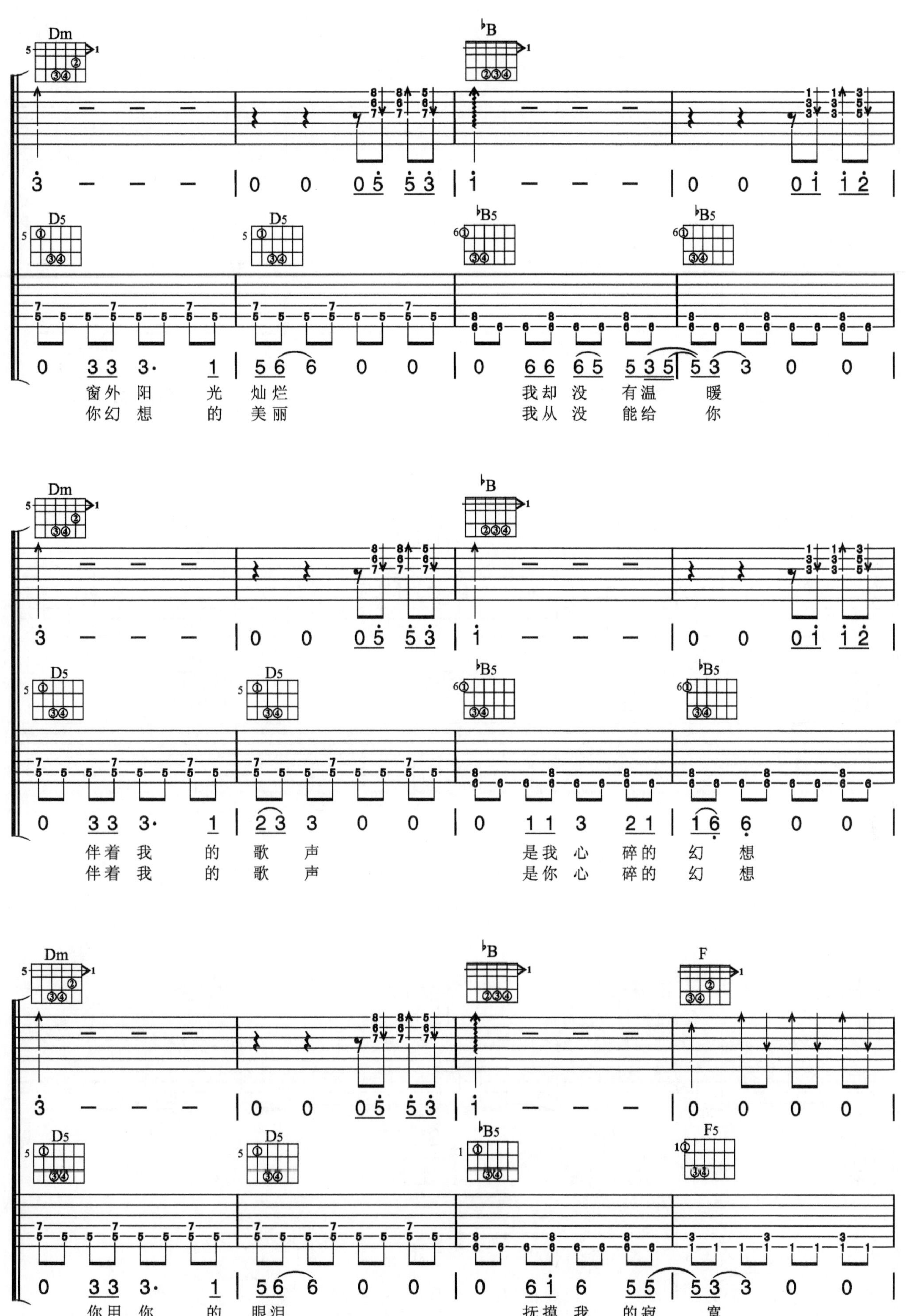
Dm
♭B
D5
♭B5
窗外阳光灿烂
我却没有温暖
你幻想的美丽
我从没能给你
伴着我的歌声
是我心碎的幻想
伴着我的歌声
是你心碎的幻想
F
F5
你用你的眼泪
抚摸我的寂寞
你用你的眼泪
抚摸我的寂寞

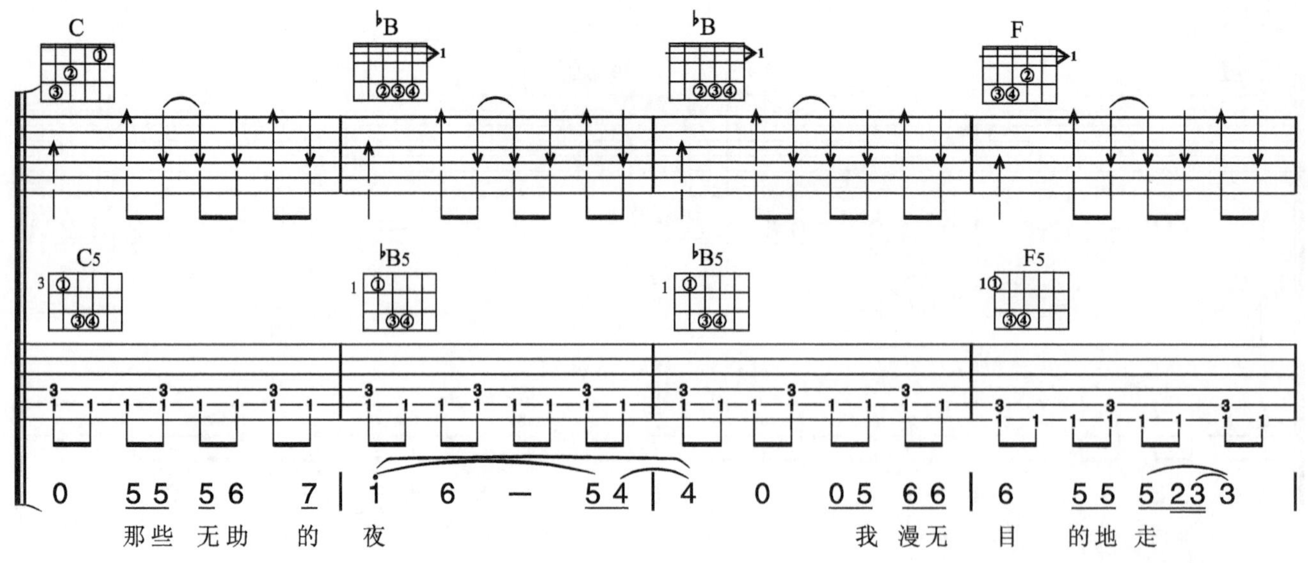
C ♭B ♭B F
C5 ♭B5 ♭B5 F5
0 55 56 7 | 1 6 — 54 | 4 0 05 66 | 6 55 5233 3 |
那些 无助 的 夜 我 漫无 目 的地 走
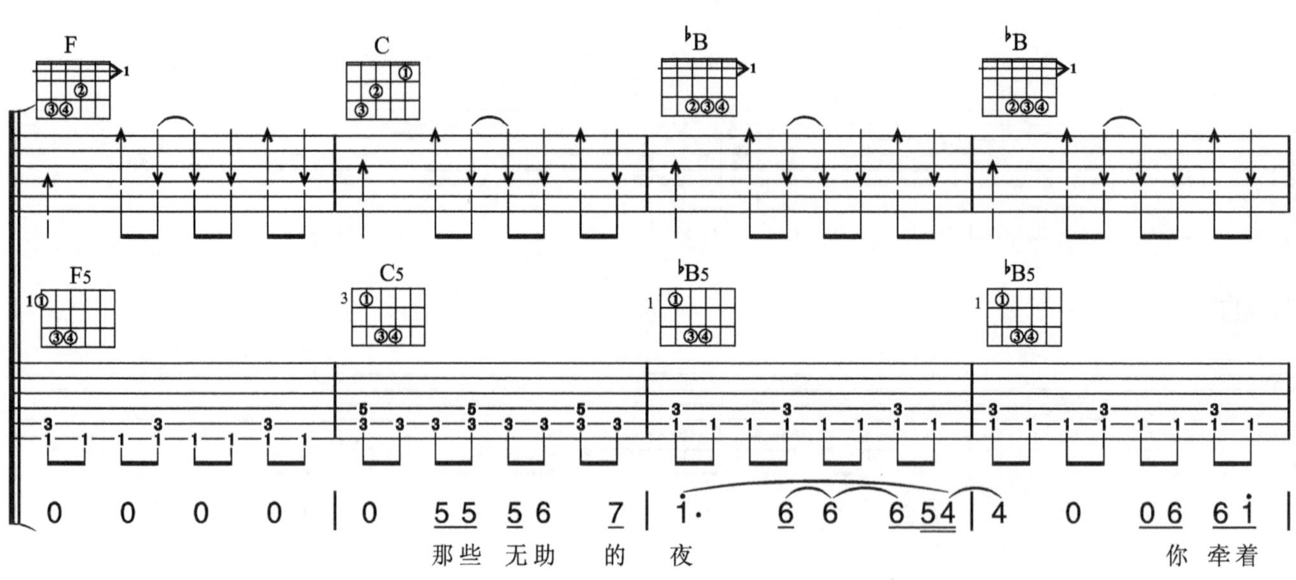
F C ♭B ♭B
F5 C5 ♭B5 ♭B5
0 0 0 0 | 0 55 56 7 | 1· 6 6 6 54 | 4 0 06 61 |
那些 无助 的 夜 你 牵着
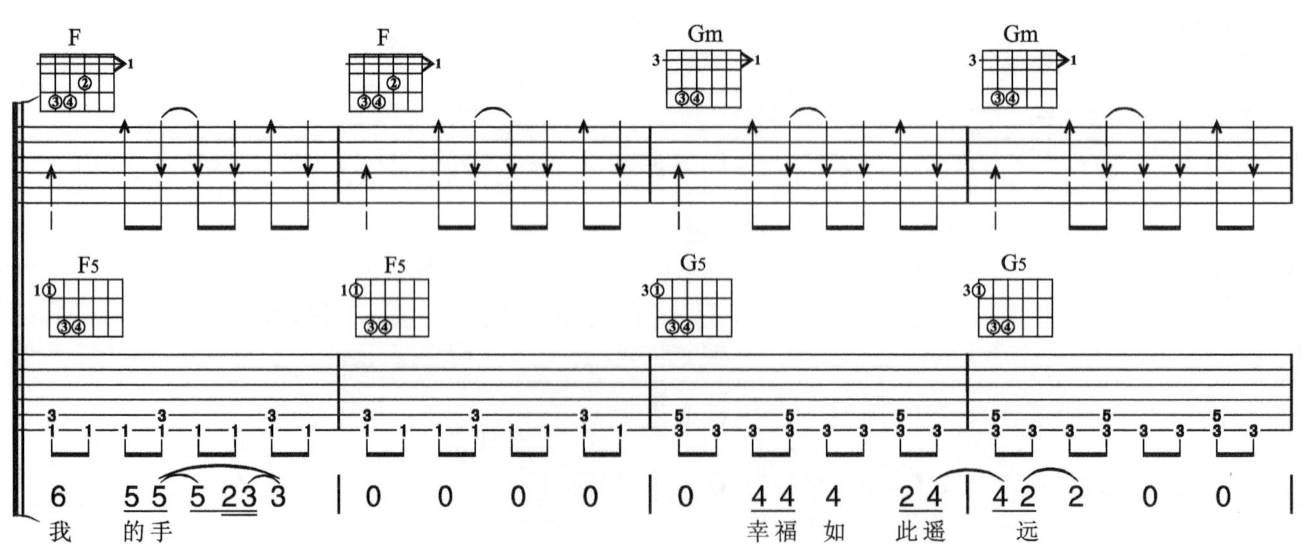
F F Gm Gm
F5 F5 G5 G5
6 55 5233 3 | 0 0 0 0 | 0 44 4 24 | 42 2 0 0 |
我 的手 幸福 如 此遥 远

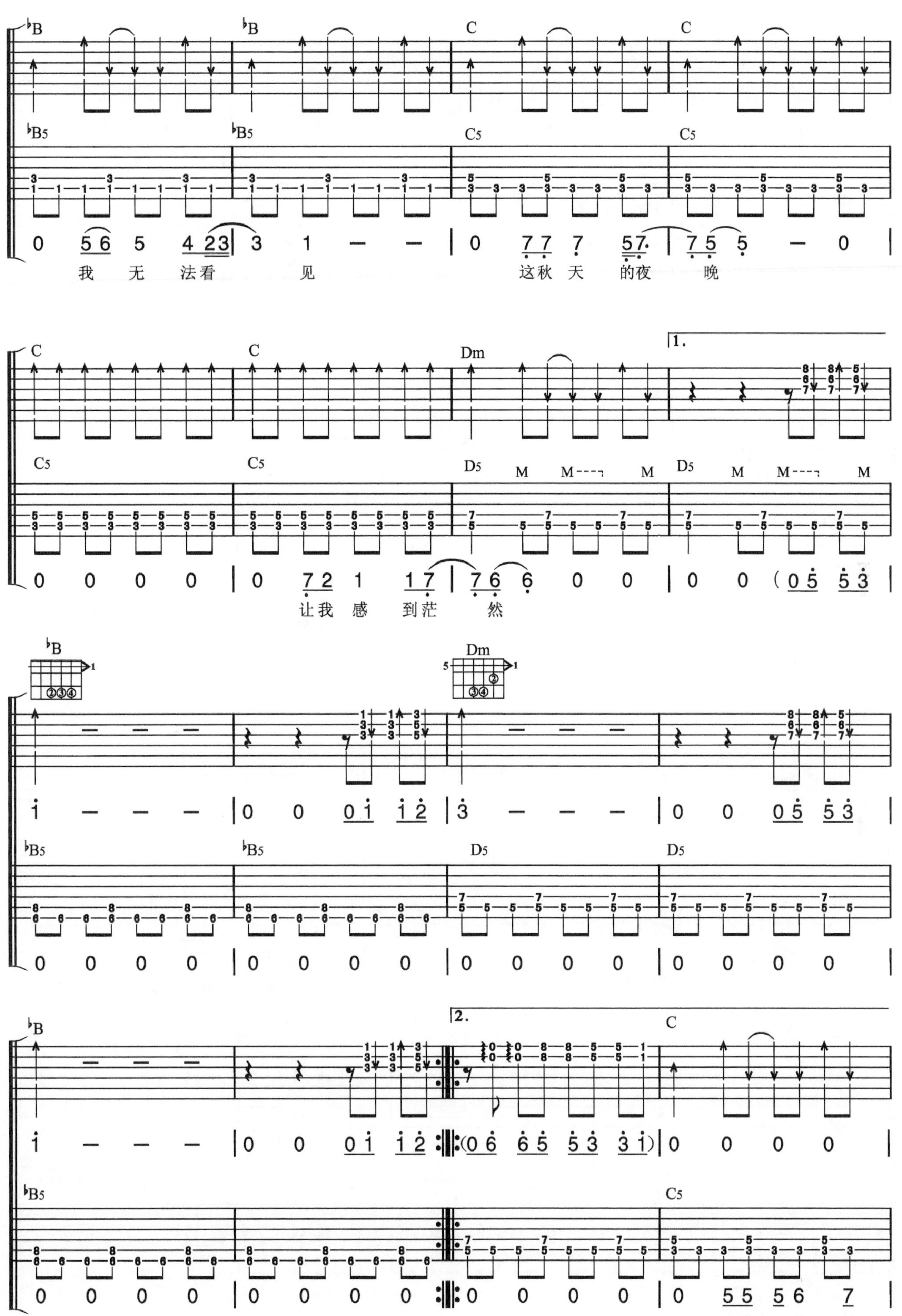
♭B
♭B5
C
C5
我无法看见
这秋天的夜晚
Dm
D5
M
1.
让我感到茫然
2.
那些无助的

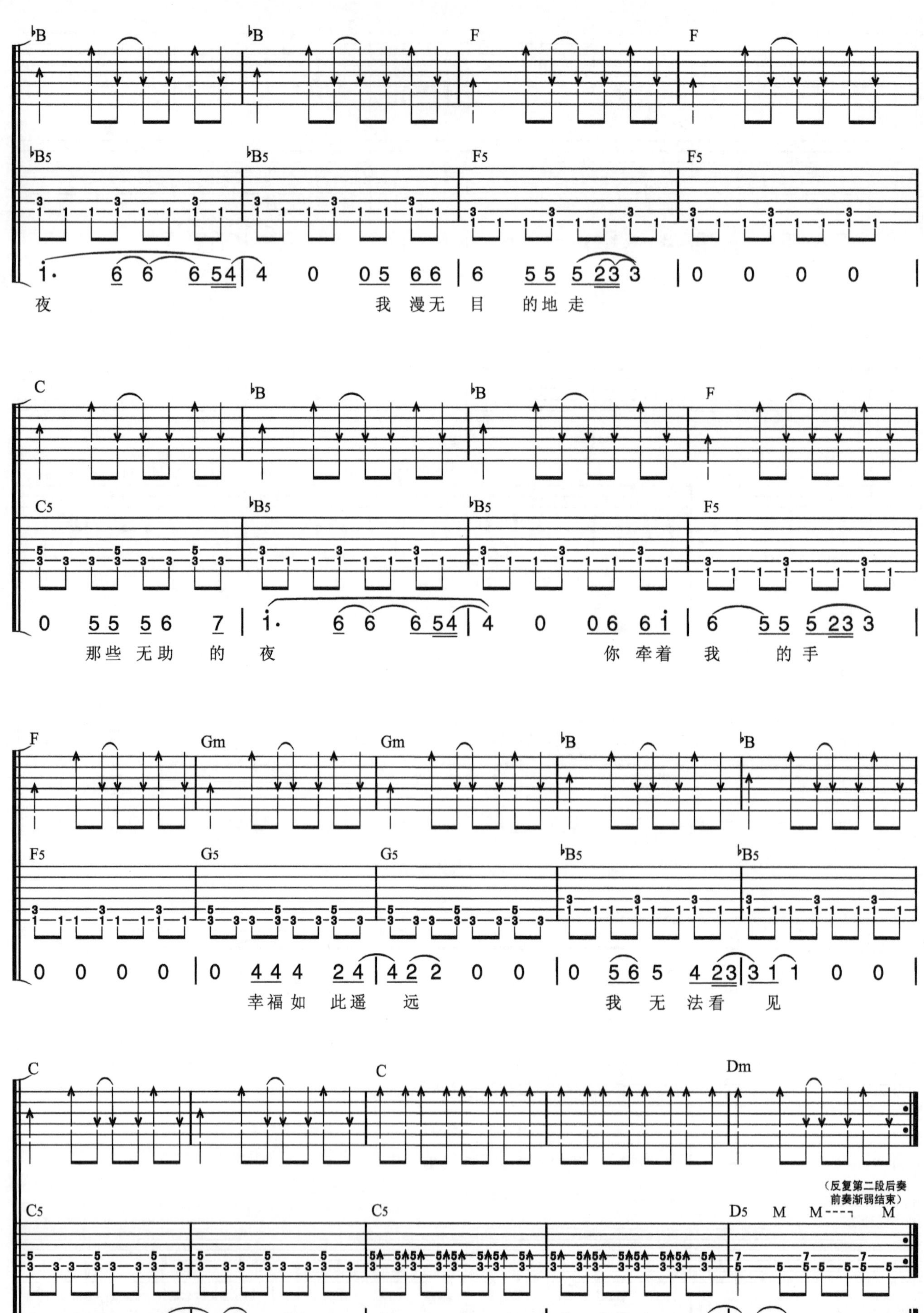
♭B ♭B F F
♭B5 ♭B5 F5 F5
夜
我漫无目的地走
C ♭B ♭B F
C5 ♭B5 ♭B5 F5
那些无助的夜
你牵着我的手
F Gm Gm ♭B ♭B
F5 G5 G5 ♭B5 ♭B5
幸福如此遥远
我无法看见
C C Dm
C5 C5 D5 M M M
（反复第二段后奏前奏渐弱结束）
这秋天的夜晚
让我感到茫然

闪亮的瞬间

（许　巍 演唱）

原调：1=B $\frac{2}{4}$
选调：1=C
降低半音调弦

许　巍 词曲

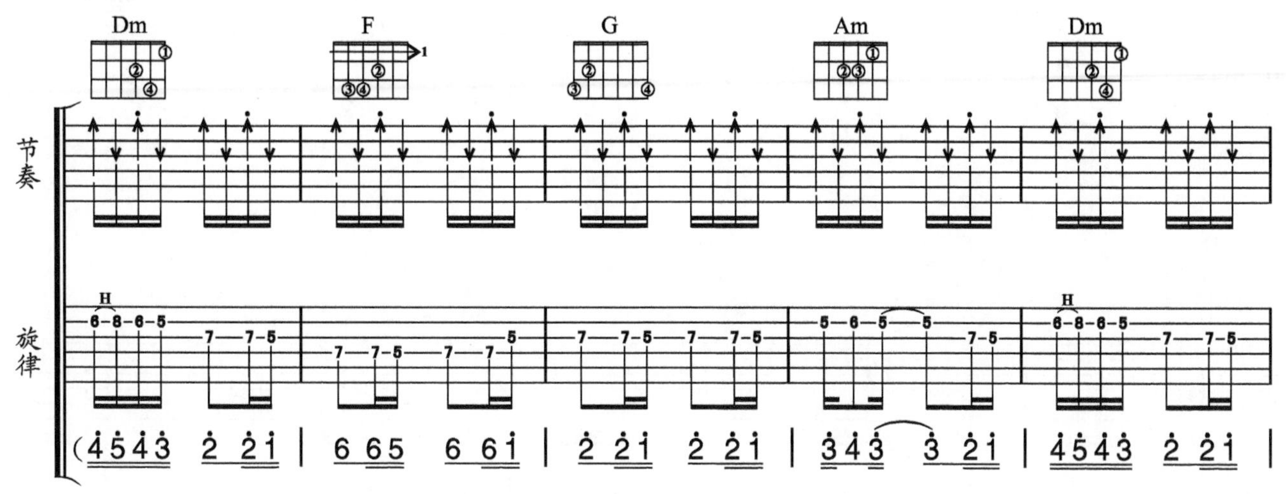

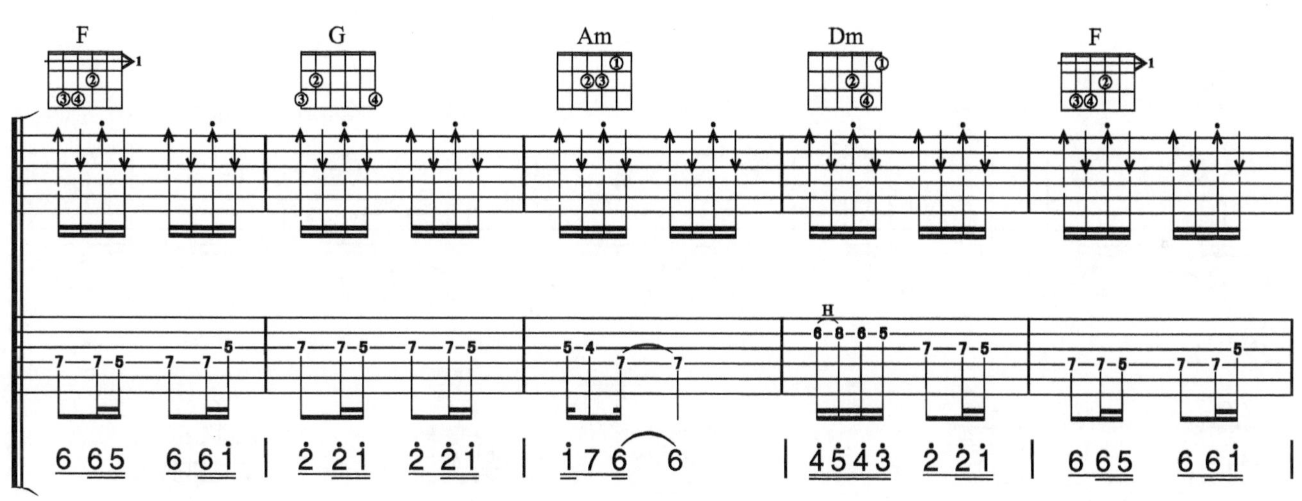

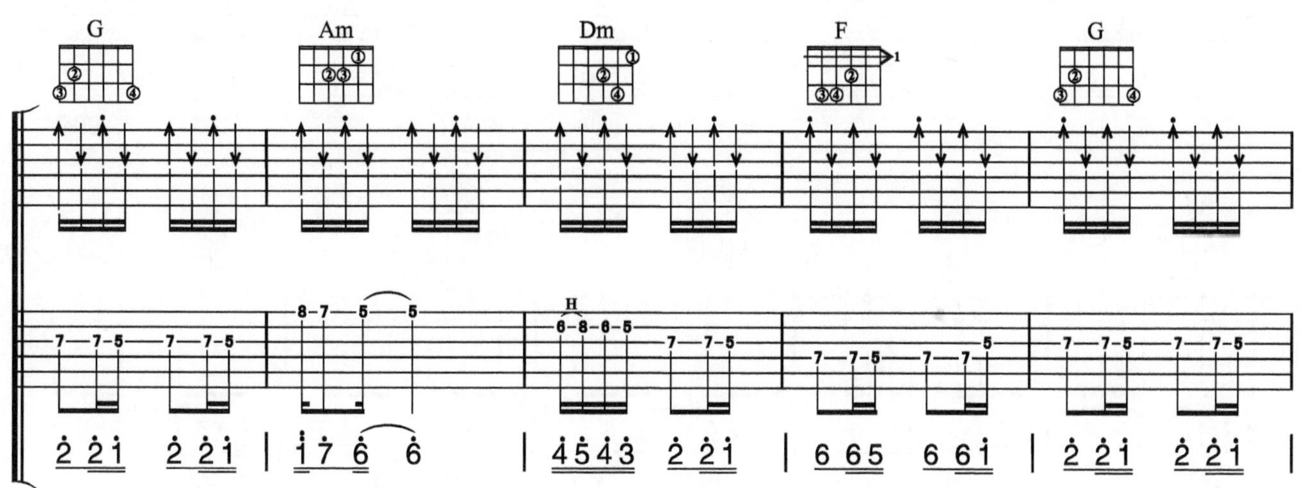

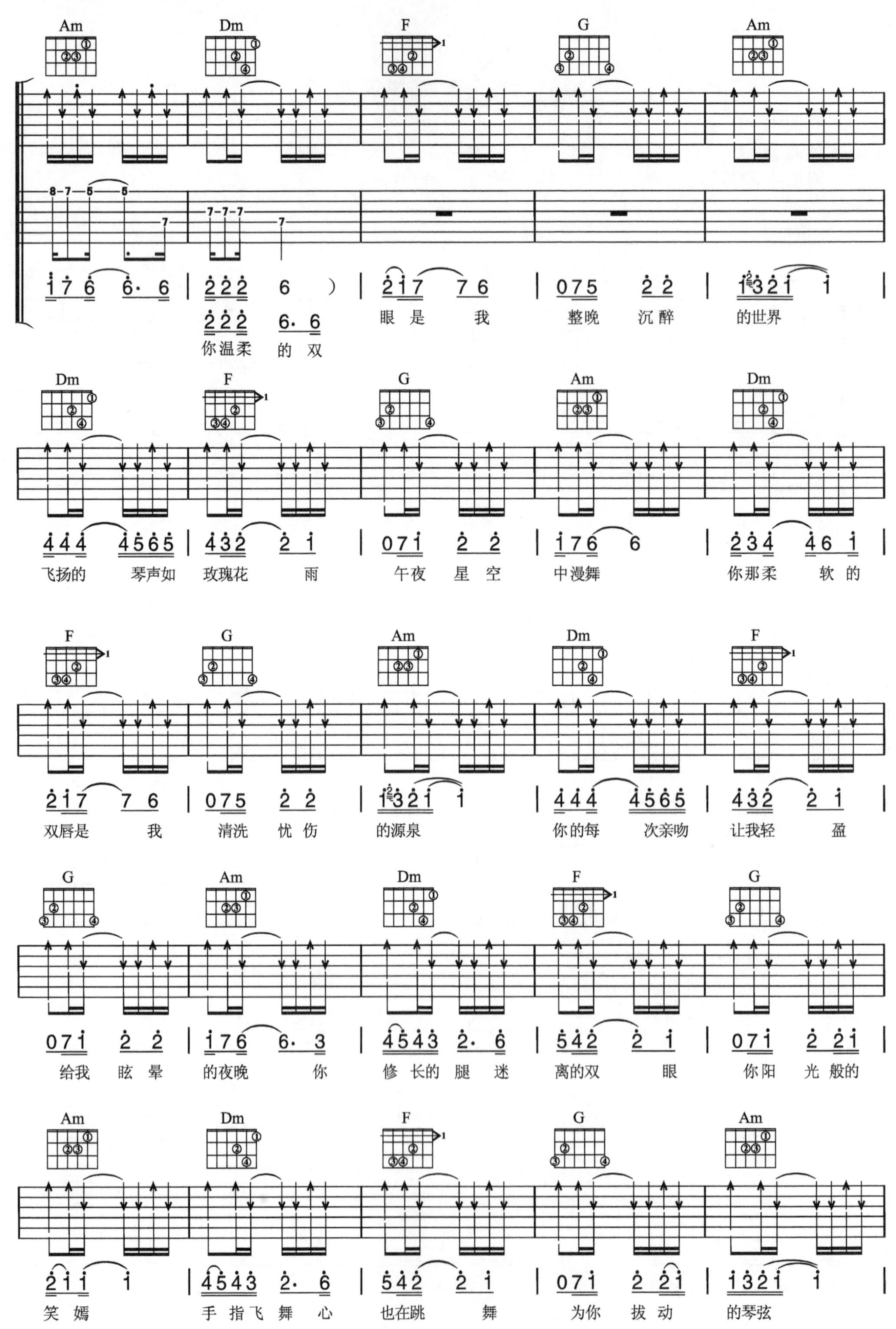
Am Dm F G Am
你温柔的双
眼是我
整晚沉醉
的世界
Dm F G Am Dm
飞扬的琴声如
玫瑰花雨
午夜星空
中漫舞
你那柔软的
F G Am Dm F
双唇是我
清洗忧伤
的源泉
你的每次亲吻
让我轻盈
G Am Dm F G
给我眩晕
的夜晚你
修长的腿迷
离的双眼
你阳光般的
Am Dm F G Am
笑嫣
手指飞舞心
也在跳舞
为你拔动
的琴弦

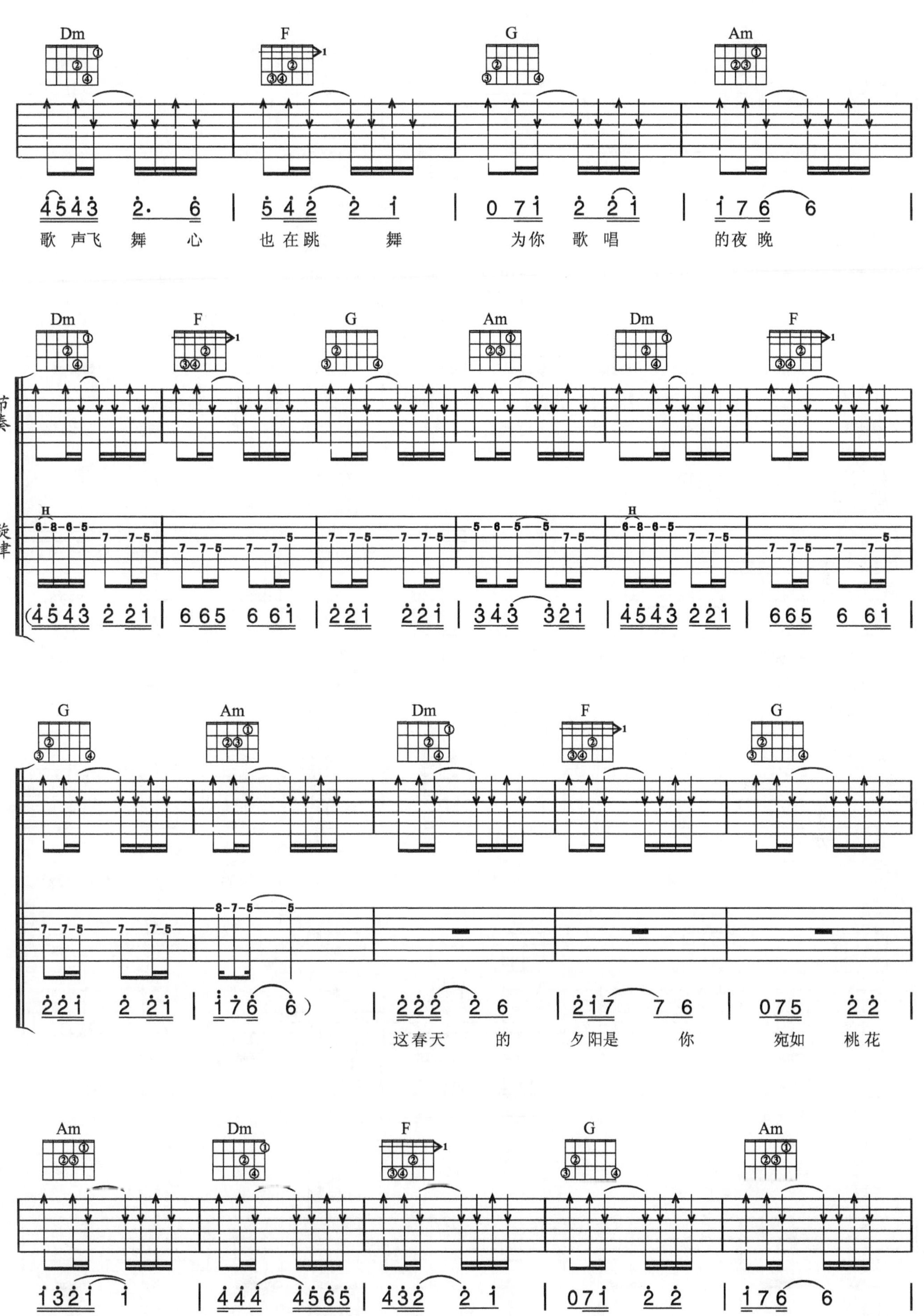
Dm F G Am
歌声飞舞心 也在跳舞 为你歌唱 的夜晚
Dm F G Am Dm F
节奏
旋律
G Am Dm F G
这春天的 夕阳是你 宛如桃花
Am Dm F G Am
的容颜 与你再次相逢 那一瞬间 知道一切 都变了

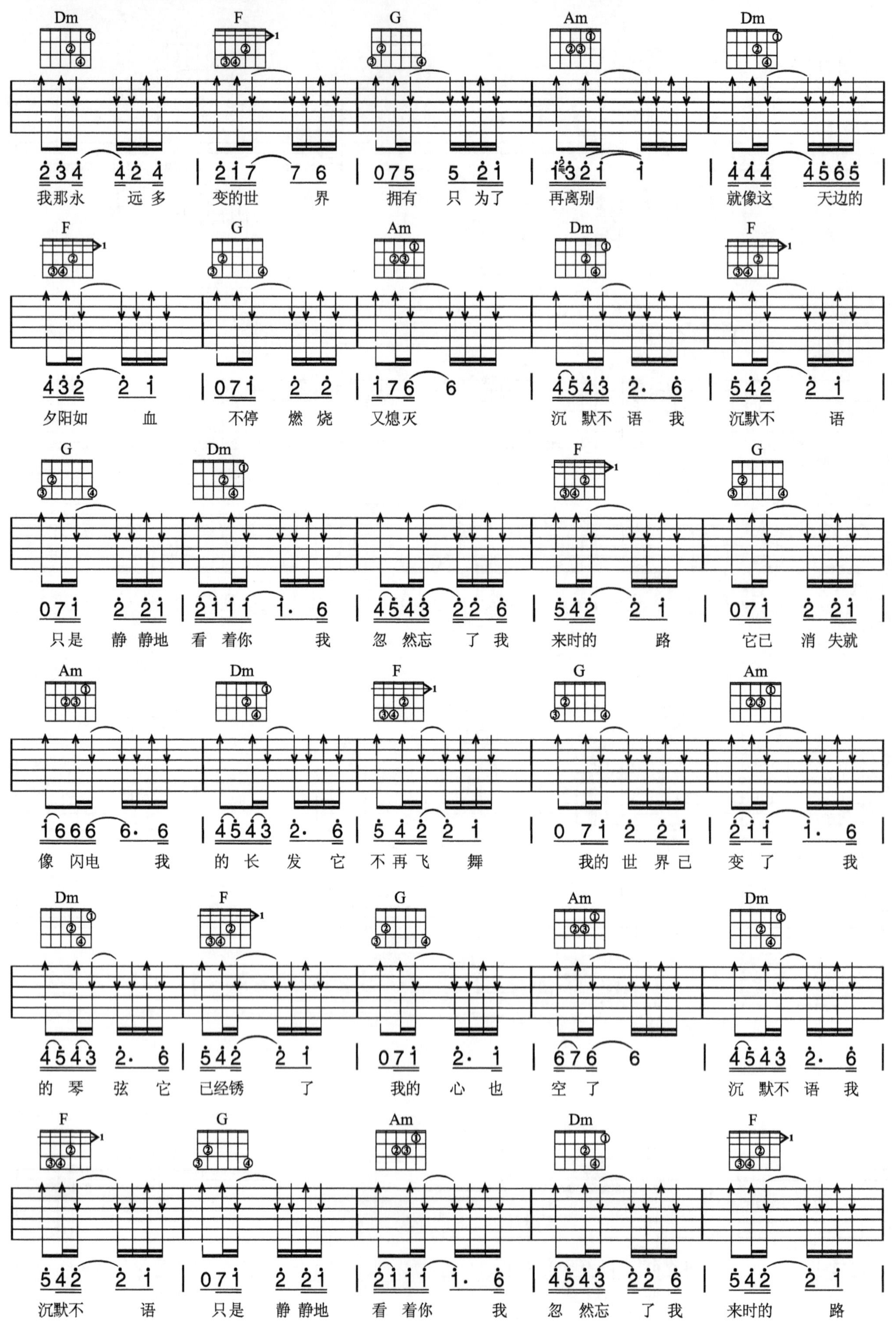
Dm F G Am Dm
我那永 远 多 变的世 界 拥有 只 为了 再离别 就像这 天边的
F G Am Dm F
夕阳如 血 不停 燃 烧 又熄灭 沉 默不 语 我 沉默不 语
G Dm F G
只是 静 静地 看 着你 我 忽 然忘 了 我 来时的 路 它已 消 失就
Am Dm F G Am
像 闪电 我 的 长 发 它 不再飞 舞 我的 世 界 已 变 了 我
Dm F G Am Dm
的 琴 弦 它 已经锈 了 我的 心 也 空 了 沉 默不 语 我
F G Am Dm F
沉默不 语 只是 静 静地 看 着你 我 忽 然忘 了 我 来时的 路

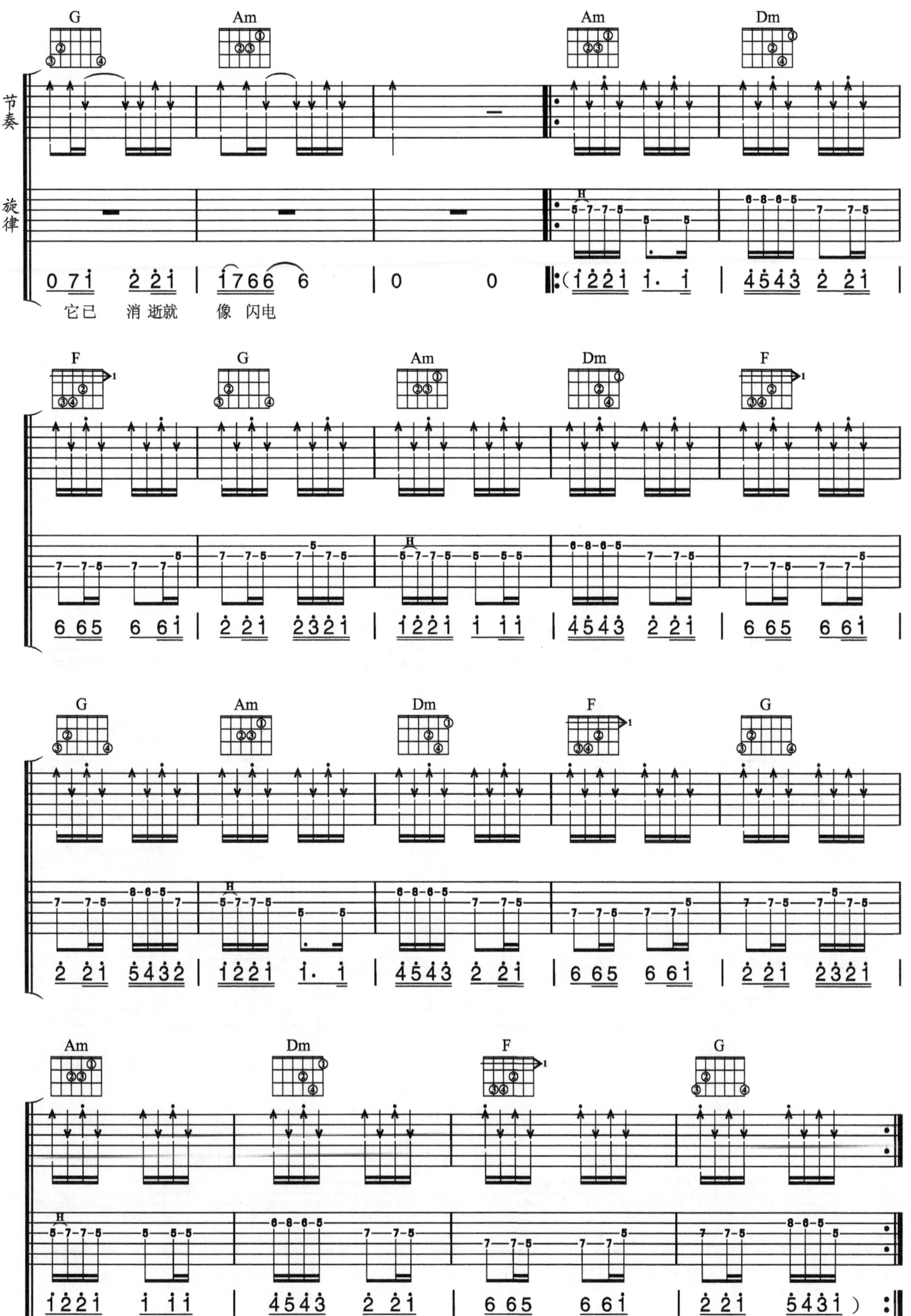
G Am Am Dm
节奏
旋律
0 7 1 2 2 1 | 1 7 6 6 6 | 0 0 |: (1 2 2 1 1. 1 | 4 5 4 3 2 2 1 |
它已 消逝就 像 闪电
F G Am Dm F
6 6 5 6 6 1 | 2 2 1 2 3 2 1 | 1 2 2 1 1 1 1 | 4 5 4 3 2 2 1 | 6 6 5 6 6 1 |
G Am Dm F G
2 2 1 5 4 3 2 | 1 2 2 1 1. 1 | 4 5 4 3 2 2 1 | 6 6 5 6 6 1 | 2 2 1 2 3 2 1 |
Am Dm F G
1 2 2 1 1 1 1 | 4 5 4 3 2 2 1 | 6 6 5 6 6 1 | 2 2 1 5 4 3 1) :|

温暖的季节

（许　巍　演唱）

1=G $\frac{4}{4}$

许　巍　词曲

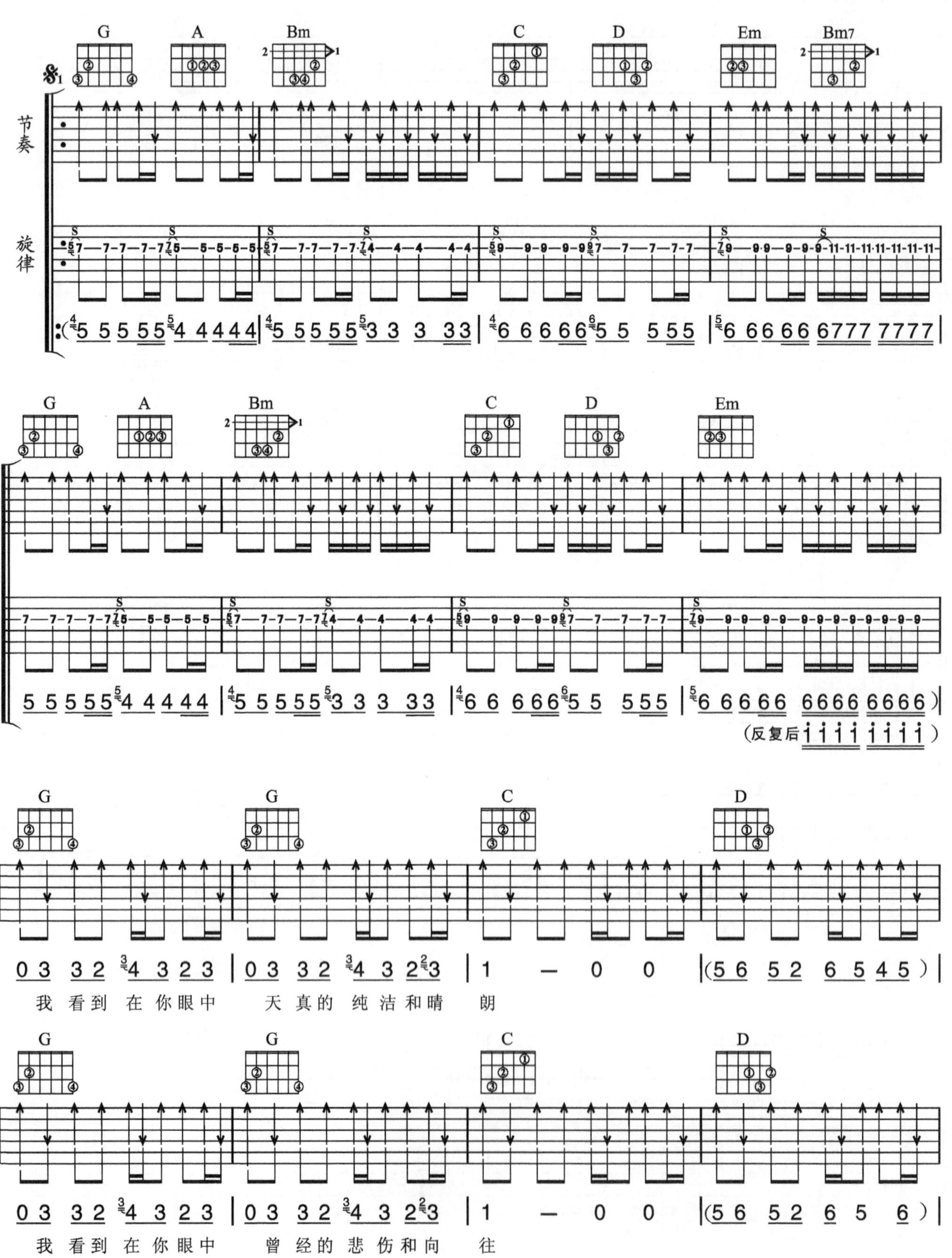

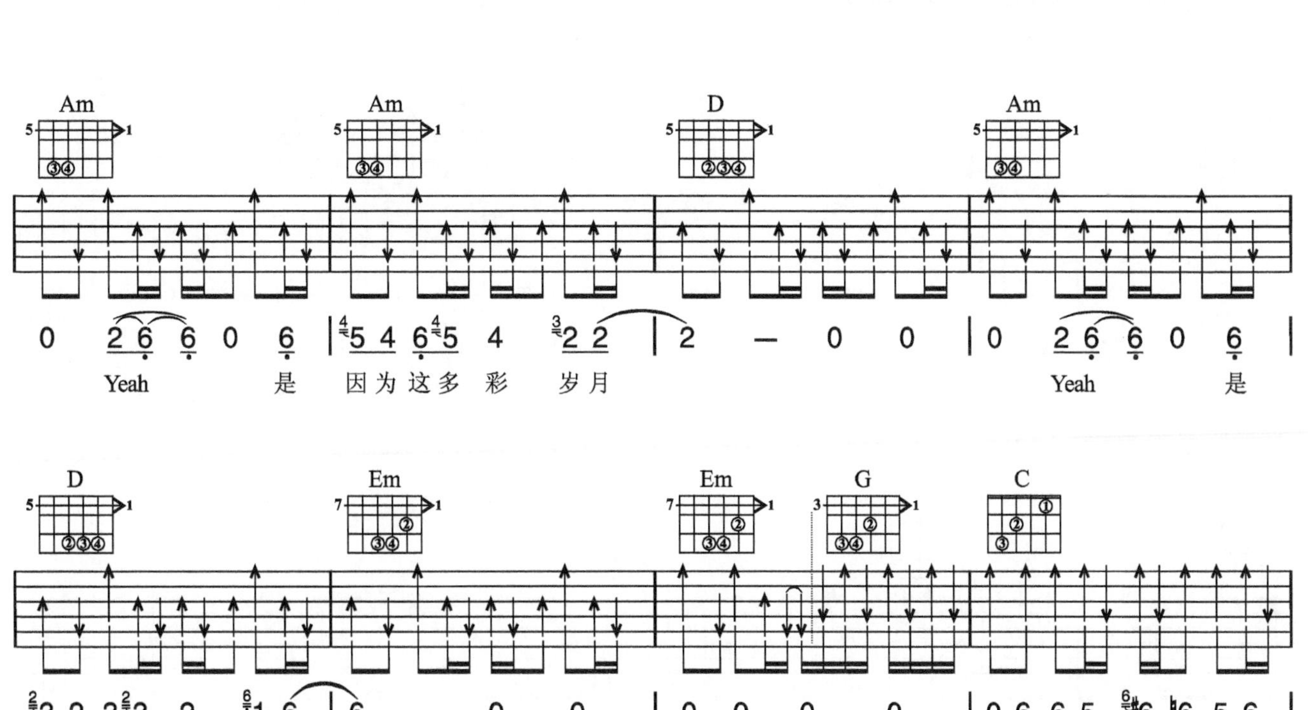
Am Am D Am
Yeah 是 因为这多彩 岁月
Yeah 是
D Em Em G C
因为那残酷 岁月
我看到 在你眼中

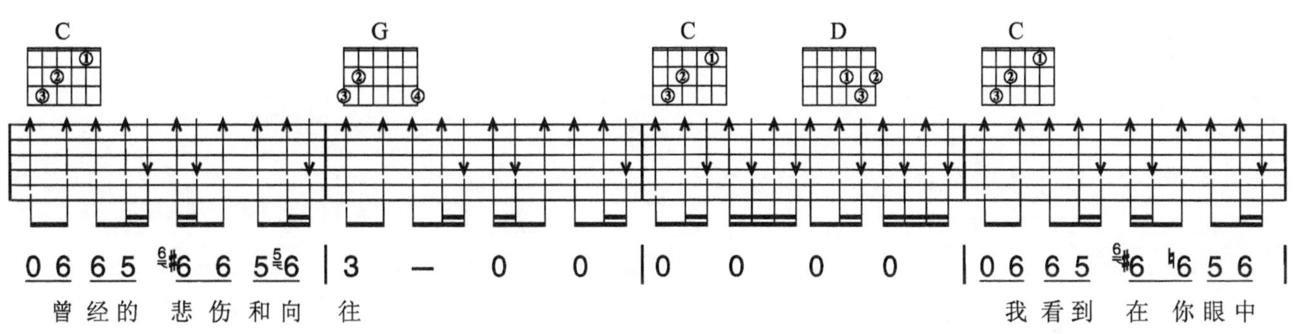
C G C D C
曾经的 悲伤和向 往
我看到 在你眼中

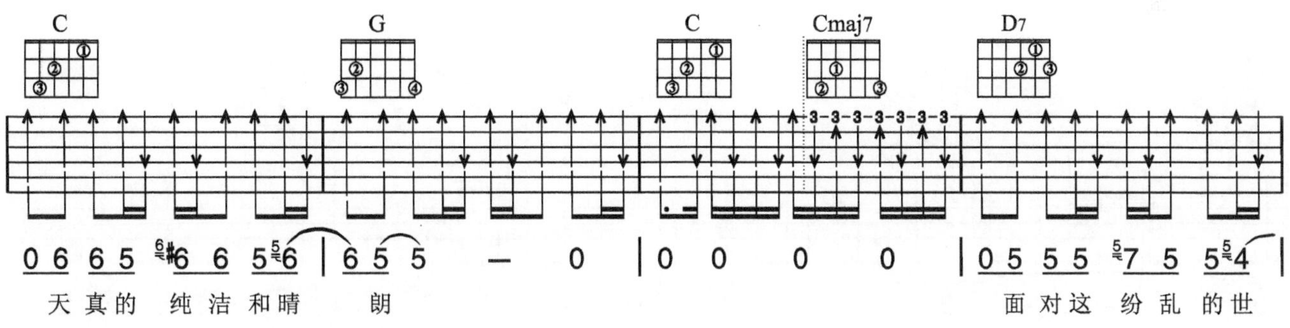
C G C Cmaj7 D7
天真的 纯洁和晴 朗
面对这 纷乱 的世

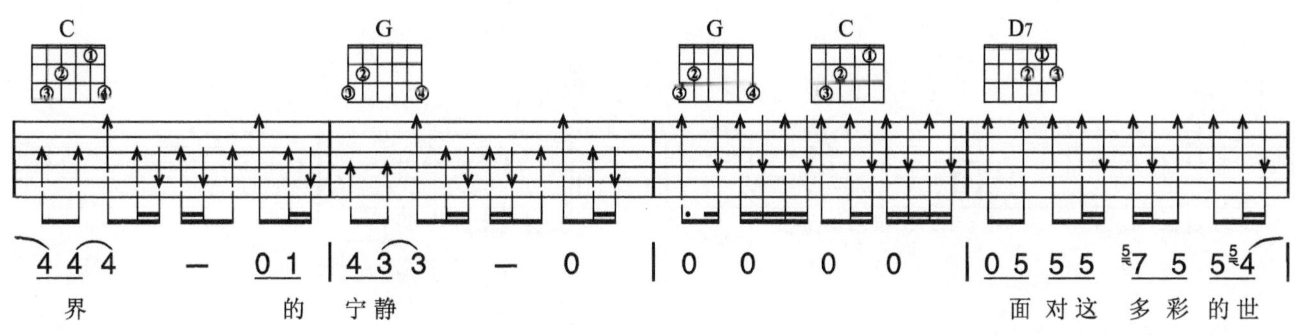
C G G C D7
界 的 宁静
面对这 多彩 的世

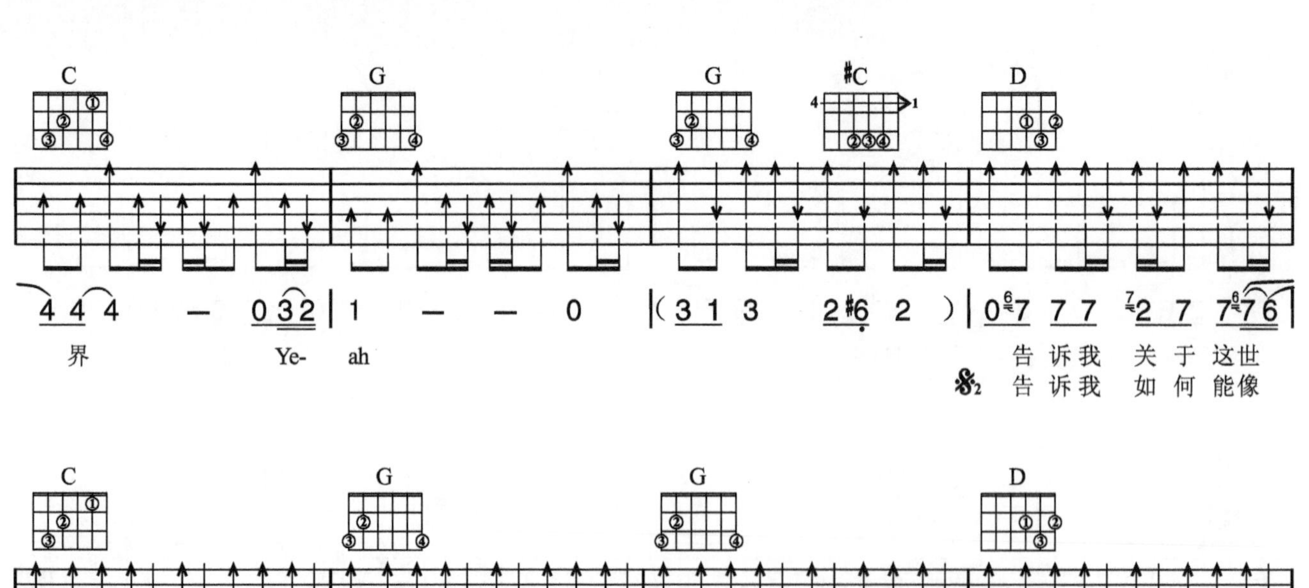
C G G #C D
界 Ye- ah
告诉我 关于这世
告诉我 如何能像
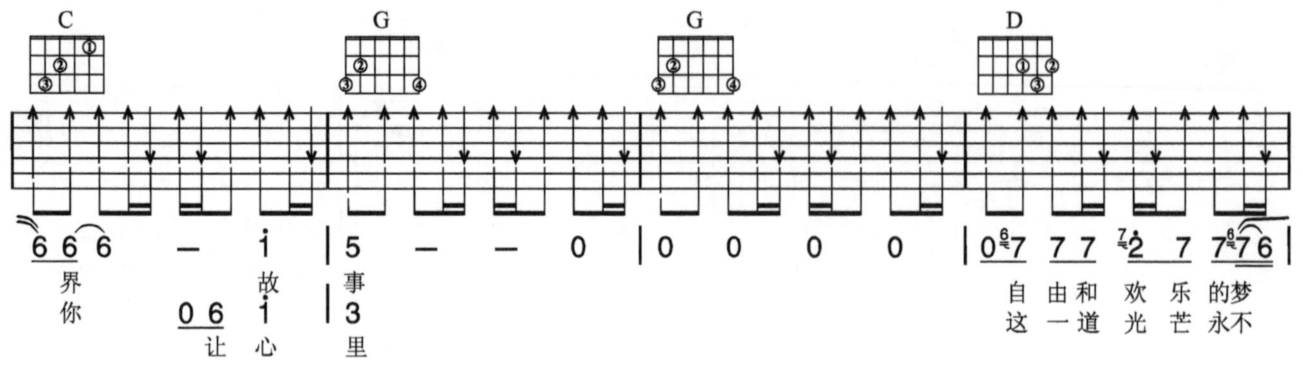
C G G D
界 故 事
你 让 心 里
自由和 欢乐的梦
这一道光芒永不
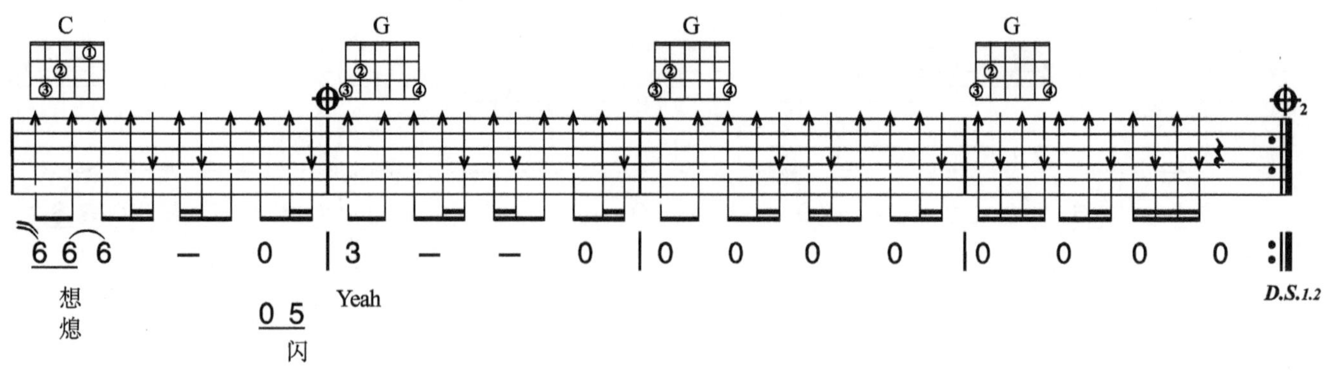
C G G G
想 Yeah
熄 闪
D.S.1.2
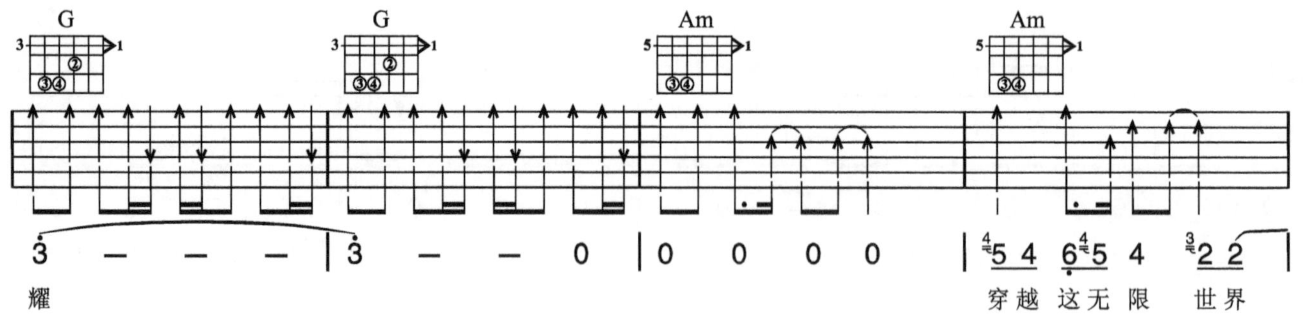
G G Am Am
耀
穿越这无限 世界
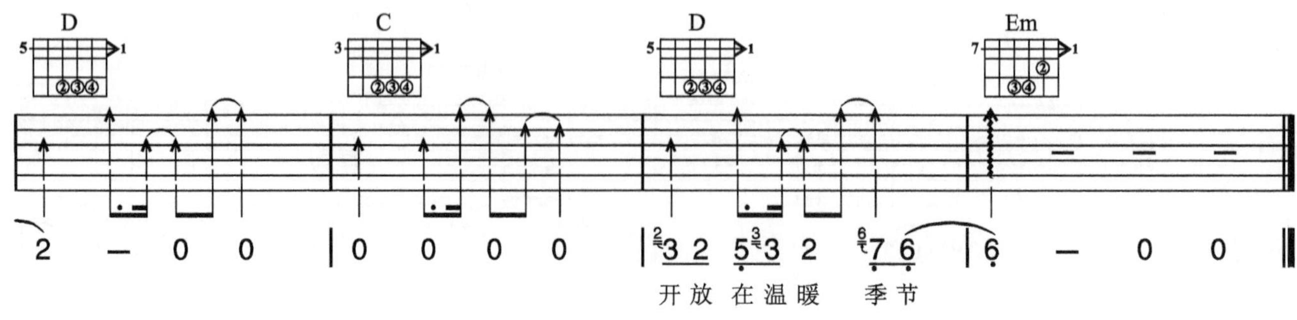
D C D Em
开放在温暖 季节

我思念的城市（双吉他谱）

（许　巍 演唱）

1＝E $\frac{4}{4}$

许　巍词曲

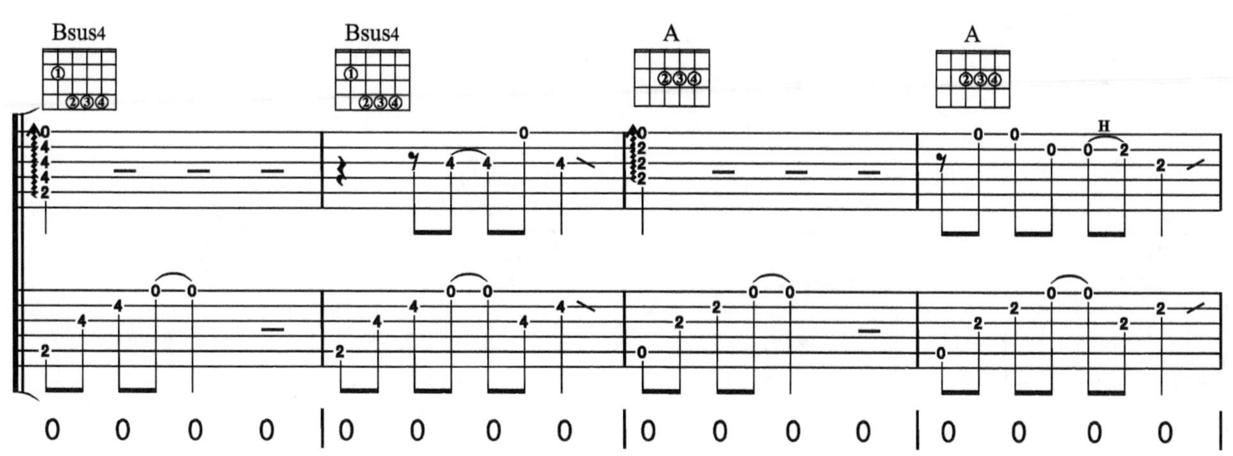

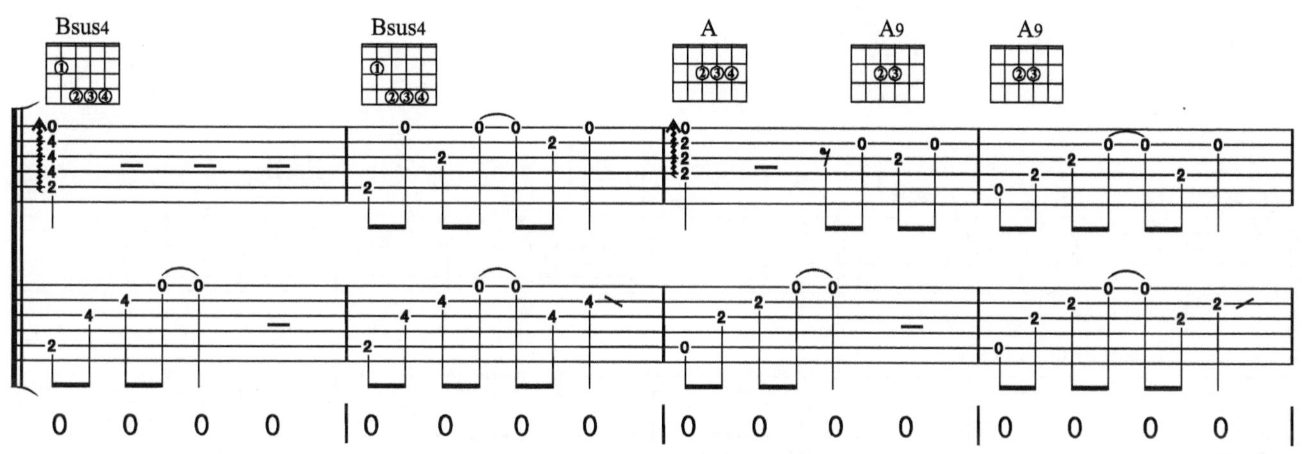

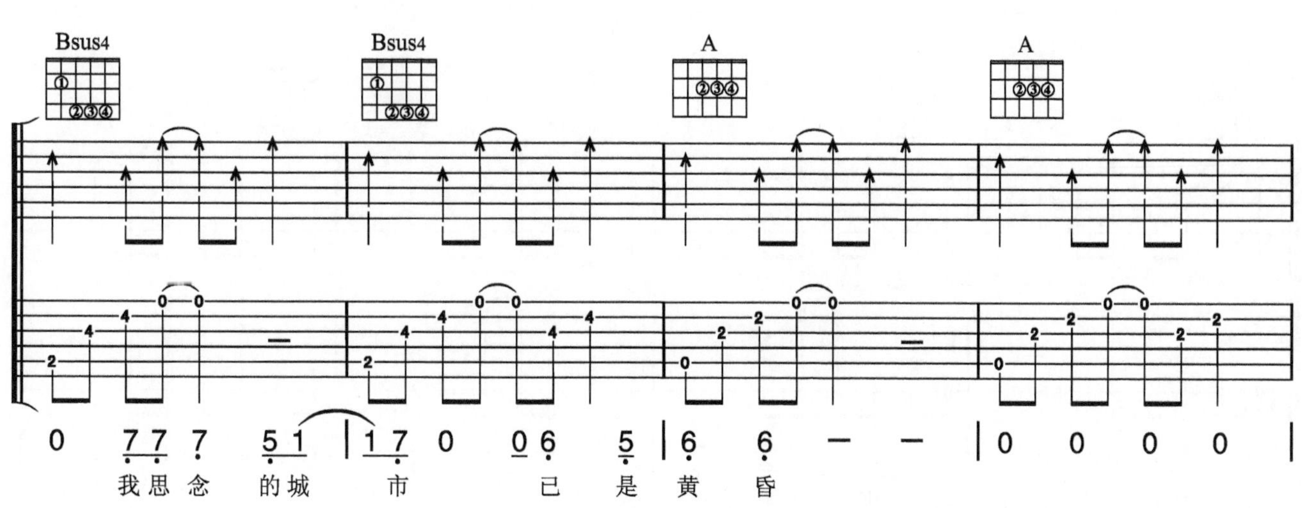

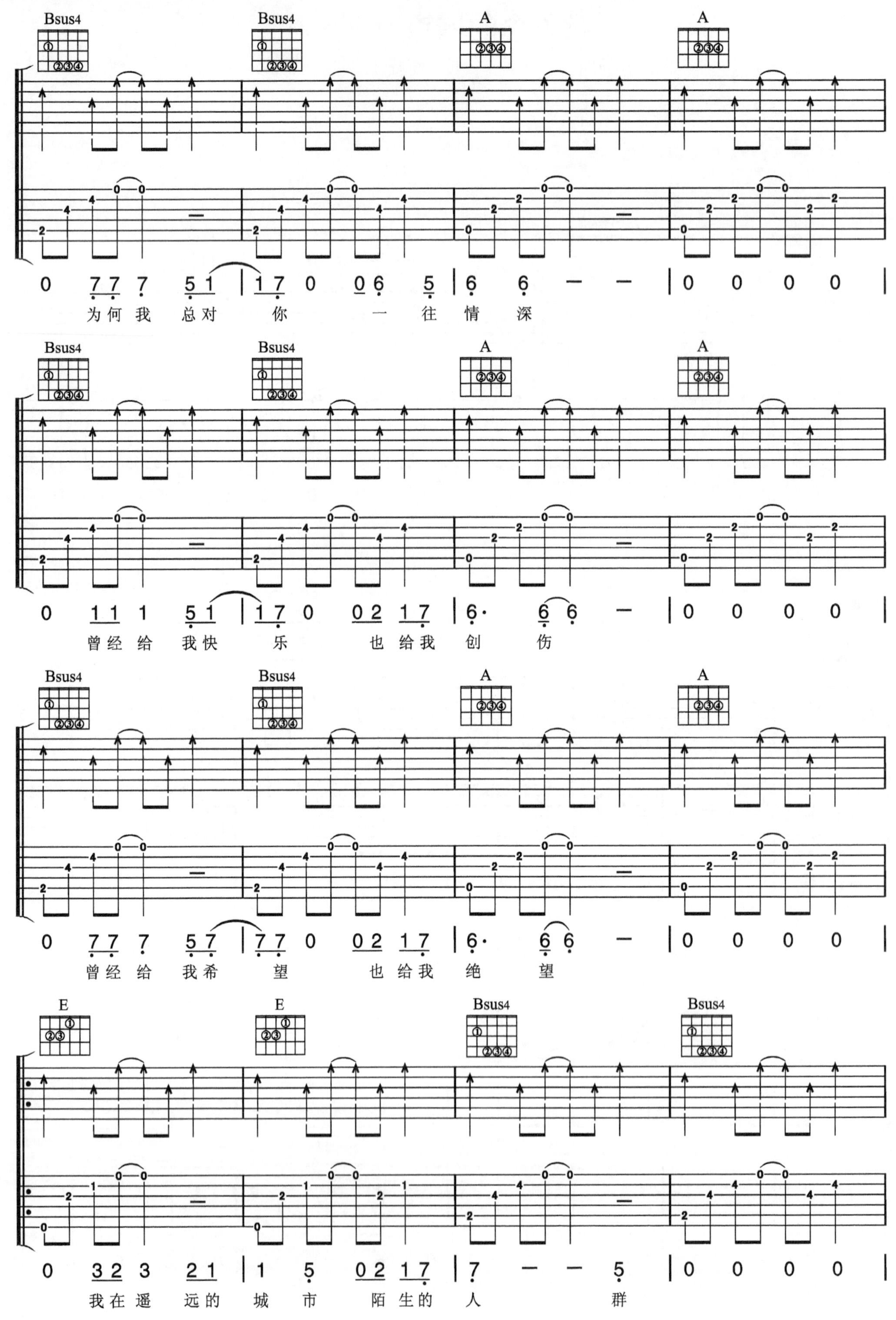
Bsus4 Bsus4 A A
0 7 7 7 5 1 | 1 7 0 0 6 5 | 6 6 — — | 0 0 0 0 |
为何我总对你一往情深
Bsus4 Bsus4 A A
0 1 1 1 5 1 | 1 7 0 0 2 1 7 | 6· 6 6 — | 0 0 0 0 |
曾经给我快乐也给我创伤
Bsus4 Bsus4 A A
0 7 7 7 5 7 | 7 7 0 0 2 1 7 | 6· 6 6 — | 0 0 0 0 |
曾经给我希望也给我绝望
E E Bsus4 Bsus4
0 3 2 3 2 1 | 1 5 0 2 1 7 | 7 — — 5 | 0 0 0 0 |
我在遥远的城市陌生的人群

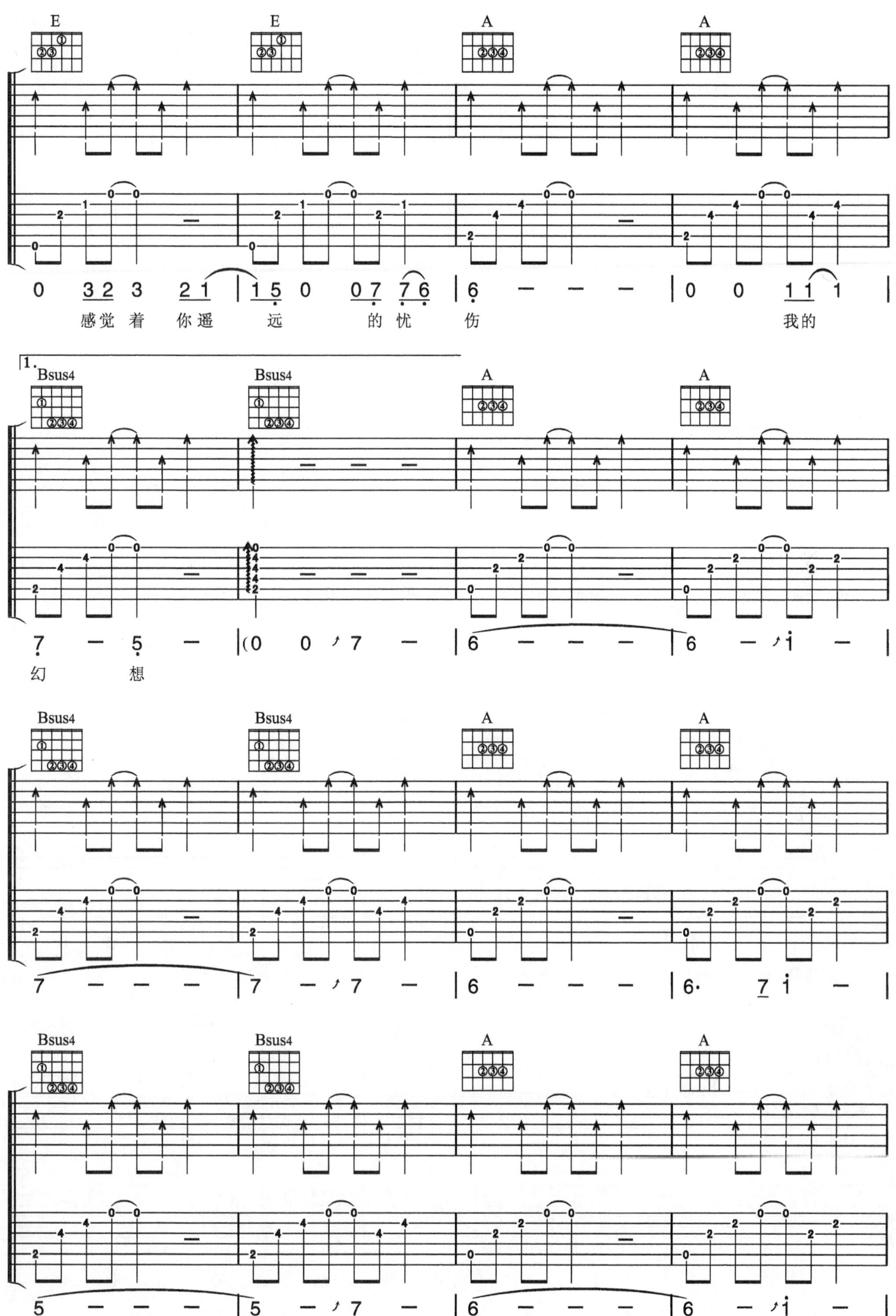
E
E
A
A
0 3 2 3 2 1 | 1 5 0 0 7 7 6 | 6 — — — | 0 0 1 1 1 |
感觉着你遥远的忧伤
我的
1.
Bsus4
Bsus4
A
A
7 — 5 — | (0 0 7 — | 6 — — — | 6 — i — |
幻想
Bsus4
Bsus4
A
A
7 — — — | 7 — 7 — | 6 — — — | 6· 7 i — |
Bsus4
Bsus4
A
A
5 — — — | 5 — 7 — | 6 — — — | 6 — i — |

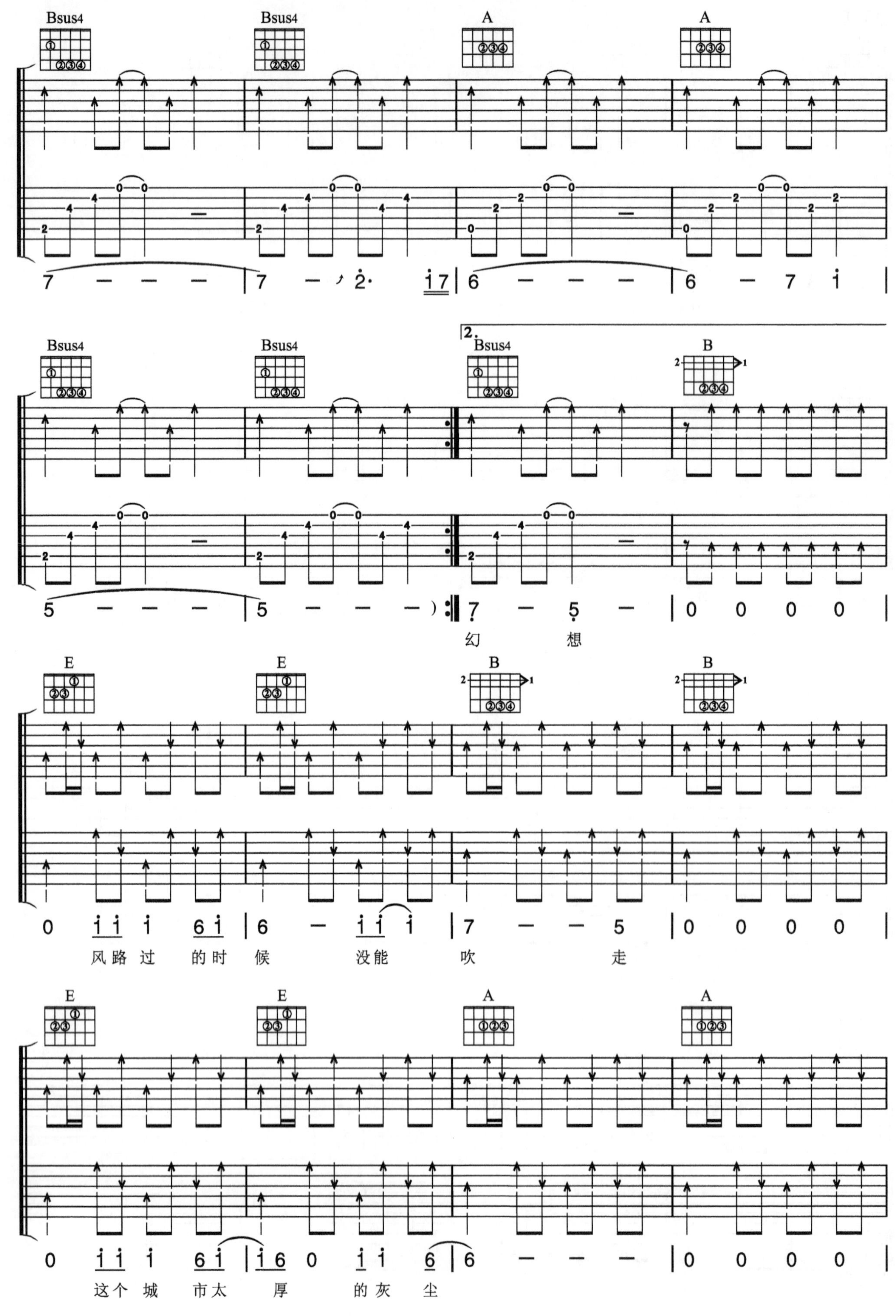
Bsus4 Bsus4 A A
7 — — — | 7 — 2· i7 | 6 — — — | 6 — 7 i |
Bsus4 Bsus4
2.
Bsus4 B
5 — — — | 5 — — —) :| 7 — 5 — | 0 0 0 0 |
幻 想
E E B B
0 i i i 6 i | 6 — i i i | 7 — — 5 | 0 0 0 0 |
风路过 的时 候 没能 吹 走
E E A A
0 i i i 6 i | i 6 0 i i 6 | 6 — — — | 0 0 0 0 |
这个 城 市太 厚 的灰 尘

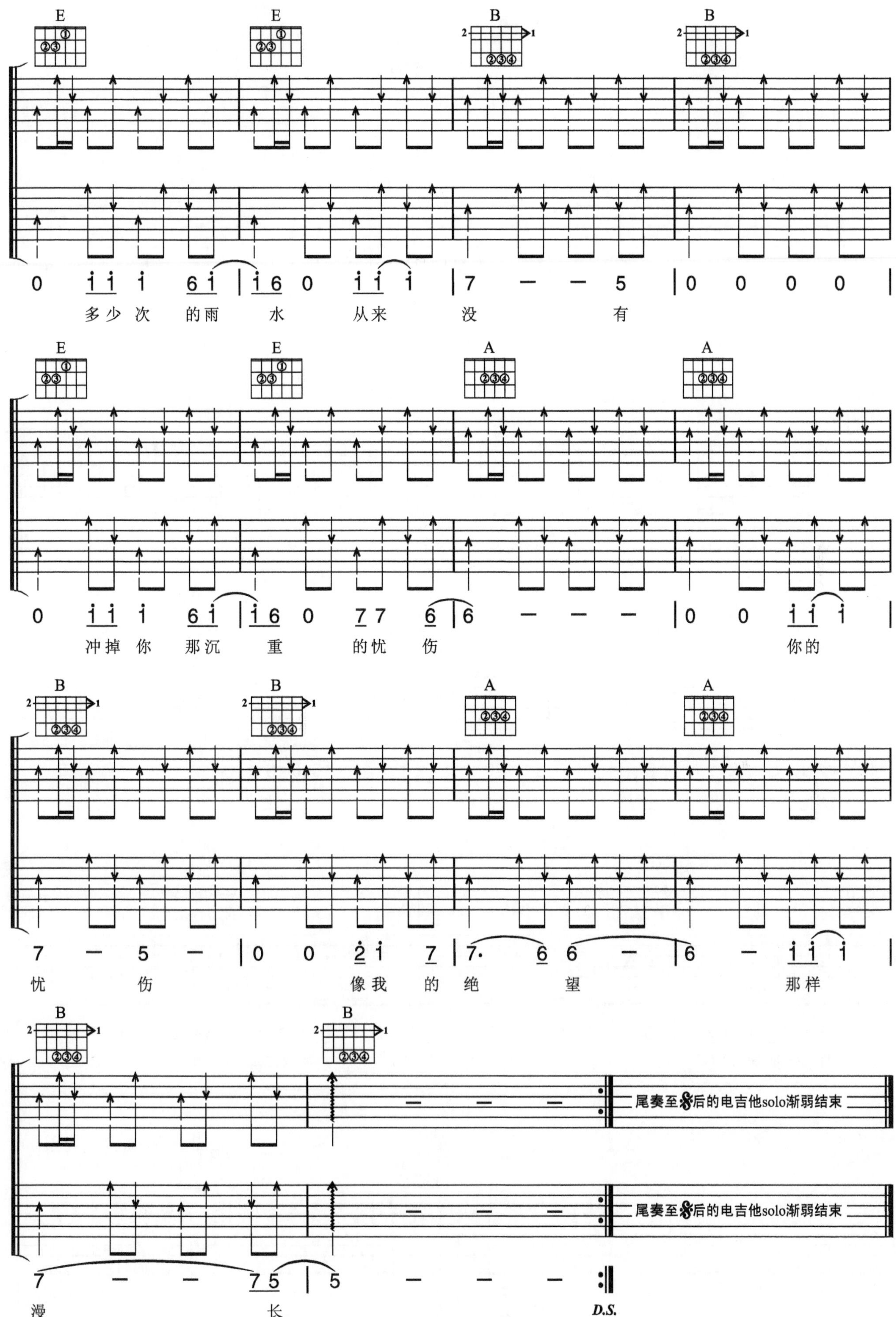
E
E
B
B
多少次的雨水从来没有
E
E
A
A
冲掉你那沉重的忧伤你的
B
B
A
A
忧伤像我的绝望那样
B
B
漫长
尾奏至𝄋后的电吉他solo渐弱结束
D.S.

像风一样自由

（许 巍 演唱）

许 巍词曲

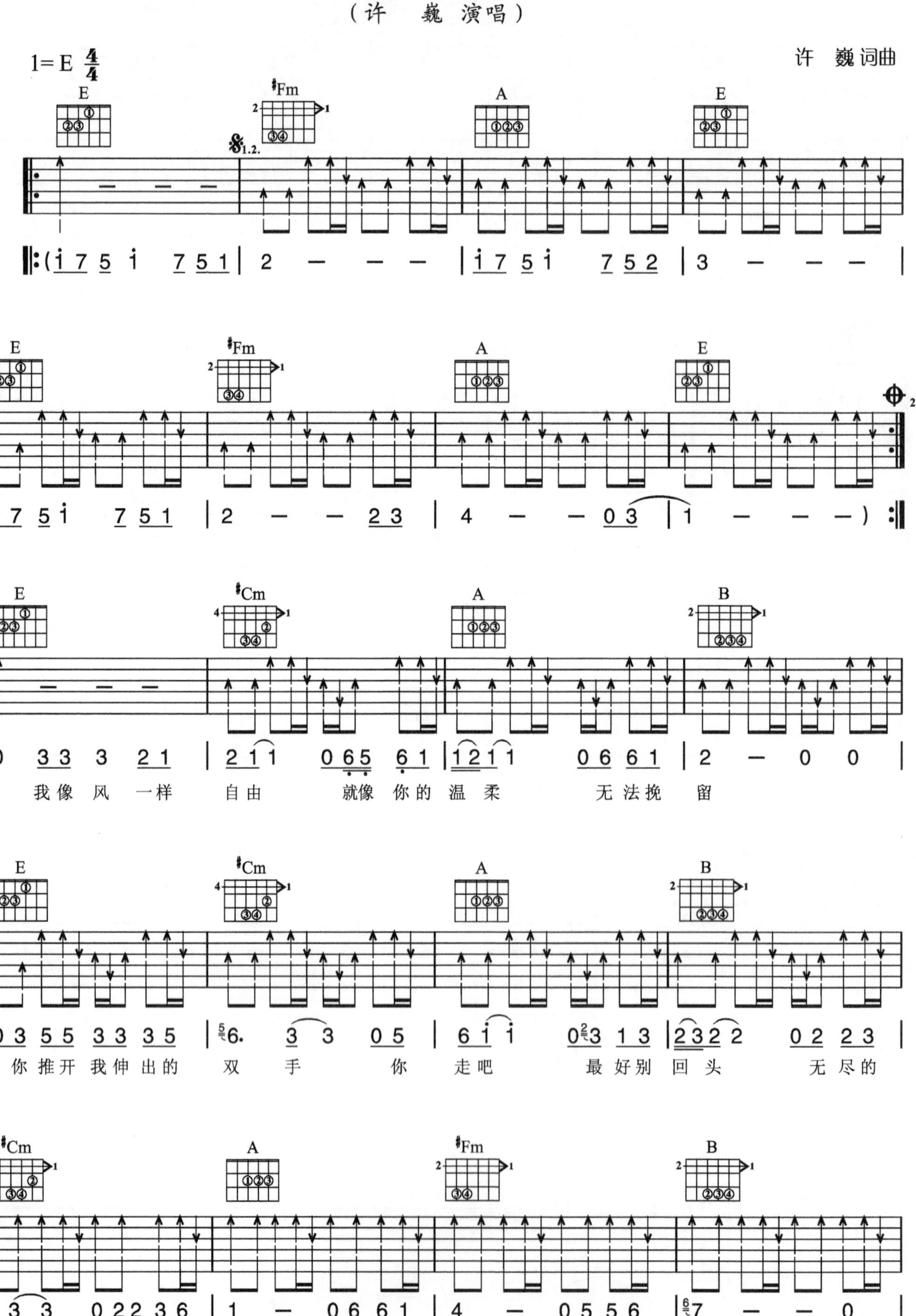

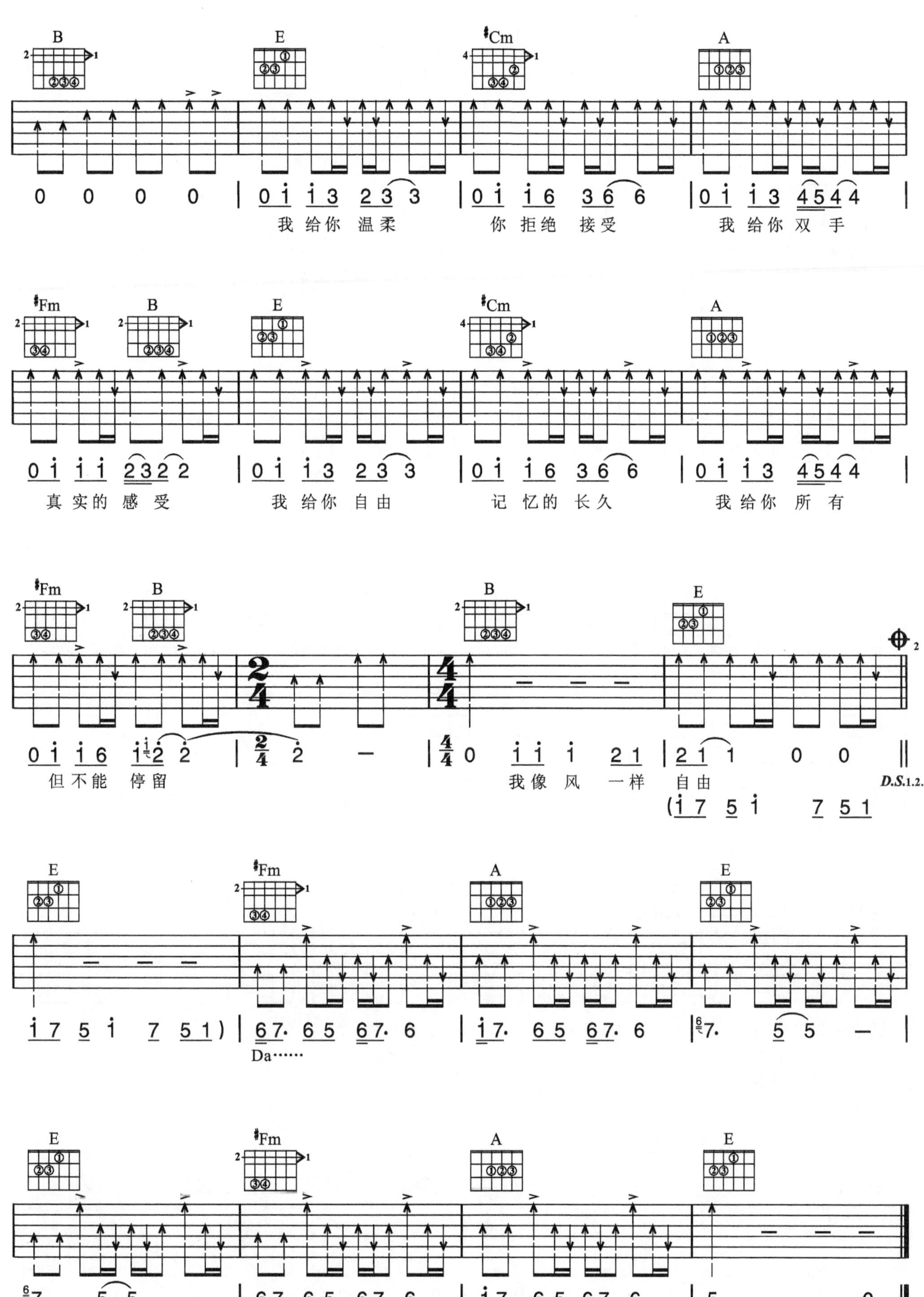
B E #Cm A
我给你温柔 你拒绝接受 我给你双手
#Fm B E #Cm A
真实的感受 我给你自由 记忆的长久 我给你所有
#Fm B B E
但不能停留 我像风一样自由
D.S.1.2.
E #Fm A E
Da……
E #Fm A E
Da…… Da……

永远自由的心

（许　巍 演唱）

1=G $\frac{4}{4}$ $\frac{2}{4}$

许 巍 词曲

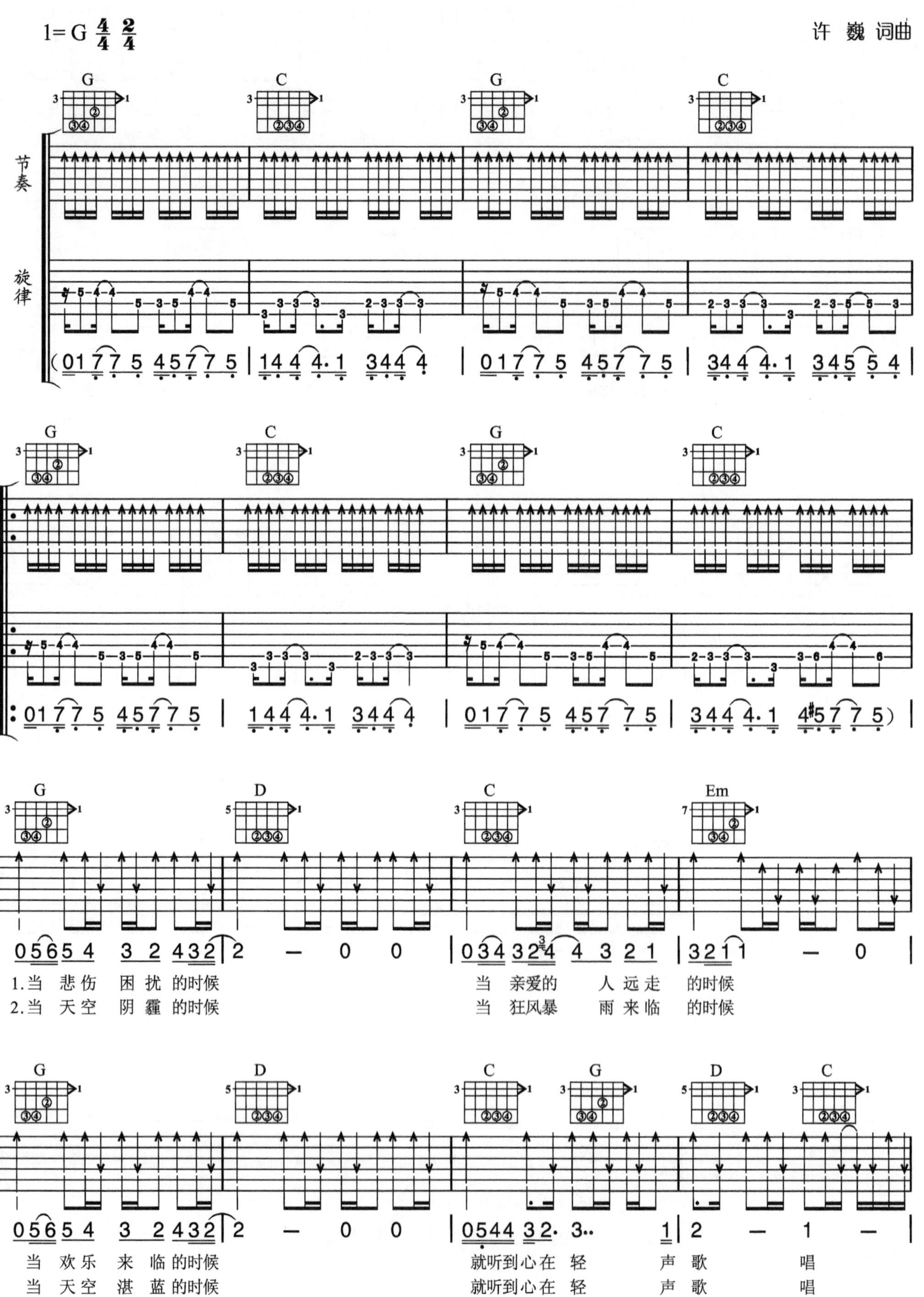

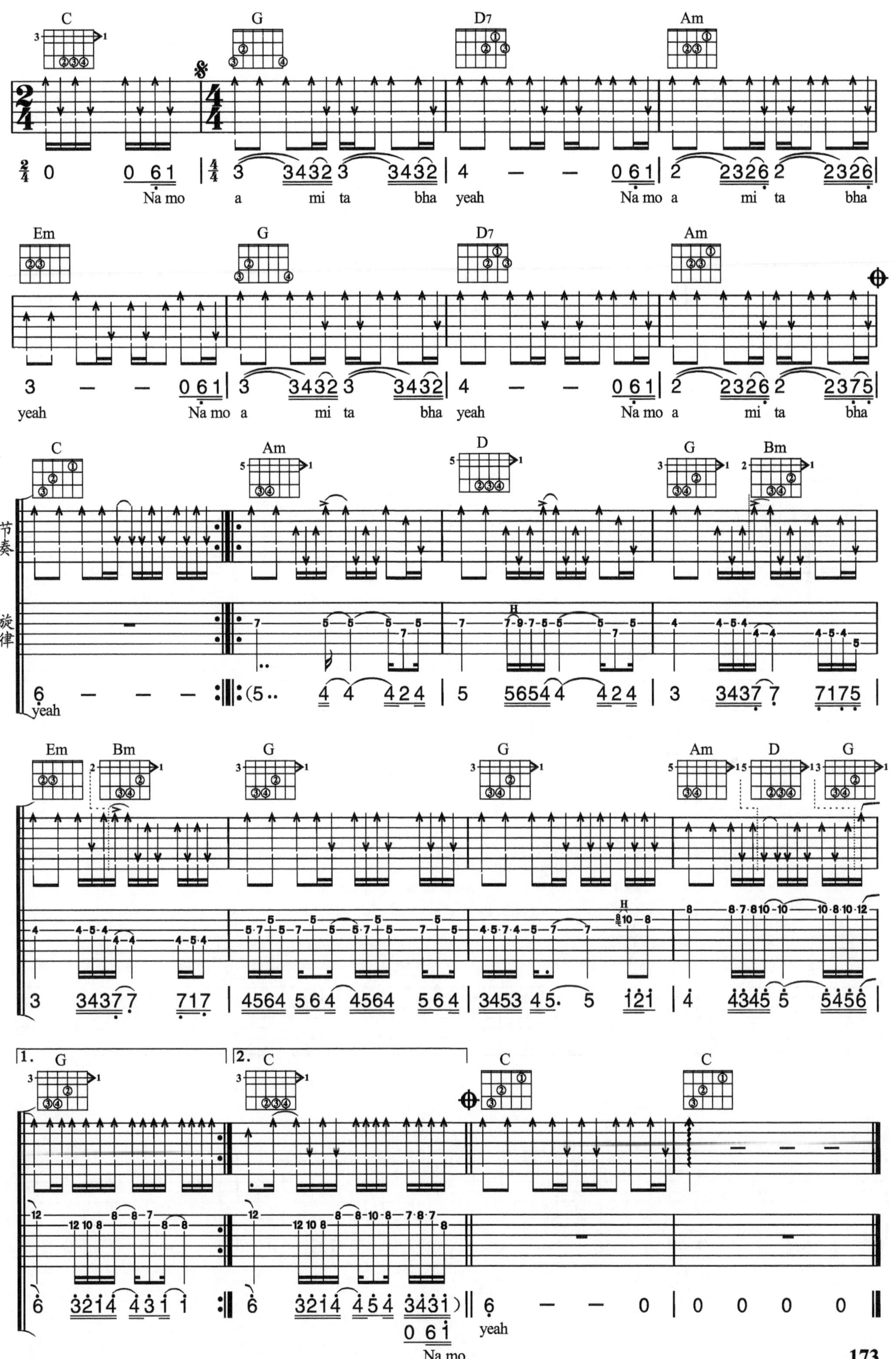

C G D7 Am
Na mo a mi ta bha yeah Na mo a mi ta bha
Em G D7 Am
yeah Na mo a mi ta bha yeah Na mo a mi ta bha
C Am D G Bm
节奏
旋律
H
yeah
Em Bm G G Am D G
H
1. G
2. C
C C
yeah
Na mo
D.S.

每一刻都是崭新的

（许　巍 演唱）

1=G $\frac{4}{4}$

许　巍 词曲

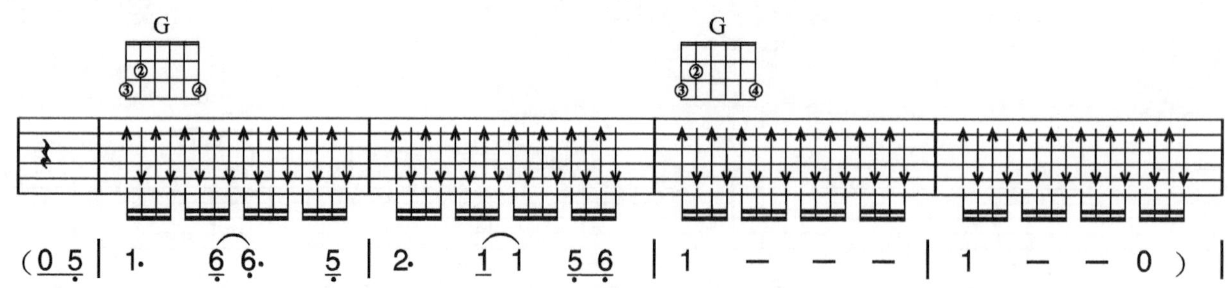

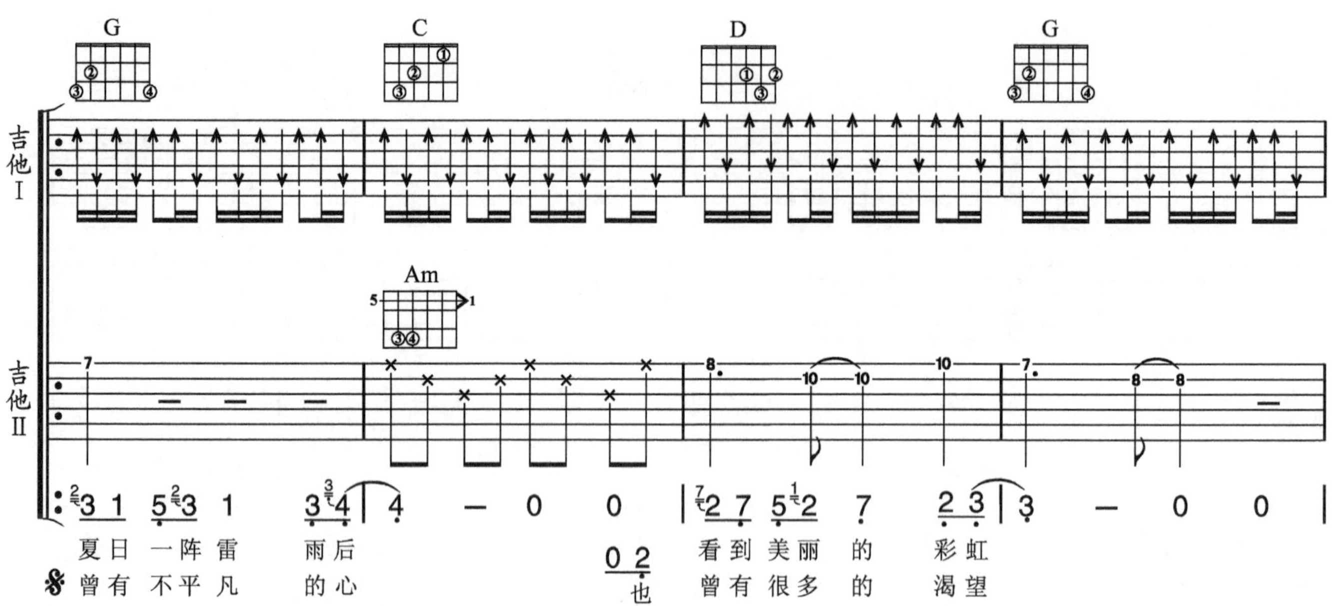

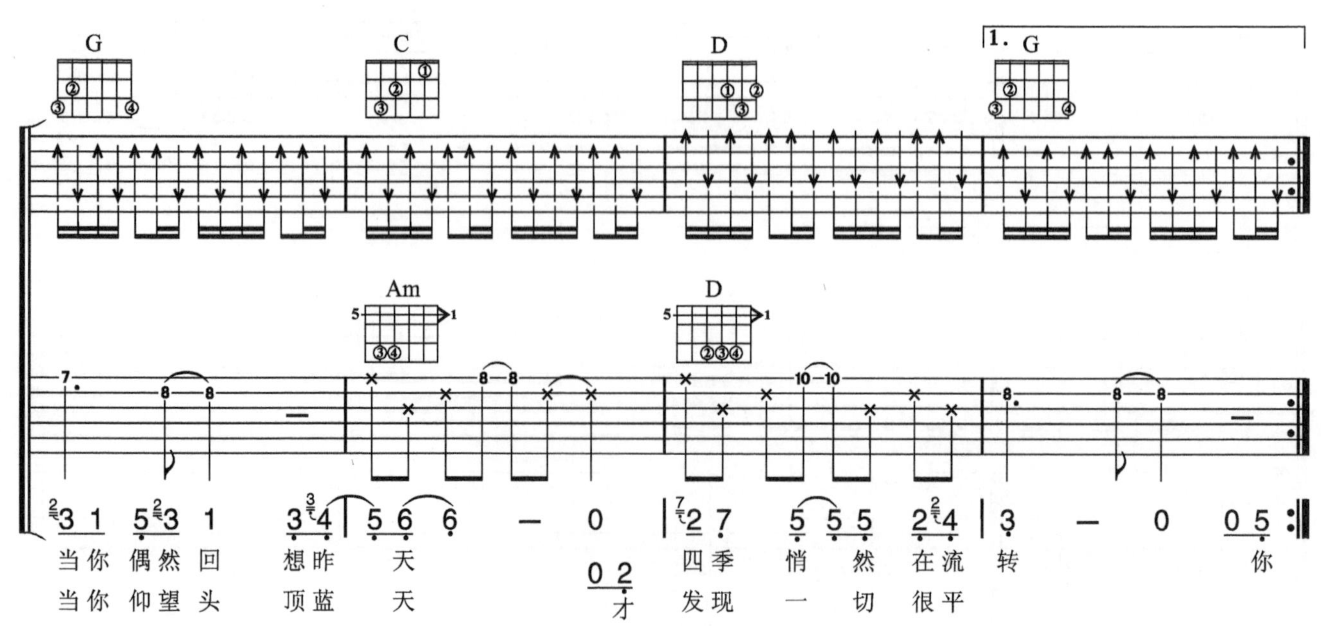

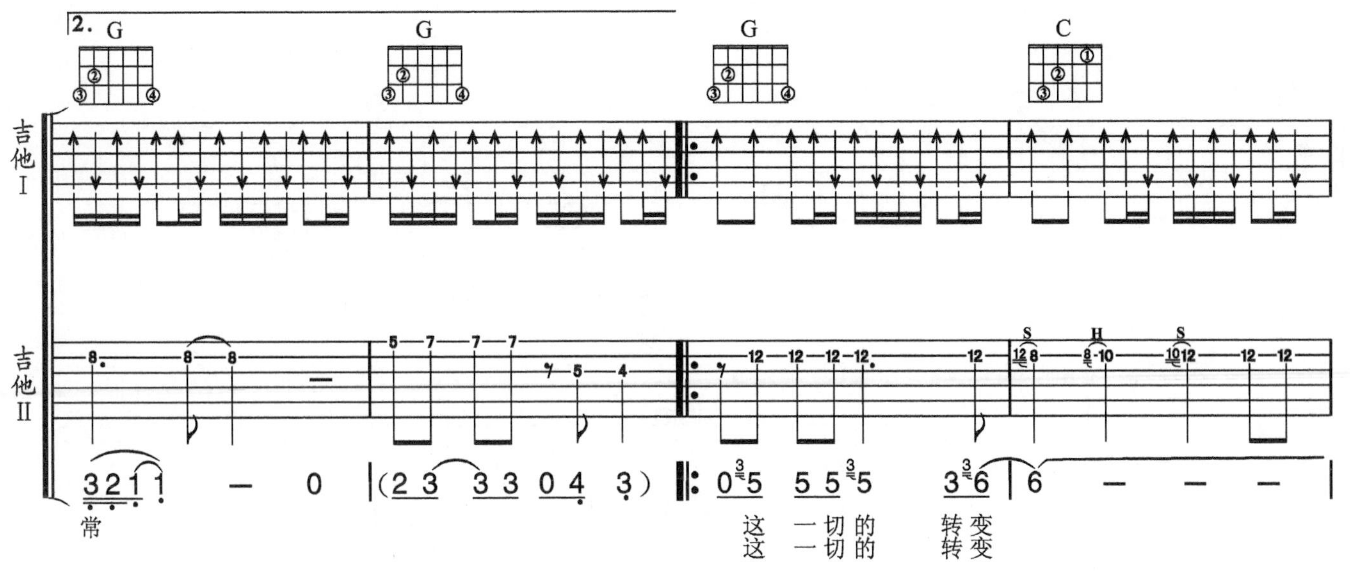

2.
G
G
G
C
吉他I
吉他II
常
这 一切的 转变
这 一切的 转变

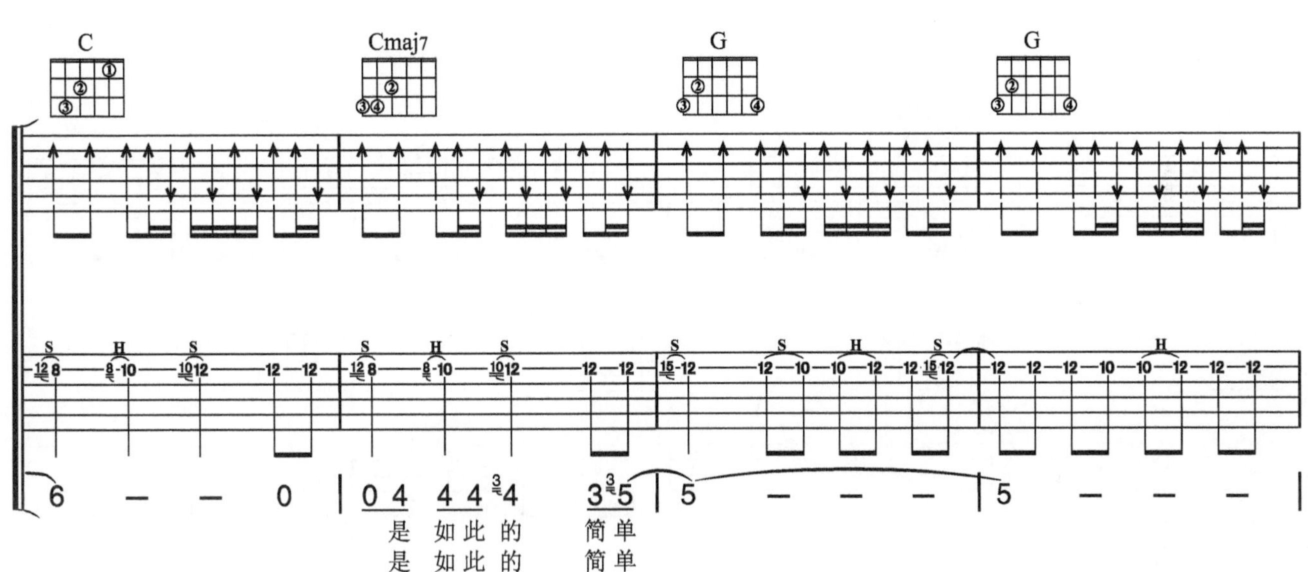

C
Cmaj7
G
G
是 如此的 简单
是 如此的 简单

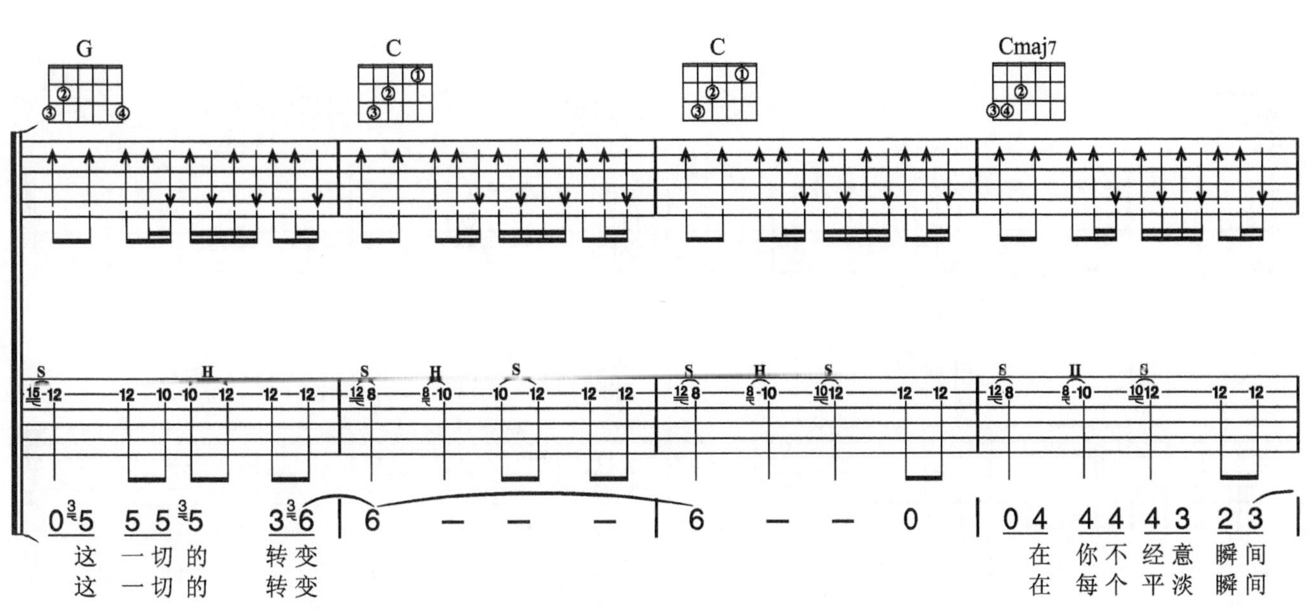

G
C
C
Cmaj7
这 一切的 转变
这 一切的 转变
在 你不 经意 瞬间
在 每个 平淡 瞬间

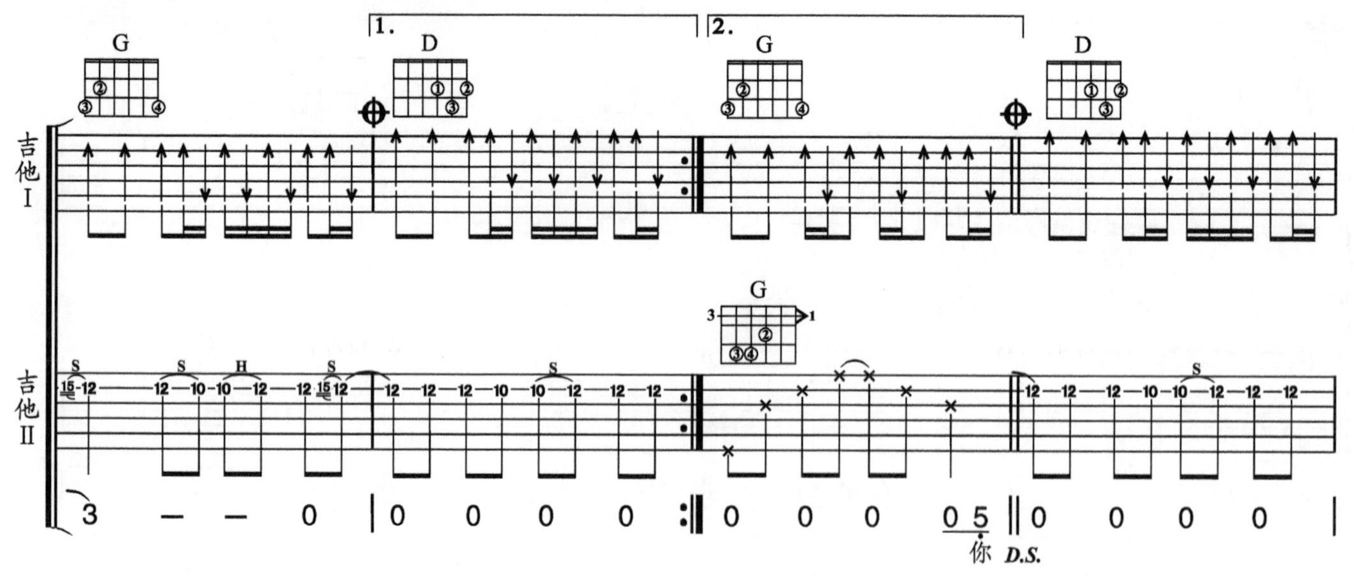
G
1.
D
2.
G
D
吉他Ⅰ
吉他Ⅱ
3 — — 0 | 0 0 0 0 :‖ 0 0 0 0 5 ‖ 0 0 0 0 |
你 D.S.

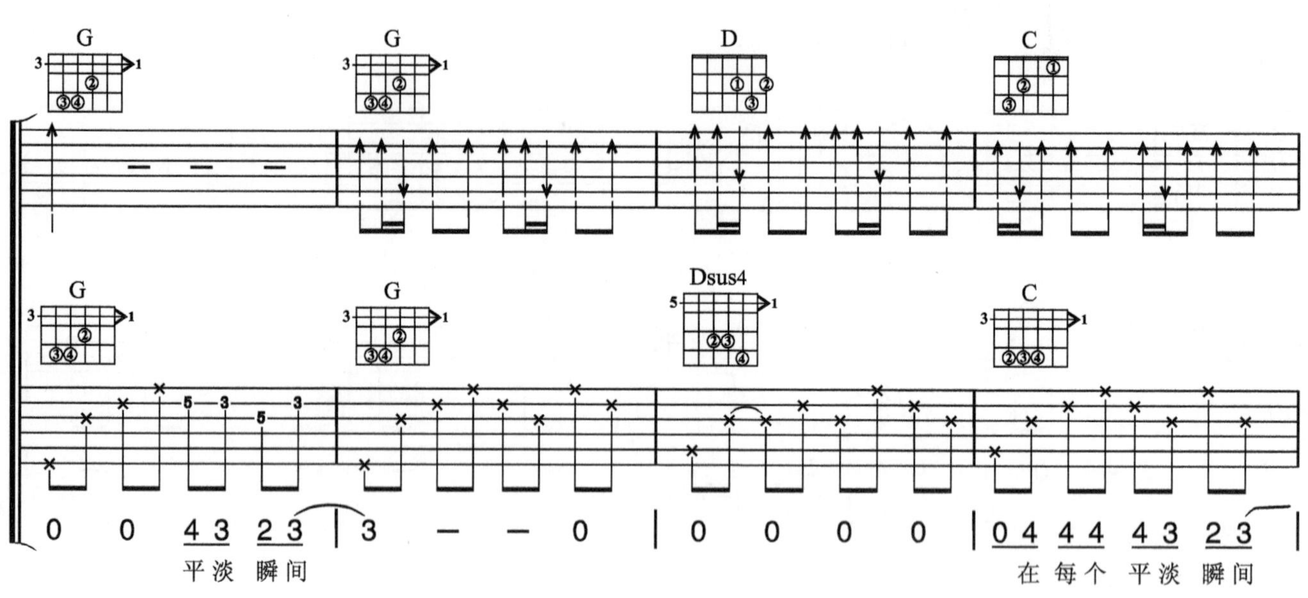
G
G
D
C
G
G
Dsus4
C
0 0 4 3 2 3 | 3 — — 0 | 0 0 0 0 | 0 4 4 4 4 3 2 3 |
平淡 瞬间
在 每个 平淡 瞬间

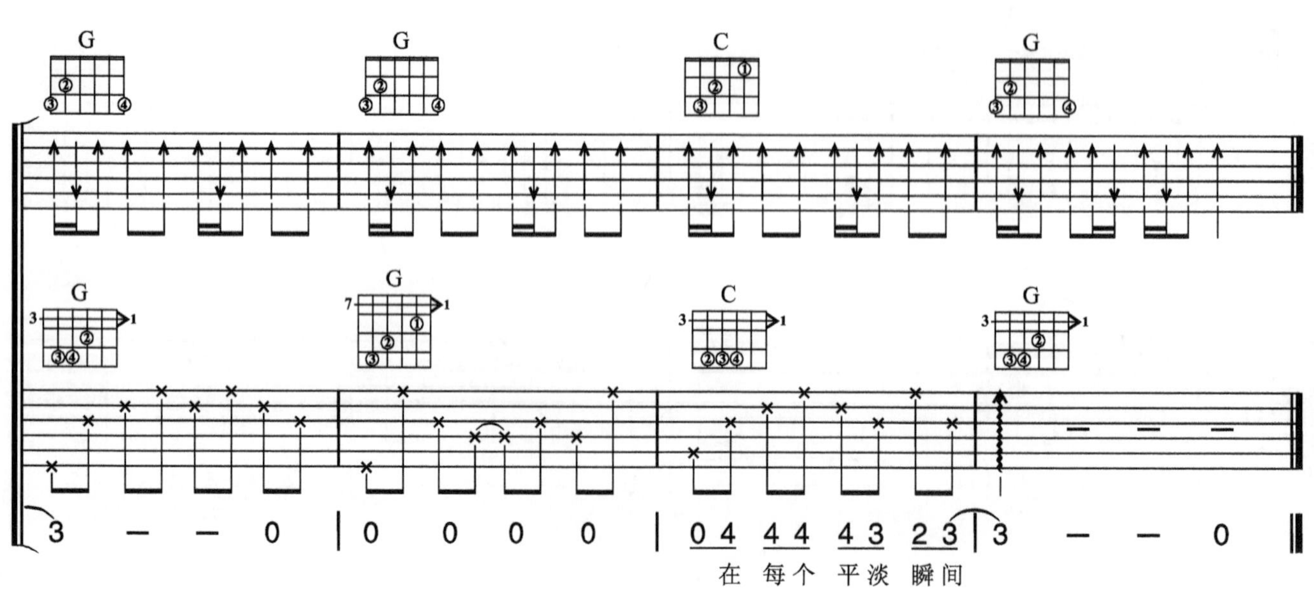
G
G
C
G
3 — — 0 | 0 0 0 0 | 0 4 4 4 4 3 2 3 | 3 — — 0 ‖
在 每个 平淡 瞬间

出 离

（许 巍演唱）

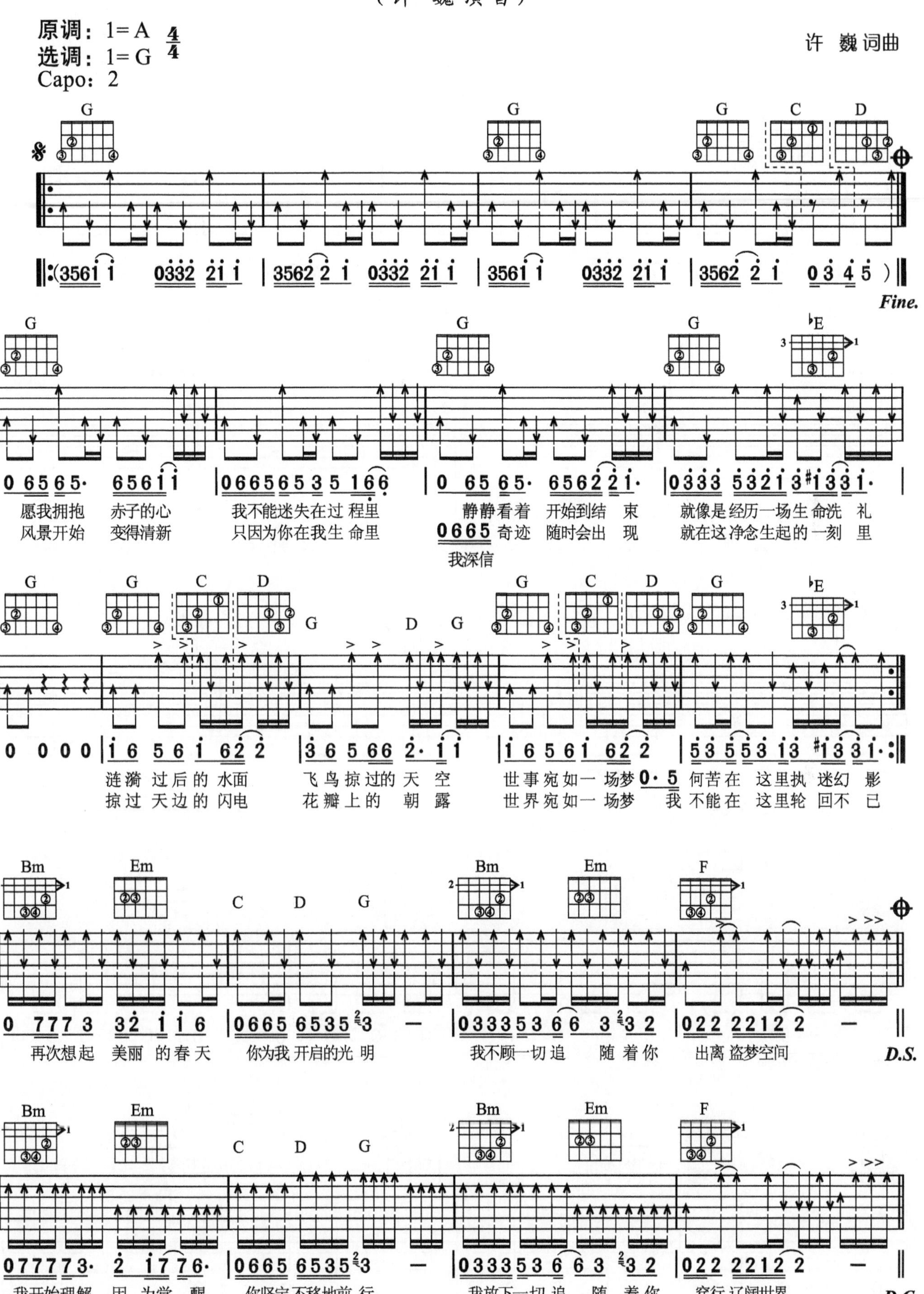
原调：1=A 4/4
选调：1=G
Capo：2
许 巍词曲
Fine.
愿我拥抱 赤子的心 我不能迷失在过 程里 静静看着 开始到结 束 就像是经历一场生 命洗 礼
风景开始 变得清新 只因为你在我生 命里 0665 奇迹 随时会出 现 就在这净念生起的一刻 里
我深信
涟漪 过后的 水面 飞鸟掠过的 天 空 世事宛如一 场梦 0·5 何苦在 这里执 迷幻 影
掠过 天边的 闪电 花瓣上的 朝 露 世界宛如一 场梦 我 不能在 这里轮 回不 已
再次想起 美丽 的春天 你为我 开启的光 明 我不顾一切追 随 着你 出离 盗梦空间
D.S.
我开始理解 因 为觉 醒 你坚定不移地前 行 我放下一切追 随 着你 穿行 辽阔世界
D.C.

幻 觉

（许 巍 演唱）

1=G $\frac{4}{4}$

许 巍、张新宇 词
许 巍 曲

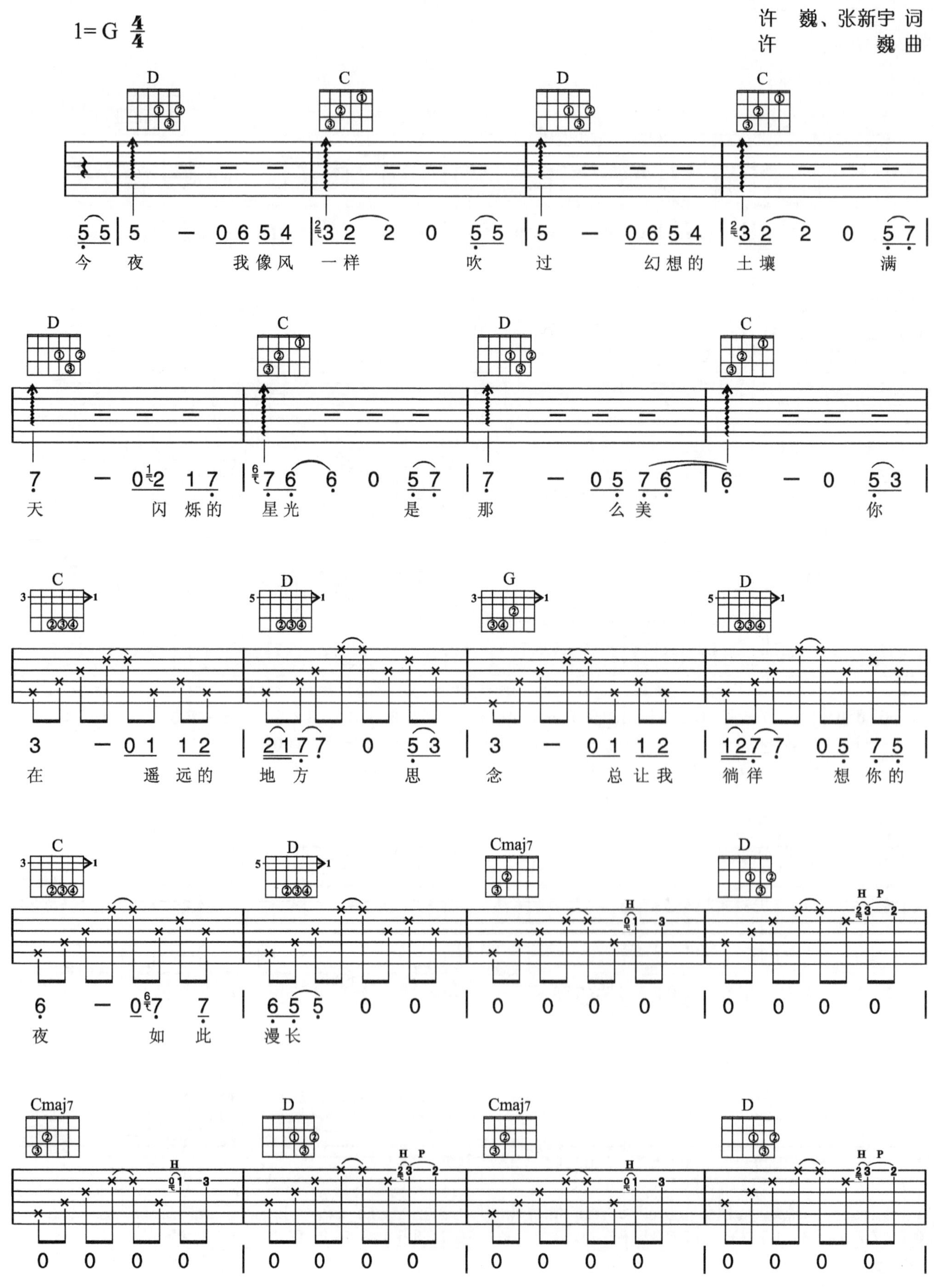

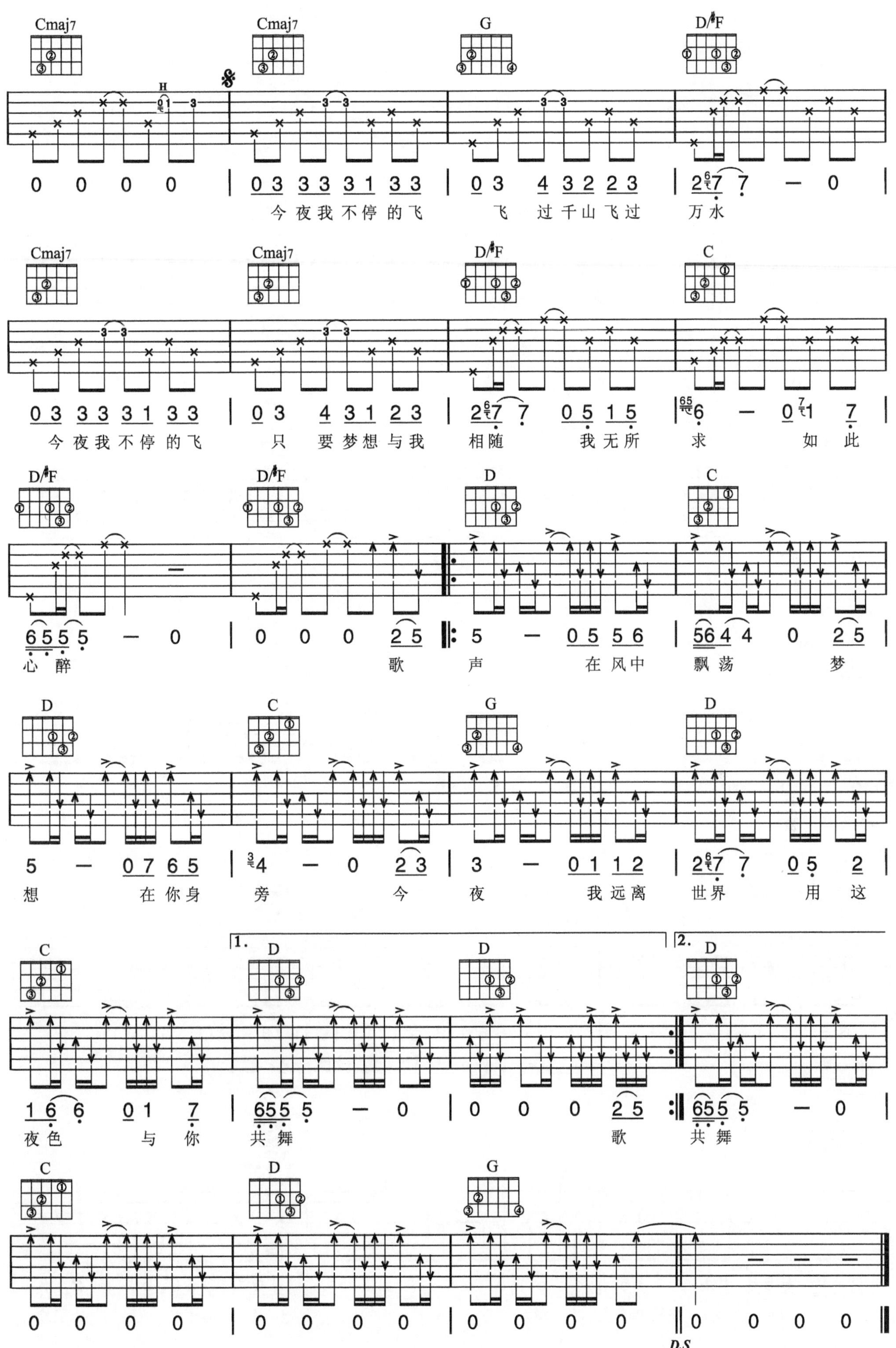

Cmaj7
Cmaj7
G
D/#F
今夜我不停的飞 飞 过千山飞过 万水
Cmaj7
Cmaj7
D/#F
C
今夜我不停的飞 只 要梦想与我 相随 我无所 求 如 此
D/#F
D/#F
D
C
心 醉 歌 声 在风中 飘荡 梦
D
C
G
D
想 在你身 旁 今 夜 我远离 世界 用 这
C
1.
D
D
2.
D
夜色 与 你 共 舞 歌 共 舞
C
D
G
D.S

简　单

（许　巍演唱）

1= B转 E $\frac{4}{4}$

许　巍 词曲

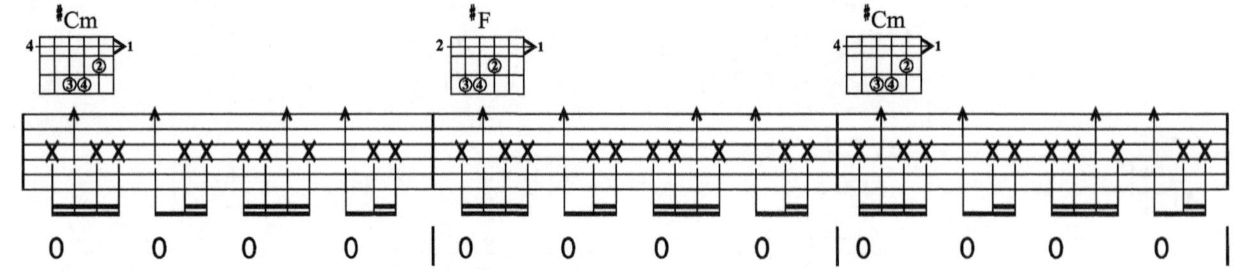

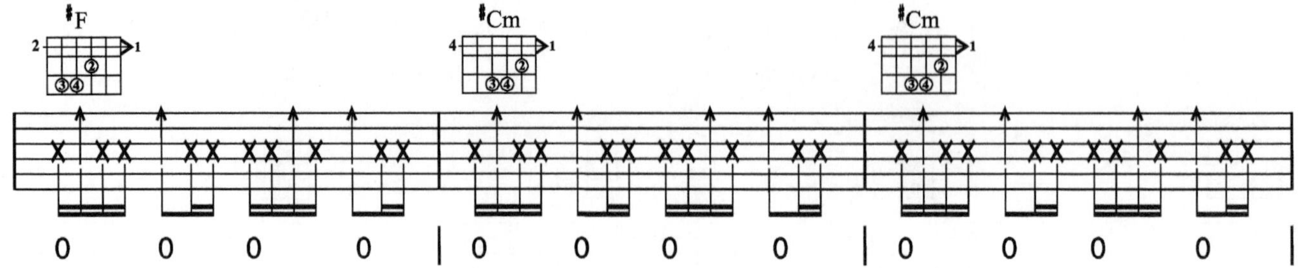

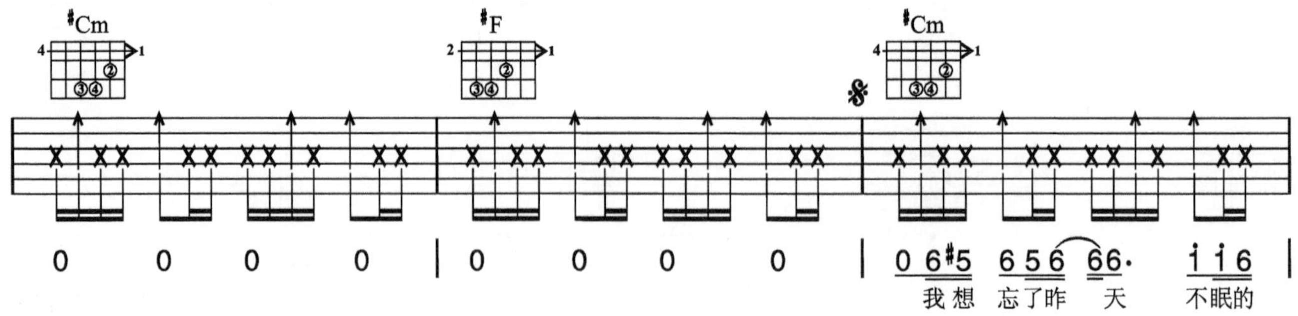

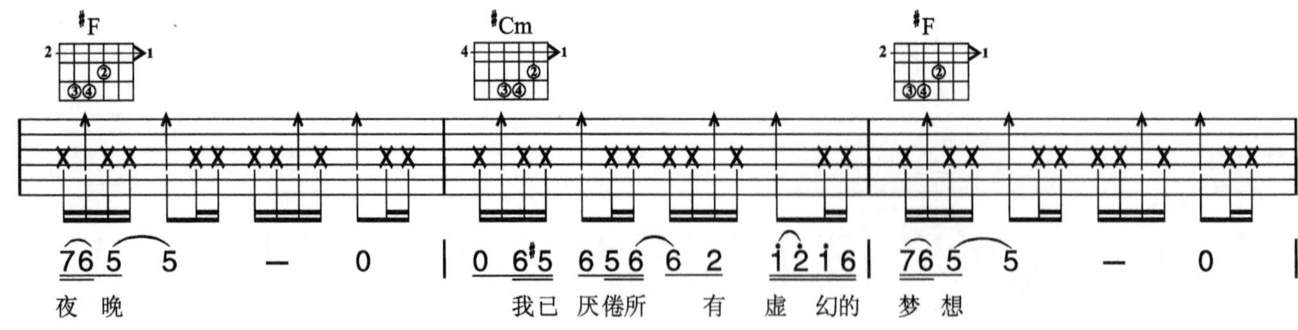

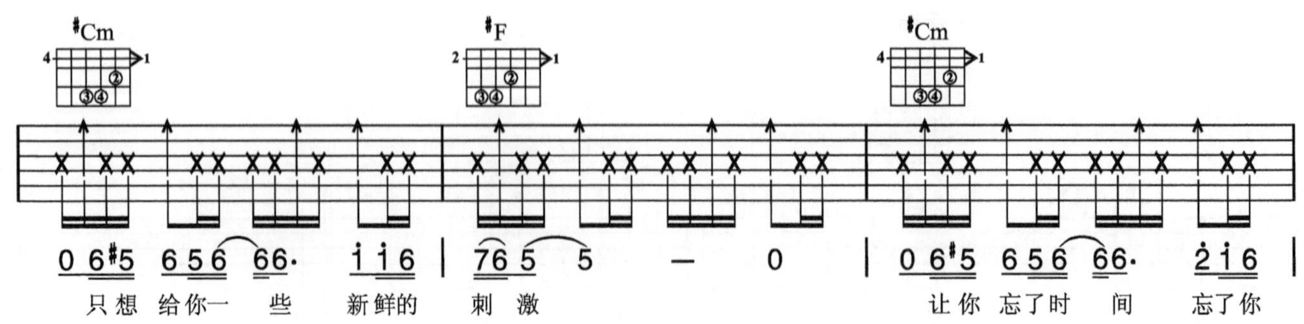

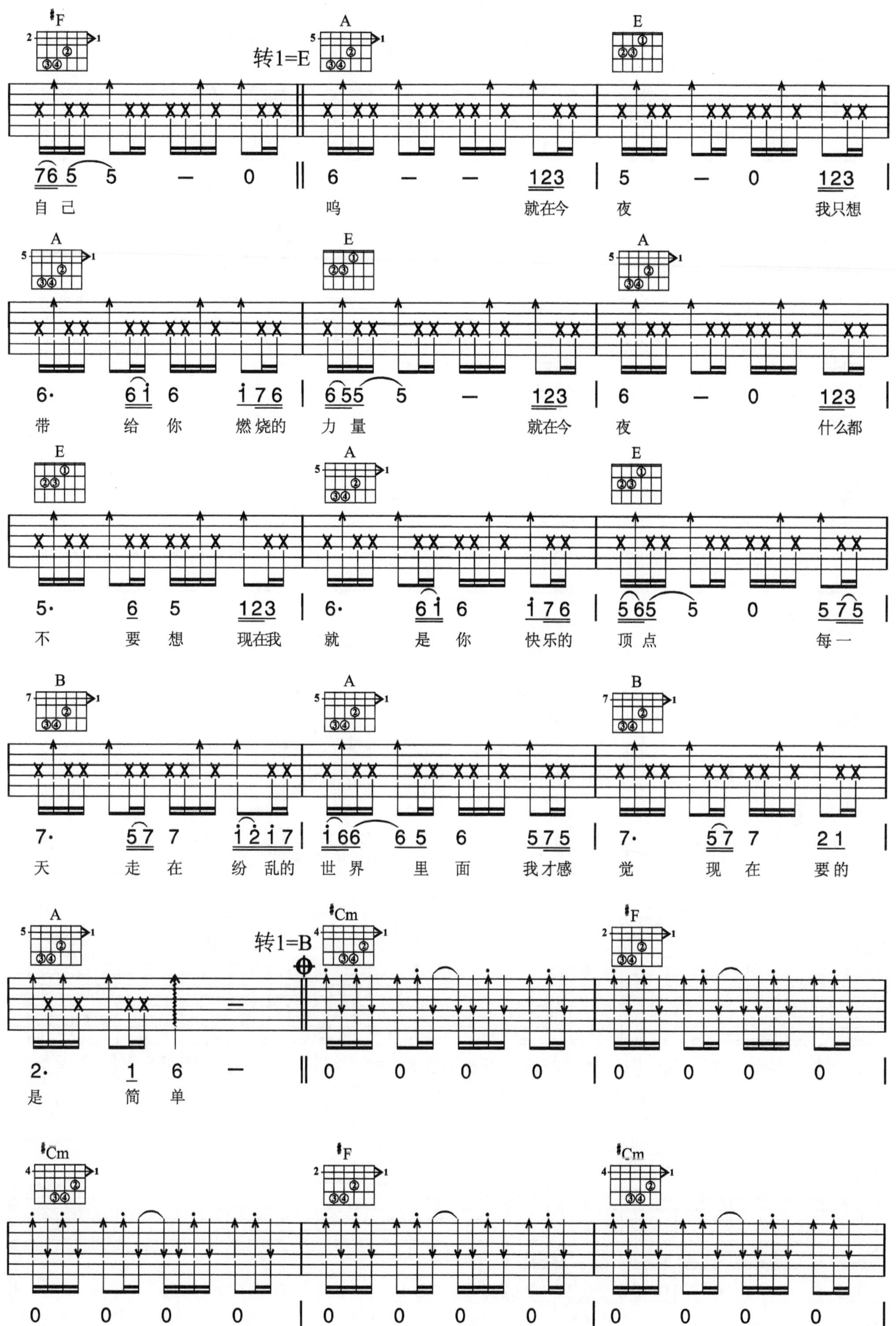

#F
转1=E
A
E
76 5 5 — 0 ‖ 6 — — 123 | 5 — 0 123 |
自 己 呜 就在今 夜 我只想
A
E
A
6· 61 6 176 | 655 5 — 123 | 6 — 0 123 |
带 给 你 燃烧的 力 量 就在今 夜 什么都
E
A
E
5· 6 5 123 | 6· 61 6 176 | 565 5 0 575 |
不 要 想 现在我 就 是 你 快乐的 顶 点 每一
B
A
B
7· 57 7 1217 | 166 6 5 6 575 | 7· 57 7 21 |
天 走 在 纷 乱的 世 界 里 面 我才感 觉 现 在 要的
A
转1=B
#Cm
#F
2· 1 6 — ‖ 0 0 0 0 | 0 0 0 0 |
是 简 单
#Cm
#F
#Cm
0 0 0 0 | 0 0 0 0 | 0 0 0 0 |

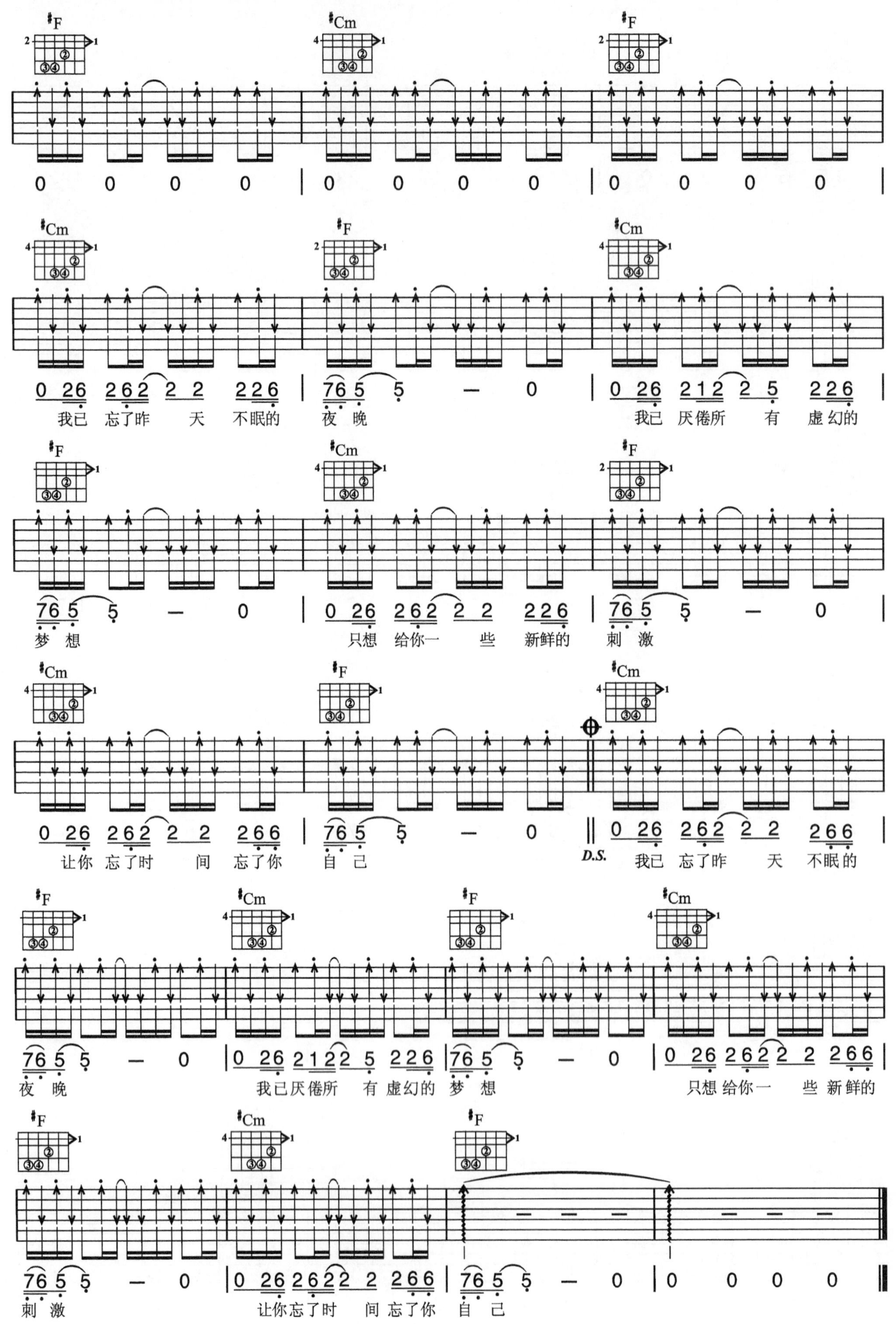

#F
#Cm
我已 忘了昨 天 不眠的 夜 晚
我已 厌倦所 有 虚幻的
梦 想
只想 给你一 些 新鲜的 刺 激
让你 忘了时 间 忘了你 自 己
D.S.
我已 忘了昨 天 不眠的
夜 晚
我已厌倦所 有 虚幻的 梦 想
只想 给你一 些 新鲜的
刺 激
让你忘了时 间 忘了你 自 己

故　乡（演唱会版）

（许　巍 演唱）

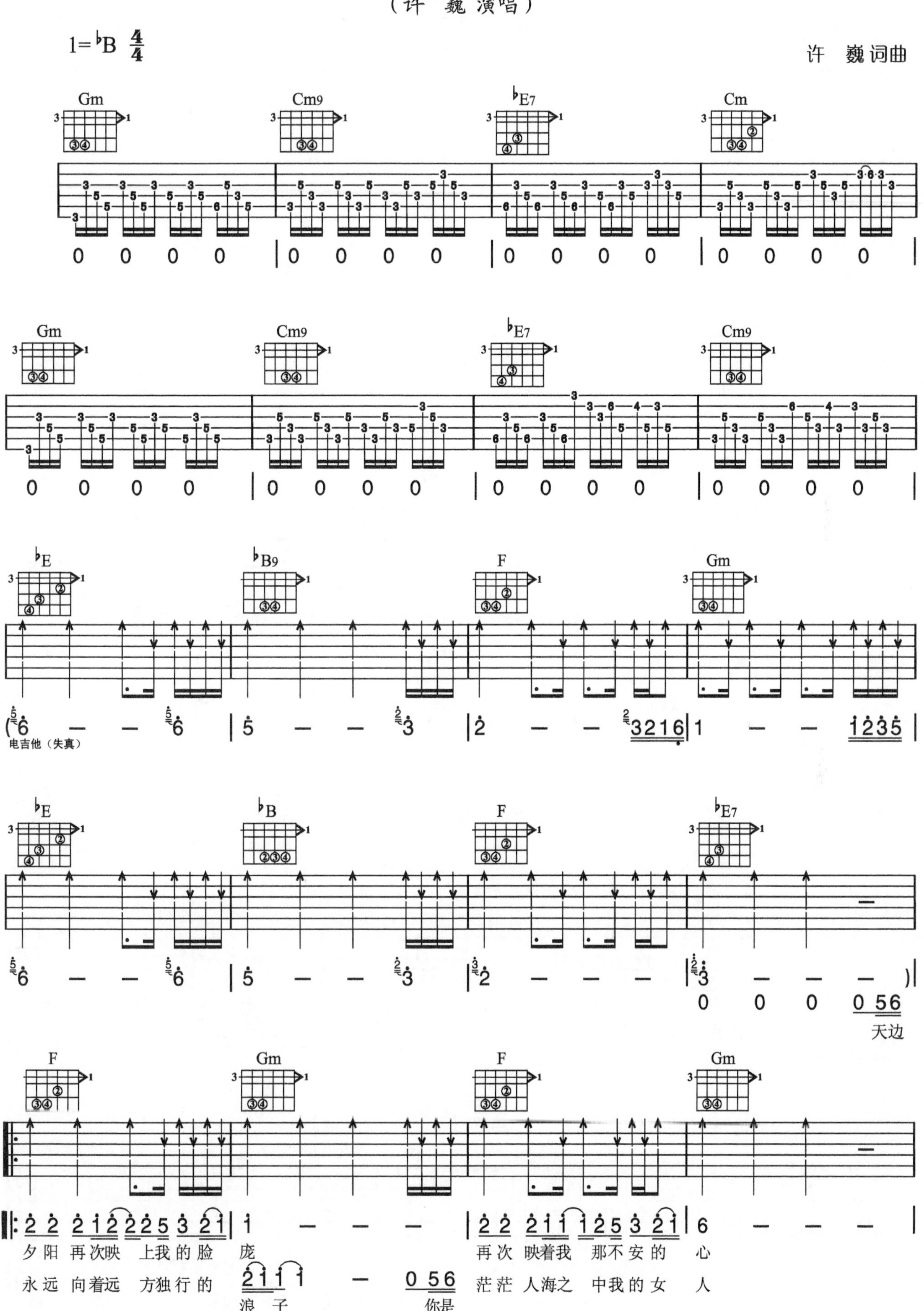
1=♭B 4/4
许　巍词曲
Gm
Cm9
♭E7
Cm
♭E
♭B9
F
♭B
电吉他（失真）
天边
夕阳 再次映 上我的脸 庞
再次 映着我 那不安的 心
永远 向着远 方独行的
浪 子
你是
茫茫 人海之 中我的女 人

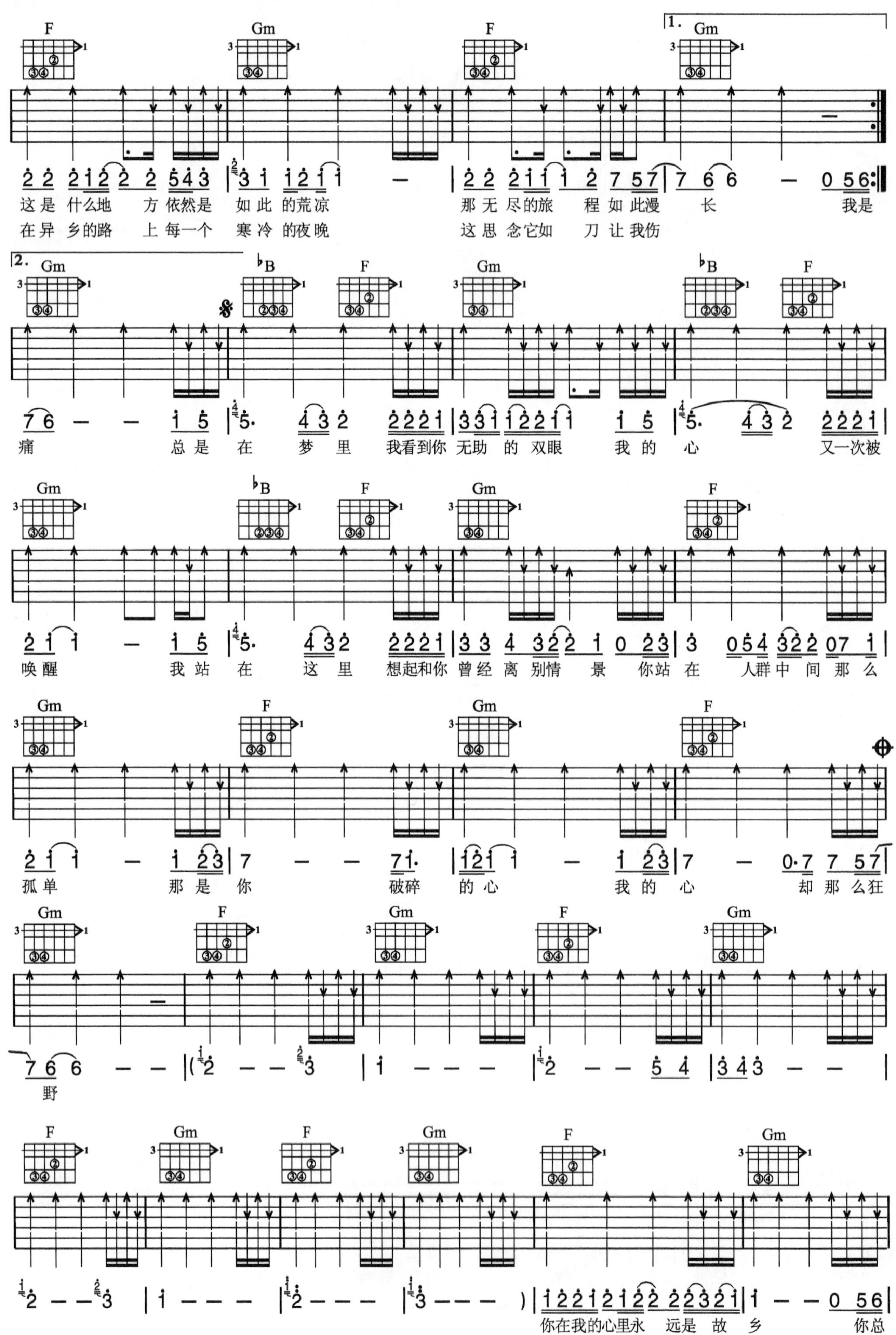
F Gm F Gm
这是 什么地 方 依然是 如此 的荒凉 那无 尽的旅 程 如此漫 长 我是
在异 乡的路 上 每一个 寒冷 的夜晚 这思 念它如 刀 让我伤
Gm ♭B F Gm ♭B F
痛 总是 在 梦 里 我看到你 无助 的 双眼 我 的 心 又一次被
Gm ♭B F Gm F
唤醒 我站 在 这 里 想起和你 曾经 离 别情 景 你站 在 人群中 间 那么
Gm F Gm F
孤单 那是 你 破碎 的心 我 的 心 却那么狂
Gm F Gm F Gm
野
F Gm F Gm F Gm
你在我的心里永 远是 故 乡 你总

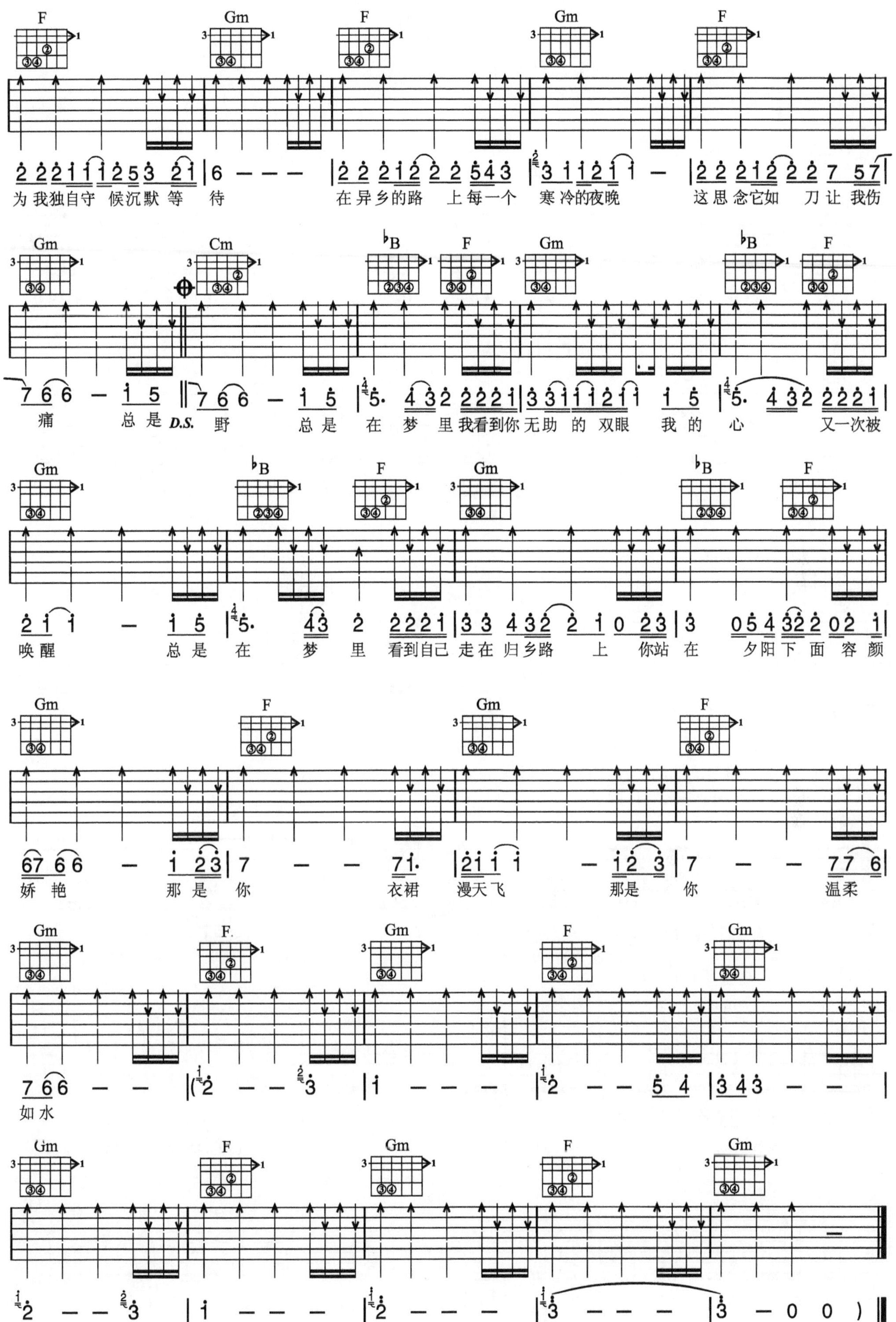

F Gm F Gm F
为我独自守候沉默等待
在异乡的路上每一个寒冷的夜晚
这思念它如刀让我伤
Gm Cm ♭B F Gm ♭B F
痛
总是 D.S.
野
总是在梦里我看到你无助的双眼
我的心又一次被
Gm ♭B F Gm ♭B F
唤醒
总是在梦里看到自己走在归乡路上
你站在夕阳下面容颜
Gm F Gm F
娇艳
那是你衣裙漫天飞
那是你温柔
Gm F Gm F Gm
如水
Gm F Gm F Gm

天　使

（许　巍演唱）

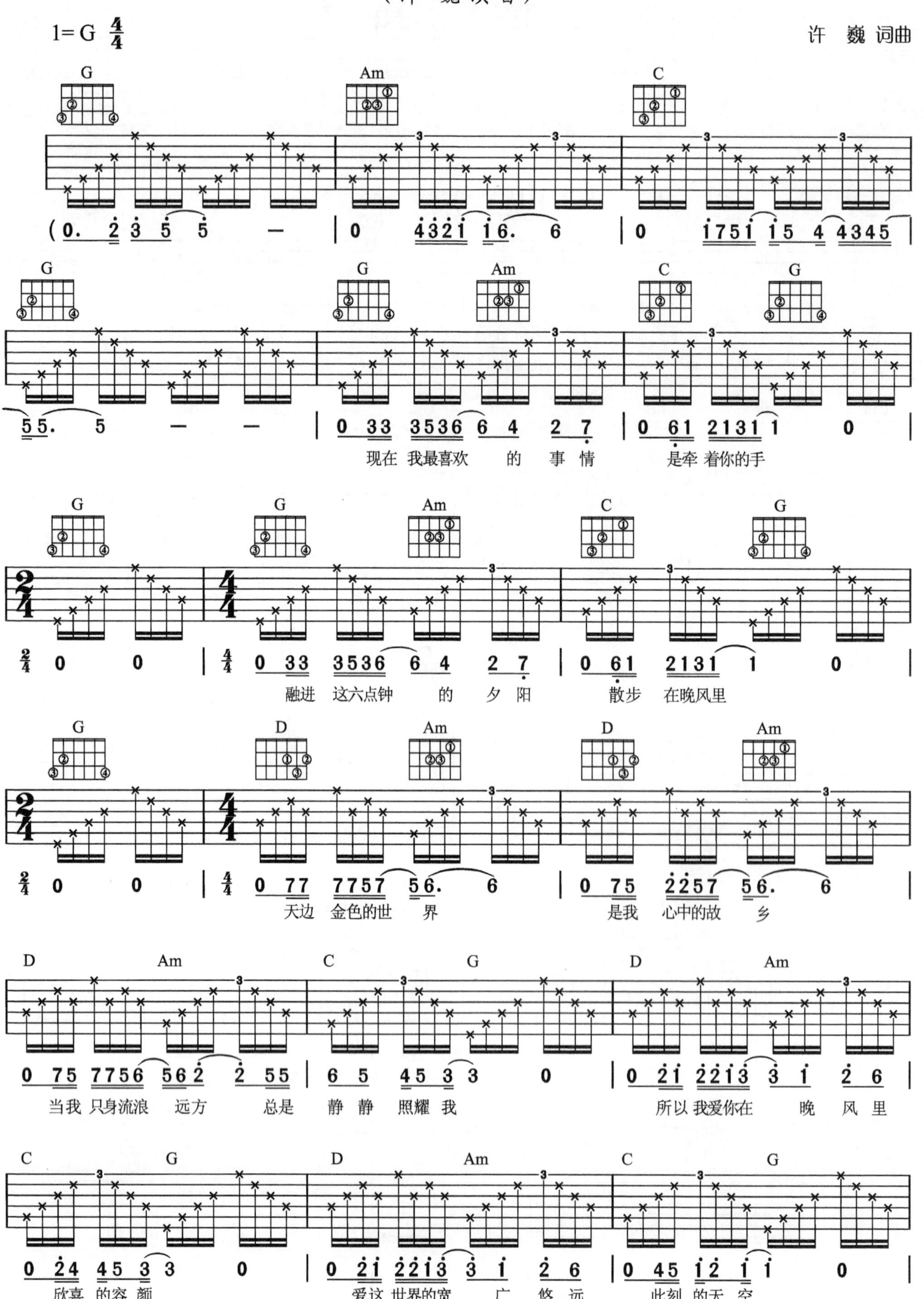
1=G 4/4
许　巍 词曲
G　Am　C
G　G　Am　C　G
现在 我最喜欢 的 事 情
是牵 着你的手
G　G　Am　C　G
融进 这六点钟 的 夕 阳
散步 在晚风里
G　D　Am　D　Am
天边 金色的世 界
是我 心中的故 乡
D　Am　C　G　D　Am
当我 只身流浪 远方 总是 静 静 照耀 我
所以 我爱你在 晚 风 里
C　G　D　Am　C　G
欣喜 的容 颜
爱这 世界的宽 广 悠 远
此刻 的天 空

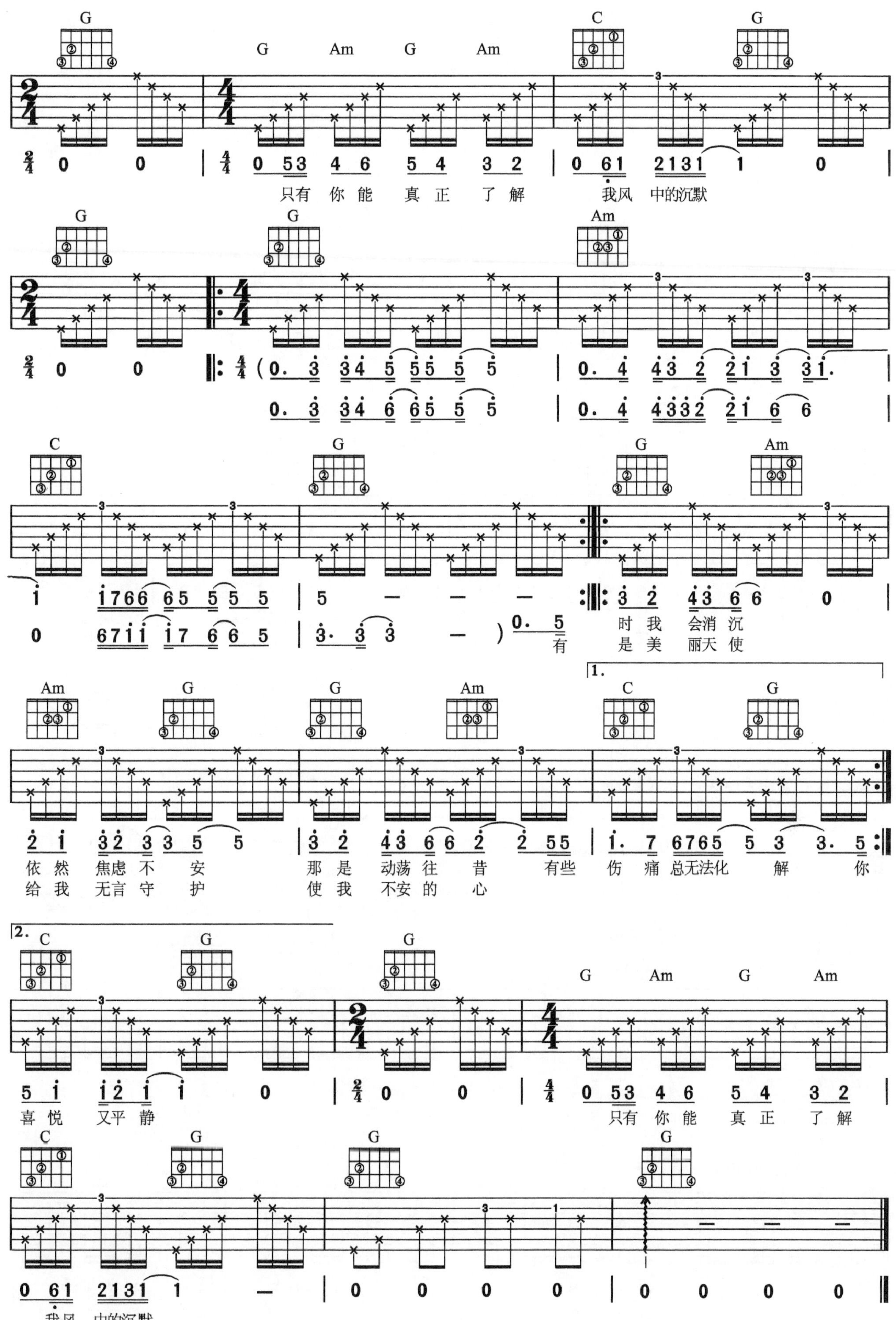

只有 你能 真正 了解
我风 中的沉默
时我 会消 沉
有 是美 丽天使
依 然 焦虑 不 安
给 我 无言 守 护
那 是 动荡 往 昔 有些
使 我 不安 的 心
伤 痛 总无法化 解 你
喜 悦 又平 静
只有 你 能 真 正 了 解
我风 中的沉默

纯　粹

（许　巍 演唱）

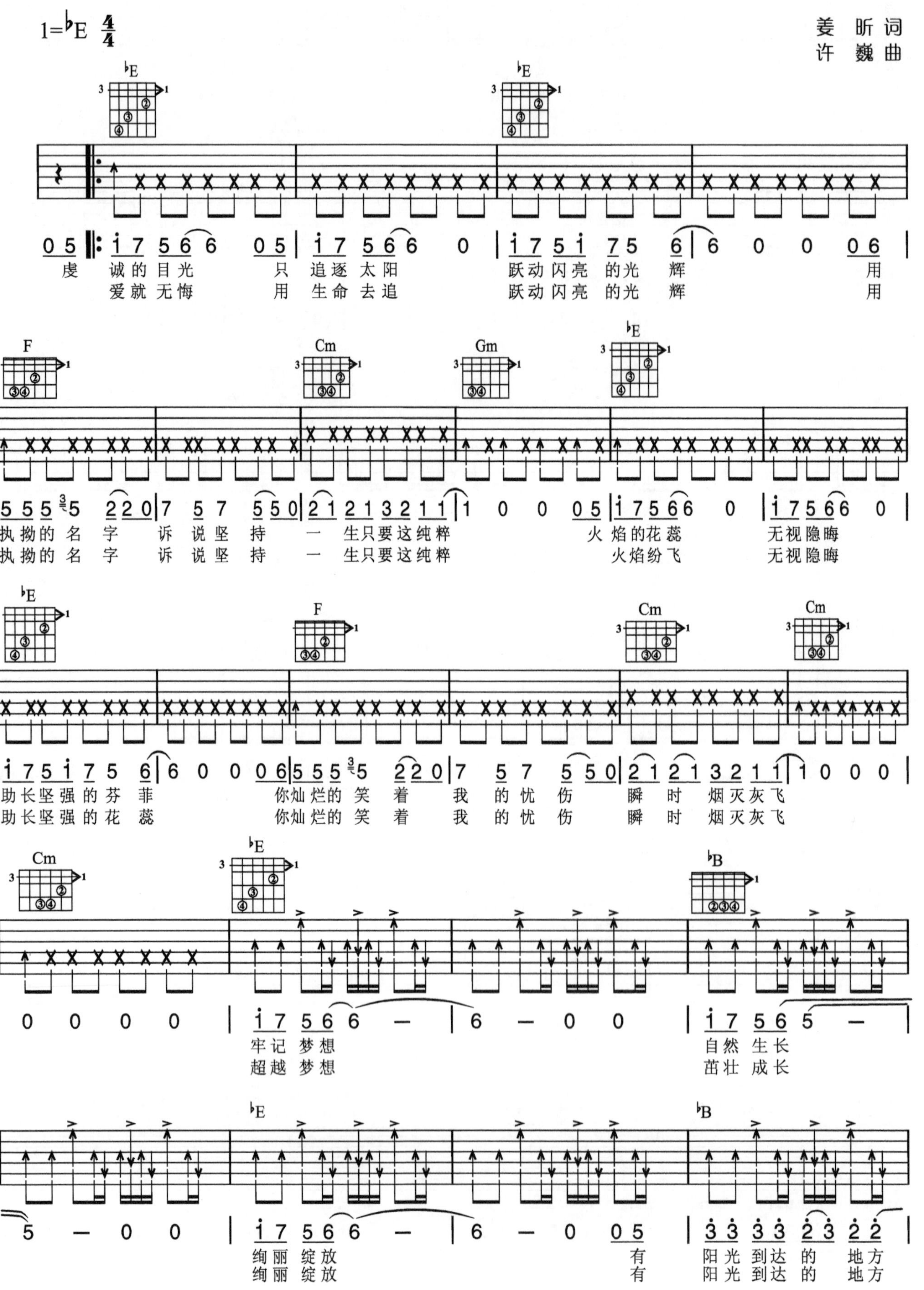
1=♭E 4/4
姜 昕 词
许 巍 曲
♭E F Cm Gm ♭B
虔诚的目光 只追逐太阳 跃动闪亮的光辉 用
爱就无悔 用生命去追 跃动闪亮的光辉 用
执拗的名字 诉说坚持 一生只要这纯粹 火焰的花蕊 无视隐晦
执拗的名字 诉说坚持 一生只要这纯粹 火焰纷飞 无视隐晦
助长坚强的芬菲 你灿烂的笑着 我的忧伤 瞬时烟灭灰飞
助长坚强的花蕊 你灿烂的笑着 我的忧伤 瞬时烟灭灰飞
牢记梦想 自然生长
超越梦想 茁壮成长
绚丽绽放 有 阳光到达的地方
绚丽绽放 有 阳光到达的地方

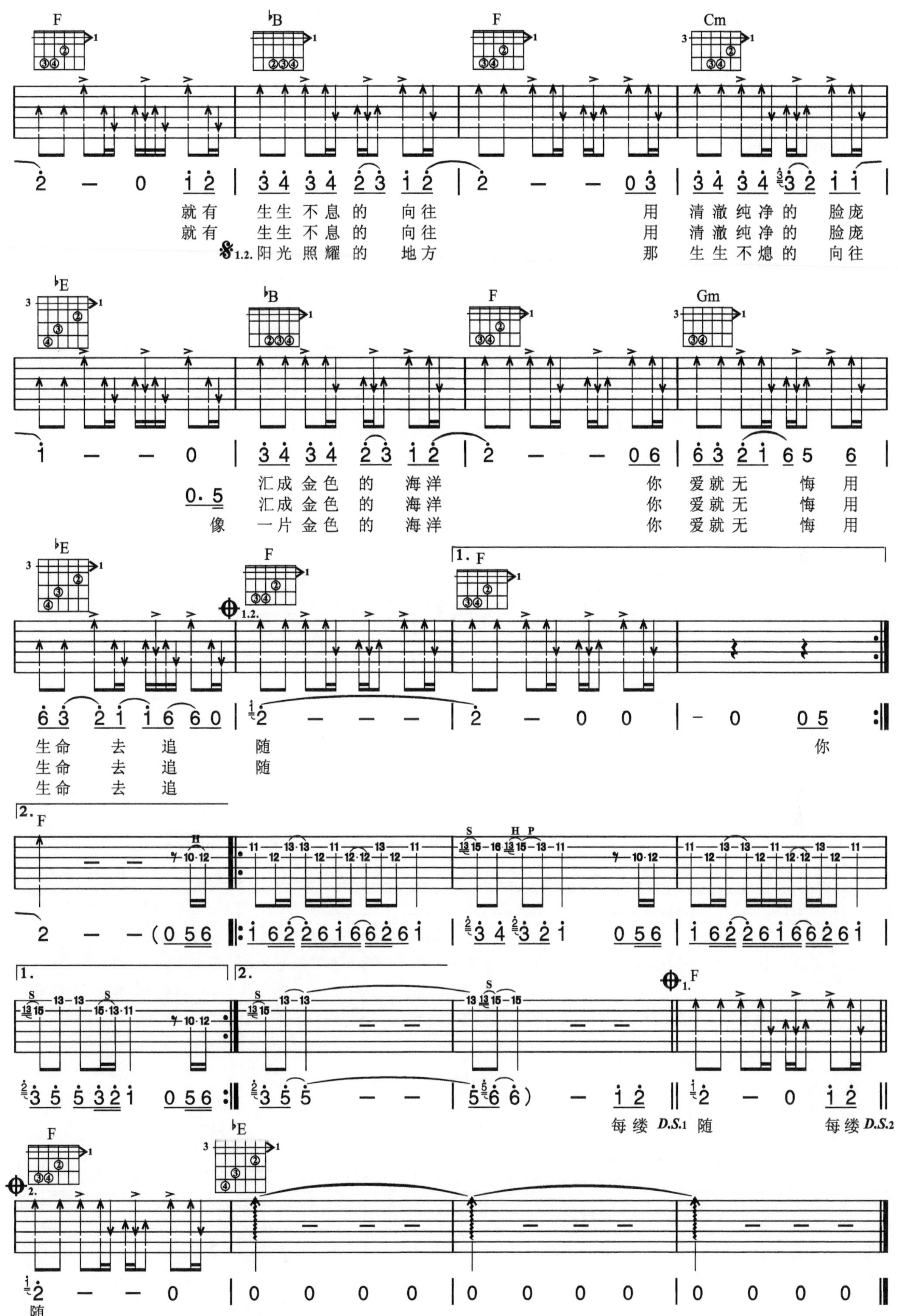
F ♭B F Cm
就有 生生 不息 的 向往 用 清澈 纯净 的 脸庞
就有 生生 不息 的 向往 用 清澈 纯净 的 脸庞
1.2. 阳光 照耀 的 地方 那 生生 不熄 的 向往
♭E ♭B F Gm
汇成 金色 的 海洋 你 爱就 无 悔 用
汇成 金色 的 海洋 你 爱就 无 悔 用
像 一片 金色 的 海洋 你 爱就 无 悔 用
♭E F 1. F
生命 去 追 随 你
生命 去 追 随
生命 去 追
2. F
1. 2.
1. F
每 缕 D.S.1 随 每 缕 D.S.2
F ♭E
2.
随

时　光

（许　巍演唱）

原调：1=♭E $\frac{4}{4}$
选调：1=C
Capo:3

许　巍 词曲

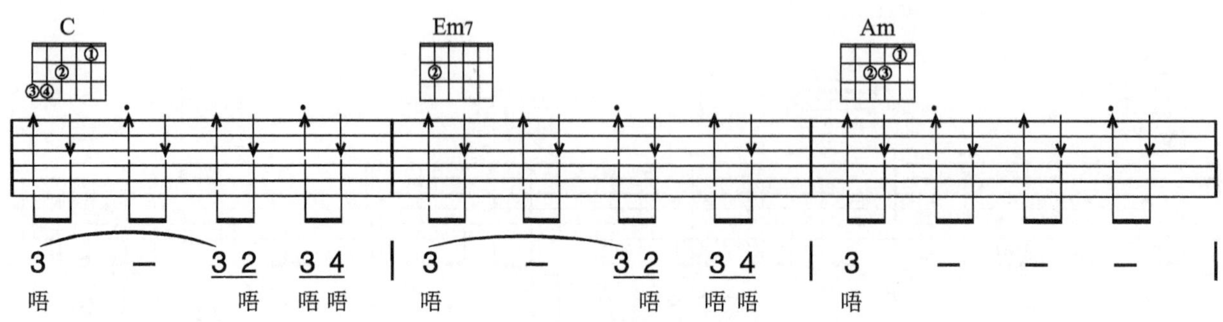

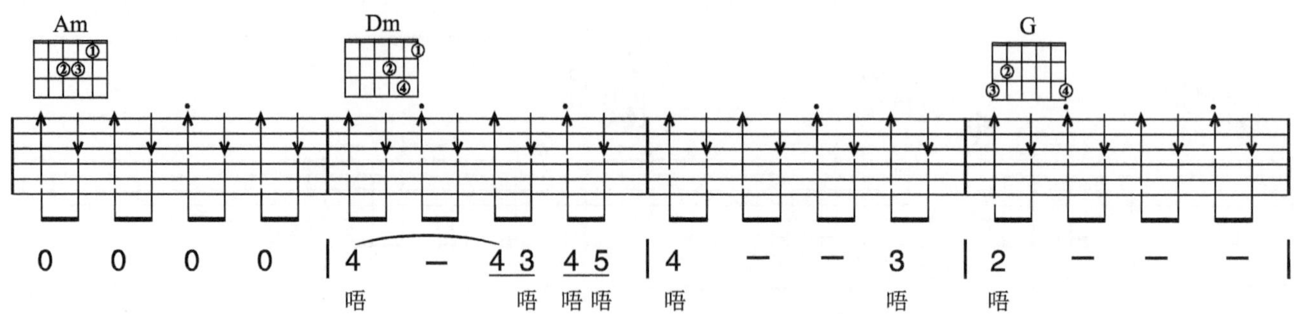

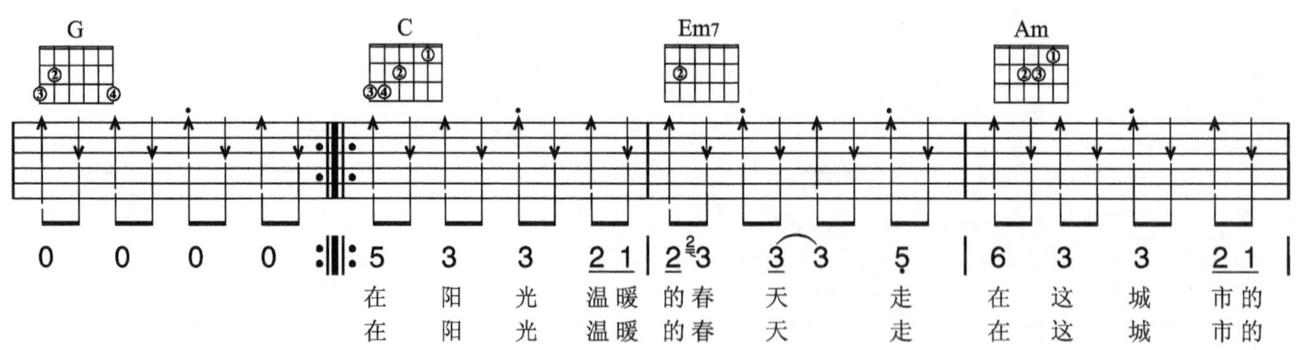

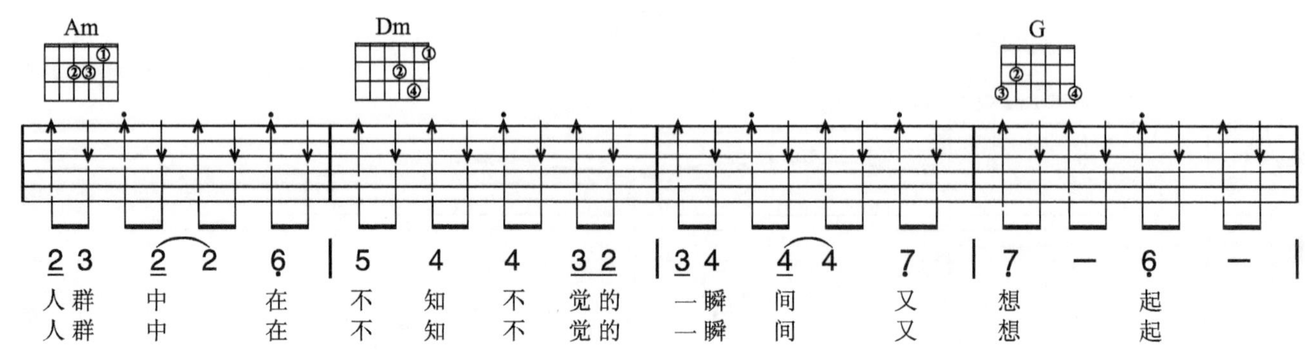

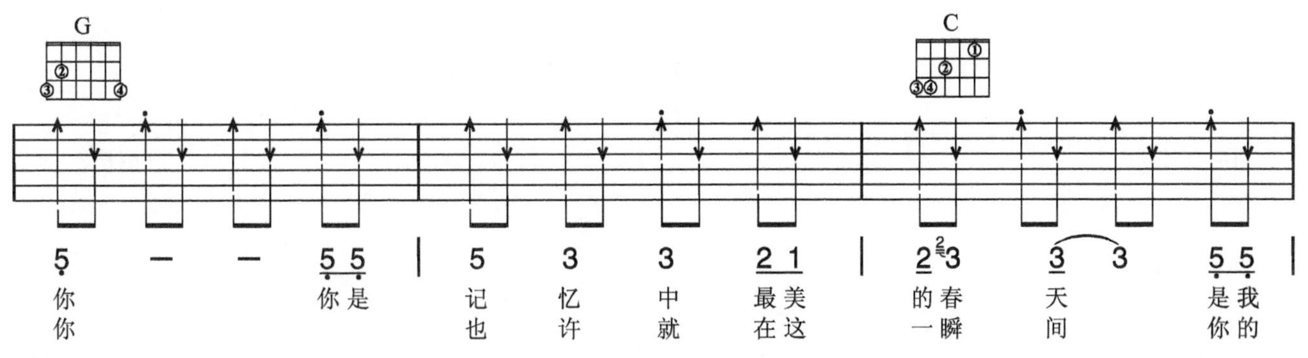
G
C
你 你是 记 忆 中 最美 的春 天 是我
你 也 许 就 在这 一瞬 间 你的

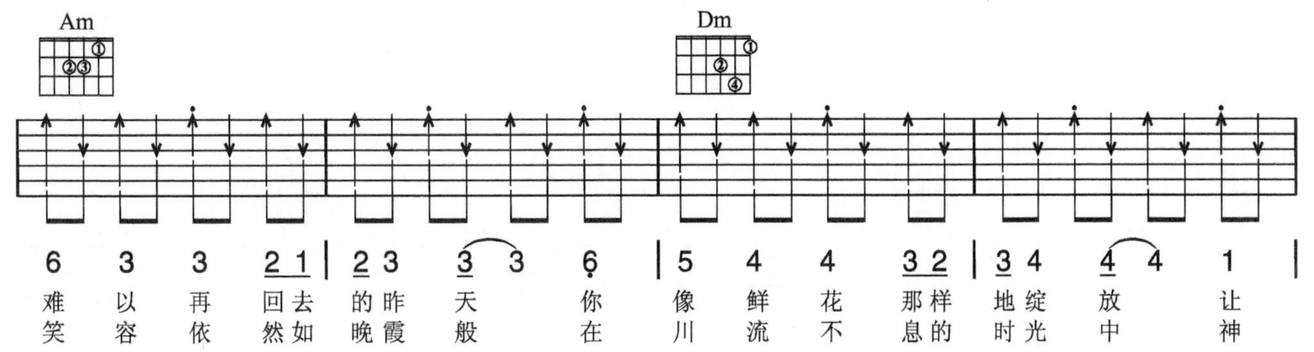
Am
Dm
难 以 再 回去 的昨 天 你 像 鲜 花 那样 地绽 放 让
笑 容 依 然如 晚霞 般 在 川 流 不 息的 时光 中 神

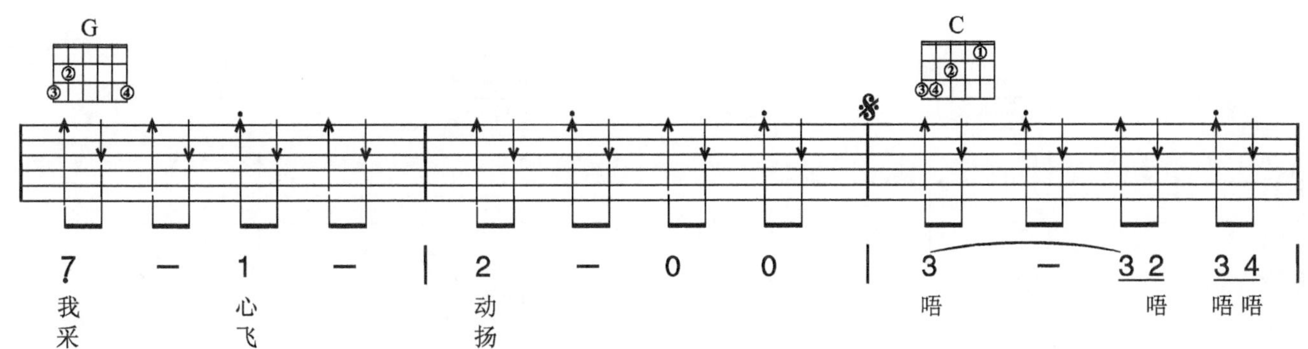
G
C
我 心 动 唔 唔 唔唔
采 飞 扬

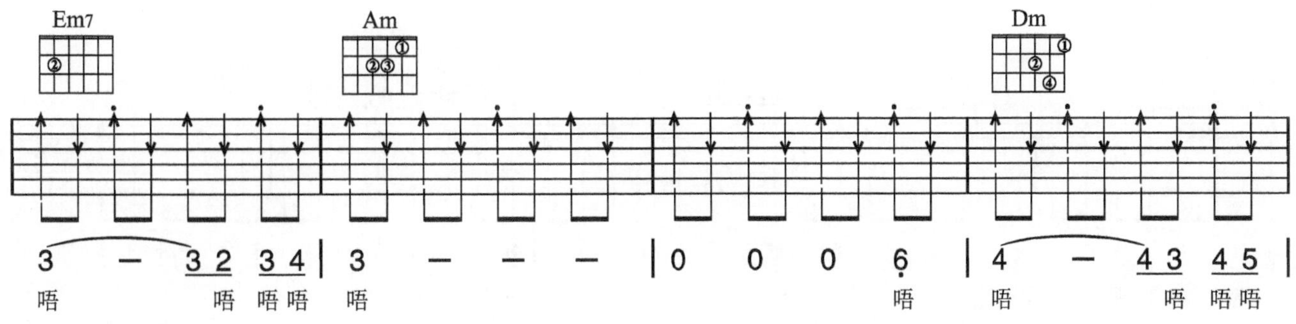
Em7
Am
Dm
唔 唔 唔唔 唔 唔 唔 唔 唔唔

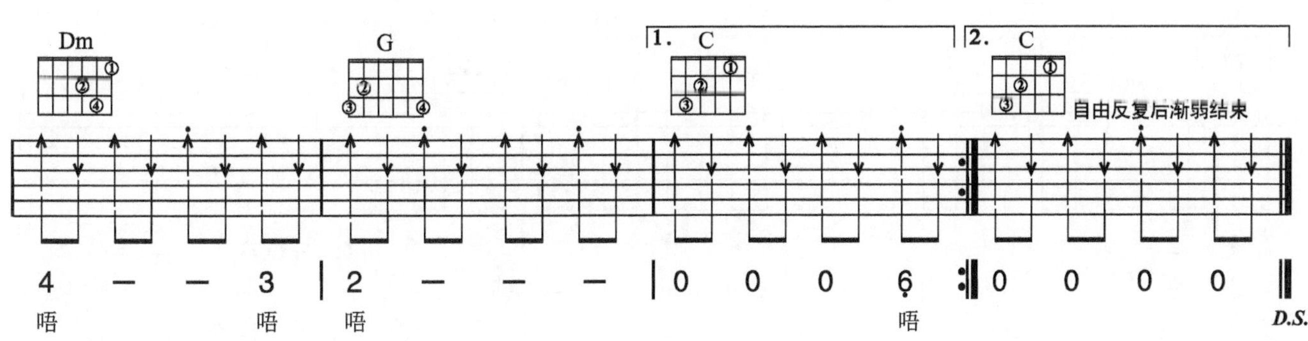
Dm
G
1. C
2. C
自由反复后渐弱结束
唔 唔 唔 唔
D.S.

你

（许　巍演唱）

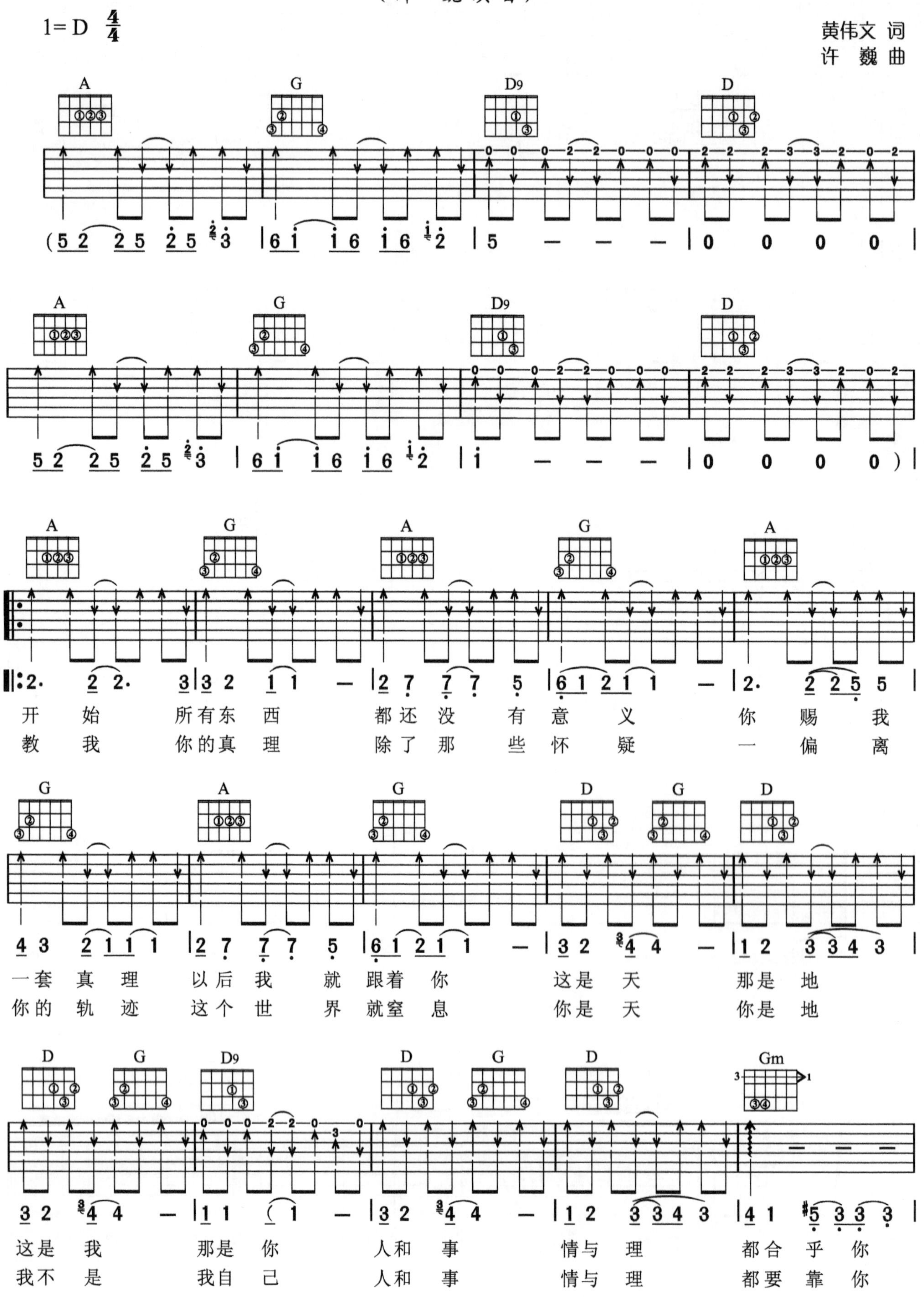
1=D 4/4
黄伟文 词
许　巍 曲
A G D9 D
A G D9 D
A G A G A
开始 所有东西 都还没有意义 你赐我
教我 你的真理 除了那些怀疑 一偏离
G A G D G D
一套真理 以后我就跟着你 这是天 那是地
你的轨迹 这个世界就窒息 你是天 你是地
D G D9 D G D Gm
这是我 那是你 人和事 情与理 都合乎你
我不是 我自己 人和事 情与理 都要靠你

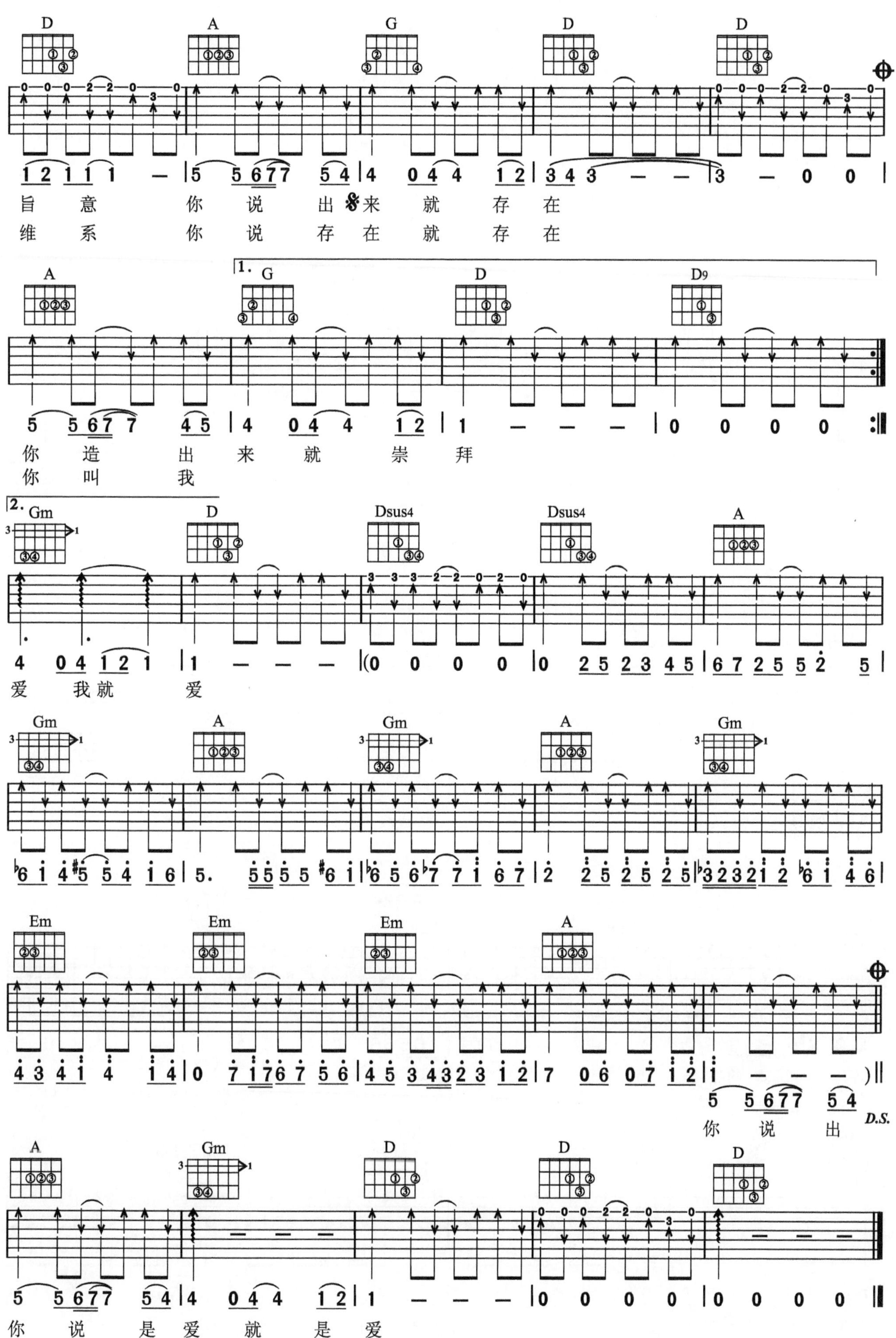
D A G D D
旨 意 你 说 出 来 就 存 在
维 系 你 说 存 在 就 存 在
A 1. G D D9
你 造 出 来 就 崇 拜
你 叫 我
2. Gm D Dsus4 Dsus4 A
爱 我就 爱
Gm A Gm A Gm
Em Em Em A
你 说 出
D.S.
A Gm D D D
你 说 是 爱 就 是 爱

旅　行

（许　巍演唱）

1=G $\frac{4}{4}$

许　巍 词曲

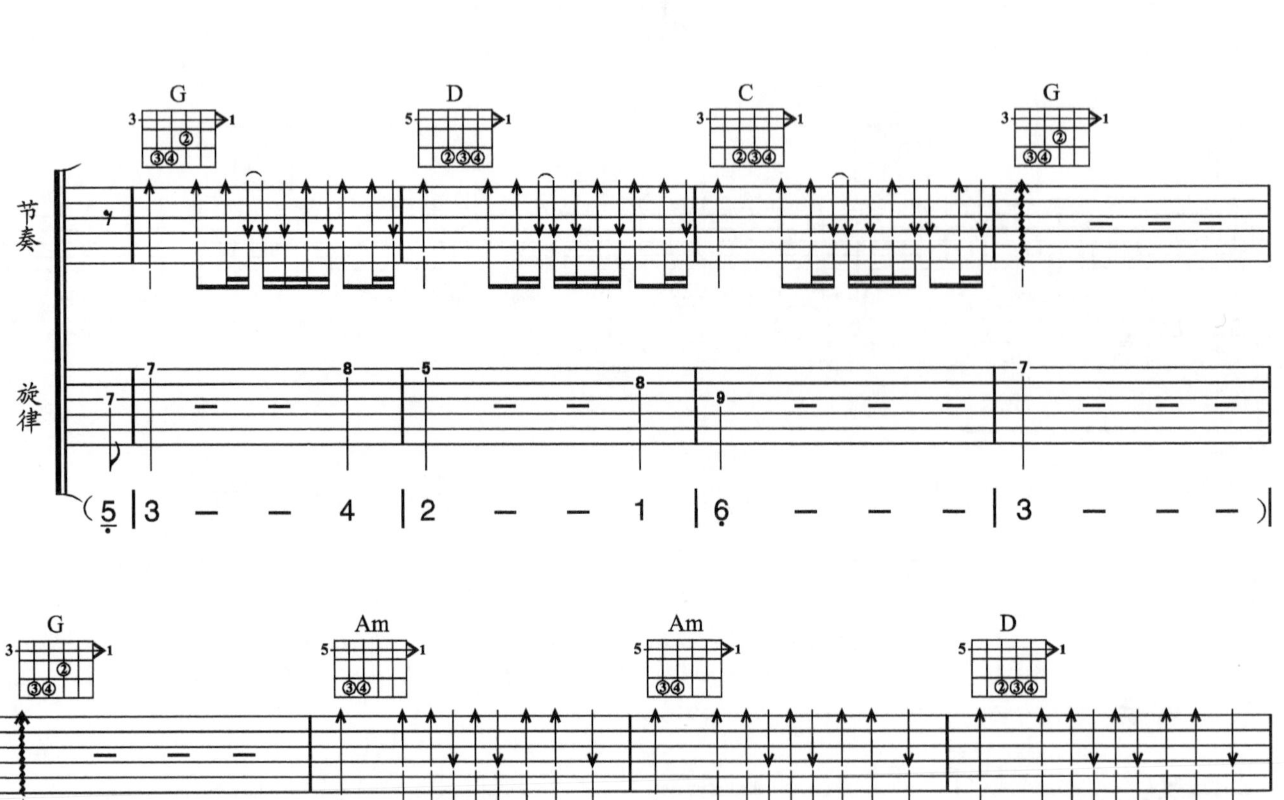

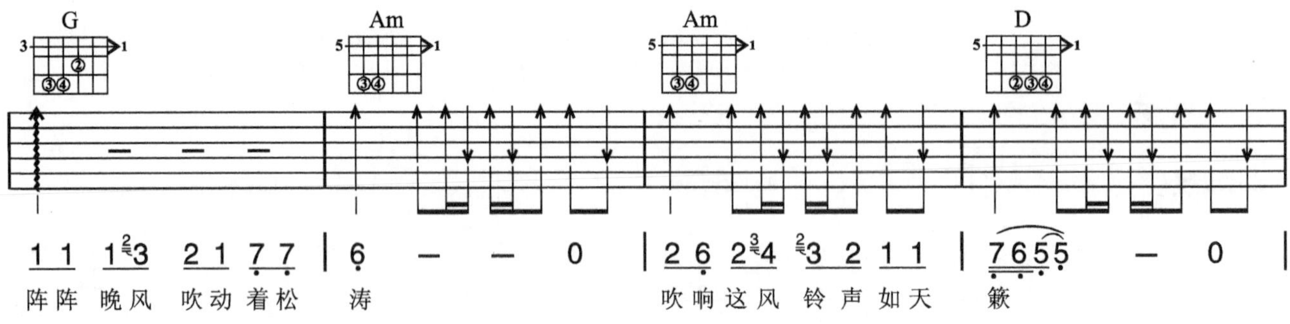

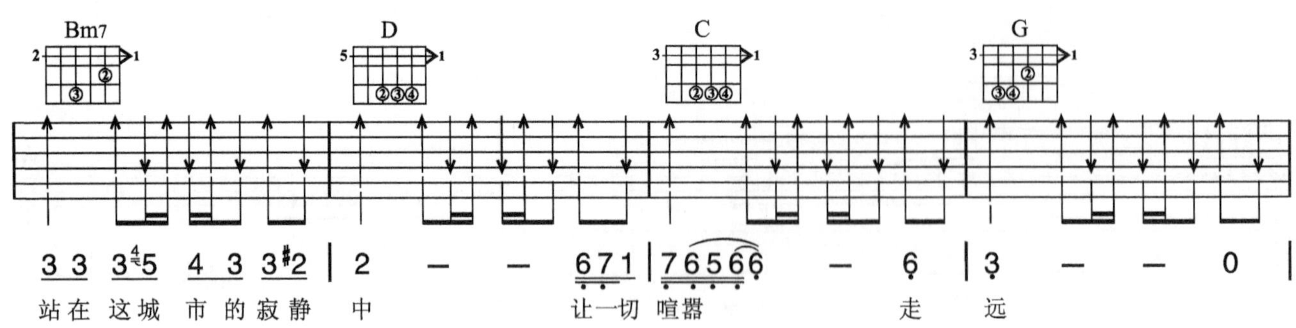

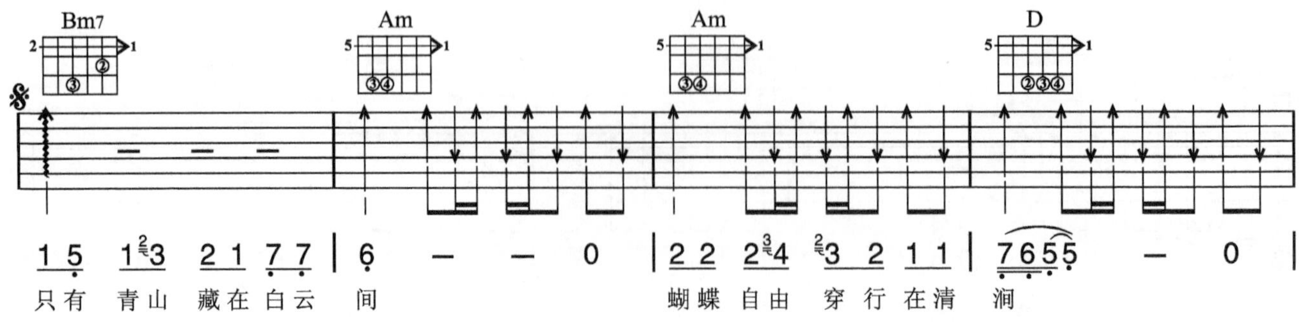

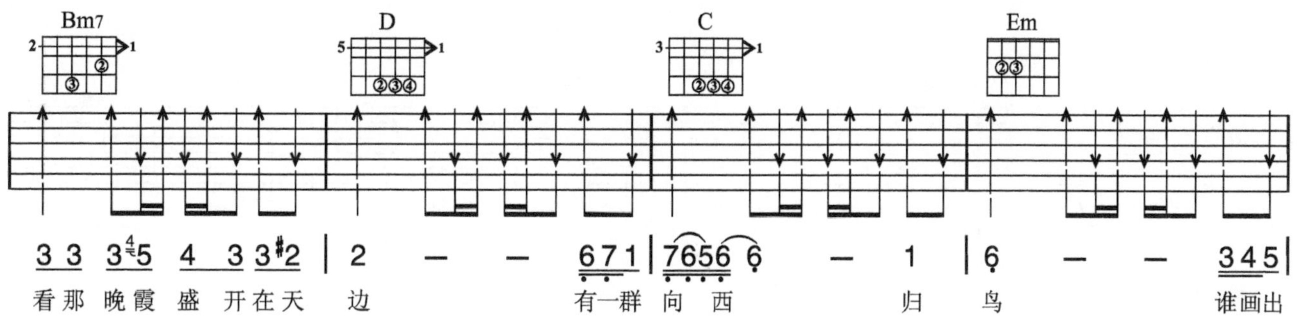
Bm7
D
C
Em
看那晚霞盛开在天边
有一群向西
归
鸟
谁画出

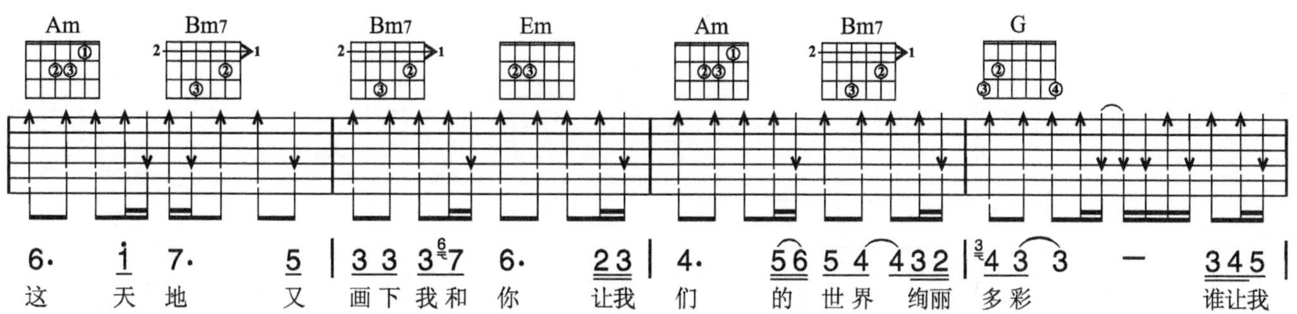
Am
Bm7
Bm7
Em
Am
Bm7
G
这天地又画下我和你
让我们的世界绚丽多彩
谁让我

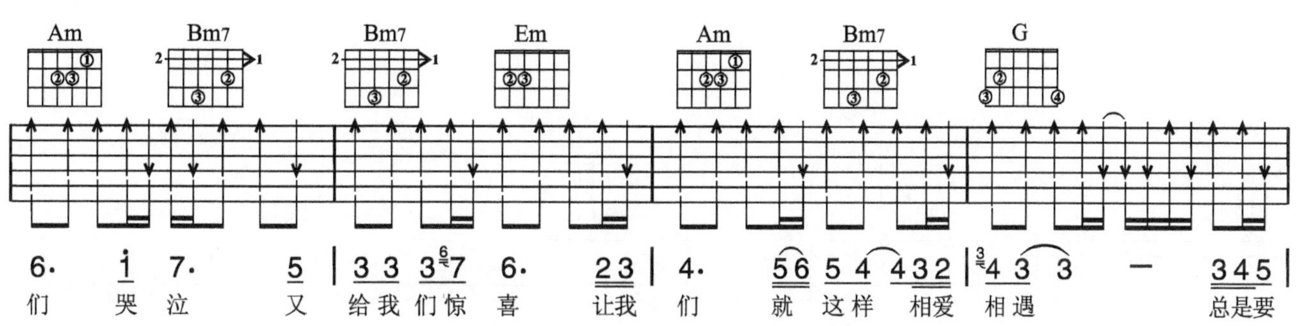
Am
Bm7
Bm7
Em
Am
Bm7
G
们哭泣又给我们惊喜
让我们就这样相爱相遇
总是要

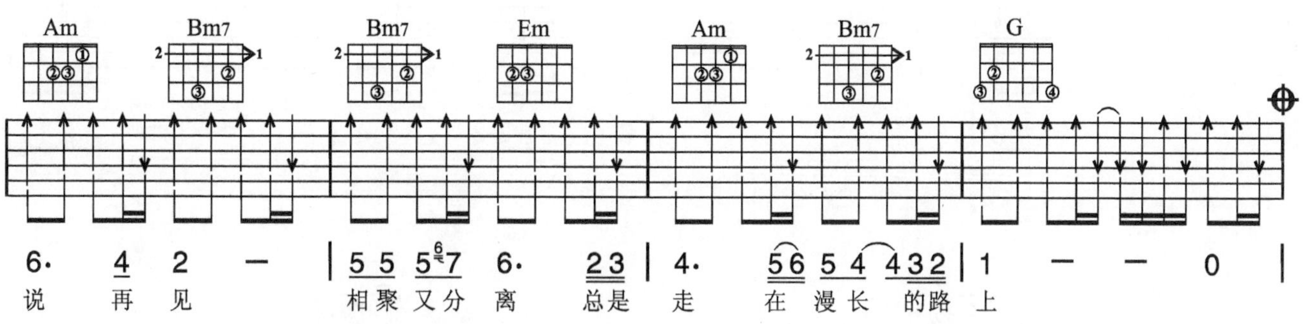
Am
Bm7
Bm7
Em
Am
Bm7
G
说再见
相聚又分离
总是走在漫长的路上

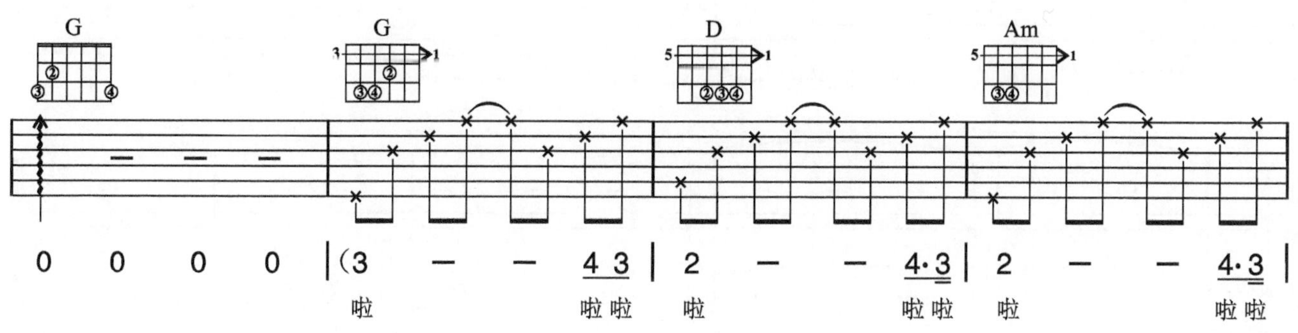
G
G
D
Am
啦
啦啦
啦
啦啦
啦
啦啦

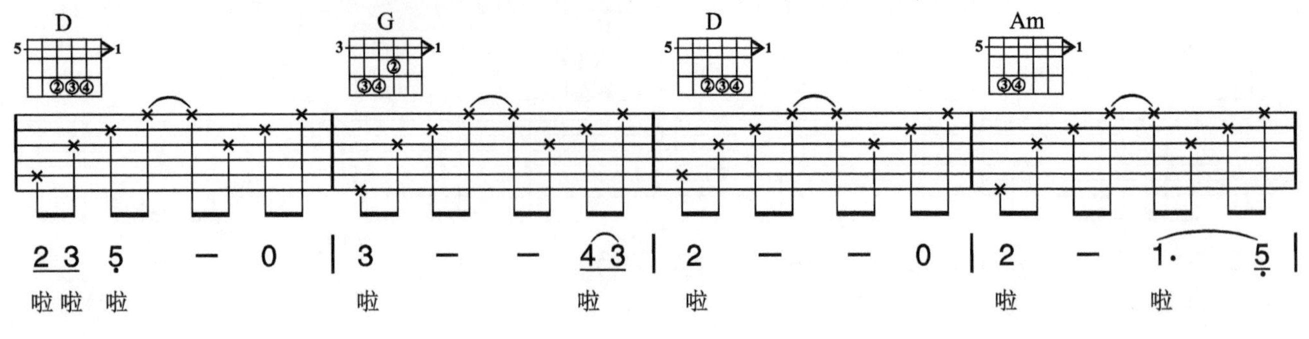
D
G
D
Am
2 3 5 — 0 | 3 — — 4 3 | 2 — — 0 | 2 — 1. 5 |
啦啦 啦
啦
啦
啦
啦
啦

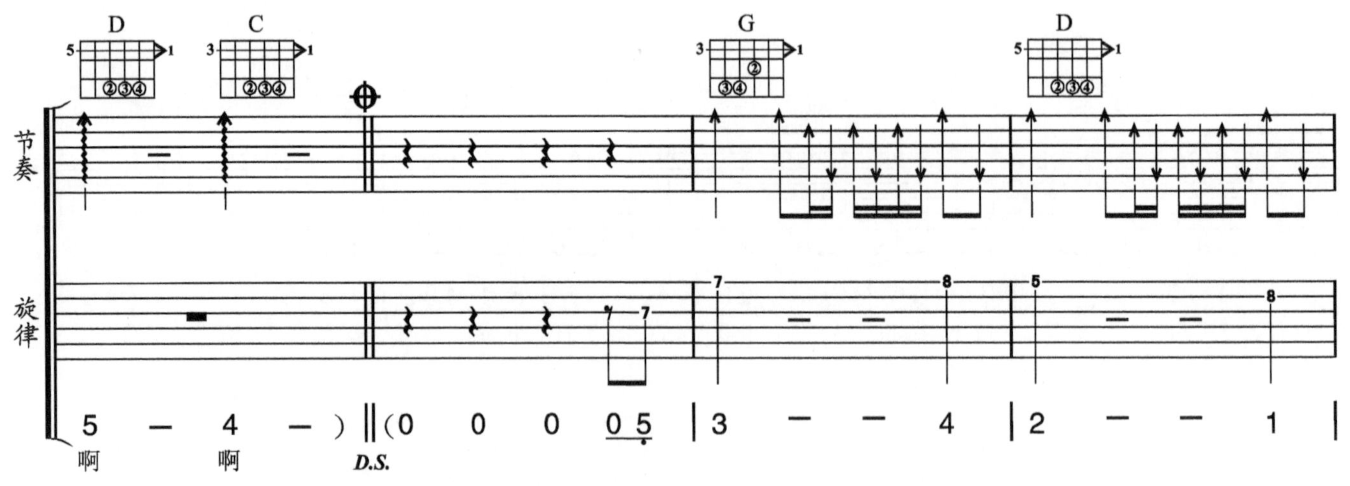
D
C
G
D
节奏
旋律
5 — 4 —) ‖(0 0 0 0 5 | 3 — — 4 | 2 — — 1 |
啊
啊
D.S.

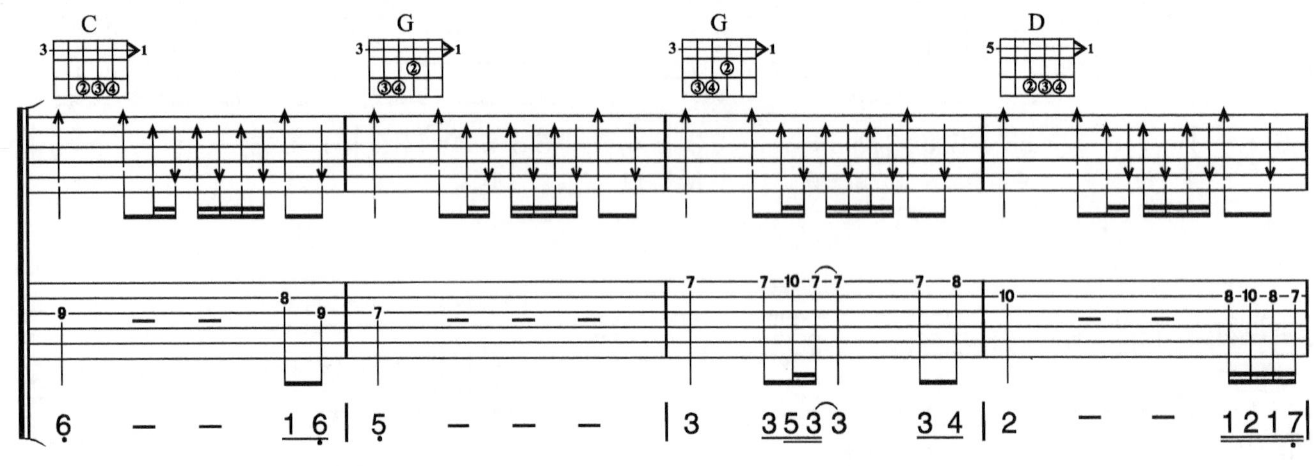
C
G
G
D
6 — — 1 6 | 5 — — — | 3 3533 3 3 4 | 2 — — 1217 |

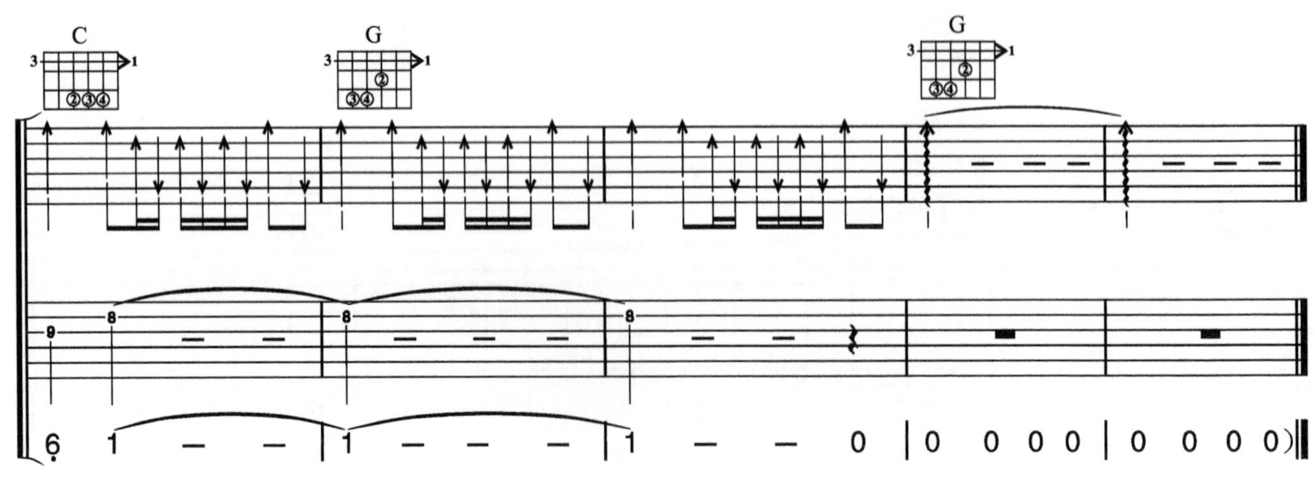
C
G
G
6 1 — — | 1 — — — | 1 — — 0 | 0 0 0 0 | 0 0 0 0)‖

纯　真

（许　巍演唱）

1=G $\frac{4}{4}$

许　巍　词曲

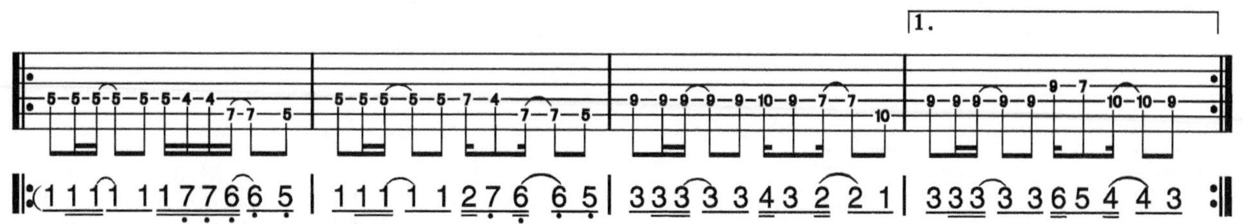

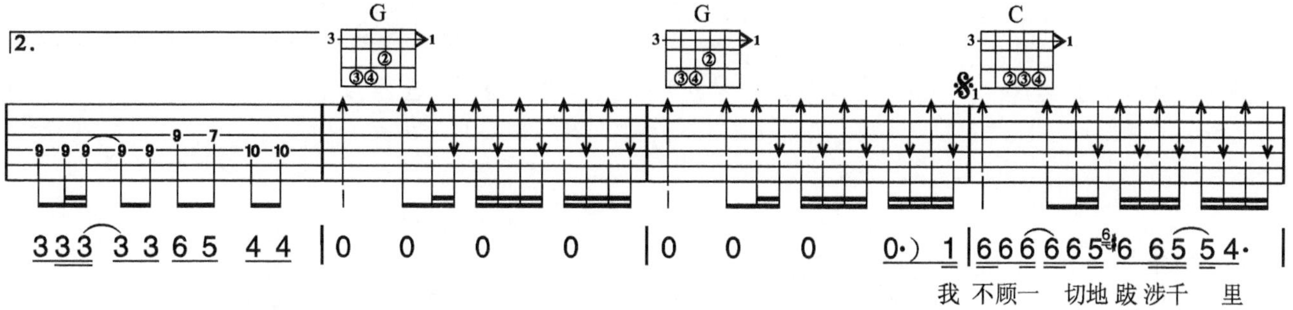

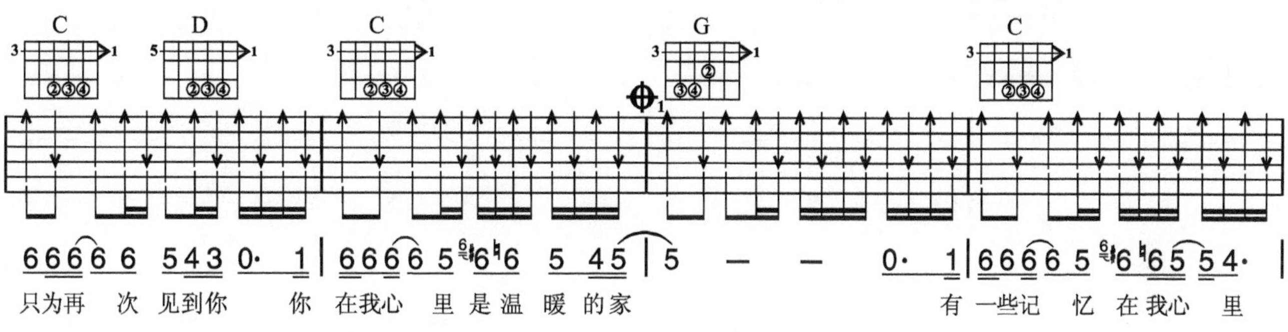

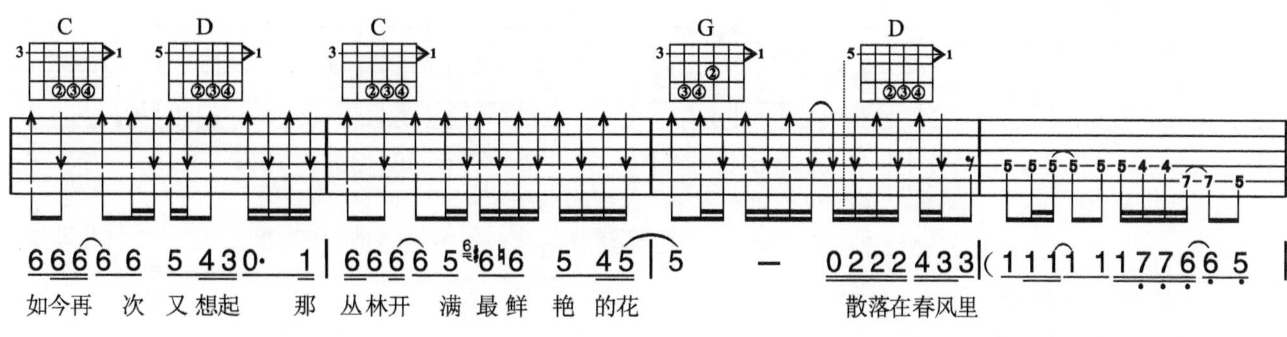

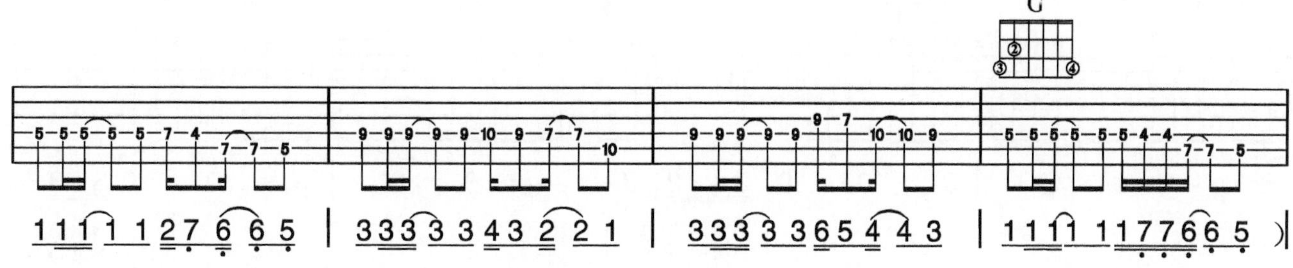

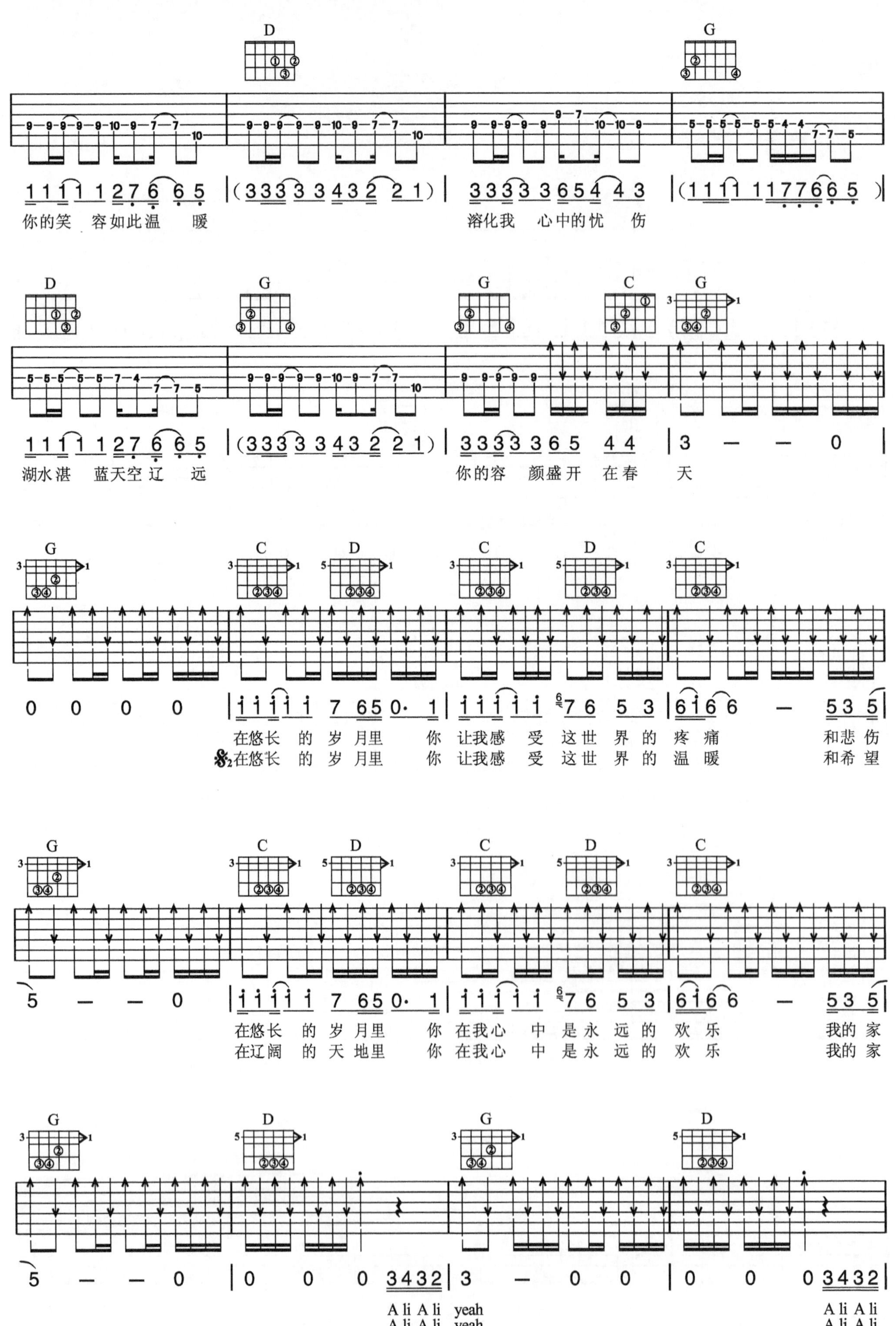

D
G
你的笑 容如此温 暖
溶化我 心中的忧 伤
D
G
G
C
G
湖水湛 蓝天空辽 远
你的容 颜盛开 在春 天
G
C
D
C
D
C
在悠长 的 岁 月里 你 让我感 受 这世 界 的 疼 痛 和悲 伤
在悠长 的 岁 月里 你 让我感 受 这世 界 的 温 暖 和希 望
G
C
D
C
D
C
在悠长 的 岁 月里 你 在我心 中 是永 远 的 欢 乐 我的 家
在辽阔 的 天 地里 你 在我心 中 是永 远 的 欢 乐 我的 家
G
D
G
D
A li A li yeah
A li A li yeah
A li A li
A li A li

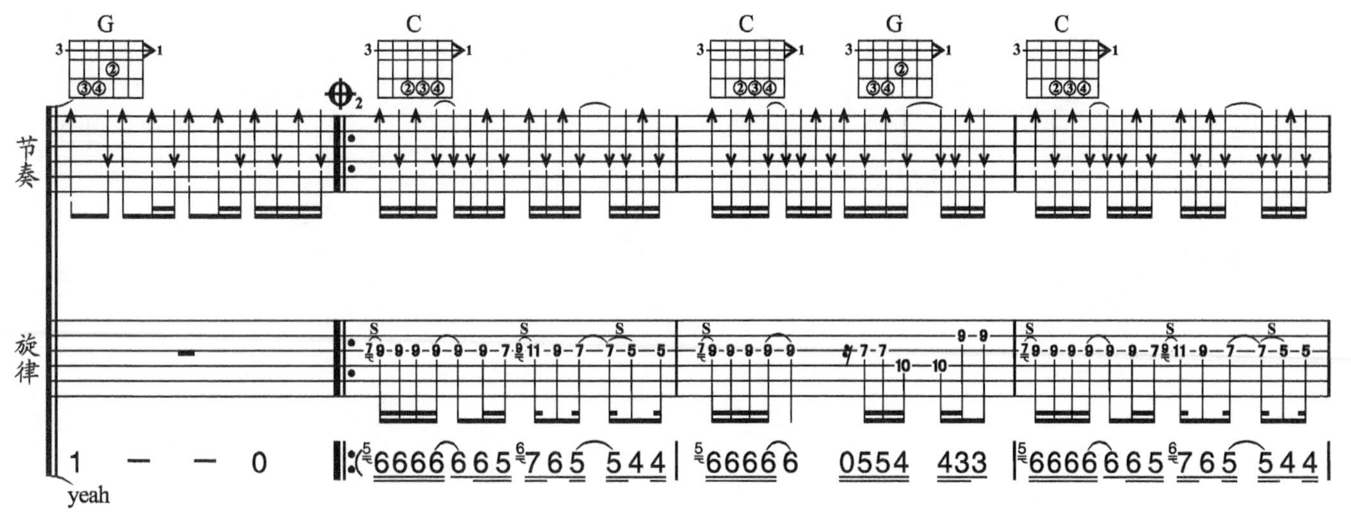

G
C
C
G
C
节奏
旋律
1 — — 0
yeah

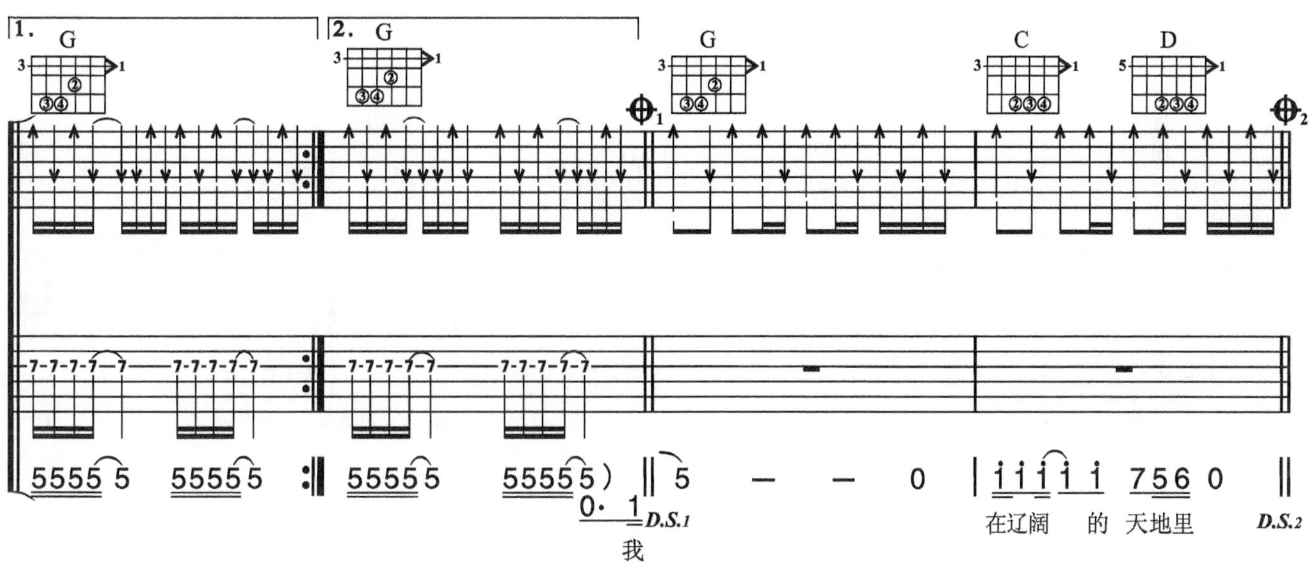

1.
2.
G
G
G
C
D
D.S.1
我
在辽阔 的 天地里
D.S.2

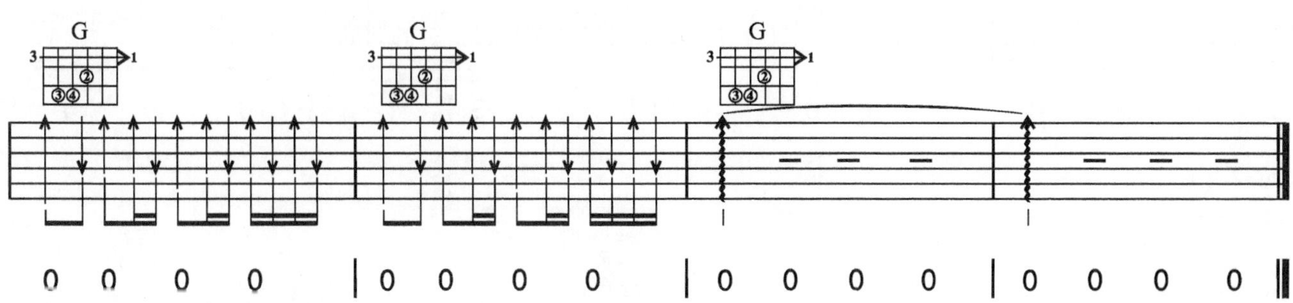

G
G
G

秋 海

（许 巍演唱）

1=F 4/4

许 巍 词曲

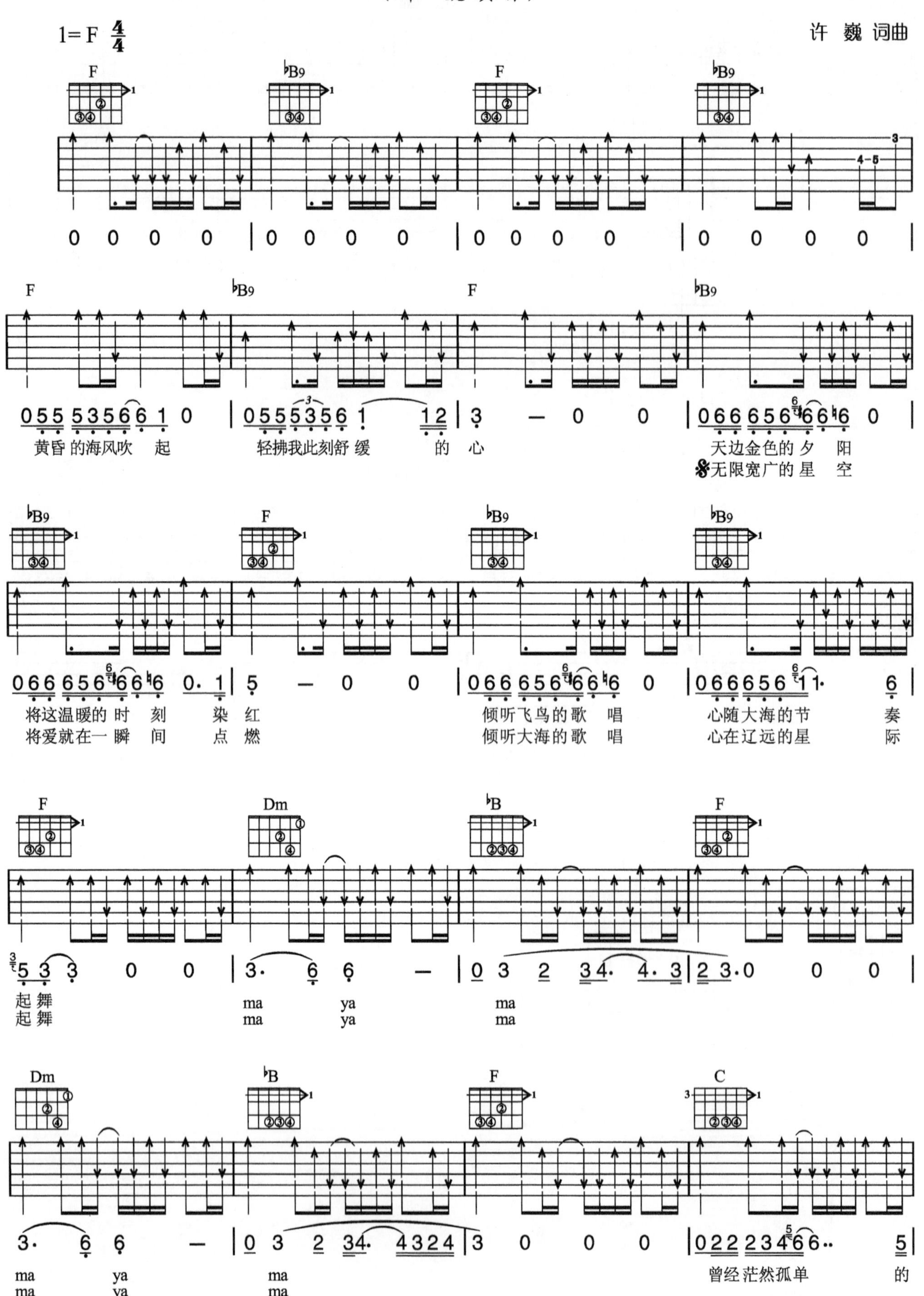

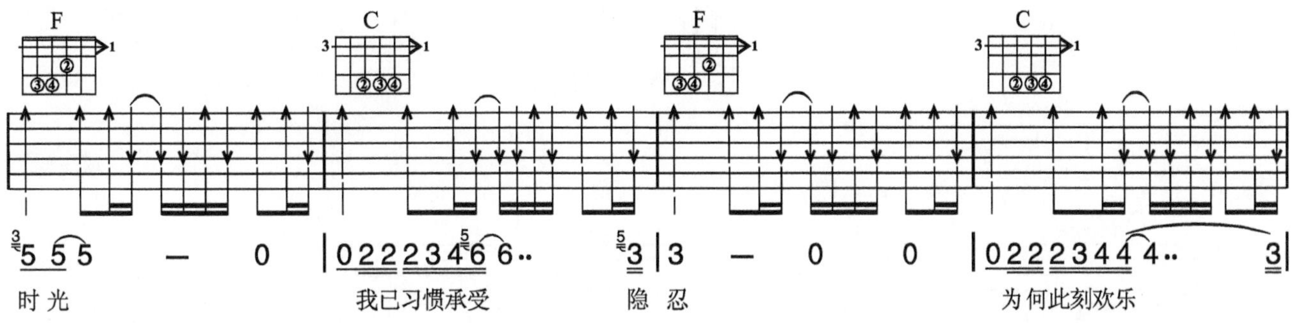
F
C
F
C
时光
我已习惯承受
隐忍
为何此刻欢乐

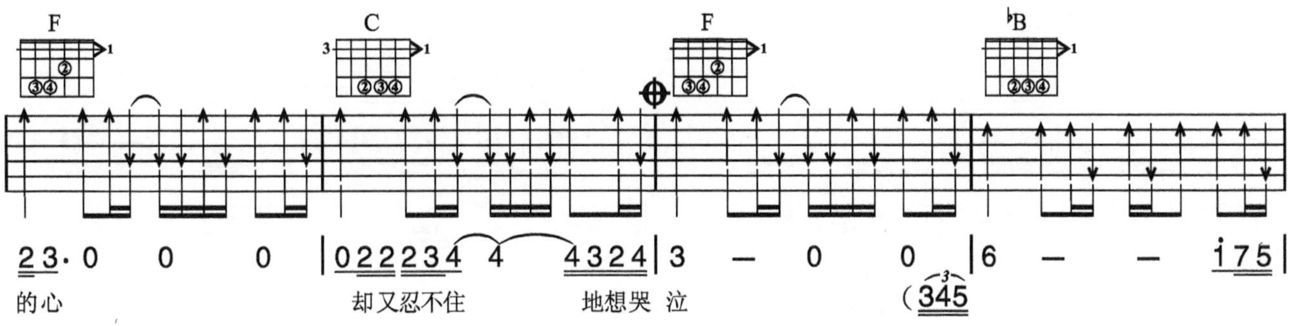
F
C
F
♭B
的心
却又忍不住
地想哭泣

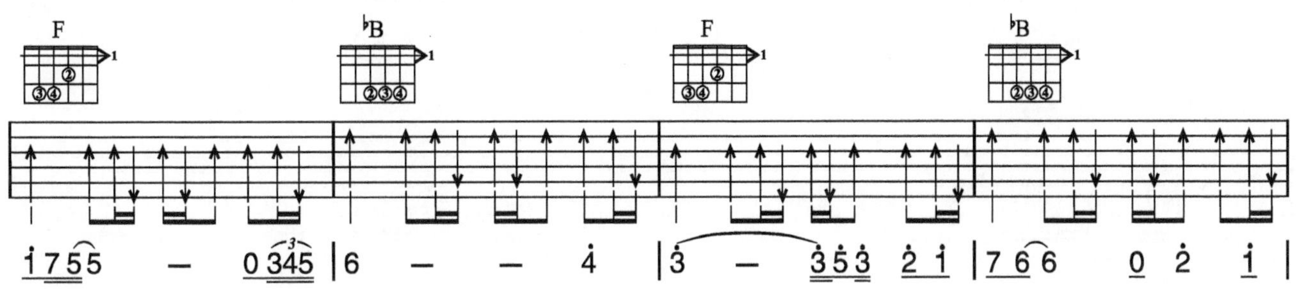
F
♭B
F
♭B

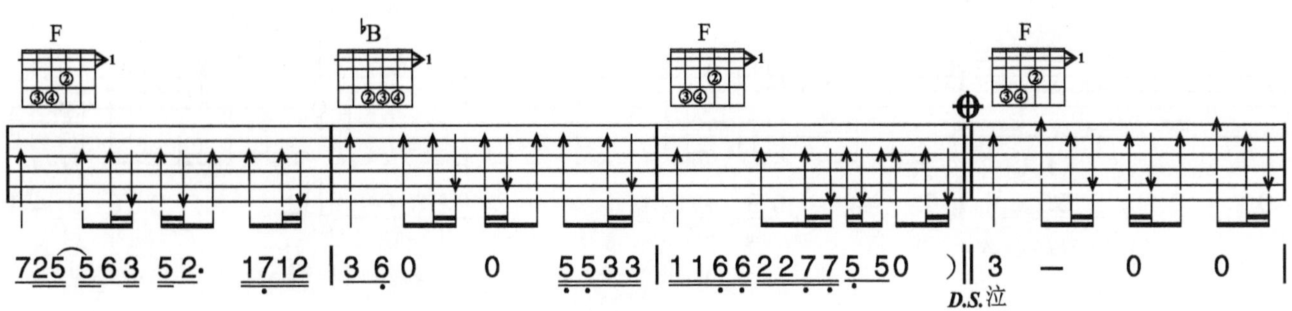
F
♭B
F
F
D.S.
泣

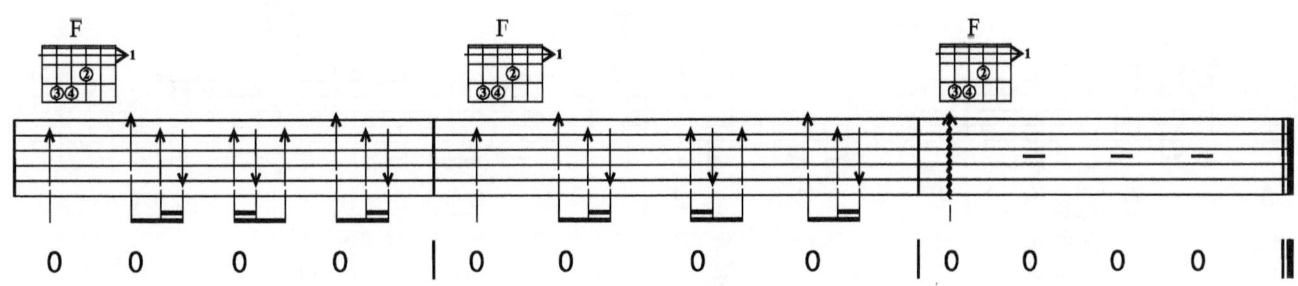
F
F
F

礼 物

（许 巍 演唱）

1=E $\frac{4}{4}$

许 巍 词曲

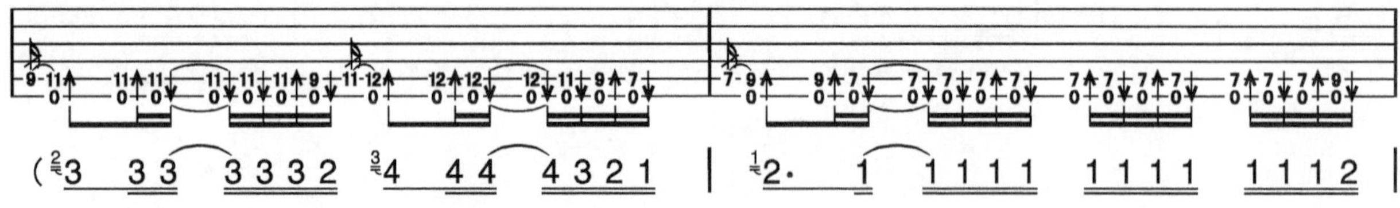

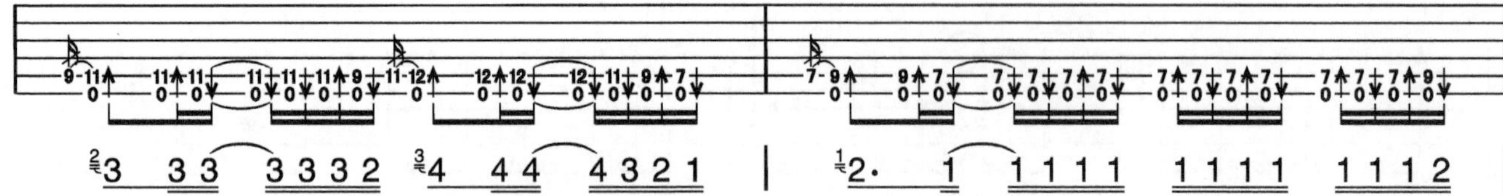

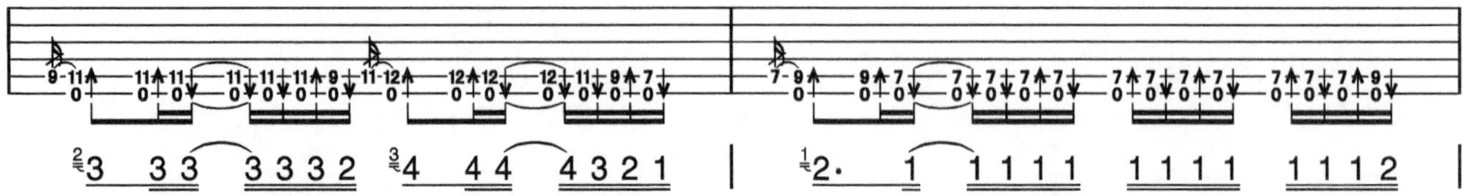

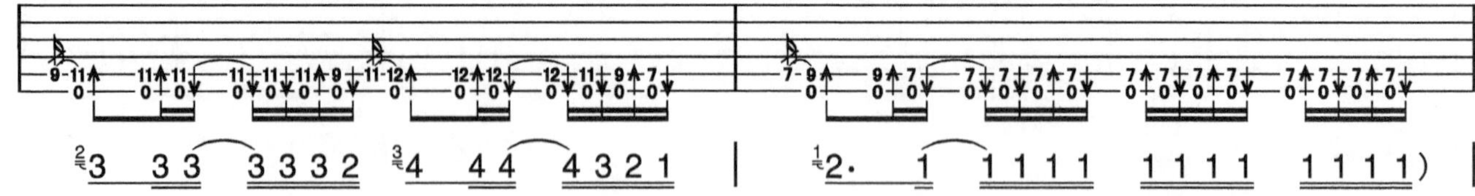

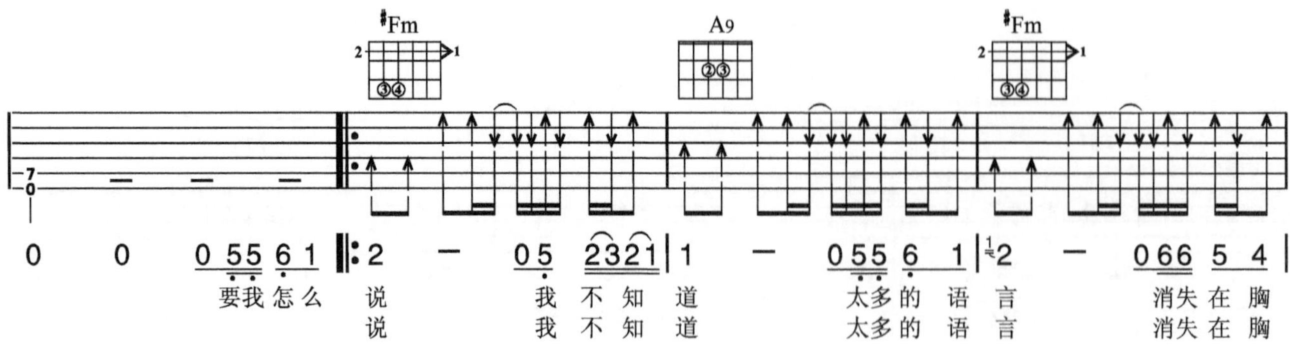

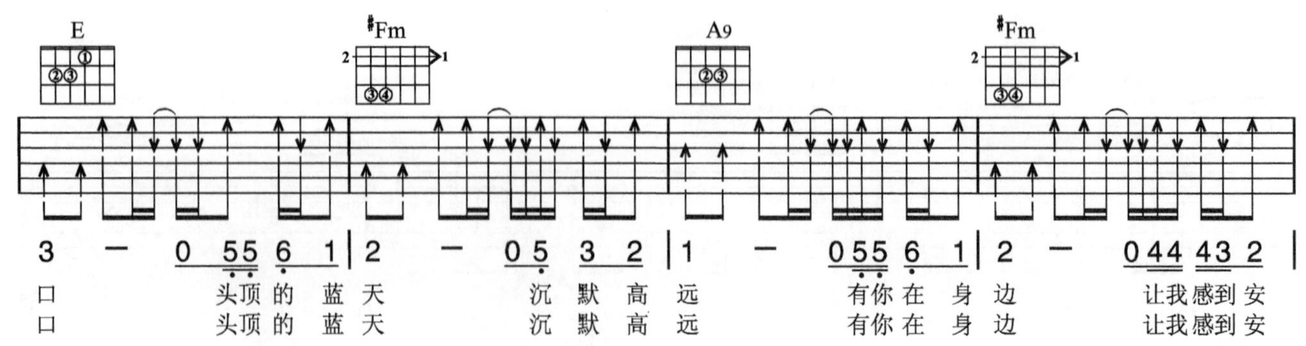

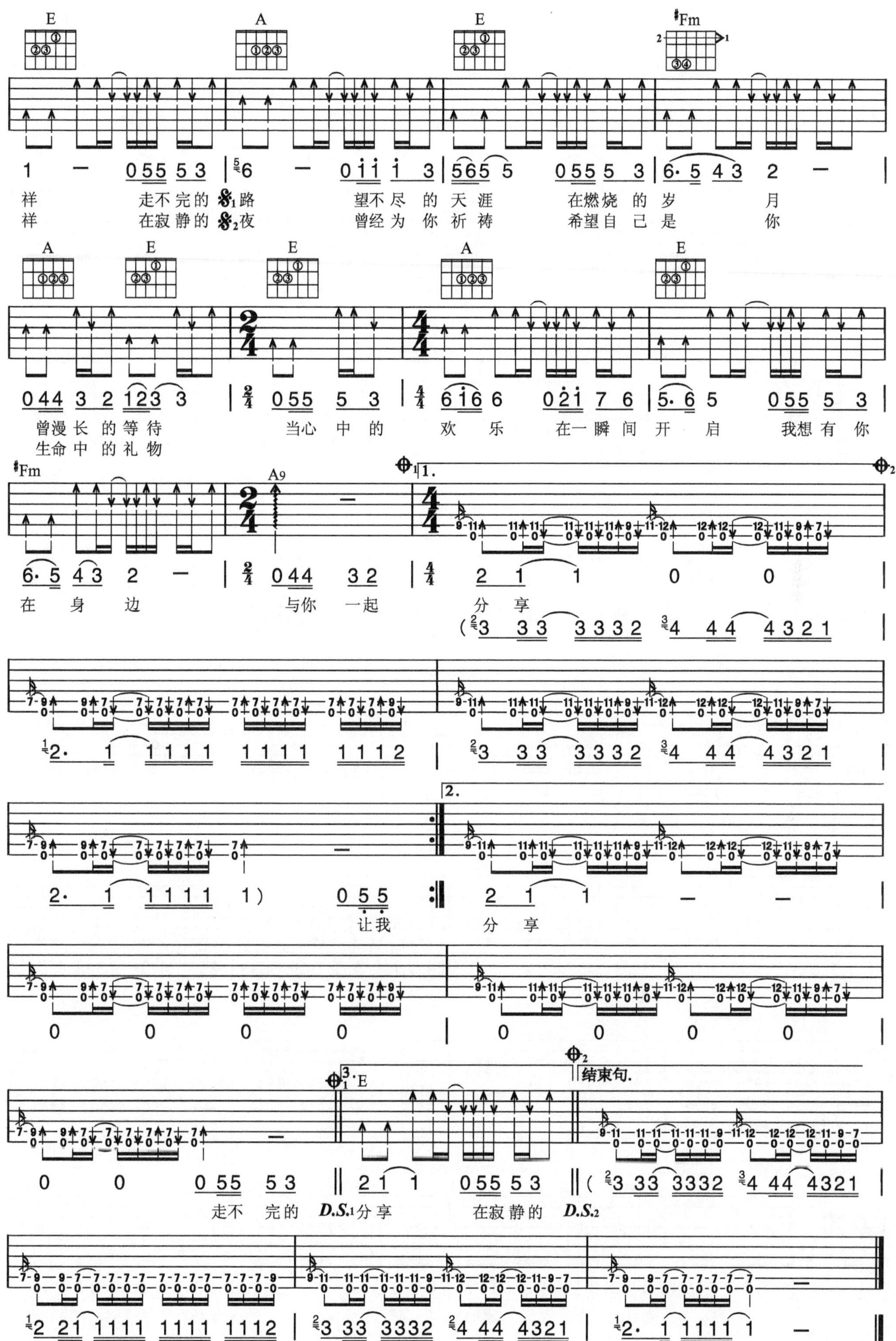
E A E #Fm
祥 走不完的 𝄋1路 望不尽 的 天 涯 在燃烧 的 岁 月
祥 在寂静的 𝄋2夜 曾经为 你 祈 祷 希望自 己 是 你
A E E A E
曾漫 长 的等 待 当心 中 的 欢 乐 在一瞬 间 开 启 我想 有 你
生命中 的礼 物
#Fm A9
在 身 边 与你 一起 分 享
1.
2.
让我 分 享
3. E
结束句.
走不 完的 D.S.1分 享 在寂 静的 D.S.2

情 人

（许 巍 演唱）

许 巍词曲

1=A $\frac{4}{4}$

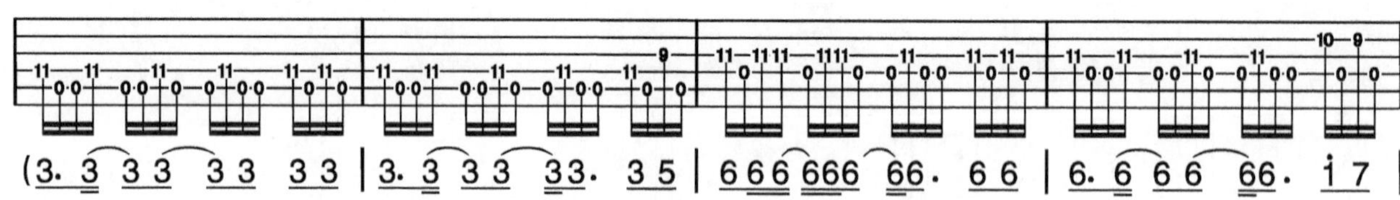

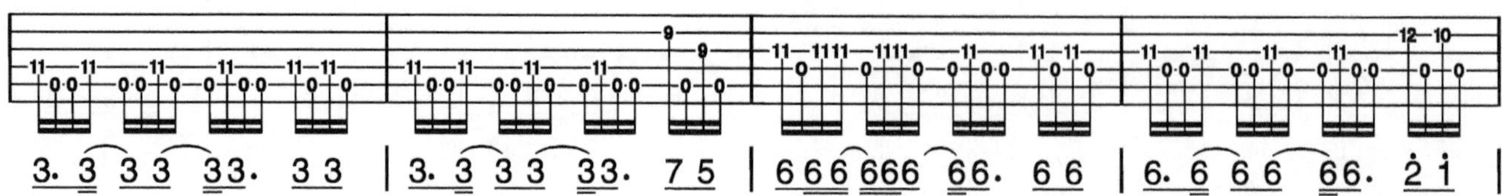

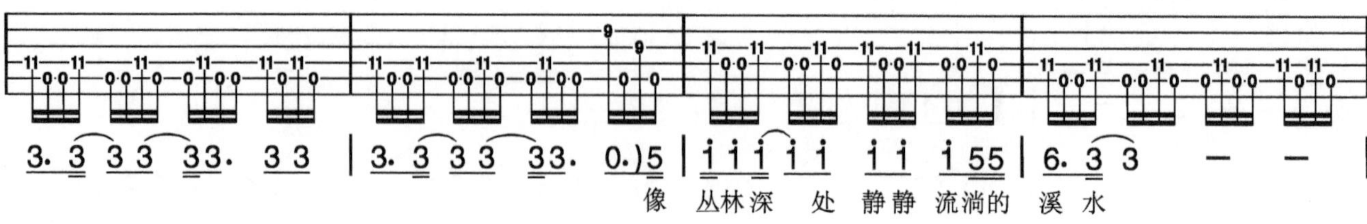

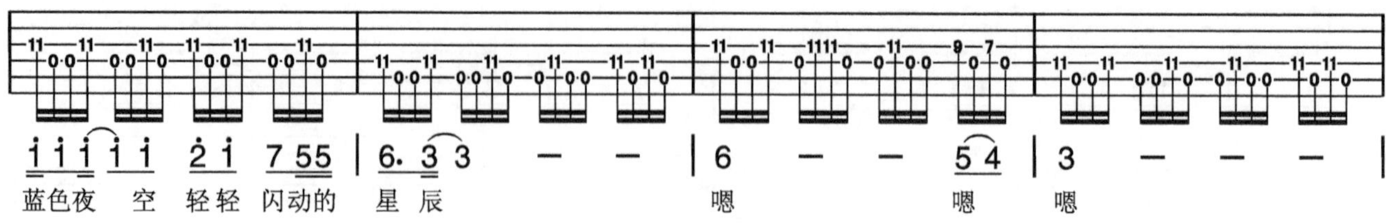

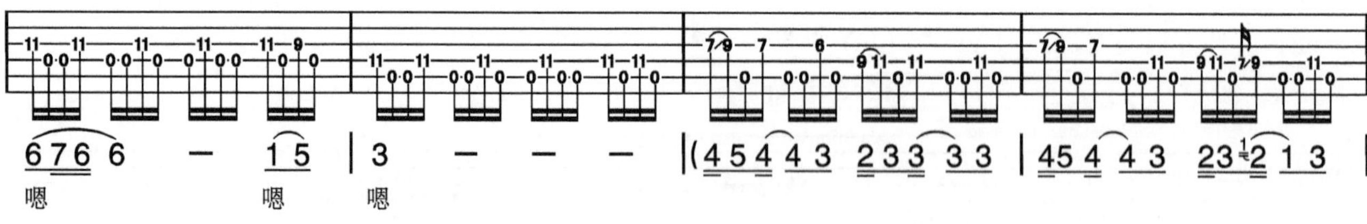

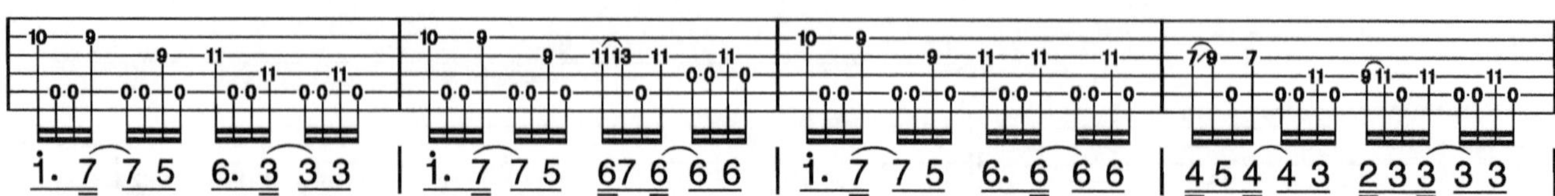

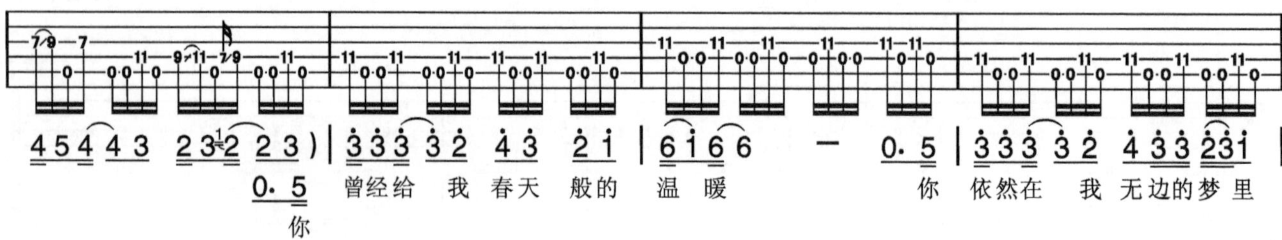

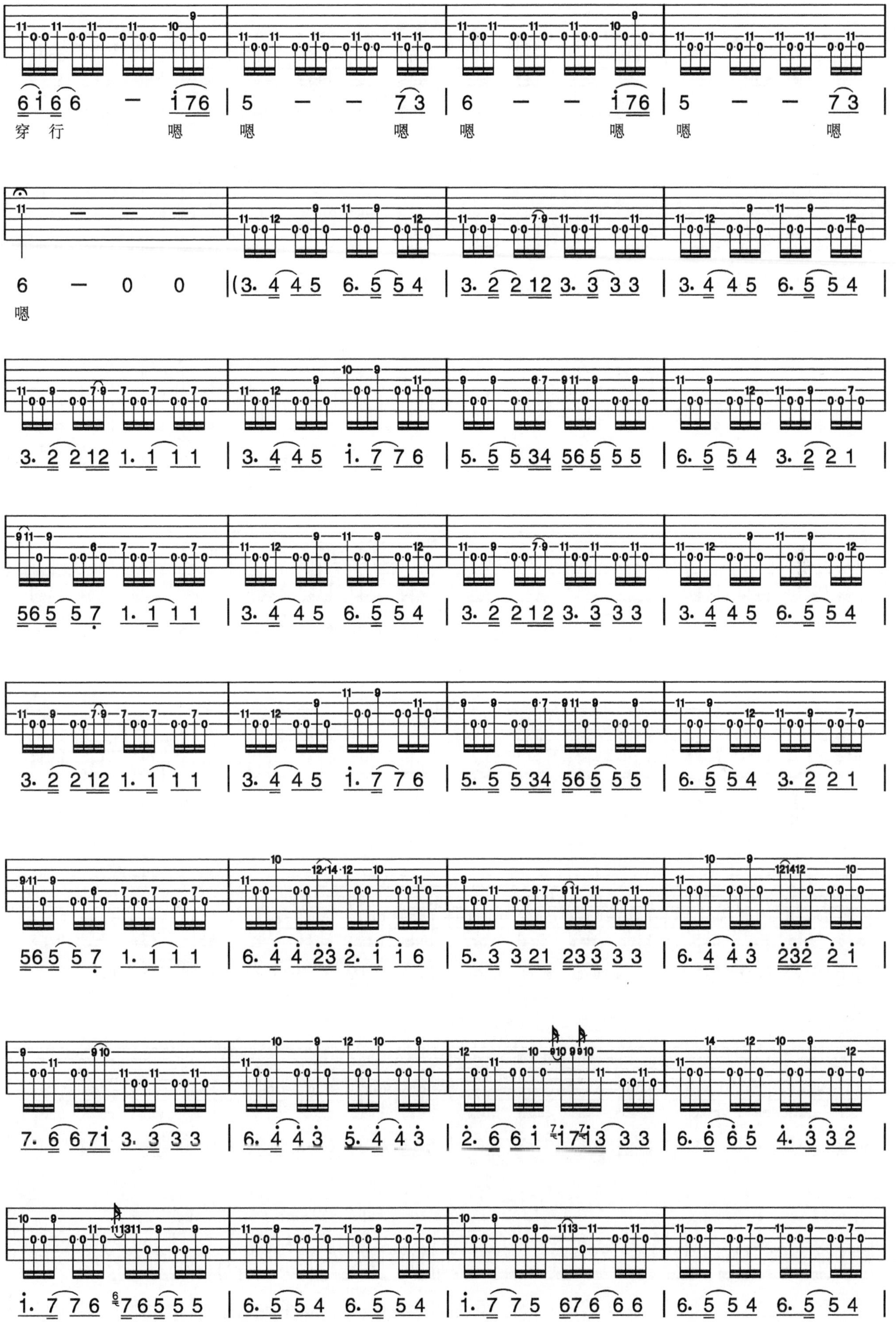
穿 行
嗯
嗯
嗯
嗯
嗯
嗯
嗯
嗯

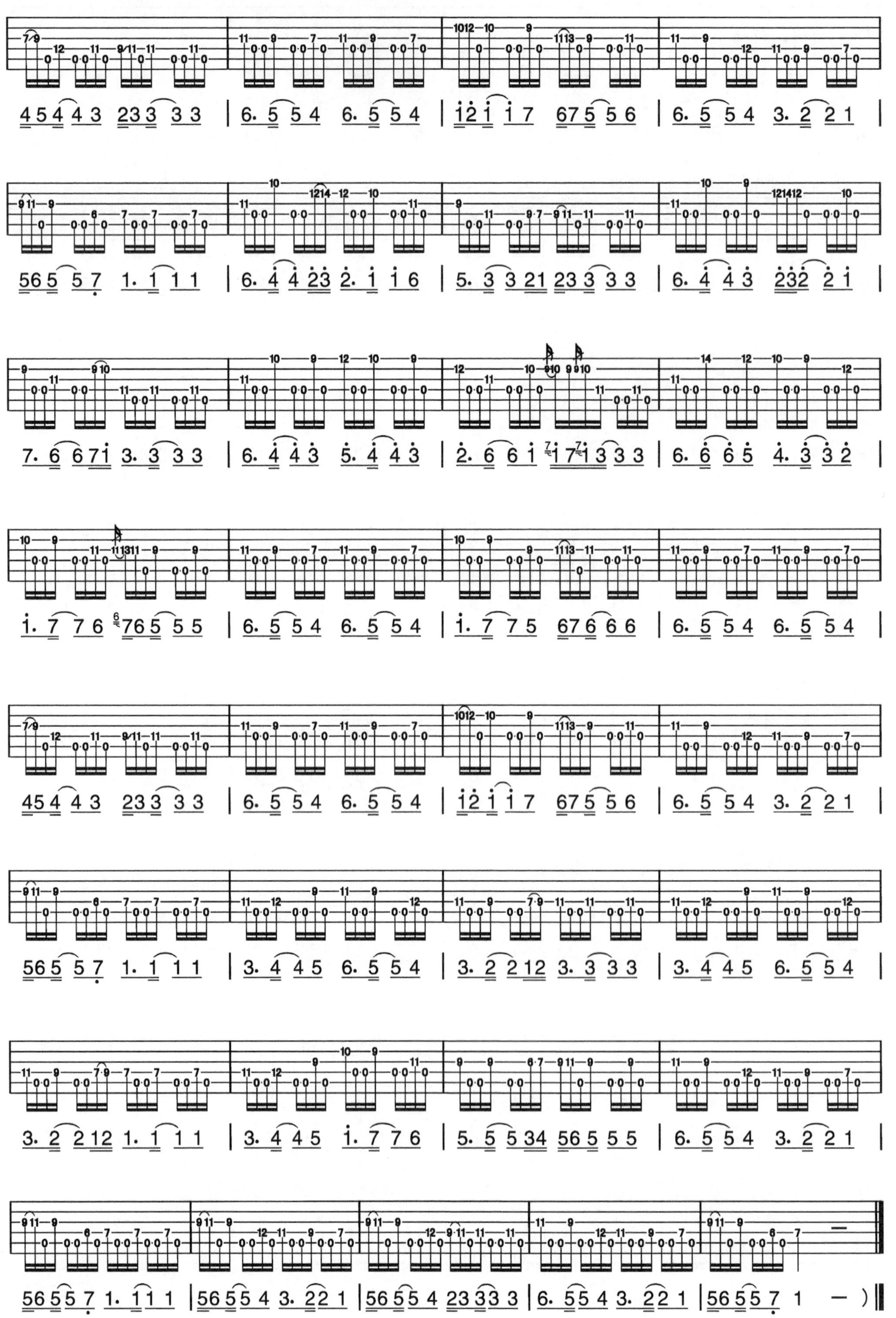

今 夜

（许　巍　演唱）

1= G $\frac{4}{4}$

许　巍　词曲

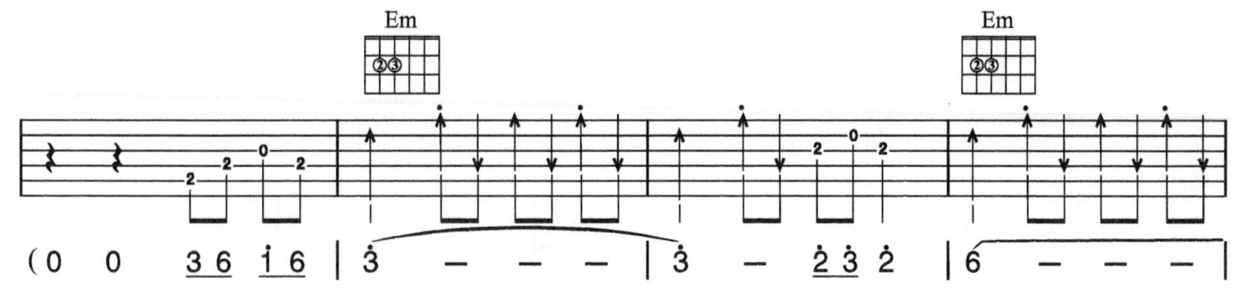

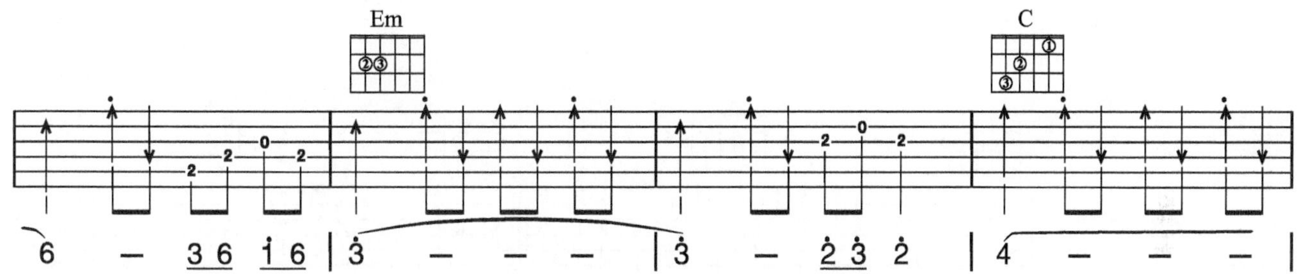

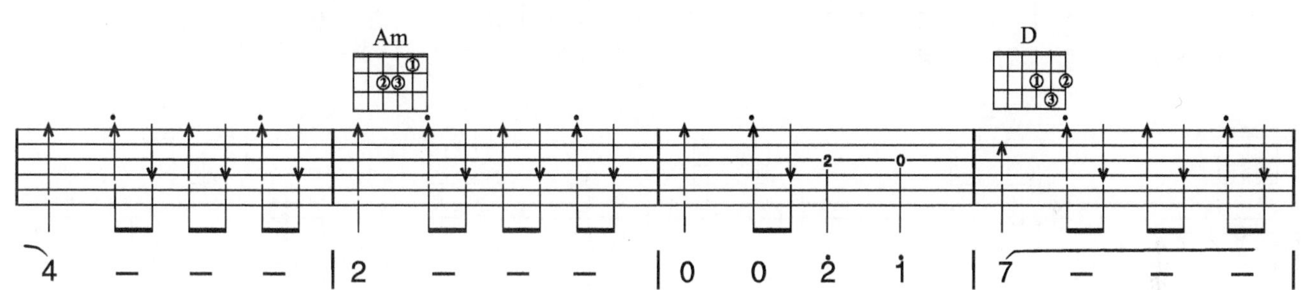

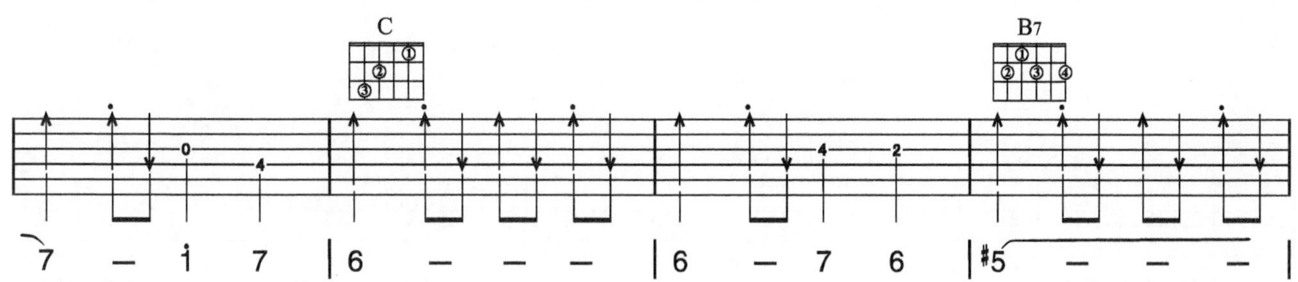

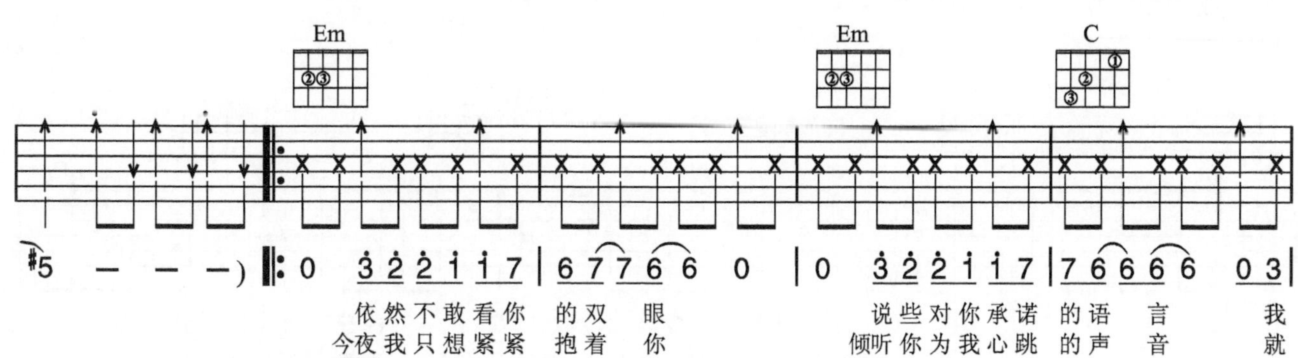

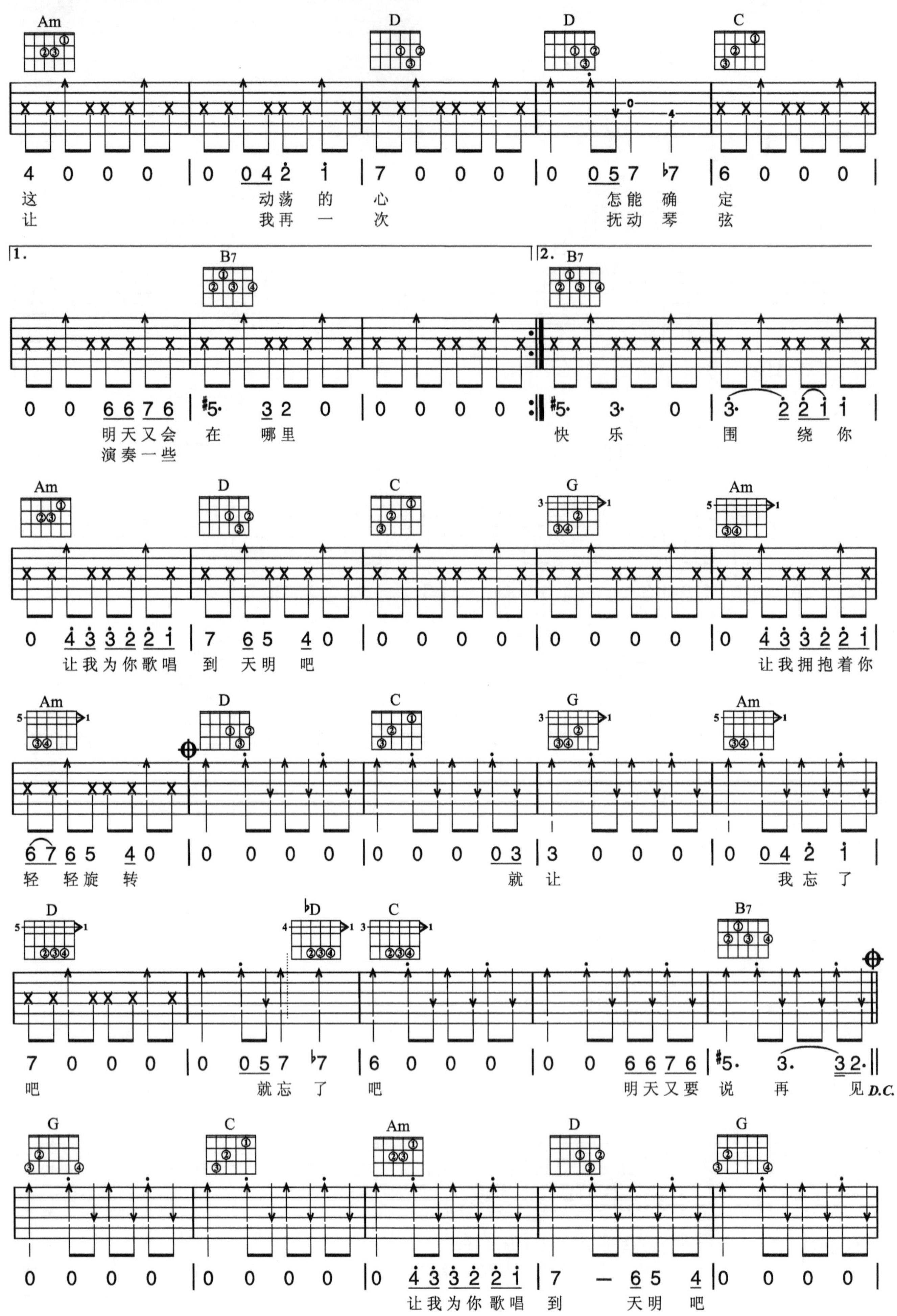
Am D D C
4 0 0 0 | 0 0 4 2 i | 7 0 0 0 | 0 0 5 7 ♭7 | 6 0 0 0 |
这 动荡 的 心 怎能 确 定
让 我再 一 次 抚动 琴 弦
1. B7 2. B7
0 0 6 6 7 6 | ♯5· 3 2 0 | 0 0 0 0 :|| ♯5· 3· 0 | 3· 2 2 i i |
明天又会 在 哪里 快 乐 围 绕 你
演奏一些
Am D C G Am
0 4 3 3 2 2 i | 7 6 5 4 0 | 0 0 0 0 | 0 0 0 0 | 0 4 3 3 2 2 i |
让我为你歌唱 到 天明 吧 让我拥抱着你
Am D C G Am
6 7 6 5 4 0 | 0 0 0 0 | 0 0 0 0 3 | 3 0 0 0 | 0 0 4 2 i |
轻 轻旋 转 就 让 我忘 了
D ♭D C B7
7 0 0 0 | 0 0 5 7 ♭7 | 6 0 0 0 | 0 0 6 6 7 6 | ♯5. 3. 3 2. ||
吧 就忘 了 吧 明天又要 说 再 见
D.C.
G C Am D G
0 0 0 0 | 0 0 0 0 | 0 4 3 3 2 2 i | 7 — 6 5 4 | 0 0 0 0 |
让我为你歌唱 到 天明 吧

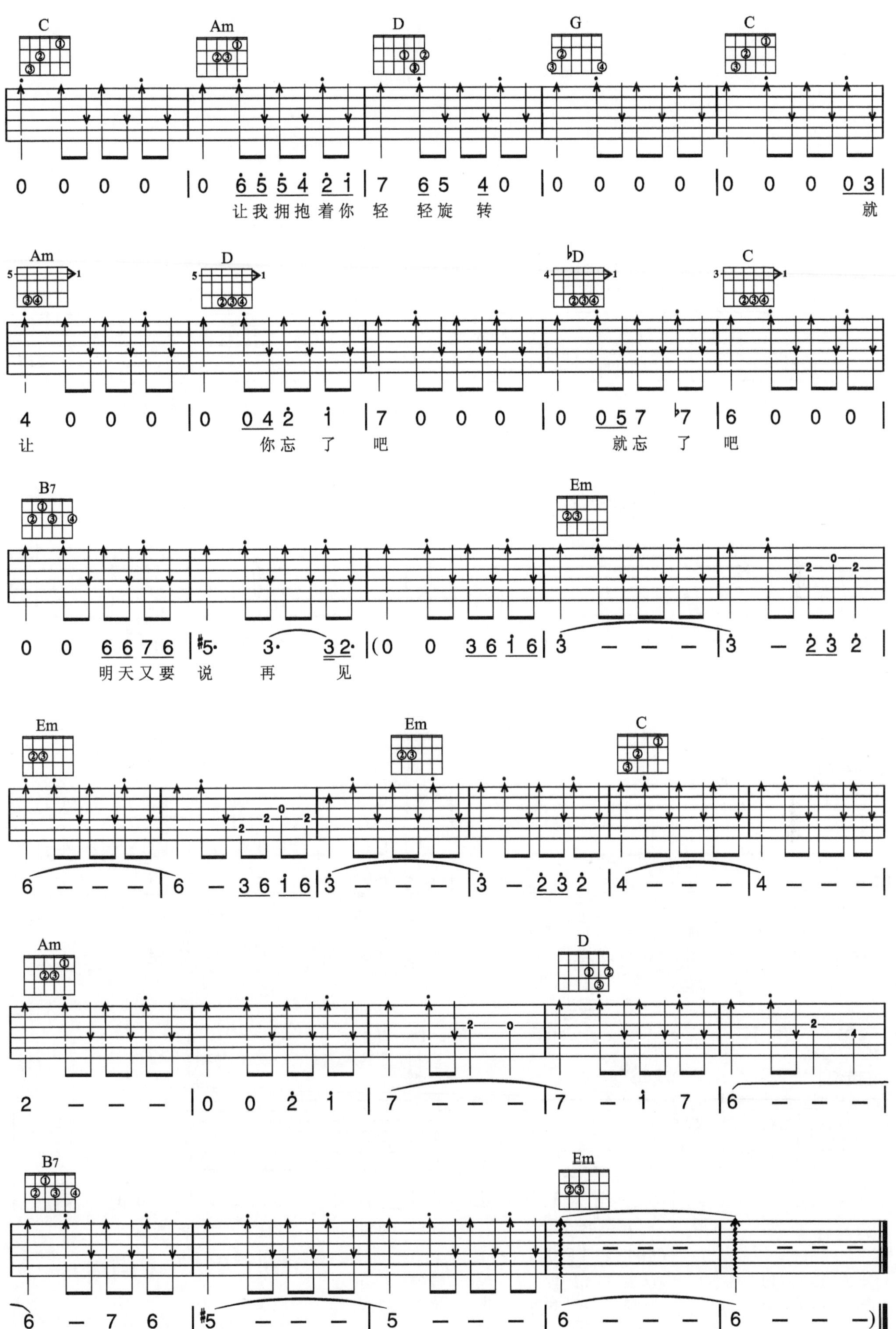
C
Am
D
G
C
0 0 0 0 | 0 6 5 5 4 2 1 | 7 6 5 4 0 | 0 0 0 0 | 0 0 0 0 3 |
让我拥抱着你轻 轻旋 转
就
Am
D
♭D
C
4 0 0 0 | 0 0 4 2 1 | 7 0 0 0 | 0 0 5 7 ♭7 | 6 0 0 0 |
让
你忘 了 吧
就忘 了 吧
B7
Em
0 0 6 6 7 6 | #5· 3· 3 2· | (0 0 3 6 1 6 | 3 — — — | 3 — 2 3 2 |
明天又要说 再 见
Em
Em
C
6 — — — | 6 — 3 6 1 6 | 3 — — — | 3 — 2 3 2 | 4 — — — | 4 — — — |
Am
D
2 — — — | 0 0 2 1 | 7 — — — | 7 — 1 7 | 6 — — — |
B7
Em
6 — 7 6 | #5 — — — | 5 — — — | 6 — — — | 6 — — —) ||

九　月

（许　巍　演唱）

1=F $\frac{4}{4}$

许　巍　词曲

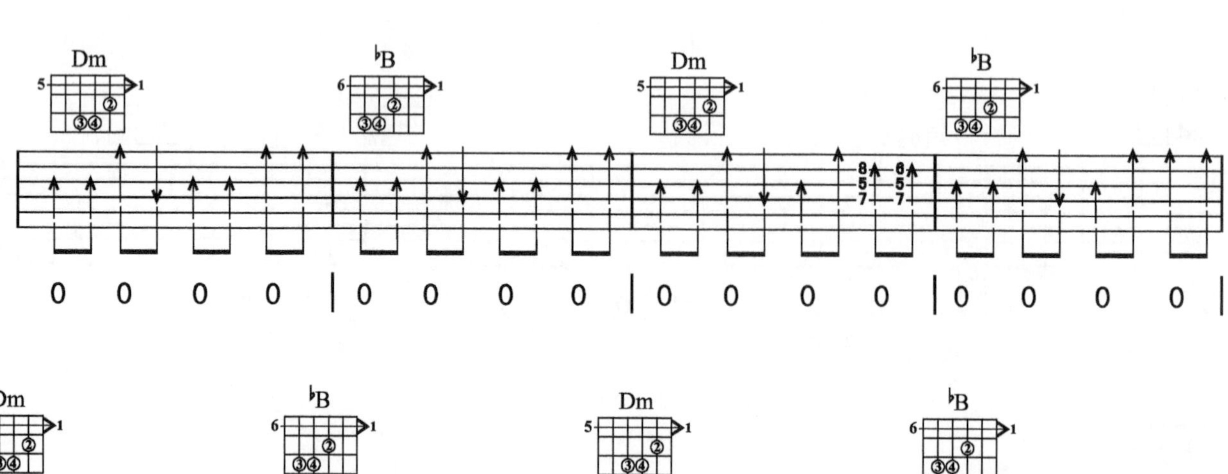

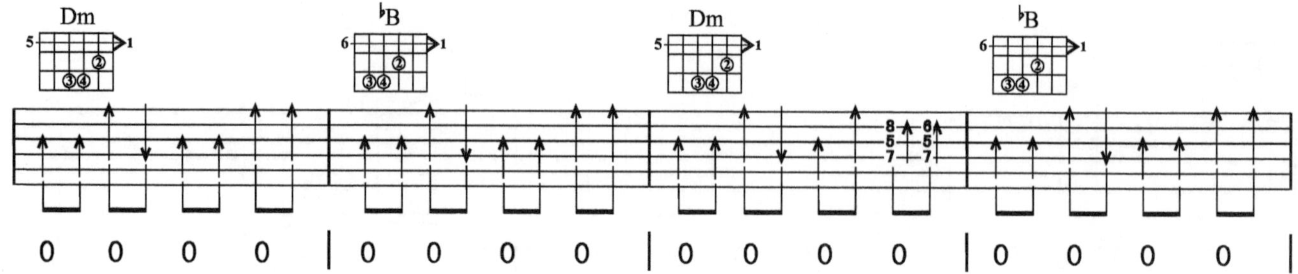

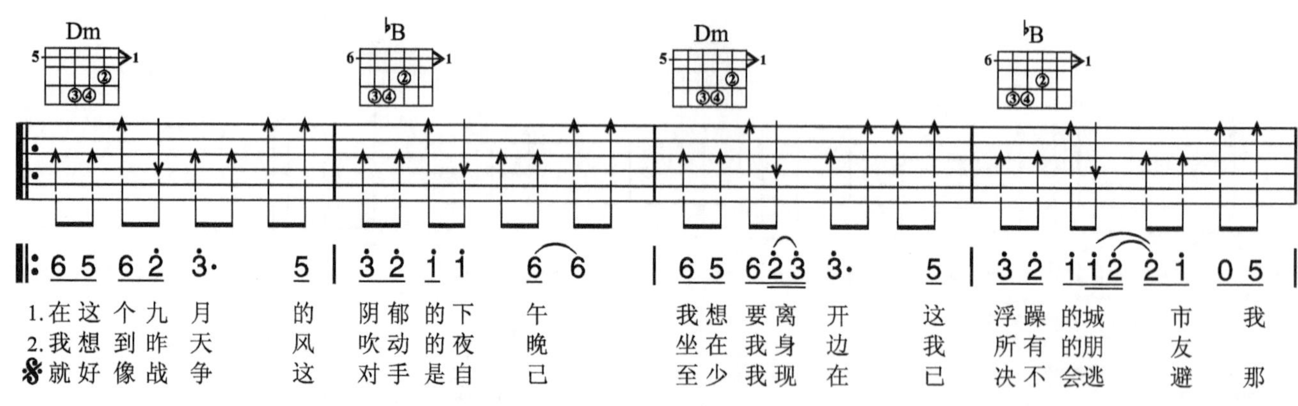

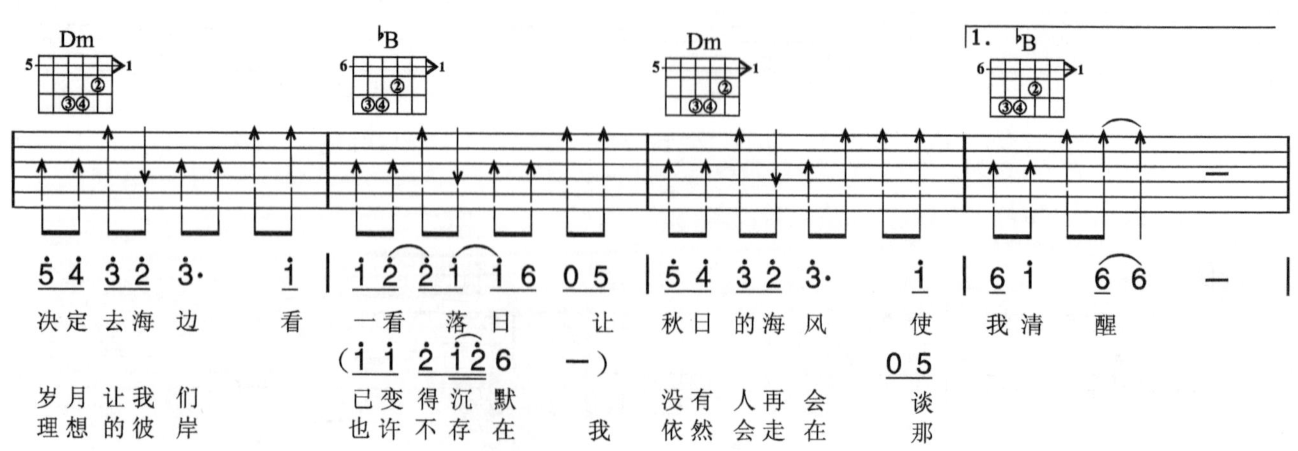

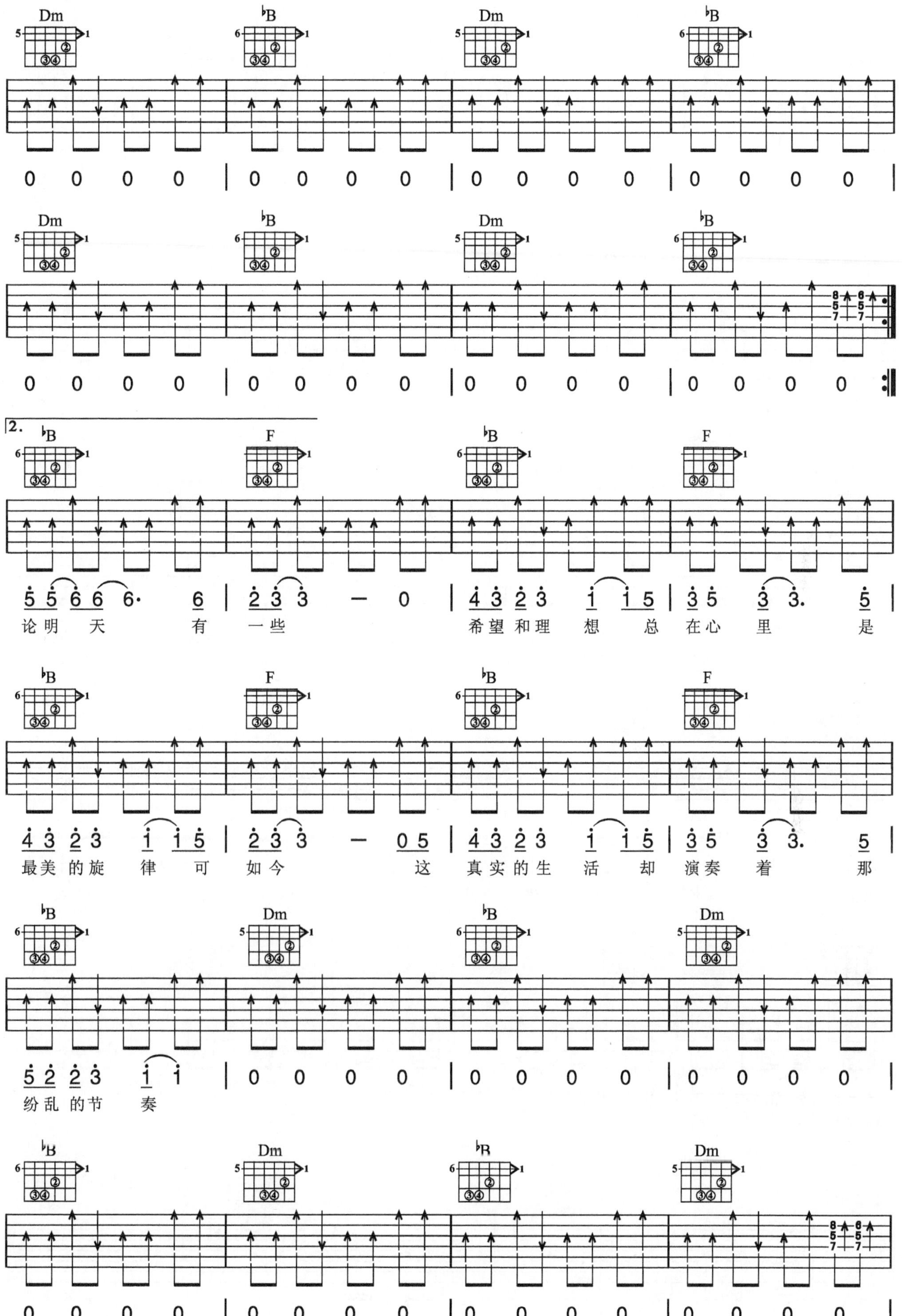
Dm ♭B Dm ♭B
Dm ♭B Dm ♭B
2.
♭B F ♭B F
论明天 有 一些 希望和理想 总 在心 里 是
♭B F ♭B F
最美的旋 律 可 如今 这 真实的生 活 却 演奏 着 那
♭B Dm ♭B Dm
纷乱的节 奏
♭B Dm ♭B Dm

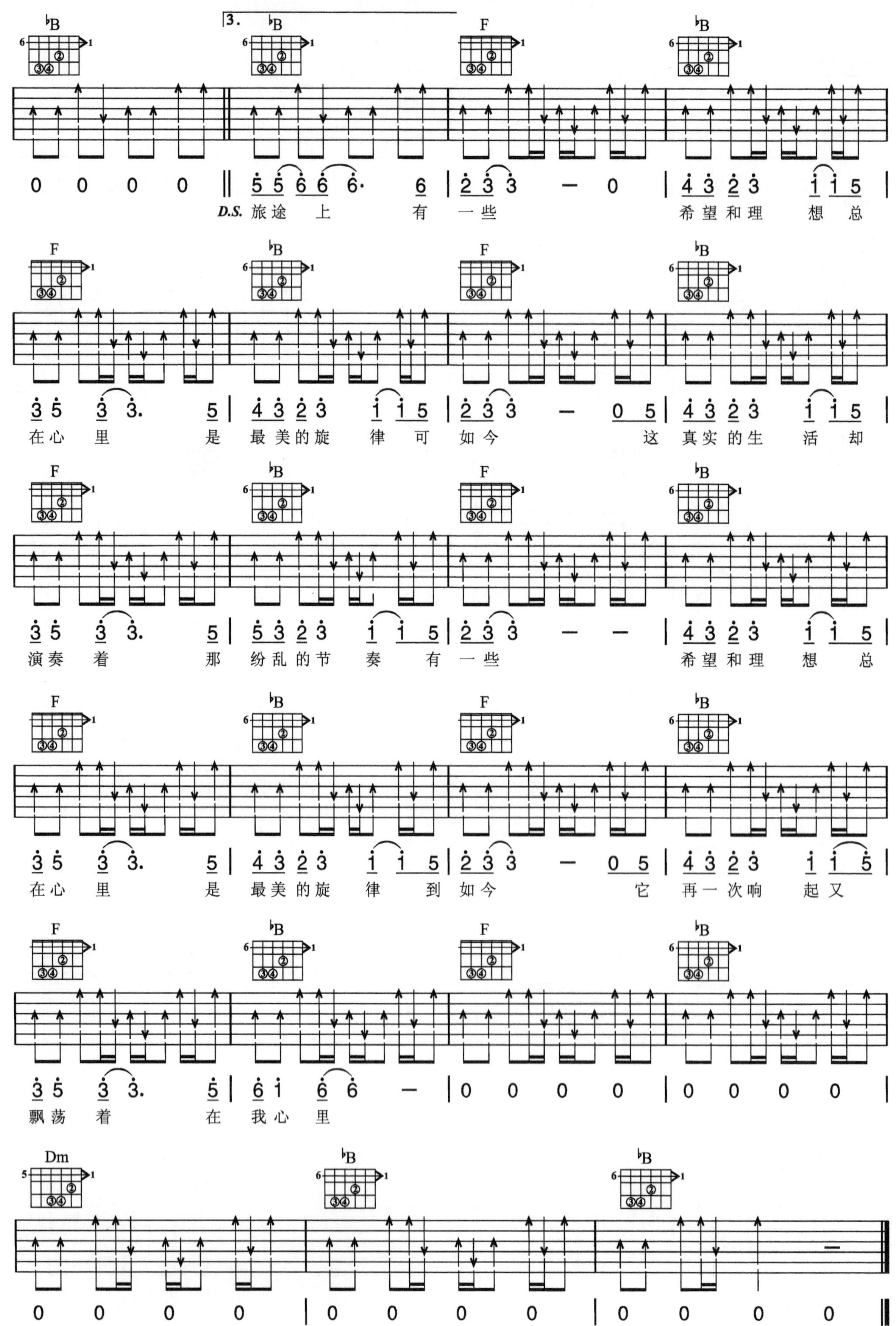

♭B
3.
♭B
F
♭B
0 0 0 0 ‖ 5 5 6 6 6· 6 | 2 3 3 — 0 | 4 3 2 3 1 1 5 |
D.S. 旅途上 有一些 希望和理想总
F ♭B F ♭B
3 5 3 3. 5 | 4 3 2 3 1 1 5 | 2 3 3 — 0 5 | 4 3 2 3 1 1 5 |
在心里 是 最美的旋律可 如今 这 真实的生活却
F ♭B F ♭B
3 5 3 3. 5 | 5 3 2 3 1 1 5 | 2 3 3 — — | 4 3 2 3 1 1 5 |
演奏着 那 纷乱的节奏有 一些 希望和理想总
F ♭B F ♭B
3 5 3 3. 5 | 4 3 2 3 1 1 5 | 2 3 3 — 0 5 | 4 3 2 3 1 1 5 |
在心里 是 最美的旋律到 如今 它 再一次响起又
F ♭B F ♭B
3 5 3 3. 5 | 6 1 6 6 — | 0 0 0 0 | 0 0 0 0 |
飘荡着 在 我心里
Dm ♭B ♭B
0 0 0 0 | 0 0 0 0 | 0 0 0 0 ‖

方　向

（许　巍　演唱）

1=♭B转B $\frac{4}{4}$

许　巍词曲

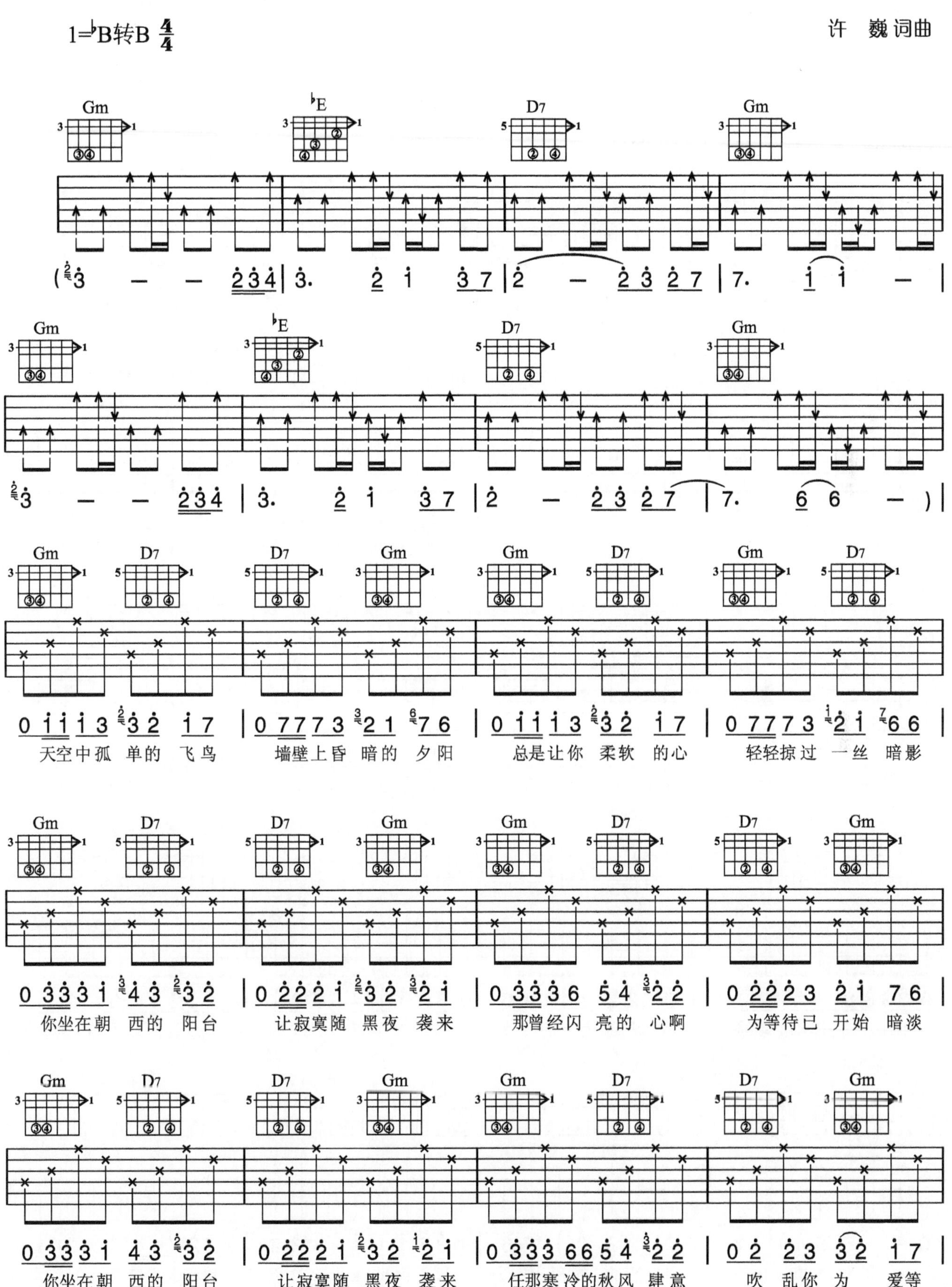

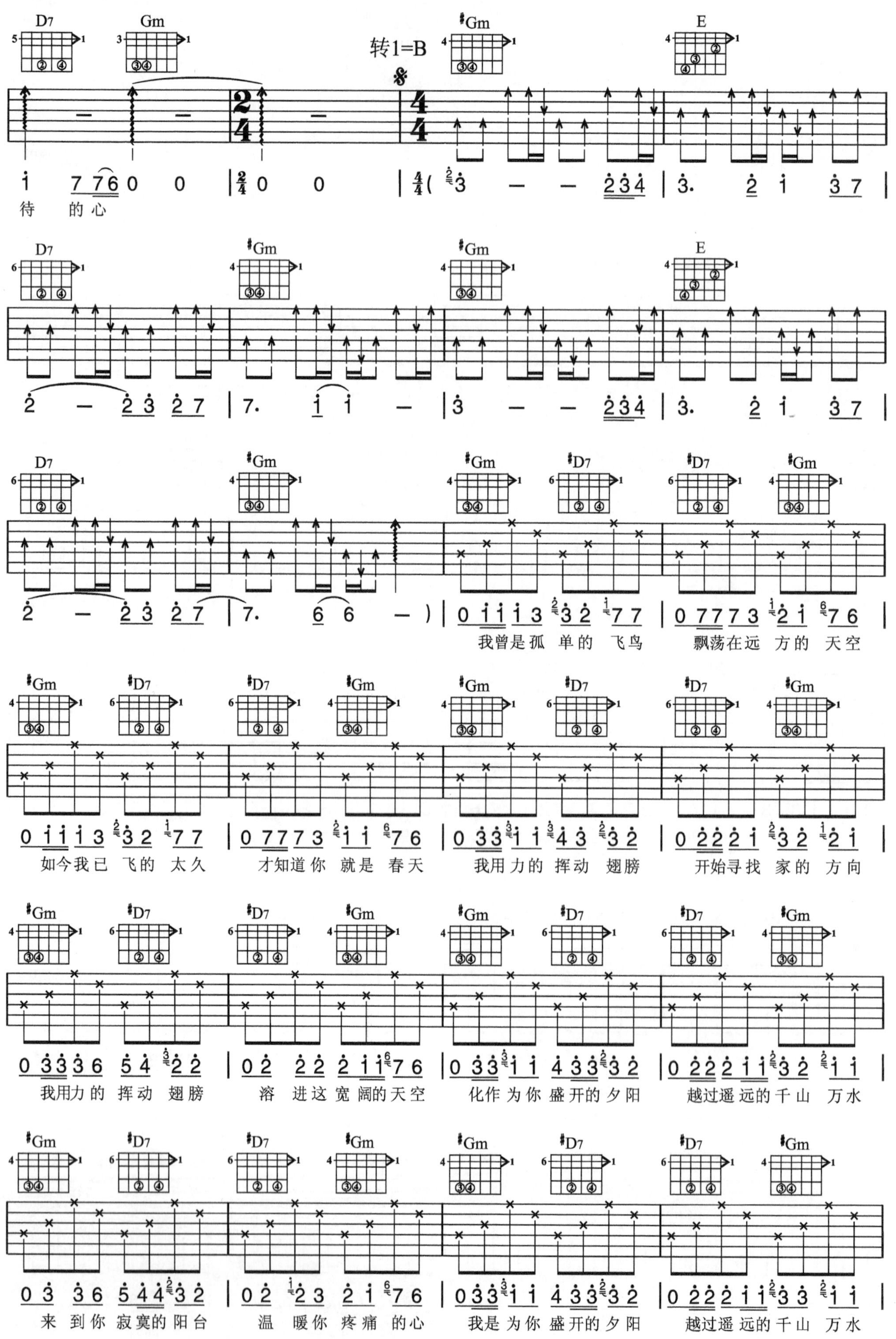

D7
Gm
转1=B
#Gm
E
D7
#Gm
#Gm
E
D7
#Gm
#Gm
#D7
#D7
#Gm
待 的心
我曾是孤 单的 飞鸟
飘荡在远 方的 天空
如今我已 飞的 太久
才知道你 就是 春天
我用力的 挥动 翅膀
开始寻找 家的 方向
我用力的 挥动 翅膀
溶 进这宽 阔的天空
化作为你 盛开的夕阳
越过遥远的千山 万水
来 到你 寂寞的阳台
温 暖你 疼痛 的心
我是为你 盛开的夕阳
越过遥远的千山 万水

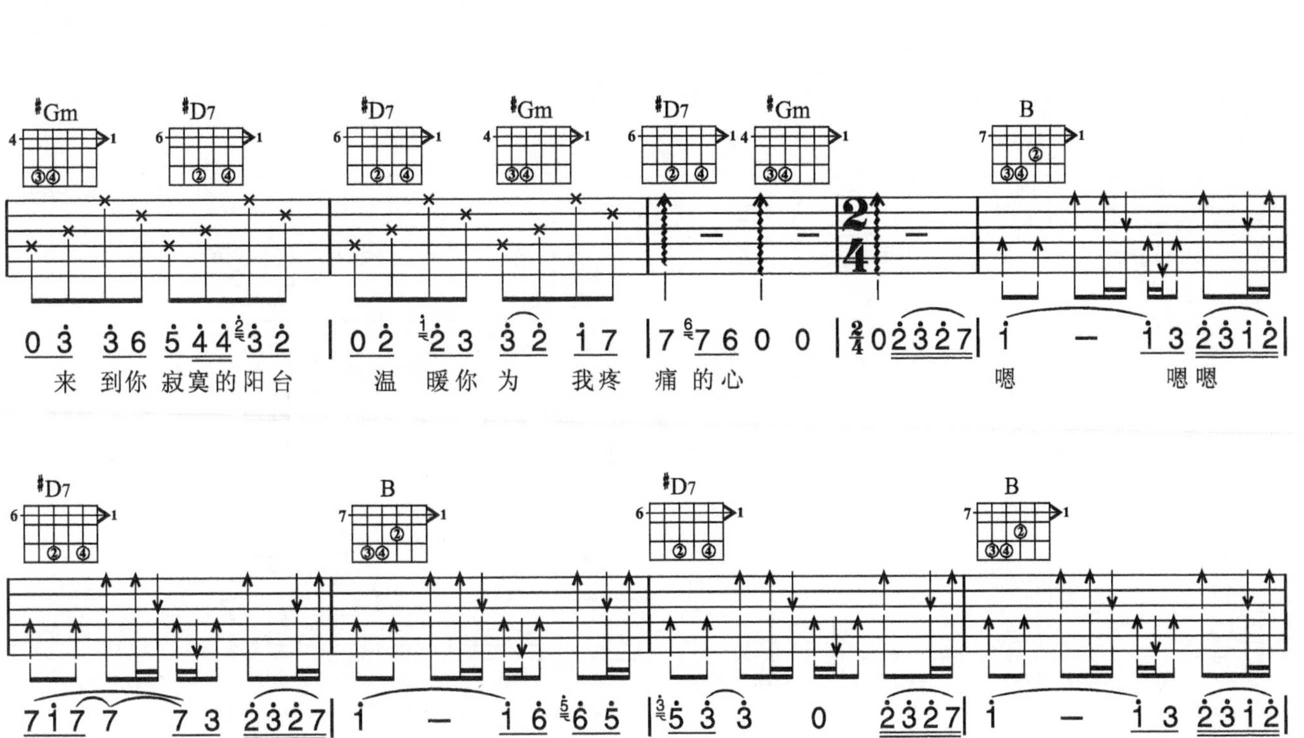
#Gm #D7 #D7 #Gm #D7 #Gm B
来 到你 寂寞的阳台 温 暖你 为 我疼 痛 的心 嗯 嗯嗯
#D7 B #D7 B
嗯 嗯 嗯 嗯 我 挥 动 翅 膀 嗯 嗯 嗯 嗯
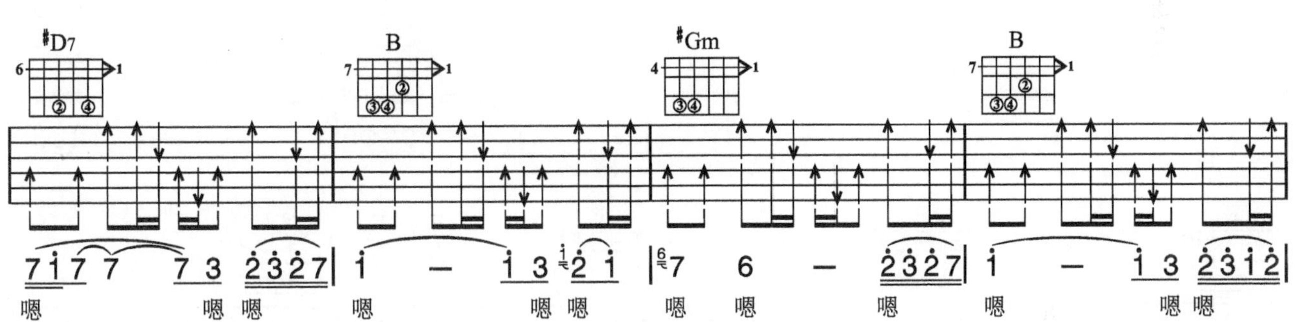
#D7 B #Gm B
嗯 嗯 嗯 嗯 嗯 嗯 嗯 嗯 嗯 嗯 嗯 嗯
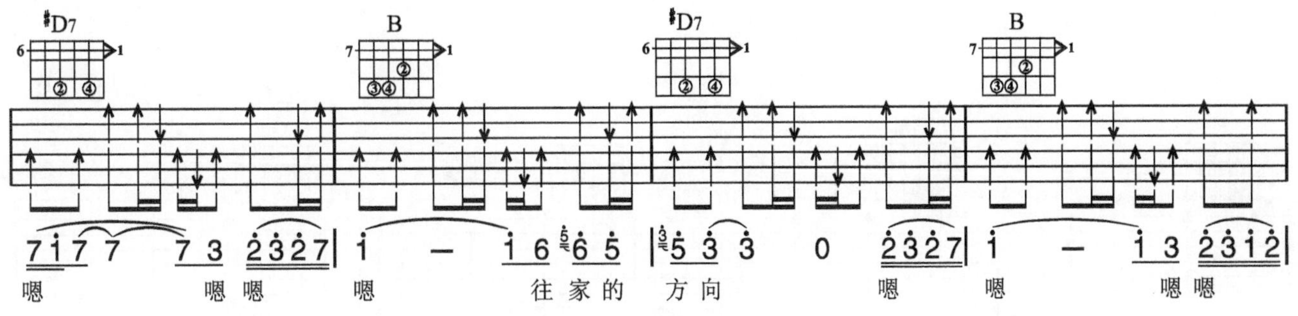
#D7 B #D7 B
嗯 嗯 嗯 嗯 往 家 的 方 向 嗯 嗯 嗯 嗯
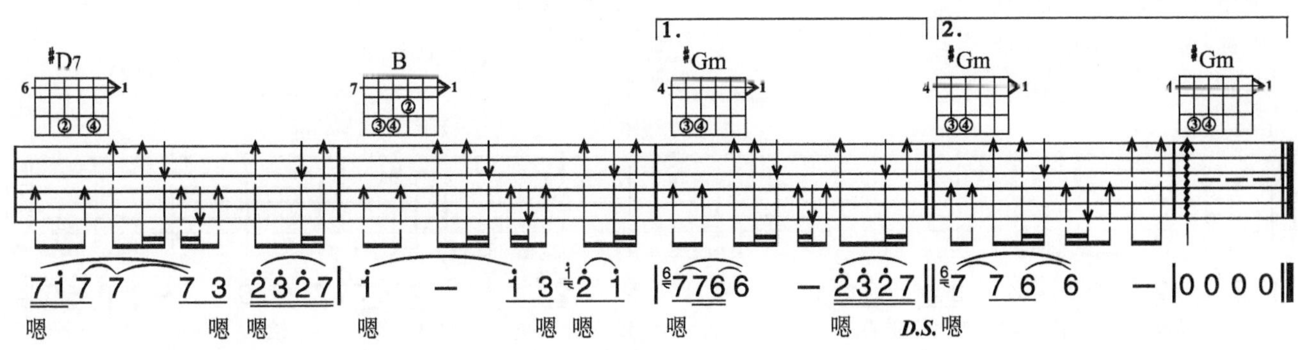
#D7 B 1. #Gm 2. #Gm #Gm
嗯 嗯 嗯 嗯 嗯 嗯 嗯 嗯 D.S. 嗯

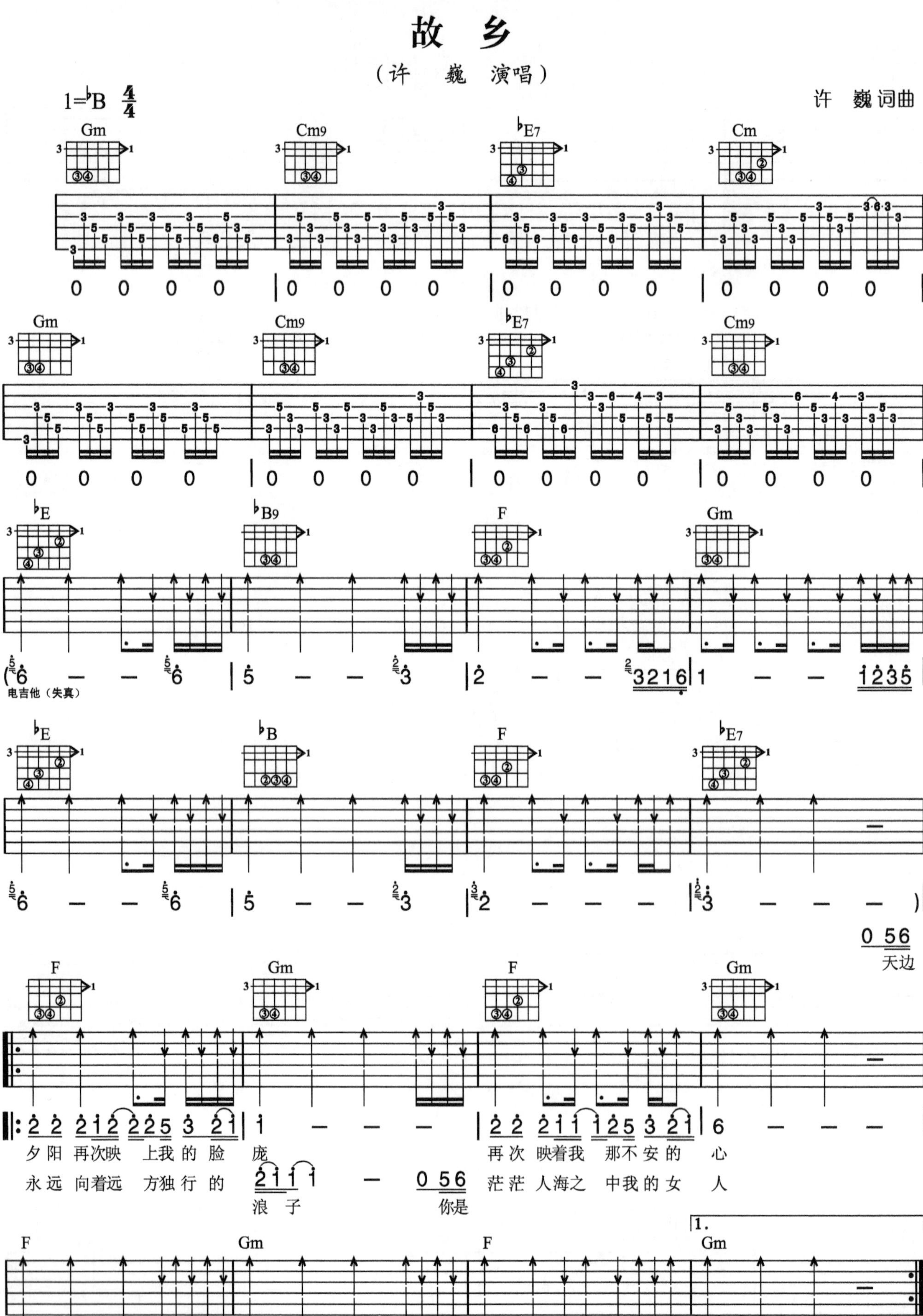
故 乡
（许 巍 演唱）
1=♭B 4/4
许 巍词曲
Gm Cm9 ♭E7 Cm
Gm Cm9 ♭E7 Cm9
♭E ♭B9 F Gm
电吉他（失真）
♭E ♭B F ♭E7
天边
F Gm F Gm
夕阳 再次映 上我的 脸 庞 再次 映着我 那不安的 心
永远 向着远 方独行的 浪 子 你是 茫茫 人海之 中我的女 人
1.
F Gm F Gm
这是 什么地 方 依然是 如此 的荒凉 那无 尽的旅 程 如此漫 长 我是
在异 乡的路 上 每一个 寒冷 的夜晚 这思 念它如 刀 让我伤

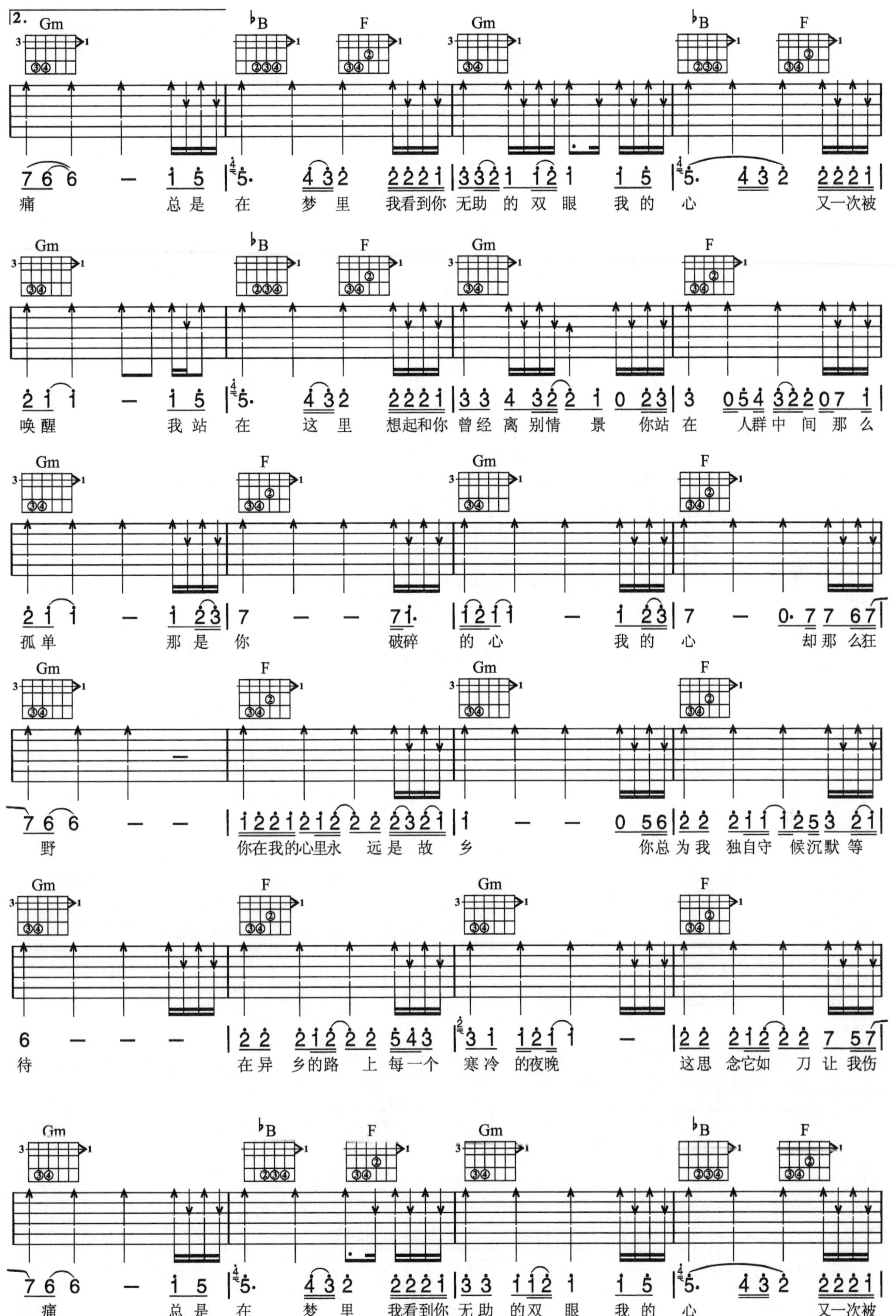

2.
Gm ♭B F Gm ♭B F
痛 总是 在 梦 里 我看到你 无助 的 双 眼 我 的 心 又一次被
Gm ♭B F Gm F
唤醒 我站 在 这 里 想起和你 曾经 离 别情 景 你站 在 人群中 间 那么
Gm F Gm F
孤单 那是 你 破碎 的 心 我 的 心 却那 么狂
Gm F Gm F
野 你在我的心里永 远是 故 乡 你总为我 独自守 候沉默 等
Gm F Gm F
待 在异 乡的路 上 每一个 寒冷 的夜晚 这思 念它如 刀 让我伤
Gm ♭B F Gm ♭B F
痛 总是 在 梦 里 我看到你 无助 的双 眼 我 的 心 又一次被

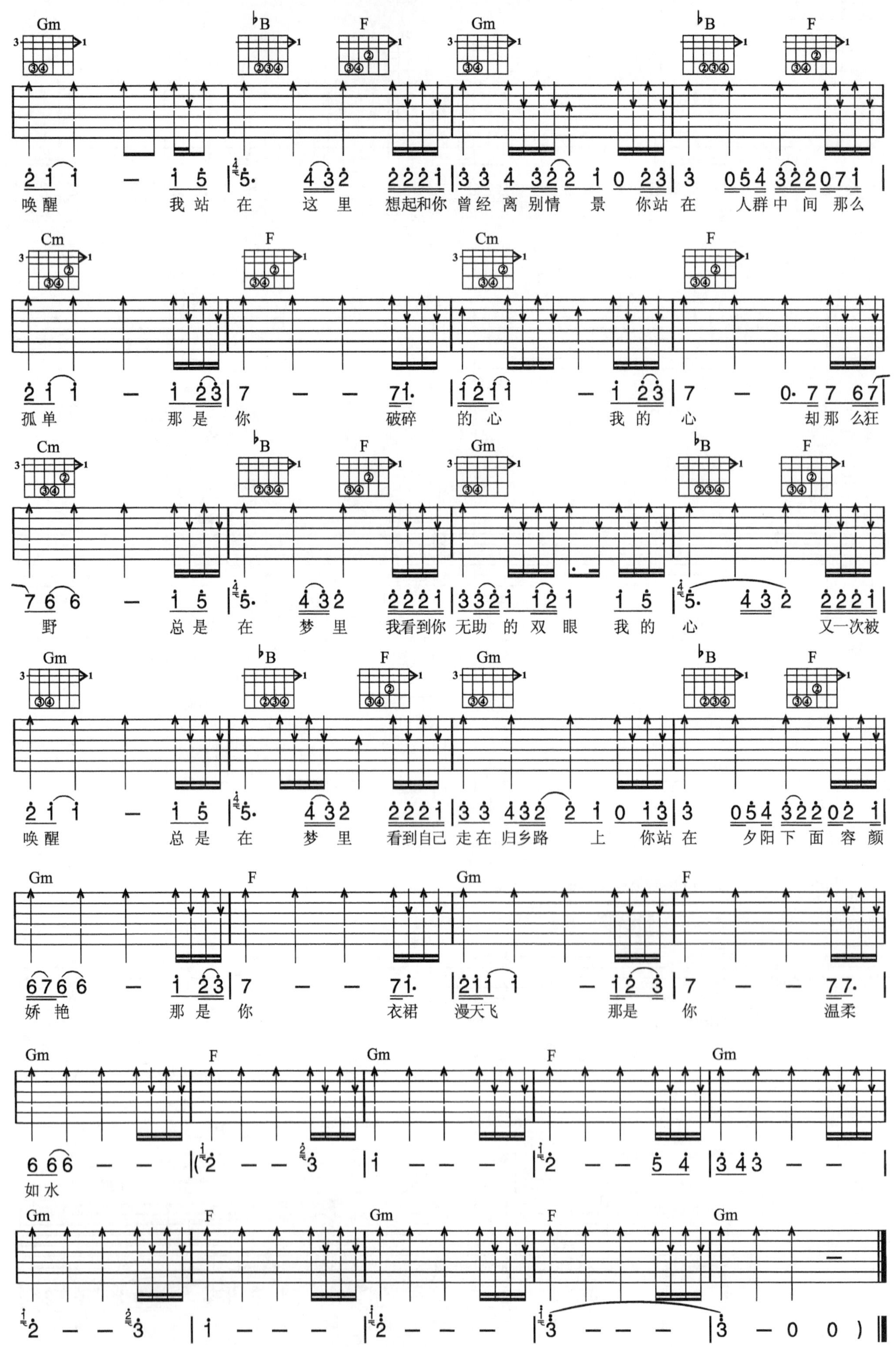

Gm ♭B F Gm ♭B F
唤醒 我站在 这里 想起和你 曾经离别情 景 你站在 人群中间那么
Cm F Cm F
孤单 那是 你 破碎 的心 我的 心 却那么狂
Cm ♭B F Gm ♭B F
野 总是 在 梦里 我看到你 无助 的双 眼 我的 心 又一次被
Gm ♭B F Gm ♭B F
唤醒 总是 在 梦里 看到自己 走在 归乡路 上 你站在 夕阳下面 容颜
Gm F Gm F
娇艳 那是 你 衣裙 漫天飞 那是 你 温柔
Gm F Gm F Gm
如水
Gm F Gm F Gm

漫　步（双吉他谱）

（许　巍 演唱）

1＝A $\frac{4}{4}$

许　巍 词曲

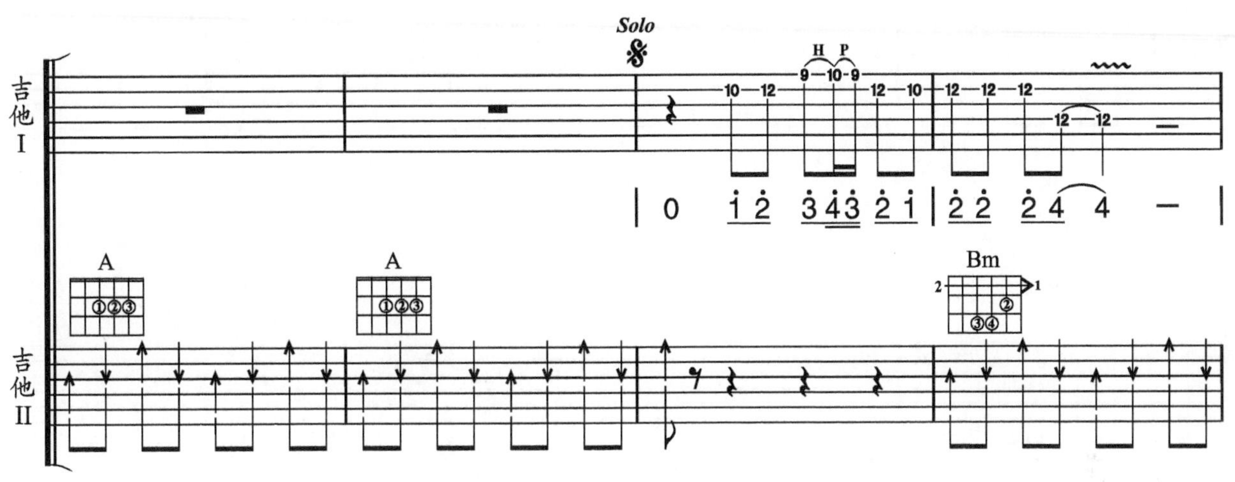

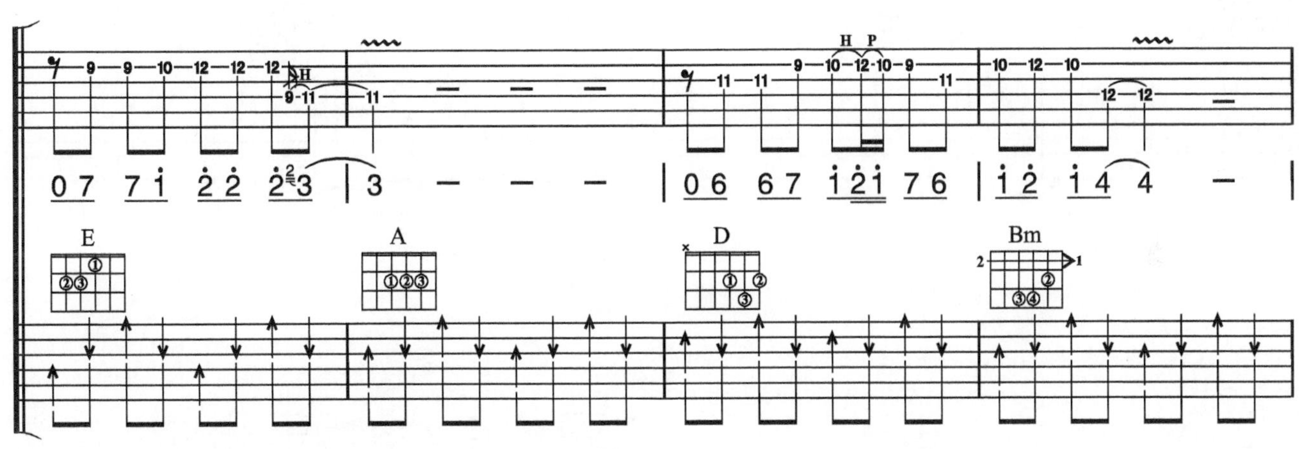

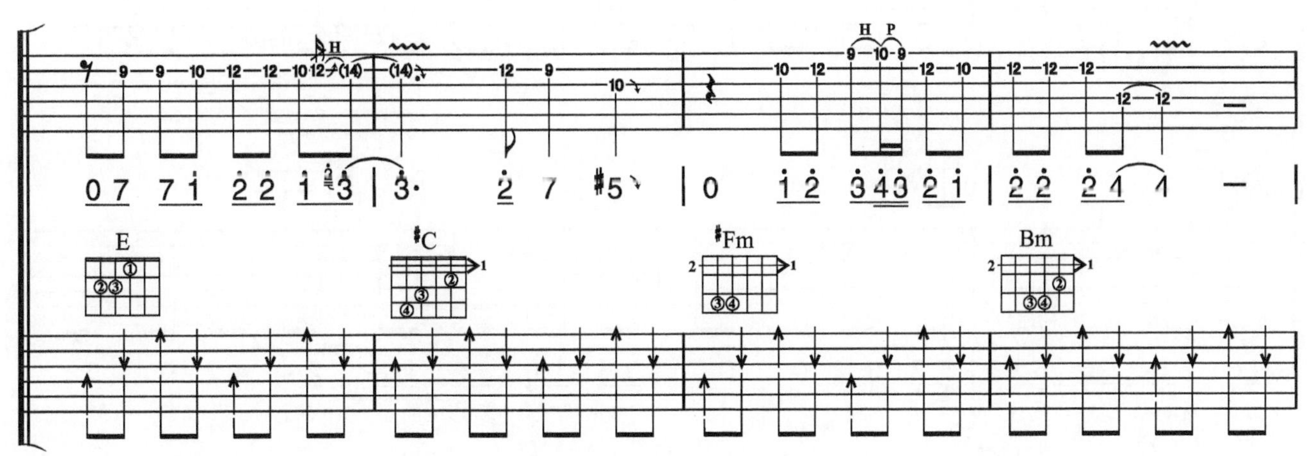

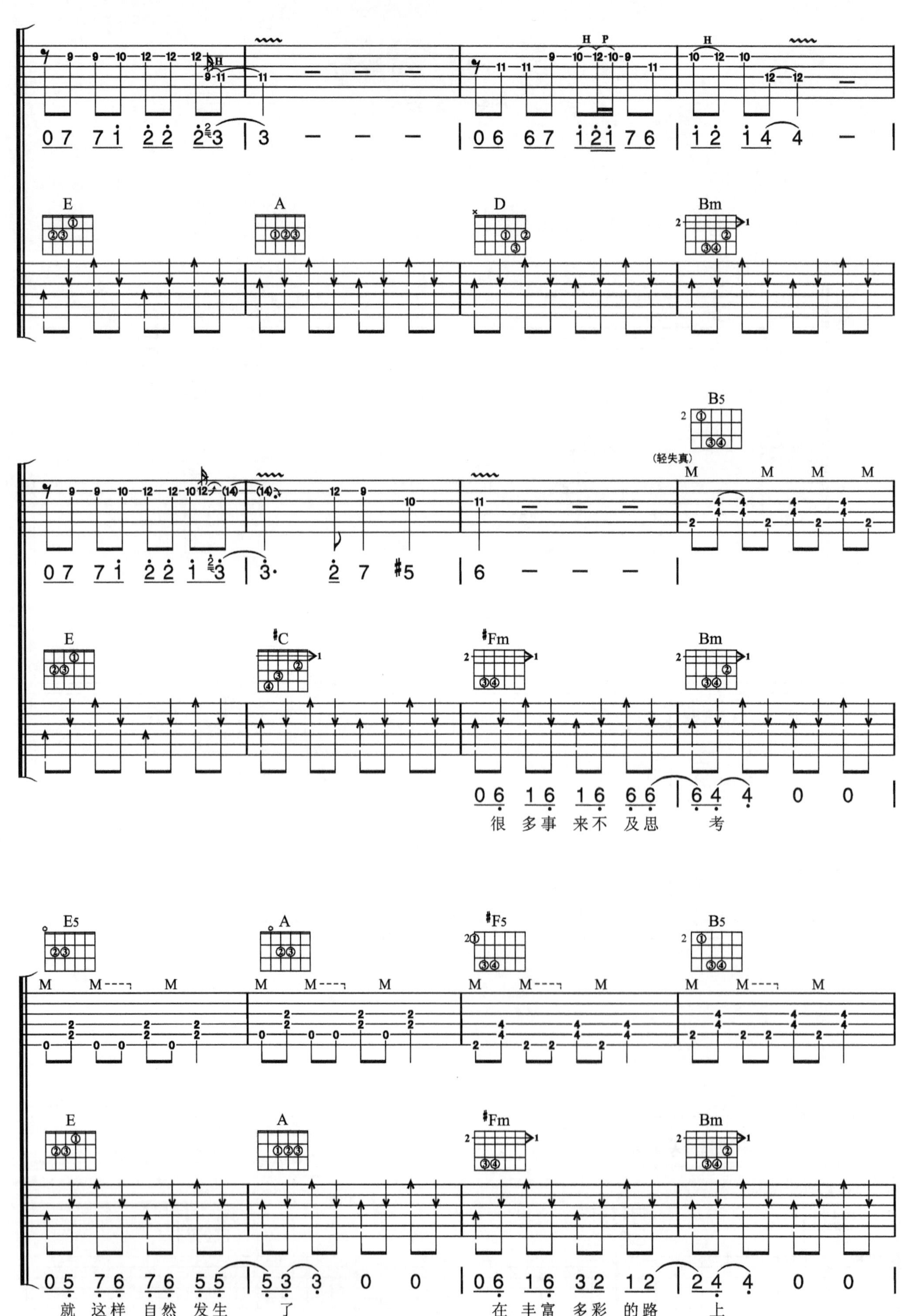

E
A
D
Bm
B5
(轻失真)
#C
#Fm
很多事来不及思考
E5
#F5
就这样自然发生了
在丰富多彩的路上

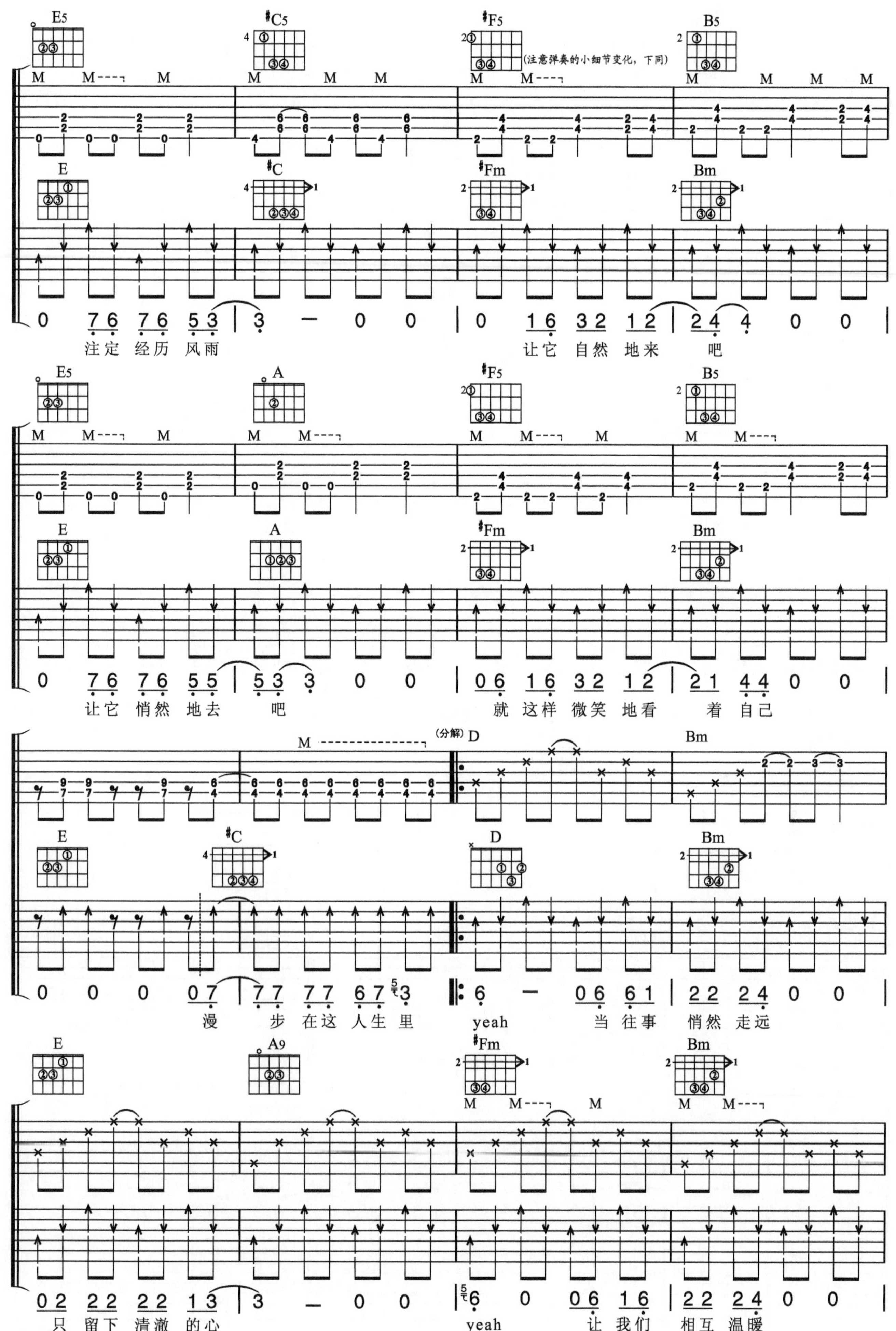
E5
♯C5
♯F5
(注意弹奏的小细节变化，下同)
B5
E
♯C
♯Fm
Bm
注定 经历 风雨
让它 自然 地来 吧
E5
A
♯F5
B5
E
A
♯Fm
Bm
让它 悄然 地去 吧
就 这样 微笑 地看 着 自己
(分解)
D
Bm
E
♯C
D
Bm
漫 步 在这 人生 里 yeah 当 往事 悄然 走远
E
A9
♯Fm
Bm
只 留下 清澈 的心 yeah 让 我们 相互 温暖

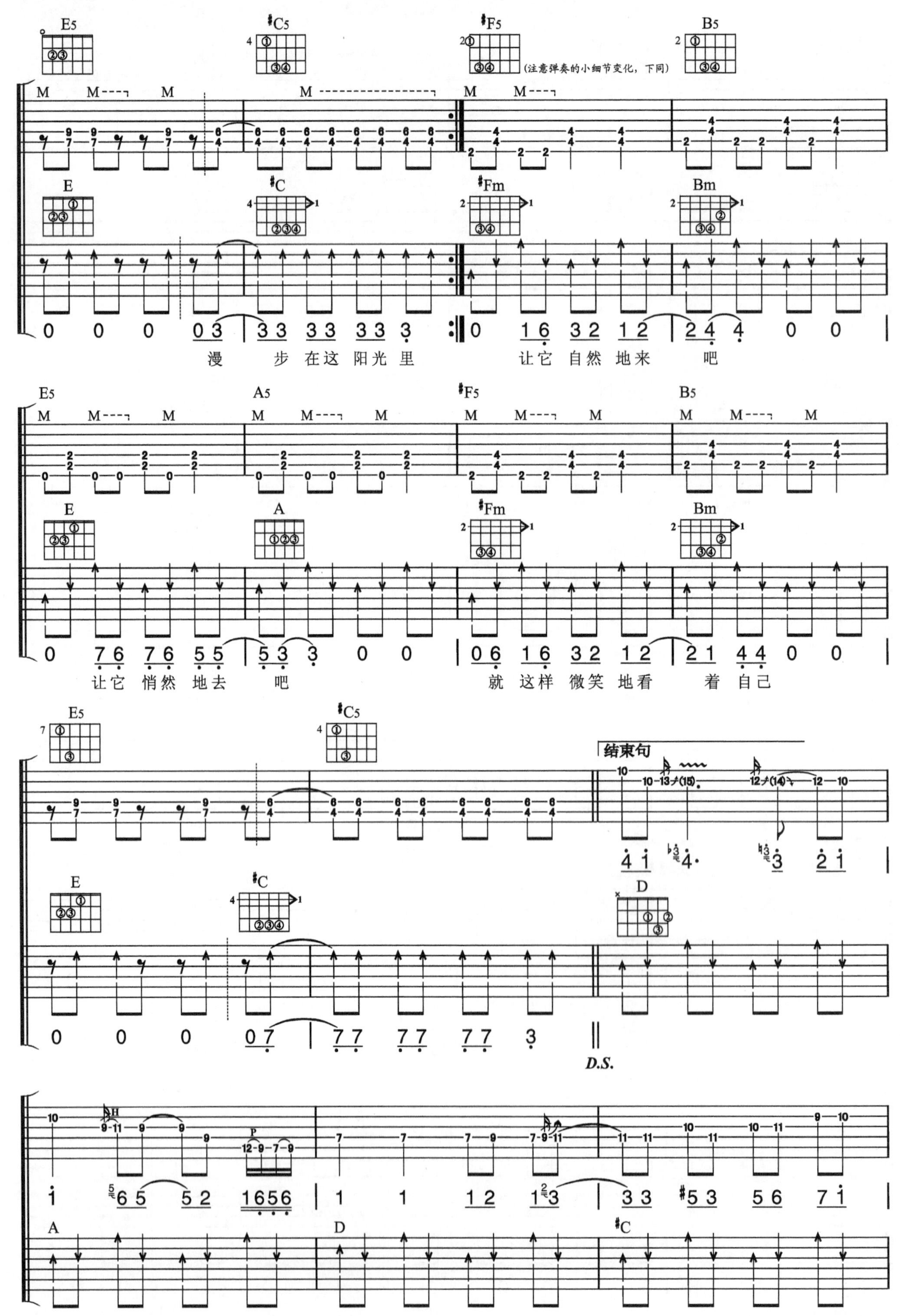
E5
#C5
#F5
(注意弹奏的小细节变化，下同)
B5
E
#C
#Fm
Bm
漫 步在这 阳光里
让它 自然 地来 吧
E5
A5
#F5
B5
E
A
#Fm
Bm
让它 悄然 地去 吧
就 这样 微笑 地看 着 自己
E5
#C5
结束句
E
#C
D
D.S.
A
D
#C

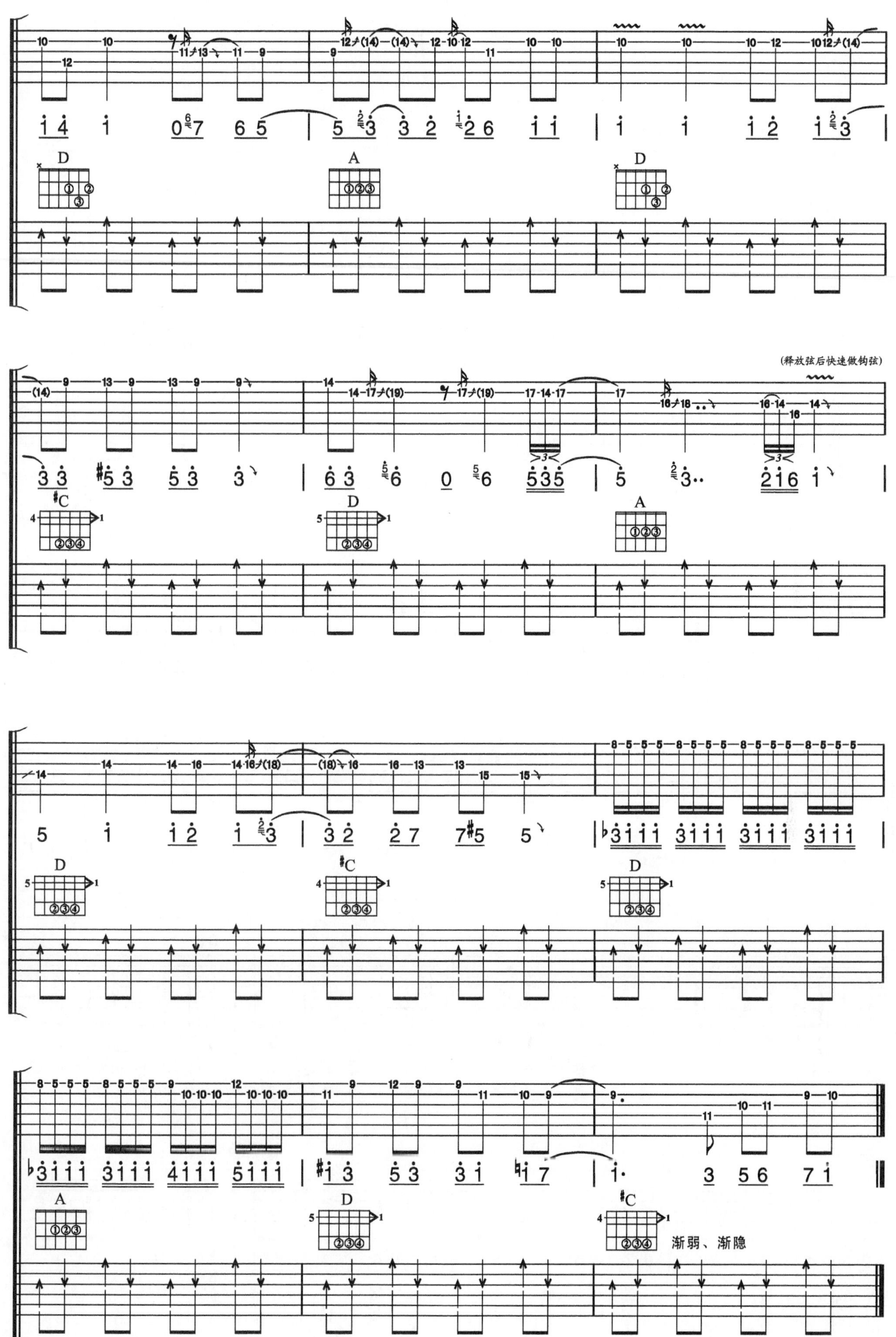
D
A
D
(释放弦后快速做钩弦)
#C
D
A
D
#C
D
A
D
#C
渐弱、渐隐

幸 福

（许 巍 演唱）

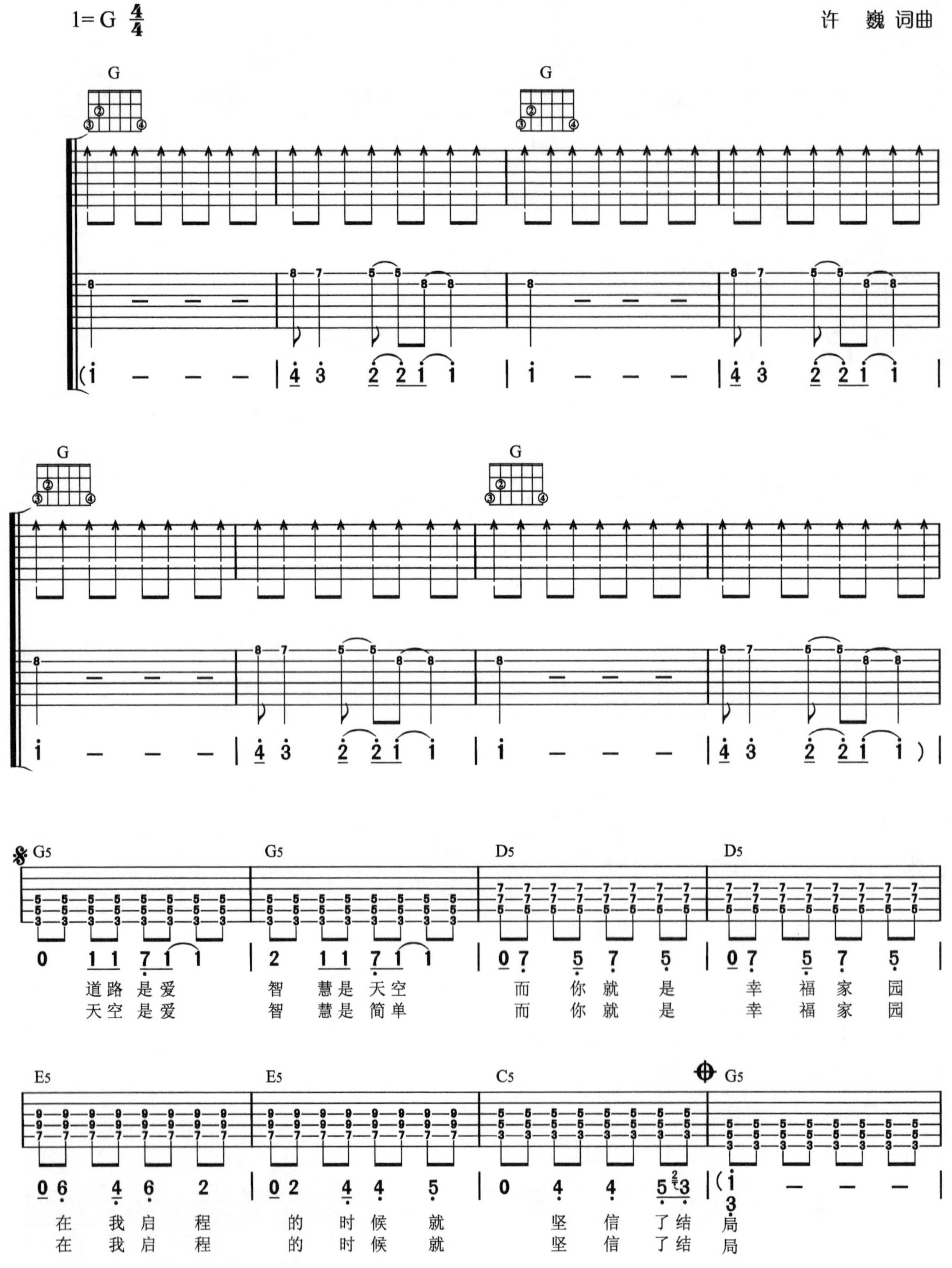
1=G 4/4
许 巍 词曲
G
G5
D5
E5
C5
道路是爱 智慧是天空 而你就是 幸福家园
天空是爱 智慧是简单 而你就是 幸福家园
在我启程 的时候就 坚信了结局
在我启程 的时候就 坚信了结局

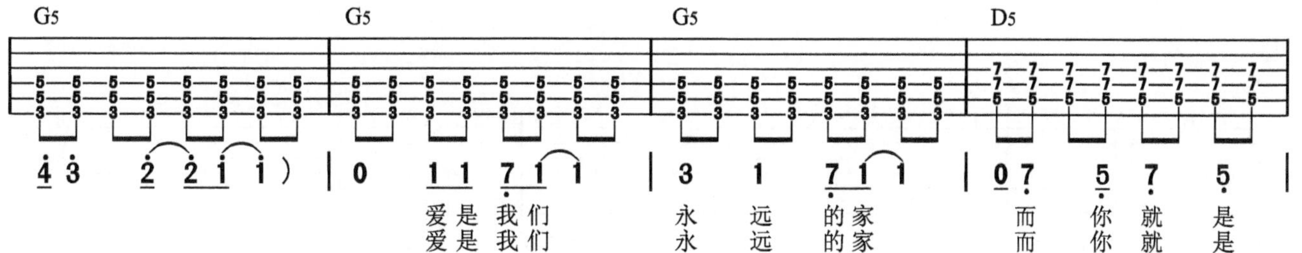
G5 G5 G5 D5
爱是我们 永远的家 而你就是
爱是我们 永远的家 而你就是

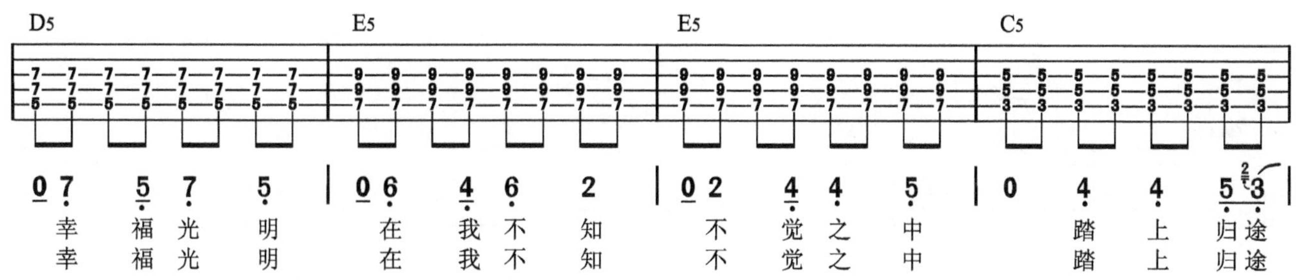
D5 E5 E5 C5
幸福光明 在我不知 不觉之中 踏上归途
幸福光明 在我不知 不觉之中 踏上归途

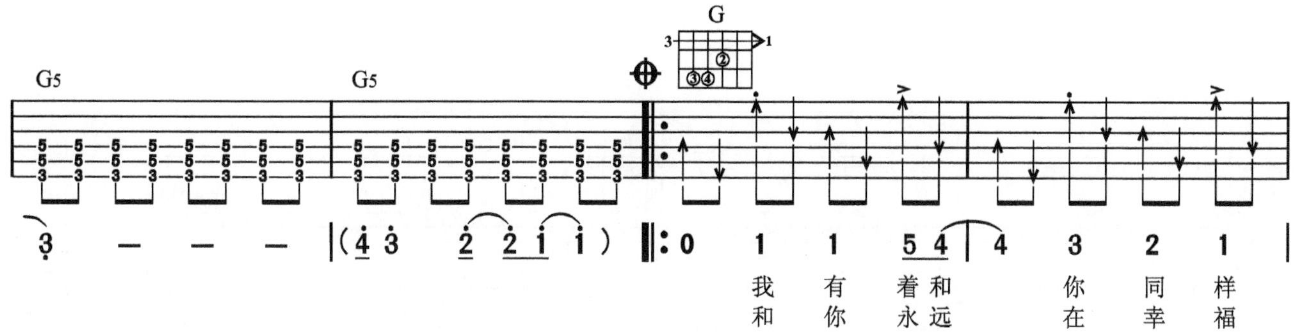
G5 G5 G
我有着和 你同样
和你永远 在幸福

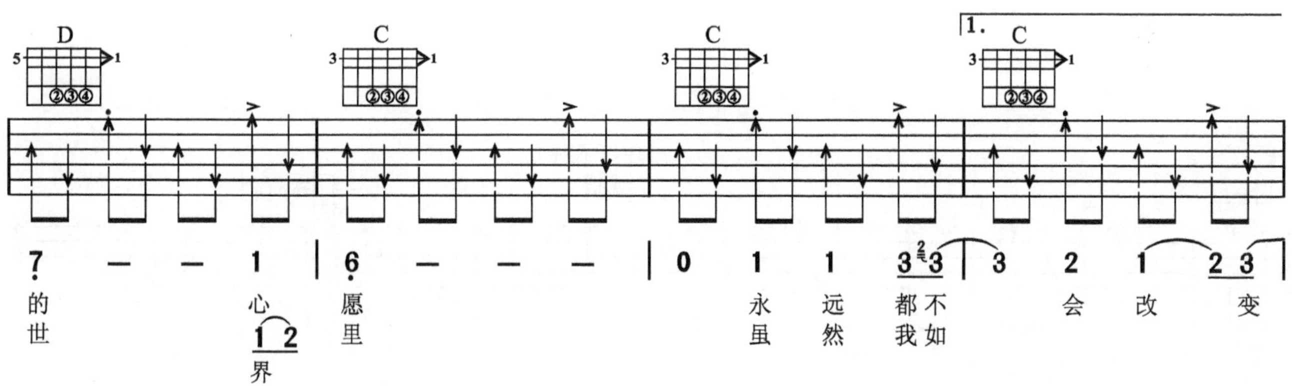
D C C 1. C
的 心 愿 永远都不 会改 变
世 界 里 虽然我如

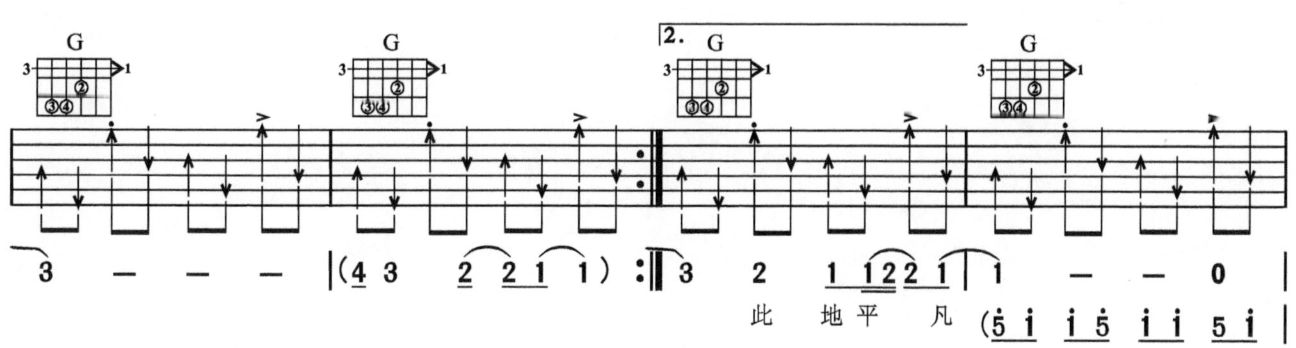
G G 2. G G
此地平凡

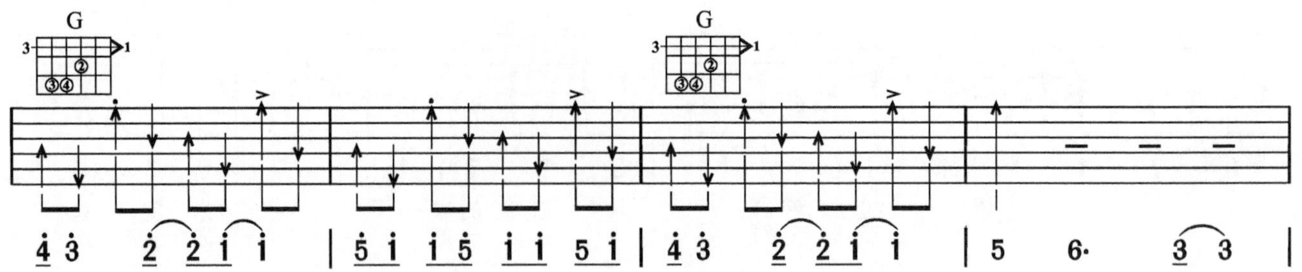
G
G
4̣ 3̇ 2̇ 2̇ i i | 5 i i 5 i i 5 i | 4̣ 3̇ 2̇ 2̇ i i | 5 6· 3 3 |

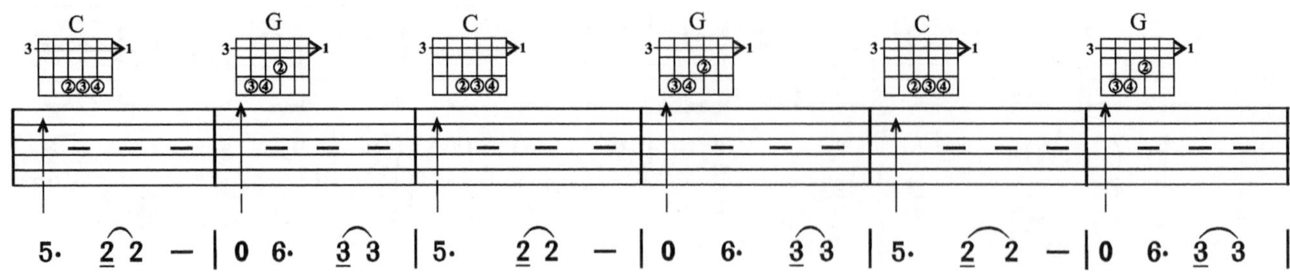
C G C G C G
5· 2 2 — | 0 6· 3 3 | 5· 2 2 — | 0 6· 3 3 | 5· 2 2 — | 0 6· 3 3 |

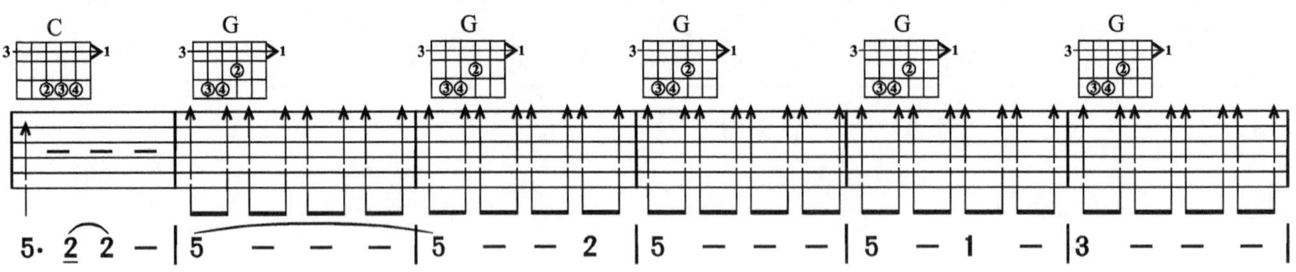
C G G G G G
5· 2 2 — | 5 — — — | 5 — — 2 | 5 — — — | 5 — 1 — | 3 — — — |

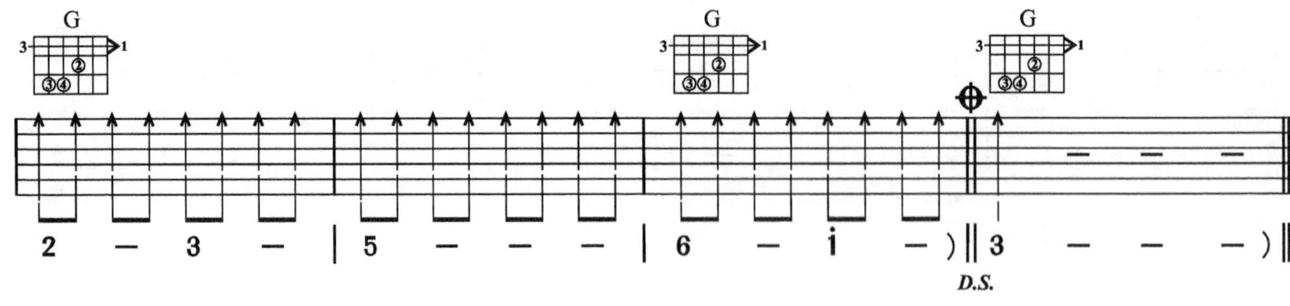
G G G
2 — 3 — | 5 — — — | 6 — i —) || 3 — — —) ||
D.S.

两 天

（许 巍演唱）

1=D $\frac{4}{4}$

许 巍 词曲

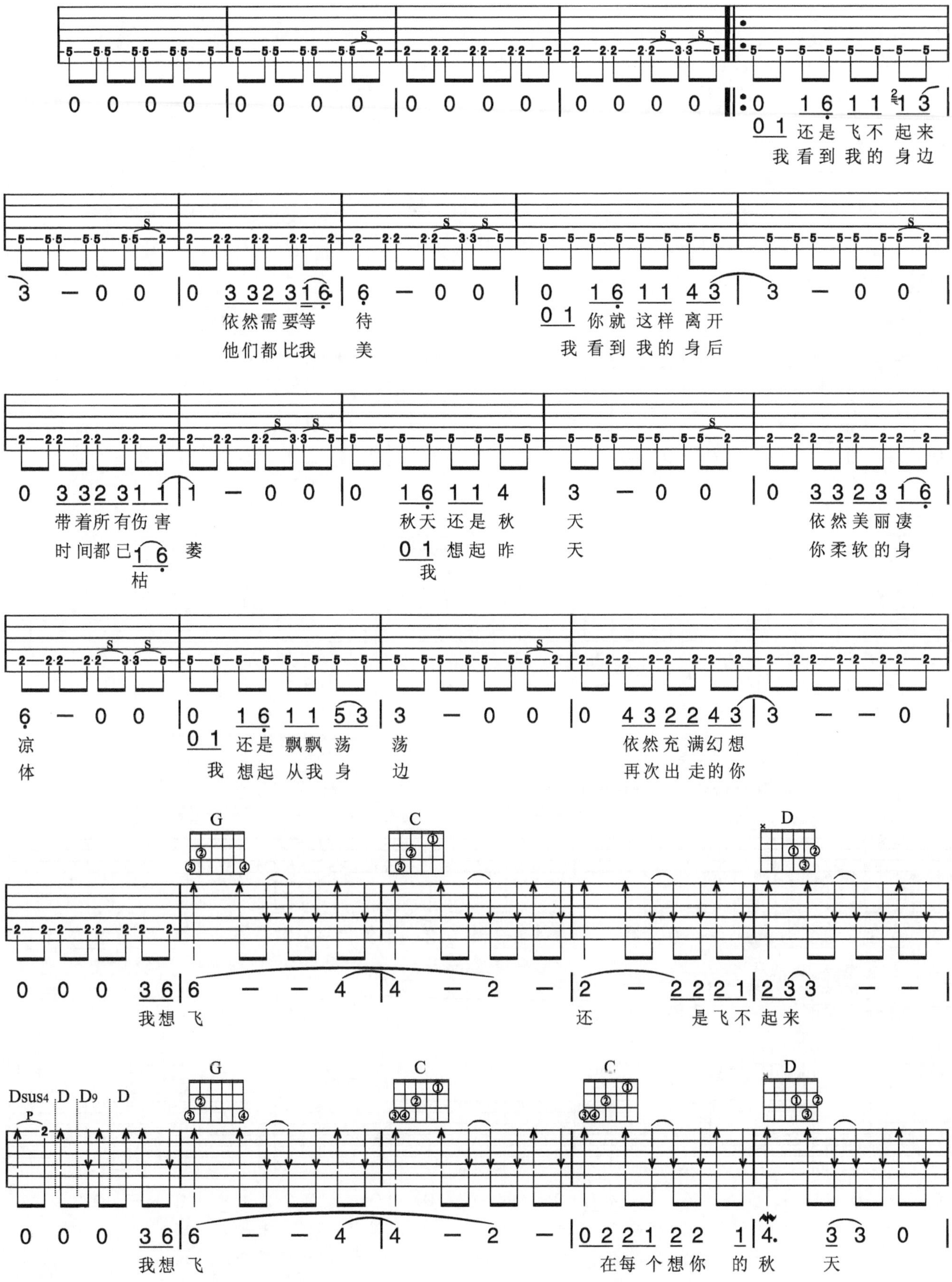

还是飞不起来
我看到我的身边
依然需要等待
他们都比我美
你就这样离开
我看到我的身后
带着所有伤害
时间都已枯萎
秋天还是秋天
我想起昨天
依然美丽凄凉
你柔软的身体
还是飘飘荡荡
我想起从我身边
依然充满幻想
再次出走的你

G C D

我想飞 还是飞不起来

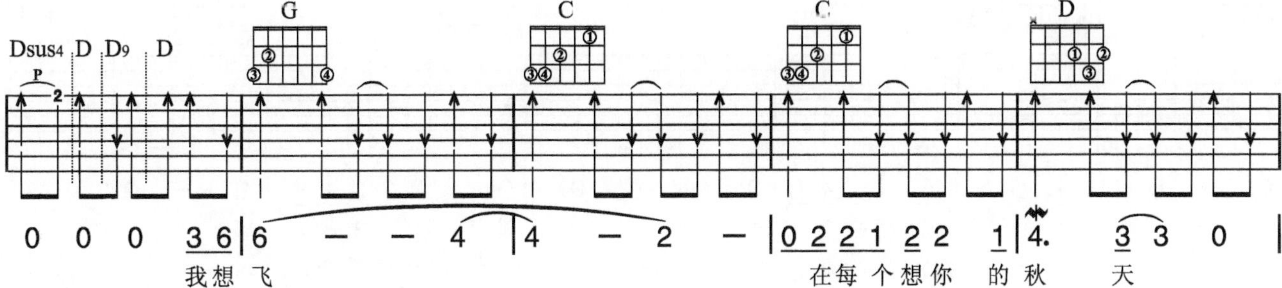

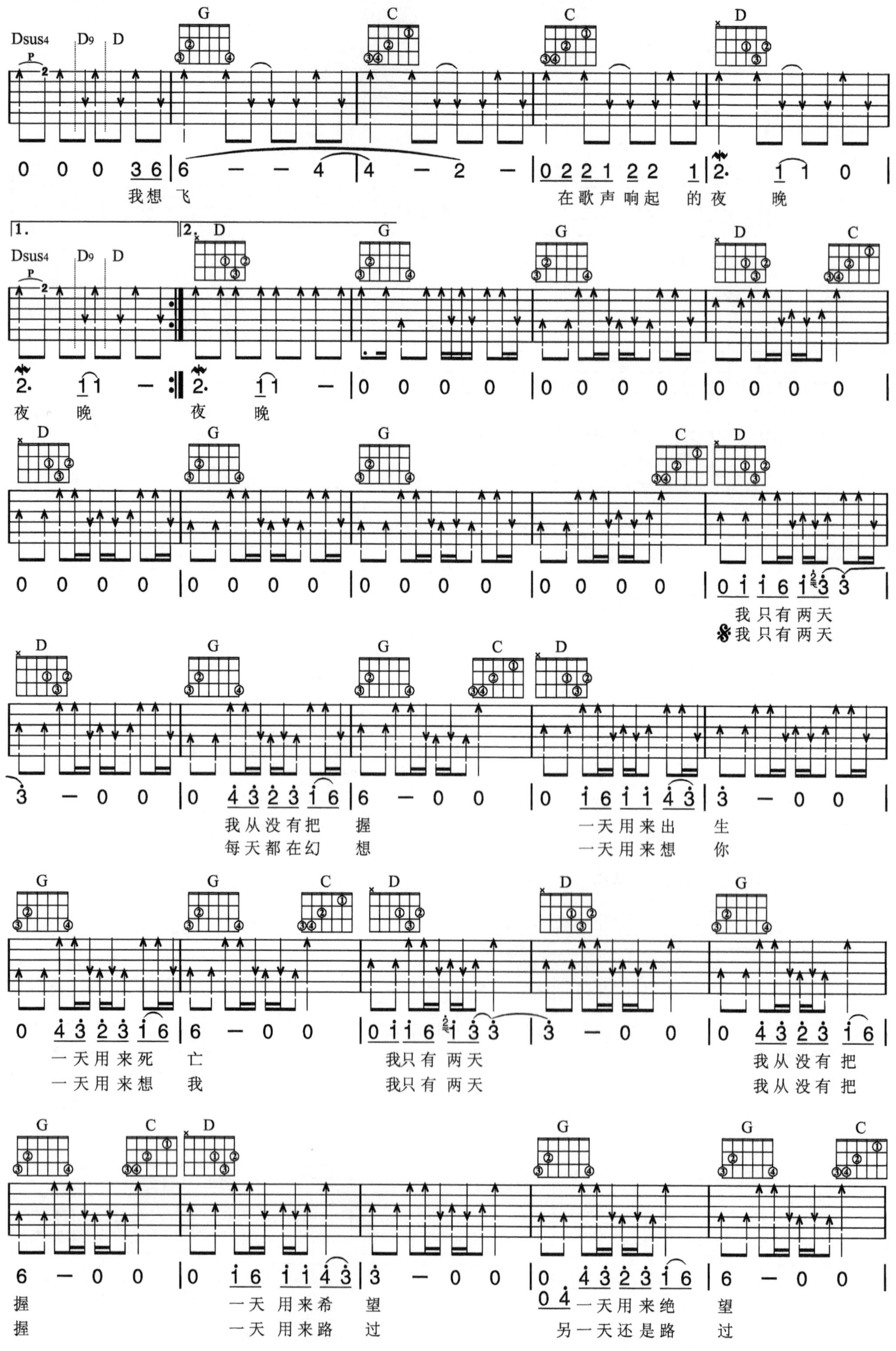
Dsus4 D9 D G C C D
我想飞
在歌声响起的夜晚
1. 2.
Dsus4 D9 D D G G D C
夜晚 夜晚
D G G C D
我只有两天
我只有两天
D G G C D
我从没有把握 一天用来出生
每天都在幻想 一天用来想你
G G C D D G
一天用来死亡 我只有两天 我从没有把
一天用来想我 我只有两天 我从没有把
G C D G G C
握 一天用来希望 一天用来绝望
握 一天用来路过 另一天还是路过

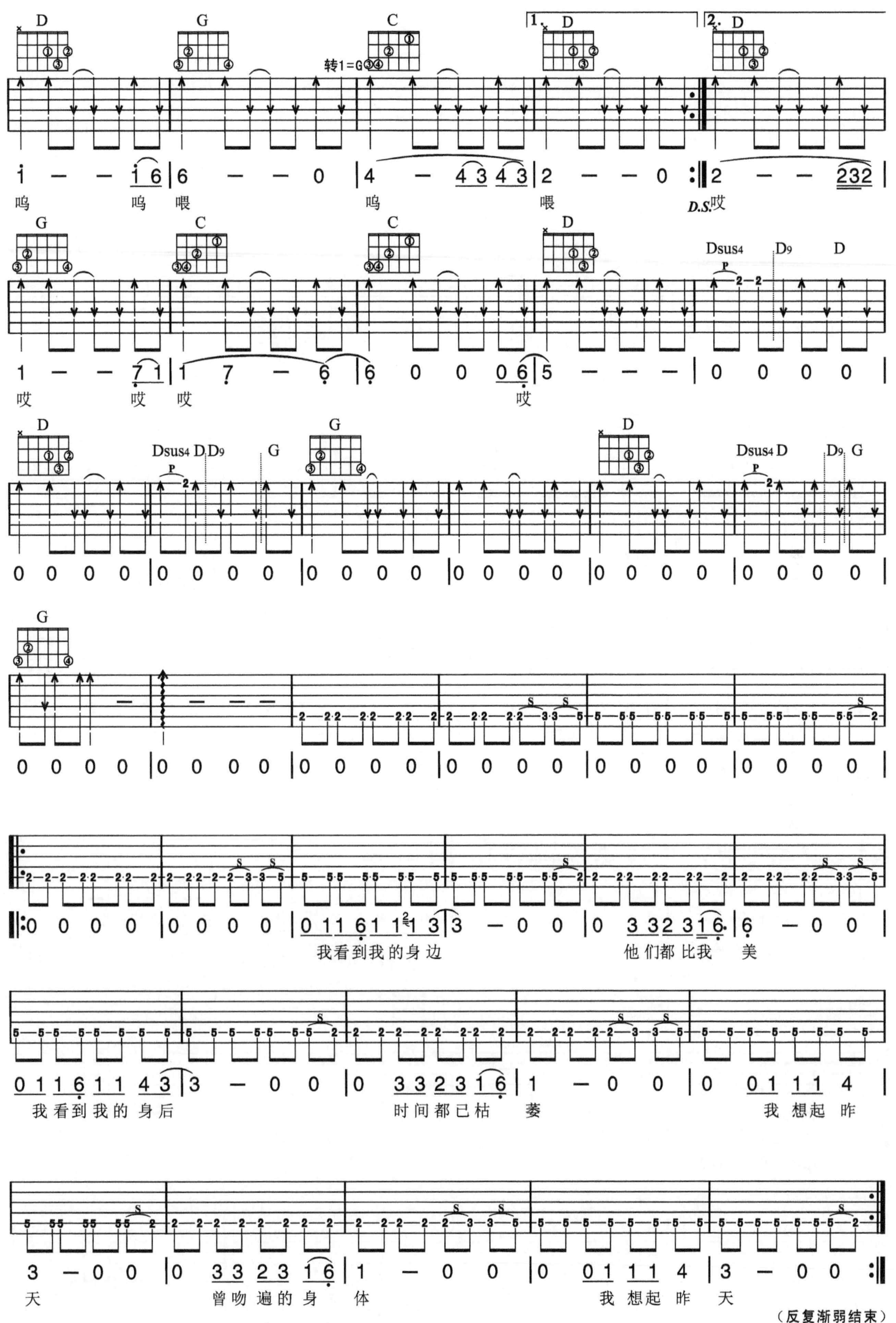

D G C D D
转1=G
1. 2.
呜 呜 喂 呜 喂
D.S.哎
G C C D
Dsus4 D9 D
哎 哎 哎 哎
D Dsus4 D D9 G G D Dsus4 D D9 G
G
我看到我的身边
他们都比我 美
我看到我的身后
时间都已枯 萎
我 想起 昨
天
曾吻 遍的身 体
我 想起 昨 天
（反复渐弱结束）

晴 朗

（许 巍 演唱）

张新宇 词
许 巍 曲

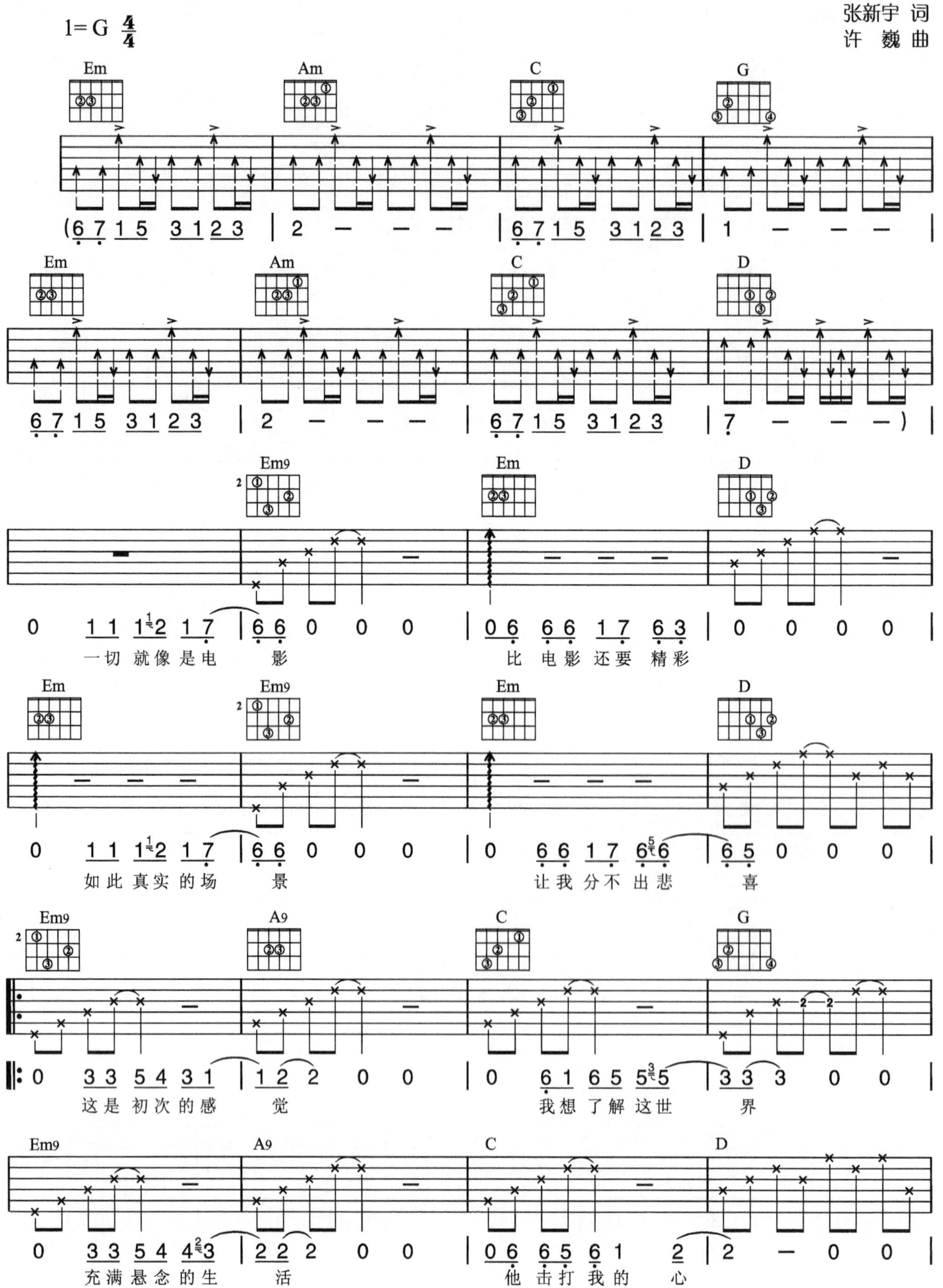

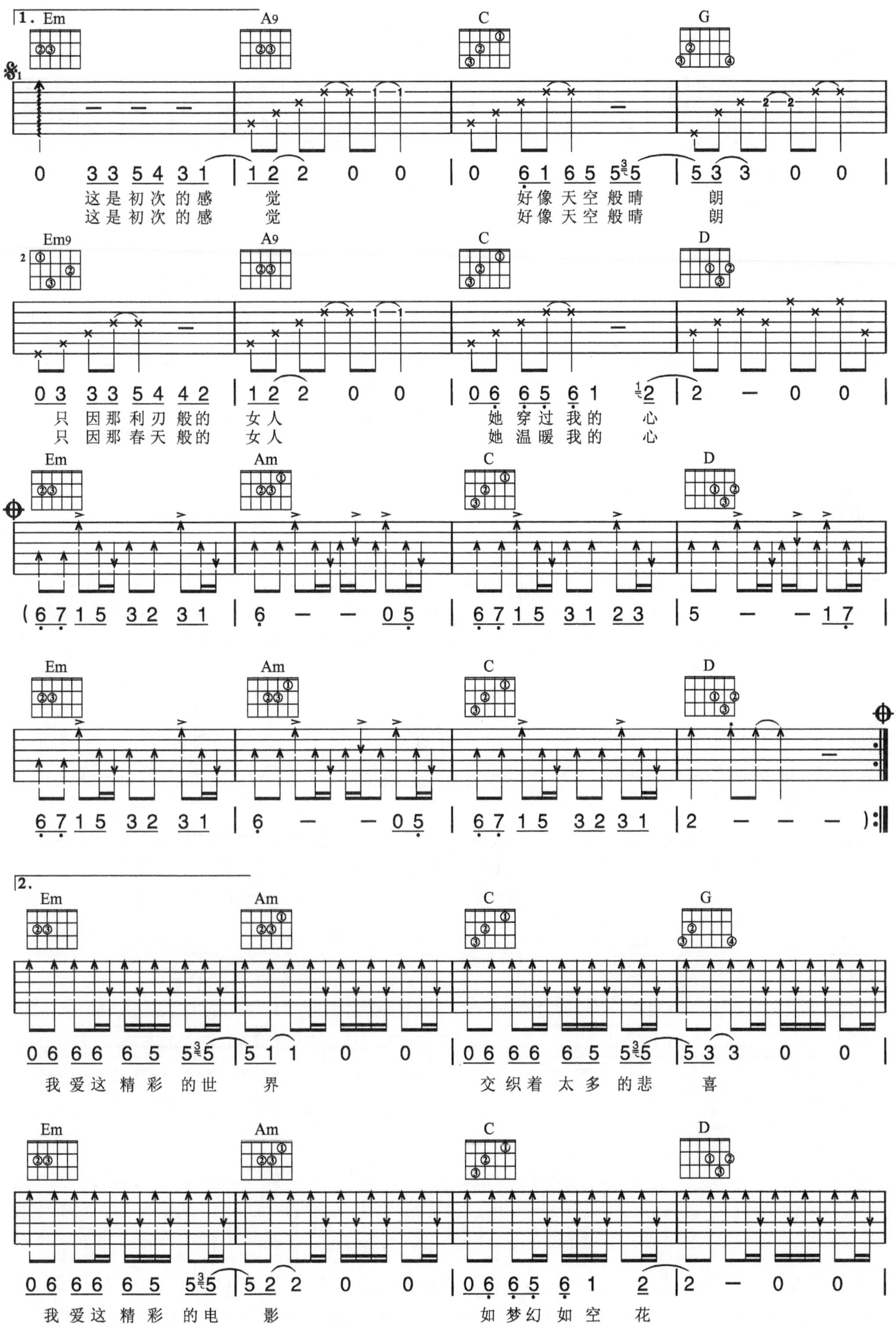
1. Em A9 C G
这是初次的感 觉 好像天空般晴 朗
这是初次的感 觉 好像天空般晴 朗
Em9 A9 C D
只 因那利刃 般的 女人 她 穿 过 我的 心
只 因那春天 般的 女人 她 温 暖 我的 心
Em Am C D
Em Am C D
2. Em Am C G
我爱这精彩 的世 界 交织着太多 的悲 喜
Em Am C D
我爱这精彩 的电 影 如梦幻如空 花

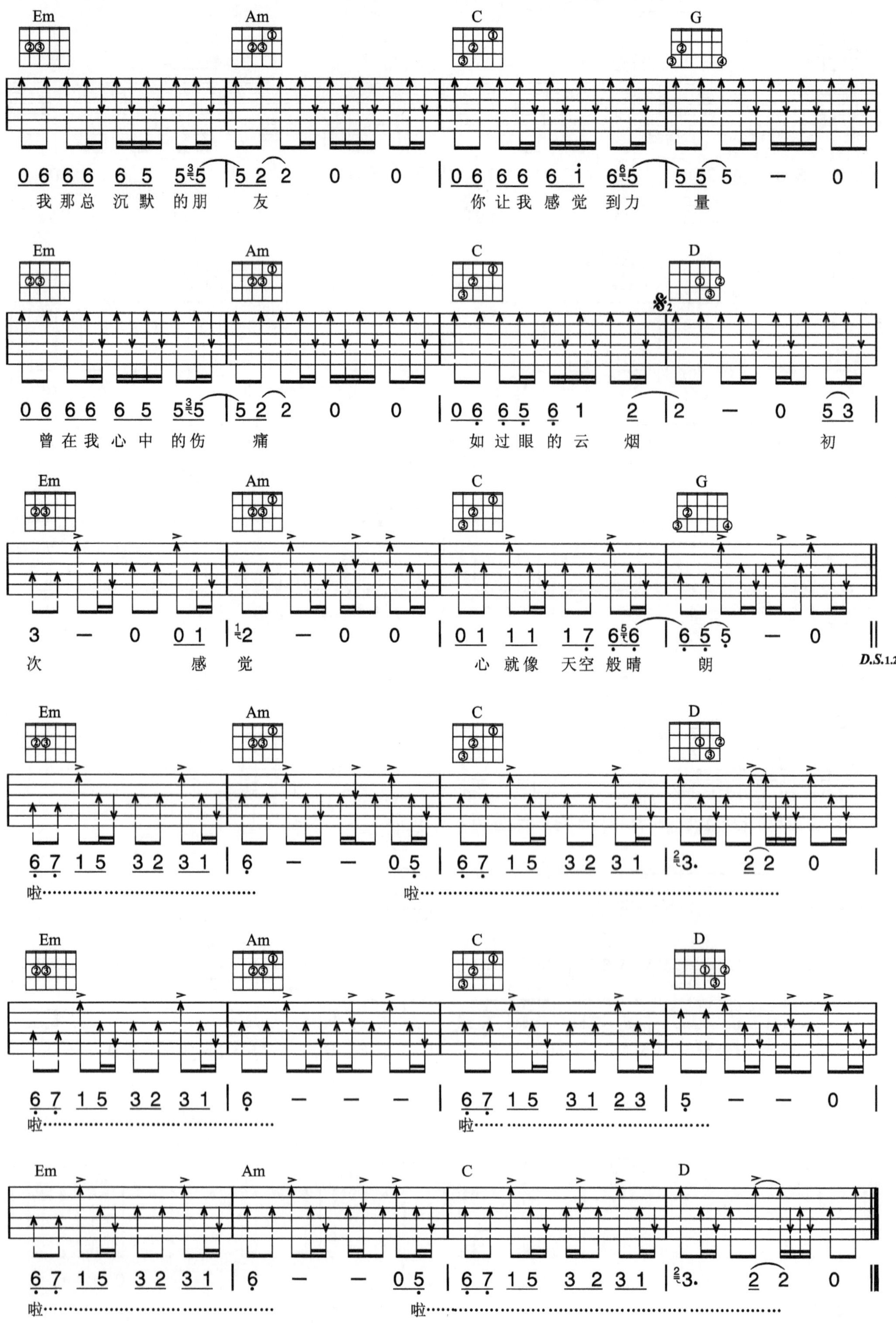
Em Am C G
我那总沉默的朋友
你让我感觉到力量
Em Am C D
曾在我心中的伤痛
如过眼的云烟
初
Em Am C G
次感觉
心就像天空般晴朗
D.S.1.2
Em Am C D
啦……
啦……
Em Am C D
啦……
啦……
Em Am C D
啦……
啦……

执　着

（许　巍 演唱）

1=C $\frac{4}{4}$

许　巍词曲

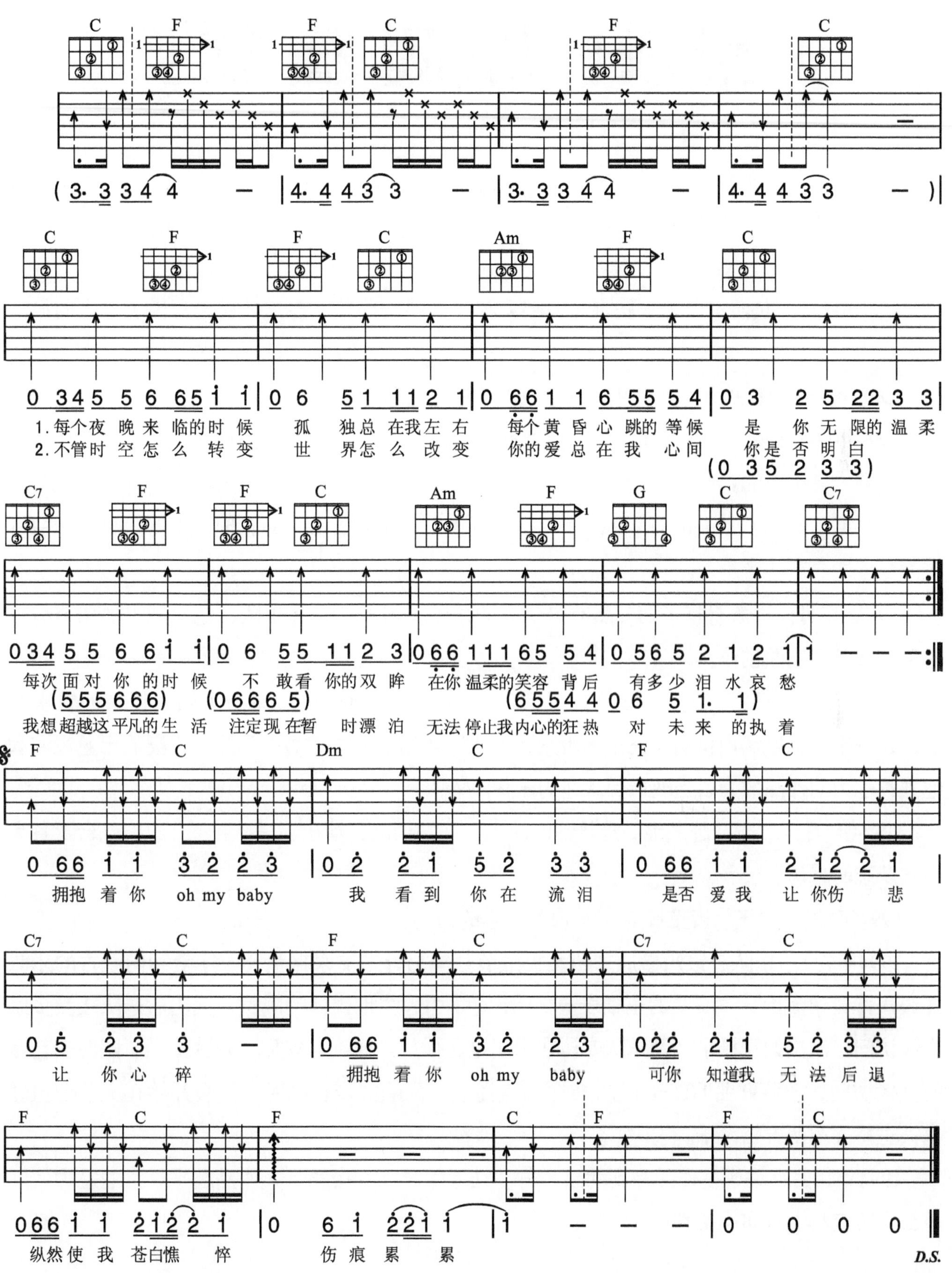

附录：许巍档案

1968年7月21日：生于西安。

1984年：许巍十六岁时开始练习吉他。

1986年4月：获西安市第一届吉他弹唱大赛二重唱一等奖，在这之后他写出了平生的第一首歌。

1988年：许巍接触到了摇滚乐，受到巨大的冲击，从此便立志做音乐人。

1990年底：许巍从部队复员，开始了职业吉他手的生涯，他的吉他技巧，使他被公认是西安音乐圈中最出色的。

1991年：创作了《Don't Cry Baby》、《夸父》、《流浪》和《童话时代》等上百首歌曲，成为当地最高产的音乐人。

1993年6月：许巍召集了西安所有最优秀的乐手，组成“飞”乐队，他担任主唱和节奏吉他手，并负责词曲创作。

1993年12月5日：“飞”与其他三支西安乐队在西安外语学院举行了组队以来的首次公演，在一千人的剧场内挤满了三千名观众，“飞”表演了五首许巍的作品，许巍的出色表演和他独具魅力的作品成为了当晚最受欢迎的乐队。

1994年2月：“飞”赴成都做宣传性的演出，非常轰动，演出后乐队接受了成都电台及各大报刊杂志的采访。

1994年5月：“飞”接受日本《Voice》杂志的访问。

1994年7月：乐队赴银川参加“西北摇滚节”与另外三支来自兰州、宁夏和内蒙古的乐队在银川体育馆演出，“飞”的压轴表演极为出色，引起当地媒体的瞩目，演出后乐队接受多家媒体访问，演出的现场录音及乐队专访在银川电台播放。回到西安后，乐队接受了陕西文艺台的直播访问，乐队歌曲的Demo也在电台多次播放，反响强烈。同时，许巍开始在文艺台担任嘉宾主持介绍西方摇滚乐。

1994年10月：许巍携作品来到北京，与“红星生产社”接触，其作品超乎寻常的魅力使红星公司听完马上宣布准备签约。

1994年11月：北京的众多顶级乐手纷纷表示愿意参与许巍作品的录制，不久就推出了《两天》与《青鸟》。一时间许巍的名字随着两首单曲迅速窜红大江南北。这两首作品又都成为了每个弹吉他的乐迷们最爱演奏的曲目，浓厚的人文色彩使他成为和崔健、郑钧、张楚等同级别的当代青年音乐偶像。

1995年：著名歌手田震凭借许巍作词作曲的《执着》再次走红大江南北，这首歌也成为了当年最脍炙人口的一首传唱佳作，几乎拿到了内地所有排行榜的冠军。

1997年4月：首张个人专辑《在别处》正式发表，立刻引起了轰动，专辑在无任何宣传的情况下，销售量达50万张，在当时盗版猖獗的时期，这个数字已经是当年内地唱片销售的奇迹了。

1998年1月：在北京音乐台节目《新音乐杂志》“一九九七年度最佳专辑听众评选活动”中，许巍首张个人专辑《在别处》荣获年度最佳专辑奖，再次证明了他在中国原创新音乐圈里的非凡实力。1998年作为流行音乐界仅有的两位作者，他和崔健的作品一起被文学专家选入《中国当代诗歌文选》。

1999年3月：由许巍重新编曲并演唱的“许巍版”《执着》再次引起轰动。

1999年：受香港“天后”王菲之邀，为其量身定做专辑作品《你》。

2000年11月：第二张专辑《那一年》出版发行，制作人由许巍及乐手共同担纲。在没有宣传的情况下，销量仅依靠口碑相传便达到15万，充分彰显其歌迷群体的极高忠诚度。许多朋友都一致认为，这张《那一年》是中国摇滚史上至今最好听的一张唱片，这个评价许巍当之无愧！

是的，不是最深刻，也不是最有开创性，更不是最另类、最叛逆或者最狂野，而仅仅是最好听，许巍的孤独、许巍的忧郁、许巍的卓而不凡就从这张专辑中最好听的旋律中流淌出来。事实上，早在许巍1997年的那张《在别处》就已经让许多人为之惊艳了，其中的《我思念的城市》、《我的秋天》、《两天》都成为中国摇滚情歌的典范。而这张《那一年》依旧由许巍担当词、曲、唱及制作，整张专辑仍然展现出了许巍敏锐、感性而丰富的内心世界——孤寂与狂野、冷漠与热烈、逃避与寻找、麻木与思考。或许就是这样的矛盾与挣扎，才让许巍得以写出如此精彩的作品。

2001年：为华纳当家花旦叶蓓制作新专辑《双鱼》并创作主打歌曲《彩虹》。

2002年：许巍出色的音乐才华始终是各大唱片公司关注的焦点，最终签约世界五大唱片之一的EMI百代唱片的大陆代理机构——上海艺风音乐文化传播有限公司。

2002年12月：出版第三张专辑《时光·漫步》。《时光·漫步》是许巍静默3年潜心创作的专辑，音乐风格有很大的转变。这张专辑的音乐与前两张那种绝望、愤怒、喧闹的风格大相径庭，忧伤、温暖、舒服、动听，立刻打动了大批的听众，据称是白领和大学生们的最爱。有业内人士认为，此次音乐上的改变是许巍生命体验的自然变化，是历经多年磨砺之后沉淀的产物。新专辑不变的是许巍令人折服的对旋律的驾驭能力以及他对音乐的执着。据称该专辑录制期间，北京音乐人纷纷进录音棚探班试听，引发了广泛共鸣，更有圈中人士甚至在录音棚内聆听新歌时当场落泪。专辑发行以来，短短2个月的时间就取得了惊人的销售佳绩，特别是在南方有了重大突破，来自上海、南京、武汉等地的销售成绩显示，许巍的新专辑在风格上赢得了更广泛的回响，唱片公司接到的来信、来电也充分印证了许巍音乐路线的延伸。他的音乐随着人生的变化和世界观的改变而变得越来越温暖、舒适和清澈。然而，也受到一些原本对他早期充满了绝望与躁动音乐死忠的乐迷的埋怨，说许巍不摇滚了。许巍却说，“他们不知道那种苦，我再也不能给他们那种误导了”，“这东西误导了很多人，他们认为摇滚乐就应该是这样，应该是颓废的”。许巍说，那时候，不少唱片公司都找到他，想和他签约，然而许巍却不想再做下去了，当时似乎与音乐有关的生活都让他害怕。在北京的时候，有电视台找他去演出，站在台上他觉得非常地不适应，他对于音乐的出路极度怀疑，前两张专辑带给他的打击让他觉得自已做的音乐没有意义。他不想再做，他说，自已天天练琴的生活太孤独，他就想扎在人堆里，觉得温暖。是的，“温暖”——这个在许巍的音乐里反复吟唱的词，是他由衷向往的。

许巍的音乐终于走近了大众，这张充满改变的新专辑也得到了圈内专业人士的肯定，在由音乐传媒人士评选的“华语传媒音乐大奖”第四季评奖中，许巍荣获了3项大奖，在光线电视主办的“音乐风云榜”年度颁奖提名中，许巍摘取了11项提名。2003年第三届音乐风云榜颁奖礼上大获全胜，他一人获得11项提名并最终夺得包括“最佳摇滚乐歌手”、“最佳摇滚乐专辑”在内的4项大奖。这些荣誉终于带给许巍受到肯定的自信。那天，许巍站在舞台上，全场的观众为他热烈鼓掌，他浑身散发着前所未有地灿烂，台下的朋友和台上的他一样地激动欣喜。这一次的辉煌，标志着许巍成为业界和大众都认可的著名音乐人的开始。《时光漫步》拿到了几乎是内地流行音乐界所有的奖项。许巍的名字也被无数怀揣音乐梦想的人所敬佩与追求！许巍精神在今天的音乐界尤为可贵！

2003年6月：担任姜昕第四张专辑的制作人。

2004年12月：出道十年的许巍推出第四张个人专辑《每一刻都是崭新的》。曾经是“愤青”的许巍，已经成长为一个更稳重的音乐家，而不再是单纯的校园歌星。作为华语乐坛的新一代精神领袖，许巍出道10年，历练3年，终于完成了酝酿3年的全新创作专辑《每一刻都是崭新的》。

这是一张具有平衡之美的专辑，11首歌曲在重与轻、急与缓、淡与浓之间达到了和谐与统一，那些音符的后面正是那颗自在跳动着的平常心——在一个物欲横流的时代，有谁知道保有一颗平常心是多么的难得；这是一张返璞归真的专辑，它明确地表明了无论时代怎样变化，无论环境怎样改变，有些东西是不会变的，对于许巍来说，那一向意味着这样的词语：简单、善良、纯粹、光明、希望、真诚，而在专辑中不过是化为了最直接的行为——用心歌唱。在这张专辑中，许巍所描绘的那些生活小事犹如在儿童的眼睛中观看这个世界，但是那些歌声中一直在传达着这样的信息——喜悦于希望，宽容于力量。那是历经坎坷后的歌者，面对生活时的态度所决定的，那是一种云淡风轻般的乐观淡定和从容不迫的情怀。许巍自己坦言，这张全创作专辑是他苦苦行吟后的心得，包含着他的欢喜悲忧和不能否认的自我改变。所以，许巍承认，无论对音乐还是对人生，这都是一张承前启后的专辑，连接着他和我们共同的过去和未来。一首《曾经的你》是对那些无悔青春的祭奠，也是那些仍在路上的心灵的完美写照。这张专辑被认为是许巍在音乐创作历程上的分水岭。

2006年02月16日：发行翻唱专辑《在路上…》。《在路上…》虽然是一张原汁原味的原创作品辑，不过里面收录的并不是新歌，而是出自许巍手笔、曾被其他歌手演绎的经典作品，包括老狼的《晴朗》、叶蓓的《彩虹》、王菲的《你》、田震的《执着》等。另外，《在路上…》还收录了来自1994年“红星二号”的《青鸟》和《两天》，这两首歌此前不曾收录到许巍的任何一张专辑当中，只在几张合辑唱片中出现过。

2008年底：时隔4年，许巍推出了第五张个人专辑《爱如少年》。这张专辑是许巍深刻感受生活后，对爱与生命的歌颂。聆听许巍第五张全新专辑《爱如少年》，我们可以发现比上一张专辑《每一刻都是崭新的》更加淡定与宁静。作为个人创作分水岭之作的《每一刻都是崭新的》，告别了过往的茫然不安、激情犹疑，走入温暖闪亮的世界，更贴近真实，也更贴近生活，咏叹过去，亦赞美当时。有人觉得平淡无味了，不够张狂不够呐喊，但这才是许巍走向人生彩虹的时刻，并且踏踏实实地在路上。

这张在2008年10月15日发行的《爱如少年》，除了依旧动听的旋律，更有一个全新的大突破。许巍在与新专辑制作人许经纶慎重沟通讨论后，决定打破10年来的专辑制作模式，与从未合作过的、全新的各国顶尖音乐人共同录制新专辑。这对许巍来说无疑是一次全新的巨大挑战。来自美国、澳洲、台湾、新加坡等地的乐手，于2007年冬天阵仗浩大地与许巍在录音室展开团练。这些乐手个个大有来头：

吉他手：Mike Mc Laughlin曾与传奇摇滚乐团Kiss的团员以及洛城知名摇滚乐团 Green Jello一同演出并录制专辑，曾帮众多华人歌手如，齐秦、陈升、顺子、信乐团、SHE、张惠妹、梁静茹等录音演奏。

键盘手：Jeremy Leber出生于美国旧金山。曾在美国University of Rhode Island学习古典钢琴，拥有深厚爵士钢琴底子，1991年到台湾参与华人音乐事业，担任编曲及作曲等工作，并参与爵士乐团演出，在许多知名台湾创作歌手如卢广仲、Joanna的专辑中，都可听到他的演出。

贝斯手：谭明辉曾担任张雨生、齐秦、陈升、任贤齐、庾澄庆、林宥嘉等歌手之专辑录音，并担任多位歌手之演唱会总监及舞台剧总监，为台湾老师的老师级元老乐手。

鼓手：黄显忠来自新加坡的鼓王，巨星大型演唱会总少不了他，曾参与陈升、周华健、李宗盛、费玉清、张国荣等歌手的专辑录制，并担任罗大佑、王力宏、张信哲、李宗盛演唱会乐手，曾发行过数张专辑，连乐坛大哥李宗盛都曾公开表示敬佩与赞赏。

许巍与部分乐手们彼此之间虽然语言不同，话也不多，但他们靠音乐交流彼此的想法，乐在其中。当乐手们听到许巍新专辑的小样时，纷纷表示对中国摇滚乐能有如此优美的旋律感到惊讶。吉他手Mike更说许巍的音乐让他想起刚学乐器时那股单纯的快乐，久久不能忘怀。在一个月左右的录音期间中，许巍与乐手们常常在录音室一待就是一整天，他们不眠不休地激荡(Jam)出独特惊人却又和谐动人的一段段乐章，激起全新的音乐火花，连吃饭时也不停地讨论演奏段落，该怎么编曲才会有许巍的特色又保有整体感，接着再采取同步录音的大胆方式将现场(Live)的生命力完整地保存下来，让听这张专辑的人绝对能如亲临现场般感受最原汁原味的音乐魅力！而专辑中所有悠扬动听的优美弦乐，则是由中国爱乐乐团现场演奏，为《爱如少年》增添了柔美的声线之余，更丰富其音乐性，聆听度大增。这些来自不同地方的乐手们在与许巍合作过后，纷纷对许巍献上敬意、大表赞赏！在听完专辑母带之后，更打包票保证《爱如少年》不管在市场方面或是艺术性方面都是上乘之作，并开心地表示自己玩得非常尽兴，不停称赞许巍绝对是一个实实在在、真诚对待音乐的音乐人！全新的幕后制作团队让许巍的音乐跳脱窠臼，成为更具国际观的难得大作。这是许巍最大胆的尝试及突破，对于一个音乐人来说，绝对是需要非常大的勇气的！

2010年：许巍为CCTV十集大型高清纪录片《敦煌》演唱主题曲《悠远的天空》，意境深邃悠远，充分真实地表达了佛学的虔诚与空灵。4月11日，在深圳大剧院举办的“蒙牛酸酸乳音乐风云榜十年盛典”上被组委会授予“中国十年最具影响力音乐人物”的荣誉，歌曲《曾经的你》荣获内地十年十大金曲。5月2日，许巍携海市蜃楼乐队在石家庄嘉禾啤酒音乐节压轴出场。12月28日，许巍带领着乐队参加“梅州市首届动感地带闭幕式”。12月31日晚参加青海卫视和成都电视台都市生活频道在成都欢乐谷并机直播的跨年演唱会。

2011年1月1日：金牌大风推出Remix概念精选辑《一时》。同年5月1日，参加成都热波国际音乐节。5月18日晚参加三门峡黄河国际旅游节。7月2日晚参加第十届环青海湖国际公路自行车赛开幕式。

2012年4月：许巍携乐队全体远赴云南西双版纳勐腊县，在山谷里进行了一场与大自然共融的音乐会。12月，发行全新专辑《此时此刻》。

2013年1月29日：正式加盟“歌华莱恩”，并方正式启动许巍2013“此时此刻”十城巡演，于5月17日在北京启航。另外的9个城市分别是：哈尔滨、南京、广州、长沙、上海、杭州、武汉、深圳、昆明。

2014年9月15日：发行《此时此刻演唱会LIVE纪录辑》，自2013年5月17日在北京工体首演至此，“许巍此时此刻巡回演唱会”在一年的时间里，给十座城市带去了这份音乐和生命的力量，这轮巡演还在继续。

2015年3月16日：为大型纪录片《第三极》作曲并演唱了同名歌曲《第三极》。5月16日，历时两年的“此时此刻”巡演在北京万事达中心迎来收官场。7月17日，发行单曲《灿烂》。9月15日，通过京东众筹发行《此时此刻巡回演唱会DVD》，分为D9版和蓝光版，记录了北京收官站的18首曲目。9月20日，参加西安世园音乐节。同年获得“CHANNEL V内地最佳男歌手”。

2016年3月18日：许巍的新歌《生活不止眼前的苟且》发布。这首由高晓松作词作曲、许巍演唱的歌曲《生活不止眼前的苟且》很快引爆了朋友圈，据说把一大批70后、80后都听哭了。“生活不只是眼前的苟且，还有诗和远方”这句高晓松早年的金句，如今成为众人的循环单曲。还有网友给予了这样的评价：许巍唱了高晓松写的新歌，听到第一句就泪流满面！

学习本书的读者可能还需要：

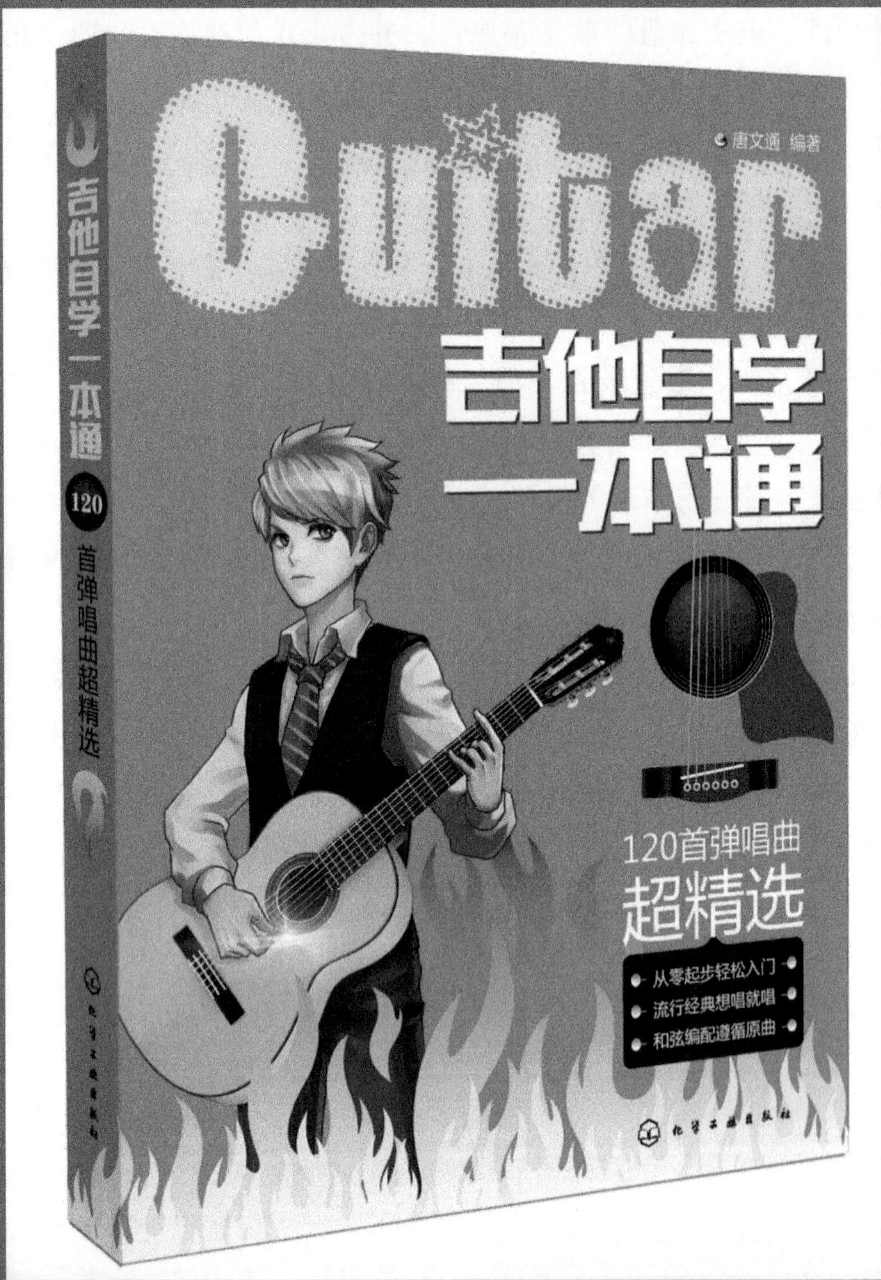

编著 / 唐文通
定价 / 39.80元
规格 / 大16开
页数 / 286